John Watson

# Dominando as Aberturas de Xadrez

## Volume 1

**Revisão Técnica**
*Guilherme Von Calmbach*

**Tradução**
*Eveline Vieira Machado*

**Do original:**
*Mastering the Chess Openings -Volume 1*

Original edition copyright© 2006 by Gambit Publications Ltd. All rights reserved.

Portuguese language edition Copyright© 2008 by Editora Ciência Moderna Ltda. All rights reserved.
**Copyright© Editora Ciência Moderna Ltda., 2009**
Todos os direitos para a língua portuguesa reservados pela EDITORA CIÊNCIA MODERNA LTDA.
De acordo com a Lei 9.610 de 19/2/1998, nenhuma parte deste livro poderá ser reproduzida, transmitida
e gravada, por qualquer meio eletrônico, mecânico, por fotocópia e outros, sem a prévia autorização,
por escrito, da Editora.

**Editor:** Paulo André P. Marques
**Supervisão Editorial:** Camila Cabete Machado
**Tradução:** Eveline Vieira Machado
**Revisão Técnica:** Guilherme von Calmbach
**Diagramação:** Patricia Seabra
**Capa:** Márcio Carvalho
**Assistente Editorial:** Patricia da Silva Fernandes
**Revisão de Provas:** Aline Vieira Marques

Várias **Marcas Registradas** aparecem no decorrer deste livro. Mais do que simplesmente listar esses
nomes e informar quem possui seus direitos de exploração, ou ainda imprimir os logotipos das mesmas,
o editor declara estar utilizando tais nomes apenas para fins editoriais, em benefício exclusivo do dono
da Marca Registrada, sem intenção de infringir as regras de sua utilização. Qualquer semelhança em
nomes próprios e acontecimentos será mera coincidência.

## FICHA CATALOGRÁFICA

---

**WATSON**, John.
*Dominando as Aberturas de Xadrez*
Rio de Janeiro: Editora Ciência Moderna Ltda., 2009.

1. Xadrez
I — Título

ISBN: 978-85-7393-792-3        CDD 794.1

---

**Editora Ciência Moderna Ltda.**
**R. Alice Figueiredo, 46 – Riachuelo**
**Rio de Janeiro, RJ – Brasil   CEP: 20.950-150**
**Tel: (21) 2201-6662/ Fax: (21) 2201-6896**
E-MAIL: LCM@LCM.COM.BR
WWW.LCM.COM.BR          **01/09**

# Sumário

Símbolos ..................................................................................................... VII

Dedicatória ................................................................................................. VIII

Agradecimentos ........................................................................................... VIII

Bibliografia ................................................................................................. IX

Introdução ................................................................................................... XIII

## Capítulo 1

A Natureza das Aberturas de Xadrez: Fundamentos ................................................. 1

O que é uma Abertura? ...................................................................................... 1

Propriedades Elementares das Aberturas ................................................................. 4

*O Centro* ...................................................................................................... 4

*Desenvolvimento* ............................................................................................ 8

*Segurança do Rei* ........................................................................................... 10

*Espaço e Suas Propriedades* .............................................................................. 12

*Características das Peças* ................................................................................... 14

*Atividade e Iniciativa* ...................................................................................... 17

## Capítulo 2

Idéias de Abertura e Características Posicionais ........................................................ 19

Objetivos das Negras na Abertura .......................................................................... 19

Objetivos das Brancas na Abertura ........................................................................ 22

Tipos de Centros .............................................................................................. 22

Flanco versus Centro ......................................................................................... 26

Fraquezas ...................................................................................................... 27

Temas sobre Fianqueto e Profilaxia ....................................................................... 31

Complexos de Cores .......................................................................................... 32

*Fraquezas Internas* .......................................................................................... 35

## IV | DOMINANDO AS ABERTURAS DE XADREZ – VOLUME 1

### Capítulo 3

A Importância da Estrutura ........................................................... 39

Uma Questão Simples: Peões ou Peças? ........................................ 39
Peões Isolados ........................................................................... 44
*Peões e Isolados* ..................................................................... 54
*Peões c Isolados* ..................................................................... 54
*Peões a Isolados* ..................................................................... 55
Cadeias de Peões ........................................................................ 57
Peões Dobrados e Capturas do Peão Relacionadas ........................ 69
*Peões do Centro Dobrados* ...................................................... 74
*Peões c Dobrados* ................................................................... 76
*Ruy Lopez, Variante das Trocas* .............................................. 77
*Variante Rossolimo da Defesa Siciliana* ................................... 78
*Defesa Petroff* ......................................................................... 80
*Partida Escocesa* ..................................................................... 80
Peões Pendentes ......................................................................... 85
Maiorias e minorias .................................................................... 91
Estrutura de Restrição das Casas Brancas ..................................... 97
Espaço e Estrutura ...................................................................... 107
Polinização Cruzada ................................................................... 108

### Seção 1: Partidas Abertas

### Capítulo 4

Introdução a 1 e4 e Partidas Abertas ........................................... 117

Partidas Abertas ......................................................................... 119
1 e4 versus 1 d4 ......................................................................... 121

### Capítulo 5

Giuoco Piano ............................................................................. 123

Bloqueio do Peão ........................................................................ 129
Caça às Peças ............................................................................. 132
Abordagem Técnica: 5 d3 ............................................................ 134

### Capítulo 6

Defesa dos Dois Cavalos ............................................................. 139

O Movimento 4 d3 Calmo ........................................................... 141
As Brancas visam f7: 4 ♘g5 ....................................................... 144
*Interposição com o Peão* .......................................................... 145
*Interposição com o Bispo* ......................................................... 151
Jogo Central: 4 d4 ...................................................................... 153

SUMÁRIO | V

## Capítulo 7

Defesa Philidor .................................................................................. 159

Entrega do Centro ........................................................................... 161
Ponto Forte e5 ................................................................................ 166

## Capítulo 8

Ruy Lopez ........................................................................................ 171

Defesa Chigorin .............................................................................. 178
Chigorin Moderna ........................................................................... 183
Defesa Keres ................................................................................... 186
Defesa Breyer ................................................................................. 188
Variante Zaitsev .............................................................................. 193
Defesa Møller .................................................................................. 198
Variante Aberta ............................................................................... 204
Variante das Trocas ......................................................................... 214
Ataque Marshall .............................................................................. 225

## Capítulo 9

Gambito do Rei ................................................................................ 237

Gambito do Rei Recusado ............................................................... 238
*Jogo de Peças* ............................................................................... 239
*Expansão Central* ......................................................................... 241
Gambito do Rei Aceito .................................................................... 243

## Seção 2: Partidas Semi-Abertas

## Capítulo 10

Introdução às Partidas Semi-abertas ................................................ 249

## Capítulo 11

Defesa Siciliana ............................................................................... 253

Introdução aos Sistemas com 2...d6 ............................................... 258
Variante do Dragão ......................................................................... 262
*Dragão Clássico* ........................................................................... 263
*Ataque Iugoslavo* ......................................................................... 268
Variante Najdorf ............................................................................. 281
*Ataque ♗g5* ................................................................................. 283
*Variante do Peão Envenenado* ..................................................... 289

# Capítulo 12

VI  DOMINANDO AS ABERTURAS DE XADREZ – VOLUME 1

*Ataque Najdorf Sozin* .................................................................................. 293
*Sistema 6 ♗e2 Clássico* .............................................................................. 302
*Ataque Inglês* ............................................................................................. 308
Introdução aos Sistemas com 2...e6 ............................................................ 314
*Siciliana dos Quatro Cavalos* ................................................................... 319
Sistema Paulsen ........................................................................................... 322
Variante Taimanov ....................................................................................... 331
Ataque Sozin (e a Siciliana Clássica) ......................................................... 344
*Sozin com Roque Pequeno* ....................................................................... 348
*Ataque Velimirovic* ................................................................................... 351
Fianqueto Acelerado ................................................................................... 355
Variante Alapin ........................................................................................... 361

## Capítulo 12

Defesa Caro-Kann ....................................................................................... 367

Dois Cavalos na Caro-Kann ....................................................................... 367
Variante das Trocas ..................................................................................... 372
Variante Short ............................................................................................. 387
Variante Zviagintsev .................................................................................... 388

## Capítulo 13

Defesa Francesa .......................................................................................... 395

Variante Tarrasch ........................................................................................ 397
*Recaptura com o Peão* .............................................................................. 400
*Recaptura com a Dama* ............................................................................. 407
*Tarrasch com 3...♘f6* ................................................................................ 413
Variante Clássica ......................................................................................... 429
Variante Winawer ........................................................................................ 434
*Variantes Posicionais* ............................................................................... 436
*Peão Envenenado Francês* ........................................................................ 443

## Capítulo 14

Defesa Pirc .................................................................................................. 455

Ataque Austríaco ........................................................................................ 458
Variante ♗c4 .............................................................................................. 475
Variante Clássica ........................................................................................ 477

Índice ........................................................................................................... 483

# Símbolos

| | |
|---|---|
| + | Xeque |
| +dpl | Xeque duplo |
| # | Xeque-mate |
| !! | lance brilhante |
| ! | lance bom |
| !? | lance interessante |
| ?! | lance duvidoso |
| ? | lance ruim |
| ?? | erro grave |
| Ch | Campeonato |
| Cht | Campeonato por Equipes |
| Wch | Campeonato Mundial |
| Wcht | Campeonato Mundial por Equipes |
| Ech | Campeonato Europeu |
| Echt | Campeonato Europeu por Equipes |
| Ct | Torneio de Candidatos |
| IZ | Torneio Interzonal |
| Z | Torneio Zonal |
| ECC | Copa de Clubes Europeus |
| OL | Olimpíada |
| jr | Torneio de Juniores |
| tt | Torneio por Equipes |
| 1-0 | a partida termina com vitória para as Brancas |

| | |
|---|---|
| ½-½ | a partida termina em um empate |
| 0-1 | a partida termina com vitória para as Negras |
| (n) | $n^a$ partida do Confronto (match) |
| (D) | veja próximo Diagrama |

# Dedicatória

*À Maura, a luz da minha vida*

# Agradecimentos

Um obrigado especial a Graham Burgess por sua paciência e ajuda neste projeto.

# Bibliografia

**Publicações Periódicas**
*ChessBase Magazine* (até 112)
*New in Chess Magazine*; Novo no Xadrez
*Informator* (até 95); Informador Sahovski

**Websites**
ChessPublishing; Kosten, A.; www.chesspublishing.com
The Week in Chess; Crowther, M.; www.chesscenter.com/twic/twic.html
Jeremysilman.com; Silman, J.; www.jeremysilman.com
ChessCafe.com; Russell, H.; www.chesscafe.com

**CDs e DVDs**
Bangiev, A.; *Defesa Philidor*; ChessBase 2002
Henrichs, T.; *Defesa Ortodoxa do Gambito da Dama – Variante das Trocas D31/D35-D36*; ChessBase 2004
*Enciclopédia de Aberturas 2005*; ChessBase 2005
Petronijevic, Z.; *Ataque Caro-Kann Panov B13-B14*; ChessBase 2004
Ripperger, R.; *Giuoco Piano C50-C54*; ChessBase 2004
Ripperger, R.; *Peão da Dama Isolado*; ChessBase 2003

**Livros e Artigos**
Aagaard, J.; *Easy Guide to the Panov-Botvinnik Attack*; Gambit/Cadogan – 1998
Alburt, L., Dzindzichashvili, R. & Perelshteyn, E.; *Chess Openings for Black, Explained*; CIRC – 2005
Baburin, A.; *Winning Pawn Structures*; Batsford – 1998
Beliavsky, A. & Mikhalchishin, A.; *The Two Knights Defence*; Batsford – 2000
Bosch, J.; *Secrets of Opening Surprises* 1-3; New in Chess – 2003-5
Bücker, S.; 'Only a Storm in a Teacup?' (Marshall Attack); ChessCafe – 2006

# X | Dominando as Aberturas de Xadrez – Volume 1

Burgess, G.; *The Taimanov Sicilian*; Gambit – 2000

Burgess, G.; Nunn, J.; & Emms, J.; *The Mammoth Book of the World's Greatest Chess Games*; Robinson – 1998

Chernin, A. & Alburt, L.; *Pirc Alert!*; CIRC – 2001

Collins, S.; *Understanding the Chess Openings*; Gambit – 2005

Davies, N.; *Play 1 e4 e5!*; Everyman – 2005

Dearing, E.; *Play the Sicilian Dragon*; Gambit – 2004

de Firmian, N.; *Chess Openings the Easy Way*; Batsford – 2003

Donaldson, J. & Silman, J.; *Accelerated Dragons*; Cadogan – 1998

Emms, J.; *Play the Open Games as Black*; Gambit – 2000

Emms, J.; *Starting Out: The Sicilian*; Everyman – 2002

Euwe, M. & Kramer, H.; *The Middlegame*, Livros I e II; David McKay – 1964

Fine, R.; *The Ideas Behind the Chess Openings* [3ª Edição]; McKay – 1989

Flear, G.; *Open Ruy Lopez*; Everyman – 2000

Flear, G.; *The Ruy Lopez Main Line*; Everyman – 2004

Gallagher, J.; *Starting Out: The Pirc/Modern*; Everyman – 2003

Golubev, M.; *The Sicilian Sozin*; Gambit – 2001

Hansen, Ca.; *Improve Your Positional Chess*; Gambit – 2005

Hillarp Persson, T.; *Tiger's Modern*; Quality Chess – 2005

Jacobs, B.; *Mastering the Opening*; Everyman – 2001

Jacobs, B.; *Starting Out: The French*; Everyman – 2003

Johansson, T.; *The Fascinating King's Gambit*; Trafford – 2004

Kallai, G.; *Basic Chess Openings* [1 e4]; Cadogan – 1997

Kindermann, S. & Dirr, E.; *Französisch Winawer – Band 1: 7 ♕g4 0-0*; Chessgate – 2005

Kindermann, S.; *The Spanish Exchange Variation – A Fischer Favourite*; Olms – 2005

Kinsman, A.; *Spanish Exchange*; Batsford – 1998

Krnic, Z. (ed.); *ECO B – 4th Edition*; Informador Sahovski – 2002

Marovic, D.; *Dynamic Pawn Play in Chess*; Gambit – 2001

Matanovic, A. (ed.); *ECO C – 4ª Edição*; Informador Sahovski 2004

Nielsen, P.H. & Hansen, Ca.; *Sicilian Accelerated Dragon*; Batsford – 1998

Nunn, J.; Burgess, G.; Emms, J. & Gallagher, J.; *Nunn's Chess Openings*; Gambit/Everyman – 1999

Nunn, J.; *Grandmaster Chess Move by Move*; Gambit – 2005

Pachman, L.; *Modern Chess Strategy*; Dover 1971 (baseado na edição inglesa de 1963)

Panczyk, K. & Ilczuk, J.; *Ruy Lopez Exchange*; Everyman – 2005

Pedersen, S.; *The French: Tarrasch Variation*; Gambit – 2005

Pinski, J.; *The Two Knights Defence*; Everyman – 2003

Psakhis, L.; *French Defence: Steinitz, Classical and Other Systems*; Batsford – 2004

Raetsky, A.; *Meeting 1 e4*; Everyman – 2002
Sammalvuo, T.; *The English Attack*; Gambit – 2004
Silman, J.; *Amateur's Mind*; Siles – 1999
Silman, J.; *Reassess Your Chess Work Book*; Siles – 2001
Soltis, A.; *Pawn Structure Chess*; McKay – 1995
Taimanov, M.; *Sicilian: Paulsen*; Batsford – 1984
Uhlmann, W.; *Winning With the French*; Batsford – 1995
Watson, J.; *Play the French* [3rd Edition]; Everyman – 2003
Watson, J.; *Chess Strategy in Action*; Gambit – 2003
Watson, J. & Schiller, E.; *Survive and Beat Annoying Chess Openings – The Open Games*; Cardoza – 2003
Zeller, F.; *Sizilianisch im Geiste des Igels*; Kania – 2000

# Introdução

Os movimentos iniciais possuem uma fascinação particular para aqueles que jogam uma partida. Isto é refletido no fato de que os jogadores de Xadrez em todos os níveis dedicam a maior parte de seu estudo àquilo que é chamado de 'Aberturas'. Simplificando, as Aberturas são seqüências de movimentos iniciais; analisaremos inicialmente o que se qualifica como uma Abertura, quando prosseguirmos. Normalmente, os jogadores estudam as Aberturas que podem aparecer, potencialmente, em suas próprias partidas. Afinal, ninguém deseja expor-se a uma desvantagem antes da partida esquentar, e todo jogador de Xadrez gostaria de ter uma vantagem, logo de início, sobre seu oponente.

Assim, encontramos na literatura do Xadrez uma vasta quantidade de livros sobre determinadas Aberturas e Sistemas de Aberturas. Mais já foi escrito sobre a fase inicial da partida, do que sobre qualquer outro tópico do Xadrez, seja o Meio-jogo,os Finais, a História, a Estratégia, o Ataque ou a Defesa. Existem também enciclopédias, revistas, CDs, DVDs, vídeos e websites dedicados unicamente aos movimentos da Abertura. Refiro-nos a tal material, em geral, como 'Teoria de Abertura' ou simplesmente 'teoria'. Dentro das Aberturas mais fundamentais, existem subsistemas aparentemente incontáveis (chamados 'variantes') e ainda mais divisões de material em 'subvariantes'. É comum ver grandes livros dedicados exclusivamente às variantes ou até às subvariantes. Felizmente, as Aberturas geralmente recebem nomes. Portanto, podemos dar informações sobre elas sem ter que declarar explicitamente, por exemplo, os nove primeiros movim entos feitos por ambos os lados.

Entre esses incontáveis livros e produtos, muito poucos são dedicados a explicar as idéias, estratégias e interconexões das diversas Aberturas de Xadrez tomadas como um todo. Ou seja, livros teóricos individuais concentram-se nos movimentos e nas variantes de uma única Abertura, e a grande maioria analisa porque alguns desses movimentos são bons ou ruins. Uma boa quantidade desses livros também examinará as estratégias básicas por trás de uma Abertura especifica, o que é importante e proveitoso. Mas poucos dão uma idéia das linhas comuns que formam as bases do Jogo de Abertura, ou as razões pelas quais as estratégias na Abertura podem diferir tão radicalmente. No livro diante de você (e no Volume 2 deste projeto), busco fornecer um ponto de vista duradouro a partir do qual expor a fase de Abertura da partida. Então, independentemente das incertezas da teoria, você deve ser capaz de encontrar seu caminho entre os vários problemas trazidos por movimentos desconhecidos.

Quando comecei a trabalhar neste livro, ficou óbvio que, mesmo em dois volumes grandes, não seria possível cobrir cada Abertura, nem mesmo as variantes mais importantes de cada uma e ainda conseguir a compreensão íntima que eu esperava transmitir. Por outro lado, procurei, aqui, fornecer um ponto de partida para os jogadores de todas as categorias serem capazes de entender essas Aberturas. Independentemente do que qualquer pessoa diga, isso simplesmente não pode ser feito sem entrar em pormenores, ou seja, investigando os movimentos, alternativas e exemplos anotados. E mais, esses pormenores devem ser compreensíveis dentro de alguma estrutura de conhecimento geral do Xadrez. No final, decidi iniciar o livro com três capítulos que cobrem as idéias fundamentais do Jogo de Abertura. O primeiro capítulo apresenta os conceitos elementares compartilhados por todas as Aberturas. Nos dois capítulos seguintes, incorporo os temas e as estruturas que informarão seu estudo, quando você prosseguir com as particularidades.

A maior parte do livro é dedicada a uma seleção de Aberturas individuais (as Aberturas de Peão do Rei, no caso deste livro; o Volume 2 concentra-se nas Aberturas de Peão da Dama). Essas Aberturas são examinadas de baixo para cima, o que quer dizer que cada capítulo começa com uma explicação do que é básico em estratégia. Geralmente, mostro o que acontece quando você joga alternativas que são inferiores aos movimentos normalmente consagrados. Quando o capítulo avança, as variantes estabelecidas são exploradas, algumas vezes com detalhes consideráveis, para estabelecer as idéias e os temas que caracterizam cada Abertura e investigar até que ponto lembram outras Aberturas complexas. No início de cada seção, prestei atenção especial às questões da ordem dos movimentos. Os alunos geralmente ficam perplexos com a ordem de movimentos, que determinam, com freqüência, se eles conseguirão obter a posição da Abertura que estão visando.

Escolher quais sistemas e variantes investigar provou ser uma tarefa extremamente difícil. Decidi concentrar-me nas Aberturas mais 'importantes', ou seja, aquelas que são e têm sido o centro da teoria e da prática por décadas. Exemplos óbvios são a Ruy Lopez, a Defesa Siciliana e o Gambito da Dama. Dentro desses e outros sistemas principais de Aberturas, selecionei um número limitado de variantes que são, acredito, instrutivas em termos estratégicos. Também examinei algumas Aberturas menos notáveis, que não só têm propriedades exclusivamente interessantes, como também

## INTRODUÇÃO | XV

se prestam a comparações com sistemas mais populares. Você pode achar que as estruturas e as idéias das Aberturas superficialmente contrastantes sobrepõem-se mais do que você pensa. Finalmente, exploro como essas e suas variantes encaixam-se nos contornos gerais de uma partida de Xadrez. É' importante entender que as partidas e sua análise nem sempre representam a teoria atual; são para ilustrar as propriedades subjacentes da Abertura.

Quais são as recompensas de estudar Aberturas e compreender as idéias a elas associadas? Bem, é sempre bom ter uma vantagem clara sobre seu oponente, como mencionei acima. Mas tal estudo tem efeitos mais valiosos e extensos: favorece seu conhecimento geral do Xadrez de um modo que a leitura de livros abstratos sobre estratégia não consegue. Quanto mais completa for sua investigação das Aberturas, melhor será sua compreensão do jogo que ocorre *depois* da Abertura. Para começar, muitas características das Aberturas, inclusive as estratégicas e as táticas típicas, duram até o Meio-jogo,. de modo que compreedê-las mais profundamente se traduzirá em seu sucesso geral. E mais, as estruturas típicas de peões estabelecidas em uma Abertura persistirão quando entrarmos em posições simplificadas e, até, nos Finais.

Este livro supõe um nível básico de competência no jogo. Contudo, aqueles que conhecem as regras, ou já jogaram um pouco e estão querendo colocar algum esforço em seu estudo do Xadrez se sairão bem. Você não precisa ter avançado muito além do estágio inicial de jogador para entender as idéias básicas apresentadas aqui. Todo o Capítulo 1, grande parte do Capítulo 2 e as introduções dos capítulos sobre as Aberturas individuais são designados a ajudar neste sentido. Também elaborei idéias fundamentais na análise de Aberturas específicas, tentando iniciar minha apresentação em um nível bem baixo e, então, prosseguir com os conceitos mais avançados, necessários para uma melhoria substancial.

Após anos de exploração da fase inicial da partida, cheguei a uma conclusão importante e, acho, encorajadora: toda Abertura bem estabelecida pode ser jogada. Isso não quer dizer que todas as Aberturas levem a uma igualdade completa, nem que todos os gambitos especulativos se prestem a resultados aceitáveis. Mas com um estudo e uma compreensão suficientes, qualquer *sistema* de Abertura que os mestres jogam, mesmo que ocasionalmente, servirá bem para você chegar ao Meio-jogo de uma forma decente. Sob tais circunstâncias, o resultado da partida não será decidido pela sua escolha dos cinco ou 10 primeiros movimentos, seja contra um oponente do clube, seja em uma competição principal. Jogadores de todos os níveis têm uma tendência compreensível de seguir a última moda e isso pode levar à noção de que as Aberturas que não estão sendo jogadas atualmente são de padrão inferior. É muito mais provável que essas Aberturas simplesmente perderam a popularidade ou tenham enfrentado dificuldades contra algum movimento secreto em alguma variante complicada. Existem muitas variantes e até sistemas inteiros que foram declarados inferiores, mas, então, foram melhorados novamente pelos melhores jogadores do mundo. Em caso de dúvida, procure os vários Grandes Mestres que jogaram uma ou outra Abertura 'ruim'. Isso irá encorajá-lo a abordar suas explorações com uma mente aberta.

Espero que este livro recompense seu estudo cuidadoso e forneça-lhe uma nova perspectiva nas Aberturas e no Jogo de Xadrez também.

# Capítulo 1

# A Natureza das Aberturas de Xadrez: Fundamentos

Os primeiros movimentos de uma partida de Xadrez podem ser jogados de modo aleatório ou podem ser organizados para que formem uma estratégia coerente. O Xadrez é acima de tudo um jogo de Lógica e Planejamento. Portanto, o jogador que coordena seus movimentos para alcançar um objetivo, quase sempre vencerá um oponente cujos movimentos não tenham finalidade ou sejam inconsistentes. Este livro preocupa-se com os movimentos inicias que fazem sentido em conjunto e tenta explicar o raciocínio subjacente.

A primeira etapa será esclarecer o alcance de nossa investigação e nos orientar no mundo das Aberturas. Então, veremos algumas idéias rudimentares que justificam um jogo de Abertura bem-sucedido.

## O que é uma Abertura?

Geralmente falando, uma Abertura é definida pelos movimentos introdutórios de uma partida de Xadrez. Uma Abertura começa no movimento um. A pergunta óbvia que surge é surpreendentemente difícil de responder: Como decidimos em qual movimento uma Abertura termina e o Meio-jogo começa? Não há um acordo geral entre os jogadores ou autores sobre isso; em muitos casos, acaba sendo um julgamento subjetivo, formado pela experiência do jogo. Neste livro, definirei as Aberturas (e suas variantes) como as seqüências de movimentos que têm uma denominação específica, com nome comumente usado no Xadrez corrente, algumas vezes referindo-se a um complexo de posições afins. A vantagem de usar essa convenção, é que podemos saber, precisamente, em qual movimento uma Abertura ou variante termina. Por exemplo, a 'Abertura Inglesa' é definida por um simples:movimento das Brancas 1 c4. A 'Defesa Siciliana' consiste em 1 e4 c5. E a variante chamada de 'Variante Najdorf da Defesa Siciliana' é delimitada pelos movimentos 1 e4 c5 2 ♘f3 d6 3 d4 cxd4 4 ♘xd4 ♘f6 5 ♘c3 a6. Definindo a palavra 'Abertura' para designar os movimentos com nomes que estão em uso geral, evitamos lidar com seqüências quase irracionais, como, por exemplo, 1 a4 e5 2 f3, que não entram na categoria de Aberturas como as defini. Existem muito poucas Aberturas *significativas* que não têm um nome, mas devemos tocar nelas, caso surja a oportunidade.

Grande parte deste livro é dividida nas Aberturas principais que podem ser identificadas por quatro movimentos ou menos; por exemplo, a Ruy Lopez (1 e4 e5 2 ♘f3 ♘c6 3 ♗b5) ou a Defesa Grünfeld (1 d4 ♘f6 2 c4 g6 3 ♘c3 d5), cada uma, então, subdividindo-se em 'variantes'. As variantes chamadas de Aberturas podem ter qualquer tamanho; por exemplo, a Variante Fechada da Defesa Siciliana tem apenas dois movimentos: 1 e4 c5 2 ♘c3; e a Variante das Trocas da Ruy Lopez (também conhecida como 'Partida Espanhola') consiste nos quatro movimentos 1 e4 e5 2 ♘f3 ♘c6 3 ♗b5 a6 4 ♗xc6. A Variante Lasker do Gambito da Dama é caracterizada pelos sete movimentos 1 d4 d5 2 c4 e6 3 ♘c3 ♘f6 4 ♗g5 ♗e7 5 e3 0-0 6 ♘f3 h6 7 ♗h4 ♘e4 *(D)*.

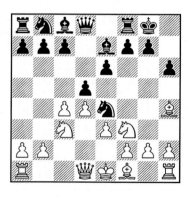

Mas algumas variantes originam-se de outras, que podem ainda originar-se de outras etc. Por exemplo, a Variante do Dragão Chines da Siciliana desenvolve-se a partir desta ordem de movimentos: 1 e4 c5 (esta é a 'Defesa Siciliana') 2 ♘f3 d6 3 d4 cxd4 4 ♘xd4 ♘f6 5 ♘c3 g6 (os movimentos até então são conhecidos como 'Variante do Dragão') 6 ♗e3 ♗g7 7 f3 ♘c6 8 ♕d2 (estes oito primeiros movimentos definem o 'Ataque Iugoslavo') 8...0-0 9 ♗c4 (alguns autores referem-se a isto como o 'Ataque Iugoslavo ♗c4') 9...♗d7 10 0-0-0 e agora com 10...♖b8 *(D)*, chegamos à 'Variante do Dragão Chines da Siciliana'.

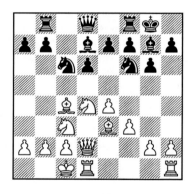

Se alguma delas parecer confusa, não se preocupe: ficará claro quando avançarmos no livro.

Neste quadro geral, a palavra 'teoria' é usada para indicar movimentos específicos que foram jogados ou analisados anteriormente, e são conhecidos por uma parte significativa da comunidade do Xadrez, geralmente, através de publica-

# Capítulo 1 – A Natureza das Aberturas de Xadrez: Fundamentos

ções ou bancos de dados. Na maioria, mas não em todos os casos, podemos considerar a 'teoria' como representando o final da *fase* de Abertura da partida, mas não a Abertura em si. A teoria pode, portanto, estender-se na partida, pois as pessoas no mundo inteiro jogam repetidamente a mesma Abertura e acrescentam constantemente ao que é conhecido sobre ela. As discussões teóricas algumas vezes lidam com o 20º movimento (ou até mais) de uma variante na partida, mas grande parte da Teoria de Abertura geralmente termina entre treze e dezenove movimentos e a teoria de uma variante menos conhecida pode acabar depois de apenas seis ou sete movimentos.

A Abertura tem certas características que a distinguem das outras partes da partida, especialmente dos Finais. Na Abertura, uma grande maioria de peças e peões ainda está no tabuleiro. Nesta situação, é bem possível que em cada posição existam dois, três ou mais movimentos que se equivalem, de modo que não podemos decidir pela prática, ou mesmo por análise posterior, se um movimento realmente consegue mais do que outro. Mesmo que um supercomputador hipotético pudesse resolver a situação, o resultado final do movimento geralmente seria o mesmo – por exemplo, um empate. Assim, um jogador pode ter um grande número de lances para escolher, por uma questão de gosto e estilo de jogo, mais do que por sua qualidade objetiva. Podemos comparar essa situação com outra fase da partida – Os Finais. Na maioria dos Finais, particularmente aqueles com apenas algumas peças no tabuleiro, podemos estabelecer com precisão qual se-

ria o efeito final de um determinado movimento. Como conseqüência, muito poucos movimentos serão feitos simplesmente porque são adequados ao estilo de jogo de alguém.

Você também deve notar que os jogadores geralmente podem cometer um ou mais erros na Abertura e ainda assim não serem punidos com uma posição perdida. Contrariamente, um único erro em um Final de Rei e Peão, por exemplo, pode ser fatal. E a punição pode vir rápida para até mesmo uma pequena imprecisão num Final. Assim, muitas decisões aparentemente razoáveis num Final são claramente certas ou erradas e podem ser demonstradas como tais. Na Abertura, porém, um jogador tem mais liberdade, o que significa que ele é capaz de abordar posições com mais criatividade, sem precisar calcular as variantes até obter uma vitória ou perder. Isso acaba permitindo que jogadores com diversos níveis de capacidade possam descobrir novos movimentos de Abertura que valham a pena. As Aberturas são também mais generosas em relação aos recursos estáticos do jogo: quanto mais cedo na partida você tiver que se haver com um Bispo mau ou um Peão fraco, por exemplo, mais provavelmente poderá resolver os problemas associados. E mais, existem muitas posições de Abertura que são caóticas e desafiam uma generalização útil.

Não deve ser uma surpresa que o Meiojogo compartilhe recursos com a Abertura e o Final. O Meio-jogo tende a incluir decisões críticas mais imediatas do que o jogo da Abertura e os erros do Meiojogo são freqüentemente fatais. Um ataque ou defesa imprecisos podem levar a uma derrota instantânea e os problemas posicionais tendem a ser mais difíceis de resolver. Por outro lado, a maioria dos movimentos do Meio-jogo não irá alterar radicalmente a natureza estratégica da posição. Mesmo permitindo a possibilidade elevada de um erro irreparável, a maioria das posições do Meio-jogo ainda é flexível o suficiente para suportar mais de um movimento funcional e, algumas vezes, mais de uma estratégia.

Com exceção desses detalhes, o que é extremamente importante e deve fazer parte de seu raciocínio em Xadrez é: a maioria das características de uma partida, exceto a perda material ou um revés catastrófico, pode ser mudada ou irá desenvolver-se por si só à medida que a partida se encaminhe da Abertura para o Final. Dominar a Abertura é, até certo ponto, o reconhecimento deste fato e uma adaptação a ele.

## Propriedades Elementares das Aberturas

Agora, vejamos apenas alguns aspectos fundamentais do Jogo de Abertura. Eles são apresentados em um nível bem básico para fornecer algumas ferramentas e o vocabulário com o qual você pode avançar para os próximos capítulos e, pelo menos, compreender parcialmente as análises específicas da Abertura. O jogador experiente poderá querer pular este material.

Os termos e as idéias apresentadas aqui são usadas em todo o livro. Para este primeiro capítulo, a suposição é que você conhece as regras do Jogo, pode seguir a notação do Xadrez e conhece os termos básicos do Xadrez, como, por exemplo, 'coluna', 'diagonal', 'imobilização' etc. Você também deve entender o valor relativo das peças e quanto 'material' ambos os lados têm em termos de força relativa (contar os pontos é o melhor modo de começar). Finalmente, você deve ter jogado o bastante para se sentir confortável com uma análise das formações de Xadrez. Um grande conjunto de idéias e conselhos para os inexperientes é dado em livros, material eletrônico e sites da Web.; em lugar disso, o que eu estou apresentando é uma versão extremamente abreviada de material introdutório. Uma parte do que você vai ler envolve definições de termos, o que provavelmente irá aborrecê-lo, mas são necessários caso você queira compreender as partes divertidas mais adiante.

## O Centro

Toda Abertura tem características exclusivas, inclusive estrutura de peões, táticas típicas e diversos métodos de ataque e defesa. Mas todas as Aberturas têm uma consideração em comum quando se trata de organizar as peças: a configuração do Centro e o seu controle. O Centro é uma preocupação primária ao decidir como proceder com seus planos, sem mencionar seu próximo movimento. Coloquei esta seção sobre o centro antes daquela sobre o desenvolvimento das peças porque ela fornece uma base para tudo o que segue neste livro. Quando você ler os

# Capítulo 1 – A Natureza das Aberturas de Xadrez: Fundamentos

capítulos sobre as Aberturas específicas, encontrará mais comentários sobre o Centro do que sobre qualquer outro assunto. Portanto, é importante familiarizar-se com os conceitos afins.

As quatro casas no meio do tabuleiro (e4, d4, e5 e d5) são chamadas tradicionalmente de 'centro'. O valor do centro pode ser visto imaginando uma peça em uma casa central de um tabuleiro sem as demais peças. As Damas, os Bispos e os Cavalos controlam mais pontos a partir do centro do que se fossem colocados em uma casa não central.

Então, quando incluímos as casas na margem (e3, d3, c4, c5, d6, e6, f4, f5), algumas vezes usamos a frase 'centro estendido'.

casas adjacentes quando falo sobre 'controle central'. Há mais jargão com o qual você irá acostumar-se quando virmos exemplos específicos. Os peões de um jogador nas casas centrais são ditos como sendo '*seu centro*'. Por exemplo, poderíamos dizer que o centro das Brancas neste diagrama consiste nos peões brancos ocupando d4 e e5.

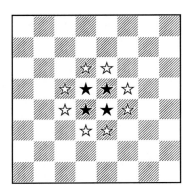

Observe que se os peões ocuparem as casas limitrofes, eles poderão colaborar adequadamente com o controle do centro (as quatro casas do meio). Normalmente, quando falo em 'centro', estou referindo-me às quatro casas internas, mas você também pode querer considerar as

Na posição no próximo diagrama, as Negras podem ser ditas como tendo um centro amplo (ou 'frente central'), descrevendo seus peões em c5, d5, e5 e f5.

Para confundir um pouco mais as coisas, a frase 'peões do centro' também indica os peões que ocupam *qualquer* casa nos corredores centrais de e2 a e7 ou de d2 a d7. Não se preocupe: nada disso precisa ser decorado. Pode apenas ajudar um pouco à medida que você prossegue.

Oportunamente, devo usar a frase 'centro ideal', que se refere a ter peões em e4 e d4 quando você está jogando com as peças brancas ou peões em e5 e d5 quando você joga com as Negras. Chamamos isso de centro ideal porque de todos os possíveis primeiros movimentos os avanços d4 e e4 com as Brancas (ou ...d5 e ...e5 com as Negras) dão às peças a maior liberdade de movimento e, portanto, têm a maior influência na partida. O jogador com o centro ideal também pode acrescentar, mais facilmente, o seu controle das quatro casas centrais. Por exemplo, ele poderia colocar suas peças como a seguir.

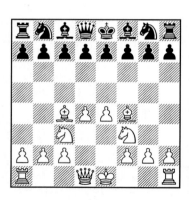

No diagrama, as Brancas controlam a casa central e5 três vezes (com duas peças e um Peão), d5 três vezes, d4 duas vezes e e4 uma vez. Suas peças estão desenvolvidas e ativas. Ambos os Bispos têm seis movimentos disponíveis na frente da 2ª fileira e ambos os Cavalos podem ir para três dessas casas.

Aqui estão alguns exemplos do centro ideal versus alguns centros não tão ideais. Suponha uma partida que comece com estes movimentos:

**1 d4 a5**

Este é um movimento comum de um iniciante, esperando movimentar a Torre através de a6.

**2 e4**

Agora, se 2...♖a6, as Brancas simplesmente irão capturar a Torre.

**2...h5 3 ♘c3 ♖a6 4 ♘f3 g6 5 ♗c4 ♖h7 6 ♗f4 ♘h6** *(D)*

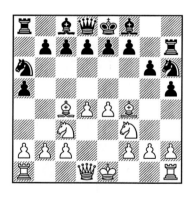

Podemos ver como as Negras negligenciaram o centro. Na verdade, nenhuma de suas peças controla d4, e4, d5 ou e5. As Brancas têm, de longe, a melhor posição.

Mesmo que as Negras joguem mais sensatamente e desenvolvam suas peças no centro, poderão ter problemas pela falta de *controle* central. Um exemplo simples, novamente usando o centro ideal das Brancas:

**1 e4 e6 2 d4 d6 3 ♘f3 ♘f6 4 ♘c3 ♘c6 5 ♗c4 ♗e7 6 ♗f4 ♗d7** *(D)*

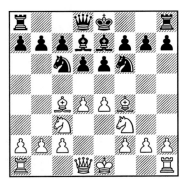

Pelo menos as Negras exercem alguma influência no centro, mas nenhum de seus peões alcançou a quarta fileira; suas peças estão presas atrás de suas próprias linhas. Compare com os Bispos das Negras, que têm apenas dois movimentos retrógrados disponíveis, com os Bispos das Brancas, que podem alcançar oito casas cada. E embora os Cavalos das Negras estejam colocados ativamente, o centro superior das Brancas pode afugentá-los através do avanço dos peões d5 ou e5. As Brancas têm uma vantagem clara. O que deu errado para as Negras? Elas precisavam disputar o centro das Brancas com seus próprios peões, trazendo um deles para d5 ou e5 para quebrar o centro ideal das Brancas e estabelecer um território próprio.

Vejamos diversas Aberturas comuns com relação ao controle central. Você verá a ênfase universal sobre o controle dos pontos centrais. Para cada movimento de um peão ou peça, indico as casas centrais correspondentes que ele controla (ou ajuda a controlar) entre colchetes:

a) Na que é chamada de Partida Italiana, note que cada movimento para ambos os lados controla, pelo menos, uma casa central principal: **1 e4** [controlando d5] **1...e5** [d4] **2 ♘f3** [d4 e e5] **2...♘c6** [d4 e e5] **3 ♗c4** [d5]. Geralmente, as Negras respondem com a 'Giuoco Piano', **3...♗c5** [d4] ou **3...♘f6** [e4 e d5], Dois Cavalos.

b) A Ruy Lopez (ou 'Espanhola') segue com **1 e4** [d5] **1...e5** [d4] **2 ♘f3** [d4 e e5] **2...♘c6** [d4 e e5] e agora, **3 ♗b5** ataca uma peça que controla d4 e e5, assim reduzindo *indiretamente* a influência das Negras sobre elas.

c) Gambito da Dama Recusado: **1 d4** [e5] **1...d5** [e4] **2 c4** [d5] **2...e6** [d5] **3 ♘c3** [e4 e d5] **3...♘f6** [e4 e d5]. Agora, uma linha tradicional segue com **4 ♗g5** [controlando indiretamente e4 e d5 imobilizando o defensor dessas casas] **4...♗e7** [controlando indiretamente d5 e e4, ao liberar o defensor] **5 e3** [d4] **5...0-0** [um movimento útil, mas que não controla uma casa central] **6 ♘f3** [d4 e e5] **6...♘bd7** [e5] **7 ♖c1 c6** [d5] **8 ♗d3** *(D)* [e4].

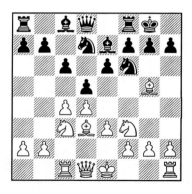

d) Defesa Nimzo-índia: **1 d4** [e5] **1...♘f6** [e4 e d5] **2 c4** [d5] **2...e6** [d5] **3 ♘c3** [e4 e d5] **3...♗b4** [controlando indiretamente e4 e d5 através da imobilização do Cavalo em c3]. Uma linha típica prossegue com **4 e3** [d4] **4...c5** [d4] **5 ♗d3** [e4] **5...♘c6** [d4 e e5] **6 ♘f3** [d4 e e5] **6...d5** [e4] **7 0-0** [liberando o Cavalo c3, que recupera sua influência sobre e4 e d5] **7...0-0 8 a3 ♗xc3** [eliminando o controle do Cavalo em e4 e d5] **9 bxc3** [d4] **9...dxc4 10 ♗xc4** [d5] **10...♕c7** [e5] **11 ♗d3** [e4] **11...e5** [d4] **12 ♕c2** [e4, indiretamente] **12...♖e8** *(D)* [e5].

Em algumas Aberturas, um ou os dois lados fazem o fianqueto de seus Bispos ('fianqueto' significa trazer um Bispo para g2, b2, g7 ou b7); movimento esse que também serve para o controle central; por exemplo:

e) Abertura Inglesa: **1 c4** [d5] **1...e5** [d4] **2 ♘c3** [e4 e d5] **2...♘c6** [d4 e e5] **3 g3** g6 **4 ♗g2** [e4 e d5] **4...♗g7** [d4 e e5] **5 d3** [e4] **5...d6** [e5] **6 ♘f3** [d4 e e5] **6...f5** [e4] **7 0-0 ♘f6** [e4 e d5].

Para ser sincero, metade dos movimentos iniciais de um Cavalo, e aqueles dos quatro peões do centro, controla *alguma* casa central; portanto, pode-se considerar que esse controle central praticamente cuida de si mesmo. Mas as Aberturas acima mostram que os Mestres que as desenvolveram pretenderam ocupar e controlar as casas centrais de um modo contínuo e harmonioso. Para um jogador forte, uma determinada estrutura central, atrai as peças e indica para onde elas devem ir. Então, os peões e as peças controlam as casas principais, enquanto são defendidas com segurança e trabalham juntos. Essa coordenação das peças leva ao próximo assunto.

## Desenvolvimento

Outra idéia crítica da Abertura, porém mais simples, é chamada de 'desenvolvimento'. Isto se refere a mover as peças (sem incluir os peões) de suas casas iniciais e colocá-las 'em jogo'. Contar simplesmente o número de peças que você moveu é a medida mais simples de Desenvolvimento. Naturalmente, é essenci-

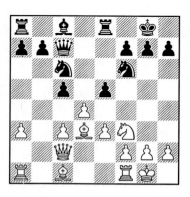

# Capítulo 1 – A Natureza das Aberturas de Xadrez: Fundamentos

al considerar a 'qualidade' do desenvolvimento, ou seja, como as peças serão bem colocadas. Existem alguns princípios do bom desenvolvimento, que infelizmente estão limitados pelo contexto de cada posição, antes de tudo, pela estrutura dos peões. Todavia, quando se acostumar a jogar Xadrez, na maior parte das vezes você se dará bem se conseguir

a) obter o máximo de peças desenvolvidas (fora de suas casas inicias) que conseguir, de preferência no início da partida;

b) trazer essas peças para as casas ativas onde elas tenham um bom alcance (sem as sujeitar a ataques, claro); e

c) coordenar suas peças desenvolvidas com o centro, trabalhando com os peões para controlar quantas casas centrais puder.

Em geral, você não pode obter tudo que deseja, mas mantendo esses princípios em mente, terá uma chance melhor de conseguir a vantagem.

Para desenvolver com eficiência, geralmente é desejável mover cada peça apenas uma ou duas vezes até que todas estejam em posições úteis. E mais, tenha cuidado ao movimentar a Dama logo no início na partida, pois ela algumas vezes ficará sujeita a ataques e terá que recuar. A diferença entre a Dama e as outras peças, neste sentido, é que a Dama não pode ser trocada pela maioria das outras peças ( exceto por outra Dama) sem perder muito material,  e portanto, em muitas situações ela tem que escapar da ameaça de captura e, com isso, perde  tempo.

Eis uma partida curta que combina os conceitos do Centro e do Desenvolvimento:

**Estrin – Libov**
*Moscou – 1944*

**1 e4 e5 2 ♘f3 ♘c6 3 ♗c4 ♗c5**

Até o momento, cada movimento contribuiu com o desenvolvimento e o controle central.

**4 c3**

Agora, as Brancas tentam ocupar o centro com peões. Se tiverem sucesso, isto determinará as melhores casas disponíveis para suas outras peças.

**4...♘f6 5 d4 exd4 6 cxd4** *(D)*

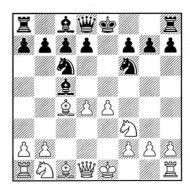

As Brancas conseguiram o centro ideal, mas as Negras estão um pouco à frente no desenvolvimento, no sentido mais simples do número de peças que estão em  jogo.

**6...♗b6?**

Este movimento de recuo permite ao centro das Brancas avançar. As Negras precisam conseguir tempo para seu Rei rocar e ficar em segurança. O modo de fazer isso é 6...♗b4+!.

**7 d5 ♘e7?**

Outro movimento para trás, que permite às Brancas conquistarem mais tempo. 7...♘a5 ataca o Bispo das Brancas em c4, mas depois das Brancas recuarem o Bispo com 8 ♗d3, as Negras terão que se cuidar porque as Brancas estão para jogar b4, conquistando o Cavalo aprisionado.

**8 e5 ♘e4 9 d6!** *(D)*

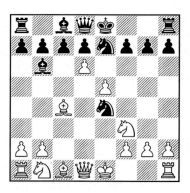

O centro é a chave para a maioria das Aberturas e o das Brancas continua se expandindo para a frente.

**9...♘xf2**

As Negras saciam sua ganância capturando um Peão e organizando um ataque duplo à Dama e à Torre das Brancas.

**10 ♕b3 ♘xh1 11 ♗xf7+ ♔f8 12 ♗g5!**

O Bispo imobiliza o Cavalo que já está sob ataque.

**12...cxd6 13 exd6 1-0**

As Negras abandonam porque perderão sua Dama depois de7+ ou ♗xe7+. Opa!

A moral da história é que as Negras negligenciaram em desafiar o centro das Brancas e, então, tiveram que mover seus Cavalos muitas vezes na Abertura.

## Segurança do Rei

Uma das normas mais importantes no Xadrez é proteger seu Rei contra o mal. Esta consideração elementar é esquecida algumas vezes. Pode afetar muito a devida condução do estágio de Abertura de uma partida.

O método mais comum de melhorar a segurança do Rei é rocar, mas isso deve ser feito com os olhos bem abertos. O objetivo, geralmente, é fornecer uma cobertura de peões para o Rei, como nesta exibição básica:

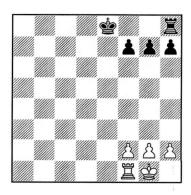

O Rei branco está protegido e relativamente seguro. As casas f3, g3 e h3 estão protegidas contra a intromissão de uma peça inimiga o Rei não pode ser atacado diretamente pelas diagonais por um Bispo ou Dama, ou pelas colunas por uma Torre ou uma Dama. Se as Negras conseguirem capturar um dos peões brancos, isso reduzirá a segurança do Rei, mas pelo menos os outros dois peões ainda estarão por perto para o Rei se esconder atrás deles. O Rei não rocado das Negras está, porém, sujeito a xeques, talvez por um Cavalo em d6 ou c7, por um Bispo em b5 ou c6, por uma Torre em e1 ou a8, ou por uma Dama a partir de várias direções.

Entretanto, a cobertura que os peões dão para o Rei pode ser mais do que ofuscada pela colocação agressiva das peças do oponente na Ala do Rei (ou da Dama, se for o caso).

Uma posição de uma partida famosa ilustra a situação:

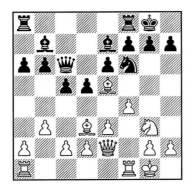

**Em. Lasker – Bauer**
*Amsterdã – 1889*

Muitas peças brancas estão apontadas para o Rei, de modo que até seus peões defensores bem posicionados não podem salvá-lo:

**14 ♘h5! ♘xh5 15 ♗xh7+!! ♔xh7 16 ♕xh5+ ♔g8 17 ♗xg7! ♔xg7** *(D)*

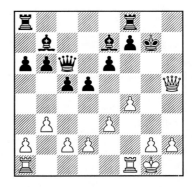

Viu como as Brancas destruiram a proteção da parede de peões das Negras?

**18 ♕g4+ ♔h7**

18...♔f6 19 ♕g5# já é xeque-mate!

**19 ♖f3**

O último tipo de peça reúne-se ao ataque. A idéia das Brancas é 20 ♖h3+ ♗h4 21 ♖xh4#. Note como a Torre somente pode ter um efeito sobre o Rei negro quando os peões na frente dele foram retirados.

**19...e5 20 ♖h3+ ♕h6 21 ♖xh6+ ♔xh6 22 ♕d7**

Este garfo termina a combinação, conquistando uma peça. As Brancas agora estão bem à frente em material e ainda voltam para completar o ataque ao Rei inimigo:

22...♗f6 23 ♕xb7 ♔g7 24 ♖f1 ♖ab8 25 ♕d7 ♖fd8 26 ♕g4+ ♔f8 27 fxe5 ♗g7 28 e6 ♖b7 29 ♕g6 f6 30 ♖xf6+ ♗xf6 31 ♕xf6+ ♔e8 32 ♕h8+ ♔e7 33 ♕g7+ ♔xe6 34 ♕xb7

e Lasker venceu logo depois disso.

Jogadores fortes não têm medo de deixar seus Reis no centro, se for o lugar mais seguro no tabuleiro ou se, ao fazer isso, o Rei contribuir para a defesa das casas fracas, ou potencialmente fracas. Algumas vezes, uma Abertura é até mesmo baseada na posição útil do Rei. E mais, quando uma Abertura torna-se rapidamente simplificada, o Rei pode permanecer no centro para ajudar no Final. Os Reis centralizados geralmente serão peças fortes em um Final, mas aqui é preciso tomar cuidado. Se apenas as Damas foram trocadas ou se apenas a Dama e um ou dois pares das outras peças foram trocados, então, o Rei poderá ainda ser caçado antes que chegue um verdadeiro Final. Este é o tipo de decisão que vem com a experiência.

## Espaço e Suas Propriedades

A quantidade de território que está sob controle do jogador, geralmente referido como 'espaço', é um conceito enganosamente difícil de entender. O primeiro ponto a ser estabelecido é que ter espaço é uma vantagem mais frequente do que se pensa.. Dá mais oportunidade de

organizar suas forças e com sorte, frustrará seu oponente, que terá dificuldades de mobilizar as forças dele. Quando controla mais território, você pode geralmente mover suas peças de um cenário de ação para outro, mais rápido que seu oponente e assim, atacar nessa frente antes que ele possa defender-se. Alguns grandes jogadores passaram suas carreiras jogando Aberturas que enfatizavam o controle do espaço, acima de qualquer outro fator, até mesmo assumindo fraquezas em sua posição, ou dificuldades em seu desenvolvimento.

Em muitas situações, irei supor simplesmente, sem explicações, que o lado com espaço tem a vantagem, embora em outros casos, o espaço possa ser um problema que precisa ser superado! Por exemplo, o possuidor de maior território tem mais a defender no tabuleiro. Isso pode parecer trivial, mas algumas posições são bem conhecidas pela característica de que o jogador com menos espaço prende aquele com mais espaço, ameaçando constantemente mudar a estrutura de peões em seu favor, caso seu oponente tente fazer algo. Diversas variantes da Defesa Siciliana, a Abertura mais popular no Xadrez, inclui linhas nas quais ocorre algo dessa natureza.

Como o espaço geralmente é definido como uma parte do tabuleiro que é delineada pelos peões, uma pergunta que precisa ser respondida é se esses peões são limites verdadeiros, ou simplesmente uma construção temporária que pode ser neutralizada. Por exemplo, os peões podem ser estendidos demasiadamente na Abertura, de modo que as casas atrás deles ficam comprometidas e o avanço dos peões não corresponde, portanto, ao controle do espaço. Considere esta posição do Ataque dos Quatro Peões da ♗ndia do Rei:

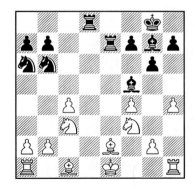

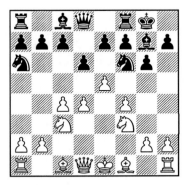

A entrada do Peão branco na posição das Negras define o território das Brancas que têm uma vantagem incontestável em espaço. Elas também ocupam mais o centro. Mas ocupação e controle são duas coisas diferentes e a possibilidade de enfraquecer os peões avançados pode torná-los instáveis. Por exemplo, o jogo a partir do diagrama poderia continuar com 7...♘d7 8 h4?! (as Brancas demarcam ainda mais território e tentam atacar o Rei jogando h5; contudo, estão fazendo movimentos demais com peões, quando deveriam estar defendendo o espaço que conseguiram no centro) 8...c5! (isto é referido como 'enfraquecer o centro das Brancas'; independentemente do que as Brancas façam, seus peões irão desaparecer 9 exd6 ♖e8 10 dxe7 ♖xe7+ 11 ♗e2 cxd4 12 ♘xd4 ♘b6 13 ♘f3 ♗f5 14 ♕xd8+ ♖xd8 *(D)*.

Neste ponto, as Negras controlam todas as casas centrais e ameaçam ...♘b4, enquanto que, ao mesmo tempo, os Bispos das Brancas estão esbarrando em seus próprios peões. Resulta que as Negras têm uma posição vencedora porque, ironicamente, elas controlam o centro. Você pode ver como isso afeta positivamente seu desenvolvimento e a sua atividade.

Independentemente da qualidade medíocre do jogo neste exemplo, fica uma lição: se você conseguir uma grande parte do centro nos primeiros movimentos da partida, certifique-se de que possa defender os peões que controlam esse território. O conceito de vantagem de espaço apenas tem significado quando os peões e as peças começam a assumir posições mais firmes.

Em oposição, veja este exemplo de uma das principais linhas da mesma Defesa Índia do Rei:

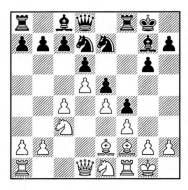

É oportuno dizer que as Negras demarcaram território e têm espaço na Ala do Rei, ao passo que as Brancas têm espaço na Ala da Dama. Bem certamente, alguns movimentos depois, poderíamos ver algo como:

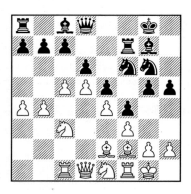

Não há qualquer dúvida sobre quem assegurou território e em que lado do tabuleiro.

Em várias Aberturas, estaremos falando sobre quem tem uma vantagem de espaço e o que isso significa em termos avaliação da posição.

## Características das Peças

Uma terminologia elementar esconde questões muito mais complexas que surgirão nos próximos capítulos. Mas vale a pena analisar alguns termos representativos em relação às peças.

Antes de mais nada, temos alguns termos para descrever os Cavalos e os Bispos. Eles são chamados de 'peças menores', em oposição às Torres e à Dama, que são chamadas de 'peças maiores'. Devo referir-me regularmente à vantagem do 'par de Bispos' ou dos 'dois Bispos' neste livro. Isso reflete o fato de que em cada estágio da partida, inclusive na Abertura, ter os dois Bispos no tabuleiro versus dois Cavalos ou um Bispo e um Cavalo *freqüentemente* constitui uma vantagem significativa. Essa afirmativa enfaticamente qualificada reflete o fato de que, em uma considerável minoria de casos, o jogador que possui dois Cavalos ou um Cavalo e um Bispo terá vantagem sobre, ou pelo menos ficará em igualdade, seu oponente que possui os dois Bispos. Embora essas situações sejam minoria ou quando o par de Bispos for uma vantagem reconhecível, deverei indicar isso com freqüência. Do mesmo modo, se os Bispos estiverem cercados e/ou os Cavalos ocuparem posições excelentes, isso será mencionado com freqüência. Porém, na maior parte das vezes, espero que o leitor venha a notar esses desequilíbrios por si mesmo.

Então, por que os dois Bispos são tão bons juntos? Principalmente, porque eles cobrem as casas de ambas as cores. O Bispo

# Capítulo 1 – A Natureza das Aberturas de Xadrez: Fundamentos

é uma peça poderosa de longo alcance, que em certo sentido, 'deve' ser melhor que o Cavalo porque pode atacar de longe; mas, diferente de um Cavalo, um Bispo pode viajar apenas em uma cor. Com dois Bispos, essa desvantagem é parcialmente corrigida. Mas outra vantagem considerável é que o proprietário dos Bispos pode trocar um ou até ambos os Cavalos sob circunstâncias favoráveis, isto é, ditar quando e onde trocar as outras peças com vantagem. É difícil para o Cavalo com seu pequeno salto perseguir e atacar um Bispo com um desempenho magnífico (ou que esteja cumprindo alguma função essencial), mas um Bispo com a cor certa pode atacar um Cavalo de longe. Assim, os dois Bispos podem fazer mais do que simplesmente controlar casas.

A seguir, estão algumas propriedades elementares das peças e conselhos com respeito a seu uso na Abertura. A maioria dos leitores achará isso quase óbvio, mas este capítulo é basicamente destinado a ajudar o jogador inexperiente a se sentir confortável com as idéias às quais estaremos nos referindo posteriormente.

1. **Os Bispos gostam de diagonais abertas e devem ser desenvolvidos adequadamente.** Você também pode usar seu Bispo para imobilizar uma peça inimiga ou liberar uma das suas. Trocar seu Bispo por um Cavalo é razoável, mas fazer isso apenas para conseguir alguma vantagem (ou se forçado); do contrário, você estará cedendo a vantagem do par de Bispos sem nenhuma compensação.

Embora existam muitas exceções para isto em várias Aberturas, tente não permitir que seus Bispos fiquem presos atrás de seus próprios peões sem uma boa razão. Tendo dito isso, limitar a atividade de um Bispo pode ser necessário para assegurar que seus Cavalos, Torres e o outro Bispo assegurem boas posições.

2. **Os Cavalos também precisam do máximo de liberdade de movimento possível, mas apenas ao ponto de não interferirem indevidamente na atividade das outras peças.** Por essa razão, você pode ver os Cavalos desenvolvidos na segunda fileira ou na borda do tabuleiro em seu primeiro movimento, ao invés de ir para uma das casas 'ideais' f3, c3, f6 ou c6. Os Cavalos gostam particularmente de postos avançados, que surgem em muitas Aberturas. Um posto avançado é um lugar na estrutura de peões do oponente onde sua peça não pode ser atacada por um Peão. Para ter significância, um posto avançado deve estar, pelo menos, em sua 4ª fileira e de preferência na 5ª ou 6ª fileira. A partir de um posto avançado em uma coluna central, um Cavalo pode exercer uma influência considerável em várias casas da posição inimiga, enquanto mantém uma cobertura defensiva. Eis um exemplo de posto avançado ocupado por um Cavalo:

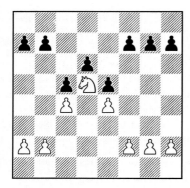

A característica que define o posto avançado, é que o Cavalo não pode ser capturado por um Peão. Sua influência seria mais fortalecida, se apoiado por uma Torre ou Dama na Coluna d, ou por outro Cavalo em c3 ou e3.

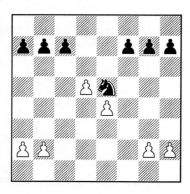

Aqui, o Cavalo das Negras está em um posto avançado que não é apoiado por seus próprios peões, e mesmo assim não está sujeito ao ataque dos peões do oponente. Note que as Negras também poderiam ocupar este posto avançado com um Bispo das casas negras, uma Torre ou uma Dama.

O apoio para o Cavalo e5 poderia vir deTorres na coluna aberta, de outro Cavalo, de um Bispo em f6 ou d6 e de várias colocações da Dama negra.

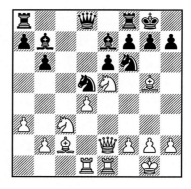

Este é um exemplo real: as Negras têm um posto avançado em d5. Alguns alunos dirão que o Cavalo das Brancas tem um posto avançado em e5, mas note que se o Cavalo das Negras mover-se de f6, então, elas poderão atacar o Cavalo com um Peão em ...f6. Ao contrário, a casa e5 é chamada algumas vezes de 'ponto de apoio' porque é apoiada por seu Peão d4 e provavelmente não será expulso por um Peão em um futuro próximo. Os Cavalos algumas vezes ficam tão contentes em residir em um ponto de apoio quanto estão em ocupar um posto avançado.

O posto avançado e o ponto de apoio são exemplos de configurações estruturais, um assunto que iremos expandir no Capítulo 2 e ainda mais no Capítulo 3.

# Capítulo 1 – A Natureza das Aberturas de Xadrez: Fundamentos

3. **As Torres gostam de ter colunas abertas, de preferência aquelas que se estendem o máximo possível dentro do campo inimigo.** As primeiras trocas de peões algumas vezes permitem que as Torres respirem e tenham um efeito imediato na partida. Na Abertura, supondo que você roca em uma direção ou outra, suas Torres poderão acabar em colunas semi abertas (as bloqueadas apenas por seus próprios peões). Se elas puderem ser centralizadas para defender seus Peões e ou d, ou para ajudar o seu avanço, também não será um papel ruim. Dobrar as Torres (colocar uma atrás da outra em uma coluna aberta) costumava ser incomum no estágio de Abertura, mas como as Aberturas se estendem cada vez mais no que antes era chamado de Meio-jogo, você certamente passará por esta situação. Do mesmo modo que com a colocação de uma Torre na sétima fileira, o que geralmente não é possível até depois da Abertura, mas ocorre, geralmente para ajudar em um ataque. A condução da Torre para a terceira fileira, por outro lado, ocorre com relativa freqüência; geralmente, se deslocando na horizontal para ajudar um ataque ao Rei adversário. Outra colocação comum da Torre na Abertura é na segunda fileira, pois uma Torre que se move horizontalmente na segunda fileira pode defender casas extremamente suscetíveis, como, por exemplo, aquelas imediatamente na frente do Rei. Esta 'defesa da segunda fila' é essencial contra alguns ataques e tais Torres podem também mover-se para as colunas e e d, para apoiar o centro.

4. **Com exceção das partidas muito abertas na quais os peões do centro são expulsos cedo do tabuleiro, a Dama tende a permanecer na posição inicial ou ficar de tocaia atrás de seus peões e peças nos primeiros estágios da Abertura.** Cada vez mais, os jogadores de nivel avançado estão saindo cedo com a Dama, mas de um modo sensato, para maior controle do tabuleiro – uma prática que você verá neste livro. Não há nada errado em trocar as Damas na Abertura, mas também não há nenhuma razão para desviar-se de seu caminho para fazer isso, como muitos jogadores jovens.

## Atividade e Iniciativa

Devo fazer uma referência, de vez em quando, ao tempo, às peças ativas de um jogador e à atividade em geral. É um conceito que pode englobar a coordenação de forças, mas em uma primeira aproximação, simplesmente expressa a mobilidade e o alcance das peças em jogo. As peças ativas controlam mais casas. Tais peças não estão necessariamente envolvidas em um ataque direto, mas podem servir para incomodar as forças adversárias, apoiar um avanço de Peão e, geralmente, conquistar mais território. Você verá que no jogo de Abertura, o jogador ativo tende a ter a melhor partida, em parte porque as peças ativas conseguem forçar as mais lentas para a defensiva, resultando na criação de debilidades no campo inimigo. O equilíbrio que geralmente existe entre ataque e defesa no Xadrez será quebrado se um dos jogadores estiver trabalhando com ameaças diretas e ganhando maior controle do tabuleiro. Ativar assim suas forças é o que se chama de 'ter a iniciativa'. Enquanto o agressor for capaz de forçar seu oponente a continuar reagindo às ameaças, ele manterá sua iniciativa. Algumas vezes, a iniciativa diminuirá, especialmente se não for bem manejada; ela pode até mudar de mãos. Neste livro, você encontrará avaliaçoes minhas que simplesmente informam: 'As Negras têm a iniciativa'. Embora seja ambíguo *quanta* vantagem isso confere às Negras, a iniciativa, por si só,..constitui uma vantagem

Este capítulo cobriu a terminologia e as idéias gerais que, espero, servirão bem para você. Lembre-se que grande parte do que é analisado nestes três primeiros capítulos será aplicada e reforçada na investigação das Aberturas específicas, que ocupa a maior parte deste livro.

# Capítulo 2

## Idéias de Abertura
## e Características Posicionais

Neste capítulo, começaremos considerando algumas questões gerais e até filosóficas sobre o jogo de Abertura. Então, voltaremos para os tópicos especiais que envolvem os diferentes tipos de Centros e as propriedades das Peças e Peões. Grande parte do capítulo será dedicada aos peões e às fraquezas, abrindo a investigação do Xadrez 'posicional' e preparando o palco para sua análise mais detalhada no Capítulo 3.

### Objetivos das
### Negras na Abertura

Os livros de Xadrez têm dito, tradicionalmente, que o objetivo das Negras na Abertura é conseguir a igualdade. Uma variante popular disso é que as Negras, primeiro, devem assegurar a igualdade e só depois, buscar chances para conquistar uma vantagem. Certamente, existem Aberturas nas quais provavelmente este é o caso, mas em muitas Aberturas, as Negras também têm a opção de jogar com agressividade e empenhar-se para roubar

a vantagem das Brancas imediatamente. Nos casos onde não conseguem esse objetivo, um jogo de Abertura enérgico por parte das Negras, ainda pode levar a uma posição tão complexa e obscura que falar em igualdade não faz sentido. Algumas vezes, dizemos 'dinamicamente equilibrado' ao invés de 'igual' para expressar a opinião de que um dos jogadores tem tanta probabilidade quanto o outro, de emergir das complicações com uma vantagem. Este estilo de jogo de Abertura tornou-se predominante no Xadrez moderno, tendo os Campeões Mundiais Fischer e Kasparov como seus praticantes mais notáveis.

Ambas as abordagens para o jogo das Negras são válidas e a distinção entre elas contribui para a diversidade de estilos entre os jogadores contemporâneos. Naturalmente, devemos lembrar que as Brancas sempre tiveram uma pontuação com porcentagem maior de vitórias que as Negras. Mas, será que isso é devido à aceitação das Negras de uma pequena desvantagem no curso de jogar diretamente pela igualdade ou resulta das Negras se expandirem demais em sua busca pela vantagem? Os livros da primeira metade do Século XX enfatizavam particularmente a necessidade de igualar antes de tudo. Geralmente, sugeriam que o jogador de nível avançado e maduro iria focar-se em neutralizar a vantagem do primeiro movimento das Brancas, ao passo que o jovem impaciente, que tentasse deixar seu oponente perplexo, seria punido por um mestre experimentado. Essa atitude pode ter evoluído lentamente com as experiências nas Aberturas que eram jogadas no meio do Século XIX, Aberturas que gradualmente perderam a predileção, depois dos jogadores ficarem mais 'científicos'. A maioria das partidas daquela época começava com 1 e4 e5 e a aparente falha de contra-ataques ambiciosos para as Negras reforçava a filosofia da 'igualdade primeiro'. Por exemplo, diminuiu o interesse nas linhas mais exóticas do Gambito do Rei, como, por exemplo a da famosa 'Partida Imortal' entre Anderssen-Kieseritzky: 1 e4 e5 2 f4 exf4 3 ♗c4 ♕h4+ 4 ♔f1 b5?! *(D)*.

Também foram colocadas de lado 1 e4 e5 2 ♗c4 ♗c5 3 b4 ♗xb4 4 f4 e 1 e4 e5 2 f4 exf4 3 ♘f3 g5 4 ♗c4 g4 5 ♘c3 (talvez, não *tão* terríveis, mas abandonadas, todavia).

Do mesmo modo, o temerário Gambito Evans existiu por algum tempo, mas após 1 e4 e5 2 ♘f3 ♘c6 3 ♗c4 ♗c5 4 b4 ♗xb4 5 c3 ♗a5 6 0-0, a preferência por 6...♕f6!? foi largamente substituída por defesas mais seguras, como a de Lasker 6...d6 7 d4 ♗b6.. E mais, as Aberturas provocadoras como, por exemplo, o Contra Gambito Philidor (1 e4 e5 2 ♘f3 d6 3 d4 f5) e a Defesa Schliemann para a Ruy Lopez (1 e4 e5 2 ♘f3 ♘c6 3 ♗b5 f5) foram consideradas duvidosas ou foram suplantadas de alguma forma por estratégias mais cuidadosas. Por fim, as respostas para 1 e4, que favoreciam o confronto pela igualdade, também falharam em ganhar uma posição segura, até sua profundidade ser estabelecida. A maioria dos Grandes Mestres não levava a sério movimentos, tais como 1...♘f6, 1...d6 e 1...g6, nem 1...d5 era aprovado pelos principais Mestres. Na verdade, a última foi apenas revivida de modo convincente nos últimos dez anos.

Como uma alternativa para 1...e5, a sólida Caro-Kann (1...c6) ganhou popularidade depois de 1900, basicamente como uma arma de igualdade. Na mesma tendência da 'igualdade primeiro', os jogadores da Defesa Francesa utilizavam o movimento despretensioso ...dxe4 (por exemplo, 1 e4 e6 2 d4 d5 3 ♘c3 dxe4) e a Defesa Francesa geralmente não tinha o caráter dinâmico que adquiriu posteriormente. (Até hoje, na verdade, os siste-

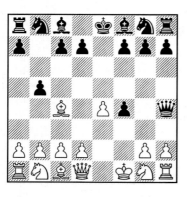

## Capítulo 2 – Idéias de Abertura e Características Posicionais

mas ...dxe4 são escolhidos pelos principais Grandes Mestres, geralmente como forma de simplificar o jogo e igualar). Quando os jogadores experimentavam 1 d4 ao invés de 1 e4, 1...d5 era a resposta esmagadora das Negras, com as várias defesas 'indianas' (começando com 1...♘f6) mantidas em baixa estima.

Olhando para trás, podemos ver que o desejo legítimo de estabelecer a presença de um Peão no centro influenciou muito a escolha e as atitudes com respeito ao jogo de Abertura. A Defesa Siciliana (1 e4 c5) negligencia mover um Peão central (veja o próximo parágrafo), ao passo que as defesas para 1 e4, como, por exemplo, 1...♘f6, 1...d6 e 1...g6 concedem o centro ideal, ou pelo menos favorável, para as Brancas. Assim como várias respostas dinâmicas e/ou desequilibradoras de hoje, para 1 d4. Por exemplo, a Defesa ♗ndia do Rei permite às Brancas ocuparem o centro diretamente nas principais linhas depois de 1 d4 ♘f6 2 c4 g6 3 ♘c3 ♗g7 4 e4 d6 *(D)*.

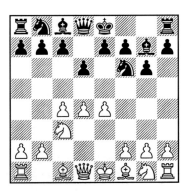

Compare com a análise relacionada no início do Capítulo 3.

A Defesa Siciliana (1 e4 c5), que conta com quase 20% (!) de todas as partidas de alto nível dos Grandes Mestres jogadas atualmente, era inicialmente o caso mais ambíguo, com uma evolução curiosa. Embora seja possível ver apenas alguns tratamentos modernos nas partidas de alto nível, na última metade do Século XIX e no Século XX, a Defesa Siciliana desenvolveu-se até ser jogada em respeitáveis 5% dos tais encontros. Inicialmente, eram as Brancas que falhavam em jogar agressivamente no centro, em geral, escolhendo a Siciliana Fechada (2 ♘c3) ou 2 f4. Então, quando os jogadores voltaram-se para a Siciliana Aberta com 2 ♘f3 e 3 d4, as Negras começaram a jogar lances ativos de desenvolvimento, até que a Variante Scheveningen, com sua estrutura central atrasada (...e6 e ...d6) se colocasse sob atenção geral nos anos 20, por jogadores de destaque, como, por exemplo Euwe. Logo, várias interpretações novas da Siciliana Aberta tornaram-se conceituadas como linhas principais. Mas o ponto até onde as Negras podiam desrespeitar o básico em desenvolvimento e espaço, a favor de outros fatores, ficou aparente apenas muito mais tarde. Durante os anos 40 e 50, novas interpretações da Defesa Siciliana anteciparam a era moderna do dinamismo; jogadores e teóricos desenvolveram as estruturas fundamentais e o jogo de peças usados atualmente por quase todo jogador de categoria.. As variantes dinâmicas das Aberturas tradicionais também ganharam popularidade; por exemplo, a Variante Winawer da Defesa Francesa e o Ataque Marshall na Ruy Lopez. A Defesa Alekhine e a Defesa Pirc acumularam volumosa teoria e muitos Grandes Mestres se tornaram adeptos leais na época em que Fischer usou ambas as Aberturas no seu confronto pelo Campeonato Mundial em 1972 versus Spassky; atualmente, essas Aberturas são menos jogadas que outras no Xadrez de alto nível, mas certamente mantêm sua legitimidade.

Depois dessa grande digressão, ninguém ficará surpreso em achar que qualquer uma das abordagens das Negras para a Abertura seja válida, isto é, elas podem jogar pela igualdade ou aspirarem a conseguir um desequilíbrio dinâmico. Contudo, alguns jogadores que estão apenas iniciando podem não ter ouvido falar sobre a última opção.

## Objetivos das Brancas na Abertura

As Brancas têm escolhas parecidas com as das Negras, supondo-se que elas tenham as mesmas oportunidades. As Brancas podem trabalhar com paciência para manterem sua vantagem inerente, geralmente impedindo o contrajogo adversário e 'acumulando pequenas vantagens'. Ou as Brancas podem buscar situações dinâmicas nas quais tentem tomar a iniciativa e manter as Negras em seus calcanhares. Finalmente, as Brancas podem lançar-se em lutas em ambos os flancos e esperar demonstrar sua vantagem teórica ou habilidades superiores nesse ambiente. Mais uma vez, todos esses métodos são admissíveis. Mas para as Brancas, há uma pequena diferença. Curiosamente, algumas vezes é mais fácil as Negras iniciarem um ataque eficaz e definirem a qualidade do jogo inicial, do que as Bran-

cas fazerem o mesmo. As Negras levam a vantagem de conhecer os lances do adversário com antecedência. Se escolherem jogar uma partida sólida, poderá ser impossível as Brancas atacarem com agressividade. Naturalmente, o contrário também ocorre: as Brancas podem jogar 1 d4, 2 ♘f3 e 3 ♗f4 contra a maioria das Aberturas ou, por exemplo, 1 ♘f3, 2 g3, 3 ♗g2, 4 d3 e 5 0-0 contra praticamente qualquer coisa. Mas a maioria dos jogadores não está interessada em deixar escapar a vantagem do primeiro movimento com lances tão conservadores e, portanto, escolherá jogar com mais ambição. Paradoxalmente, isto pode levar as Negras a definirem o ritmo em certas Aberturas.

## Tipos de Centros

Diversas formações centrais muito importantes serão exploradas em detalhe no próximo capítulo. Entre elas estão os centros caracterizados por:

a)  peões isolados;

b)  maiorias e minorias;

c)  peões centrais restringidos; e

d)  cadeias de peões.

A maioria dos outros tipos de centro que têm importância prática será apresentada em algum lugar no corpo principal do livro. É útil ver algumas dessas formações centrais, para sentir como elas podem ser analisadas e avaliadas. Saiba que o material deste capítulo começará em um nível elementar, mas irá se mover rapidamente para as áreas complexas, que

CAPÍTULO 2 – IDÉIAS DE ABERTURA E CARACTERÍSTICAS POSICIONAIS | 23

não são essenciais para o jogador inexperiente dominar.

1. O **'centro em liquidação'**. Como o nome implica, é aquele em que todos os peões do centro ou a maioria deles vai sendo trocada ou capturada. Eles deixam uma lacuna no meio do tabuleiro por onde as peças podem mover-se de maneira mais ou menos desobstruída. O centro em liquidação costuma favorecer o lado com melhor desenvolvimento e as táticas podem dominar facilmente o jogo; por exemplo, no Gambito Dinamarquês com 1 e4 e5 2 d4 exd4 3 c3 dxc3 4 ♗c4 cxb2 5 ♗xb2 d5 6 ♗xd5 ♘f6! 7 ♗xf7+! ♔xf7 8 ♕xd8 ♗b4+ 9 ♕d2 ♗xd2+ 10 ♘xd2, e a partida se acomoda. Mas se o desenvolvimento for praticamente equilibrado e a partida não tiver se resumido a conflitos desordenados, então, os pontos vulneráveis e as fraquezas dos peões poderão ser aumentados, porque estão muito acessíveis.

**1 e4 e5 2 d4 exd4 3 c3 d5 4 exd5 ♕xd5 5 ♘f3!?**

5 cxd4 é o movimento principal.

**5...♗g4 6 ♗e2** *(D)*

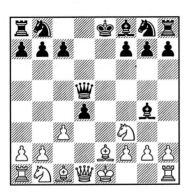

**6...d3! 7 ♗xd3 ♗xf3 8 gxf3**

Os peões brancos dobrados são uma desvantagem séria. Seu par de Bispos em um tabuleiro aberto oferece certo grau de compensação, mas provavelmente não o bastante, uma vez que as Negras podem desenvolver suas peças com facilidade..

Eis uma ilustração de uma Abertura de Peão da Dama:

**1 d4 ♘f6 2 c4 g6 3 ♘c3 ♗g7 4 e4 d6 5 ♘f3 0-0 6 ♗e2 e5 7 dxe5 dxe5 8 ♕xd8 ♖xd8 9 ♘xe5 ♘xe4 10 ♘xe4 ♗xe5** *(D)*

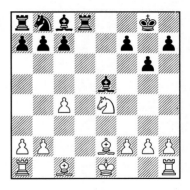

Esta é uma versão bem conhecida da Variante das Trocas da Defesa Índia do Rei, onde uma série de trocas iniciais destruiu o centro. Segundo a teoria, as Negras estão um pouco melhor. As Brancas têm fraquezas em d3 e d4 que podem ser ocupadas pelas peças menores das Negras, ao passo que as Brancas não podem encontrar casas boas, a não ser f6 para explorar a posição negra. Se as Brancas aguardarem, as Negras ocuparão a casa d4 com ...♘c6-d4, de modo que, as Brancas devem mover-se rapidamente e jogar **11 ♗g5 ♗xb2 12 ♗xd8! ♗xa1 13 ♗xc7 ♘c6**

14 0-0 ♗g7, quando então as Negras têm apenas uma pequena vantagem posicional.

**1 e4 e5 2 ♘f3 ♘c6 3 ♗b5 a6 4 ♗xc6 dxc6 5 0-0 ♗d6 6 d4 exd4 7 ♕xd4 f6 8 ♖e1 ♘e7 9 e5 fxe5 10 ♘xe5 0-0** *(D)*

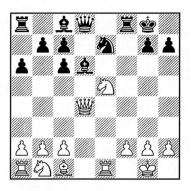

Esta posição e outras como ela têm ocorrido regularmente na Variante das Trocas da Ruy Lopez. Os peões centrais foram varridos do Centro, mas os fatores estáticos ainda controlam o jogo. As Negras têm a estrutura de peões mais fraca, mas também têm o par de Bispos. As Brancas têm uma maioria móvel na Ala do Rei, que pode ser usada, teoricamente, para criar um Peão passado. Mas isso só bem mais tarde; e no Meio-jogo, especialmente com o centro aberto, pode-se esperar que os dois Bispos sejam mais eficazes que o Bispo e Cavalo. O problema é que as Brancas controlam mais espaço e as Negras não têm nenhum Peão no centro com o qual afastar as peças brancas. A posição é praticamente igual.

O centro aberto aparece nas antigas linhas dos gambitos que eram populares 100 ou mais anos atrás. Algumas dessas linhas nunca foram postas de lado de modo permanente. Um exemplo típico:

**1 e4 e5 2 ♘f3 ♘c6 3 ♗c4 ♘f6 4 d4 exd4 5 0-0 ♘xe4 6 ♖e1 d5 7 ♗xd5 ♕xd5 8 ♘c3 ♕h5 9 ♘xe4 ♗e6 10 ♗g5 h6 11 ♗f6! ♕g6 12 ♘h4 ♕h7 13 c3 dxc3 14 bxc3** *(D)*

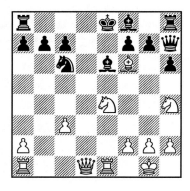

Isto é apenas teoria, ou seja, conhecimento publicado. O centro foi limpo e não há nenhum modo de fazer uma avaliação simples. Apenas muito poder intelectual, análise de computador e Xadrez por correspondência podem resolver este tipo de coisas; na verdade, foram apenas essas coisas que levaram tão longe os pesquisadores de Xadrez! O que me leva a outro ponto: meu objetivo neste livro é fazer com que você entenda a estratégia, inclusive métodos típicos para ambos os lados lidarem com as posições de ataque. Geralmente, é possível indicar temas recorrentes e algumas conexões entre eles. Contudo, só raramente vou analisar posições caóticas como esta, apresentando variantes, lance por lance, nas ocorrências táticas. Os lances corretos são tão imprevisíveis que realmente não podem ser 'explicados', exceto caso-a-caso. Você será capaz de descobrir mais sobre eles, em livros que fazem investigações detalhadas específicas; melhor ainda, você pode tentar realizá-los por si mesmo!

2. Já vimos e analisamos os casos do **'centro ideal'** (também conhecido como 'centro clássico'), onde um lado tem peões em e4 e d4 (ou e5 e d5). Normalmente, o centro ideal constitui uma vantagem, mas isso será verdadeiro, apenas se tiver algum efeito positivo na posição; por exemplo, prender as peças do oponente, avançar com ganho de tempo, criar um Peão passado e/ou servir como o pivô a partir do qual as peças possam, iniciar um ataque. Do contrário, o oponente poderá atacar, de longe e com pouco risco,, os peões do centro.. Em uma situação típica, as Negras restringem o centro ideal das Brancas, mas não podem quebrá-lo. Este desequilíbrio surge em certas variantes do Gambito da Dama Aceito da Eslava, da Grünfeld e da seguinte linha principal da Semi Tarrasch:

**1 d4 d5 2 c4 e6 3 ♘c3 ♘f6 4 ♘f3 c5 5 cxd5 ♘xd5 6 e4 ♘xc3 7 bxc3 cxd4 8 cxd4 ♗b4+ 9 ♗d2 ♗xd2+ 10 ♕xd2 0-0 11 ♗c4 ♘c6 12 0-0 b6 13 ♖ad1 ♗b7** (D)

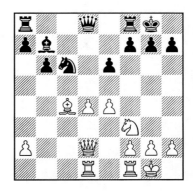

As Brancas venceram algumas batalhas famosas com esta posição, mas os movimentos ...e6 e ....♗b7, em conjunto com ...♘a5, podem minar o centro ideal das Brancas, ao passo que ...♕d6 cobre as principais casas, de modo que a sua posição é apenas um pouco melhor..

3. A formação que surge a partir da chamada **'entrega do centro'** aparece em muitas Aberturas diferentes. Consiste em um único Peão central branco em e4 ou d4, enfrentando um Peão negro solitário em d6 ou e6, respectivamente. Em geral, as Brancas têm uma partida um pouco melhor, devido a seu maior controle de espaço, mas as Negras possuem uma estrutura compacta e uma coluna aberta visando o Peão branco na 4ª fila, de modo que a vantagem pode variar de minúscula a moderadamente significativa.

Eis uma ilustração tirada da Defesa Philidor 'Clássica':

1 e4 e5 2 ♘f3 d6 3 d4 exd4 4 ♘xd4 ♘f6
5 ♘c3 ♗e7 6 ♗c4 0-0 7 0-0 ♖e8 8 ♗f4
♗f8 9 f3 *(D)*

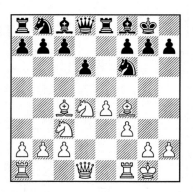

As Brancas têm uma vantagem agradável porque controlam mais espaço e têm um desenvolvimento mais livre.

Uma entrega do centro ocorre na antiga linha principal da Defesa Caro-Kann:

1 e4 c6 2 d4 d5 3 ♘c3 dxe4 4 ♘xe4 ♗f5
5 ♘g3 ♗g6 6 ♘f3 ♘d7 7 h4 h6 8 h5 ♗h7
9 ♗d3 ♗xd3 10 ♕xd3 ♕c7 11 ♗d2 e6
*(D)*

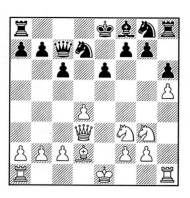

As Negras dominam menos espaço, mas têm uma posição segura e nenhuma fraqueza. Podem também tentar quebrar o centro baseado em d4, com ...c5. As Brancas têm a partida mais fácil, mas contra um jogo preciso, manterá pouca vantagem, se conseguir alguma. Esse tipo de 'centro limitado' será analisado com alguma profundidade no Capítulo 3.

## Flanco versus Centro

Sempre é difícil avaliar se o avanço de um Peão do flanco, na Abertura, é forte ou fraco. Em geral, diz-se que um centro tem que estar seguro, para justificar o avanço de um Peão. Isso é verdadeiro em muitas situações.

Por exemplo:

1 e4 c5 2 ♘f3 d6 3 d4 cxd4 4 ♘xd4 ♘f6
5 ♘c3 g6 6 ♗e2 ♗g7 7 ♗e3 0-0 8 0-0
♘c6 9 ♘b3 a5 10 a4 ♗e6 11 g4 *(D)*

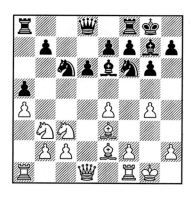

É um avanço prematuro. O centro deve ser assegurado com 11 f4, com a idéia 11...d5? 12 f5.

**11...d5!**

Um contra-ataque no centro cria uma ameaça em e4 e faz o Peão g parecer um bobo alí, sem fazer nada.

**12 exd5 ♘xd5 13 ♘xd5 ♗xd5 14 c4 ♗e6 15 ♘c5 ♕c8 16 ♘xe6 ♕xe6**

As Negras ficam melhor porque a posição central das Brancas é fraca e o Peão g4 torna a Ala do Rei difícil de defender.

Mas o inverso também é verdadeiro: os movimentos com peões dos flancos freqüentemente afastam uma peça de uma casa na qual ela controla o centro e/ou ameaça apoiar um avanço central. Outra linha da Defesa Siciliana é um exemplo típico:

**1 e4 c5 2 ♘f3 d6 3 d4 cxd4 4 ♘xd4 ♘f6 5 ♘c3 a6 6 ♗e3 e6 7 f3 ♗e7**

Uma ilustração parecida do avanço g4 como um desestímulo para ...d5 é 7...♘c6 8 ♕d2 ♗e7 9 g4 d5?! 10 g5 ♘xd4 11 ♕xd4 ♘h5 12 f4!. As Brancas estão ameaçando 13 ♗e2; e 12...dxe4 (12...h6 13 exd5 hxg5 14 fxg5 ♗xg5 15 0-0-0) 13 ♕xd8+ ♔xd8 14 ♗e2 g6 15 0-0-0+ deixa as Negras esforçando-se.

**8 g4 d5!?** *(D)*

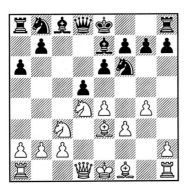

**9 g5 ♘fd7 10 exd5 ♗xg5 11 ♗xg5 ♕xg5**

A esta altura, a posição das Negras não parece tão ruim, mas um lance simples mostra como foi eficiente afastar o Cavalo negro da casa f6.

**12 ♕d2! ♕xd2+ 13 ♔xd2 ♘b6 14 ♖e1**

As Brancas estão confortavelmente bem. As Negras terão graves fraquezas depois de 14...0-0 15 dxe6 fxe6 16 ♗d3. Nestes exemplos, o flanco defende o centro.

Contanto você tenha consciência de que cada situação deve ser avaliada segundo seus próprios méritos, é sempre melhor considerar responder a um ataque de flanco com um contra-ataque central e vice-versa. Mas nenhuma resposta deve tornar-se uma regra.

## Fraquezas

A palavra 'fraqueza' refere-se aos problemas com Peões e Estruturas de Peões. Alguns termos relacionados aos peões ainda precisam ser definidos, o que faremos agora. Primeiro, porém, quero fazer um comentário mais amplo. As fraquezas de Peão deverão ser evitadas em qualquer estágio da partida, se você não conseguir nada em troca. Portanto,,compreender as *estruturas de peões* (um assunto muito mais amplo do que as fraquezas de peões) é muito mais importante do que qualquer outro fator, para entender o Xadrez. Mas essa compreensão não deve ser confundida com uma fobia geral com relação a fraquezas. Normalmente, não são tão importantes na Abertura como serão mais tarde na partida. A máxima de

Tarrasch: 'Antes do Final os deuses colocaram o Meio-jogo', faz parte da explicação, embora não conte toda a história aqui. Na medida em que o Meio-jogo se desenvolve e ocorreu (ou é iminente) uma simplificação considerável, um jogador deve estar particularmente preocupado com as fraquezas atuais e eventualmente, com as que um Final poderia trazer se aquela estrutura de peões persistir. Isto requer, algumas vezes, uma ação radical. Mas no estágio da Abertura (particularmente nos 10 primeiros movimentos, mais ou menos), as fraquezas estruturais são, geralmente, mais um problema defensivo imediato do que um que deva ser observado para salvar um Final. Elas podem ser incorporadas em uma abordagem geral, para uma posição que esteja funcionando extremamente bem; por exemplo, um Peão terrivelmente fraco pode fornecer, temporariamente, proteção contra o jogo do oponente e permitir que você consiga a vantagem. Isso é verdadeiro por causa da natureza mutável da maioria das Aberturas e Meio-jogo. Os jogadores que estão começando a ter experiência com Xadrez, especialmente, não devem superestimar as desvantagens das fraquezas, como, por exemplo, peões dobrados, isolados ou atrasados e, assim, ignorar as boas oportunidades de ataque ou outra atividade positiva. Acho que os alunos geralmente erram na prudência a esse respeito, quando poderiam procurar, agressivamente, a iniciativa. Se for assim, tente evitar as fraquezas desnecessárias e tire proveito das fraquezas na posição do adversário, mas não tome decisões que estejam muito focadas apenas neste aspecto da partida. Sua estrutura de peões pode estar lhe mostrando outras coisas importantes sobre como lidar com a posição, em sua totalidade..

A seguir, estão algumas definições e pequenas explicações sobre os tipos de peões e suas propriedades. No Capítulo 3, iremos examinar e avaliar isso com muito mais detalhe.

1. Um **Peão isolado** é um que não tem nenhum Peão da mesma cor (isto é, peões amigos) em qualquer das colunas adjacentes.. Na prática, estamos especialmente preocupados com tal Peão, quando ele está em uma coluna aberta. No Capítulo 3, você encontrará uma análise extensa e muitos exemplos de peões isolados. Em algumas situações típicas, suas vantagens estão em equilíbrio, de modo excelente, com suas desvantagens, sendo por isso que tantos jogadores correm para consegui-los, e outros para jogar contra eles.

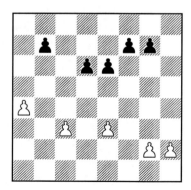

As Brancas têm três peões isolados, em a4, c3 e e3. As Negras têm um Peão isolado em b7. Os peões em a4, c3 e b7 estão nas colunas abertas e assim, estão relativamente mais expostos do que o Peão em e3, que é ocultado por um Peão adversário na mesma coluna.

2. Um **Peão atrasado** é aquele que tem, pelo menos, um Peão de mesma cor, em uma coluna adjacente, que está situado uma fileira ou mais, à frente de seu compatriota.

parte das vezes, os peões dobrados *isolados* em uma coluna aberta são uma grave desvantagem, pois são difíceis de defender e porque há um posto avançado maravilhoso na frente deles, pedindo para que uma peça adversária o ocupe.. Eis uma situação bem conhecida, na qual um Cavalo está colocado na frente dos peões f dobrados.

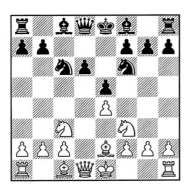

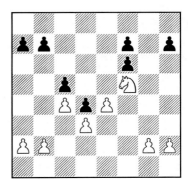

Nesta posição bem conhecida da Defesa Siciliana, o Peão d6 das Negras é um Peão atrasado. Geralmente, a casa na frente do Peão atrasado serve como um posto avançado para o oponente, como aqui (veja o Capítulo 1 para obter uma descrição de posto avançado). Nós nos preocupamos mais com os peões atrasados em coluna aberta, como é o Peão em d6. Os peões atrasados geralmente são fracos, mas nem sempre.

3. Um **Peão dobrado** é aquele que se deslocou para a mesma coluna de qualquer um de seus peões amigos. Como sempre, os peões dobrados em uma coluna aberta são mais fracos do que os ocultados pelos peões inimigos. Peões dobrados podem ser fracos ou fortes, mas, na maior

4. **Peões que bloqueiam o caminho das peças** são sempre um problema e o mais famoso de tais problemas envolve os Bispos 'bons' e 'ruins'. Usarei esses termos em toda a seção de análise, portanto, devo tentar uma definição. Um Bispo 'ruim' é aquele cujos peões *centrais* estão nas casas de mesma cor do Bispo; em oposição, um Bispo 'bom' fica nas casas que têm a cor oposta de seus peões centrais. Observe a ênfase nos peões centrais. De longe, os peões mais importantes para determinar a 'bondade' ou a 'ruindade' de um Bispo são os peões d e e. Os peões c e f adjacentes poderão ser incorporados, se parecerem relevantes para a mobilidade geral do Bispo, mas esses peões devem receber um peso consideravel-

mente menor. Vejamos esta situação na teoria:

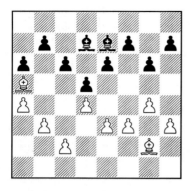

Avaliar os Bispos das Negras é a tarefa mais fácil. Seus peões em e6 e d5 estão nas casas brancas, portanto, seu Bispo em d7 é 'ruim' e o que está em e7 é 'bom'. Acontece que todos os outros peões negros estão também nas casas brancas; mas com exceção dos peões c e f, que têm uma importância limitada, eles não são fatores no modo como avaliamos se um Bispo é bom ou ruim.

O Bispo branco das casas brancas pode parecer inútil, porque está bloqueado por peões em f3, h3 e g4, enquanto que os peões em c2, b3 e a4 podem fornecer obstáculos. Mas é um Bispo 'bom' porque os peões do centro das Brancas estão nas casas negras. Em oposição, o Bispo a5 tem duas ótimas diagonais abertas e pode ainda alcançar o posto avançado maravilhoso em e5. Entretanto, é um Bispo 'ruim' porque tem a mesma cor dos peões centrais. O motivo é que um Bispo 'bom' pode ser uma peça fraca e até disfuncional, ao passo que um Bispo 'ruim' pode ser a melhor peça no tabuleiro. Essas situações, porém, são excepcionais. Na maioria considerável dos casos, um Bispo 'bom' realmente é aquele que serve melhor (e que você não deseja trocar!), enquanto que um Bispo 'ruim' tende a ser obstruído e passivo. Essa generalização traz de volta a extraordinária importância do Centro.

Bispos ruins podem servir como defensores convenientes, mas serem particularmente inúteis quando se confrontam com um Cavalo bom:

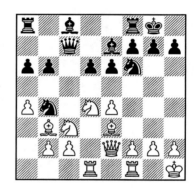

**V. Gurevich – Zakharov**
*Azov – 1995*

**13...d5?!**

Em uma posição da Siciliana, bastante convencional, as Negras fazem a ruptura ...d5 padrão, pensando liberar as suas peças. Mas podem não ter considerado todas as conseqüências de uma liquidação geral.

**14 exd5 ♘bxd5 15 ♘xd5 ♘xd5 16 ♗xd5! exd5**

Este é um tipo de posição final que pode resultar de várias outras Aberturas, como, por exemplo, a Defesa Francesa com 3 ♘d2 c5 ou vários Gambitos da Dama nos quais as Negras jogam ...c5. A simplificação que ocorreu favorece às Brancas, que agora têm sucesso em se livrar do Bispo bom das Negras.

**17 ♗f4! ♗d6**

Após 17...♕xf4 18 ♕xe7, as Negras realmente não têm uma casa boa para seu Bispo c8, e, portanto, têm dificuldades para ativar suas Torres. Nesse ínterim, depois de ♖fe1, todas as peças brancas estarão colocadas ativamente.

**18 ♗xd6 ♕xd6 19 ♕d2 ♗g4 20 f3 ♗e6** *(D)*

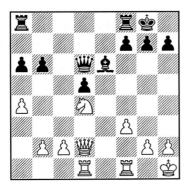

As Brancas conseguiram a posição desejada do 'Cavalo bom contra o Bispo ruim', que lhe permite controlar o jogo em ambos os flancos do tabuleiro. Esta formação do Peão d, do Cavalo e do Bispo é uma que surge com freqüência. Agora, observe como as Brancas exploram as casas negras, sua vantagem de espaço e sua mobilidade superior.

**21 a5 bxa5 22 ♕xa5 ♖fb8 23 b3 ♕b6 24 ♕d2 a5 25 ♖a1 ♗d7 26 ♖fe1 g6?!**

As Brancas conseguem uma casa crucial na Ala do Rei depois de 26...a4 27 bxa4 ♖xa4 28 ♖xa4 ♗xa4 29 ♘f5!. Uma tentativa melhor é 26...♕c5.

**27 ♕f4 ♖e8 28 h4! ♕b4 29 ♖xe8+ ♖xe8 30 ♔h2 a4 31 bxa4 ♗xa4 32 c3 ♕c4 33 h5! ♗d7 34 h6 ♗f5 35 ♕d6 1-0**

Não há nada a ser feito acerca de ♕f6; por exemplo, 35...♕xc3 36 ♕f6 ♕c7+ 37 ♔h1 ♔f8 38 ♘c6 etc.

## Temas sobre Fianqueto e Profilaxia

Os Bispos ruins podem servir para alguns papéis produtivos que nem sempre são óbvios. A palavra 'profilaxia' no Xadrez tem relação com a prevenção dos planos do oponente e de continuações desejadas, que incluem lances liberadores e lances que têm finalidade produtiva, seja de natureza defensiva ou agressiva.. Embora o conceito de profilaxia também possa incluir um conjunto maior de significados, esses são os relevantes para a maioria das análises sobre as Aberturas.

Bispos em fianqueto, por exemplo, podem ser ruins e ainda assim servir a finalidades profiláticas. Para ilustrar, pode-se imaginar por que as Negras gastam dois movimentos para fianquetar seu Bispo na Defesa Índia do Rei e, então, jogam ...e5 para bloqueá-lo! E por que as Negras, nessa defesa, geralmente não medem esforços para evitar trocar esse

Bispo? Não deveria ele ser considerado o exemplo típico de um Bispo mal colocado? Ao contrário, os fãs da Índia do Rei tendem a considerar essa peça como sua posse mais preciosa. Vejamos um exemplo simplificado:

1 d4 ♘f6 2 c4 g6 3 ♘c3 ♗g7 4 e4 d6 5 ♘f3 0-0 6 ♗e2 e5 7 0-0 ♘a6 8 d5 ♘c5 9 ♕c2 a5 10 ♘e1 ♘fd7 *(D)*

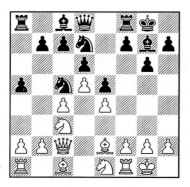

As Negras estão planejando ...f5. Se a análise de alguém fosse baseada unicamente no ataque ao centro das Negras, seria possível jogar o lance fraco 11 f4?, levando a 11...exf4 12 ♗xf4 ♘e5, mas o Bispo g7 não só é uma peça poderosa, como apóia o posto avançado em e5 na frente do Peão branco atrasado. Portanto, pode-se dizer que o Bispo g7 'evita' 11 f4 (e a idéia de f4 em geral). Ou, em uma seqüência como, por exemplo, 11 ♘d3 f5 12 ♘xc5 ♘xc5, as Brancas não deveriam jogar 13 exf5?!. Elas poderiam fazer isso para evitarem o ataque perigoso das Negras que se segue a 13 f3 f4. Mas 13 exf5?! ♗xf5 14 ♕d1 segue opondo-se a 14...e4!, quando então, o Bispo g7 deixa de ser um espectador passivo,

para ganhar grande força.. Nesta posição e em outras parecidas, o Bispo de casas negras serve como medida profilática contra exf5 das Brancas, que poderia dificultar os planos das Negras. Devo acrescentar que em alguns casos onde as Negras respondem exf5 com ...gxf5, isto também lhes permitirá fazer uma jogada ...e4 favorável e liberar seu Bispo ruim. Qual é a lição? Um Bispo ruim pode desencorajar os movimentos que prejudicariam sua causa.

Não é preciso um Bispo em fianqueto para preencher esse papel, claro. Na Ruy Lopez Fechada, quando as Brancas constróem uma estrutura de peões com e4 e d5 e colocam seu Bispo em c2, pode-se dizer que o Bispo ruim das Brancas em c2 tem um efeito profilático natural contra a jogada ...f5, porque então, exf5 traz o Bispo para um ataque na Ala do Rei. Se as Negras tiverem um Peão em c7 (com a mesma colocação de peças), então, o movimento ...c6 poderá ser respondido com dxc6 e ♗b3, conquistando a diagonal a2-g8 aberta. Para essas idéias, veja, por exemplo, a Defesa Breyer ou a Variante Zaitsev na Ruy Lopez (Capítulo 8).

## Complexos de Cores

Em muitas Aberturas, um dos jogadores, ou ambos, concentrará suas forças, em grande parte ou exclusivamente, nas casas de uma ou outra cor. Isso é particularmente lógico no caso das Negras, porque elas não têm tempo para enfrentar as Brancas em casas de ambas as cores. Um exemplo típico é a Defesa Nimzo-índia, na qual os três primeiros movimentos controlam as casas brancas (1 d4 ♘f6 2 c4 e6 3 ♘c3 ♗b4), e as várias linhas principais continuam com ...b6, ...♗b7 e ...♘e4 (estritamente falando, este último movimento visa as casas negras, embora 'jogue' nas casas brancas e prepare outro lance em casa branca, ...f5). Nas variantes de peões dobrados, como, por exemplo, 4 a3 ♗xc3+ 5 bxc3, podemos ver as Negras jogarem ...b6, ...♗a6, ...♘c6-a5 e ...d5, o que realmente é estar jogando em um complexo de cores. A seguinte partida combina temas complementares de peões atrasados, postos avançados e jogo em um complexo de cores.

### Taimanov – Karpov
*Equipes de Moscou – 1973*

**1 d4 ♘f6 2 c4 e6 3 ♘c3 ♗b4 4 e3 c5**

Karpov se afasta por um momento da estratégia das casas brancas, mas logo retornará a ela.

**5 ♗d3 0-0 6 ♘f3 d5 7 0-0 dxc4 8 ♗xc4 cxd4 9 exd4**

Agora, as Brancas têm um Peão isolado em d4.

**9...b6 10 ♕e2 ♗b7 11 ♖d1 ♘bd7 12 ♗d2 ♖c8 13 ♗a6?!**

Este é o principal movimento para a parte inicial da Abertura. Um complexo de cores tem um significado mais forte quando um Bispo que reside na cor oposta dos peões do centro (ou seja, um Bispo bom) é trocado. Assim, as Brancas arriscam-se a perder o controle das casas brancas.

**13...♗xa6 14 ♕xa6 ♗xc3 15 bxc3** *(D)*

Agora, as Brancas aceitaram um Peão atrasado em uma coluna aberta (frequentemente, o único modo de um Peão atrasado ser fixado) e as Negras têm um posto avançado em c4, na frente desse Peão. Ao contrário, 15 ♗xc3?! colocaria um Bispo muito ruim em c3, cujo potencial de ser liberado por d5 é quase inexistente, em especial, depois das Negras colocarem um Cavalo no posto avançado realmente poderoso em d5.

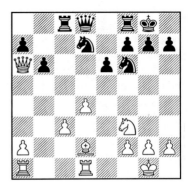

O Peão c3 pode ser fraco ou forte, com o último dependendo de duas possibilidades:

a) o Peão c3 faz um trabalho tão bom apoiando d4, que permite às Brancas terem tempo para organizar um ataque na Ala do Rei ou no centro;

b) o Peão pode avançar para c4.

Taimanov deseja buscar a última idéia, contando com a superioridade de seu Bispo sobre o Cavalo d7 das Negras (que não tem, casualmente, muitas perspectivas no momento, porque está limitado pelo Peão d4 das Brancas). Poderá ocorrer uma mudança favorável de estrutura se, por exemplo, as Brancas puderem jogar c4 seguido de ♗b4. O problema é que as Negras atacam primeiro.

**15...♖c7**

As Negras protegem o Peão a e gostariam de jogar ...♕c8 seguido de ...♘d5. Elas já colocaram seus olhos nas fraquezas das casas brancas em c4, a4 e possivelmente em d5.

**16 ♖ac1**

As Brancas visam fazer o movimento c4. Transformar um Peão atrasado em um Peão pendente é, com muita freqüência, uma boa idéia. Contudo, se não houver nenhuma possibilidade de jogo dinâmico, é geralmente mais fácil defender um Peão na terceira fila do que na quarta.

**16...♕c8 17 ♕a4** *(D)*

17 ♕xc8? ♖fxc8 fixa permanentemente o Peão até que ele possa ser conquistado, o que não levará muito tempo para acontecer

**17...♖c4!**

O segundo lance-chave. Karpov sacrifica um Peão, apenas para ocupar o posto avançado e manter um bloqueio! Ripperger oferece a linha criteriosa 17...♕b7 (protegendo a7) 18 c4 ♖fc8 19 ♗f4 ♖c6 20 h3 a6 21 ♕b3 b5 22 c5 ♘d5, quando as Negras bloqueiam o Peão d das Brancas, mas ao custo de um Peão passado protegido em c5. Depois de 23 ♗d6, a posição parece bem igual.

**18 ♕xa7 ♕c6 19 ♕a3**

As Negras estavam ameaçando prender a Dama com ...♖a8.

**19...♖c8 20 h3 h6 21 ♖b1 ♖a4 22 ♕b3 ♘d5** *(D)*

O domínio das casas brancas! Esta é uma ilustração particularmente boa do jogo favorável em um complexo de cores.

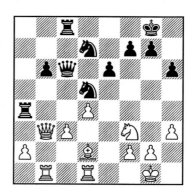

O estágio de Abertura acabou e Karpov tem uma compensação posicional mais que suficiente por um Peão. O resto da partida é jogada muito precisamente até os últimos movimentos antes do controle de tempo e demonstra a força do bloqueio e do posto avançado que ele confere:

**23 ♖dc1 ♖c4 24 ♖b2 f6 25 ♖e1 ♔f7 26 ♕d1 ♘f8 27 ♖b3 ♘g6 28 ♕b1 ♖a8 29 ♖e4 ♖ca4 30 ♖b2 ♘f8 31 ♕d3 ♖c4 32 ♖e1 ♖a3 33 ♕b1 ♘g6 34 ♖c1 ♘xc3 35 ♕d3 ♘e2+ 36 ♕xe2 ♖xc1+ 37 ♗xc1 ♕xc1+ 38 ♔h2 ♖xf3!?**

Certamente, um movimento intimidador quando não resta muito tempo. Objetivamente, 38...♘f4! teria deixado as Negras com uma grande vantagem posicional.

**39 gxf3 ♘h4 0-1**

As Brancas deveriam continuar jogando (talvez tenha perdido no tempo?) com 40 d5!, embora as Negras ainda tenham vantagem depois de, por exemplo, 40...♕f4+ 41 ♔h1 exd5 42 ♕e3 ♕f5.

Esta partida é típica, no sentido de que a estrutura resultante da Abertura indica se os jogadores estarão se concentrando em certa cor durante a partida.

Existem muitas outras Aberturas com uma orientação duradoura de jogar em uma cor. Considere as linhas principais da Variante do Dragão da Siciliana: os peões centrais das Negras são situados para controlar as casas negras e suas peças mais ativas controlam as casas negras: o Bispo g7 importante, o Cavalo c6, sua Dama em a5 ou c7 (com muita freqüência) e até a Torre c8 tem olhos gananciosos em c3. O Cavalo f6 negro tem uma tendência de ir para d7 e aumentar o controle das casas negras e5 e c5. Apenas o

Bispo da Dama não participa, mas tem dificuldades inerentes neste sentido. Normalmente, as Brancas fazem o Roque grande, quando os ataques mais devastadores das Negras parecem cair sobre as casas c3 e b2.

Todavia, quando falo de uma posição na qual as 'Negras dominam as casas negras', geralmente estou me referindo a certas fraquezas estruturais persistentes que existem.. Por exemplo:

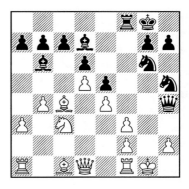

O domínio de um complexo de cores não significa necessariamente uma posição vencedora, mas provavelmente constitui uma séria vantagem, em geral, uma compensação ou mais, pela qualidade que foi sacrificada, neste exemplo quando da captura de um Cavalo em f3. As Brancas ainda têm seu Bispo de casas Negras, mas perdeu as casas negras de qualquer modo.

## Fraquezas Internas

Quando um ou os dois lados têm 'fraquezas internas', surge uma situação importante. Isso significa que não ocuparam as casas em suas terceira ou quarta filas que não podem ser defendidas por outros peões. Geralmente, essas fraquezas são um pouco mascaradas por uma frente de peões, mas também podem ficar expostas, quando uma frente de peões desaparece ou sofre uma ruptura. Em geral, irei referir-me às fraquezas internas no centro do tabuleiro, por exemplo, as casas e4, d4, e3 e d3 das Brancas ou e5, d5, e6 e d6 das Negras. As fraquezas nas casas de flanco são normalmente menos notadas, mas as criadas pelo avanço do Peão na frente do Rei são uma enorme exceção; por exemplo, um ataque com f4-f5, g4-g5 e h4 pode criar fraquezas críticas em f4, g4, h4, f3, g3 e h3. Bons jogadores tendem a ser muito cuidadosos ao exporem seus reis de tal modo. Com minha experiência, os jogadores menos avançados deixam de reconhecer esse tipo de fraqueza, especialmente se as casas em questão não forem atacadas ou ocupadas imediatamente.

Um exemplo típico de um complexo de fraquezas internas surge com um centro avançado. No último capítulo, vimos o Ataque dos Quatro Peões da Índia do Rei, no qual a frente do centro cedeu e as fraquezas internas foram expostas. Vale a pena reservar um tempo para ver aquele exemplo, especialmente o diagrama final. As fraquezas permanecem, independentemente dos peões que as ocultam desaparecerem. A seguinte partida é um clássico entre dois dos maiores jogadores de todos os tempos:

**Karpov – Kasparov**
*Campeonato Mundial,
Moscou (16) – 1985*

1 e4 c5 2 ♘f3 e6 3 d4 cxd4 4 ♘xd4 ♘c6 5 ♘b5 d6 6 c4 ♘f6 7 ♘1c3 a6 8 ♘a3 d5!?

Um gambito chocante preparado por Kasparov para esta partida.

9 cxd5 exd5 10 exd5 ♘b4 11 ♗e2 ♗c5?! 12 0-0? 0-0 13 ♗f3 ♗f5 *(D)*

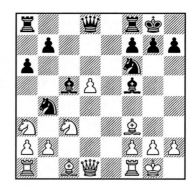

O que foi que as Negras ganharam, por seu Peão? Uma maior atividade, certamente, e além disso, o Cavalo a3 branco é uma peça muito fraca; mas, acima de tudo,, as Brancas têm graves fraquezas internas em seu próprio campo, d4 e d3. Ambas estão na coluna d fechada, ainda assim, de uma grande importância.

14 ♗g5 ♖e8 15 ♕d2 b5 16 ♖ad1 ♘d3 *(D)*

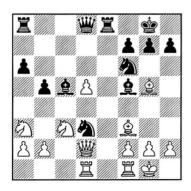

É isso aí. A casa d3 não tem nenhuma proteção e o Cavalo, de sua posição, irradiará sua influência até quase o fim da partida.

17 ♘ab1 h6 18 ♗h4 b4 19 ♘a4 ♗d6 20 ♗g3 ♖c8 21 b3 g5!

Mais espaço.

22 ♗xd6 ♕xd6 23 g3 ♘d7 *(D)*

As Negras até estão prontas para reforçar d3, que dificilmente precisa disso. Em praticamente todas as variantes críticas analisadas posteriormente, d3 provou ser a diferença. A casa d4, que também é fraca, não é ocupada por uma peça até mais tarde, mas a perda do controle das Brancas sobre ela, permitiu às Negras prosseguirem sem impedimento.

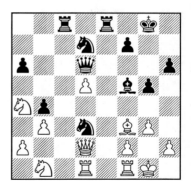

24 ♗g2 ♕f6 25 a3 a5 26 axb4 axb4 27 ♕a2 ♗g6 28 d6

A guarda avançada tem que ser sacrificada. As Brancas estão presas de modo desanimador, ainda mais, depois do próximo movimento das Negras.

28...g4 29 ♕d2 ♔g7 30 f3 ♕xd6 31 fxg4 ♕d4+ 32 ♔h1 ♘f6 33 ♖f4 ♘e4 34 ♕xd3

Finalmente, as Brancas capturam o Cavalo que estava em sua terceira fila durante 18 jogadas! Mas neste ponto, o estrago já foi feito e é tarde demais para salvar a partida.

34...♘f2+ 35 ♖xf2 ♗xd3 36 ♖fd2 ♕e3 37 ♖xd3 ♖c1 38 ♘b2 ♕f2 39 ♘d2 ♖xd1+ 40 ♘xd1 ♖e1+ 0-1

# Capítulo 3

# A Importância da Estrutura

## Uma Questão Simples: Peões ou Peças?

Um jogador inexperiente, tendo se esforçado em algumas seqüências de Abertura, poderia perguntar legitimamente: "É mais importante, no início de uma partida, estabelecer minha posição com vários movimentos de peões, ou devo desenvolver minhas peças o mais rapidamente possível?". Esta pergunta não é fácil de ser respondida, talvez nem mesmo por aqueles mais familiarizados com o jogo.

Na história do Xadrez, as novas Aberturas que não fazem valer seus direitos no centro foram vistas com desconfiança e uma das primeiras reações é refutá-las com a construção de um centro amplo, logo seguido por seu avanço. Assim, a Defesa Alekhine foi contestada por 1 e4 ♘f6 2 e5 ♘d5 3 c4 ♘b6 4 d4 d6 5 f4 e a Defesa ♗ndia do Rei por 1 d4 ♘f6 2 c4 g6 3 ♘c3 ♗g7 4 e4 d6 5 f4 *(D)*, linhas estas chamadas 'Ataque dos Quatro Peões' em cada Abertura em particular.

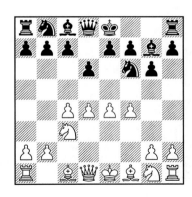

A Benoni Moderna enfrentou o ataque violento do Peão 1 d4 ♘f6 2 c4 c5 3 d5 e6 4 ♘c3 exd5 5 cxd5 d6 6 e4 g6 7 f4 ♗g7 8 e5. No início da Defesa Pirc, a teoria e a prática concentravam-se basicamente no Ataque Austríaco, ou seja, 1 e4 d6 2 d4 ♘f6 3 ♘c3 g6 4 f4 *(D)*, geralmente, com um movimento e5 prematuro.

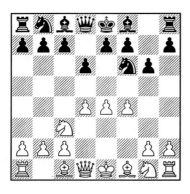

A Defesa Moderna afim, 1 e4 g6 2 d4 ♗g7, era confrontada de modo parecido com 3 ♘c3 d6 4 f4 ou 3 c3 d6 4 f4. Até em uma Abertura exclusivamente posicional, como, por exemplo, o Gambito Benko, 1 d4 ♘f6 2 c4 c5 3 d5 b5 4 cxb5 a6, você encontrará algumas partidas antigas com bxa6 seguido de f4 e e4 com a idéia e5. Do mesmo modo, quando a Defesa Inglesa começou a se destacar, a atenção foi focada nas variantes da frente ampla de peões, como, por exemplo, 1 c4 b6 2 d4 e6 3 e4 e 1 c4 b6 2 d4 ♗b7 3 ♘c3 e6 4 e4. Recentemente, a Abertura 1 d4 ♘f6 2 c4 ♘c6 (o 'Tango dos Cavalos') tornou-se respeitável, mas, primeiro, teve que demonstrar que o avanço desinibido 3 d5 ♘e5 4 e4 e6 5 f4 não era uma ameaça para o sistema inteiro. Voltando às Aberturas mais convencionais, é fácil esquecer a freqüência com que as partidas antigas com a Nimzo-índia apresentavam 1 d4 ♘f6 2 c4 e6 3 ♘c3 ♗b4 4 a3 ♗xc3+ 5 bxc3, seguindo-se

com a instalação de e4 (por exemplo, 5...0-0 6 f3 c5 7 e4 com ♗d3, ♘e2 e f4 em seguida, estabelecendo uma frente ampla no centro). A maioria das variantes listadas acima não é ruim e algumas permanecem sendo armas eficientes atualmente, mas nenhuma é uma refutação das Aberturas mencionadas.

Depois dessas tentativas violentas, geralmente, a atenção voltava para um centro menos pomposo e um desenvolvimento mais rápido. Nos exemplos acima, poderiamos encontrar as Brancas jogando, respectivamente, 1 e4 ♘f6 2 e5 ♘d5 3 d4 d6 4 ♘f3 (contra a Defesa Alekhine) ou 1 d4 ♘f6 2 c4 g6 3 ♘c3 (ou 3 ♘f3 ♗g7 4 g3) 3...♗g7 4 e4 d6 5 ♘f3 *(D)* (contra a Defesa Índia do Rei).

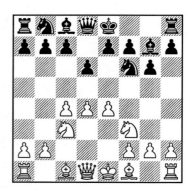

Também encontramos 1 d4 ♘f6 2 c4 c5 3 d5 e6 4 ♘c3 exd5 5 cxd5 d6 6 e4 g6 7 ♘f3 (contra a Benoni) e 1 e4 d6 2 d4 ♘f6 3 ♘c3 g6 4 ♘f3 *(D)* (contra a Defesa Pirc).

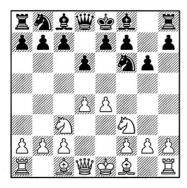

plo, você veria 1 e4 c5 2 ♘f3 ♘c6 3 d4 cxd4 4 ♘xd4 ♘f6 5 ♘c3 e6 e ...♗b4 e/ou o movimento de liberação ...d5 com um desenvolvimento rápido. Sistemas, como a Variante do Dragão, tornaram-se relativamente populares; por exemplo, 1 e4 c5 2 ♘f3 d6 3 d4 cxd4 4 ♘xd4 ♘f6 5 ♘c3 g6 6 ♗e2 ♗g7 7 0-0 0-0 8 ♗e3 ♘c6 *(D)*.

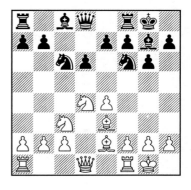

Atualmente, vemos o mais modesto 1 d4 ♘f6 2 c4 c5 3 d5 b5 4 cxb5 (4 ♘f3) 4...a6 5 bxa6 e ♘f3 seguido de ♘c3 e g3 (contra o Gambito Benko); 1 c4 b6 2 d4 e6 3 ♘c3 ♗b7 4 a3 ou 4 ♘f3 (contra a Defesa Inglesa); 1 d4 ♘f6 2 c4 ♘c6 3 ♘f3 e6 4 ♘c3 (contra o Tango dos Cavalos); e 1 d4 ♘f6 2 c4 e6 3 ♘c3 ♗b4 4 ♕c2 (contra a Defesa Nimzo-índia).

Naturalmente, são apenas alguns exemplos e muitas outras linhas principais de estruturas de peões apóiam o desenvolvimento rápido das peças. Nestas variantes, as peças e os peões parecem se apoiar mútuamente e pode-se concluir facilmente que esta é a situação ideal.

Mas a distinção entre uma filosofia de 'peões antes das peças' e outra que atribui prioridade igual a ambos tem-se tornado cada vez mais sutil e dependente do contexto, com o passar do tempo. Já mencionei no Capítulo 2, que quando as variantes abertas da Siciliana foram se credenciando na primeira parte do Século XX, houve uma tendência para as Negras, colocarem suas peças em jogo de modo razoavelmente rápido. Por exem-

Neste caso, quatro peças negras são desenvolvidas nos oito primeiros movimentos. Então, geralmente, vemos as Negras fazerem vários movimentos com peças antes de tocarem em outro Peão (por exemplo, ...♘xd4, ...♗e6, ...♖c8); esta política é indicada claramente pela estrutura inicial dos peões. No jogo contemporâneo, porém, normalmente vemos variantes da Defesa Siciliana nas quais o estabelecimento da estrutura de peões entorpece o desenvolvimento rápido, como na não menos importante delas, a mais popular do Sistema Siciliano, a Variante Najdorf: 1 e4 c5 2 ♘f3 d6 3 d4 cxd4 4 ♘xd4 ♘f6 5 ♘c3 a6 a ser seguido por mais lances de peões como, por exemplo, ...e6 e ...b5. Mesmo na lista das variantes 'equilibradas' que forneci dois parágrafos atrás, as coisas mudarão drasticamente em uma direção ou outra, ainda no estágio da Abertura. No exemplo ♗ndia do Rei, tudo segue o modelo harmonioso na linha principal 1 d4 ♘f6 2 c4 g6 3 ♘c3 ♗g7 4 e4 d6 5 ♘f3 0-0 6 ♗e2 e5 7 0-0 ♘c6 8 d5 ♘e7 *(D)*.

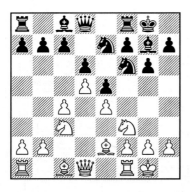

Está tudo muito bem, com um ótimo equilíbrio entre os movimentos das peças e os avanços dos peões. Mas nesta posição, as Negras normalmente envolvem-se em um avanço maciço de peões que, decididamente negligencia o desenvolvimento das peças, que deixaria com vergonha um atacante dos Quatro Peões. . Como você sabe, as Negras jogam primeiro ...♘d7 e, então, o avanço típico geralmente consiste em ...f5-f4, ...h5 e ...g5-g4, e é acompanhado com freqüência por movimentos *contrários ao desenvolvimento*, como, por exemplo, ...♗f8 e ...♘g8. Em um grande número de linhas, a Torre a8 e o Bispo c8 das Negras permanecerão em suas casas até os movimentos 20 a 25, ou até mais. Portanto, os movimentos iniciais de uma Abertura nem sempre são um indício de seu equilíbrio entre os movimentos de peões e o desenvolvimento. Naturalmente, há vezes em que o desenvolvimento inicial das peças e os acontecimentos ditarão qual a estrutura que se torna adequada, mas nem sempre.

Além do mais, as estruturas dos peões têm primacia em termos das debilidades que eles criam, o que determina onde o oponente pode atacar e quais as casas úteis eles podem ocupar. Por períodos cruciais de tempo, os peões podem bloquear o desenvolvimento das peças ou abrirem linhas para elas. Até mesmo a existência de movimentos liberatórios para ativar as peças passivas depende muito da estrutura de peões. As peças têm apenas papéis secundários nessas áreas de profundo interesse para o jogador.

Assim, a resposta óbvia para a pergunta no primeiro parágrafo, a saber, se 'você deve avançar os peões e desenvolver ao mesmo tempo, com apoio mútuo', é simplista e desprovida de conteúdo. E o que é mais importante, tal declaração não serve como conselho útil para a maioria dos jogadores. Acho que a pergunta deve ser reformulada: qual tem prioridade em uma dada posição? A estrutura de peões ou o desenvolvimento das peças? Como devemos organizar nossos pensamentos de modo a otimizar nossa compreensão? Nos exemplos de Aberturas acima e na grande maioria das variantes de Aberturas neste livro, a estrutura de peões é, de fato, o determinante da colocação devida das peças e não o contrário. A estrutura define os parâmetros gerais do desenvolvimento, de modo que pode haver

## Capítulo 3 – A Importância da Estrutura | 43

muitos modos de colocar as peças em jogo, mas sua efetividade (ou falta dela) depende da configuração dos peões. Essa relação é verdadeira, quer você avance todos os seus peões para iniciar a partida, ou apenas um par deles; assim, isto serve para uma visão mais útil do jogo de Abertura. As perguntas relevantes, surgem agora: meu centro estará sofrendo uma ruptura antes de eu poder completar o desenvolvimento que ele deveria auxiliar? Estarei criando fraquezas e alvos de ataque para meu oponente? Haverá algum modo, dada a estrutura de peões diante de mim (ou aquela que irei construir), para eu poder organizar todas as minhas peças em casas úteis, onde elas não interfiram entre si? Dado que minhas peças não serão capazes de alcançar suas casas desejáveis a tempo, posso mudar a estrutura para tornar sua distribuição adequada e útil? Em outras palavras, os peões geralmente determinam a harmonia ou a falta dela nas possíveis configurações de suas peças.

E mais, há uma relação crucial entre a estrutura de peões, que tendemos a considerar em termos estáticos, e a dinâmica. Em certo sentido, todo ataque depende da estrutura que o atacante recebe, mas isso não é uma revelação muito útil. O que conta é se podemos associar os elementos dinâmicos identificáveis com as estruturas conhecidas. O resultado pode ser comparado com o reconhecimento feliz de um velho amigo (resultando em uma combinação ou tática que se pode avaliar facilmente) ou encontrar colegas vagamente familiares, mas enigmáticos (quando o sucesso combinatório pode depender da intuição). Finalmente, cla-

ro, os ataques mais brilhantes e originais (e os milagres defensivos) têm sua própria característica excêntrica, que não pode ser antecipada a partir de um conhecimento anterior. Na verdade, as combinações que inspiram mais respeito são precisamente aquelas que 'não devem' funcionar em um determinado contexto estrutural e 'não devem' funcionar, dadas as peças e os peões disponíveis para a ação. Entretanto, a maioria dos ataques será instruída por categorias de posições descritíveis.

Eis a primazia da estrutura de peões e a motivação para este capítulo. Geralmente, agora, concorda-se que o reconhecimento de padrões e a capacidade de processar os padrões no contexto, é o principal determinante da força em Xadrez (com exceção dos fatores competitivos). A quantidade de padrões que um jogador pode reconhecer e associar a outras estruturas, correlaciona-se com a sua boa compreensão e como ele joga a partida. Os Grandes Mestres armazenam e processam muito mais estruturas de peões com colocações de peças associadas do que o jogador comum, mesmo que seja só por causa de sua exposição repetida a elas, na preparação e no tabuleiro. Com o estudo apenas, é possível para uma pessoa dominar um grande número de posições padrão de Abertura, do mesmo modo e entender sua interação com o jogo subseqüente. Avaliar o motivo pelo qual uma estratégia funciona em determinada posição, mas não em outra parecida, é um elemento indispensável ao domínio do Xadrez. E mais, se você reconhecer as idéias e as manobras de outras Aberturas que se aplicam àquela que você está jogando, elas irão ajudá-lo a se concentrar no problema e inspirá-lo a tomar as melhores decisões.

Como poderemos melhorar nosso conhecimento das estruturas de peões? Obviamente, não é possível listar todas e decorar seus aspectos peculiares. Mas existem formações e questões afins que se repetem nas diversas Aberturas, com muita freqüência e constituem a base estratégica fundamental de cada uma. Neste capítulo, examinarei algumas estruturas de peões e as questões associadas, escolhendo as áreas *selecionadas* que mais provavelmente terão um impacto na compreensão do Jogo ou, pelo menos, no entendimento dos elementos comuns da Abertura. Não são formações estranhas ou irregulares; uma idéia é mostrar como se pode usar a mesma abordagem para estudar outras estruturas mais complexas. Espero que sua utilidade irá estender-se aos jogadores de uma grande variedade de habilidades. Contudo, este não é um livro do Meio-jogo e meu objetivo principal tem sido tornar mais compreensível a análise de Aberturas na próxima seção.,. Ao apresentar variantes e partidas individuais, vou presumir, freqüentemente, sua familiaridade com este capítulo.

## Peões Isolados

Vimos algumas caracterizações amplas dos aspectos posicionais no último capítulo. Agora, desejo ver os elementos estruturais do tabuleiro que têm a ver com o estágio da Abertura. Começaremos com o caso bem simples do Peão isolado, tam-

bém chamado de 'isolani', que definimos no Capítulo 2. Os livros de texto quase sempre se concentram no Peão d isolado, também chamado de 'Peão da Dama isolado' (abreviado como 'PDI'). A maioria dos autores faz isso com a exclusão dos peões isolados em qualquer outro lugar no tabuleiro, escrevendo capítulos e até livros inteiros sobre este caso específico. Certamente, é muito importante dar ao PDI o que lhe é devido, porque ele pode surgir de muitas Aberturas e logo no início da partida. Por quê? Para gerar um PDI na Abertura, é geralmente necessário fazer com que os movimentos d4 e ...d5 apareçam logo e é muito provável que um ou ambos os movimentos c4 ou ...c5 tenham sido também jogados no primeiro estágio da Abertura. Para mostrar isso, peguemos uma lista das várias Aberturas que levam ao mesmo tipo bem conhecido de posição do Peão da Dama isolado e algumas vezes, à mesma posição:

Gambito da Dama Aceito: 1 d4 d5 2 c4 dxc4 3 ♘f3 ♘f6 4 e3 e6 5 ♗xc4 c5 6 0-0 cxd4 7 exd4 ♗e7 8 ♘c3 0-0 9 ♖e1.

Nimzo--índia: 1 d4 ♘f6 2 c4 e6 3 ♘c3 ♗b4 4 e3 c5 5 ♘f3 0-0 6 ♗d3 cxd4 7 exd4 d5 8 0-0 dxc4 9 ♗xc4 ♘c6 10 ♗g5 ♗e7 11 ♖e1.

Alapin Siciliano : 1 e4 c5 2 c3 d5 3 exd5 ♕xd5 4 d4 ♘f6 5 ♘f3 e6 6 ♗d3 ♘c6 7 0-0 cxd4 8 cxd4 ♗e7 9 ♘c3 ♕d8 10 ♖e1 0-0.

Caro-Kann: 1 e4 c6 2 d4 d5 3 exd5 cxd5 4 c4 ♘f6 5 ♘c3 e6 6 ♘f3 ♗e7 (6...♗b4 7 cxd5 ♘xd5 8 ♗d2 ♗e7 9 ♗d3 ♘c6 10 0-0 0-0 11 ♖e1 ♘f6 12 ♗g5 seria uma mudança típica; as Brancas também pode jogar 8 ♕c2 seguido de 9 ♗d3) 7 cxd5 ♘xd5 8 ♗d3 (ou 8 ♗c4 0-0 9 0-0 ♘c6 10 ♖e1 ♘f6) 8...0-0 9 0-0.

Semi-Tarrasch: 1 d4 d5 2 c4 e6 3 ♘c3 ♘f6 4 ♘f3 ♗e7 5 cxd5 ♘xd5 6 e3 0-0 7 ♗d3 c5 8 0-0 cxd4 9 exd4 ♘c6 10 ♖e1.

Esta é a situação básica:

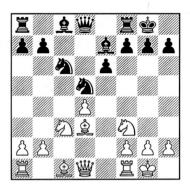

A diferença mais importante entre essas Aberturas é a posição do Bispo branco das casas brancas (está em c4 ou d3). Algumas vezes, a Dama já está colocada em c2 ou e2 e a Torre do Rei geralmente, mas nem sempre, é movida para e1. A posição básica e suas variantes vem sendo jogadas milhares de vezes e examinadas em profundidade. Na verdade, mais palavras foram escritas sobre o PDI do que sobre qualquer outro aspecto posicional específico no Xadrez. Nenhum lado pode se dizer estar inerentemente melhor, e é por isso que ambos os lados estão dispostos a entrar nessas posições. Sem maiores detalhes, aqui estão as propriedades estruturais básicas e as estratégias que devem ser enfatizadas. Para facilitar a análise, iremos supor que as Brancas são as donas do PDI, antes de cuidarmos dos exemplos específicos.

**Desvantagens do Peão d isolado:**

1. O PDI é um alvo relativamente mais fácil do que a maioria dos peões, porque pode ser protegido apenas por peças, algumas das quais podem ser requisitadas para a tarefa (ao contrário de precisar apenas de um único Peão). Além disso, o Peão d quase sempre está em uma coluna aberta, potencialmente enfrentando as Torres e/ou a Dama das Negras.

2. A defesa do Peão d isolado pode prender as peças das Brancas, que poderiam ser usadas com mais eficiência em outro lugar.

3. As Negras conseguem um posto avançando influente na frente do isolani, o que significa que é muito difícil retirar suas peças de sua posição.

4. O PDI tende a ser uma fraqueza mais grave nas posições simplificadas, e, mais ainda, nos Finais. Observe que a posse mútua da Coluna c aberta aumenta as chances de simplificação. Entretanto, as Negras devem ter a habilidade de fazer o tipo certo de simplificação que não venha com outras desvantagens. Geralmente, um novo equilíbrio resultará das trocas.

**Vantagens do Peão d isolado:**

1. As Brancas serão capazes de desenvolver com mais facilidade e agressivamente, dominando maior espaço e tendo linhas abertas para seus Bispos.

2. O PDI cria um ponto de apoio para um Cavalo (ou outra peça) em e5.

3. A ameaça de avanço do Peão d prende as peças negras na defesa de d5.

4. As Negras, com menos espaço, terão dificuldades para se desenvolverem ativamente sem fazer alguma concessão como, por exemplo, criar uma fraqueza ou ceder o par de Bispos.

5. As Brancas têm boas chances de ataque na Ala do Rei, com base no ponto de apoio em e5, na Coluna e, bem como em seus Bispos apontados naquela direção.

Em termos de estratégia, as Brancas terão várias maneiras de proceder. Geralmente, completarão seu desenvolvimento colocando sua Dama em e2 ou d3 (com menos freqüência em c2 ou b3) e a Torre da Dama em d1. Então, um dos primeiros objetivos será provocar uma fraqueza na Ala do Rei. Para tanto, podem jogar ♘e5 e deslizar uma Torre para a Ala do Rei através de e3. Ou podem alinhar seu Bispo e Dama para criar uma ameaça em h7. As Negras, normalmente, irão defender-se mantendo um Cavalo em f6 e jogando ...g6, se necessário. Com essa organização, as Brancas podem atacar as casas Negras com ♗h6, trabalharem para enfraquecer a Ala do Rei com h4-h5 e/ou jogarem para conquistar d5, geralmente, trazendo seu Bispo de volta para a diagonal a2-g8.

O avanço seguro do Peão d para d5 indica sucesso na maioria dos casos, porque abre linhas, ou amplia os usos potenciais de quase todas as suas peças (a saber, as Torres em d1 e e1, o Bispo em a2 e o Cavalo em c3) e faz uma ruptura no defensor em e6; isso também elimina o isolani.. Depois de d5, as Brancas normalmente têm peças bem superiores e, em geral, têm recursos táticos que conquistam material. A ruptura d5 provavelmente é o plano com sucesso mais freqüente. Também há disposições com os movimentos ♖e1-e3-g3; ou mais comumente, ♘e5, ♗c4 e ♖e1, pretendendo táticas como ♘xf7, particularmente se a Torre negra estiver em e8. Essas idéias e outras funcionam apenas porque a superioridade de espaço das Brancas permite-lhes transferir suas peças rapidamente, fazer ameaças e tirar das Negras seu plano de jogo. Quanto mais peças com as quais atacar, melhor.

A estratégia das Negras não é muito complicada, embora sua implementação possa ser. Seu primeiro objetivo é manter o bloqueio em d5, geralmente com um Cavalo. Simplesmente deixar um Cavalo neste lugar não é suficiente, porém, porque as Brancas podem ser capazes de capturar a peça em um momento em que ...exd5 seja forçado, eliminando a ameaça para d4 e algumas vezes, transformando a estrutura de peões a favor das Brancas. Assim, estando ocupada ou não, a própria casa d5 precisa ser reforçada. Geralmente, os Cavalos negros irão para f6 e d5 (através de ...♘b4-d5) ou para d5 e e7. Seu Bispo c8 será desenvolvido para b7, com ...b6 ou ...a6 e ...b5. Uma Torre em d8 pode também agir como apoio para uma peça em d5, ou impedir o avanço do Peão das Brancas para d5. Um dos objetivos das Negras é a simplificação: quanto mais peças forem trocadas, menos provável será que as Brancas possam fazer a ruptura. E mais, quanto mais rápido as Negras puderem chegar a um Final, geralmente melhores serão suas perspectivas. Trocar as peças menores das Brancas é uma alta prioridade, pois elas podem ter um alcance considerável a partir das casas em torno do Peão isolado. Os Cavalos, em particular, são perigosos quando colocados em e4, e5 ou c5; e até os Cavalos aparentemente 'defensivos' em c3 e f3 podem entrar em ação rapidamente. Trocar o Bispo branco das casas brancas é um golpe real para as Negras; seja em c4, d3, a2 seja em c2, é a peça que com mais probabilidade, será envolvida em um ataque direto. Em oposição, uma Torre em d1 defendendo o isolani tem muito menos oportunidade de causar qualquer prejuízos.

Por tudo isso, a simplificação pode ter dois gumes, pois algumas vezes torna claros os temas de ataque das Brancas, especialmente se elas tiverem pontos de apoio nas colunas abertas, juntamente com o avanço do Peão. Uma ilustração maravilhosa disso é vista no Capítulo 5 na Giuoco Piano (na linha principal com 10...♘ce7).

Tudo isso é bem abstrato, de modo que aqui estão alguns exemplos da estratégia de ambos os lados. Existem literalmente milhares de posições de Peão isolado nas partidas entre os Mestres, muitas podendo ser encontradas em livros sobre Abertura ou o Meio-jogo. Como indicado, essas posições serão tiradas das Aberturas nas quais uma situação de PDI normalmente é criada (por exemplo, nas mesmas Aberturas listadas acima). O que você encontrará eventualmente, é que os peões isolados são formados em uma grande variedade de posições, muitas delas aparecendo *depois* do estágio de Abertura, por causa de uma troca em d4 ou d5.

Eis uma pequena lição sobre o principal perigo colocado pelo Peão d: seu avanço.

**Spassky – Avtonomov**
*Leningrado – 1949*
**1 d4 d5 2 c4 dxc4 3 ♘f3 ♘f6 4 e3 c5 5 ♗xc4 e6 6 0-0 a6 7 ♕e2 b5 8 ♗b3 ♘c6 9 ♘c3 cxd4? 10 ♖d1 ♗b7 11 exd4 ♘b4**

A casa d5 está protegida por quatro peças e um Peão.

**12 d5!** *(D)*

De qualquer modo! Pode ser correto?

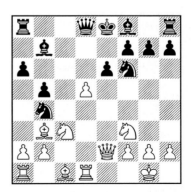

**12...♘bxd5**

Você pode confirmar que, após 12...♘fxd5 13 a3! e 12...♗xd5 13 ♗g5! ♗e7 14 ♗xf6 gxf6 15 a3, as Brancas conquistarão material.

**13 ♗g5! ♗e7 14 ♗xf6 gxf6 15 ♘xd5 ♗xd5 16 ♗xd5 exd5 17 ♘d4! ♔f8 18 ♘f5** *(D)*

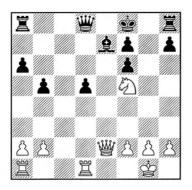

Muito Peão ou Qualidade já foram sacrificados para trazer um Cavalo para f5. Aqui, ele vale mais que uma Torre.

**18...h5 19 ♖xd5 ♕xd5 20 ♕xe7+ ♔g8 21 ♕xf6 1-0**

Esta próxima partida não é fácil de entender, mas expressa o mesmo tema.

**Yusupov – Lobron**
*Nussloch – 1996*

1 d4 ♘f6 2 c4 e6 3 ♘c3 ♗b4 4 e3 0-0 5 ♗d3 d5 6 ♘f3 c5 7 0-0 cxd4 8 exd4 dxc4 9 ♗xc4 b6 10 ♖e1 ♗b7 11 ♗d3 ♘c6 12 a3 ♗e7 *(D)*

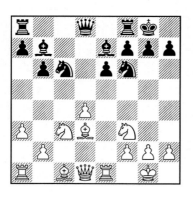

Todos os movimentos até agora são habituais.

**13 ♗c2 ♖e8 14 ♕d3 g6!**

Uma combinação instrutiva segue com 14...♖c8? 15 d5! exd5 16 ♗g5 (ameaçando ♗xf6) 16...♘e4 (16...g6? 17 ♖xe7! ♕xe7 18 ♘xd5) 17 ♘xe4 dxe4 18 ♕xe4 g6 19 ♕h4 ♕c7 20 ♗b3 h5 21 ♕e4 (ameaçando ♕xg6+) 21...♔g7 22 ♗xf7! ♔xf7 23 ♗h6! ♕d6 24 ♕c4+ ♔f6 25 ♖ad1 ♘d4 26 ♕xd4+ ♕xd4 27 ♖xd4 ♖c5 28 h4! 1-0 Petrosian-Balashov, URSS – 1974.

**15 h4 ♕d6 16 ♗g5 ♖ad8 17 ♖ad1 ♕b8**

Revelando a Torre contra o Peão d das Brancas.

**18 ♗b3 a6? 19 d5!** *(D)*

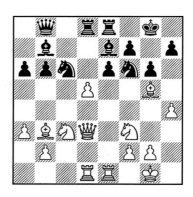

Há a ruptura temática.

**19...♘a5**

Ainda estamos na Abertura! 19...exd5 20 ♖xe7! é um artifício tático a lembrar, ao passo que 19...♘xd5 20 ♗xd5!? ♗xg5 21 ♘xg5 exd5 22 ♖xe8+ ♖xe8 23 ♘xd5

♕e5 24 ♕f3 f5 25 ♕b3 é outra idéia típica. Agora, vejamos uma não tão típica:

**20 dxe6! ♘xb3**

Capturar a Dama com 20...♖xd3 perde para 21 exf7+ ♔g7 (21...♔h8 22 ♖xd3 ♘xb3 23 ♖xe7! ♖xe7 24 ♗xf6# é lindo) 22 fxe8♕ ♕xe8 23 ♖xd3 ♘xb3 24 ♖de3! e as Brancas vencem.

**21 exf7+ ♔xf7 22 ♕c4+ ♔g7 23 ♘e5! ♘g8 24 ♖xd8 ♕xd8 25 ♕f7+ ♔h8 26 ♕xb3 ♕d4 27 ♖e3! ♖f8 28 ♗xe7 1-0**

Segue-se 28...♘xe7 29 ♘f7+ ♔g7 30 ♖xe7..

O próximo exemplo é um tratamento-modelo do ponto de vista das Negras:

### Korchnoi – Karpov
*Campeonato Mundial em Merano (9) – 1981*

**1 c4 e6 2 ♘c3 d5 3 d4 ♗e7 4 ♘f3 ♘f6 5 ♗g5 h6 6 ♗h4 0-0 7 ♖c1 dxc4 8 e3 c5 9 ♗xc4 cxd4 10 exd4**

Surge o Peão da Dama isolado.

**10...♘c6 11 0-0 ♘h5!** *(D)*

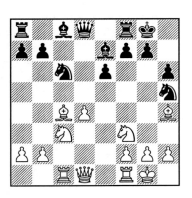

O objetivo das Negras é a simplificação, para retardar as chances de ataque das Brancas. O Cavalo foi para h5 para que o Bispo não possa escapar da captura indo para g3. Também mira f4.

**12 ♗xe7 ♘xe7**

O Cavalo cobre a principal casa d5.

**13 ♗b3**

13 ♖e1 seria a idéia normal: usar todas as peças. Por outro lado, com um par de peças fora de jogo e mais por vir, o avanço d5 habitual levaria apenas à liquidação e provavelmente, uma que as Brancas não ficariam felizes em ter; por exemplo, 13 d5?! exd5 14 ♘xd5 ♘xd5 15 ♗xd5 (15 ♕xd5 ♕xd5 16 ♗xd5 ♘f4 17 ♗c4 ♗e6! tem os mesmos problemas que 15 ♗xd5) 15...♘f4 16 ♗c4 ♕xd1 17 ♖fxd1 ♗g4 e as Negras já ficam um pouco melhor. Contudo, isso é baseado mais nas particularidades desta posição do que em uma declaração sobre o lance d5. O Cavalo em h5 serve a uma função poderosa, devido à possibilidade de ...♘f4. Em geral, um movimento como 13 d5 levaria à igualdade, o que ainda é um sucesso para as Negras no jogo de Abertura.

**13...♘f6**

Novamente, protegendo a casa d5 crucial.

**14 ♘e5**

As Brancas fazem a coisa certa, ocupando o ponto de apoio.

**14...♗d7!**

A continuação normal 14...b6, seguida de ...♗b7, estaria apenas alimentando idéias tentadoras de sacrifício em f7, como descrito acima.

**15 ♕e2 ♖c8 16 ♘e4!?**

Mais simplificação. Mas, ...♗c6 estava vindo de qualquer modo.

**16...♘xe4 17 ♕xe4 ♗c6 18 ♘xc6 ♖xc6 19 ♖c3**

Veja 19 ♖xc6 bxc6! *(D)*.

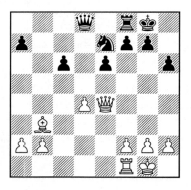

Este é nosso primeiro exemplo do que é um tipo recorrente de posição no mundo das Aberturas. As Negras embarcam em um Peão c isolado ao mesmo tempo em que as Brancas têm um Peão d isolado. No caso geral, a diferença óbvia entre o Peão d e o Peão c é que as Brancas têm mais espaço; não tão óbvio é que um Peão na terceira fila seja mais fácil de defender do que um na quarta fila! Neste caso, o Peão em c6 impede que o Peão isolado das Brancas avance enquanto mantém um posto avançado em d5 e as opções ...♕d6, ...♖d8 e ...♘f5. As Negras também têm uma Coluna b útil que é típica dessa estrutura. Muita coisa entra em atividade aqui; Será que a Torre branca, por exemplo, no posto avançado c5, com a possível ajuda de um Bispo em a4, compensará a pressão das Negras sobre o Peão d? Provavelmente não, mas esses são os tipos de fatores competitivos que surgem. Nos exemplos abaixo, teremos mais sobre o Peão c isolado,

A propósito, após 19 ♖xc6, 19...♘xc6 20 d5 exd5 21 ♗xd5 é no máximo igual para as Negras, pois o Bispo contra o Cavalo com peões em ambos os flancos do tabuleiro é geralmente difícil para o lado com o Cavalo.

**19...♕d6 20 g3 ♖d8 21 ♖d1 ♖b6!**

A Abertura terminou e as Negras restringiram o avanço do Peão, ao passo que as Brancas não têm nenhum posto avançado ou ataque. Assim, as Negras têm a vantagem. A partir deste ponto, Karpov joga uma das melhores partidas técnicas na história dos Campeonatos Mundiais.

**22 ♕e1 ♕d7 23 ♖cd3 ♖d6 24 ♕e4 ♕c6 25 ♕f4 ♘d5 26 ♕d2 ♕b6 27 ♗xd5 ♖xd5 28 ♖b3 ♕c6 29 ♕c3 ♕d7 30 f4 b6 31 ♖b4 b5 32 a4 bxa4 33 ♕a3 a5 34 ♖xa4 ♕b5 35 ♖d2 e5 36 fxe5 ♖xe5 37 ♕a1 ♕e8 38 dxe5 ♖xd2 39 ♖xa5 ♕c6 40 ♖a8+ ♔h7 41 ♕b1+ g6 42 ♕f1 ♕c5+ 43 ♔h1 ♕d5+ 0-1**

Na próxima partida, dois jovens superstars apresentam uma abordagem diferente para o mesmo tipo de posição:

## Kramnik – Anand
*Dortmund – 2001*

1 d4 d5 2 c4 dxc4 3 ♘f3 e6 4 e3 ♘f6 5 ♗xc4 c5 6 0-0 a6 7 ♗b3 cxd4 8 exd4 ♘c6 9 ♘c3 ♗e7 10 ♗g5 0-0 *(D)*

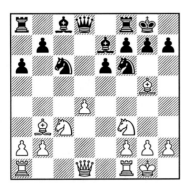

Muito parecido com a posição à qual já estamos acostumados.

**11 ♕d2!?**

É um modo um pouco diferente de distribuir as forças das Brancas. Kramnik tem ♕f4-h4 em mente.

**11...♘a5 12 ♗c2 b5 13 ♕f4 ♖a7**

As Negras planejam ...♖c7 ou, se possível, ...♖d7 para impedir d5.

**14 ♖ad1 ♗b7**

Como 14...♖d7 permite ♘e5, Anand deseja jogar ...♗xf3 e, então, ...♖d7 com igualmente, no mínimo.

**15 d5!** *(D)*

Novamente, este sacrifício é para liquidar as peças das Negras e liberar as das Brancas.

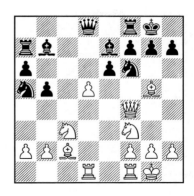

**15...♗xd5!**

Daqui em diante, Anand defende-se de modo heróico. Depois de 15...exd5 16 ♕h4 g6 17 ♖fe1, as Brancas ameaçam um ♖xe7 destruidor; e após 15...♘xd5 16 ♘xd5 ♗xd5 17 ♖xd5! vencem devido a 17...exd5 18 ♗xh7+ ♔xh7 19 ♕h4+ ♔g8 20 ♗xe7 ♕xe7 21 ♘g5. Uma bela combinação, talvez uma que Anand deixou passar quando permitiu que as Brancas jogassem 15 d5.

**16 ♘xd5 exd5!**

De novo, não 16...♘xd5? 17 ♖xd5! exd5 18 ♗xh7+ etc.

**17 ♕h4 h5!!** *(D)*

Uma defesa incrível! Não pode salvar as Negras, mas tudo mais perde; por exemplo, 17...g6 18 ♖fe1 ou 17...h6 18 ♗xh6 gxh6 19 ♕xh6, com ♘g5 e ♖d3 em seguida.

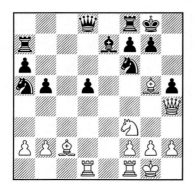

**18 ♖fe1**

18 ♘d4!? seria uma idéia tática típica, visando com ansiedade a casa f5.

**18...♘c6 19 g4!? ♕d6! 20 gxh5 ♕b4! 21 h6!**

As Negras impediram o Mate milagrosamente, mas agora, um Meio-jogo sem Dama segue-se, no qual o ataque das Brancas persiste por mais 10 movimentos. Note o Cavalo tendo acesso à casa f5 principal; como Kasparov mostrou, isso tende a vencer quase que por si só!

**21...♕xh4 22 ♘xh4 ♘e4 23 hxg7 ♖c8 24 ♗xe7 ♘xe7 25 ♗xe4 dxe4 26 ♖xe4 ♔xg7 27 ♖d6! ♖c5 28 ♖g4+ ♔h7 29 ♘f3! ♘g6 30 ♘g5+ ♔g7 31 ♘xf7 ♖xf7 32 ♖dxg6+ ♔h7 33 ♖6g5 ♖xg5 34 ♖xg5 ♖c7 35 a3 b4 36 axb4 ♖c1+ 37 ♔g2 ♖b1 38 ♖a5 ♖xb2 39 ♖a4! 1-0**

### Lautier – Karpov
*Monte Carlo (rápida) – 1995*

**1 d4 ♘f6 2 c4 e6 3 ♘c3 ♗b4 4 ♕c2 0-0 5 a3 ♗xc3+ 6 ♕xc3 b6 7 ♗g5 ♗b7 8 f3 d5 9 e3 ♘bd7 10 cxd5 exd5 11 ♗d3 ♖e8 12 ♘e2 c5 13 0-0 ♕e7 14 ♘g3 ♖ac8 15 ♗f5 cxd4 16 ♕xd4**

Aí está o isolani; as Negras realmente não parecem preparadas para ele.

**16...♖c4 17 ♕d2 ♘c5 18 ♖ad1 h6 19 ♗xf6 ♕xf6 20 ♗b1**

Ameaçando ♗a2. As Brancas têm o Bispo melhor e estão restringindo o PDI.

**20...♘e6 21 ♗a2 ♖c5**

A defesa lateral do isolani será melhor se você puder manter a posição da Torre. Isso geralmente aplica-se ao Final também.

**22 ♘e2 ♗a6! 23 ♖fe1 ♗xe2 24 ♖xe2 ♖d8 25 ♕d3 g6 26 ♖ed2** *(D)*

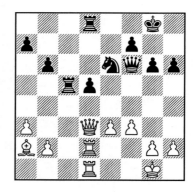

As Negras não simplificaram apenas para uma posição ruim?

**26...d4!**

Seu Peão d é fraco, e portanto, Karpov encontra um modo inteligente de liquidá-lo.

**27 ♗xe6 ♕xe6 28 exd4 ♖cd5**

As Negras têm um Peão inteiro a menos, mas agora, são as Brancas que estão com o PDI e não podem romper o bloqueio!

**29 ♕e4 ♕f6 30 ♔f2 ♔g7 31 ♖d3 a5 32 a4 b5 33 b3? bxa4 34 bxa4 ♕c6**

Batendo em c2 e a4. De repente, as Brancas têm alguns problemas.

**35 ♖a3? ♕d6!**

As Negras estão atacando o importante Peão em h2 e a Torre em a3!

**36 ♖e3 ♕xh2 37 f4 ♕h4+ 38 ♔g1 ♕f6 39 ♖ed3 h5 40 ♕e3 h4 41 ♕e4 ♖8d6 42 ♖1d2 ♖f5 43 ♖f3 ♖e6 44 ♕d3 ♖xf4 45 d5 ♕a1+ 46 ♔h2 ♖xf3 47 gxf3 ♕e5+ 0-1**

Lembre-se que as Negras também podem se apegar ao Peão da Dama isolado. Na verdade, toda Abertura do Peão d acima tem algum tipo de caso oposto, mas particularmente a Semi-Tarrasch, que pode surgir de várias Aberturas; por exemplo, 1 c4 ♘f6 2 ♘c3 c5 3 ♘f3 e6 4 e3 d5 5 cxd5 exd5 6 d4 ♘c6 7 ♗e2 ♗e7 8 dxc5 ♗xc5 9 0-0 0-0 ou 1 d4 d5 2 ♘f3 ♘f6 3 c4 e6 4 ♘c3 c5 5 e3 ♘c6 6 cxd5 exd5 7 ♗b5 ♗d6 8 dxc5 ♗xc5 9 0-0 a6 10 ♗e2 0-0 e assim por diante.

Mas também temos exemplos de PDIs do lado das Negras no tabuleiro, que parecem um pouco diferentes:

Defesa Francesa: 1 e4 e6 2 d4 d5 3 ♘d2 c5 4 exd5 exd5 5 ♘gf3 (ou 5 ♗b5+ ♗d7 6 ♗xd7+ ♘xd7 7 ♘gf3 ♘gf6 8 0-0 ♗e7 9 dxc5 ♘xc5) 5...♘c6 6 ♗b5 ♗d6 7 dxc5 ♗xc5 8 0-0 ♘e7 9 ♘b3 ♗d6 *(D)*.

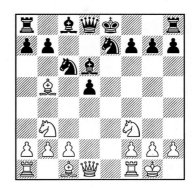

Gambito da Dama Tarrasch: 1 d4 d5 2 c4 e6 3 ♘c3 c5 4 cxd5 exd5 5 ♘f3 ♘c6 6 g3 (6 e3 ♘f6 7 ♗e2 cxd4 8 ♘xd4 seria análogo aos nossos exemplos do lado branco) 6...♘f6 7 ♗g2 ♗e7 8 0-0 0-0 9 ♗g5 cxd4 10 ♘xd4 *(D)*.

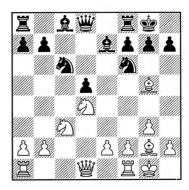

Mais ou menos as mesmas idéias aplicam-se ao lidar com essas Aberturas: as Brancas devem manter o controle firme de d4 e buscar trocas *escolhidas com cui-*

*dado*. Como mencionado acima, elas podem ficar melhor trocando as peças menores em vez das Torres, pois as Torres tendem a ser peças passivas como defensores. O lado com o isolani deve seguir a abordagem contrária, trocando as Torres (se alguma coisa tiver que ser trocada) e mantendo as peças menores no tabuleiro. Contudo, isto está entrando no domínio da teoria do Meio-jogo. De qualquer modo, a atividade está em jogo: Torres nas colunas abertas, Bispos atacando pontos fracos etc. E, claro, se você puder conseguir ...d4 com segurança, suas possibilidades de uma conclusão feliz aumentarão.

## Peões e Isolados

O PDI não é o único Peão isolado de interesse nas Aberturas. Primeiramente, podemos perguntar por que não vemos mais peões e isolados nessa fase. Isso é bem fácil: em algum ponto, um Peão f teria que avançar e isso não faz parte da maioria das Aberturas, especialmente uma vez que teria que haver outra captura central em algum ponto. Contudo, na Defesa Siciliana, vemos uma situação que é rara em outras Aberturas, ou seja, a estrutura dos peões geralmente leva a peões e e d isolados em colunas adjacentes. Há muitas linhas como 1 e4 c5 2 ♘f3 d6 3 d4 cxd4 4 ♘xd4 ♘f6 5 ♘c3 a6 6 ♗e2 e5 7 ♘b3 ♗e7 8 0-0 0-0 9 ♔h1 ♘bd7 10 ♗e3 ♕c7 11 f4 exf4 12 ♗xf4 *(D)* envolvendo os movimentos habituais ...e5, f4 e ...exf4.

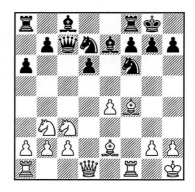

Algumas vezes, as Negras têm seu Peão em e6 e o avanço f4-f5 pode levar à mesma estrutura, ou seja, se as Brancas responderem a ...exf5 capturando com uma peça (geralmente um Cavalo, isto é, ♘xf5) ou se as Negras fizerem o mesmo depois de fxe6 das Brancas (por exemplo, com ...♗xe6). As características dessas posições são bem consistentes e serão analisadas no Capítulo 11 sobre a Defesa Siciliana.

## Peões c Isolados

Os Peões c isolados são muito comuns e iremos vê-los com freqüência neste livro. Eles podem surgir um pouco mais tarde na partida do que nas Aberturas padrões do Peão d isolado, em parte porque podem facilmente originar-se delas. A Defesa Siciliana oferece alguns exemplos:

Defesa Siciliana, Variante Alapin: 1 e4 c5 2 c3 ♘f6 3 e5 ♘d5 4 d4 cxd4 5 cxd4 d6 6 ♘f3 ♘c6 7 ♗c4 ♘b6 8 ♗b5 dxe5 9 ♘xe5 ♗d7 10 ♗xc6 ♗xc6 11 ♘xc6 bxc6 *(D)*.

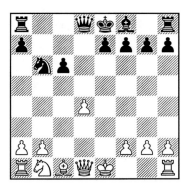

Defesa Siciliana, Variante Rossolimo: 1 e4 c5 2 ♘f3 ♘c6 3 ♗b5 e6 4 c3 ♘ge7 5 d4 cxd4 6 cxd4 d5 7 exd5 ♘xd5 8 0-0 ♗e7 9 ♘e5 ♕b6 10 ♗xc6+ bxc6 *(D)*.

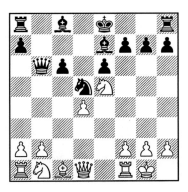

Mais alguns exemplos:

Gambito da Dama Recusado: 1 d4 d5 2 c4 e6 3 ♘c3 ♗e7 4 ♘f3 ♘f6 5 ♗g5 h6 6 ♗h4 ♘bd7 7 e3 0-0 8 ♖c1 c6 9 ♗d3 dxc4 10 ♗xc4 b5 11 ♗d3 a6 12 a4 bxa4 13 ♘xa4.

Catalã: 1 d4 d5 2 c4 e6 3 ♘f3 ♘f6 4 g3 ♗e7 5 ♗g2 0-0 6 0-0 dxc4 7 ♘e5 ♘c6 8 ♗xc6 bxc6 9 ♘xc6 ♕e8 10 ♘xe7+ ♕xe7 11 ♕a4 e5 12 dxe5 ♕xe5 13 ♕xc4, uma posição que tem sido jogada repetidamente por décadas.

Defesa dos Dois Cavalos: 1e4 e5 2 ♘f3 ♘c6 3 ♗c4 ♘f6 4 ♘g5 d5 5 exd5 ♘a5 6 ♗b5+ c6 7 dxc6 bxc6 8 ♗e2.

Semi-eslava: 1 d4 d5 2 c4 e6 3 ♘c3 c6 4 ♘f3 ♘f6 5 ♗g5 h6 6 ♗xf6 ♕xf6 7 e3 ♘d7 8 ♗d3 dxc4 9 ♗xc4 g6 10 0-0 ♗g7 11 e4 e5 12 d5 ♘b6 13 ♗b3 ♗g4 14 h3 ♗xf3 15 ♕xf3 ♕xf3 16 gxf3 ♔e7 17 dxc6 bxc6.

Os peões c isolados são geralmente criados no Meio-jogo. Na maior parte, não veremos isso neste livro, mas os mesmos conceitos aplicam-se.

## Peões a Isolados

Poucos Peões b isolados surgem na Abertura, mas os Peões a isolados são bem comuns, pois sua criação requer apenas que um Peão b capture em direção ao centro. Uma situação recorrente surge em várias Aberturas quando as Brancas jogam a4-a5 contra os peões das Negras em a6 e b7. Esta é uma situação do tipo 'um Peão que bloqueia dois', no sentido de que, se as Negras jogarem ...b5 (ou algumas vezes ...b6), então, as Brancas irão capturar *en passant* e isolarão o Peão a negro.

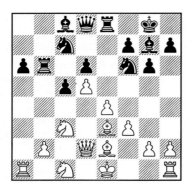

Este tipo de situação ocorre repetidamente na Defesa Índia do Rei e na Benoni, por exemplo, mas espere por isso também em outras Aberturas. Em muitos casos, o Peão c das Brancas estará em c4 ou fora do tabuleiro, portanto, o Peão b será isolado ou atrasado.

Na Defesa Siciliana, ocorre a mesma captura, mas o Peão b das Brancas está em melhor forma, pelo menos teoricamente, pois tem o Peão c em sua vizinhança. Um modo diferente para o 'Peão b contra Peão a' surgir é em uma posição com um Peão branco em a3. As Negras jogam ...b5-b4, o Peão b é capturado pelo Peão a, e uma peça recaptura em b4. Então, o Peão a das Negras fica isolado e, geralmente, o Peão b das Brancas também. Isso pode ocorrer na Defesa Siciliana, Defesa Francesa, Defesa Índia do Rei ou em outras Aberturas apresentando um Ataque da Minoria. Finalmente, algumas vezes acontece que, com o Peão das Negras em b5 e o das Brancas em a4, as Negras jogarão simplesmente ...bxa4, uma idéia comum na Ruy Lopez e na Defesa Siciliana

(do mesmo modo com o Peão das Negras em b4 capturando o das Brancas em a3).

Por causa de sua distância do centro de ação, os Peões a isolados, e/ou até dobrados, são raramente alvos que valham a pena na fase da Abertura. Sua vulnerabilidade fica mais exposta no Final. Certas estruturas servem para os ataques ao Peão a; por exemplo, ...♕a5(+) e ...♕xa2 na Defesa Grünfeld das Trocas e em certas Variantes de Trocas do Gambito da Dama; ou, por exemplo, quando as Negras saem de seu caminho para capturar o Peão a4 das Brancas na Variante Winawer. Mas, geralmente, os Peões a isolados situados nas duas primeiras filas (como um Peão negro em a6, em várias Aberturas) tendem a ser defensáveis até que o Meio-jogo entre em capacidade total. Por exemplo, algumas vezes, as Brancas capturam um Cavalo em a6 com seu Bispo das casas brancas e surgem os mesmos problemas; por exemplo, 1 d4 d5 2 c4 c6 3 ♘f3 ♘f6 4 ♘c3 dxc4 5 a4 ♘a6 6 e4 ♗g4 7 ♗xc4 e6 8 ♗xa6 bxa6 9 ♕d3 ♗xf3 10 gxf3 (agora, temos dois conjuntos de peões dobrados; os das Negras são mais fracos, é claro, mas elas têm recompensas com a Coluna b e uma Ala do Rei potencialmente mais segura) 10...a5 11 ♕c4 ♕c8 12 ♖g1 ♖b8 13 ♖g5 ♖b4 14 ♕e2 ♖xd4 15 ♖xa5 ♕c7 16 ♗e3 ♕xa5 17 ♗xd4 com uma igualdade aproximada, Korchnoi-Conquest, Budapeste – 1996.

O tratamento dado a todos esses fenômenos varia tanto entre as diversas posições, que teremos que os analisar em seu contexto.

# Cadeias de Peões

Quando os autores fornecem exemplos de cadeias de peões, tendem a ser peões vizinhos e enfrentando outra cadeia de peões, isto é, interligados. O exemplo do livro de texto é a Variante do Avanço da Defesa Francesa, 1 e4 e6 2 d4 d5 3 e5 c5 4 ♘f3 ♘c6 5 c3. A linha de peões de b2 até e5 é chamada de 'cadeia' e os peões interligados diretamente estão em e6 e d5, mas, claro, o Peão das Negras em f7 sustenta aqueles em e6 e d5. A maioria dos livros sobre a estratégia analisa essa Variante do Avanço da Francesa, quando deseja um exemplo de cadeias de peões, e também, as linhas principais da Defesa Índia do Rei. São excelentes pontos de partida. Nem sempre pensamos em termos de cadeias de peões, mesmo que compartilhem propriedades clássicas, como por exemplo, na Eslava com 1 d4 d5 2 c4 c6 3 ♘f3 ♘f6 4 e3 a6 5 c5, onde a cadeia de peões das Brancas é bem extensa. Mas, de fato, ...e5 é a maneira natural de atacar essa cadeia e, ultimamente, ainda vemos os trabalhosos movimentos b4, a4 e b5 feitos pelas Brancas para atacar a base da cadeia de peões das Negras em c6 (isso tem ocorrido com um pouco mais de freqüência na linha que continua com 4 ♘c3 a6 5 c5 seguida de ♗f4, mas aí é outra história).

E mais, grande parte do que se relaciona a essas cadeias de peões é relevante para um grande número de outras 'carreiras de peões' que não são opostas completa e diretamente a outros peões. De acordo com algumas outras fontes, chamarei a essas, cadeias de peões também. Por exemplo, se você observar a Benoni Moderna (1 d4 ♘f6 2 c4 c5 3 d5 e6 4 ♘c3 exd5 5 cxd5 d6 6 e4, especialmente com 6...g6 7 f3), verá pequenos 'pares de peões' apontando em direções opostas. Em várias Aberturas, apenas surgem as cadeias parcialmente superpostas, mas que têm propriedades típicas de cadeias; por exemplo, coisas como c3/d4/e5 versus f7/e6 e e4/d5 versus c7/d6 etc. Vemos uma cadeia truncada em algumas variantes da Ruy Lopez, quando as Brancas jogam d5, formando assim uma oposição de e4/d5 versus c7/d6/e5. E mais, cadeias de peões com peões dobrados em sua base surgirão das trocas. Quase todas elas poderão ser vistas nos mesmos termos das cadeias tradicionais da Francesa e da Índia do Rei; por exemplo, nos métodos de atacá-las e defendê-las. O estudo de seus elementos comuns e diferentes irão ajudá-lo a dominar esta parte da partida.

Comecemos com os exemplos tradicionais e vejamos o que podemos descobrir. Começaremos com a Defesa Francesa, provavelmente a única Abertura na qual a maioria de suas principais variantes tem cadeias de peões.

### 1 e4 e6 2 d4 d5 3 e5

O lógica por trás deste movimento das Brancas é que ele reivindica espaço na Ala do Rei e dificulta o desenvolvimento das peças negras. Depois de 3 e5, o Cavalo do Rei das Negras não pode ir para sua 'melhor' casa em f6 e o Bispo da Dama das Negras, que já estava bloqueado por seu Peão em e6, fica mais encarcerado pela incapacidade do Peão e6 avançar. Como mencionado, uma variante bem adequada para uma análise das cadeias continua com:

**3...c5 4 c3 ♘c6 5 ♘f3** *(D)*

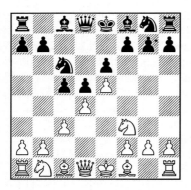

Os dois últimos movimentos são naturais no sentido de que 4...♘c6 desenvolve e exerce influência em d4 e e5, enquanto que 5 ♘f3 defende esses pontos. Note primeiro que se as Brancas tivessem jogado 5 dxc5, teriam quebrado a cadeia, o que teria enfraquecido a frente da estrutura de peões em e5. Esse Peão, então, estaria sujeito a uma ameaça maior de captura, como um Peão isolado que não pode ser defendido por outros peões. Também poderia ser trocado mais facilmente, devido aos recursos insuficientes para o manter. Um ataque direto poderia ocorrer através dos movimentos ...♕c7 e ...♘ge7-g6. O oferta de troca poderia ser feita por meio do movimento de Peão ...f6.

Isto leva à idéia de que se as Negras puderem fazer a ruptura no ponto d4, algumas vezes chamado de 'base' da cadeia de peões, poderão enfraquecer ou destruir a própria estrutura dos peões. Com que finalidade? Livrando-se do Peão em d4 e, então, conquistando ou trocando o Peão de e5 apareceria, um lugar natural em f6 para o Cavalo, que atualmente nada faz em g8, e seria mais possível o movimento ...e5. Com um pouco de sorte, esse avanço levaria à liberação do Bispo c8 e entrementes, as Negras controlariam a ação com seu próprio 'centro ideal' de peões em e5 e d5. Esta idéia fantástica em particular, no momento fora de alcance sem a cooperação das Brancas, motiva o desejo das Negras fazerem a ruptura da cadeia em sua base. Como se verificou, localizar a base de uma cadeia de peões é mais uma determinação prática do que teórica; se as Negras jogassem ...b5-b4, então, o Peão das Brancas em c3 seria chamado de base da cadeia e no caso improvável das Negras terem jogado ...a5-a4-a3, então, b2 seria assim designado. Basicamente, significa onde se tem provavelmente mais sucesso para enfraquecer a cadeia.

Voltando à Defesa Francesa e sua base 'efetiva' em d4, podemos ver porque as Brancas estão interessadas em manter seu Peão lá, ao invés de jogarem dxc5 ou permitirem que seja capturado. Os objetivos conflitantes dos dois lados podem ser solucionados por vários meios. Um exemplo de continuação do jogo é:

**5...♕b6**

As Negras atacam d4 novamente; no momento, o Peão está protegido adequadamente.

**6 ♗e2**

Este lance desenvolve peças e prepara o Roque. Um outro tema poderá surgir se as Brancas jogarem 6 ♗d3 ♗d7?! (6...cxd4 é o normal) 7 dxc5 ♗xc5 8 0-0, quando as Brancas entregam seu Peão de apoio, mas em troca, conseguem a possibilidade de b4-b5, quando podem usar a casa d4 como um excelente ponto de apoio para suas peças.

**6...cxd4 7 cxd4 ♘ge7**

As Brancas já têm que cuidar da saúde de sua base, o Peão d4. Se fizerem o movimento mais natural que existe, 8 0-0?, o Peão estará inevitavelmente perdido depois de 8...♘f5.

Obviamente, as Brancas não jogariam 8 0-0?, mas protegeriam o Peão com, digamos, 8 b3 ♘f5 9 ♗b2 *(D)*.

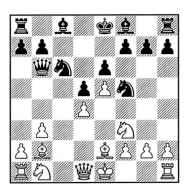

Estes movimentos não são necessariamente os melhores, mas mostram a idéia básica. Evitei uma análise das sutilezas da ordem de movimentos, para chegar ao ponto sem complicações desnecessárias.

O conceito de atacar a base, sistematizado pela primeira vez por Nimzowitsch, difundiu-se rapidamente no mundo do Xadrez e foi tratado como um tipo de princípio geral das cadeias de peões. É interessante que o que são identificadas como cadeias são, precisamente, as estruturas que podem ser atacadas seguindo essa regra.

Por exemplo, poucos jogadores, se algum, referem-se como cadeias de peões, às linhas de peões de f7 até d5 e de f2 até d4 no Gambito da Dama Recusado, mesmo quando as Brancas jogam c5 (como Steinitz costumava fazer sem provocação!). Por exemplo, 1 d4 d5 2 c4 e6 3 ♘c3 ♗e7 4 ♘f3 ♘f6 5 ♗g5 h6 6 ♗h4 ♘bd7 7 e3 0-0 8 ♖c1 a6 9 c5 c6 *(D)*.

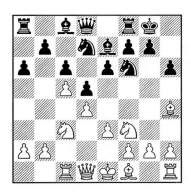

Pensar em termos de cadeias de peões não é nosso hábito neste caso, pois a idéia tradicional de como abrir uma cadeia, isto é, em sua 'base', não se aplica. Depois de 10 ♗d3, normalmente, não é possível as Brancas jogarem b4-b5 (elas estão com os olhos voltados para o Rei, um alvo menos trivial). As Negras podem atacar no centro com ...e5 (dificilmente com a idéia de colocar pressão em d4, porém) ou atacar o ápice da cadeia com 10...b6 11 cxb6 c5!?, uma idéia correta, embora sujeita a problemas táticos.

Qual é a verdade? Mesmo no exemplo da Defesa Francesa acima, a ilustração padrão de atacar a base, as Negras acabarão atacando a frente protegida da cadeia. Por exemplo, depois das Brancas protegerem com sucesso sua base com 8 b3 ♘f5 9 ♗b2, o próximo passo das Negras será atacar a frente da cadeia de peões com ...f6. Por exemplo, uma linha continua com 9...♗b4+ 10 ♔f1 ♗e7 11 ♘c3 0-0 12 g3 f6 e as Brancas logo entregarão o Peão principal com exf6. Ou, na mesma Variante do Avanço, o fenômeno é mostrado na variante 3 e5 c5 4 c3 ♘c6 5 ♘f3 ♗d7 6 ♗e2 ♘ge7 7 0-0 ♘g6, com a intenção de ...f6 em seguida ou logo depois; por exemplo, 8 ♘a3 ♗e7 9 ♘c2 (as Brancas ainda estarão preocupadas em proteger a base em d4) 9...0-0 10 ♖e1 cxd4 11 cxd4 f6 (D).

Agora, a frente da cadeia de peões desaparece por causa do ataque vindo de três direções: 11 exf6 ♗xf6. Desta vez, as Negras ignoraram, a base e saíram-se bem.

As outras variantes Francesas da cadeia de peões são mais claras neste sentido; por exemplo:

**1 e4 e6 2 d4 d5 3 ♘d2 ♘f6 4 e5 ♘fd7 5 ♗d3 c5 6 c3 ♘c6 7 ♘e2 cxd4 8 cxd4 f6**

O Peão e5 é atacado três vezes.

**9 exf6 ♘xf6 10 ♘f3 ♗d6 11 0-0** *(D)*

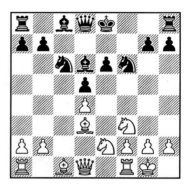

Neste caso, as Negras fizeram apenas uma tentativa indolente de atacar a base da cadeia de peões e, então, atacaram com sucesso o ápice.

Assim, talvez, o procedimento deva ser atacar a base e, depois, a ponta? Mas, em seguida, há o exemplo não adulterado de atacar apenas o ápice da cadeia:

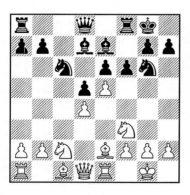

1 e4 e6 2 d4 d5 3 ♘d2 ♘c6 4 ♘gf3 ♘f6
5 e5 ♘d7 6 ♗d3 f6 *(D)*

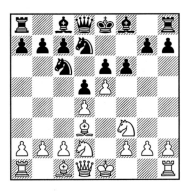

Devo observar que, segundo a teoria, as Negras estão perfeitamente bem nesta posição. Outras Aberturas atacam as cadeias assim; por exemplo, as variantes da Abertura Inglesa nas quais as Negras jogam ...e4 e as Brancas eliminam o Peão da frente com f3. Também há as variantes da Ruy Lopez nas quais d5 é combatido com ...c6 (por exemplo, a Defesa Breyer) e diversas variantes da Índia do Rei também.

Claramente, precisamos de um modo mais amplo de ver este assunto. Iremos para o exemplo da Defesa Índia do Rei, que sempre é usado nos livros:

**1 d4 ♘f6 2 c4 g6 3 ♘c3 ♗g7 4 e4 d6 5 ♘f3 0-0 6 ♗e2 e5 7 0-0 ♘c6 8 d5 ♘e7** *(D)*

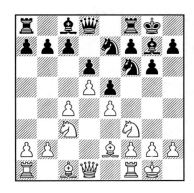

Veremos rapidamente as duas abordagens muitos distintas para esta posição, mas apenas em termos de cadeias de peões.

**A: 9 ♘e1**

**B: 9 ♘d2**

**A)**

**9 ♘e1 ♘d7 10 ♗e3 f5 11 f3 f4**

As Negras ignoram a primeira base 'efetiva' em e4, aquela que elas atacaram na situação da Defesa Francesa. Na verdade, 11...fxe4 12 fxe4 ♖xf1+ 13 ♗xf1 ♘f6 14 ♗f2 apenas ajuda as Brancas, porque as Negras não têm nenhum alvo na Ala do Rei para atacar. Jogando ...f4, elas estendem a cadeia até f3, preparando a marcha de seu Peão g. São todos movimentos normais, detalhes dos quais serão dados no capítulo sobre a Defesa Índia do Rei no próximo volume.

**12 ♗f2 g5**

Este Peão é movido para a nova base em f3.

13 ♘d3 ♘f6 14 c5 ♘g6 15 ♖c1 ♖f7 16 ♖c2 ♗f8 17 cxd6 cxd6 18 ♕d2 g4 19 ♖fc1 g3 *(D)*

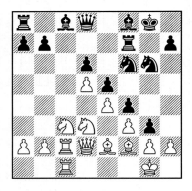

Portanto, as Negras nunca atacaram a base em e4 ou em f3, nenhuma das quais foi seriamente ameaçada. Na verdade, o ataque do Peão à cadeia foi justamente com ...g3 e não colocou nenhuma pressão nela! Mas apesar da cadeia g2-d5 sobreviver com total força, as Negras têm um ótimo ataque, conforme mostrado em uma partida que continuou como a seguir:

20 hxg3 fxg3 21 ♗xg3 ♘h5 22 ♗h2 ♗e7 23 ♘b1 ♗d7 24 ♕e1 ♗g5 25 ♘d2 ♗e3+

**B)**

**9 ♘d2** *(D)*

Uma abordagem muito diferente surge deste movimento na mesma variante.

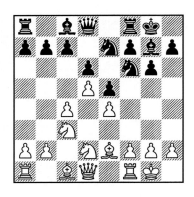

Em algumas partidas, resulta a tradicional corrida de peões:

**9...♘e8 10 b4 f5**

Ataque à base.

**11 c5**

Igualmente.

**11...♘f6 12 f3 f4 13 ♘c4 g5 14 ♗a3 ♘g6 15 b5 ♘e8**

As Brancas estão ameaçando a base em d6 três vezes, portanto, as Negras têm que defender.

**16 b6!** *(D)*

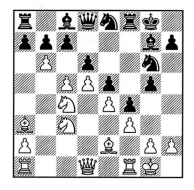

Uma bela imagem! As Brancas transferem a base para a segunda fileira das Negras, o tema do enfraquecimento final. Esta forma pura de atacar a base, em uma cadeia tão longa, raramente ocorre em alguma Abertura.

**16...axb6 17 cxb6 cxb6 18 ♕b3 h5 19 ♖ab1 g4**

Agora, se as Negras pudessem jogar ...h4-h3, poderiam reproduzir a façanha das Brancas!

**20 ♘xb6**

Tendo destruído a parte extrema da retaguarda da cadeia de peões, as Brancas têm uma posição muito boa, embora devam ter cuidado para que a tática não saia de controle.

Este exemplo ilustra como é importante, em uma partida com cadeias de peões, ter, pelo menos, uma coluna aberta para uma Torre trabalhar em um caminho direto próximo à cadeia de peões. As outras peças sozinhas, em geral, não podem fazer completamente a ruptura na posição do oponente.

Como a cadeia de peões das Brancas é tão inacessível a ataques na variante antecedente, as Negras podem pensar em desafiar a frente da cadeia de peões, mesmo quando ela está completamente protegida. Como vimos nos exemplos da Defesa Francesa, há vantagens para essa abordagem.

**9...a5** *(D)*

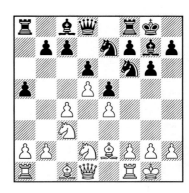

Primeiro, as Negras se defendem contra b4, por sua vez impedindo o movimento-chave c5.

**10 a3 ♗d7 11 b3**

11 ♖b1 seria respondido com 11...a4! (dois peões controlando um, um tema que aparece periodicamente neste livro) 12 b4 axb3 e.p. 13 ♖xb3 b6 e as Brancas nunca conseguirão c5. Após 11 b3, porém, as Brancas estão prontas para ♖b1, b4 e c5.

**11...c6** *(D)*

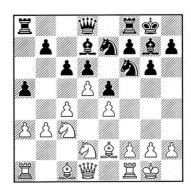

Um ataque contra o ápice da cadeia de peões. O primeiro ponto é que o líder da cadeia em d5 agora estará vulnerável, se as Brancas jogarem c5.

**12 ♖b1 ♕b8!? 13 b4 cxd5**

Algumas vezes, as Negras pulam este movimento e respondem b4 com ...b5, um ataque dinâmico à cadeia inteira, que pelo menos será interessante, embora não inteiramente convincente.

**14 cxd5**

14 exd5 fornece às Negras um tipo de maioria na Ala do Rei que devemos ver mais, quando prosseguirmos. ...f5 seguirá em breve. É suficiente dizer que, em geral, essa situação é favorável às Negras.

**14...♖c8 15 ♗b2 axb4 16 axb4**

A cadeia de peões foi neutralizada, provando que as Negras não precisam apenas jogar no flanco do tabuleiro onde tem jogadas de enfraquecimento. O mesmo se aplica às Brancas. O Xadrez não é tão unidimensional a ponto de você não ter permissão para considerar mais de um tema, pelo menos não na Abertura, quando temos tantas peças no tabuleiro.

Qual é o resultado de tudo isso? O jogador prático fica sem nenhuma orientação? Absolutamente não, pois quanto mais posições você vir e jogar, mais ferramentas vai adquirir. Como em qualquer outra situação no Xadrez, você tem que fazer uma avaliação de quais posições requerem qual tratamento. Por exemplo, note que as Negras se dedicaram ao Peão avançado na Ala da Dama e nunca pres-

taram atenção à base e4. O quanto isto é verdadeiro em geral? Imaginemos uma posição parecida de um tipo que surge na Defesa Francesa:

**1 e4 e6 2 d4 d5 3 ♘d2 ♘f6 4 e5 ♘fd7 5 f4 c5 6 c3 ♘c6 7 ♘df3 ♗e7 8 g3 ♕a5 9 ♔f2** *(D)*

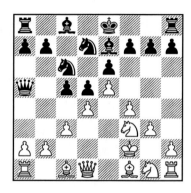

Aqui, as Brancas protegem seu Rei (ele ainda pode ir para g2, se necessário) e suas peças estão a ponto de ir para posições agressivas; por exemplo, ♗d3, ♘e2, com talvez g4 e f5. Qual a probabilidade desse plano ter sucesso? A estrutura é análoga (d4/e5/f4 para c4/d5/e4), e portanto, o procedimento das Negras teria relação com ...f6, talvez precedido de ...h5, conectado a ...g5. Mas a diferença crucial é que este é a Ala do tabuleiro onde reside o Rei das Negras, assim, tal plano é irreal. Uma análise simples (com um pouco de cálculo) também informa que um ataque em d4 não irá muito longe: não há peças atacantes suficientes e muitos defensores. Mas se você estiver pensando em termos de experiência com a cadeia de peões, verá que as Negras devem jogar para enfraquecer a estrutura ddos peões brancos com **9...b5!** seguido de ...b4 e movimentos como ...♖b8, ...bxc3, ...♗a6 e ...♘b6-a4 em alguma ordem inteligente. Isso pode ser uma idéia eficiente, contanto que as Negras estejam em alerta para a defesa de seu Rei.

Com essas idéias em mente, vejamos os exemplos da Variante do Avanço da Caro-Kann.

**Anand – Karpov**
*Wijk aan Zee – 2003*

**1 e4 c6 2 d4 d5 3 e5 ♗f5 4 ♘c3 e6 5 g4 ♗g6 6 ♘ge2 ♘e7 7 f4** *(D)*

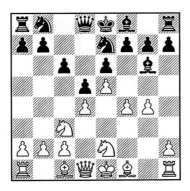

**7...c5!**

Como vimos acima, assim que f4 é jogado, é menos provável que 7...f6?! consiga qualquer coisa boa. As Brancas simplesmente reforçam o centro com 8 ♗e3, quando 8...fxe5 9 fxe5 fornece às Branca f4 para seu Cavalo. Devo acrescentar que em algumas linhas nas quais as Brancas jogam h4-h5 ao invés de f4, ...f6 é a melhor defesa.

**8 ♘g3!? cxd4 9 ♘b5 ♘ec6!**

Um sacrifício de peça para conquistar o centro.

**10 f5 ♗c5 11 ♘d6+**

O objetivo das Negras é que depois de 11 fxg6 fxg6, elas capturam um segundo Peão e ameaçam a destruição total do centro das Brancas com ...♘xe5. Então, 12 ♕e2 0-0 prepara ...♘d7 conquistando o último Peão do centro e, então, 13 g5 (para ter ♗h3) segue com 13...♕b6! 14 ♗h3 d3! 15 ♕xd3 (15 cxd3 ♕xb5) 15...♘xe5 e tudo cai. Observe como isso foi uma conseqüência de ...c5 e ...cxd4, embora não seja absolutamente necessário e na verdade, partidas posteriores melhoraram para as Brancas, antes deste ponto na partida.

**11...♗xd6 12 exd6 ♕xd6 13 ♗g2**

13 fxg6?! fxg6! é forte (as Negras têm a Coluna f aberta, um centro amplo e três peões pela peça). Na verdade, ...fxg6 geralmente é a resposta correta na Francesa e em estruturas parecidas. Tendo dito isto, até 13...hxg6!? prepara um tático 14 ♗g2? ♖xh2! perigoso.

**13...f6**

Agora, as Negras ameaçam escapar com o Bispo.

**14 fxg6 hxg6 15 0-0**

As Brancas evitam ...♖xh2 novamente.

15...♘d7 16 ♖f2 0-0-0 17 c3 dxc3 18 bxc3 ♘b6! *(D)*

Embora as Negras tenham apenas dois peões pela peça, elas têm boa compensação com o centro móvel, o posto avançado c4 e o ataque na Ala do Rei. As Brancas avançam para a vitória, mas não por causa da Abertura. Atacar a base foi a decisão certa.

### Short – Seirawan
*Tilburg – 1990*

1 e4 c6 2 d4 d5 3 e5 ♗f5 4 ♗e2 e6 5 ♘f3 c5 6 0-0 ♘c6 7 c3 *(D)*

Nesta Variante do Avanço da Caro-Kann, temos o equivalente da Variante do Avanço da Francesa, mas com o Bispo de casas brancas das Negras fora da cadeia de peões. Note, porém, que as Negras perderam um tempo jogando ...c6-c5 e que fizeram um movimento extra com seu Bispo de casas brancas, o que não acontece na Francesa. O motivo é que as Brancas estão ganhando um tempo extra para consolidar sua vantagem de espaço e as Negras precisam fazer a ruptura no centro de algum modo, antes de ficarem permanentemente restringidas. Assim:

**7...♕b6 8 ♕a4!**

Este movimento seria mais do que inútil na Variante das Trocas da Francesa, porque as Negras jogariam ...♗d7.

**8...c4!?**

Surge outra cadeia de peões! Isso tira toda a pressão da base das Brancas ao formar uma nova. O plano é lento (e incomum), mas há considerações especiais. Primeiro, as Negras têm que ver linhas como 8...cxd4 9 ♘xd4! pretendendo ♗e3 em seguida, ou ♘xf5, outra idéia promissora; por exemplo, 9...♗c5 10 ♘xf5 exf5 11 b4 ♗e7 12 ♗e3 ♕d8 13 ♖d1. Isto é quase impossível de impedir sem uma concessão real; por exemplo, uma linha boa segue com 8...♘h6 9 dxc5 ♗xc5 10 b4 ♗e7 11 ♗e3 ♕c7 12 b5 e aqui, 12...♘b8 13 b6+! ♕d7 14 ♕xa7! ou 12...♕a5 13 ♗d1! ♕xa4 14 ♗xa4 ♘a5 15 b6+. Existem muito outras linhas com problemas táticos e posicionais. Portanto, Seirawan raciocina que manterá a posição fechada por enquanto e quando as Brancas organizarem g4 e f5, ele estará vencendo no outro flanco.

**9 ♘bd2?!**

O que sabemos sobre tais posições? A base da cadeia de peões inimigos está longe, muito longe, portanto, não é difícil ver que o cabeça deve ser atacado. Short sabe isso, claro, mas seus tempos estão ruins. 9 b3! é um lance bom, atingindo a parte vulnerável da cadeia, quando as Negras desmoronam se jogarem 9...cxb3 10 axb3, ativando as peças das Brancas; por exemplo, 10...♘ge7 11 ♗a3 ♘g6 12 ♗xf8 ♖xf8 13 ♗b5 a6 14 ♘bd2 e as Negras ficam sem boas jogadas.

**9...♕a5 10 ♕d1 h6! 11 ♖e1 b5**

De volta às operações da cadeia de peões! ...b4 é o próximo, portanto, as Brancas tentam fazer algo a respeito.

**12 b4?!** *(D)*

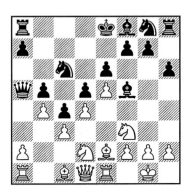

**12...♘xb4! 13 cxb4 ♗xb4**

Como na última partida, as Negras têm dois peões pela peça e a promessa de muito mais depois de ...♗c3. Short encontra uma resposta interessante no meio destas ameaças.

**14 ♘f1!? ♘e7**

Capturar a Torre com 14...♗xe1 15 ♘xe1 permite às Brancas sobreviverem ao avanço de peões.

**15 ♘g3 ♗g6 16 ♖f1**

Aqui, ao invés de 16...♗c3?, como ele jogou, Seirawan fornece 16...♘c6 17 ♗e3 ♗c3 18 ♖c1 b4 19 ♘h4 ♗h7 20 ♘h5 ♖g8 21 ♗xh6 0-0-0 22 ♗g5 ♖d7 23 ♘f3 ♕xa2 com uma massa de peões inevitável.

Quando deparado com um problema de espaço a longo prazo, como o que Short criou para seu oponente, ficar aguardando é a pior coisa a fazer. Procure ver se atacar a base ou o ápice da cadeia de peões tem alguma chance de sucesso, ou se, então, as duas coisas em combinação podem ser eficientes. Se não, você terá que criar suas próprias contrachances de qualquer maneira, o que pode significar muito, estruturalmente, para um avanço radical próprio.

Praticamente todo sistema de Aberturas tem seus exemplos de cadeias de peões. E as outras cadeias mais curtas ou aquelas com postos avançados? Como as avaliar? O complexo Benoni mostra uma pequena variedade. Na Benoni (Tcheco), é bem fácil ver a natureza das cadeias de peões:

**1 d4 ♘f6 2 c4 c5 3 d5 d6 4 ♘c3 e5 5 e4**
*(D)*

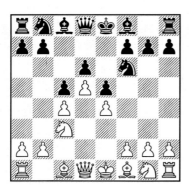

As Negras gostariam de jogar ...f5 ou ...b5, as Brancas f4 ou b4. Na prática, as rupturas das Brancas provavelmente têm mais sucesso, por causa da falta de espaço das Negras *ou* de boas casas para suas peças; por exemplo, elas não têm c5 para seus Cavalos ou nenhum lugar ativo para seu Bispo do Rei (que algumas vezes está reduzido à idéia exótica ...h6 e ...♗e7-g5). Em particular, as Negras têm problemas para forçar ...f5, caso as Brancas iniciem uma estrutura envolvendo ♗d3, ♘f3 e h3.

Observe que a mesma estrutura de peões na Linha Principal da Índia do Rei é mais suportável para as Negras, porque com seu Bispo mais bem colocado, elas podem ter um contrajogo com ...f5 antes das Brancas o atacarem.

Uma análise da cadeia de peões do Gambito Benko revela um pouco sobre os poderes do gambito. Após 1 d4 ♘f6 2 c4 c5 3 d5 b5 4 cxb5 a6 5 bxa6 seguido da recaptura do Peão nos próximos movimentos, as Brancas raramente são capazes de forçar um ataque à base efetiva da cadeia de peões das Negras em d6 e podem apenas sonhar conseguirem uma casa b4 bem-sucedida (acontece, mas apenas raramente). As Negras, por outro lado, já eliminaram, a base da cadeia de peões das Brancas em c4 e o movimento ...e6, batendo no Peão da frente em d5, caracteriza variantes Gambito Benko, em um ponto ou outro.

Veja a Defesa Alekhine, que realmente inclui muitas cadeias de peões. Eis aqui o Ataque dos Quatro Peões, produzindo uma cadeia parcial após 1 e4 ♘f6 2 e5 ♘d5 3 d4 d6 4 c4 ♘b6 5 f4 dxe5 6 fxe5. Onde atacar? Vejamos: 6...♘c6 7 ♗e3 ♗f5 8 ♘c3 e6 9 ♘f3 ♗e7 10 ♗e2 0-0 11 0-0 f6!. Na frente, este é o melhor plano! Esses conceitos se consolidam com estudo e experiência. Eis um exemplo recente com alto poder:

### Grishchuk – Ponomariov
*Torshavn – 2000*

**1 e4 ♘f6 2 e5 ♘d5 3 d4 d6 4 ♘f3 g6 5 ♗c4 ♘b6 6 ♗b3 ♗g7 7 a4 a5 8 ♘g5 e6 9 f4** *(D)*

Esta é uma cadeia sólida que deve ser cuidada rapidamente ou as Negras deverão encontrar um contrajogo em outro lugar, o que não é uma tarefa fácil.

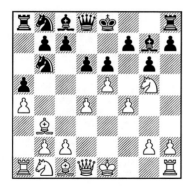

**9...dxe5 10 fxe5 c5**

A base da cadeia.

**11 c3 cxd4 12 0-0 0-0 13 cxd4 ♘c6 14 ♘f3 f6**

A frente da cadeia.

**15 ♘c3! fxe5**

É um pouco tarde para mudar.

**16 ♗g5! ♕d7 17 dxe5 ♘xe5?**

A melhor chance é 17...♕xd1! 18 ♖axd1 ♘xe5 19 ♘xe5 ♖xf1+ 20 ♔xf1 ♗xe5 21 ♗e3 ♗xc3 22 ♖d8+ ♔f7 23 bxc3 e os Bispos valem mais que um Peão, mas as Negras podem, pelo menos, esperar sobreviver. Contudo, devem evitar 23...♘d7 24 ♔e1! b6 25 ♖h8 ♔g7? 26 ♗xe6! ♔xh8 27 ♗d4+.

**18 ♘xe5 ♖xf1+ 19 ♕xf1 ♕d4+**

Ou 19...♗xe5 20 ♖d1 ♗d4+ 21 ♔h1.

**20 ♔h1 ♗xe5 21 ♗d8 ♕c5 22 ♘e4 ♕b4**

As Negras também estão perdidas depois de 22...♕f5 23 ♗xb6 ♕xe4 24 ♖d1 h5 25 ♖d8+ ♔h7 26 ♕f7.

**23 ♘g5 ♔h8 24 ♕f7 ♗d7 25 ♗xe6 ♖xd8 26 ♕g8+! ♖xg8 27 ♘f7# (1-0)**

Felizmente, esta seção dará uma idéia do que estará acontecendo quando encontrarmos casos de cadeias de peões em outras Aberturas neste livro.

## Peões Dobrados e Capturas do Peão Relacionadas

Compreender os peões dobrados é essencial para jogar as Aberturas e, conseqüentemente, dominá-las. Como acima, abordarei este assunto com alguns exemplos padrões e, então, tentarei introduzir algumas idéias mais complicadas para você considerar. Outras estruturas serão analisadas junto com as Aberturas individuais.

Os peões dobrados são um *tema* recorrente na Defesa Nimzo-índia. Após 1 d4 ♘f6 2 c4 e6 3 ♘c3 ♗b4, capturar o Cavalo c3 produzirá peões dobrados, cuja estrutura é tal que o Peão c avançado estará particularmente vulnerável. Sem entrar no jargão, você pode ver que uma estrutura com peões em c4, c3 e d3 é mais segura do que uma com peões em c4, c3 e d4. No primeiro caso, cada Peão pode ser protegido por outro, ao passo que no último o Peão c4 não está apoiado. Eis uma partida com várias idéias temáticas em uma Nimzo-índia típica:

**Geller – Smyslov**
*Campeonato na URSS (Moscou) – 1949*

**1 d4 ♘f6 2 c4 e6 3 ♘c3 ♗b4 4 a3 ♗xc3+ 5 bxc3**

Agora, as Brancas têm peões dobrados em c3 e c4. O Peão da frente é o alvo; note que se o Peão d branco estivesse em d3, os peões dobrados estariam protegidos.

**5...♘c6 6 f3**

Tendo assegurado a vantagem dos dois Bispos em compensação por seus peões dobrados em c3 e c4, as Brancas desejam construir um centro amplo e usar seu espaço extra para ajudar em um ataque na Ala do Rei. A Ala do Rei é um alvo particularmente bom porque o Bispo negro das casas negras foi trocado e não pode proteger as casas vulneráveis em volta do Rei.

**6...b6 7 e4 ♗a6**

As Negras estão visando o Peão c4 fraco das Brancas.

**8 ♗g5**

E as Brancas começam a derivar para a direita.

**8...h6 9 ♗h4 ♘a5**

Existem mais exemplos desta estrutura no Volume 2.

**10 ♕a4 ♕c8! 11 ♘h3 ♘h7?!**

É melhor 11...♕b7! 12 ♗d3 ♕c6! *(D)*.

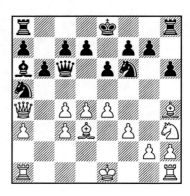

Com isso, o Peão c teria caído, embora a vantagem das Negras possa não ser suficiente para uma vitória depois de 13 ♕xc6 dxc6 14 e5 ♘d7 15 ♔f2 ♗xc4 16 ♗c2. Capturar o Peão c4 diretamente é um tema; o que acontece na partida está relacionado.

**12 ♗d3 0-0 13 e5 ♖e8 14 0-0 ♘f8!? 15 ♘f4!?**

As Brancas devem sempre jogar o máximo possível na Ala do Rei em tais posições e não se preocupar muito com um Peão ou dois na Ala da Dama. Assim, 15 f4! d5 16 f5 foi necessário, atacando a cadeia de peões. Note que o ataque das Brancas aproveita muito a falta do Bispo de casas negras das Negras, que foi trocado no quarto movimento.

**15...d5!**

As Negras não podem ganhar o Peão c, mas conquistam as casas brancas. Isso geralmente é o resultado de lutar contra peões dobrados: as casas nas quais eles estão tornam-se mais importantes do que os próprios peões. 15...g5? não vale a pena depois de 16 ♘h5 gxh4 17 ♘f6+.

**16 cxd5 ♗xd3 17 ♘xd3 exd5 18 f4 ♘g6!**

Smyslov antecipa a idéia ...♘e7-f5.

**19 ♗g3 ♕f5!**

Agora, as Negras iniciam uma série de jogadas designadas a conquistar um complexo de cores inteiro. Isso foi analisado no Capítulo 2.

**20 ♘b4 c6! 21 ♖ae1**

21 ♘xc6? ♕d7.

**21...h5! 22 ♕c2 ♘e7** *(D)*

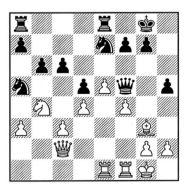

Resumindo: todas as casas brancas importantes estão cobertas pelas Negras, cujo Cavalo estará em uma posição dominante em c4, com o outro Cavalo vindo para f5. Para piorar as coisas para as Brancas, seu Bispo das casas negras é mau e suas Torres estão inativas. Este é o resultado lógico da Abertura, e de 15...d5 em particular. Depois de muitos altos e baixos, a partida finalmente empatou, mas, neste ponto, as Negras têm uma posição vitoriosa.

Em seguida, uma partida clássica que mostra os prós e os contras típicos dos peões dobrados.

**Portisch – Fischer**
*Torneio Interzonal, Sousse – 1967*

**1 ♘f3 ♘f6 2 g3 g6 3 c4 ♗g7 4 d4 0-0 5 ♗g2 d6 6 ♘c3 ♘bd7 7 0-0 e5 8 e4 c6 9 h3 ♕b6 10 ♖e1**

De modo bem estranho, há uma linha principal importante desta mesma variante que envolve os peões dobrados: 10 c5!? dxc5 11 dxe5 ♘e8 12 e6! fxe6 13 ♘g5 ♘e5 (13...♘c7!?) 14 f4 ♘f7 15 ♘xf7 ♗d4+ 16 ♔h2 ♖xf7 *(D)*.

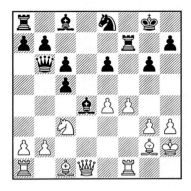

Isto surgiu em várias partidas. As Negras ficam com Peões c dobrados (resultando de uma captura para fora do centro), como analisado abaixo, e um Peão isolado para se desfazer. Contudo, dados seu Peão extra e a colocação razoável das peças, a posição é aproximadamente igual.

**10...♖e8 11 d5 ♘c5 12 ♖b1 a5**

Todos os movimentos são convencionais até agora, exceto que ...♖e8 deixa as Negras com um tempo a menos, em comparação com algumas variantes parecidas. Normalmente, as Negras jogam ...♗d7 e ...cxd5 para cobrir a4. Esta variante geralmente é outra boa ilustração de como as Negras podem jogar na Ala da Dama na Defesa Índia do Rei.

**13 ♗e3 ♕c7!? 14 ♗xc5!?**

A troca em c5 para obter os peões dobrados pode ocorrer em muitas, muitas posições distintas da Índia do Rei. As Brancas têm que decidir se entregarão seu melhor Bispo para enfraquecer a estrutura de peões das Negras. Normalmente, elas recusam a barganha. Aqui, porém, elas estão um pouco à frente no tempo e avançam.

**14...dxc5 15 dxc6 bxc6** *(D)*

O primeiro ponto é que 15...♕xc6 forneceria às Brancas um posto avançado estupendo e favorável em d5, que poderia ser reforçado com ♘d2-f1-e3.

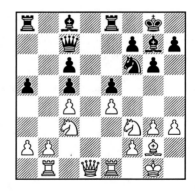

Quais são as principais características da posição? Os peões dobrados das Negras são isolados e além disso, elas têm um Peão isolado em a5. Já mencionamos, contudo, que os peões a isolados não são, geralmente, uma fraqueza séria até o Final. O que é típico dos Peões c dobrados é que eles controlam casas centrais muito importantes, o posto avançado das Negras em d4 e o mais importante, o posto avançado d5 das Brancas, que está protegido contra invasões. Por outro lado, o Bispo de casas negras das Negras tem muito pouco alcance, portanto, a vantagem dos dois Bispos não é um fator ainda e não têm nenhuma ruptura de peões além de ...f5, que as Brancas podem manter sob controle.

**16 ♘a4**

O Peão dobrado da frente geralmente é o mais vulnerável. Aqui, as Brancas não têm nenhuma perspectiva de atacá-lo por meio de uma coluna aberta por causa de seu próprio Peão c4, mas podem focar as peças nele, para restringir as peças negras à sua defesa. Quando o Peão dobrado de um dos jogadores pode ser protegido por peões adjacentes, então, suas peças não precisam ser desviadas para defendê-lo. É por isso que os peões dobrados isolados são muito piores do que os conectados, supondo que outros fatores não estejam em jogo.

**16...♗f8 17 ♕b3 ♘h5 18 ♕e3 ♕a7**

As peças negras estão passivas e, agora, as Brancas podem tentar transferir seu Cavalo f3 para b3, mas se necessário, as Negras podem trazer seu Cavalo para e6 ou d7. O que Portisch faz é bem engenhoso.

**19 h4!**

Esta é a idéia óbvia de ♗h3, tentando trocar seu Bispo mau pelo bom das Negras em c8. Mas as Brancas também vêem que o melhor plano das Negras é a manobra ...♘g7-e6-d4, que deixará sua Ala do Rei menos defendida contra os lances h5 e hxg6.

**19...♘g7 20 ♔h2 f6 21 ♗h3 ♗xh3 22 ♔xh3 ♘e6 23 h5** *(D)*

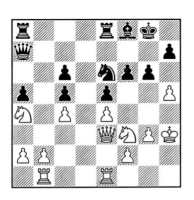

**23...gxh5!?**

As Negras têm que cuidar ainda mais de outro conjunto de peões isolados e dobrados! E entregam a valiosa casa f5. Mas Fischer percebe que será capaz de causar problemas na Coluna g junto com ...♘d4. Normalmente, 23...♘d4 resolveria todas as dificuldades das Negras, mas abrir a Coluna h causaria alguns problemas após 24 hxg6 hxg6 25 ♖h1.

**24 ♖h1 ♖ad8 25 ♔g2 ♕g7 26 ♔f1**

26 ♖xh5?? perde para 26...♘f4+.

**26...♕g4 27 ♖h4 ♕g6 28 ♕e2 ♗h6 29 b3 ♖d7**

29...♗g5 30 ♘xg5 fxg5 31 ♖xh5 ♖f8 também foi sugerido, como na partida. As Negras ficam bem em qualquer caso.

**30 ♖d1 ♖xd1+ 31 ♕xd1 ♖d8 32 ♕e2 ♗g5 33 ♘xg5 fxg5 34 ♖xh5 ♖d2! 35 ♕g4!**

35 ♕xd2 ♕xh5 ameaça ...♘d4. O Cavalo das Brancas cumpriu uma boa função, mas agora parece fora do jogo.

**35...h6 36 ♖h2 ♔g7 37 ♘c3 ♖d3 38 ♘d1!?**

As Brancas estão prontas para ocupar um posto avançado em ♘e3-f5.

**38...♕f7 39 ♔g2**

Mas nunca têm a chance. Neste ponto, 39 ♘e3?? perde para 39...♖xe3.

**39...♕d7! 40 ♕f5**

As Brancas decidem libertar-se. O movimento curioso 40 ♘e3 ♖xe3 41 ♕f5! (não 41 fxe3?? ♘f4+ 42 ♔f3 ♕d1+) é outro modo de fazer isso.

**40...♖xd1 41 ♕xe5+ ♔g8?**

Talvez Fischer estivesse tentando vencer, mas isso fornece às Brancas um ataque real. As Negras tinham um empate com 41...♔g6 42 ♕f5+ ♔g7 43 ♕e5+, com Xeque perpétuo.

**42 ♖xh6 ♘g7 43 ♖g6?**

Um erro por sua vez. Boas chances de vitória seriam conseguidas com 43 ♕xc5 ou 43 ♕b8+ ♘e8 44 ♖g6+ e ♖xg5 com um terceiro Peão e bom jogo contra o Rei exposto das Negras. A partida termina com real igualdade.

**43...g4! 44 ♖xg7+ ♕xg7 45 ♕e8+ ♔h7 46 ♕h5+ ♔g8 ½-½**

O tema dos peões dobrados é infinito, mas especialmente para a investigação da Abertura, podemos restringir muito nosso foco e ver os casos que influenciam bastante o jogo prático. Especificamente, os Peões c dobrados surgem com mais freqüência do que qualquer outro tipo e determinam a natureza do jogo em muitas dessas partidas. Para esclarecer, irei concentrar-me neles, com uma rápida olhada primeiro em uma situação particular do centro.

## Peões do Centro Dobrados

Os peões do centro dobrados surgem com muito menos freqüência na Abertura do que os Peões c dobrados. Geralmente, são produzidos por trocas das peças menores na terceira ou quarta fileira e, normalmente, não permitem a escolha das recapturas que vimos acima. Seus efeitos na posição tendem a ser ambíguos.

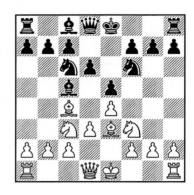

Esta é uma posição do Capítulo 6, da Defesa dos Dois Cavalos; situações parecidas podem surgir de várias Aberturas do tipo 1 e4 e5. As Brancas jogam ♗e3 para desafiar o Bispo inimigo em c5 (também com as cores invertidas, claro). Capturar esse Bispo em e3 ajudará as Brancas a ganharem o controle central (em particular de d4, que era o ponto de apoio em potencial para o Cavalo das Negras) e terão a Coluna f aberta com a qual trabalhar. Mas o centro resultante e3/e4/d3 geralmente não é móvel. O que isso significa? Depois da troca em e3, os peões das Brancas estão inicialmente bem protegidos; normalmente, é difícil atacar a única fraqueza em e3. Contudo, se as Brancas jogarem d4 depois disso, o Peão e avançado estará sem a proteção de outro Peão e, portanto, estará vulnerável, como o Peão c4 estava no exemplo da Nimzo-índia acima. E se o Peão d avançar mais para d5, o Peão e poderá não ser capaz de se mover, o resto da partida. Ambos os lados têm que pesar qual das vantagens é a mais importante. Se as Negras não forem trocar em e3, uma de suas opções será deixar o Bispo onde ele está em c5. Normalmente, os peões dobrados que as Negras obteriam, caso as Brancas jogassem ♗xc5, não seriam prejudiciais (veja a análise dos Peões c abaixo); mas isso nem sempre é verdadeiro. A mesma idéia aparece na Ruy Lopez depois de 1 e4 e5 2 ♘f3 ♘c6 3 ♗b5 a6 4 ♗a4 ♘f6 5 0-0 ♗e7 6 ♖e1 b5 7 ♗b3 d6 8 c3 ♗e6, assim como em algumas variantes do Peão da Dama; por exemplo, 1 d4 d5 2 ♘f3 e6 3 ♗f4 ♘f6 4 e3 ♘bd7 5 ♗e2 ♗d6 *(D)*.

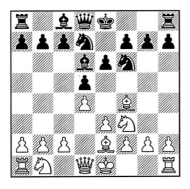

Novamente, a escolha surgirá se as Brancas tiverem que:

a) trocar os Bispos em d6, permitindo ...cxd6 se as Negras quiserem;

b) deixar seu Bispo em f4, convidando ...♗xf4; ou

c) recuar para g3.

No jogo dos Mestres, todas as três soluções são jogadas. Esta posição é simplificada, mas mostra a situação básica que surge em muitas variantes.

Os Peões isolados e e d dobrados são raros quando as Damas estão fora do tabuleiro; todavia, uma linha de Abertura como, por exemplo, 1 e4 d6 2 d4 ♘f6 3 ♘c3 e5 4 dxe5 dxe5 5 ♕xd8+ ♔xd8 6 ♗c4 ♗e6!? 7 ♗xe6 fxe6 mostra que é possível adotar tais peões nessa situação. A posição resultante é uma que a teoria atual indica como sendo igual. Veja o Capítulo 7 na Defesa Philidor, em particular a análise da ordem dos movimentos iniciais.

Permitam-me repetir que a troca das Damas não indica absolutamente a entrada em um Final porque pode haver muitas peças ativas restantes no tabuleiro produzindo posições surpreendentemente complexas. A frase 'Meio-jogo sem Damas' não aparece com muita freqüência nas análises do Xadrez, escritas ou não. Descreve um conjunto extremamente grande de situações, geralmente durando a maior parte da partida. As condições para um resultado decisivo ainda existem, como mostrado literalmente por milhares de partidas. Mas para nossas finalidades, é importante notar que muitas trocas das Damas, como acima, resultam em *Aberturas* sem Damas! Embora os limites de Abertura sem Damas, Meio-jogo e Final sejam até certo ponto uma questão de opinião, as variantes nas quais as Damas foram trocadas dentro dos 10 primeiros lances são analisadas rotineiramente pelos jogadores e teóricos por mais 10 movimentos e pertencem claramente ao território da Abertura, propriamente dita.

Finalmente, encontramos os peões dobrados na 5ª fileira em poucas Aberturas; por exemplo, 1 c4 c5 2 ♘c3 ♘c6 3 g3 g6 4 ♗g2 ♗g7 5 d3 ♘f6 6 e4 0-0 7 ♘ge2 d6 8 0-0 ♘d4 9 ♘xd4 cxd4 10 ♘e2 *(D)*.

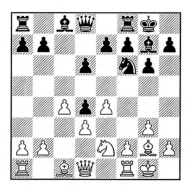 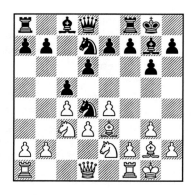

Keene referiu-se ao Peão dobrado em d4 como um 'ponto morto', assim chamado porque tem pouco ou nenhum potencial dinâmico. Ele torna o jogo central das Negras difícil, porque as Brancas estarão prontas para responder com ...e6 e ...d5 com cxd5 e e5 (especialmente se o movimento f4 tiver sido feito), ao passo que o movimento ...e5 das Negras limitaria seu próprio Bispo e não é muito útil em termos de mobilidade. O oponente (neste caso, as Brancas) pode jogar 'em volta' do Peão com f4, planejando f5 e g4 e/ou através de b4. Este é um tema que vale a pena lembrar, pois surge com bastante freqüência em Aberturas, como, por exemplo, a Siciliana Fechada, a Índia do Rei e a Abertura Inglesa. Costuma ocorrer na seqüência de movimentos acima, com um Cavalo em d4 (do ponto de vista das Brancas) sendo capturado por um Cavalo em e2 ou f3. Em muitos casos, haveria um Bispo em e3 no caso acima, digamos, através de 8...♘d7 9 ♗e3 ♘d4 *(D)*.

Neste exemplo, o Cavalo branco não pode capturar em d4 por causa do garfo, e a maioria dos jogadores evitará entregar seu Bispo bom com ♗xd4, sendo um ponto morto ou não. Portanto, você verá comumente jogadores aguardarem até que um Bispo venha para e3 antes de ocupar o posto avançado com seu Cavalo. Também ocorre com freqüência que quando um Bispo chega a e3, as Brancas simplesmente estão prontas para jogar d4, de modo que, o salto do Cavalo das Negras tem uma dupla finalidade. Obviamente, tudo isso ocorre com as cores invertidas também.

Naturalmente, nada é absoluto e a estrutura do ponto morto nem sempre é ruim, mas é preciso ter cuidado com o fato de haver fatores de compensação, antes de adotá-la.

## Peões c Dobrados

Agora, iremos para os Peões c dobrados, que são bem mais comuns que os centrais. A troca mais freqüente na Abertura que leva aos peões dobrados é quando um Cavalo em c3 ou c6 é capturado por um Cavalo ou um Bispo. Então, uma decisão básica geralmente se apresenta: deseja-se recapturar com o Peão b ('fortalecendo' o centro) ou com o Peão d, abrindo linhas para o desenvolvimento. Existem muitas situações nas quais não há nenhuma escolha; por exemplo, 1 d4 ♘f6 2 c4 e6 3 ♘c3 ♗b4 4 a3 ♗xc3+ 5 bxc3 ou 1 e4 e6 2 d4 d5 3 ♘c3 ♗b4 4 e5 c5 5 a3 ♗xc3+ 6 bxc3, ambos os casos onde a prioridade da estrutura é visível. Em nenhum caso, qualquer dos jogadores tem muitas peças desenvolvidas, mas por meio de seus lances de peões, ambos os lados estabeleceram uma estrutura que atenderá e determinará seu desenvolvimento.

Em ambos os casos, os jogadores foram forçados a capturar 'em direção ao centro', conselho dado aos alunos em toda parte. Mas é mais revelador ver primeiro as recapturas que requerem uma decisão.

## Ruy Lopez, Variante das Trocas

1 e4 e5 2 ♘f3 ♘c6 3 ♗b5 a6 4 ♗xc6 *(D)*.

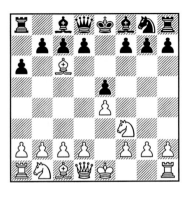

a) Uma resposta é 4...bxc6, mas isto raramente é escolhido. Este caso tem mais relação com as particularidades do que com os princípios gerais, mas isso, por si só, aumenta o interesse. As linhas gerais continuam com:

   a1) 5 0-0 d6 6 d4 f6 7 ♘c3, quando as Brancas controlam o centro e têm uma vantagem simples no desenvolvimento (três peças para nenhuma). O Bispo f8 das Negras não pode participar da ação e suas peças estão presas. Não é o que você deseja quando tem o par de Bispos.

   a2) 5 ♘c3 d6 6 d4 exd4 (6...f6 7 ♗e3 ameaça 8 dxe5 fxe5 9 ♘xe5! e por outro lado,, 8 ♕d2 e 0-0-0 serão muito desagradáveis para as Negras) 7 ♕xd4 com uma posição muito parecida com a Defesa Philidor, mas com um tempo a mais para as Brancas, devido a 3...a6. Será um mau sinal se as Negras tiverem que entregar o centro em uma variante de reforço do centro!

b) 4...dxc6 é bem conhecido e não requer uma análise especial. O que conta é que a recaptura para longe do centro consegue um jogo bem aberto para os Bispos.

   b1) A linha 5 d4 exd4 6 ♕xd4 ♕xd4 7 ♘xd4 ♗d7 e ...0-0-0 ilustra as idéias das Negras. Elas jogarão satisfeitas com uma estrutura de peões como, por exemplo, ...c5 e ...b6.

b2) O movimento geralmente aprovado 5 0-0 tem outros atributos, mas novamente, o fato de que uma variante como 5...♗g4 6 h3 h5 7 d3 ♕f6 ainda existe, mostra que as Negras têm um contrajogo dinâmico. Na verdade, as Brancas geralmente jogam c3 e d4 contra a estrutura ...c5/...e5, permitindo que os peões dobrados sejam liquidados e, portanto, indicando que eles não foram a única razão para jogar 4 ♗xc6. Um exemplo típico: 8 ♘bd2 ♘e7 9 ♘c4 ♗xf3 10 ♕xf3 ♕xf3 11 gxf3 ♘g6 12 ♗e3 ♗d6 13 ♖fd1 f6 14 ♔f1 c5 15 c3 ♔f7 16 d4! cxd4 17 cxd4 ♖hd8?! (17...exd4) 18 ♖ac1 ♗e7 19 d5 com uma vantagem para as Brancas, Glek-Winants, 2ª Bundesliga – 1997/8.

A Variante Berlinense com 3...♘f6 4 0-0 ♘xe4 5 d4 ♘d6 6 ♗xc6 dxc6 7 dxe5 ♘f5 8 ♕xd8+ ♔xd8 também mostra que as Negras estão querendo jogar esta estrutura de peões. Para saber sobre este assunto, veja o Capítulo 8 sobre a Ruy Lopez.

No geral, podemos dizer que nesta Abertura em particular, a escolha das Negras de desenvolver e ativar seus Bispos capturando para longe do centro leva a posições melhores do que se elas decidirem por uma estrutura de peões mais compacta, capturando em direção ao centro.

## Variante Rossolimo da Defesa Siciliana

Esta Abertura posicional instrutiva é definida com 1 e4 c5 2 ♘f3 ♘c6 3 ♗b5 e tem várias linhas com ♗xc6. Selecionarei algumas.

a) 3...g6 e, então:

a1) 4 ♗xc6 e, agora:

a11) 4...bxc6 5 0-0 ♗g7 6 ♖e1 fornece outra vantagem no desenvolvimento que aparece particularmente depois de 6...♘f6 7 e5 ♘d5 8 c4 ♘c7 9 d4! cxd4 10 ♕xd4 com espaço e a idéia simples ♕h4 e ♗h6. Assim, 6...♘h6 com a idéia ...f6 é preferida pelos melhores Mestres, quando o jogo parece favorecer um pouco às Brancas, mas as Negras têm casas para suas peças e o Peão extra no centro fornece-lhes certo espaço; portanto, nas mãos de um jogador inteligente, 4...bxc6 não é ruim. Todavia, não podemos dizer que seja totalmente satisfatório.

a12) As Negras podem igualar capturando para longe do centro: 4...dxc6 5 d3 ♗g7 e 6 0-0 ♘f6 ou 6 h3 e5 funciona bem para elas. As Brancas não são capazes de conseguir d4 ou e5 com eficiência, e assim, as Negras conseguem um desenvolvimento fácil para suas peças.

a2) 4 0-0 ♗g7 5 ♖e1 e5 6 ♗xc6 e, então:

a21) 6...bxc6?! 7 c3 ♘e7 8 d4 cxd4 9 cxd4 exd4 10 ♘xd4 0-0 11 ♘c3 *(D)* é notoriamente melhor para as Brancas.

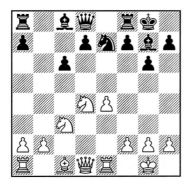

Mesmo na posição invertida da Abertura Inglesa, as Negras geralmente conseguem o melhor desta posição com um movimento a menos para usar. O problema é que 11...d5? fornece às Brancas pressão demais depois de 12 exd5 cxd5 13 ♗g5. Mas ao contrário, as casas negras das Negras são fracas e 11...d6 apresenta um alvo na Coluna d. Observe que esta Siciliana Rossolimo é parecida com a Ruy Lopez das Trocas que acabamos de ver, no sentido de que ambas as variantes têm linhas nas quais a ruptura do Peão d4 é,

paradoxalmente, forte, mesmo que arrume os peões do oponente.

a22) Em oposição, 6...dxc6 7 d3 ♕e7 tradicionalmente tem sido considerado igual, com um jogo cuidadoso. A Coluna d é útil para as Negras e o movimento d4 das Brancas, ruim, apenas abriria a partida para os Bispos negros.

b) 3...e6 4 ♗xc6 e aqui:

b1) 4...bxc6 5 0-0 ♘e7 6 ♖e1 (estes são movimentos quase forçados, apenas ilustrações do jogo) 6...♘g6 7 c3 ♗e7 8 d4 0-0 9 ♘bd2 cxd4 10 cxd4 f5! e as Negras liberaram todas as suas peças.

b2) 4...dxc6 é inferior porque as Brancas terão um Peão em e5 que segura o jogo das Negras; por exemplo, 5 0-0 ♕c7 6 e5 e movimentos como b3, ♗b2, d3 e ♘d2-c4 podem seguir. Se tivessem um Peão extra no centro (como têm depois de 4...bxc6), as Negras poderiam jogar ...f6 e abrir o centro das Brancas, mas neste caso, exf6 exporia um Peão fraco em e6.

Ao tomar uma decisão sobre como recapturar na Variante Rossolimo, uma consideração importante é se as Negras podem conseguir ...e5 depois de capturarem com o Peão d. Se puderem, as Brancas não terão nenhuma forma em particular de conseguir espaço, porque, agora, c3 seguido de d4 apenas abre o centro para os Bispos das Negras. Mas se capturarem com o Peão b, terão que ficar atentas para que um d4 inicial não as deixe muito atrás no desenvolvimento (elas não têm nenhuma Coluna d aberta para desafiar uma peça branca em d4). Em particular, as variantes nas quais as Negras fianquetam seu Bispo podem atrasar o cronograma de seu desenvolvimento.

que nesta linha Petroff, ambos os lados têm dois Bispos, portanto, é improvável que as Brancas tenham algo especial a caminho de uma vantagem permanente. Entretanto, capturar com o Peão d é mais promissor do que 6 bxc3, que deixaria as Brancas com um centro fechado, no qual um de seus Bispos não seria capaz de assumir um papel ativo.

## Defesa Petroff

1 e4 e5 2 ♘f3 ♘f6 3 ♘xe5 d6 4 ♘f3 ♘xe4 5 ♘c3 (este movimento está na moda no momento, mas não é o único exemplo dos peões dobrados na Petroff: 5 c4!? é uma jogada interessante cuja verdadeira finalidade é 6 ♘c3 ♘xc3 7 dxc3!, visando um desenvolvimento ativo) 5...♘xc3 6 dxc3 *(D)*.

## Partida Escocesa

Na Partida Escocesa com 1 e4 e5 2 ♘f3 ♘c6 3 d4 exd4 4 ♘xd4 ♘f6 5 ♘xc6, 5...bxc6 é a recaptura quase automática. Esta ainda é uma linha não resolvida, mas a estrutura na Ala da Dama das Negras não as prejudica na maioria das linhas. Dois exemplos com este tipo de estrutura:

**Rublevsky – Bologan**
*Dortmund – 2004*

1 e4 e5 2 ♘f3 ♘c6 3 d4 exd4 4 ♘xd4 ♗c5 5 ♘xc6 ♕f6 6 ♕d2 bxc6 7 ♘c3 ♘e7 8 ♘a4 ♗b6 9 ♗d3 0-0 10 0-0 d6 11 ♕e2 ♘g6 12 ♘xb6 axb6 *(D)*

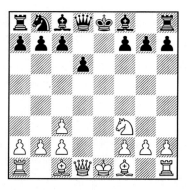

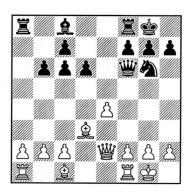

Recapturar com o Peão d é o verdadeiro objetivo de 5 ♘c3, para soltar as peças brancas rapidamente com uma pressão adicional na Coluna d aberta, caso se siga 0-0-0. Com peões em c2 e c3 é fácil para as Brancas lidarem, exatamente como ...dxc6 foi na Ruy Lopez. A diferença é

Assim, as Brancas deram às Negras uma estrutura compacta na Ala da Dama, mas ganharam o par de Bispos e também uma maioria móvel na Ala do Rei. Mas as Negras têm igualmente, algumas vantagens. Seu Bispo é bom e elas têm duas colunas úteis para suas Torres. Imediatamente, ...♘f4 é uma ameaça posicional.

**13 f4 ♕d4+!**

13...♖e8 também é razoável.

**14 ♔h1 f5!**

Bloqueio.

**15 ♖d1! ♕f6 16 exf5 ♗xf5 17 ♗xf5 ♕xf5**
*(D)*

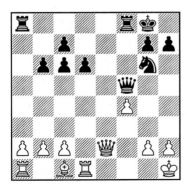

**18 ♕c4+**

Do contrário, o Bispo ruim das Brancas e as casas fracas na Coluna e irão fornecer-lhes uma grave desvantagem.

**18...♖f7!?**

Como alternativa, 18...♕f7 19 ♕xc6 ♖ae8! ameaçaria ...♖e2, ...♘xf4 etc. A Abertura foi um sucesso para as Negras.

**19 ♕xc6 ♖a5! 20 ♕e8+ ♖f8 21 ♕e2 ♘xf4!? 22 ♗xf4 ♕xf4 23 ♖f1 ♖e5! ½-½**

Após 24 ♕d3, 24...♕e4! leva a Torre das Negras para a 7ª fileira em um Final.

### Morozevich – Bezgodov
*Copa russa (Tomsk) – 1998*

**1 e4 e5 2 ♘f3 ♘c6 3 d4 exd4 4 ♘xd4 ♘f6**

Outro conjunto de opções confronta as Negras na variante da linha principal 4...♗c5 5 ♘xc6 ♕f6! 6 ♕d2 dxc6 7 ♘c3 ♘e7 8 ♕f4. Sem ser teórico demais, é relevante observar que as Negras estão dispostas a outro conjunto de peões dobrados depois de 8...♘g6!? 9 ♕xf6 gxf6, como em Kasparov-Topalov, Las Palmas – 1997. Como avaliar este tipo de coisa? Requer alguma experiência, mas também um pouco de cálculo. As Negras têm uma vantagem temporária no desenvolvimento e se puderem fazer o roque grande e/ou trocar seu Peão f com ...f5, deixarão as Brancas tendo que defender casas, tais como c2 e f2. Assim, os movimentos lentos das Brancas não são perigosos. Mas 10 ♗d3 não é muito uma solução porque segue-se 10...♘h4 11 ♔f1 (11 0-0? ♖g8 12 g3 ♗h3 13 ♖d1 ♘f3+ 14 ♔h1 ♗xf2) 11...♖g8 12 g3 ♗h3+, que é pelo menos igual. Portanto, Kasparov jogou 10 ♗d2 ♖g8 (10...f5!?) 11 ♘a4 ♗d6 12 0-0-0 ♗e6 13 ♘c3 0-0-0 (é difícil para as Brancas se desenvolverem) 14 g3! ♗g4 15 ♗e2 ♘e5 16 ♗f4 (16 f4 ♗xe2 17 ♘xe2 ♘g4 18 ♖df1 ♗c5, visando as fraquezas, é igual) 16...♗h3 (16...♗xe2 17 ♘xe2 ♗c5 com igualdade) 17 ♗h5 ♗c5 18 ♖xd8+ ♖xd8 19 ♘d1 ♗g2 20 ♖e1 e a partida foi empatada rapidamente.

5 ♘xc6 bxc6 6 e5 ♘e4!?

6...♘d5 é a continuação principal.

7 ♘d2 ♘c5 8 ♗e2 ♗e7 9 0-0 0-0 10 ♘b3 ♘xb3?! 11 axb3 *(D)*

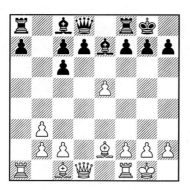

As Brancas previram algo parecido com a Variante Rossolimo acima. As Negras não podem mover seu Peão d sem um problema ou outro. O Complexo da Ala da Dama das Brancas realmente protege contra as invasões na Coluna b e sua posse da Coluna a é um bônus.

**11...d5 12 exd6 ♗xd6?**

Observe que este é um exemplo do centro que se desfaz. Como as Negras não têm nenhum ataque, elas não têm nenhuma compensação real para os Peões c fracos. 12...cxd6 deve ser um pouco melhor. Por outro lado, os peões do centro das Negras ainda seriam fracos e as Brancas poderiam sondar a Ala do Rei. Poderiam continuar com 13 ♗d3!? (ou 13 ♗f3) 13...d5 14 ♖e1 ♗d6 15 ♕h5 e agora, 15...f5!? 16 ♗g5 ou 15...g6 16 ♕h6. A Ala do Rei das Negras está lhes causando graves problemas. ♖a4-h4 e ♗d2-c3 são idéias produtivas.

**13 ♖a4!** *(D)*

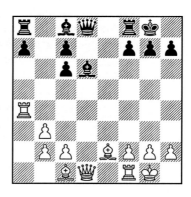

**13...♗f5 14 ♗d3**

Desta vez, a teoria de que a simplificação ajuda as Brancas faz sentido. Uma peça a menos para as Negras defenderem os peões.

**14...♗xd3 15 ♕xd3 ♕f6 16 g3 ♖fe8 17 ♔g2 ♗c5 18 ♖f4 ♕e6 19 ♖d1 ♗d6**

Versus ♕d7.

**20 ♖c4 c5**

Agora, as Negras não serão capazes de defender os Peões c e a, especialmente o primeiro.

**21 ♕f3 ♖ab8 22 ♗d2 f6 23 ♖a1 ♖bd8 24 ♗e3 ♕e5 25 ♖c3 ♖a8 26 ♖a5**

Lá vai o Peão c.

**26...♕e4 27 ♗xc5 ♕xf3+ 28 ♔xf3 ♗e5 29 ♖e3 ♗xb2 30 ♖xa7 ♖xe3+ 31 ♔xe3 ♖xa7 32 ♗xa7 ♔f7 33 ♔d3 1-0**

Finalmente, entregar um Bispo fianquetado em g7 por um Cavalo em c3 (ou um em g2 por um Cavalo em c6) é uma técnica tradicional que surge em muitas variantes. A pergunta é sempre se o par de Bispos compensa os Peões c dobrados. Por si mesmos, os Bispos geralmente não são suficientes para compensar os peões, mas a captura também enfraqueceu gravemente as casas na Ala do Rei do oponente. Ter uma idéia desta troca é mais uma questão de experiência, portanto, eis uma pequena seleção de algumas partidas pouco anotadas. A primeira é uma vitória das Brancas em uma variante que surgiu centenas de vezes:

**Korchnoi – H. Böhm**
*Wijk aan Zee – 1980*

**1 c4 c5 2 ♘c3 ♘f6 3 g3 d5 4 cxd5 ♘xd5 5 ♗g2 ♘c7 6 ♘f3 ♘c6 7 0-0 e5 8 d3 ♗e7 9 ♘d2 ♗e6**

Posteriormente, 9...♗d7 tornou-se a linha principal, para evitar os peões dobrados:

**10 ♗xc6+ bxc6 11 ♕a4 ♕d7 12 ♘c4 f6**
*(D)*

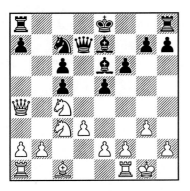

As Negras trancaram tudo, mas as Brancas têm muitos modos de atacar os Peões c enfraquecidos nesses tipos de posições, inclusive ♗e3, ♖ac1, ♘e4, ♕a5 e em alguns casos, até b3 e ♗a3.

**13 ♘e4 ♗h3 14 ♖d1 0-0 15 ♘a5 ♘b5**

A única defesa para o Peão c, mas o Cavalo também segue para d4, uma defesa típica.

**16 ♗e3 ♘d4 17 ♗xd4 cxd4 18 ♘xc6**

Como era o caso com os peões dobrados na Nimzo-índia, é muito comum ver o da frente ser trocado e o de trás cair.

**18...♔h8 19 ♖ac1 ♖fc8 20 ♕a6 ♗f8 21 b4 ♖c7 22 b5 ♖ac8 23 f3 h5 24 ♖c2 ♕d5 25 ♖dc1 ♗d7 26 ♘e7 ♖xc2 27 ♖xc2 ♗xe7 28 ♖xc8+ ♗xc8 29 ♕xc8+ ♔h7 30 ♕e8**

As Brancas estão para ganhar um segundo Peão, depois do qual o resto ficou muito fácil para elas.

**Hamann – Geller**
*Copenhague – 1960*

**1 d4 ♘f6 2 c4 g6 3 ♘c3 ♗g7 4 e4 0-0 5 ♗e2 d6 6 ♘f3 ♗g4 7 0-0 ♘fd7 8 ♗e3 ♘c6 9 d5 ♗xf3 10 ♗xf3**

10 gxf3!? definitivamente vale a pena considerar. Mantém abertas mais opções na Ala da Dama e o Rei das Brancas está perfeitamente seguro.

**10...♘a5 11 ♕a4**

As Brancas também poderiam tentar manter a posição aberta para os Bispos com 11 ♗e2 ♗xc3 12 bxc3 e5!? 13 f4 (13 dxe6 fxe6 14 f4).

**11...♗xc3!? 12 bxc3 b6 13 ♗e2 e5 14 g3**

14 dxe6 poderia ser melhor. O resto da partida fica desigual, pois os Cavalos dominam os Bispos.

**14...♘c5 15 ♕c2 ♕d7 16 ♗h6 ♖fe8 17 a4 f6 18 ♔g2 ♖e7 19 h4 ♖ae8 20 ♗e3 ♘ab7 21 h5 g5**

Geller fecha a Ala do Rei. É difícil acreditar que ele possa vencer na ala da Dama sozinho.

**22 g4 ♖c8 23 f3 ♘a5 24 ♖fb1 ♘cb7 25 ♖b4 c6** *(D)*

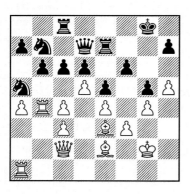

Um conceito chave. Em muitas Nimzo-índias, este Peão está em c5 e apesar dos esforços das Negras, não há nenhum modo de aumentar a pressão sobre os peões dobrados. As Negras devem sempre pensar em manter ...c6 em reserva.

**26 ♗d2 ♕d8 27 ♕a2 ♖ec7 28 ♖d1 ♔g7 29 ♔g3 cxd5**

Aqui está, o ataque ao Peão de trás sobre o qual falamos. Mas, como as Negras podem fazer a ruptura na estrutura defensiva?

**30 cxd5 ♖c5 31 ♖db1 ♖8c7**

Provavelmente, as Negras planejam ...♕c8 antes de qualquer coisa, com as mesmas idéias da partida; mas como os eventos se desenrolam, elas não têm por que esperar.

**32 ♖b5? ♖xc3! 33 ♗xc3 ♖xc3** *(D)*

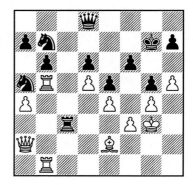

Depois deste sacrifício de qualidade, as coisas ficam claras. Não resta nenhum Bispo das casas negras para trocar um dos poderosos Cavalos negros. As Negras têm controle da Coluna c e o Bispo branco das casas brancas é horrível.

**34 ♕d2 ♕c7 35 h6+ ♔f7 36 ♖5b4 ♘c5 37 ♗b5 ♘cb3 38 ♕h2 ♔f8 39 ♕h5 ♕c8 40 ♖f1 a6 41 ♗e2 ♕c5 42 ♖h1 ♘c1 43 ♖h2 ♕e3 44 ♗d1 ♕f4+ 45 ♔f2 ♘d3+ 46 ♔g2 ♕c1 0-1**

O lance ...♘f4 que está por vir é um movimento de Cavalo tão forte quanto você pode ver.

Lembre-se ainda que o Bispo em fianqueto está faltando. Tem havido várias partidas onde o oponente considerou isso. Eis um exemplo que quase se explica por si só:

**Anikaev – A. Petrosian**
*Kiev – 1973*

1 c4 ♘f6 2 ♘c3 c5 3 g3 d5 4 cxd5 ♘xd5 5 ♗g2 ♘c7 6 d3 e5 7 ♕b3 ♘c6 8 ♗xc6+ bxc6 9 ♘f3 f6 10 ♕a4 ♗d7 11 0-0 ♘e6 12 ♘e4 ♕b6 13 ♘fd2 ♕b5 14 ♕d1 ♗e7 15 ♘c4 0-0 16 b3 ♕b8! 17 ♗a3?! f5 18 ♘c3 ♖f6 19 ♖c1 ♖h6 20 ♘a4 f4 21 e3?

É muito difícil as Brancas defenderem-se. Talvez 21 ♗b2 ♕f8 22 e4!? seja uma boa idéia, para atingir o Peão e5 fraco e ao mesmo tempo, impedir ...♕f5.

**21...♕f8!** *(D)*

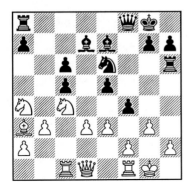

**22 f3**

É tarde demais para 22 ♘xe5 ♕f5.

**22...fxg3 23 hxg3 ♕f5 24 ♖c2?! ♕h3 25 ♖g2 ♘g5 26 ♕e2 e4! 27 dxe4 ♘xe4 28 fxe4 ♗g4 29 ♖h2 ♗xe2 30 ♖xh3 ♖xh3 31 ♖f4 ♗xc4 32 bxc4 ♖xg3+ 33 ♔f2 ♖h3 34 ♗xc5 ♗xc5 35 ♘xc5 ♖f8 36 e5 g5 37 ♖xf8+ ♔xf8 38 ♘e6+ ♔e7 39 ♘xg5 ♖h2+ 40 ♔f3 ♖xa2 41 ♘xh7 a5 0-1**

Vale a pena acrescentar que na Siciliana Acelerada com Fianqueto, a captura ...♗xc3 geralmente ocorre sem que as Brancas tenham feito um movimento como c4. O melhor exemplo desta situação ocorre depois de 1 e4 c5 2 ♘f3 ♘c6 3 d4 cxd4 4 ♘xd4 g6 5 ♘c3 ♗g7 6 ♘b3 ♗xc3+ 7 bxc3, uma linha que geralmente continua com 7...♘f6 8 ♗d3, e então, as Negras têm a escolha interessante entre 8...d6, planejando bloquear os peões c, e 8...d5 9 exd5 ♕xd5, quando as Negras desenvolvem-se tão rapidamente que as peças brancas tendem a ficar presas. As considerações usuais em relação às casas pretas das Negras na Ala do Rei aplicam-se em princípio, mas há pouca chance delas se tornarem um fator real.

Se você quiser continuar a examinar a questão das capturas para longe e em direção ao centro, provavelmente haverá exemplos de ambas, nas Aberturas que você joga. Quanto mais estudar isso e tiver experiência, melhor jogador será, no sentido mais amplo.

## Peões Pendentes

O termo 'peões pendentes' é usado normalmente para se referir aos peões das Negras em c5 e d5 separados dos outros peões aliados por, pelo menos, uma coluna, em ambos os lados. Os peões pendentes são geralmente opostos a um Peão branco em e3 e as Colunas d e c estão abertas. Naturalmente, o mesmo aplica-se com as cores invertidas.

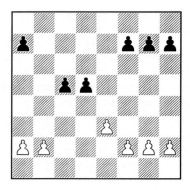

Esta estrutura surge de duas trocas de peões em c5 e d5, mas também acontece quando um Peão isolado é transferido, por uma troca de peças em c6.

Como os 'peões isolados', o termo ' peões pendentes' é definido mais amplamente, mas não parece estender-se para além deste caso único, quando realmente estão sendo analisados. Isto é compreensível, pois muito poucas estruturas parecidas surgem regularmente, pelo menos na Abertura. Você pode chamar os peões em e4 e d4 de 'pendentes' sob certas circunstâncias, mas isso não é feito convencionalmente.

Voltando para a posição básica, os peões pendentes das Negras têm vantagens e desvantagens. Muito parecido com um Peão d isolado, as Negras têm a possibilidade contínua de fazer a ruptura da posição com ...d4, assim, estendendo o alcance de suas peças, iniciando táticas favoráveis e/ou criando um Peão passado poderoso. Os peões pendentes também cobrem as casas centrais principais e fornecem às peças das Negras um pouco mais de espaço de manobra, do que as das Brancas têm. Finalmente, as Colunas e e b podem ser usadas para criar chances dinâmicas.

Do ponto de vista das Brancas, existem muitos modos promissores de atacar esta estrutura. A maioria começa limitando o avanço do Peão d. As Brancas têm um Peão, um Cavalo (às vezes, dois) e uma Torre ou duas em uma coluna aberta para fazer isso, com um Bispo em b2 para ter um bom efeito. Assim que o Peão estiver 'fixado', as Brancas poderão fazer uma das várias coisas:

a) Atacá-lo com suas peças; por exemplo, um Bispo em g2, Cavalo em c3 e/ou f4 e Torre(s) em uma coluna aberta. A Dama e as Torres são atacantes particularmente eficientes dos peões pendentes.

b) Avançar um Peão para b4 ou e4 para forçar uma mudança desejável na estrutura de peões. Se o Peão de avanço das Brancas capturar o das Negras ou vice-versa, um Peão isolado permanecerá no campo das Negras. Ou se um dos peões das Negras avançar, ele criará um posto avançado interessante para as Brancas ao lado dele. Por exemplo: se as Brancas atacarem com e4 e as Negras responderem com ...d4, então, a casa c4 estará disponível para uma peça.

c) Trocar as peças e simplificar a posição; como é o caso com um Peão da Dama isolado, isso reduz as possibilidades dinâmicas dos peões e facilita colocá-los sob pressão.

Na partida a seguir, as Brancas lutam para fixar os peões pendentes e as Negras para usá-los dinamicamente.

**Seirawan – Short**
*Torneio de Candidatos em Montpellier – 1985*

1 d4 ♘f6 2 c4 e6 3 ♘f3 b6 4 ♘c3 ♗b7 5 ♗g5 h6 6 ♗h4 ♗e7 7 ♕c2 c5 8 dxc5 bxc5 9 e3 0-0 10 ♗e2 d6 *(D)*

Esta estrutura de peões é boa, como foi demonstrado em muitas partidas. As Negras só mais tarde jogam ...d5, o que também poderiam ter feito imediatamente; por exemplo, 10...d5 11 cxd5 exd5 12 ♖d1 ♘bd7 seguido de ...♕b6 (ou ...a6 primeiro).

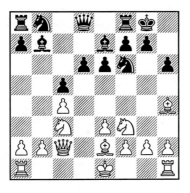

**11 0-0 ♘h5!?**

As Negras se livram do Bispo mais perigoso das Brancas, aquele que poderia atacá-las a partir de g3 ou capturar em f6 no momento certo. Isso requer um movimento extra (o Cavalo retornará para f6 enquanto as Negras obtêm ...♕e7), mas parecem ter tempo para se saírem bem comr isso.

**12 ♗xe7 ♕xe7 13 ♖ad1 ♘f6 14 ♖d2 ♘c6 15 ♖fd1 ♖fd8**

As Brancas têm um pouco de espaço e pressão na Coluna d, mas o Peão d6 está adequadamente seguro e elas não têm nenhum alvo em particular para ataque.

**16 h3 ♖d7 17 a3 ♖ad8**

17...♖b8 é outro lance natural, para aproveitar a coluna aberta e potencialmente sondar os buracos deixados por a3.

**18 ♕a4 d5!?**

Uma decisão importantíssima, mudando o caráter da partida, embora não necessariamente em detrimento das Negras. Impedir b4 com 18...a5 parece equivalente.

**19 cxd5 exd5** *(D)*

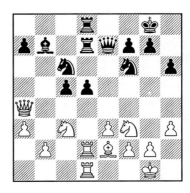

Uma imagem padrão do par de peões pendentes c5/d5.

**20 ♗b5 ♖c7 21 ♕f4**

Short podia estar esperando 21 ♘xd5 ♖xd5 22 ♖xd5 ♘xd5 23 ♖xd5 ♘d4!, quando o jogo ficaria, pelo menos, igual.

**21...♘a5 22 ♕a4 ♘c6 23 ♗e2 ♖cd7 24 ♕f4 a6!?**

24...♘a5 25 ♘e5 ♖d6 provavelmente também é bom; e 24...a5 colocaria a idéia de b4 em repouso por enquanto.

**25 ♗f1 ♕f8**

Infelizmente, as Negras não têm nenhuma ruptura com ...d4 e não há muita coisa positiva a fazer.

**26 g3!? ♕e7 27 ♗g2**

A reorganização das Brancas está completa. O Peão d5, porém, mantém-se firme.

**27...♕e6 28 ♔h2**

O perigo espreitando em segundo plano é mostrado por 28 ♕a4?! ♔h8 29 b4? d4!.

**28...♘a5?**

As Negras, tentando vencer, perturbam o equilíbrio e permitem a simplificação. Depois disso, as Brancas forçam graves concessões posicionais por parte das Negras.

**29 ♘e5 ♖d6 30 ♕a4! ♕xe5 31 ♕xa5 ♖c8 32 ♘a4! ♖dc6 33 ♖c2 ♕e7 34 ♖dc1 c4** *(D)*

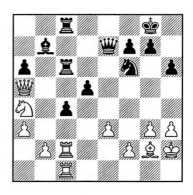

Uma concessão quase decisiva. Algumas vezes, este avanço é uma troca razoável porque o Peão vulnerável das Brancas em b2 está fixado. Mas aqui, as Negras não podem nem mesmo montar um ataque a esse Peão, e mais, seu Bispo b7 está passivo demais para criar espaço para qualquer compensação dinâmica. Compare esta posição com O.Bernstein-Capablanca, Moscou – 1914:

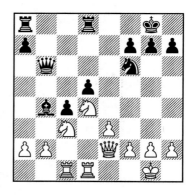

Na partida, Capablanca, com as Negras, tem total igualdade porque a Coluna b e o Peão b são uma grande preocupação para as Brancas, tanta quanto o Peão d e a Coluna d são para as Negras. A maior diferença é que as Negras têm um Bispo bom ativo e não o muito ruim, como, em Seirawan-Short. Esta partida muito conhecida (por causa de seu Final atraente) continuou com 18 b3!? ♖ac8 19 bxc4 dxc4 20 ♖c2 ♗xc3 21 ♖xc3 ♘d5! (verifica-se que o Peão não é fraco; neste ponto, 22 ♖xc4? perderia para 22...♘c3) 22 ♖c2 c3 23 ♖dc1 ♖c5 24 ♘b3 ♖c6 25 ♘d4 ♖c7! 26 ♘b5 ♖c5 27 ♘xc3?? ♘xc3 28 ♖xc3 ♖xc3 29 ♖xc3 ♕b2! 0-1.

**35 ♖d1**

Novamente, todas as peças estão destinadas a d5. As Brancas ainda têm que conquistar o Peão superprotegido nessa casa ou fazer a ruptura de alguma outra maneira, uma tarefa nada fácil.

**35...♖d8 36 ♖cd2**

Ataca d5; em mais um lance, todas as peças estarão apontadas sobre ele.

**36...♖cd6?!**

36...♖cc8 mantém a possibilidade da defesa lateral com ...♖c5 ativa. O Peão d é difícil de encurralar, mas basicamente a ameaça de uma ruptura com e4 irá sobrecarregar as Negras; por exemplo, 37 ♔g1 (37 ♘c3 ♖c5!) 37...♘e4 38 ♖d4! ♘c5 39 ♘xc5 ♖xc5 40 ♕b4 a5 41 ♕c3 f5 42 b3! cxb3 43 ♕xb3 e as Negras ficam reduzidas a uma total passividade.

**37 ♘c3 ♕e6 38 ♖d4 ♖6d7 39 ♖1d2 g6 40 ♘a4**

De volta a c5!

**40...♕e7 41 ♘c5 ♖c7 42 ♘xb7**

Uma troca típica de uma peça boa por uma horrível, para eliminar o melhor defensor.

**42...♖xb7 43 ♗xd5 ♖xd5 44 ♖xd5 ♘xd5 45 ♕xd5**

e vence.

Eis o outro lado:

**Korchnoi – Karpov**
*Campeonato Mundial em Merano (1) – 1981*

**1 c4 e6 2 ♘c3 d5 3 d4 ♗e7 4 ♘f3 ♘f6 5 ♗g5 h6 6 ♗h4 0-0 7 e3 b6 8 ♖c1 ♗b7 9 ♗e2 ♘bd7 10 cxd5 exd5 11 0-0 c5 12 dxc5 bxc5** (D)

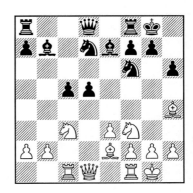

**13 ♕c2 ♖c8**

Obviamente, ...d4 está na mente de Karpov, para explorar a posição da Dama branca.

**14 ♖fd1 ♕b6**

Esta é a posição perfeita para a Dama. Ela apóia ...d4, atacará o Peão b se ...c4 for necessário e, não menos importante, as Torres estão conectadas.

**15 ♕b1 ♖fd8 16 ♖c2**

Korchnoi gostaria de dobrar as Torres na Coluna d, como em Seirawan-Short.

**16...♕e6! 17 ♗g3**

Mas agora, 17 ♖cd2? falha por causa de 17...♘e4! 18 ♘xe4 dxe4 19 ♗xe7 exf3 20 ♗xd8 fxe2 21 ♖xd7 ♕g4! 22 ♖1d5 (o único movimento) 22...♗xd5 23 ♖xd5 ♕b4 e vence. Isso fornece às Negras tempo suficiente para se livrarem do Bispo das Brancas.

**17...♘h5 18 ♖cd2 ♘xg3 19 hxg3 ♘f6 20 ♕c2 g6 21 ♕a4**

As peças brancas começam a assumir postos mais ativos.

**21...a6 22 ♗d3 ♔g7 23 ♗b1 ♕b6!** *(D)*

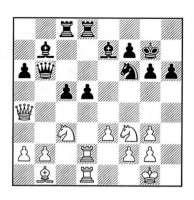

**24 a3?**

As Brancas estão tentando evitar ...♕b4, mas subestimam a força do próximo lance das Negras:

**24...d4!**

Tudo depende das Negras poderem ter sucesso com este avanço.

**25 ♘e2**

Um recuo infeliz. A idéia de 24...d4 é 25 exd4 ♗c6! 26 ♕c2 (26 ♕c4 ♗xf3 27 gxf3 cxd4) 26...♗xf3! 27 gxf3 cxd4 28 ♘a4 ♕b5! e o Cavalo cai.

**25...dxe3 26 fxe3**

A estrutura dos peões brancos é danificada, embora a simplificação ainda deixe algumas chances. Portanto, Karpov visa algo imediatamente.

**26...c4! 27 ♘ed4 ♕c7 28 ♘h4**

Esperando 28...♕xg3?? 29 ♘hf5+.

**28...♕e5 29 ♔h1 ♔g8!**

Sempre há as questões da precisão. Karpov evita 29...♘h5? 30 ♘hf5+ gxf5 31 ♘xf5+ com algum jogo. Agora, as Negras vencem com facilidade.

**30 ♘df3 ♕xg3 31 ♖xd8+ ♗xd8 32 ♕b4 ♗e4 33 ♗xe4 ♘xe4 34 ♖d4 ♘f2+ 35 ♔g1 ♘d3 36 ♕b7 ♖b8 37 ♕d7 ♗c7 38 ♔h1 ♖xb2 39 ♖xd3 cxd3 40 ♕xd3 ♕d6! 41 ♕e4 ♕d1+ 42 ♘g1 ♕d6 43 ♘hf3 ♖b5 0-1**

# Maiorias e minorias

O termo 'maioria de peões' refere-se ao lado que tem mais peões do que o oponente em um determinado setor do tabuleiro, setor este definido por várias colunas adjacentes. Normalmente, apenas falamos sobre uma maioria, quando os peões em questão estão conectados, isto é, quando não há nenhuma coluna vazia entre eles. Colocando isso em um contexto real, aqui está uma Defesa Grünfeld na qual as Negras têm uma maioria na Ala da Dama ((2 para 1, doravante '2:1'), as Brancas têm uma maioria central (2:1) e os peões estão igualmente divididos na ala do Rei (3:3):

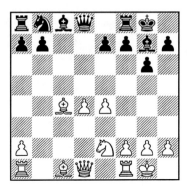

O outro modo de expressar isso é que existem dois conjuntos conectados de peões ('ilhas de peões'), de maneira que temos 2:1 na Ala da Dama e 5:4 no centro e na ala do Rei. Acho que dá menos informação, portanto, dividirei os peões do centro e do flanco, com a exceção de que se houver um *único* Peão do centro no tabuleiro e ele estiver conectado a outros peões no flanco, eu poderei agrupá-los, com um importante caso sendo a organização na Ala do Rei 4:3, que deveremos ver no decorrer da análise das Aberturas com esta distribuição de peões.

Uma forma de considerar a linha principal da Defesa Grünfeld acima, é que o centro das Brancas está sob pressão, com ameaças diretas e outras inconveniências, de um inimigo que não tem alvos para ataque em sua posição. E mais, não há nenhuma perspectiva de alvos de ataque em um futuro próximo! Isto parece desigual até você levar em conta que as Brancas estão protegendo uma maioria central, possivelmente o recurso mais valioso do Xadrez no reino dos peões e das estruturas. E agora? Primeiro, os dois peões centrais controlam mais pontos centrais que um, por si só uma vantagem. Então, depois de uma luta prolongada para sobreviver às constantes ameaças a suas vidas e/ou sua integridade, uma maioria de peões centrais pode limpar o tabuleiro e espalhar as peças do oponente, algumas vezes exigindo um tributo material no caminho. Com mais freqüência ainda, uma maioria central pode ser transformada em um Peão passado que é difícil ou impossível de parar. É precisamente isto que acontece quando as coisas dão errado para as Negras em muitas variantes da Defesa Grünfeld. Com exceção de tal jornada triunfante, uma maioria central tem outras vantagens. Pode avançar longe o bastante para conceder um grande espaço para as peças amigas passearem, mas também pode fornecer uma máxima segurança para as peças atrás dela. Ainda há vantagens em ter uma maioria de peões centrais que reside na terceira fila. A situação mais importante na qual isso ocorre é na Siciliana Aberta, na qual as Negras *sempre* têm uma maioria central, para começar, pois as Brancas jogaram 3 d4 cxd4 4 ♘xd4, como neste exemplo:

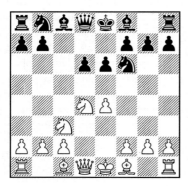

Os peões em d6 e e6 protegem contra ameaças de invasão, colocando todas as casas na 5ª fileira importante das Brancas sob supervisão dos peões. Eles combinam isso com uma ameaça para avançar, quando dariam às peças das Negras um jogo mais livre e começariam a limitar as das Brancas. Tal maioria pode compensar uma desvantagem de espaço em outro lugar, pois o principal valor de uma vantagem de espaço é a capacidade de mover as forças mais facilmente e isso pode estar limitado pela necessidade de manter as peças das Brancas rigidamente posicionadas para impedir a expansão central das Negras. Mesmo que o Peão do centro das Brancas neste exemplo esteja mais avançado do que o das Negras, ele só poderá cobrir apenas uma casa central, ou seja, d5.

Para mostrar isto, podemos perguntar por que ...b5 é tão eficiente na Defesa Siciliana (quando as Negras têm peões em e6 e d6). Uma grande parte do motivo é um ...b4 no tempo certo, claro, para afastar o Cavalo c3 (por exemplo, para e2) e, então, colocar pressão no Peão e das Brancas, ou conseguir com sucesso uma ruptura no centro.

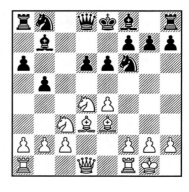

Mas a próprias Brancas geralmente jogam g4-g5 e afastam o Cavalo f6 (por exemplo, para d7). Em geral, isso tem efeito menor, quando comparado às considerações posicionais no centro. Qual é a diferença? A maioria central. Imaginemos que as Negras tivessem apenas um Peão em d6 e as Brancas, o seu Peão central de sempre em e4. Então, afastar o Cavalo c3 das Brancas poderia ter praticamente a mesma importância de afastar o Cavalo f6 das Brancas. E mais, a falta de um Peão e para as Negras significaria uma defesa gravemente enfraquecida contra as peças das Brancas ocupando as casas orientadas centralmente, em especial d5 e f5. Por exemplo, se o Peão e negro estivesse ausente, então d5 seria um posto avançado atraente que seria mais enfraquecido se as Brancas pudessem forçar o Cavalo das Negras para fora de f6 com g4-g5. Nesse tipo de posição, um Cavalo em f5 também é famoso por despedaçar a posição negra. Assim, como o Peão das Negras *está* em e6, a presença do Peão central limitado das Brancas na Siciliana Aberta também permite às Negras usarem casas influentes para suas finalidades, como, por exemplo, c5 e e5 para seus Cavalos. Então, os Cavalos terão menos obstáculos para alcançar c4 ou atacar e4.

Naturalmente, em termos 'extraposicionais', as Brancas têm a oportunidade para ataques violentos com base nos avanços dos Peões e5 e f5, e/ou nos sacrifícios em f5, e6, d5 e b5. Com uma única imprecisão das Negras (ou meramente a escolha da variante errada), esses ataques podem ser muito poderosos, a ponto de destruir a defesa. Caso contrário, ninguém jogaria de Brancas, em uma Siciliana Aberta. Simplesmente desejo demonstrar a razão subjacente das Negras em aceitarem uma posição restringida. Veja o Capítulo 11 sobre a Siciliana, para ter outras ilustrações de como sua maioria central funciona em diversas situações, como, por exemplo, nas Variantes Paulsen e Dragão.

O próximo diagrama mostra outro tipo de maioria central na Siciliana Aberta que surge de 1 e4 c5 2 ♘f3 d6 3 d4 cxd4 4 ♘xd4 ♘f6 5 ♘c3 ♘c6 6 ♗e2 e5 7 ♘b3 ♗e6 *(D)*.

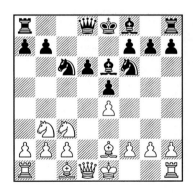

Apesar da comparação com o exemplo anterior, as Negras têm uma estrutura mais vulnerável de peões (em d6 e e5), os Cavalos brancos estão impedidos de entrar em e4 e d4, de modo que, defender d5 é realmente a única preocupação prática das Negras, assim como a próprias Brancas têm que estar atentas com ...d5. Novamente, veja o Capítulo 11 na Siciliana, para obter vários exemplos.

Quais são as outras maiorias comuns de peões centrais? As Brancas encontram-se com essa maioria em diversas variantes da Defesa Grünfeld, como, por exemplo, a mencionada acima e, na importante variante 1 d4 ♘f6 2 c4 g6 3 ♘c3 d5 4 ♘f3 ♗g7 5 ♕b3 dxc4 6 ♕xc4. Na Variante das Trocas do Gambito da Dama, as Brancas aceitam uma maioria 2:1 no quarto lance (1 d4 d5 2 c4 e6 3 ♘c3 ♘f6 4 cxd5 exd5) e no Gambito da Dama Aceito, conseguem isso no segundo lance (1 d4 d5 2 c4 dxc4). As Brancas também terminam com um Peão do centro extra em muitas variantes da Abertura Inglesa, na qual as Negras jogam ...d5 (um exemplo seria 1 c4 c5 2 ♘c3 ♘f6 3 ♘f3 d5 4 cxd5 ♘xd5). Finalmente, todas as variantes da Benoni Moderna têm as Negras aceitando um déficit 2:1 desde o início (1 d4 ♘f6 2 c4 c5 3 d5 e6 4 ♘c3 exd5 5 cxd5).

Não existem muitas maiorias centrais 2:0 nas Aberturas padrões, embora existam exemplos. Veja a variante Nimzo-índia com 1 d4 ♘f6 2 c4 e6 3 ♘c3 ♗b4 4 ♕c2 d5 5 cxd5 ♕xd5 6 ♘f3 ♕f5 7 ♕xf5 exf5 *(D)*.

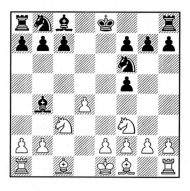

Ironicamente, esta posição parece ser perfeitamente jogável para as Negras. A dificuldade das Brancas é que quando elas finalmente organizarem f3 e e4, as Negras poderão capturar em e4 e terão um Peão f de reserva para restringir ou mesmo atacar o centro. Há um número crescente de Aberturas nas quais surge esta estrutura.

Conclusão, se as maiorias centrais são inerentes de uma Abertura específica ou não, elas são extremamente importantes e tendem a se firmar a longo prazo. Os defensores devem assegurar que tenham um plano claro para neutralizá-las, algumas vezes transformando a própria estrutura, antes que a maioria de peões possa causar qualquer dano.

A questão correspondente tem relação com as maiorias e a minorias na *ala da Dama*, uma vez que as maiorias centrais, para um dos contendores, quase sempre deixam o outro com uma maioria na Ala da Dama. Como a maior parte das maiorias pode, em princípio, ser transformada em um Peão passado, diz-se que uma maioria na ala da Dama é vantajosa porque o Peão passado resultante geralmente será um Peão passado *distante* e assim, terá um valor especial. Ou seja, em um Final de Rei e Peão, um Rei terá que ir caçar o Peão passado na Ala da Dama para impedi-lo de se promover, ao passo que o outro Rei limpa os peões inimigos na Ala do Rei. Infelizmente, várias considerações interferem neste cenário otimista.

Em primeiro lugar, se os dois Reis estiverem centralizados (como ocorre em muitos Finais) nenhuma das maiorias resultará necessariamente em um Peão passado mais "distante" do que o outro. Em segundo lugar, a vantagem hipotética da maioria na Ala da Dama será invertida se as partes fizerem o Roque grande. Mas como o Roque pequeno é a regra, surge uma questão mais atrativa que impacta especialmente a Abertura (nossa área de preocupação, afinal): a relação das maiorias para a segurança do Rei. Como existem mais peças no tabuleiro na Abertura, o avanço dos peões na Ala do Rei para criar um Peão passado cria o risco de expor seu próprio Rei; obviamente, fazer o mesmo com uma maioria na Ala da Dama é mais seguro. Por outro lado, os resultados de um avanço na Ala do Rei podem ser colocar o Rei *oposto* em perigo, ao passo que uma defesa contra uma maioria na Ala da Dama não requer nenhum comprometimento da posição do Rei!

Estas muitas considerações sugerem um tipo de equilíbrio teórico entre os tipos de maiorias, dependendo das caracaterísticas concretas da posição. Como uma questão prática no estágio de Abertura da partida, não se deve prestar muita atenção no problema das maiorias e das minorias, exceto por seu valor ao iniciarmos a busca de um plano específico. As chances são de que a estrutura de peões seja transformada antes de entrar num Final

Isto nos leva ao Ataque da Minoria, que envolve dois Peões atacando três. É' notoriamente eficaz na Defesa Siciliana, envolvendo ...b5 e ...b4, algumas vezes apoiado por ...a5, afastando o Cavalo das Brancas de c3 e/ou ganhando as colunas abertas. A exposição da Ala da Dama das Brancas torna sua maioria irrelevante na maioria dos casos, pelo menos no que diz respeito a criar peões passados.

A estrutura mais famosa de ataque da minoria é 2:3, 2:1 e 3:3, algumas vezes chamada de estrutura de peões Carlsbad.

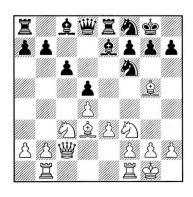

Vários livros analisam o ataque da minoria com b4-b5 com muitos detalhes porque sua aplicação é comum, embora não necessariamente na forma pura mostrada. Os exemplos mais importantes que seguem diretamente o modelo no diagrama, estão na Variante das Trocas do Gambito da Dama e em algumas outras variantes do Gambito da Dama Recusado. A estrutura de peões Carlsbad também surge na Defesa Nimzo-índia seguindo com 1 d4 ♘f6 2 c4 e6 3 ♘c3 ♗b4 4 ♕c2 d5 5 cxd5 exd5 6 ♗g5 h6 7 ♗xf6 ♕xf6 8 a3 ♗xc3+ 9 ♕xc3. Então, as Negras geralmente se sentem obrigadas a jogar ...c6 diante da pressão na Coluna c, tornando o ataque da minoria das Brancas com b4-b5 ainda mais eficaz. De modo interessante, a Caro-Kann tem a mesma distribuição de peões com as cores invertidas depois de 1 e4 c6 2 d4 d5 3 exd5 cxd5 4 ♗d3 ♘c6 5 c3 ♘f6; na verdade, você encontrará um exemplo de ataque da minoria puro das Negras no Capítulo 12. A análise mais completa dos ataques da minoria neste conjunto de livros estará ligada, naturalmente, à Variante das Trocas do Gambito da Dama (tratada no Volume 2).

Além desta, há posições afins. Por exemplo, uma situação de ataque da minoria surge na Defesa Grünfeld, após 1 d4 ♘f6 2 c4 g6 3 ♘c3 d5 4 ♘f3 ♗g7 5 ♗g5 ♘e4 6 cxd5 ♘xg5 7 ♘xg5 e6 8 ♘f3 exd5. Então, a estratégia das Brancas é baseada em b4-b5, as Negras fornecendo-lhes ou não um alvo, jogando ...c6. Estas posições compartilham as mesmas idéias básicas, mas naturalmente têm suas próprias sutilezas.

A Benoni Moderna fornece um bom exemplo de uma maioria central versus uma maioria na Ala da Dama:

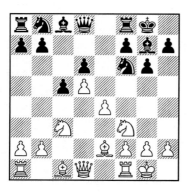

As Brancas têm a maioria central, o que, por si só, define o teatro de operações. Sabemos que as maiorias centrais têm uma importância vital e geralmente são menosprezadas. Pensemos sobre a Defesa Índia do Rei ('DIR') vis-à-vis com a Benoni. Ambas têm o mesmo número de tempos para chegar à sua posição básica, e na Benoni, o Bispo das Negras está em uma diagonal aberta poderosa, ao passo que na Índia do Rei, o Bispo das Negras está bloqueado por seu próprio Peão. Como é que pode a Índia do Rei, como Abertura, ser considerada igual ou superior à Benoni? Penso que a resposta está, em grande parte, na maioria dos peões. Na Defesa Índia do Rei, as Negras e as Brancas avançam com assaltos às cadeias de peões. O ataque das Brancas consiste, por exemplo, em c4, b4 e c5 com ♘d2-c4 e cxd6. O que as Brancas conseguiram? Fizeram todos esses movimentos para criar um Peão fraco em d6, mas esse Peão está apenas exposto ao ataque das peças, uma vez que o Peão c das Negras substituiu seu Peão d. Contudo, na Benoni, o Peão das Negras já está sozinho em d6 sem custar seis ou mais movimentos das Brancas para chegarem lá! E mais, o Peão e das Brancas sempre está ameaçando avançar para e5, rompendo a estrutura de peões negros e abrindo a partida em favor das peças brancas colocadas mais agressivamente. Naturalmente, este não é o final da história. Diferente das Negras na Índia do Rei, o jogador da Benoni tem o Bispo livre em g7 e um alvo certo no Peão e das Brancas em uma coluna aberta. E mais, têm uma maioria móvel na Ala da Dama que pode causar uma desordem considerável no campo das Brancas. Mas compreender o papel das maiorias e das minorias explica muito sobre estas e outras Aberturas.

# Estrutura de Restrição das Casas Brancas

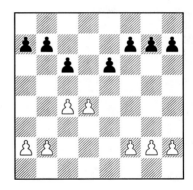

Por causa de sua crescente popularidade, vamos dar uma olhada em estruturas com ...c6 e ...e6 versus dois peões brancos, um em d4 e outro em c4 ou e4. Chamarei isso de 'estruturas de restrição' ou 'centro restrito', pois sua função é limitar o avanço do Peão d das Brancas. Quatro das muitas Aberturas com versões desta organização são:

a) Defesa Caro-Kann: 1 e4 c6 2 d4 d5. Agora, várias seqüências produzem a estrutura básica; por exemplo, 3 ♘c3 dxe4 4 ♘xe4 e, agora, 4...♗f5 5 ♘g3 ♗g6 (com ...e6 por vir) ou 4...♘d7 5 ♘g5 ♘gf6 6 ♗d3 e6 e linhas parecidas. Outro exemplo é 1 e4 c6 2 ♘f3 d5 3 ♘c3 ♗g4 4 h3 ♗xf3 5 ♕xf3 e6 6 d4 dxe4 7 ♘xe4. Nessas linhas, as Brancas retêm seu Peão c, mas não seu Peão e.

b) Defesa Escandinava: 1 e4 d5 2 exd5 ♕xd5 3 ♘c3 ♕a5 4 d4 ♘f6 5 ♘f3 ♗f5 6 ♗d2 c6 7 ♗c4 e6. Há diversas variantes desta Abertura com a mesma estrutura, inclusive linhas com ...♗g4, ...♗xf3 e ...e6. Na Escandinava, como na Caro-Kann, as Brancas ficaram com um Peão c, mas nenhum Peão e.

c) Eslava/Semi-eslava: nas linhas eslavas tradicionais, temos 1 d4 d5 2 c4 c6 3 ♘f3 ♘f6 4 ♘c3 dxc4 5 a4 ♗f5 6 e3 e6 7 ♗xc4 e na Variante Merano da Semi-eslava, 1 d4 d5 2 c4 c6 3 ♘f3 ♘f6 4 ♘c3 e6 5 e3 ♘bd7 6 ♗d3 dxc4 7 ♗xc4. São dois dos muitos exemplos da estrutura básica. Em oposição às duas primeiras Aberturas, as Brancas permanecem com um Peão e, mas nenhum Peão c.

d) Gambito da Dama Recusado: nas Variantes Capablanca Clássica e Lasker, temos 1 d4 d5 2 c4 e6 3 ♘c3 ♘f6 4 ♗g5 ♗e7 5 e3 0-0 6 ♘f3 ♘bd7 (ou 6...h6 7 ♗h4 ♘e4 8 ♗xe7 ♕xe7 9 ♖c1 ♘xc3 10 ♖xc3 c6 11 ♗d3 dxc4 12 ♗xc4 ♘d7) 7 ♖c1 c6 8 ♗d3 dxc4 9 ♗xc4. Nesta Abertura, as Brancas novamente terminam com um Peão e, mas nenhum Peão c.

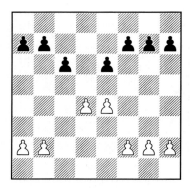

Geralmente, o primeiro objetivo das Brancas é a expansão no centro, num dos casos com c4 e d5, e no outro, com e4 e d5. Estes são difíceis de conseguir dada a estrutura de peões das Negras, designada especificamente para impedir d5; e as Negras estão prontas para jogar ...e5 ou ...c5 na primeira oportunidade. Mas as Brancas também têm outros recursos, inclusive usar o ponto de apoio em e5 (e algumas vezes em c5) para fazer ameaças e transformar favoravelmente a situação central. Ou podem expandir-se nas Alas.

Em algumas dessas variantes, o Bispo das casas brancas das Negras atua na frente de seus peões. Então, as Negras já têm alguma liberdade para suas peças e podem levar mais tempo para jogarem por uma transformação da estrutura de peões. Quando o Bispo fica atrás de seus peões, como no Gambito da Dama ou na Caro-Kann com 4...♘d7, as Negras precisam conseguir ...e5 ou ...c5 como um movimento libertador, de preferência mais cedo do que tarde, se almejarem igualar. O movimento ...c5 não só alivia o domínio das Brancas no centro, mas se for seguido de ...cxd4, irá reivindicar a casa c5 para as peças negras, geralmente um Ca-

valo. Neste caso, temos algo parecido com as várias linhas da Defesa Francesa com 1 e4 e6 2 d4 d5 3 ♘c3 (ou 3 ♘d2 dxe4) 3...dxe4 (ou 3...♘f6 4 ♗g5 dxe4) 4 ♘xe4 ♘d7 5 ♘f3 ♘gf6 6 ♘xf6+ ♘xf6, onde as Negras geralmente jogarão por ...c5. Se as Negras puderem jogar ...e5, atacarão o centro, mas também irão liberar seu Bispo de casas brancas. É melhor mostrar alguns exemplos do que falar em princípios gerais.

**Gulko – Lakdawala**
*Campeonato EUA (San Diego) – 2004*
**1 d4 d5 2 c4 c6 3 ♘f3 ♘f6 4 ♘c3 dxc4 5 a4 ♗f5 6 e3 e6 7 ♗xc4 ♗b4** *(D)*

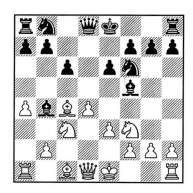

Eis a estrutura ...c6/...e6. Graças ao controle das Negras do centro via ...♗b4, isto pode ser considerado praticamente igual.

**8 0-0 0-0 9 ♕e2 ♗g4!?**

9...♗g6 é um movimento popular, impedindo e4 no momento. Então, ...♘bd7 e ...♕a5, com a idéia ...c5 ou ...e5 poderia seguir. Mas 9...♗g4 pode ser bem jogado.

**10 h3**

As Brancas obtêm os dois Bispos sem demora. Isso significa que as Negras terão que fazer algo no centro ou, simplesmente, ficarão pior. Os Cavalos geralmente são equivalentes aos Bispos em tais posições; depende dos tempos.

**10...♗xf3 11 ♕xf3 ♘bd7 12 ♖d1 ♖c8** *(D)*

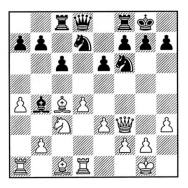

As Negras fazem um lance sutil destinado a responder a um d5 em potencial feito pelas Brancas com ...cxd5. Ao mesmo tempo, ...♖c8 dá força ao avanço ...c5.

**13 e4 e5**

A idéia padrão: As Negras não esperam que o centro fique protegido e estabilizado; ao contrário, desejam fazer sua ruptura e estabelecer pontos fortes para suas peças. A única solução posicional em tais linhas é ...c5; uma dessas rupturas de Peão é praticamente obrigatória.

**14 ♗e3 ♕a5 15 d5!?** *(D)*

As Brancas poderiam adiar essa investida temática, mas, então, teriam que lidar com ...exd4 e ...♘e5.

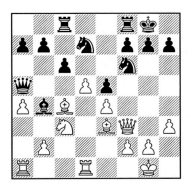

Agora, estamos em outra luta típica e crítica entre dois Bispos com um Peão passado versus uma pressão imediata dos Cavalos oportunistas. O problema é se os Bispos podem consolidar-se.

**15...♗xc3?!**

Isto parece conquistar algo, mas há problemas táticos. As Negras poderiam justificar sua estratégia com dois Cavalos e o movimento ...♖c8 jogando 15...♘b6!. Então, todas as peças das Negras combinam-se em tempo e elas podem capturar em d5 para ter um efeito melhor. E mais, nunca subestime esses Bispos! Por exemplo: 16 ♗a2 (16 ♗xb6 ♕xb6 17 ♖ab1 mantém mais tensão, mas os Bispos com cores opostas realmente não ajudam nas chances de ataque de nenhum lado e, portanto, a posição pode ser um empate no final) 16...♗xc3 17 bxc3 cxd5 18 exd5 e, agora, 18...♖fd8 não é claro porque 19 c4!? ♘xc4 20 ♗g5! sacrifica um Peão para maximizar o poder dos Bispos. O lance ambicioso 18...♖xc3 19 ♗d2 ♖xf3 20 ♗xa5 ♖f4!? 21 d6 também é difícil de avaliar. Os Bispos parecem equilibrar o Peão extra das Negras. Estes são os fundamentos puros do Xadrez em funcionamento!

**16 bxc3 cxd5 17 ♗xd5** *(D)*

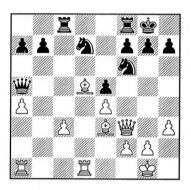

**17...♘c5**

O primeiro ponto é que 17...♖xc3? 18 ♗d2! ♖xf3 19 ♗xa5 prende a Torre das Negras. Em 17...♘xd5 18 ♖xd5 ♕c7, as Brancas tem 19 ♕f5! (ou 19 a5) 19...♘b6 20 ♖c5 (20 ♗xb6 ♕xb6 21 ♕xe5) 20...♕d6 21 ♖xe5 g6 22 ♕f4 com a idéia 22...♘xa4? 23 ♕h6!. Essas linhas mostram os Bispos de modo mais favorável.

**18 c4 ♘xd5 19 cxd5**

Basicamente, a Abertura acabou e as Brancas venceram-na porque a restrição em seu centro sucumbiu. De fato, as Negras têm a Coluna c e um Cavalo confortável em c5, mas, como ocorre com freqüência, a vantagem de um centro ideal é transformada em um Peão passado central poderoso que destrói tudo.

**19...♘xa4**

Após um movimento lento, o Bispo e o Peão passado são demais; por exemplo, se 19...♖fd8 20 ♕g4 ♔h8 21 ♖ac1 b6 22 ♖c4 e ♖dc1.

**20 ♕f5! f6**

Ou 20...♖fe8 21 d6 ♖cd8 22 ♖d5.

**21 d6 ♖cd8 22 ♕e6+ ♖f7?!**

Perdendo, mas depois de 22...♔h8 23 d7, o Peão é forte, apoiado pela vantagem do Bispo sobre o Cavalo. ♖ac1-c8 é um problema.

**23 ♖dc1 ♔f8 24 ♖c8 b5 25 ♖ac1 1-0**

### Bogoljubow – Kramer
*Travemünde – 1951*

**1 d4 ♘f6 2 ♗g5 d5 3 ♘c3 c6 4 e3 ♗f5 5 ♗d3 ♗xd3 6 cxd3 e6 7 ♘f3 ♗e7 8 0-0 0-0 9 ♖c1 ♘bd7 10 e4** *(D)*

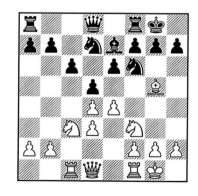

## CAPÍTULO 3 – A IMPORTÂNCIA DA ESTRUTURA | 101

Eis um caso do centro imóvel que vemos na forma de imagem de espelho e3/e4/d4 versus um Peão preto em e5, em algumas Aberturas 1 e4 e5. Por exemplo, essa situação geralmente surge em uma Giuoco Piano com d3 (1 e4 e5 2 ♘f3 ♘c6 3 ♗c4 ♗c5 4 d3), quando o Bispo das Negras está em c5 e o Bispo das Brancas vai para e3. Então, quando as Negras jogam ...♗xe3 e as Brancas capturam com fxe3, temos a imagem de espelho. Analiso isso com profundidade no Capítulo 5.

Voltando à nossa partida, logo as Negras colocam em ordem, desnecessariamente, os peões das Brancas e criam o nosso centro de restrição.

**10...h6 11 ♗f4 dxe4!? 12 dxe4 ♕a5**

Surge o centro ...c6/...e6. Uma vez que não enfrentam um par de Bispos, como no exemplo acima, as Negras têm mais tempo para organizar ...c5 ou ...e5. Observe que as Brancas não têm nenhum Bispo nas casas brancas para reforçar d5.

**13 ♕e2 ♖fd8 14 a3**

14 ♖fd1 ♖ac8 seria uma posição de restrição típica. As Negras não podem empreender muito, mas terão um contrajogo dinâmico se as Brancas tentarem fazer progresso. Esta recuperação é a responsável pelo interesse renovado em tais estruturas. Como esta partida mostra, a desvantagem é que é difícil, mas não impossível, ter chances positivas.

**14...♘f8!? 15 h3 ♘g6 16 ♗h2**

Os Bispos, em muitas Aberturas, ficam parados no lado do tabuleiro em g3 e h2. Este tem, aparentemente, um bom alcan-

ce, mas não defende o Peão d. Portanto, 16 ♗e3 parece melhor, centralizando e planejando 16...♘h5 17 ♘e5!.

**16...♖d7 17 ♖c2 ♘h7!**

Uma ótima idéia! As Negras desejam jogar ...♘g5 e eliminar a melhor peça das Brancas em f3, o defensor do Peão d.

**18 ♕e3 ♖ad8 19 ♗g3 ♘g5 20 ♘d2**

Com este lance as Brancas protegem seu Peão d indiretamente e planejam uma reorganização lógica da posição. Elas quase conseguem.

**20...♕b6**

Não 20...♖xd4? 21 ♘b3.

**21 ♘e2 c5!**

Bem a tempo, as Negras conseguem fazer esta jogada com a ajuda da Tática. Naturalmente, a resposta normalmente perigosa d5 não tem possibilidade remota.

**22 ♘c4**

As Brancas cedem um Peão, porém, o que mais? 22 dxc5 ♗xc5! 23 ♕xc5 (23 ♖xc5 ♖d3!) 23...♕xc5 24 ♖xc5 ♖xd2 ameaça e2 e b2.

**22...♕c6 23 f3 cxd4**

A estratégia das Negras teve sucesso. ...♘h7-g5 foi um bom ataque à posição das Brancas.

**24 ♕d3 ♘h7 25 f4 ♘f6 26 ♘d2 ♕xc2! 27 ♕xc2 d3 28 ♕c4 dxe2 29 ♖e1 ♖xd2**

As Negras estão vencendo.

## G. Lee – Taulbut
*Campeonato Inglês (Morecambe) – 1981*

**1 e4 d5 2 exd5 ♕xd5 3 ♘f3**

Ao invés do movimento usual 3 ♘c3.

**3...♘f6 4 d4 ♗f5 5 ♗e2 e6 6 0-0 c6 7 ♗f4 ♘bd7 8 c4 ♕a5 9 ♘c3** *(D)*

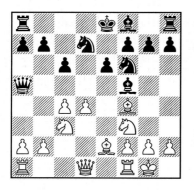

Nesta situação, as Brancas têm um Peão c, não tendo um Peão e, como nos dois últimos exemplos. Embora ambas as configurações surjam regularmente e tenham diferenças, a principal estratégia das Negras ainda é chegar a ...e5 ou ...c5 e as Brancas gostariam de jogar d5.

**9...♗b4 10 ♕b3 0-0 11 ♘e5!? ♘xe5 12 ♗xe5 ♘d7 13 ♗g3 e5!**

Elas têm que jogar assim para conseguirem um contrajogo. As Brancas transformarão o centro, em resposta.

**14 a3! ♗xc3 15 bxc3 ♖fe8 16 ♖fe1**

♕xb7 é uma opção aqui e no próximo movimento.

**16...h6 17 ♕b4 ♕b6 18 c5!? ♕xb4 19 axb4 exd4 20 cxd4 ♖e4 21 ♗f3!?**

21 ♖ad1 ♖ae8 22 ♔f1 é sensato e igual.

**21...♖xd4 22 b5! ♘xc5 23 bxc6 bxc6 24 ♗xc6 ♖c8 25 ♗b5 ♗d3!?**

Eliminando o par de Bispos das Brancas, as Negras conquistaram um Peão por muito pouco, mas as Brancas conseguem obter um bom jogo.

**26 ♗xd3 ♘xd3 27 ♖ed1 ♖d7 28 f3 ♖cd8 29 ♔f1 ♘b4 30 ♖xd7 ♖xd7 31 ♗f2 ♘c6 32 ♖a6 ♖c7 33 ♗g3 ♖c8 34 ♗f2 ♖c7 35 ♗g3 ♖c8 36 ♗f2 ♘b4!? 37 ♖xa7 ♖c1+ 38 ♔e2**

A partida está quase igual e, finalmente, empatou.

## Djuric – Larsen
*Copenhague – 1979*

**1 e4 d5 2 exd5 ♕xd5 3 ♘c3 ♕a5 4 d4 ♘f6 5 ♘f3 ♗f5 6 ♗c4 ♘bd7 7 ♕e2 e6 8 ♗d2 ♗b4! 9 a3 0-0 10 0-0 ♗xc3! 11 ♗xc3 ♕b6** *(D)*

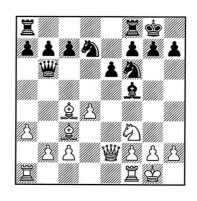

Isto foi uma idéia chocante na época: entregar o par de Bispos e aceitar menos espaço ao mesmo tempo! Mas a estrutura ...c6/...e6 é muito útil para tal posição: os Cavalos são, temporariamente, tão bons quanto os Bispos e ...c5 ou ...e5 não será impedido para sempre.

**12 ♗b3 a5 13 ♗a4 c6 14 ♗d2!**

Redirecionar de uma casa passiva para uma ótima diagonal extensa é lógico.

**14...h6 15 ♗e3 ♖fe8 16 c3**

16 c4 é o movimento temático. Então, as Negras poderiam considerar trocar seu outro Bispo com 16...♗g4!? (16...♕c7 prepararia ...e5 e também faz sentido) 17 h3 ♗xf3 18 ♕xf3 ♕a6!? 19 ♖ac1 b5 20 cxb5 cxb5 21 ♗c2 ♘d5 e esta posição PDI é difícil de avaliar, mas acho que as Negras podem ficar satisfeitas.

**16...♗g4**

Agora, ...♗xf3 é ameaçado porque se a Dama recapturar, ...♕xb2 funcionará. A seguir, as Negras fazem a ruptura ...e5 e trocam um par de Bispos com total igualdade.

**17 ♖ab1 ♕c7 18 h3 ♗h5 19 ♗c2 e5! 20 g4 exd4 21 cxd4 ♗g6 22 ♗xg6 fxg6 23 ♕d3 ♘d5! 24 ♗xh6! gxh6 25 ♕xg6+ ♔f8 26 ♕xh6+ ♔g8 27 ♕g6+ ♔f8 28 ♕h6+ ♔g8 ½-½**

As Negras pareceram ficar perfeitamente bem do começo ao fim.

Há uma versão mais conhecida desta estrutura c4/d4:

**Matanovic – Petrosian**
*Kiev (URSS-Iugoslávia) – 1959*

**1 e4 c6 2 ♘c3 d5 3 d4 dxe4 4 ♘xe4 ♘d7 5 ♘f3 ♘gf6 6 ♘xf6+ ♘xf6 7 ♗c4 ♗f5 8 ♕e2 e6 9 ♗g5 ♗e7 10 0-0-0 ♗g4!** *(D)*

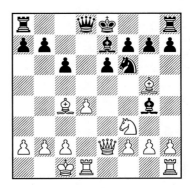

Uma idéia familiar. Um Cavalo em d5 fica tão forte quanto um Bispo.

**11 h3 ♗xf3 12 ♕xf3 ♘d5 13 ♗xe7**

Um ponto muito importante é que as Negras terão um ótimo ataque se as Brancas tentarem conservar seu par de Bispos: 13 ♗d2 b5 14 ♗b3 a5!.

**13...♕xe7 14 ♖he1 0-0 15 ♔b1**

15 ♗xd5 ♕g5+ 16 ♔b1 cxd5 é igual.

**15...♖ad8** *(D)*

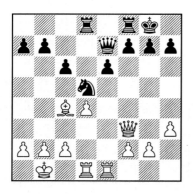

Aqui, temos um Peão d4 e c2 versus ...c6/ ...e6 novamente. Obviamente, as Brancas precisarão jogar c4, se forem reivindicar qualquer vantagem, mas Petrosian tem um modo de lidar com isso.

**16 ♗b3 ♕f6!?**

Considerando o que acontece, realmente não há nenhuma razão para isso.

**17 ♕e2**

As Brancas poderiam ter admitido suas dificuldades e trocado o Cavalo em d5. Mas a posição parece muito inocente.

**17...♖d7 18 c3**

O avanço 18 c4 é um modo de comprometimento excessivo e enfraquece d4: 18...♘e7 19 ♗c2 ♖fd8 20 ♕d3 ♘g6 e o Peão cairá.

**18...b5!**

Uma idéia simples designada a impedir c4 e as Negras também têm em mente um ataque da minoria com ...b4.

**19 g3 ♖fd8 20 f4!?**

As Brancas páram ...e5, mas não é a única ruptura de Peão.

**20...b4! 21 ♕f3 bxc3 22 bxc3 c5!**

Assim que as Negras conseguem isto, já têm a vantagem.

**23 ♖e5**

As Negras entram na posição das Brancas depois de 23 c4?! ♘b4! 24 dxc5 ♕f5+ 25 ♔a1 ♘d3. E 23 ♗xd5 ♖xd5 ameaça o Peão d. O Rei das Brancas não está nada seguro também.

**23...cxd4 24 ♗xd5 ♖xd5 25 ♖xd5 exd5! 26 ♖xd4 h6** *(D)*

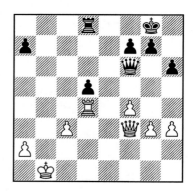

As Brancas conseguiram trocar entrando em uma posição de Peão da Dama isolado, mas seu Rei está exposto demais.

**27 g4**

27 ♖xd5 pode ser respondido com 27...♖b8+ 28 ♔c2 ♕b6! e o ataque das Negras ainda será bastante forte.

27...♕e7! 28 ♕f2 ♖b8+ 29 ♔a1 ♕a3 30 ♕c2 ♖e8 31 ♖b4 d4! 32 ♖xd4 ♖e1+ 33 ♖d1 ♖xd1+ 34 ♕xd1 ♕xc3+ 35 ♔b1 ♕xh3 36 a4 h5! 37 gxh5 ♕f5+ 38 ♔b2 ♕xf4 39 ♔b3 ♕f5 40 ♔c4 ♔h7 41 ♕d2 0-1

A Abertura da seguinte partida combina esta idéia ...b5, com nosso tema anterior da luta entre um Peão d isolado e um Peão c isolado:

### Iordachescu – Wohl
*Naujac sur Mer – 2002*

**1 e4 ♘f6 2 e5 ♘d5 3 d4 d6 4 ♘f3 dxe5 5 ♘xe5 c6 6 ♗c4 ♘d7 7 ♘f3 e6 8 0-0**

Novamente, chegamos à estrutura de restrição ...c6/...e6, vindo de uma fonte um pouco incomum. Agora, as Negras têm um movimento muito comprometedor, mas lógico:

**8...b5!? 9 ♗d3 ♗b7** *(D)*

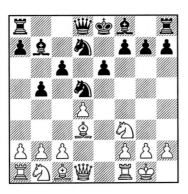

O Bispo pode parecer não estar fazendo muita coisa aqui, mas as Negras desejam jogar ...a6 e ...c5. Se você souber a Variante Merano da Semi-eslava, poderá reconhecer essa idéia imediatamente e tomar uma ação contra ela, como Iordachescu faz.

**10 a4!**

A mesma técnica como na Merano.

**10...a6**

Agora, ...c5 é impedido por enquanto.

**11 ♖e1 ♗e7 12 ♘bd2**

As Brancas parecem estar planejando um ataque com ♘e4, mas o próximo movimento das Negras muda sua mente.

**12...♕b6?!** *(D)*

12...0-0 13 ♘e4 ♕b6 é melhor, pois ataca c4.

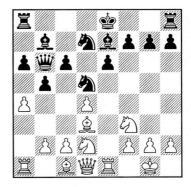

**13 c4!**

As Brancas aceitam ter um Peão isolado e totalmente bloqueado em d4. Mas já tendo visto esta estrutura d4 versus c6 antes (felizmente muitas vezes), elas a avaliam como uma posição favorável de

Peão da Dama isolado. As Negras estão bem desenvolvidas e se chegarem a ...c5, abrirão o Bispo b7 e ativarão seu jogo. Então, o problema é se as Brancas podem usar qualquer vantagem em particular que elas tenham antes desse movimento libertatdor. As casas negras e as peças colocadas agressivamente parecem boas, portanto, a primeira pergunta é: onde as Negras estão fracas? As casas c5, e5 e d6 podem ser vulneráveis e se você previu o movimento 15 ♗g5 antes de jogar 13 c4, isso deverá ser suficiente para convencê-lo a continuar.

**13...bxc4 14 ♘xc4 ♕c7 15 ♗g5!** *(D)*

**15...c5?!**

A posição das Negras ainda é sólida, e portanto, elas não devem permitir a troca dos Bispos das casas negras. As outras jogadas eram 15...♘7f6 16 ♖c1 0-0 e 15...♗b4, apenas para poderem rocar. A casa b4 é um ótimo posto avançado para as Negras, que têm um futuro ...♖b8 em mente.

**16 ♖c1!? 0-0 17 ♗xe7 ♘xe7 18 ♘ce5 ♖ad8 19 b4**

Apegando-se admiravelmente a seus propósitos, mesmo que o tático 19 ♗xh7+ ♔xh7 20 ♘g5+ ♔g8 21 ♘xd7! fosse, enfim, vencedor, depois das complicações.

**19...♘xe5 20 ♘xe5**

O Peão c das Negras cai e a Abertura termina. O conhecimento prévio das propriedades da restrição ...c6/...e6 e da posição PDI padrão, assim como o reconhecimento da semelhança com a Variante Merano, ajudaram, indubitavelmente, as Brancas a encontrar seu caminho nesta partida. Isso é uma ilustração do que chamo de 'polinização cruzada', analisada abaixo.

Ao invés de tentar lutar diretamente contra o complexo ...c6/...e6, algumas vezes é melhor entregar em d5 e transformar a estrutura. Nesta partida famosa, as Brancas fazem isso usando seus pontos de apoio:

**Spassky – Petrosian**
*Campeonato mundial em Moscou (13) – 1966*

1 e4 c6 2 d4 d5 3 ♘c3 dxe4 4 ♘xe4 ♗f5 5 ♘g3 ♗g6 6 h4 h6 7 ♘f3 ♘d7 8 h5 ♗h7 9 ♗d3 ♗xd3 10 ♕xd3 ♕c7 11 ♗d2 e6 12 ♕e2! ♘gf6 13 0-0-0 0-0-0 *(D)*

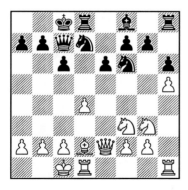

**14 ♘e5! ♘xe5 15 dxe5 ♘d7 16 f4**

As Brancas ficam bem. Elas têm mais espaço e nenhuma preocupação com o tipo de ataque central que vimos das Negras. Naturalmente, as Brancas ainda precisam fazer a ruptura nas defesas adversárias; fazem isso criando outro ponto de apoio em c5.

**16...♗e7 17 ♘e4 ♘c5 18 ♘c3 f6!?**

Cria uma fraqueza em e6, mas de outro modo, as Brancas poderiam apertar as Negras com expansão em uma ou em ambos os flancos.

**19 exf6 ♗xf6 20 ♕c4! ♕b6 21 b4 ♘a6 22 ♘e4!**

As Brancas têm a vantagem. Elas podem explorar a debilidade em e6 ou jogar por um oportuno ♘c5. Spassky jogou para ganhar a partida.

## Espaço e Estrutura

A relação do espaço com a estrutura é potencialmente um tema enorme, mas desejo apenas fazer alguns comentários a respeito. Sabemos que as Brancas são o lado que geralmente terá mais espaço na Abertura (em particular, nas Aberturas principais analisadas neste livro). Várias situações podem surgir para as Negras. No Sistema Fechado da Ruy Lopez e em diversas outras Aberturas de ambos os Peões e, o ponto forte das Negras em e5 (com base na cadeia de peões c7-d6-e5) e seu Peão b5 estabelecem um comando de território, suficiente para elas geralmente não sentirem necessidade de conseguir mais. A formação Chigorin com ...♘a5 e ...c5 é uma exceção, no sentido de que é claramente visada a estender o alcance territorial das Negras; mas, que esta política não é necessária, é mostrado pelas populares Variantes Breyer, Zaitsev, M–ller e Smyslov (veja o Capítulo 8 sobre a Ruy Lopez para obter exemplos). Até certo ponto, isto também é verdadeiro nas Aberturas de ambos os Peões d, como, por exemplo, o Gambito da Dama Recusado e a Eslava. Entretanto, nas variantes tradicionais do Gambito da Dama, as Negras tendem a jogar ...e5 em algum ponto, trocando, questionavelmente, um tipo de controle territorial (o Peão d5) por outro que também ativa suas peças. Na Variante Holandesa da Eslava (1 d4 d5 2 c4 c6 3 ♘f3 ♘f6 4 ♘c3 dxc4 5 a4 ♗f5 6 e3), geralmente, as Negras não têm pressa de jogar ...e5 ou até ...c5, o que também é verdadeiro em diversas outras Aberturas de restrição ...e6/...c6 que vimos acima, especialmente, uma vez que o seu Bispo da Dama está fora de sua cadeia de peões.

Por contraste, veja muitas outras Aberturas principais do Peão d. Nas linhas principais da Defesa Índia do Rei (por exemplo, 1 d4 ♘f6 2 c4 g6 3 ♘c3 ♗g7 4 e4 d6 seguido de ...0-0 e ...e5), uma vez que as Brancas ganhem espaço no centro, as Negras raramente ficarão satisfeitas que o Peão central único em e5 represente totalmente seus interesses nesse setor. Sem mais movimentos de Peão, elas serão reprimidas lentamente pelos avanços das Brancas com os peões no centro e na na Ala da Dama. Portanto, você quase sempre verá um ...f5 rápido ou, em alguns casos, uma tentativa de assumir o território na Ala da Dama com ...c6 ou ...c5. Do mesmo modo, na Benoni Moderna (1 d4 ♘f6 2 c4 c5 3 d5 e6 4 ♘c3 exd5 5 cxd5 d6 seguido de ...g6, ....♗g7, ...0-0 etc.), as Negras quase nunca podem ficar satisfeitas com o controle central oferecido por seu Peão c5. Na maioria das variantes, elas são quase obrigadas a conquistar mais espaço com ...b5 ou ...f5, ou serão reprimidas pelas peças e pelos peões invasores das Brancas. Na Semi-eslava, uma combinação de ...dxc4 e ...b5 ou ...dxc4, ...♗d6 e ...e5 é usual antes das Brancas estenderem seu controle das casas centrais (note que o Bispo das casas Brancas das Negras está preso atrás de seus peões).

E a Defesa Siciliana? Em geral, se tiverem o centro ...e6/...d6, as Negras não terão pressa nenhuma de conquistar mais espaço. Quando muito, jogarão ...b5 e se as Brancas o detiverem, jogando a4, raramente isto trará grande preocupação. Mas veja as várias estratégias das Brancas contra a Siciliana. Parece praticamente obrigatório expandirem seu alcance no tabuleiro. Recentemente, existem jogadores que iniciam com f3, g4, g5 e h4 (e até com h5 e g6) contra a maioria das

variantes da Siciliana. Tradicionalmente, f4 tem sido um modo padrão de continuar, com f5 a seguir ou talvez e5 (embora o último, algumas vezes, seja mais um plano tático, pois o Peão raramente ficará em e5 tempo suficiente para ser uma reivindicação verdadeira de território). Atualmente, existem também mais combinações de f4 e g4. Com exceção desses movimentos na Ala do Rei, as Brancas jogarão, pelo menos, a4 para demarcar algum espaço na Ala da Dama. Nas Variantes Maroczy e Porco-espinho, nas quais as Brancas já têm controle do espaço com peões em c4 e e4, as Negras acham um pouco mais urgente conseguirem ...b5 ou ...d5, ou pelo menos ameaçarem fazer isso.

Quase toda Abertura pode ser vista assim, isto é, o quanto é vital para o lado com menos espaço (geralmente as Negras) conquistar espaço e com que rapidez? E há a necessidade das Brancas conquistarem mais espaço rapidamente, ou elas podem ser pacientes? Se você entender a urgência (ou falta dela) em conseguir esses objetivos, terá uma idéia muito melhor da lógica e do fator tempo por trás dos movimentos de Abertura.

## Polinização Cruzada

Algumas vezes, as manobras e as idéias posicionais surgirão em Aberturas às quais não estão relacionadas especificamente, um fenômeno que chamo de 'polinização cruzada'. Vimos repetidos exemplos de estruturas que aparecem em várias Aberturas e de certo modo, tudo que vimos sobre estruturas até este pon-

## CAPÍTULO 3 – A IMPORTÂNCIA DA ESTRUTURA | 109

to envolveu a polinização cruzada, isto é, toda estrutura tem estado relacionada a outras estruturas. Aqui, analisarei rapidamente o processo que pode levá-lo a reconhecer tais semelhanças e, portanto, jogar uma variante pouco familiar, ou apenas parcialmente familiar, com uma confiança aumentada. Os Grandes Mestres são muito bons em ver esse tipo de relação, de modos sutis. Você ganhará muito com o verdadeiro processo de usar seu estudo e experiência em uma posição e, então, aplicá-lo em outra. Tanto mais razão para manter amplo o seu conhecimento das Aberturas e não superespecializado.

Como um exemplo, provavelmente você imaginou jogar com um Peão da Dama isolado em uma dada posição. Isso requer julgamentos com base na experiência. Já sabemos que o Peão isolado oferece lições parecidas em uma grande variedade de Aberturas. Vimos ainda posições PDI padrão que são, basicamente, as mesmas na Nimzo-índia, Caro-Kann, Siciliana e Gambito da Dama. Mas você terá, constantemente, a opção de decidir se uma nova posição PDI em uma posição estranha tem mais recursos bons do que defeitos, e a experiência com outras Aberturas terá mais serventia do que podem ter os princípios gerais de um autor.

Uma ilustração mais interessante da polinização cruzada relaciona-se às decisões sobre quando jogar com sua Dama e se você pode fazer isso de modo produtivo em um estágio inicial. Se, com as Negras, você tiver capturado alguns Peões 'envenenados' em b2 ou feito gambito deles com as Brancas, certamen-

te terá uma idéia melhor sobre quando correr o risco em qualquer das opções. Eis alguns exemplos do que você poderia encontrar:

1 e4 c5 2 ♘f3 d6 3 d4 cxd4 4 ♘xd4 ♘f6 5 ♘c3 a6 6 ♗g5 e6 7 f4 ♕b6 8 ♕d2 ♕xb2

1 d4 ♘f6 2 ♘f3 e6 3 ♗g5 c5 4 e3 ♕b6 5 ♘bd2 ♕xb2

1 e4 g6 2 d4 ♗g7 3 ♘c3 d6 4 f4 c6 5 ♘f3 ♗g4 6 ♗e3 ♕b6 7 ♕d2 ♕xb2

1 e4 e6 2 d4 d5 3 e5 c5 4 c3 ♘c6 5 ♘f3 ♕b6 6 ♗e2 cxd4 7 cxd4 ♘h6 8 ♗xh6 ♕xb2

1 e4 c6 2 d4 d5 3 e5 ♗f5 4 ♗e3 ♕b6 5 ♘d2 ♕xb2

1 d4 ♘f6 2 ♗g5 c5 3 d5 ♕b6 4 ♘c3 ♕xb2 5 ♗d2

1 d4 ♘f6 2 ♗g5 ♘e4 3 ♗f4 c5 4 d5 ♕b6 5 ♘d2 ♕xb2 6 ♘xe4 ♕b4+ 7 ♕d2 ♕xe4 8 c3

Ou com as cores invertidas:

1 d4 d5 2 c4 ♗f5 3 ♕b3 e5 4 ♕xb7

1 d4 d5 2 c4 dxc4 3 ♘f3 ♘f6 4 e3 ♗g4 5 ♗xc4 e6 6 ♕b3 ♗xf3 7 gxf3 ♘bd7 8 ♕xb7

1 d4 ♘f6 2 c4 c5 3 d5 e6 4 ♘c3 exd5 5 cxd5 d6 6 e4 a6 7 a4 g6 8 ♘f3 ♗g4 9 ♕b3 ♗xf3 10 ♕xb7 ♘bd7 11 gxf3

A solidez e a força desses lances são diferentes. Se você tiver uma posição nova, na qual esteja sendo oferecido um Peão b na Abertura, poderá tomar uma decisão melhor estudando esses exemplos.

Outra pergunta: quando deseja você permitir que sua Dama se revele com o lance ...♛xd5 ou ♛xd4 nos primeiros movimentos da partida? E quanto à regra que diz que a Dama não deve se mostrar cedo demais? Talvez, quando principiante, você tenha visto ou lido sobre a linha do Gambito Dinamarquês 1 e4 e5 2 d4 exd4 3 c3 d5 4 exd5 ♛xd5. A casa c3 é ocupada temporariamente e assim, há tempo para as Negras desenvolverem antes de sua Dama ser atacada; por exemplo, 5 cxd4 ♘c6 6 ♘f3 ♗g4 7 ♗e2 ♘f6 8 ♘c3 ♗b4 (esta posição também surge no Gambito Göring) e as Negras têm a igualdade. Posteriormente, você verá idéias parecidas na Defesa Siciliana, onde temos 1 e4 c5 2 c3 d5 3 exd5 ♛xd5 e c3 é ocupada de modo que as Brancas não podem colocar um Cavalo nela em tempo; geralmente seguirá 4 d4 ♘f6 5 ♘f3 ♗g4. Talvez, o aluno que se aperfeiçoa começará a examinar a casa c3 como um critério forte ao decidir se deve jogar ...d5 e/ou recapturar com a Dama nessa casa. Do ponto de vista das Brancas, temos coisas como, 1 c4 e5 2 g3 ♘f6 3 ♗g2 c6 4 d4 cxd4 5 ♛xd4.

Digamos que você esteja jogando a Defesa Francesa e inicia 1 e4 e6 2 d4 d5 3 ♘d2 ♘c6, recentemente uma variante forte. Talvez, você tenha alguma análise recente com 4 ♘gf3 e 4 ♗b5 que queira experimentar. Quando seu oponente jogar 4 c3, você não reconhecerá o movimento, mas pesquise seu banco de dados de padrões e pode responder com 4...e5! 5 exd5 ♛xd5. O reconhecimento do pa-

drão também poderá estar envolvido se você jogar a Defesa Pirc e for confrontado com 1 e4 d6 2 d4 ♘f6 3 ♗d3. Jogar 3...e5 é bem óbvio e, então, as Brancas jogarão 4 c3. E agora? Se você estiver sintonizado com o modo como um Peão em c3 impede ♘c3, poderá ver 4...d5!, com a idéia 5 exd5 ♛xd5 ou 5 dxe5 ♘xe4 (D). Isto parece divertido e vale a pena tentar.

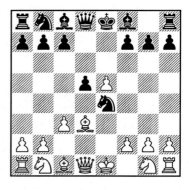

Mas, então, você nota 6 ♗xe4 dxe4 7 ♛a4+ seguido de ♛xe4, balança a cabeça e opta por um outro 4º movimento. É' aí que entra o estoque de posições familiares. Duas semanas depois, você nota um Grande Mestre nesta posição com as Negras e depois de pensar um pouco, ele joga 4...d5 de qualquer modo. Seguem-se 5 dxe5 ♘xe4 6 ♗xe4 dxe4 7 ♛a4+ ♗d7! 8 ♛xe4 ♗c6 (D) com bastante compensação (dois Bispos, casas brancas e um ataque direto em g2).

# Capítulo 3 – A Importância da Estrutura

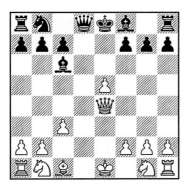

Nosso Grande Mestre não abandonou a linha depois de ver 7 ♕a4+; Deve-se isso a ele ver mais do que um jogador de clube? Provavelmente não, pois praticamente todo Grande Mestre e Mestre Internacional já viram esse tipo de seqüência antes. Por exemplo, existem algumas partidas clássicas com 1 c4 ♘f6 2 ♘c3 e6 3 e4 d5 4 cxd5 exd5 5 e5 ♘e4 6 ♘xe4 dxe4 7 ♕a4+ ♗d7 8 ♕xe4 ♗c6. Quanto maior for sua exposição às estruturas típicas, mais você será capaz de lidar com as situações desconhecidas. Veja o Capítulo 14 sobre a Defesa Pirc para ter mais detalhes sobre esta variante; a próxima coisa que ocorre é que ela transpõe para uma Variante Aberta da Ruy Lopez!

Nas mesmas linhas (trazendo as Damas para d4 ou d5), uma variante anti-siciliana capciosa segue com 1 e4 c5 2 ♘f3 d6 3 c3 ♘f6 4 ♗d3!? ♘c6, quando alguns jogadores podem não querer enfrentar ...♗g4, e portanto, jogam 5 h3. Mas com esse Peão em c3, 5...d5 deve ser considerado, com a idéia 6 e5 ♘d7 e, agora, as Brancas podem jogar 7 ♗b5 ♕b6 (um padrão da Defesa Francesa) ou podem ir para a seqüência 7 e6!? fxe6 8 ♘g5, uma manobra tática que surge em meia dúzia de outras variantes de Aberturas. Com experiência em qualquer uma delas, você pode ser ajudado pelo reconhecimento dos padrões associados, como, por exemplo, 8...♘f6 9 ♘xh7 (9 ♗xh7 ♘xh7 10 ♕h5+ ♔d7 11 ♘xh7 ♔c7 etc.) 9...♕d6 (ou talvez 9...♘xh7 10 ♕h5+ ♔d7 11 ♗xh7 b6, mesmo que não tenha visto isso antes). O fato de você ter visto e/ou jogado outras posições com o lance e6 ajuda a fazer cálculos mais precisos e dá confiança de que as posições resultantes devem ser boas para as Negras.

Existem muitos outros casos de um movimento ♕xd4 prematuro (ou ...♕xd5) no qual a casa c3 (ou a casa c6 para as Negras) não é ocupada. O mais simples é a Defesa Escandinava (Contragolpe no Centro) 1 e4 d5 2 exd5 ♕xd5, quando 3 ♘c3 força a perda de um tempo com a Dama, já no início e ainda a sujeita a mais ataques. Acho que é justo dizer que o motivo das Negras poderem sair-se bem com isso, é que o Cavalo não está bem colocado em c3, de tal modo que as Negras podem fazer jogadas como ...♗f5, ...e6 e ...c6 em algum momento, quando as Brancas prefeririam ter seu Peão c livre para avançar e aumentar seu controle central. Ou a Dama, quando atacada, poderá usar o tempo 'perdido' para fazer um segundo movimento produtivo. Um bom exemplo surge na linha 1 c4 e5 2 g3 ♘f6 3 ♘f3 e4 4 ♘d4 ♘c6 5 ♘c2 d5 6 cxd5 ♕xd5 7 ♘c3 ♕h5! planejando ....♗h3, quando as Negras têm uma excelente partida.

Isso leva a muitos outros exemplos, como aqueles nos quais um Cavalo em c3 (ou ...c6) é imobilizado, de modo que uma Dama pode vir para d4 (ou d5). Um caso bem conhecido é a linha Nimzo-índia com 1 d4 ♘f6 2 c4 e6 3 ♘c3 ♗b4 4 ♕c2 d5 5 cxd5 ♕xd5; e uma relacionada é a Defesa Chigorin com 1 d4 d5 2 c4 ♘c6 3 cxd5 ♕xd5 4 e3 e5 5 ♘c3 ♗b4. Do lado branco, temos uma Defesa Siciliana com 1 e4 c5 2 ♘f3 d6 3 d4 cxd4 4 ♕xd4 ♘c6 5 ♗b5, que podemos comparar com a Defesa Philidor 1 e4 e5 2 ♘f3 d6 3 d4 exd4 4 ♕xd4 ♘c6 5 ♗b5. Em ambos os casos, a Dama tem permissão para se manter firme, mas, geralmente, com o custo do par de Bispos. Você reconhece a principal diferença? Na linha da Siciliana, as Negras mantêm sua maioria central intacta; na Philidor, as Negras entregam o centro. Em breve, torna-se habitual buscar tais situações e os jogadores avançados fazem isso.

A polinização cruzada entre 1 d4 e 1 e4 é mais comum do que você pensa. O jogador de Xadrez com alguma experiência pode ter notado que a cadeia de peões Benoni ...c5/...d6 versus e4/d5 das Brancas, geralmente, surgirá na Defesa Índia do Rei, depois, por exemplo, de 1 d4 ♘f6 2 c4 g6 3 ♘c3 ♗g7 4 e4 d6 5 ♗e2 0-0 6 ♗g5 c5 7 d5 h6 8 ♗e3 e6 9 ♘f3 exd5 10 cxd5 e em várias outras linhas principais Mas se você estiver jogando de Negras a Ruy Lopez, poderá considerar seguir esta mesma estrutura por meio de várias linhas fechadas. Por exemplo, na Variante Keres, você pode chegar a esta posição principal: 1 e4 e5 2 ♘f3 ♘c6 3 ♗b5 a6 4 ♗a4 ♘f6 5 0-0 ♗e7 6 ♖e1 b5 7 ♗b3 0-0

8 c3 d6 9 h3 ♘a5 10 ♗c2 c5 11 d4 ♘d7!? 12 ♘bd2 exd4 13 cxd4 ♘c6 14 d5 ♘ce5 (D).

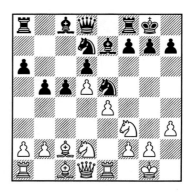

A estrutura Benoni surgiu e você já tem o movimento ...b5. Este é o movimento chave em praticamente toda Benoni e com muita freqüência as Brancas irão impedi-lo. Tudo que as Negras precisam fazer em seguida é 'fianquetar' seu Bispo com ...♗f6 e terão excelente partida. As Brancas não desejam permitir isso e jogam 15 ♘xe5, mas isso acaba liberando o jogo das Negras ou, pelo menos, fornecendo às suas peças lugares para onde ir.

A polinização cruzada aparecerá nos contextos que não são estritamente estruturais, mas se relacionam ao escopo de estruturas plausíveis. Acho que muito disso aparece na preparação de Abertura dos jogadores e em seu empréstimo de idéias entre si. O Grande Mestre X verá um novo movimento que o Grande Mestre Y jogou no 18º lance de certa variante da Siciliana. Então, pode aplicar esse movimento em seu 14º movimento em uma

# CAPÍTULO 3 – A IMPORTÂNCIA DA ESTRUTURA | 113

variante intimamente relacionada. É' uma troca de idéias interessante, claro, mas é mais emocionante ver os jogadores pegarem os mesmos movimentos ou idéias gerais na faixa de Aberturas. A quantidade de posições mais antigas e conhecidas nas quais as Brancas têm encontrado ou jogado o movimento g4 não pode ser uma coincidência. Artigos inteiros têm sido escritos sobre esse movimento aparecendo em muitos contextos novos e interessantes. A lista de Aberturas afetadas assim inclui diversas variantes da Abertura Inglesa, Semi-eslava, Defesa dos Dois Cavalos, Defesa Bogo-índia, Defesa Holandesa, Defesa Caro-Kann e praticamente todas as variantes da Defesa Siciliana! E eu poderia fazer uma lista de Aberturas parecida, porém, menor, nas quais as Negras começaram a usar o movimento ...g5. Obviamente, assim que a idéia passa pela imaginação dos jogadores, eles começam a buscá-la em toda posição.

Algo que me tem surpreendido no Xadrez nas últimas décadas, realmente se estendendo por mais de um Século, mas que apenas floresceu recentemente, é o fenômeno dos movimentos de semi-espera na Abertura. Isto é, os movimentos que servem a uma finalidade definida, mas apenas no momento, e que parecem precisar da cooperação do oponente para ter um significado. É fascinante ver, porém, que esses movimentos são um pouco mais eficazes do que minha descrição implicaria, ou seja, o oponente realmente não tem o luxo de também fazer nada em troca, sem fazer uma concessão. Muitas dessas idéias são simples: por exem-

plo, o desenvolvimento de peças para a segunda fileira, que parecem ter cinco respostas boas e ainda são difíceis de satisfazer. Ou uma seqüência de movimentos que parece perda de tempo, mas coloca as peças do oponente em algum lugar onde não deveriam estar; por exemplo, nas Aberturas do Peão d e c com um lance ...e6 prematauro, vemos muitos casos novos de ...♗b4+ seguido de ...♗e7, e de ...♗a6 seguido de ...♗b7. Na Defesa Siciliana e na Abertura Inglesa, as Negras sempre parecem estar jogando ...♗c5 ou ...♗b4 seguido de ...♗e7.

Acho os pequenos movimentos do Peão da Torre particularmente provocadores e imagino que os Grandes Mestres estão encontrando inspiração com o sucesso de tais movimentos em algumas Aberturas para experimentá-los em outras. Não são necessariamente movimentos novos, mas geralmente antigos e obscuros que mais tarde receberam uma aceitação geral. Por exemplo, o fortalecimento de Kasparov do pequeno movimento de Petrosian 1 d4 ♘f6 2 c4 e6 3 ♘f3 b6 4 a3!? levou a uma explosão de partidas e pesquisas, e 4 a3 vem permanecendo forte na Defesa Índia da Dama por muitos anos ultimamente. Variantes como 1 c4 c5 2 ♘f3 ♘f6 3 d4 cxd4 4 ♘xd4 ♘c6 5 ♘c3 e6 6 a3!? começaram a aparecer. Então, alguns anos depois, os jogadores levaram a sério o movimento ...a6 aparentemente modesto dentro dos quatro primeiros lances em duas variantes da Eslava: 1 d4 d5 2 c4 c6 3 ♘f3 ♘f6 e aqui, 4 e3 a6 ou 4 ♘c3 a6. Não apenas isso, esses dois movimentos acumularam, agora, análises e experiência de jogo, que competem com as linhas principais de algumas Aberturas! Neste caso, as Negras desejam jogar ...b5 para ganhar espaço, ou capturar em c4 e depois jogar ...b5. Elas também podem querer jogar seu Bispo para g4 ou f5 e não se preocuparem com ♕b3, respondendo esse movimento com ...♖a7 em algumas variantes! Outro exemplo: as variantes com 4...a6 na Defesa Moderna são um pequeno insulto ao pensador clássico, mas refrescam a memória; por exemplo, 1 e4 g6 2 d4 ♗g7 3 ♘c3 d6 e agora 4 ♗e3 a6, 4 f4 a6, 4 ♘f3 a6 ou 4 ♗g5 a6 etc. Tudo isso parece perfeitamente jogável, em parte porque ...c5 pode seguir e 'ameaçar' transpor para uma Defesa Siciliana favorável, um exemplo de polinização cruzada. Recentemente, os jogadores começaram a ver as Aberturas estabelecidas há tempos e encontraram uma nova idéia ou redescobriram-na em uma literatura mais antiga; por exemplo, 1 e4 e5 2 ♘f3 ♘c6 3 ♘c3 ♘f6 4 a3!?. Este é outro movimento de espera que não faz muito, mas consegue uma pequena coisa; por exemplo, 4...♗c5 5 ♘xe5!, quando o recurso ...♗b4 após 5...♘xe5 6 d4 não está disponível. Ou na Defesa Pirc, o notável 1 e4 d6 2 d4 ♘f6 3 ♘c3 g6 4 f4 ♗g7 5 a3!?, impedindo o usual 5...c5 devido a 6 dxc5 ♕a5 7 b4 e esperando que as Negras façam uma jogada de comprometimento, resultando em muitas desvantagens. Na Defesa Siciliana, 1 e4 c5 2 ♘f3 ♘c6 3 d4 cxd4 4 ♘xd4 ♘f6 5 ♘c3 e6 tornou-se um modo popular de evitar a teoria principal da Siciliana; depois de um Século de experiência com essa linha, os jogadores notaram a possibilidade 6 a3, impedindo 6...♗b4 e novamente, esperando ver o que as Negras

farão. Há um interesse atual em 1 e4 c5 2 a3 (sem mencionar 2 ♘a3!?) e até uma monografia dedicada a ele. Coisas parecidas têm acontecido com as Negras. Na Defesa Francesa com 1 e4 e6 2 d4 d5 3 ♘c3 (e 3 ♘d2), os Grandes Mestres vêm usando 3...h6 (o outro Peão da Torre!), pedindo que as Brancas envolvam-se, enquanto impedem ♗g5, e encontrando a utilidade de ...g5 útil em um número notável de posições. Do mesmo modo, Anand e muitos outros têm jogado 1 c4 e5 2 g3 ♘f6 3 ♗g2 h6.

Parece óbvio que esses tipos de idéias realimentem-se, com cada novo explorador inspirado pelas descobertas mais recentes. Mas se você observar os detalhes da teoria e da prática de tais linhas recém-descobertas, verá que estruturas de outras Aberturas do Xadrez aparecem nelas em todo lugar, do começo ao fim. Em outras palavras, experimentos como esses são bem-sucedidos somente por causa do vastp conhecimento das Aberturas tradicionais que permite aos jogadores encontrarem antigos padrões em novos contextos. A moral da história é não fazer o movimento a3 em todas as posições (ou qualquer posição!), mas perceber que o domínio das Aberturas vem de um conjunto mais amplo de estruturas e técnicas que aparecem no tabuleiro. Quando você estudar as Aberturas tradicionais, procure ver as idéias de outras fontes para reforçar o que está aprendendo.

E mais, você pode ver os temas estruturais do mesmo modo, comparando-os entre as diversas Aberturas. Quanto mais você examinar e comparar postos avançados e pontos de apoio, por exemplo,

# Capítulo 3 – A Importância da Estrutura | 115

mais será capaz de trabalhar com eles. Faça perguntas simples quando reproduzir as partidas dos Grandes Mestres: quando é que os postos avançados estão em casas como e5, d5, e4 e d4 são semelhantes e como diferem? A peça do posto avançado exerce influencia e torna inútil o contrajogo? O posto avançado pode ser mantido? Uma peça no posto avançado pode ser trocada favoravelmente para mudar a estrutura de peões? Haverá uma situação na qual o posto avançado pode ser 'atraente', mas deixar ali uma peça com aparência impressionante, porém sem envolvimento com ele? Do mesmo modo, será que uma peça em um posto avançado na frente de peões dobrados ou atrasados é tão poderosa que vale uma Torre, ou apenas estaciona nesta posição e bloqueia o próprio jogo do seu Lado? Qualquer resultado é possível.

A polinização cruzada acaba sendo um tema ilimitado e contribui para o fato de que tenhamos um interesse muito forte no Xadrez. Há exemplos neste livro e na maioria de fontes de informações sobre o Xadrez. Fique atento, especialmente quando estudar e jogar as Aberturas. Você verá que é um exercício divertido e ajudará o seu desempenho em Xadrez.

# Capítulo 4

# Introdução a 1 e4 e Partidas Abertas

Quer jogar uma partida de Xadrez? Eu faço o primeiro lance:

**1 e4** *(D)*

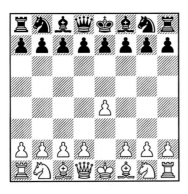

Avançar o Peão e duas casas é o modo mais antigo e ainda o mais popular de iniciar a partida. Os principiantes que conhecem um pouco mais das regras jogam, com orgulho, 1 e4, antes de começarem a perder suas peças. O Xadrez nos filmes é dominado pela jogada do Peão e. A maioria dos dez melhores jogadores do Mundo usa 1 e4 com freqüência.

O que há de tão formidável neste movimento? No nível mais básico, 1 e4 luta pelo controle da casa d5 central principal e libera o Bispo f1 para se reunir à luta. Na verdade, nas Aberturas 1 e4 e5 que dominaram a prática do Xadrez por muitos anos, encontramos o Bispo sendo desenvolvido em um estágio inicial. Porém, de modo surpreendente, isso não é verdadeiro para a maioria das outras defesas das Negras para 1 e4. Quais outras vantagens aparecem? Bem, mover o Peão e também abre a diagonal d1-h5 para a Dama branca começar a jogar, embora ela não use muito este privilégio nos estágios iniciais, para não se tornar um objeto de ataque. A Dama branca impede ou desencoraja certas formações incomuns de peças e peões negros, como, por exemplo, avanços audaciosos envolvendo ...f6 ou ...f5.

Estas não são exatamente as razões atraentes para 1 e4 ter subido ao trono do reino das Aberturas. Talvez, devamos considerar um nível ainda mais fundamental. Qual é o primeiro objetivo do jogo de Abertura? Controlar o centro. E qual é o melhor modo de fazer isso? Organizar um centro ideal. Existem apenas dois movimentos envolvidos nesse projeto: e4 e d4. Até certo ponto, jogar um cria a ameaça de jogar o outro. Assim, jogar um deles aumenta o perigo de jogar o outro. Assim, jogar imediatamente um dos dois lances restringe o conjunto de respostas lógicas das Negras e em certo sentido, estabelece um certo grau de controle. Neste ponto, existem diversas vantagens para qualquer um desses lances e, na verdade, 1 d4 é o segundo mais popular movimento de Abertura das Brancas, com uma maioria esmagadora. A preferência geral por 1 e4, então, está em fatores mais sutis e posso também mencionar o fato óbvio de que na grande maioria das Aberturas, 1 e4 prepara o caminho para o Roque pequeno mais rapidamente que 1 d4.

Agora, as coisas ficam um pouco mais complicadas. Note que o Peão e4 está sem defesa. Sem surpresa alguma, as Negras geralmente irão atacá-lo e tentarão obrigar as Brancas a gastarem um lance protegendo seu Peão. Essa vulnerabilidade imediata não é compartilhada por outros primeiros movimentos populares das Brancas, como, por exemplo, 1 d4, 1 c4 ou 1 ♘f3. Daí, o manifesto de Breyer de que 'Após 1 e4, a partida das Brancas está em seus últimos espasmos'! Isto é melodramático, claro, mas reflete a direção para a qual as defesas das Negras tenderão.. Geralmente, elas criarão ameaças para o Peão e das Brancas, com ...♘f6 ou ...d5. Encontramos tal ataque ao Peão e4 das Brancas na maioria das defesas principais contra 1 e4, normalmente, dentro dos dois ou três primeiros lances da partida. Por exemplo:

a) Caro-Kann: 1 e4 c6 2 d4 *d5*;

b) Alekhine: 1 e4 ♘*f6*;

c) Petroff: 1 e4 e5 2 ♘f3 ♘*f6*;

d) Francesa: 1 e4 e6 2 d4 *d5* (ou 3 ♘c3 ♘*f6* ou 3 ♘d2 ♘*f6*, entre outros exemplos);

e) Escandinava: 1 e4 *d5*;

f) Pirc: 1 e4 d6 2 d4 ♘*f6*.

Depois de 1 e4 e5, muita coisa fica igual; por exemplo, 2 f4 exf4 3 ♘f3 *d5* (ou *3...♘f6*). Ou após 1 e4 e5 2 ♘f3 ♘c6, temos 3 ♗c4 ♘*f6*, 3 ♗b5 ♘*f6* e muitas outras posições da Ruy Lopez com ...♘f6 em um estágio muito inicial.

Uma exceção a tudo isso é a Defesa Siciliana: após 1 e4 c5, o movimento das Negras ...d5 normalmente é inferior e nas linhas principais, elas, em geral, não jogam ...♘f6 até o 4° ou 5° movimento (por exemplo, 2 ♘f3 d6 3 d4 cxd4 4 ♘xd4 ♘f6) ou talvez depois de (após 2 ♘f3 e6 3 d4 cxd4 4 ♘xd4 ♘c6 5 ♘c3 a6 6 ♗e2 ♕c7 7 0-0 ♘f6, por exemplo). Todavia, o ataque ao Peão e4 branco é um tema consistente da estratégia das Negras nessas variantes da Siciliana; segue-se, com muita freqüência ,...♘f6 com jogadas como ...♗b7, ...♘bd7-c5 e outras. Finalmente, uma das alternativas principais das Brancas para 1 e4 c5 2 ♘f3 é 1 e4 c5 2 c3, que as Negras normalmente respondem com 2...d5 ou 2...♘f6, ambos atacando e4.

Esta observação pode parecer trivial, mas em quantas Aberturas de Peão da Dama (ou seja, aquelas que se originam de 1 d4) as Negras atacam o Peão d4 de qualquer modo? Certamente, não no início em Aberturas como a seguinte:

a) Gambito da Dama Recusado: 1 d4 d5 2 c4 e6 e, por exemplo, 3 ♘c3 ♘f6 4 ♗g5 ♗e7 5 e3 0-0 etc.;

b) Nimzo-índia: 1 d4 ♘f6 2 c4 e6 3 ♘c3 ♗b4;

c) As principais defesas Índias que começam com 1...♘f6 e 2...e6 ou 2...g6, com exceção da Benoni (1 d4 ♘f6 2 c4 c5). Este não é universalmente o caso, mas na maior parte é verdadeiro.

Depois de 1 ♘f3, claro, o Cavalo das Brancas está livre do ataque direto das Negras; em termos práticos, também o Peão das Brancas, depois de 1 c4. Portanto, temos uma diferença fundamental entre 1 e4 e os outros primeiros movimentos.

## Partidas Abertas

É interessante que 1 e4 seja comumente considerado como um movimento de 'ataque'. Até certo ponto, isso deriva da grande exposição do Peão e4 a ataques, que pode levar a um confronto prematuro, e ao tipo de dinamismo geralmente associado às Aberturas de Peão do Rei. Mas a caracterização de 1 e4 como uma Abertura de 'ataque' e de 1 d4 como uma Abertura 'posicional' realmente não procede. As Aberturas que surgem de 1 e4 e5 são chamadas de 'Partidas Abertas' porque as peças tendem a entrar em jogo rapidamente e, pelo menos, parte do centro de peões tende a desaparecer. Em particular, a associação de 1 e4 ao jogo agressivo origina-se em grande parte da tradição de aniquilações baseadas em táticas que decorrem de 1 e4 e5. As Aberturas que derivam de 1 e4 e5 *(D)* também são combativas, pelo menos em perspectiva, isto é, já nos primeiros movimentos, os jogadores, com muita freqüência, fazem ameaças aos Peões, às Peças ou mesmo ao Rei.

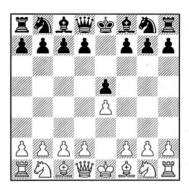

Podemos ver esta reputação mostrada em diversas variantes padrão O movimento 2 ♘f3 ameaça imediatamente o Peão e e depois de 2...♘c6 3 ♗c4 ♘f6, 4 ♘g5 já ataca o Rei! Tais coisas não ocorrem após 1 d4 d5.

Pode ser útil ver mais algumas Aberturas tradicionais depois de 1 e4 e5. Temos 2 f4 (o Gambito do Rei, uma Abertura onipresente no Xadrez magistral do Século XIX). Após 2...exf4, as Brancas tentam atacar o Rei na coluna f junto com ♗c4, ♘f3 e 0-0. 2 d4 é outro modo de atacar o Peão e após 2...exd4 3 c3, as Brancas já estão tentando abrir com força o centro com tempo (depois de 3...dxc3, 4 ♗c4!? cxb2 5 ♗xb2 é o Gambito Dinamarquês e 4 ♘xc3 é o Gambito Göring). A Partida Vienense com 2 ♘c3 ♘f6 3 ♗c4 ♘xe4 4 ♕h5 tem todos os elementos de ataque do Xadrez. Mesmo a linha principal Giuoco Piano geralmente calma, 2 ♘f3 ♘c6 3 ♗c4 ♗c5 4 c3 (não se esqueça de 4 b4, o Gambito Evans) 4...♘f6 5 d4 exd4 6 cxd4 ♗b4+, pode resultar em um jogo violento depois de 7 ♘c3!? ♘xe4 8 0-0 ♗xc3 9 d5 e variantes afins. Existem muitos outros exemplos como o Max Lange violento com 2 ♘f3 ♘c6 3 ♗c4 ♘f6 4 d4 exd4 5 0-0 e após 5...♗c5 6 e5 (um avanço típico; veja abaixo) 6...d5 7 exf6 dxc4 8 ♖e1+ ♗e6 9 ♘g5 ♕d5 10 ♘c3 ou 5...♘xe4 6 ♖e1 d5 7 ♗xd5 ♕xd5 8 ♘c3, existem coisas sendo atacadas em todo lugar!

Em todos esses exemplos, o centro abre-se rapidamente com conseqüências táticas de curto prazo. Portanto, não está claro que as Partidas Abertas são dominadas pelo Xadrez de ataque? Há algo faltando neste argumento; você podia fazê-lo em 1900, mas não atualmente. No Xadrez contemporâneo, a maioria das variantes acima raramente é vista (embora sejam instrutivas e valem a pena experimentar), em parte porque a qualidade do dinamismo pode diminuir facilmente, quando acompanhado de trocas demais. Na verdade, todas elas juntas não são jogadas com tanta freqüência quanto a Ruy Lopez (1 e4 e5 2 ♘f3 ♘c6 3 ♗b5). Isso é significativo porque nas variantes mais importantes da Ruy Lopez, ocorre com freqüência que nenhum Peão é trocado até o Meio-jogo, nem as peças se aproximarão umas das outras, se puderem evitá-

lo. Visto dessa perspectiva, a rainha das Aberturas de Peão do Rei não se comporta como uma Partida Aberta! Para assegurar, as variantes descritas assim são sistemas 'Fechados' da Ruy Lopez e não incluem a Abertura inteira. Entretanto, na maioria das partidas com a Ruy Lopez, a ação dinâmica é adiada até depois de alguma manobra séria ter ocorrido, um tipo de jogo que fica cada vez mais fascinante quando você se torna um jogador melhor. Uma declaração parecida pode ser feita sobre a Defesa Petroff (1 e4 e5 2 ♘f3 ♘f6), a próxima Abertura mais popular 1 e4 e5 no nível internacional. A Petroff não deve ser descrita como 'sem confronto', mas tende a levar a estruturas meio abertas bem estáveis, nas quais a tática desempenha um papel menor. A Giuoco Piano (1 e4 e5 2 ♘f3 ♘c6 3 ♗c4 ♗c5) e a Partida Escocesa são exemplos de Aberturas com Peões e dobrados que podem produzir lutas táticas ou posicionais. Acho que é justo caracterizar 1 e4 e5 como não sendo excepcionalmente dinâmica nem tranquila.

Pode-se argumentar, de fato, que a Siciliana Aberta (1 e4 c5 2 ♘f3 com 3 d4) herdou o manto das Aberturas com Peões e dobrados, ao produzir um Xadrez de ataque romântico. Não com centros que desaparecem, na verdade – o centro é notavelmente estável na maioria das variantes da Siciliana quando você considera o que está ocorrendo em sua volta – mas na atividade exuberante das Peças. Os Cavalos enérgicos das Brancas em c3 e d4 geralmente são complementados pelos Bispos em g5, e3, d3 e/ou c4; sua Dama vai para d2, e2 ou f3; suas Torres para as colunas centrais e seus

# CAPÍTULO 4 – INTRODUÇÃO A 1 E4 E PARTIDAS ABERTAS | 121

Peões avançam para atacar a partir de casas como, por exemplo, f4, f5, g4, g5, h4, h5 etc.

## 1 e4 versus 1 d4

Portanto, qual é *objetivamente* melhor, 1 e4 ou 1 d4? A resposta curta é que depende das preferências do jogador individual. Para nos aprofundarmos, devemos nos dirigir ao estado atual da teoria. Muitos de nós iremos lembrar que, por algum tempo, 1 d4 foi o movimento de Abertura principal de Garry Kasparov, feito para gerar ataques. Na verdade, uma parte significativa de suas partidas mais brilhantes e agressivas começa com 1 d4. Atacantes como Shirov também usavam as Aberturas do Peão d, como fazia o jovem e mais agressivo Kramnik. Korchnoi raramente se afasta de sua fidelidade às Aberturas 1 d4/1 c4 e, claro, muitos outros Grandes Mestres de alto nível usam 1 d4 quase exclusivamente. Todavia, neste momento, vemos uma preferência clara por 1 e4 entre a maioria dos Grandes Mestres mais fortes do mundo. Será porque 1 d4 não é um movimento empolgante? Você diria que a Variante das Trocas da Grünfeld, a Variante Botvinnik da Semi-eslava, a Variante das Trocas do Gambito da Dama Recusado, a Variante Taimanov da Benoni e que a quantidade de linhas da Índia do Rei não são sistemas de ataque agressivos? Na verdade, o que acontece é que em épocas diferentes, as defesas *individuais* provam ser barreiras temporárias para o uso generalizado de 1 e4 ou 1 d4 nos níveis mais elevados. Atualmente, eu diria que a Nimzo-índia (1 d4 ♘f6 2 c4 e6 3 ♘c3

♗b4) é tal defesa, com as Negras complementando seu uso com a Defesa Índia da Dama ou o Gambito da Dama Recusado quando confrontada com 3 ♘f3. Recentemente, porém, as Brancas têm ficado razoavelmente bem contra a Índia da Dama e tradicionalmente tem sido possível criar chances contra o Gambito da Dama. E mais, a pontuação das Brancas contra a Nimzo-índia é um pouco melhor do que sua pontuação contra outras Aberturas, inclusive as que começam com 1 e4. Na Ruy Lopez, por outro lado, atualmente vemos as Brancas evitando o Ataque Marshall com, por exemplo, um h3 prematuro seguido de movimentos como d3, a3, ♘c3 e ♗a2 (veja Capítulo 8). Dada a aparência despretensiosa desse método de jogo (embora tenha se saído bem até agora), fica-se imaginando se o pêndulo poderia voltar para 1 d4. Ou talvez os jogadores melhorem seus gostos daqui a alguns anos, por razões não relacionadas. Isto faz parte da diversão de acompanhar a teoria das Aberturas. De qualquer forma, o jogador médio (e até o Mestre 'comum') não precisa preocupar-se com tais problemas; qualquer primeiro movimento produzirá partidas com muitas oportunidades de vitória.

Não se preocupe se o recital de nomes nos últimos parágrafos confundir você. Minha intenção é apresentar 1 e4 de uma perspectiva ampla. Pode ser tanto uma opção para os jogadores posicionais quanto para os jogadores de ataque. Existem modos de lutar por vantagens muitos pequenas e duradouras contra praticamente todas as defesas de 1 e4 e há modos de tentar dizimar o oponente, com táticas cortantes, a ferro e fogo. A maioria dos últimos métodos não consegue seu objetivo contra uma devida defesa ou frente a um contra-ataque das Negras. E mais, assim que a poeira abaixa, um ataque arrojado pode ser tão eficiente quanto qualquer outra abordagem, para produzir uma vantagem pequena, mas durável.

Ao invés de medir os graus de agressão, uma investigação imparcial das Aberturas de Peão do Rei revela uma distinção mais interessante entre 1 e4 e 1 d4. Isto tem relação com a conquista de espaço com o avanço do Peão e5, que é notável nas Partidas Semi-abertas (defesas diferentes de 1...e5), mas que também pode ocorrer nas Aberturas com Peões e dobrados. Considere que as Brancas possam jogar e5 no terceiro movimento, tanto na Defesa Caro-Kann (1 e4 c6 2 d4 d5 3 e5) como na Defesa Francesa (1 e4 e6 2 d4 d5 3 e5), e no segundo movimento da Defesa Alekhine (1 e4 ♘f6 2 e5). Contra a Defesa Pirc, e5 é um movimento comum na variante 1 e4 d6 2 d4 ♘f6 3 ♘c3 g6 4 f4, jogado em várias linhas como 4 ♘f3 ou 4 ♗c4. Apenas um pouco mais adiante nas partidas da Defesa Francesa, temos 1 e4 e6 2 d4 d5 3 ♘c3 ♗b4 4 e5, 1 e4 e6 2 d4 d5 3 ♘c3 ♘f6 4 ♗g5 ♗e7 5 e5 etc. Após 1 e4 e5, existem movimentos como 2 ♘f3 ♘c6 3 ♗c4 ♘f6 4 d4 exd4 5 e5 ou os mais complexos 2 ♘f3 ♘c6 3 d4 exd4 4 ♘xd4 ♘f6 5 ♘xc6 bxc6 6 e5 o último restabelecido e colocado em destaque pelo Campeão Mundial Kasparov.

Onde você encontra avanços parecidos na prática de 1 d4 d5, ou em qualquer linha que começa com 1 d4? Em uma Abertura de Peão da Dama, as Brancas raramente jogam d5 com ameaça, dentro dos seis primeiros lances. Na verdade, apenas em algumas Aberturas (como 1 d4 ♘f6 2 c4 c5 3 d5) o Peão d alcança a quinta fileira, havendo uma ameaça ou não. É verdade que d5 muito geralmente ocorrerá na Defesa Índia do Rei (por exemplo, 1 d4 ♘f6 2 c4 g6 3 ♘c3 ♗g7 4 e4 d6 5 ♘f3 0-0 6 ♗e2 e5 e agora, 7 d5 ou 7 0-0 ♘c6 8 d5); e do mesmo modo, em poucas linhas da Grünfeld. Contudo, tais avanços d5 não ocorrem com freqüência depois de 1 d4 d5 e, geralmente, ocorrerão bem depois dos primeiros movimentos da Abertura. Nas Aberturas de Peão do Rei, uma situação parecida seria o avanço d5 na Ruy Lopez, normalmente feito depois do 10º movimento.

O que isso significa? Usando 1 e4, pelo menos em algumas Aberturas, as Brancas têm a opção de demarcar uma vantagem de espaço significativa no início. Na verdade, é uma postura agressiva, mas não envolve centros abertos e multiplas trocas – ao contrário. E lembre-se que quando os Peões são avançados, eles podem tornar-se vulneráveis; novamente, referimo-nos aos 'últimos espasmos' de Breyer. Se você for um jogador de Peão do Rei, terá que levar essa possibilidade em conta quando avançar seus Peões. A falha em obstruir seu oponente ou criar outras dificuldades para ele, algumas vezes pode deixar você na defensiva. Por outro lado, a presença de um Peão agressivo no campo inimigo pode recompensá-lo com uma vantagem vencedora. Você verá exemplos desses dois resultados no livro.

# Capítulo 5

# Giuoco Piano

**1 e4 e5 2 ♘f3 ♘c6 3 ♗c4** *(D)*

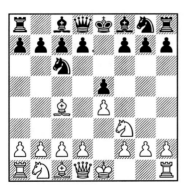

O movimento 3 ♗c4 tem sido usado constantemente desde os primeiros dias do Xadrez em sua forma moderna. Embora bem atrás da Ruy Lopez (3 ♗b5) em popularidade, 3 ♗c4 é a segunda continuação favorita das Brancas. Colocar o Bispo em c4 está de acordo com os princípios de desenvolvimento, centralização e preparar-se para rocar rapidamente. Também é o movimento que ataca mais diretamente a posição das Negras, em particular a sensível casa f7. E mais, as Brancas desejam controlar a casa d5 central e assim evitar o lance de liberação ...d5 das Negras. Neste sentido, 3 ♗c4 desempenha um papel posicional positivo que, por exemplo, 3 ♗e2 não desempenha.

Como sempre, há desvantagens, não óbvias à primeira vista. Como o Bispo em c4 não faz nenhuma ameaça, as Negras são capazes de se desenvolverem livremente. Isso também pareceria verdadeiro com 3 ♗b5, que também não tem nenhuma ameaça direta; mas este último desencoraja várias configurações das Negras que ♗c4 não consegue, devido à ameaça em potencial de ♗xc6 e ♘xe5. Na Giuoco Piano, além do mais, devemos ver que se as Negras *conseguirem* o movimento ...d5, as Brancas poderão perder um tempo ou terem alguma desvantagem posicional. Essas considerações são bem abstratas e podem apenas ser mostradas com um exemplo.

Devo mencionar que a Abertura do Bispo, 1 e4 e5 2 ♗c4, é uma escolha respeitável que algumas vezes transporá para 3 ♗c4, por exemplo, depois de 2...♗c5 3 ♘f3 ♘c6. A linha independente 2 ♗c4

♘f6 3 d3 c6 4 ♘f3 d5 5 ♗b3 ♗d6 pode levar a um jogo complexo e, claro, as Negras podem jogar ...♘c6 em um dos primeiros movimentos. Um dos problemas com 2 ♗c4 é que as Negras têm vários modos de controlar a direção do jogo. Isso interfere no desejo de alguns jogadores de estarem no comando com as Brancas, em particular, ao enfrentarem uma variante simétrica como 1...e5.

**3...♗c5** *(D)*

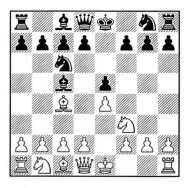

Este desenvolvimento do Bispo negro é a resposta mais antiga e analisada para 3 ♗c4. Usarei o nome 'Giuoco Piano' geralmente aceito para 3...♗c5; também é chamado de 'Partida Italiana' em reconhecimento dos jogadores italianos que publicaram a análise do movimento, no final do Século XVI e início do Século XVII.

Com 3...♗c5, as Negras cuidam do movimento d4 das Brancas, com a idéia de formar um centro ideal. Além disso, o movimento ♘g5 está à espreita em segundo plano; como isso atacaria a casa f7 duas vezes, as Negras desejam estar prontas para se defenderem contra a ameaça, rocando. A posição simples depois de 3...♗c5 contém a maioria das idéias clássicas básicas sobre Desenvolvimento, Centro e Ataque. Isso deve motivarnos a examiná-la em profundidade.

**4 c3**

Devo concentrar-me nesta continuação como representando a intenção mais pura da Abertura: estabelecer um centro ideal e afastar as peças negras com ganho de tempo. 4 c3 leva ao jogo que lembra outras Aberturas e, portanto, tem um valor geral. Por razões de organização, a linha 4 d3 ♘f6 é analisada no Capítulo 6 sobre a Defesa dos Dois Cavalos. Surgirá através da ordem de movimentos 1 e4 e5 2 ♘f3 ♘c6 3 ♗c4 ♘f6 4 d3 ♗c5. O movimento parecido 4 c3 ♘f6 5 d3 é colocado no final deste capítulo.

**4...♘f6**

Com este movimento, as Negras desenvolvem uma peça e contra-atacam. Outros movimentos permitem às Brancas executarem seu plano; por exemplo, a linha 4...d6?! 5 d4 exd4 6 cxd4 ♗b4+ *(D)* mostra a superioridade central das Brancas.

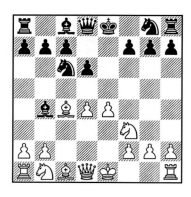

Então, as Brancas têm várias continuações boas:

a) 7 ♔f1!? (esta é a maneira fantasiosa de sair do Xeque; as Brancas ameaçam 8 d5 e quando o Cavalo se mover, 9 ♕a4+ pegam o Bispo) 7...♗a5 8 d5 ♘ce7 9 b4! (9 ♕a4+ c6 protege o Bispo a5) 9...♗b6 10 ♗b2 e os Bispos estão dominando o tabuleiro. Pode-se comparar com o Gambito Evans (1 e4 e5 2 ♘f3 ♘c6 3 ♗c4 ♗c5 4 b4 ♗xb4 5 c3), no qual algo parecido pode surgir, mas com as Negras tendo um Peão extra como compensação.

b) Naturalmente 7 ♘c3, desenvolvendo uma peça, não pode ser ruim: 7...♘f6 8 d5 ♗xc3+ (novamente, fique atento a 8...♘e7?? 9 ♕a4+, conquistando uma peça; este é um truque comum em muitas Aberturas, inclusive as que se originam de 1 d4) 9 bxc3. A posição resultante favorece às Brancas por causa de seu centro dominador.

c) 7 ♗d2 ♗xd2+ 8 ♕xd2 fornece às Brancas um desenvolvimento superior em termos de quantidade *e* qualidade.

Agora, voltamos para 4...♘f6 *(D)*:

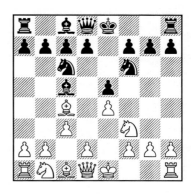

**5 d4**

Certamente a continuação mais desafiadora. Uma alternativa menos agressiva, mas também mais interessante é 5 d3. Analisarei esse movimento mais técnico no final do capítulo.

As Brancas têm a opção instrutiva de jogar 5 0-0, quando as Negras ficam melhor ao capturarem com 5...♘xe4 e enfrentar 6 d4 com 6...d5! (guarde este movimento em sua memória! As Negras quase sempre devem jogar ...d5 quando tiverem permissão, ou seja, se for taticamente correto) 7 dxc5 dxc4 8 ♕xd8+ ♔xd8. Do ponto de vista das Brancas, este Final é, no máximo, igual e muito provavelmente elas acabarão em uma posição um pouco inferior.

**5...exd4 6 cxd4**

O movimento 6 e5 aparentemente agressivo pode novamente ser respondido com 6...d5! (6...♘e4?!, com 7 ♕e2 d5 8 exd6 0-0 em mente, é fortemente respondido com 7 ♗d5) 7 ♗b5 (7 exf6? dxc4 8 fxg7 ♖g8 deixa todas as peças negras ativas e prontas para entrarem em ação, ao passo que as Brancas ficam subdesenvolvidas, perdendo muito no centro; as Negras farão o Roque grande para proteger seu Rei) 7...♘e4 8 cxd4. Agora, as Negras podem jogar 8...♗b4+ ou, mais comumente, 8...♗b6. No último caso, o jogo poderia continuar com 9 0-0 0-0 10 ♗xc6?! (esta captura ligeiramente duvidosa é dada nos livros; o raciocínio é que as Negras estavam planejando ...♘e7) 10...bxc6 *(D)*.

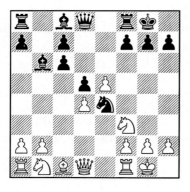

Inicialmente, pode parecer que o Bispo está mal colocado em b6 e as Negras sofrem com peões fracos na Coluna c aberta. Contudo, elas têm o par de Bispos e estão prontas para atacar o centro das Brancas com ...c5. Há pouco que as Brancas possam fazer contra isso; por exemplo, 11 b4!? (para impedir ...c5; alguns outros movimentos são 11 ♕c2 ♗g4! e 11 h3 c5! 12 ♗e3 cxd4 13 ♘xd4 ♕e8!, tendo em mente ...♕xe5 ou ...c5 e ...f6; por último, 11 ♗e3 ♗a6 12 ♖e1 c5 13 dxc5 ♘xc5 é bom para as Negras) 11...a5 12 ♗a3 axb4 13 ♗xb4 c5 14 dxc5 ♗xc5 15 ♗xc5 ♘xc5 16 ♕c2 ♘e6 17 ♖d1 c5; então, as Negras têm dois Peões passados e uma posição muito bem centralizada.

Observe a combinação de 13...c5 e 17...c5. Esta martelada dupla com os Peões c com a intenção de destruir o centro das Brancas é um tema comum. As Brancas devem levar essa possibilidade em conta ao jogar ♗xc6. Este tipo de posição surgirá com freqüência em outras variantes.

**6...♗b4+** *(D)*

Vale a pena ver como pode ser poderosa a posse de um centro ideal sem oposição: 6...♗b6? 7 d5! ♘e7 8 e5 ♘e4 9 0-0 0-0 10 ♕e2 ♘c5 11 b4 ♘a6 12 d6 cxd6 13 exd6 ♘g6 14 ♗g5 ♕e8 15 ♗e7 ♔h8 16 ♘c3 ♘xb4 17 ♖ae1 ♘c6 18 ♗xf8 ♕xe2 19 ♖xe2 ♘xf8 20 ♖e8 ♗g8 21 ♘d5 g6 22 ♘e7+ 1-0 Euwe-Jutte, Amsterdã – 1927. Veja também a partida de amostra no Capítulo 1.

## 7 ♗d2

As táticas que seguem com 7 ♘c3 ♘xe4 8 0-0 ♗xc3 9 d5 levam a 20 movimentos de teoria e não são tratadas aqui. Vários livros fornecerão detalhes. 7 ♔f1, a 'Variante Krakow', deve ser enfrentada com o contra-ataque padrão 7...d5! 8 exd5 ♘xd5 e não fica claro o que o Rei está fazendo em f1.

## 7...♗xd2+

Recentemente, o movimento mais antigo 7...♘xe4 8 ♗xb4 ♘xb4 9 ♗xf7+ ♔xf7 10 ♕b3+ novamente foi tentado pelas Negras, geralmente levando a 10...d5 11 ♘e5+, quando 11...♔e6!? 12 ♕xb4 c5 resulta em um jogo complexo. Esta linha não está resolvida; muitos jogadores não confiarão nela porque o Rei negro vem para o centro, e outros aprovarão seu caráter aventureiro. Em qualquer caso, é animador que as variantes há tempos descartadas possam voltar à vida de novo.

## 8 ♘bxd2 d5 9 exd5 ♘xd5 *(D)*

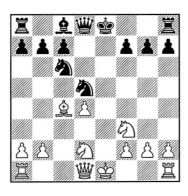

## 10 ♕b3

Em geral, as Brancas jogam isto imediatamente, para atacar o Cavalo bloqueador em d5 antes dele ficar totalmente seguro e antes do Rei negro conseguir segurança. Há duas alternativas instrutivas, a segunda mantendo a partida interessante para os dois jogadores:

a) 10 0-0 é jogável, mas permite às Negras mais opções depois de 10...0-0, quando 11 ♕b3?! ♘a5! elimina o Bispo c4 branco sem concessão. Uma demonstração de como as Brancas podem opor sua atividade contra as vantagens estáticas das Negras pode ser 11 ♘e5!? (objetivamente, o movimento 11 ♕c2! é sem dúvida alguma melhor; compare com 10 ♕c2 na variante 'b') 11...♘xd4!? (11...♘xe5 12 dxe5 ♗e6 13 ♕b3 ♖b8 é igual, mas os Peões das Brancas são reconectados nesse caso) 12 ♘b3! ♘xb3 13 ♗xd5! ♘xa1? (13...♕f6 é melhor) 14 ♗xf7+ ♔h8 15 ♕h5! *(D)* com um ataque terrível, Kluxen-Capablanca, Simultânea, Hamburgo – 1911.

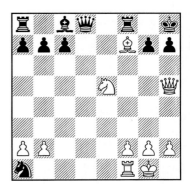

A partida continuou com 15...♗f5 (15...h6 16 ♖d1) 16 ♕xf5 ♕f6 17 ♘g6+! ♕xg6 (17...hxg6 18 ♕h3+ é um truque que vale a pena conhecer) 18 ♗xg6 ♖xf5 19 ♗xf5 g6 20 ♗e4 1-0, pois o Cavalo a1 cederá. Se isso não tivesse sido uma exibição simultânea (em oposição a uma partida de torneio séria), o nome de Kluxen teria entrado para a História por vencer o poderoso Capablanca! Como está, a partida mostra o encanto das Partidas Abertas.

b) A outra alternativa com um caráter durável é 10 ♕c2; por exemplo, 10...♘ce7 (se 10...♕e7+, então 11 ♔f1 será bom para as Brancas; do mesmo modo, 10...♗e6 11 0-0 0-0 12 ♖fe1 ♘db4 13 ♕b3 ♗xc4 14 ♘xc4) 11 0-0 0-0 12 ♘e4 ♗g4 13 ♖ac1 ♗xf3!? 14 ♘g5 g6 15 ♘xf3. Portanto, as Brancas têm mais de uma maneira de manter o jogo ativo no tabuleiro.

Agora, voltamos a 10 ♕b3 (D):

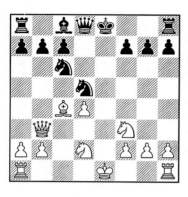

Esta posição respeitável é caracterizada por um equilíbrio dos fatores posicionais clássicos: a atividade e espaço maiores das Brancas, inclusive a pressão nas Colunas c e e, versus o bloqueio firme de um Peão isolado potencialmente fraco em d4. No Capítulo 3, analiso vários outros Peões da Dama isolados nas Aberturas. Como este PDI compara-se com aqueles? Como sempre, o bloqueio de d5 por parte das Negras é um elemento-chave em sua tentativa de manter a posição sob controle. Na posição diante de nós, as Brancas não podem abrir o bloqueio, mas podem 'divertir-se' com esse Cavalo para criar ameaças. A troca dos Bispos das casas negras deve favorecer às Negras, pois a simplificação dificulta as Brancas para reunirem forças para um ataque. Isso traz a idéia interessante de qual grau de simplificação tende a anular a compensação da parte mais ativa pela sua fraqueza do Peão isolado. Nesta situação em particular, as Brancas ainda terão recursos importantes, como devemos ver. Embora algumas trocas acabem seriamente com suas chances, outras podem aumentar sua pressão! Tudo depende do jogo de peças. Por exemplo, as posições do Peão da Dama isolado, em outras Aberturas como, por exemplo, Gambito da Dama Aceito, Nimzo-índia, Caro-Kann etc., permitem às Negras as opções de se expandirem na Ala da Dama com ...a6 e ...b5 ou fazerem o fianqueto com ...b6 e ...♗b7. Esse tipo de coisa não se aplica à nossa variante atual, nem as Negras parecem ter um modo de perturbar o equilíbrio. Se isso for verdadeiro, as Negras podem ter que deixar seu oponente sozinho por enquanto, dando às Brancas um tempo crucial para tentar melhorar sua posição. Por outro lado, as Negras não têm nenhuma fraqueza alvo de ataque e apenas permitirão que uma fraqueza seja criada se puderem ganhar algo em troca.

Depois de 10 ♕b3, as Negras têm duas abordagens básicas: reforçar seu bloqueio com 10...♘ce7 ou tentar forçar os eventos com 10...♘a5. Examinaremos ambos.

## Bloqueio do Peão

**10...♘ce7** *(D)*

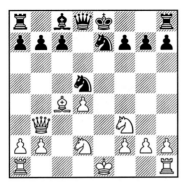

Nesta situação, a batalha entre a atividade das peças e os fatores posicionais é resolvida especificamente em torno do Peão isolado e de seu bloqueio. Algumas amostras do jogo são dadas a seguir.

### O'Kelly – Euwe
*Amsterdã – 1950*

**11 0-0 c6 12 ♖fe1 0-0**

As Negras reforçaram d5 sem nenhuma dificuldade óbvia. Porém, as Brancas têm peças menores enérgicas e podem criar problemas significativos. Primeiro, elas demarcam algum território.

**13 a4**

Conseguir espaço é geralmente a melhor política quando não há nenhum alvo direto. As Brancas operam contra ...b5, mas também planejam a5, ajudando na função dupla de preparar um ataque em b7 e impedir um Cavalo em b6. A outra estratégia é enfatizar o jogo das peças, por exemplo com 13 ♘e4. As Brancas também podem desenvolver imediatamente com 13 ♖ac1, como fizeram em algumas partidas; por exemplo, 13...a5!? (ou 13...♕b6 14 ♕a3 ♗e6 15 ♘e4, com uma pressão inoportuna envolvendo movimentos como ♘d6, ♘c5 e ♘fg5, Rossolimo-O'Kelly, Amsterdã – 1950; muito provavelmente as Negras fariam melhor ao jogarem 13...♘b6 14 ♗d3 ♗f5 15 ♘e4 ♕c7 com algum tipo de igualdade dinâmica) 14 ♘e4 a4 15 ♕a3 ♘f5, Renner-Gabriel, 2ª Bundesliga – 2000/1; neste ponto, as Brancas tiveram a oportunidade de fazer a transformação 16 ♗xd5!? ♕xd5 17 ♖c5 ♕d8 18 ♕b4 quando as Negras estão restringidas; por exemplo, 18...♖e8 19 ♖e5!.

**13...♕b6!**

A continuação de Euwe provavelmente é a resposta mais lógica. A simplificação deve ajudar o defensor e as Negras evitam as fraquezas também. O efeito provocador de avançar o Peão a5 aparece na bela partida entre Rossolimo-Reissman, Puerto Rico – 1967: 13...b6 14 ♘e5 ♗b7 15 a5! ♖c8?! (15...f6! 16 ♘d3 ♔h8 é a estratégia consistente, protegendo d5; as Negras deveriam usar suas próprias forças) 16 ♘e4 ♕c7 17 a6 ♗a8 18 ♕h3 ♘f4 19 ♕g4 ♘ed5 20 ♖a3!. Agora, o Rei negro está sob um ataque sério antes delas terem a chance de jogar ...c5 e liberar seu Bispo a8. A partida continuou com 20...♘e6? (um movimento fraco, mas 20...c5 21 g3 ♘g6 22 ♘xg6 hxg6 23 ♕h4 também é bom para as Brancas, com idéias incluindo 24 ♘g5 ♘f6 25 ♖ae3!) 21 ♗xd5 cxd5 22 ♘f6+ ♔h8 23 ♕g6!! *(D)*.

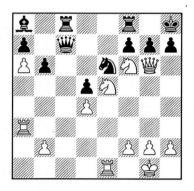

Naturalmente, o brilhantismo deste movimento impressiona em primeiro lugar (lembrando a famosa partida entre Levitsky-Marshall ...♕g3!!), mas um olhar detalhista também verá o Bispo das Negras emperrado atrás do Peão d5. Esta era, claro, a casa de bloqueio, orgulho e a alegria da posição das Negras. A partida continuou com 23...♕c2 (o mate em h7 é ameaçado, mas aceitar o sacrifício da Dama perde instantaneamente: 23...fxg6 24 ♘xg6+ hxg6 25 ♖h3#; 23...hxg6 24 ♖h3#; ou 23...gxf6 24 ♕xf6+ ♘g7 25 ♖g3 ♖g8 26 ♘xf7+) 24 ♖h3! 1-0. A Torre ou a Dama ameaçam capturar em h7 com xeque-mate no próximo lance, mas 24 ...♕xg6 25 ♘xg6+ fxg6 26 ♖xh7# também é Xeque-mate.

Ao invés de 13...♕b6 ou 13...b6, uma defesa que evita enfraquecer a Ala da Dama e mantém o Bispo na diagonal h3-c8 é 13...♖b8; por exemplo, 14 a5 f6!? *(D)*. Qualquer movimento do Peão f das Negras tem duplo sentido; por que elas permitiram um buraco em e6? A resposta é que, protegendo e5, as Negras preparam ...♗g4 sem medo de ♘e5. Elas também podem jogar ...♔h8 sem se preocuparem com um ataque do Cavalo em f7. As Negras acham que podem permitir a fraqueza em e6 para terem um desenvolvimento rápido. Outra jogada, aparentemente mais segura, é 14...h6, preparando ...♗e6 ou ...♗f5, mas, então, 15 a6! b5 16 ♗xd5 ♘xd5 17 ♘e4 ♖b6 18 ♘c5 ♘c7 19 ♕c3! ♘xa6 20 b4 estabelece um aperto enorme que vale mais que um Peão.

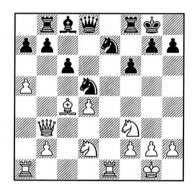

A partida entre Garcia Fernandez-Korneev, Madrid – 2002, continuou com 15 ♘e4 (15 a6 b5 16 ♘e4 ♗g4!) 15...♔h8 16 ♕a3 ♗g4 17 h3 ♗h5 18 ♘c5 ♖e8 19 ♘e6 (uma casa enorme, mas não há nenhum alvo!) 19...♕d7 20 ♘c5 ♕c8 21 ♗xd5 ♘xd5 22 ♖xe8+ ♕xe8 23 ♖e1 ♕d8. As Negras conseguiram a simplificação desejada e preservaram o bloqueio precioso em d5. Agora, a retomada do Cavalo com 24 ♘e6 é satisfeita com

24...♕g8 ameaçando ...♖e8, ...♗f7 etc. Porém, é preciso coragem para jogar assim.

**14 a5!?** *(D)*

Rossolimo pressiona com uma idéia notável. É surpreendente que as Brancas possam permitir às Negras trocarem as Damas, o que, na teoria, deve ser tudo que as Negras precisam para consolidar seu posto avançado d5 e atacarem o Peão d4. Aqui, temos uma lição sobre Peões isolados da Dama: embora não seja a regra, muita simplificação poderá ser permitida por seu proprietário se suas peças ficarem em casas favoráveis. Ao contrário, 14 ♕a3 é temático, mesmo que a estrutura de Peões negros permaneça incontestada se 14...♖e6 (14...♘f5 foi jogado, mas 15 ♗xd5! cxd5 16 ♘b3 deve fornecer às Brancas uma pequena vantagem devido a seus bons Cavalos e ao Bispo ruim das Negras) 15 a5?! (15 ♘e4 tem duplo sentido) 15...♕c7 16 ♘e4 (16 ♘g5 ♗f5) 16...♖ad8 17 ♘c5 ♗c8!. Aqui, as Brancas está ficando sem idéias, considerando que a casa d5 é o eixo da partida. Esta linha serve como um bom modelo para o jogo das Negras.

**14...♕xb3 15 ♘xb3 ♗f5**

Embora desenvolver o Bispo provavelmente seja satisfatório, não é tão claro quanto 15...♖d8, quando se as Brancas ficarem ambiciosas demais, poderemos ver todas as peças negras coordenando-se com vantagem; por exemplo, 16 ♘c5!? ♖b8! 17 ♘e5 (as Brancas pode tentar 17 ♖ac1 b6 18 ♘d3!, mas as Negras irão igualar depois de 18...♗d7 19 axb6 axb6; por exemplo, 20 ♗xd5! ♘xd5 21 ♘fe5 ♘e7 22 ♘b4 f6! 23 ♘xd7 ♖xd7 24 ♘xc6 ♘xc6 25 ♖xc6 ♖xd4 26 f3 ♖b7 com igualdade) 17...♔f8 (17...f6? 18 ♘ed7!) Rossolimo-Unzicker, Heidelberg – 1949; agora, se as Brancas jogarem 18 ♖a3? (18 ♘f3 é igual; isto é o melhor que as Brancas podem fazer) 18...b6 19 axb6 axb6 20 ♘e4, as Negras expulsam as Brancas com 20...f6 21 ♘f3 ♗d7!.

**16 ♘e5**

Com a idéia 17 a6.

**16...♘b4!?**

16...♖fe8 dá uma impressão mais sólida. Provavelmente, as Negras estão perto de igualar, mas é difícil opor-se à pressão das Brancas na Ala da Dama. 16...a6? criaria um ponto forte em c5, que as Brancas poderão ocupar, imediatamente, com bom efeito.

**17 ♖ac1**

Após 17 ♘xf7, o truque das Negras seria 17...♘ed5! com as ameaças ...♖xf7 e ...♘c2.

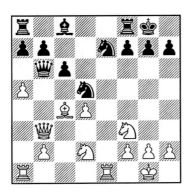

17...♘ed5 18 a6! *(D)*

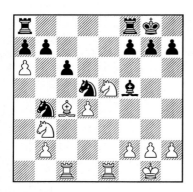

As Brancas destroem a base de proteção das casas brancas das Negras.

**18...b5 19 ♗xd5 cxd5 20 ♘c6 ♘xc6 21 ♖xc6 ♖fe8 ½-½**

Pachman analisou esta posição e mostrou que as Brancas estão muito melhor, confirmando a idéia geral de que o Cavalo das Brancas é superior ao Bispo das Negras: 22 ♖xe8+ ♖xe8 23 f3 (23 h3 também é bom) 23...♖e1+ (23...♖c8 24 ♖d6 ♗e6 25 ♘c5) 24 ♔f2 ♖b1 25 ♘c5 ♖xb2+ 26 ♔g3 g5 27 ♖c7 ♔g7 28 ♖xa7 ♖a2 29 ♖b7 ♗c8 30 ♖xb5 ♗xa6 31 ♘xa6 ♖xa6 32 ♖xd5 com uma partida tecnicamente ganha.

Todo este material é muito instrutivo para o jogador que está se desenvolvendo e até os Mestres podem encontrar idéias intrigantes.

## Caça às Peças

**10...♘a5 11 ♕a4+** *(D)*

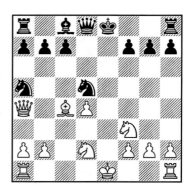

**11...♘c6**

Isto tem sido considerado, há tempos, como fornecendo às Negras uma opção para empate ou, pelo menos, criando uma posição de empate em extremo. Ao contrário, 11...c6? defende d5, mas falha por razões concretas, pois depois de 12 ♗xd5! ♕xd5 13 ♖c1, as Brancas ameaçam ♖c5 e b4. Então, 13...♕b5! é forçado, mas as Brancas dominam após 14 ♕a3! (ameaçando ♖c5 e ♘e4) 14...b6 15 ♘e4 ♘b7 16 ♘e5 ♗d7 17 ♘c4 ♕d5 18 0-0 0-0-0 19 ♕xa7! ♕xe4 20 d5! com uma destruição total da posição das Negras a seguir.

Depois do lance do texto, ...♘b6 é ameaçado, para livrar as Brancas de sua melhor peça de ataque, o Bispo c4. Agora, segue uma ilustração do jogo.

## Kupreichik – Aleksandrov
*Bad Wörishofen – 2001*

**12 0-0!?** *(D)*

O roque é a continuação mais interessante. Bem poucas partidas continuaram com 12 ♕b3 ♘a5 13 ♕a4+ ♘c6 14 ♕b3 ♘a5 com um empate, um resultado que deve ter sido satisfatório para os dois jogadores, provavelmente mesmo antes da partida ter iniciado. Isso indica que para as Negras tentarem uma vitória, devem jogar 12...♘ce7 (veja a seção anterior sobre 10...♘ce7). Contudo, as Brancas não têm que aceitar este empate e podem manter o jogo ativo com 12 0-0. Elas também tinham a opção de jogarem antes 10 0-0 0-0 11 ♕c2, mencionada acima, na nota para o décimo movimento das Brancas.

As outras opções são 12 ♗b5, que pode ser jogado, mas não de modo tão convincente, depois de 12...♗d7; e 12 ♘e5?!, que tem problemas surpreendentes depois de 12...0-0! 13 ♘xc6 ♕e8+! 14 ♔f1 ♘b6! 15 ♕b3 (15 ♕b5 bxc6 16 ♕c5 ♘xc4) 15...♕xc6, Karkocha-Swerin, partida de correspondência – 1985. As Negras têm uma grande vantagem devida à posição terrível do Rei branco.

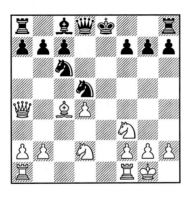

**12...0-0**

O problema com 12 0-0 parece ser 12...♘b6, que dá um garfo na Dama e no Bispo, mas, então, pode seguir-se 13 ♖fe1+ ♗e6 14 ♕a3!, quando as Brancas impedem o Roque das Negras, e 14...♘xc4 (o que mais?) 15 ♘xc4 fornece às Brancas peças muito bem colocadas enquanto as Negras ainda não podem colocar seu Rei em segurança. Um plano simples é ♖ad1 seguido de d5. Se as Negras capturarem o Peão d com 15...♘xd4, estarão sujeitas a um ataque típico das posições abertas depois de 16 ♖ad1 ♘xf3+ 17 ♕xf3. Após 17...♕c8?! 18 ♕a3, as Brancas impedem o roque e ameaçam f4-f5. As Negras devem fazer o lance ativo 17...♕h4, embora 18 ♕xb7 mantenha certa vantagem.

**13 ♗xd5!?**

Ligeiramente passivo. Com a disposição de evitar a simplificação, as Brancas devem tentar 13 ♕c2! ♗e6 (13...♘b6 14 ♗d3 h6 15 ♕c5!?) 14 ♖fe1 ♘db4 15 ♕c3 e a luta entre o espaço das Brancas e a pressão das Negras sobre o PDI continua. Uma linha de amostra seria 15...♗xc4 16 ♘xc4 ♘d5 17 ♕b3 ♘b6 18 ♖ac1!? ♘xd4 19 ♘xd4 ♕xd4 20 ♘a5 com ligeira vantagem para as Brancas. Esse tipo de jogo lembra nossa linha principal 10 ♕b3 ♘ce7 acima.

**13...♕xd5 14 ♖ac1 ♕d8**

14...♗e6 também é sensato, para bloquear em d5; por exemplo, 15 ♖c5 ♕d8! (15...♕xa2 16 ♖xa2 ♗xa2 17 b3) 16 ♖e1 ♗d5.

**15 ♘e4** *(D)*

15 ♘b3 planejando ♖fe1 e ♘c5 é uma rota mais complexa. Então, o jogo poderia seguir com 15...♘e7 16 ♖fe1 ♘d5 17 ♘c5 c6 com perspectivas incertas.

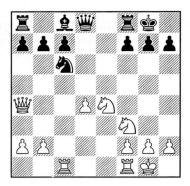

**15...♘e7! 16 ♖fe1 ♘d5**

A Abertura acabou e as chances parecem iguais. Apesar da liderança significativa das Brancas no desenvolvimento, o domínio das Negras em d5 e a falta absoluta de fraquezas protegem-na contra um ataque imediato.

As linhas mais antigas da Giuoco Piano ainda podem desafiar a compreensão de Xadrez de ambos os jogadores. Nenhuma outra Abertura serve melhor como modelo para o Xadrez clássico com ambos os peões de Rei. Aqueles com pouca ou alguma experiência de jogo acharão o estudo cuidadoso e a prática dessa Abertura particularmente valiosos, e até os jogadores experientes poderiam ficar pior se não examinarem suas propriedades únicas.

## Abordagem Técnica: 5 d3

E se as Brancas não quiserem iniciar o tipo de luta aberta recém-descrita? Vejamos o que acontecerá se não partirem para lances relativamente forçados que seguem com 5 d4 e em vez disso, jogarem 5 d3:

**1 e4 e5 2 ♘f3 ♘c6 3 ♗c4 ♗c5 4 c3 ♘f6 5 d3** *(D)*

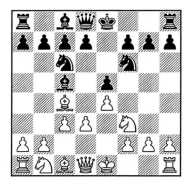

Este é o tipo de movimento lento que as Brancas geralmente fazem para jogar com segurança e engajar as Negras em uma batalha de habilidades posicionais. Suas idéias ao organizar esta estrutura são:

a) proteger seu Peão e4;

b) cobrir a casa d4 contra invasões das peças negras (em particular ...♘d4); e

c) manter à distância o movimento d4 até que suas peças estejam mais desenvolvidas, assim, evitando a variante forçosa que vimos na variante principal depois de 5 d4 exd4 6 cxd4 ♗b4+, que logo conduziu ao movimento de limpeza do centro ...d5.

Por outro lado, agora, as Negras têm muito mais liberdade para desenvolver suas peças. Sem medo de d4, elas pode fazer isso ativamente e devem assegurar a igualdade. Mas não espere que o jogo seja fácil para nenhum dos lados.

Agora, mostrarei uma partida das muitas que foram jogadas, com o objetivo de incluir algumas idéias gerais que serão aplicáveis em posições parecidas.

**Karpov – Korchnoi**
*Campeonato Mundial
em Merano (8) – 1981*

**5...d6**

As Negras asseguram o Peão e5 contra ameaças como b4-b5. Eis um aviso geral para as Negras: não se deve ser apressado demais para fazer a jogada tentadora ...d5, pois seu centro pode ficar vulnerável demais; por exemplo, 5...d5?! 6 exd5 ♘xd5 7 b4 (7 ♕b3 também é perigoso) 7...♗b6 8 b5 ♘a5 9 ♘xe5. Observe que a imobilização no Cavalo com 9...♕e7?! não significa nada depois de 10 0-0!, pois 10...♕xe5?? perde para 11 ♖e1. Também seria fraco 5...0-0 6 0-0 d5?! 7 exd5 ♘xd5 8 b4! seguido de 9 b5. Estas linhas mostram uma das vantagens que as Brancas conseguem jogando c3.

**6 0-0 0-0**

6...♗g4 também é possível, com mais ou menos o mesmo tipo de posição que devemos analisar no Capítulo 6 quando virmos 4 d3 na Defesa com Dois Cavalos.

**7 ♘bd2** *(D)*

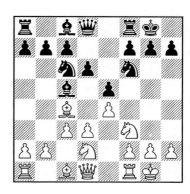

**7...a6!?**

Avançar o Peão a tão modestamente tem duas idéias: colocar o Bispo na casa segura a7, ser capaz de jogar ...♘a5 e capturar o Bispo c4. Essa troca daria às Negras a vantagem do par de Bispos sem nenhuma concessão de sua parte. Note que 7...♘a5 teria permitido imediatamente 8 ♗b5! a6 9 ♗a4 b5 10 ♗c2, que salva o Bispo das Brancas da troca e ameaça b4. Portanto, podemos ver outra vantagem do movimento c3 das Brancas. Depois do lance do texto, a ameaça posicional 8...♘a5 é real, portanto, o jogo pode continuar com:

**8 ♗b3 ♗a7 9 h3!?** *(D)*

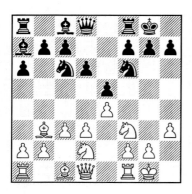

O lance de Karpov. Impede ...♗g4 em algumas situações, mas, principalmente, prepara ♖e1 sem ter que se preocupar com ...♘g4. Agora, as Brancas estão prontas para se reorganizarem, movendo seu Cavalo para c4 e e3 ou para jogarem ♖e1 seguido de ♘f1, por sua vez seguido de ♘g3 ou ♘e3. Talvez, você esteja familiarizado com esta seqüência de movimentos, mas se não, ela deverá parecer bem estranha. Na verdade, a manobra do Cavalo ♘bd2-f1-g3/e3 é a prática padrão. Não entrarei em detalhes neste ponto, mas o princípio aqui é que se o centro for estável, os jogadores poderão ser capazes de entrar em longas viagens com suas peças sem serem punidos. A partir de g3, o Cavalo branco ambiciona a casa f5 maravilhosa e protege e4; e após ♘e3, o Cavalo coloca seus olhos em d5 e f5 (com o custo de bloquear o seu Bispo da Dama). Devemos ver muitas vezes esta manobra ♘bd2-f1-g3/e3 no capítulo da Ruy Lopez e é bom sermos apresentados a ela agora.

**9...♗e6**

9...h6 é uma boa opção. Você verá muitos desses 'pequenos lances" nas variantes com d3 e ...d6. A idéia é impedir ♗g5, depois que o Cavalo das Brancas se movimenta. Após 10 ♖e1, pode seguir-se 10...♘h5!. Compare a partida e os comentários abaixo.

9...d5!? também pode ser jogado neste ponto, embora 10 ♖e1 seja curiosamente sólido para as Brancas e questione as Negras sobre o que farão em seguida.

**10 ♗c2 d5!? 11 ♖e1 dxe4**

Ripperger fornece a linha fascinante 11...d4 12 ♘c4 dxc3 13 bxc3 ♗xc4 14 dxc4, quando a estrutura de peões das Brancas está totalmente danificada, mas elas têm o par de Bispos e jogo nas Colunas b e d.

**12 dxe4 ♘h5!** *(D)*

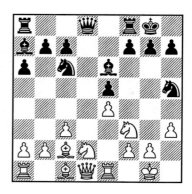

Este não é o único movimento de qualquer maneira, mas segue uma 'minirregra' que pode aplicar-se a qualquer Abertura na qual existam Peões em e4 e e5: se as Brancas jogarem h3, o movimento ...♞h5 deverá ser levado em muita consideração. O raciocínio é que após ...♞f4, o Cavalo não poderá ser expulso com g3, uma vez que se seguirá...♞xh3. Mas se o Bispo branco capturar esse Cavalo (♗xf4), terá cedido o par de Bispos; isso é raramente desastroso, mas, em geral, não é uma boa coisa para as Brancas (lembre-se de como é importante possuir o par de Bispos). Note que na nota acima, sobre 9...h6, a Coluna d estava fechada. Desta vez, estamos para conseguir uma troca de Damas.

Naturalmente, este tipo de orientação técnica apenas é adequada em certas situações, mas também pode aplicar-se à Ruy Lopez e à Philidor, a mesma idéia ocorrendo com bastante freqüência na Defesa Índia do Rei, uma Abertura muito diferente!

**13 ♞f1 ♛xd1 14 ♖xd1 ♖ad8 15 ♗e3 f6 16 ♗xa7 ♞xa7 17 ♞e3 ♞f4 18 h4 ♗f7 19 ♞e1**

Neste ponto, Polugaevsky sugere 19...♞e6 20 ♗b3 ♞c5, que parece igual.

# Capítulo 6

# Defesa dos Dois Cavalos

1 e4 e5 2 ♘f3 ♘c6 3 ♗c4 ♘f6 *(D)*

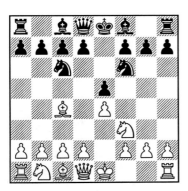

Esta é a Defesa dos Dois Cavalos. Suas linhas principais são, definitivamente, mais ambiciosas e táticas do que aquelas depois de 3...♗c5. Devo focar nas duas continuações principais, 4 ♘g5 e 4 d4. Também examinaremos 4 d3 com alguma profundidade, devido à sua popularidade e à sua natureza instrutiva.

Mas primeiro, vejamos rapidamente algumas continuações raras:

a) 4 c3?, como no Giuoco Piano, é inoportuno aqui devido a 4...♘xe4 e as Brancas não poderão nem mesmo ter seu Peão de volta sem uma grave desvantagem; por exemplo, 5 ♕e2 d5 6 ♗b5 f6! 7 d4 ♕d6 ou 7...♗g4.

b) 4 0-0 ♘xe4 5 ♘c3!? é o Gambito Boden-Kiezeritsky (alguns movimentos inferiores são: 5 ♖e1 d5 6 ♗b5 ♗c5!, 5 d4 d5 e 5 ♕e2 d5 6 ♗b5 ♗g4! 7 d3 ♗xf3 8 gxf3 ♘f6). Uma linha principal tradicional segue com 5...♘xc3 (as Negras também pode estragar a diversão das Brancas com 5...♘d6 6 ♗d5 ♗e7 ou 5...♘f6 6 ♖e1 ♗e7 7 ♘xe5 ♘xe5 8 ♖xe5 d6 9 ♖e1 d5 10 ♗f1 0-0, com igualdade em ambos os casos) 6 dxc3 f6 (é interessante 6...♕e7!? 7 ♘g5 ♘d8) 7 ♘h4 g6 8 f4 ♕e7 (ameaçando ...♕c5+) 9 ♔h1 d6, quando as Negras têm uma partida sólida e ainda um Peão a mais, mas alguns jogadores apreciariam o desafio de enfrentar as Brancas!

c) 4 ♘c3 *(D)* pode ser único, especialmente porque pode mudar a partir da Partida Viena com 2 ♘c3 ♘f6 3 ♗c4 ♘c6 4 ♘f3 (para evitar 4 d3 ♗b4!?):

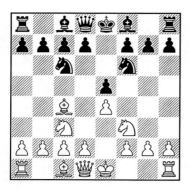

As Negras podem optar por 4...♗c5, claro, provavelmente voltando para as linhas abaixo; mas elas também podem jogar mais decisivamente com 4...♘xe4!? 5 ♘xe4 (5 0-0 é o Gambito Boden-Kiezeritsky de novo; como sempre, o centro das Negras é mais importante do que a posição de seu Rei após 5 ♗xf7+? ♔xf7 6 ♘xe4 d5! 7 ♘eg5+ ♔g8 com ...h6 vindo em seguida) 5...d5 e entramos em território divertido e não resolvido:

c1) 6 ♗b5? dxe4 7 ♘xe5 ♕g5! é um truque tático padrão do tipo que também vemos na Ruy Lopez. Neste caso em particular, as Brancas têm um grande problema, por causa do ataque em g2 e da colocação infeliz do Cavalo e do Bispo na mesma fileira. Aqui, segue-se com 8 ♘xc6 (8 d4 ♕xg2 9 ♖f1 a6 10 ♗xc6+ bxc6 será vencedor para as Negras) 8...♕xb5 9 ♘d4 ♕e5 10 ♘e2 ♗f5 e as Negras ficam muito bem.

c2) 6 ♗d3! dxe4 7 ♗xe4 *(D)*.

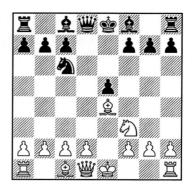

Agora:

c21) O tradicional 7...♗d6 8 ♗xc6+ (8 d4 exd4 9 ♗xc6+ bxc6 transpõe) 8...bxc6 9 d4! exd4 10 ♕xd4 0-0 11 0-0 é complicado com um desequilíbrio obscuro, talvez, favorecendo um pouco às Brancas; por exemplo, continuando com 11...c5 12 ♕c3 ♗b7 com dois Bispos versus uma estrutura melhor.

c22) 7...♘e7!? (as Negras jogam ambiciosamente, ameaçando conquistar uma peça com 8...f5 e ao mesmo tempo, evitando ♗xc6+) 8 ♗d3 (não 8 ♘xe5?? ♕d4) 8...♗g4 9 h3 ♗h5 10 ♗b5+! (negando o acesso do Cavalo das Negras à casa chave c6; 10 0-0?! ♕d5! e 10 g4?! ♗g6 definitivamente são piores) 10...c6 11 ♗c4 ♕d6 12 ♕e2 f6 13 0-0 0-0-0 com igualdade.

## O Movimento 4 d3 Calmo

**4 d3** *(D)*

Este movimento protege rapidamente o Peão e com um mínimo de risco.

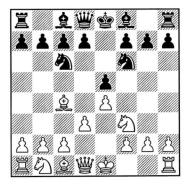

Não é perigoso para nenhum lado, nas a investida de peões modesta das Brancas cria alguns pontos posicionais importantes. Ao invés de fazer uma análise sistemática, desejo enfatizar alguns tipos característicos de posições que é preciso conhecer para entender esta variante.

Antes mesmo que fazer isso, muitos jogadores inexperientes poderiam querer ver 4...♗e7 (um movimento lento, mas não ruim) 5 ♘g5?! 0-0 6 ♘xf7? ♖xf7 7 ♗xf7+ ♔xf7. Poucos jogadores que desenvolveram uma experiência de jogo com 1 e4 e5 considerariam tal troca para as Brancas, mas aqueles que acabaram de iniciar, geralmente são atraídos pela idéia ♘g5/♘xf7 (que aparece em muitas Aberturas 1 e4 e5, como, por exemplo, Giuoco Piano, Gambito Göring e Ruy Lopez). Importante é saber que na maioria das Aberturas, duas peças são melhores que uma Torre e um Peão, e geralmente iguais ou melhores que uma Torre e *dois* Peões, até que surja um Final ou uma posição consideravelmente simplificada. Naturalmente, essa afirmativa contradiz o Xadrez com contagem de pontos simples (as Brancas tem 6 ou 7 pontos contra 6 das Negras). A explicação é que as peças menores entram cedo em ação e coordenam-se melhor no ataque e na defesa, especialmente com um tabuleiro cheio. Lembre-se que as Torres tenderão a ser desenvolvidas mais tarde e, o mais importante, ficarão bloqueadas se houver peões e peças demais em volta. Existem algumas exceções. Assim, 5 ♘g5 e 6 ♘xf7 são erros.

Contudo, você deve saber que em um *Final* com uma Torre e peões versus Bispo e Cavalo, estes geralmente terão problemas para se defenderem mutuamente enquanto tentam manter à distância os peões. O Bispo e o Cavalo poderão ficar razoavelmente bem se os peões estiverem no mesmo lado do tabuleiro, mas, se a Torre estiver escoltando um Peão ou dois, longe do Rei adversário, normalmente as peças menores terão problemas.

**4...♗c5 5 ♘c3**

A posição depois de 5 c3 é examinada no Capítulo 5 como parte do Giuoco Piano.

**5...d6** *(D)*

Chegamos a uma posição completamente simétrica.

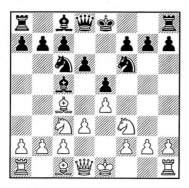

É surpreendente quanto conteúdo pode haver em uma posição tão simples. Agora, veremos diversas continuações e temas instrutivos:

**6 ♘a4** pode ser respondido com 6...♗b6 7 ♘xb6 axb6, que dá às Negras uma partida sólida e uma Coluna a aberta; mas isso pode não ser o que elas desejam. Há outro modo de entregar o par de Bispos: 6...♕e7 7 ♘xc5 dxc5. Esta seqüência muda a estrutura de peões e junto com ela, o caráter da partida. Em compensação pelo par de Bispos, as Negras conseguem uma Coluna d aberta e liberdade de desenvolvimento. O lance d4, desejado pelas Brancas, será praticamente impossível. Esse tipo de troca varia entre as posições e aparece no Gambito do Rei Recusado (1 e4 e5 2 f4 ♗c5 3 ♘f3 d6 4 ♗c4 seguido de d3 e ♘a4) e até na Abertura Inglesa, através de, por exemplo, 1 c4 e5 2 ♘c3 ♘f6 3 ♘f3 ♘c6 4 g3 ♗c5 5 ♗g2 d6 6 0-0 0-0 7 d3 ♗g4 8 ♘a4 etc.

Neste casos, a maioria dos especialistas tenderia a ver a troca como igual, não dando nenhuma vantagem excepcional a nenhum dos jogadores.

**6 ♗e3 ♗xe3** (claro, 6...♗b6 ou 6...h6 também é possível; no último caso, a troca em c5 não é particularmente eficaz) **7 fxe3** *(D)*.

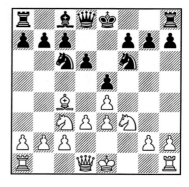

Falamos sobre isso no Capítulo 3. As Brancas conseguem duas vantagens importantes com essa troca: têm sua Coluna f aberta e impediram o Cavalo das Negras de pular para d4 (normalmente, um tema importante da Abertura). Isso significa que as Brancas podem querer mover suas forças para a Ala do Rei; por exemplo, ♘h4-f5 é uma boa idéia. Mas os peões do centro das Brancas também perderam sua capacidade de avançar com sucesso; por exemplo, 7...0-0 8 d4 ♗g4. Então, as Negras simplesmente podem permitir que o Peão fique em d4, e as Brancas têm a escolha de trocar em e5, quando seus Peões e restantes ficam dobrados e isolados, ou avançar para d5, o que dificultaria suas próprias peças e nada faz de positivo. Existem diversas versões dessa troca com resultados variados: algumas vezes, as vantagens dos peões dobrados serão mais importantes do que suas desvantagens, mas com freqüência, o inverso será verdade. O que conta é conhecer os problemas.

É muito importante saber quando o movimento ♗g5 (ou ...♗g4) é útil e quando é prejudicial. Embora seja uma questão muito complexa aqui, são dois tipos de posições que surgem com freqüência:

No Caso 1, com **6 ♗g5** *(D)*.o Bispo das Brancas imobiliza o Cavalo das Negras *antes* delas rocarem

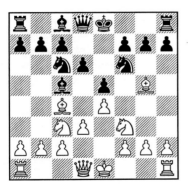

Então, o assédio ao Bispo, com 6...h6 7 ♗h4 g5, é bem-sucedido na medida em que 8 ♘xg5? hxg5 9 ♗xg5 ♖g8 falha em dar uma compensação às Brancas (a melhor tentativa, 10 h4, é respondida com 10...♗g4! e o ataque das Brancas está no fim). Então, as Brancas jogam 8 ♗g3, mas depois, seu Bispo fica um pouco desconfortável batendo em uma parede de peões. As Negras podem jogar 8...♗e6, por exemplo, e preparar Roque grande, com uma bela partida.

Comparemos com o Caso 2, no qual as Brancas jogam **6 a3**, um movimento útil de modo que o Bispo pode ser guardado em a2. Em um nível normal de jogo, as Negras poderiam responder com 6...0-0?!. Mas, agora, as Brancas tem 7 ♗g5! *(D)*.

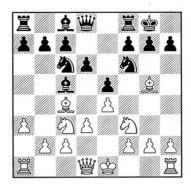

Assim, elas ameaçam ♘d5 e a imobilização é incômoda de qualquer modo. Em analogia com o Caso 1, as Negras poderiam tentar 7...h6 8 ♗h4 g5?, mas desta vez, 9 ♘xg5! hxg5 10 ♗xg5 é uma história totalmente diferente. As Negras têm que impedir ♘d5, por exemplo, com 10...♗e6, quando 11 ♘d5 ♗xd5 12 exd5 ♘b8 13 ♕f3 cria grandes problemas. Por exemplo, 13...♔g7 14 h4 ♘bd7 15 ♗b5 (ou 15 ♖h3 ♖g8 16 ♕f5 etc.) 15...♘b6 16 ♖h3 (existem muitas opções; por exemplo, 16 c4 ♗d4 17 ♖h3) 16...♘bxd5 17 ♖g3 ♔h8 18 ♕f5.

Sem o Roque do adversário, esta idéia tática não funciona, e então você pode ver porque ambos os lados tendem a jogar h3 e ...h6 *antes de* rocar! O antigo provérbio sobre não mover os Peões na frente de seu Rei tem muitas exceções.

Em quase toda Abertura, com 1 e4 ou 1 d4, existem muitos casos onde h3 ou g3 frustrarão o ataque de seu oponente. O mesmo se aplica a ...h6 ou ...g6, claro.

## As Brancas visam f7: 4 ♘g5

4 ♘g5 *(D)*

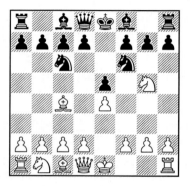

Com esta investida, as Brancas quebram imediatamente as regras sobre mover uma peça duas vezes na Abertura, antes das outras peças serem desenvolvidas (e neste caso, a maioria das peças das Brancas não são). Por isso, 4 ♘g5 foi chamado de movimento de principiante. Entretanto, tem havido milhares de partidas de Mestres com 4 ♘g5 por um Século e diversos livros inteiros têm sido dedicados precisamente a esta posição (sem mencionar partes extensas de outros livros e artigos incontáveis). O principal ponto é que, apesar dos princípios, as Negras têm problemas para defender f7 sem fazer algum tipo de concessão. A filosofia das Brancas é simples: se funciona, jogue!

**4...d5**

As Negras liquidam o Bispo das Brancas com ganho de tempo, enquanto ajudam muito sua situação central e liberam seu Bispo c8 para ação. Existem várias alternativas sobre os próximos movimentos que não irei considerar. Uma é o movimento caótico 4...♗c5!?, que tem a idéia 5 ♘xf7 ♗xf2+!?. Isto foi analisado com detalhes profundos, geralmente além de 20 movimentos, por jogadores e teóricos. Vários especialistas parecem achar que jogar 5 ♗xf7+, ao invés de 5 ♘xf7, concede alguma vantagem. Deixaremos a confusão inteira com eles. Apesar do jogo fascinante que surge desta e de outras linhas secundárias altamente táticas, devo dedicar minha atenção principalmente às linhas principais e, em geral, a continuações mais estratégicas (e populares). Naturalmente, o curso dos eventos depois de, digamos, 4 ♘g5 ♗c5 ou das linhas 4 d4 mais extravagantes, é instrutivo no sentido mais amplo, visivelmente no âmbito do ataque. Eles são singulares em sua natureza, mas a finalidade deste livro não é buscar as particularidades de forçar o jogo, mas expandir as compreensão das Aberturas e ligá-las sempre que possível.

**5 exd5 ♘a5!** *(D)*

As Negras continuam a ganhar tempo para o desenvolvimento, atacando o Bispo c4. Estão dispostas a sacrificar um Peão para esse fim. Os movimentos 5...b5 e 5...♘d4 desordenados (algumas vezes taranspondo) ficam na mesma categoria de 4...♗c5. Uma linha mais familiar para os jogadores inexperientes é 5...♘xd5, quando 6 ♘xf7!? ♔xf7 7 ♕f3+ ♔e6 é conhecido como o 'Ataque Fígado Frito'. Segundo a teoria, esta linha, se devidamente jogada, pode ser defendida pelas Negras. A outra tentativa das Brancas, 6 d4!, tem a idéia parecida 6...exd4 7 0-0 ♗e7 8 ♘xf7!, desta vez, levando a um ataque extremamente forte, pelo menos segundo à teoria mais antiga, porque as Brancas têm linhas mais abertas. Muito estudo terá que ser feito por qualquer pessoa interessada nestas variantes.

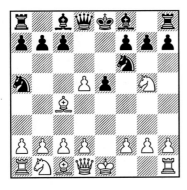

Mas vamos ver 5...♘a5 porque a maioria dos jogadores escolhe esta jogada e porque as variantes resultantes são marcadas por vários temas estratégicos e táticos definidos que podem ensinar-nos sobre as Partidas Abertas.

**6 ♗b5+**

Este é o motivo das Brancas: elas terão um Peão avançado, sem nenhuma debilidade em seus peões. Seu Cavalo pode parecer um pouco estranho em g5, mas o das Negras em a5 também é. As Negras têm duas jogadas aqui: 6...c6 e 6...♗d7. Fique prevenido de que o que se segue não é uma visão geral completa da última teoria, mas exemplos que iluminarão, espera-se, as questões envolvidas.

## Interposição com o Peão

**6...c6!?**

As Negras sacrificam um Peão, mas ganham outro tempo atacando o Bispo e assim, tomam a iniciativa.

**7 dxc6 bxc6 8 ♗e2 h6 9 ♘f3 e4 10 ♘e5 ♗d6** *(D)*

Naturalmente, existem, no caminho, alternativas legítimas para ambos os lados. Por exemplo, as Brancas poderiam ter feito o movimento 9 ♘h3 de Steinitz ou, ao invés de 10...♗d6, jogado 10...♕d4 ou 10...♗c5, que têm reputações muito boas.

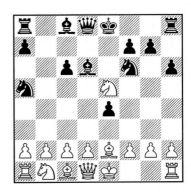

Mas a posição depois de 10...♗d6 surge com mais frequência do que qualquer outra. As Negras desejam usar esta vantagem de espaço e desenvolver-se rapidamente atacando o Cavalo e5. O que quer que aconteça, elas têm um Peão a menos e têm que manter movimentos ativos e/

ou ameaçadores antes das Brancas soltarem suas peças. O primeiro objetivo das Negras é atacar o Rei, com a esperança de que o papel aprisionador de seu Peão e4 represente uma dificuldade para a defesa das Brancas. Se esse Peão for trocado, elas criarão pressão nas Colunas d e e. Seu único problema real é o Cavalo teimoso em a5, que elas esperam reposicionar com ...♘b7, seguido de ...♘c5 ou ...♘d6.

De sua parte, as Brancas desejam eliminar o Peão e4. Se não puderem fazer isso, poderão ignorar o Peão e colocar suas peças em postos mais ativos, por exemplo, jogando d4, ♗e3, ♘c3 (ou ♘d2) e talvez, ♕d2. Em uma partida real, todos esses planos entram em conflito. Você pode apenas ter uma noção das idéias vendo exemplos. Por causa das linhas abertas das Negras e da pressão na Coluna d, provavelmente as Brancas terão que manter suas peças em casas passivas enquanto as Negras se soltam.

**Estrin – Levenfish**
*Leningrado – 1949*

**11 f4!?**

Este avanço do Peão tem uma reputação ruim porque enfraquece a Ala do Rei das Brancas, mas o jogo resultante é bem equilibrado. Uma vantagem é que as Brancas mantêm seu Peão d; compare com 11 d4 nas partidas após esta.

**11...exf3**

Não é estritamente necessário fazer esta captura, mas as Negras precisam de espaço e abrem linhas em troca de seu Peão.

**12 ♘xf3 0-0 13 0-0 ♕c7 14 d4 c5!**

Chegamos a uma posição que pode surgir de outras ordens de movimentos. As Negras desejam fazer a ruptura no centro das Brancas e trazer suas Torres para as colunas centrais o mais rapidamente possível. As Brancas simplesmente precisam soltar suas peças, assegurar sua posição e provar que o Peão extra significa algo, com o tempo. Ambos os lados conquistaram sua parcela de pontos.

**15 ♘c3 a6** *(D)*

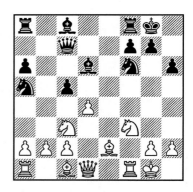

Um movimento designado a impedir ♘b5.

**16 d5!?**

Este Peão pode tornar-se um alvo ou pode fornecer cobertura para as peças brancas. Contra outras jogadas, muito provavelmente as Negras jogarão ...♗b7 e ...♖ad8.

**16...♖e8**

16...♗b7 17 ♔h1 ♖ad8 é uma alternativa, esperando colocar pressão no Peão d por meios diretos.

**17 ♔h1!?**

17 h3 impediria o plano das Negras. Novamente, 17...♗b7 e ...♖ad8 provavelmente seguiriam e as Brancas poderiam responder do mesmo modo que empregam na partida.

**17...♖b8** *(D)*

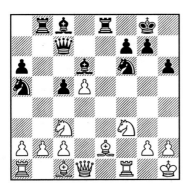

**18 a3!?**

18 ♕d3 ♘g4 19 h3 obviamente é arriscado, ainda que aceitável. Então, 19...c4 20 ♕d4! ♗c5? 21 ♗f4! é bom para as Brancas. Esta variante, em geral, tem um duplo sentido e nenhum lado pode permitir que aconteça passivamente.

**18...♘g4**

Atacando h2, mas focando na fraqueza em e3.

**19 h3 ♘e3 20 ♗xe3 ♖xe3 21 ♖b1 ♕e7**

Ou 21...♗f4!?. As Negras estão colocando uma pressão extra nas casas negras e limitando os planos das Brancas. Certamente, elas têm o suficiente por seu Peão devido a seu par de Bispos e à atividade.

**22 ♕d2? ♗f4 23 ♕d1 ♖b6 24 ♘d2!**

Tendo cometido erros uma vez, as Brancas encontram o modo certo de reorganizar suas peças.

**24...♗c7 25 ♖f3 ♕e5 26 ♘f1 ♖xf3 27 ♗xf3** *(D)*

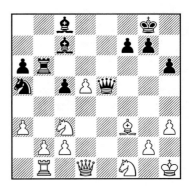

Com uma organização inteligente, as Brancas defenderam seu Peão d e têm algum controle das casas mais importantes. Não estãp fora de perigo ainda, mas as coisas estão parecendo melhores. É interessante que nesta partida as Negras nunca conseguiram uma liquidação completa do centro.

**27...♘c4 28 ♘a4 ♖b5?!**

28...♖f6! é melhor. É importante manter alguma pressão sobre o Rei branco.

**29 ♕d3 ♘d6 30 ♕e3 ♕d4!?**

Os próximos movimentos não funcionarão, mas as Negras estão com problemas de qualquer modo.

**31 b3! ♗f5 32 ♖d1 ♕f6? 33 c4 ♖b7 34 ♘xc5 ♗b6 35 b4**

As Brancas têm dois peões poderosos a mais. O último tático 35...♖e7? pode ser enfrentado com 36 ♘d7!. Estrin continuou para vencer, mas, claro, a Abertura das Negras não foi a causa.

Embora as Brancas tenham tido sucesso nesta partida, elas ficaram sob uma pressão significativa, porque em parte 11 f4 criou uma fraqueza interna na sensível casa e3. A maioria dos jogadores preferiria não ter fraquezas, mesmo que isto signifique não ter nenhum Peão central!

**11 d4**

Esta é a continuação mais popular, soltando as peças brancas o mais rapidamente possível.

**11...exd3**

Como foi o caso com 11 f3, as Negras não tem que capturar, mas novamente precisa abrir linhas para continuar com seu ataque, então, por que não os criar agora?

**12 ♘xd3 ♕c7** *(D)*

Uma posição-chave. Note que este é o 'centro em extinção' sobre o qual falamos nos capítulos introdutórios. As Partidas Abertas (1 e4 e5) têm vários, porque o movimento d4 é tão básico para o jogo das Brancas quanto é ...d5 para o das Negras. Obviamente, isso resulta em uma probabilidade maior de que o centro inteiro será eliminado. Tal posição é naturalmente caracterizada pelas linhas abertas e pelo jogo tático. Neste caso, os lances táticos geralmente não surgem por algum tempo, pois ambos os jogadores manobram para conseguir suas formações mais eficazes. Então, começa a ação.

Nesta conjuntura, veremos duas partidas.

**Beshukov – Malaniuk**
*Kstovo – 1997*

**13 b3** *(D)*

O fianqueto é largamente aprovado, embora existam muitas opções aqui. Desenvolver uma peça certamente é certo. Entretanto, as Brancas tiveram mais sucesso com 13 h3 no próximo exemplo.

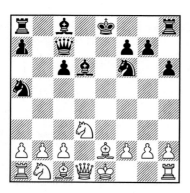

**13...c5**

Um movimento com dupla finalidade, que pretende ...c4 e prepara-se para trazer o Bispo negro para b7 em uma diagonal forte. As Negras têm outras estratégias também:

a) 13...♗f5 14 ♗b2 0-0-0!? 15 ♘d2 ♖he8 é um plano diferente – máxima atividade! Naturalmente, o Rei negro não estará mais bem colocado que o branco porque não tem uma cobertura de peões: 16 ♔f1 (16 h3 ♗xd3 17 cxd3 ♗e5 18 ♗xe5 ♕xe5 19 ♔f1 ♘d5 com um ataque que vale, pelo menos, um Peão) 16...♔b8 17 b4 (17 ♘f3 ♘e4!?) 17...♘b7 18 a3 (18 h3) 18...♗xh2 e, tendo recuperado seu Peão, as perspectivas das Negras não são ruins, Short-Van der Sterren, Wijk aan Zee – 1987.

b) O movimento agressivo 13...0-0 14 ♗b2 ♘e4 foi tentado em Morozevich-Nenashev, Alushta – 1994: 15 ♘c3 f5 16 h3 ♗a6!? 17 0-0 ♖ad8 18 ♕e1 c5 deu alguma iniciativa às Negras.

**14 ♗f3 ♖b8 15 c4!? 0-0 16 ♗b2 ♖e8+ 17 ♔f1 ♘e4 18 ♗xe4 ♖xe4 19 ♘c3 ♖e6 20 ♘b5?**

Embora isso pareça perfeitamente seguro, 20 ♘d5! era o modo de prosseguir.

**20...♕d7 21 ♕c2** *(D)*

21 ♕h5 ♗a6 poderia levar a 22 ♗c3 (22 ♘xd6?! ♕xd6 23 ♘e5 ♘xc4! 24 ♕xf7+ ♔h8 25 ♘xc4 ♗xc4+ 26 bxc4 ♖xb2 dá às Negras uma vantagem significativa) 22...♗xb5 23 ♗xa5 ♗c6 com a idéia

...♖g6. Os Bispos de cores opostas favorecem às Negras, que estão no ataque.

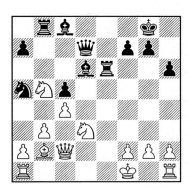

**21...♖xb5!**

Isto muda a equação inteira. Agora, a fraqueza interior das Brancas em d3 é exposta e os dois Bispos negros finalmente são liberados para o ataque. 21...♗b7 não é tão eficiente depois de 22 ♖d1!, quando o ataque das Negras está acabando gradualmente.

**22 cxb5**

Se 22 ♕c3, então, 22...♖g6 23 cxb5 ♕xb5 24 ♖d1 ♗b7 manterá o ataque prosseguindo.

**22...♕xb5 23 ♖d1**

Os dois Bispos das Negras e o ataque são mais que uma compensação suficiente pela Qualidade. 23 ♔g1 c4! não é nada melhor, quando 24 ♕c3!? é enfrentado com 24...♖g6.

**23...♗a6 24 h4**

Para jogar ♖h3.

24...c4! 25 bxc4 ♘xc4

Todas as peças negras estão participando do ataque agora. Falta um tempo para a Torre h1 das Brancas entrar em ação.

26 ♗c3 ♕f5 27 ♔g1 ♗b7 28 ♘b4 ♗e4

Ou 28...♕g4 29 ♘d5 ♖g6.

29 ♕e2 ♖g6 30 ♕f1 0-1


### A. Sokolov – Timmermans
*Campeonato aberto em Paris – 1999*

**13 h3** *(D)*

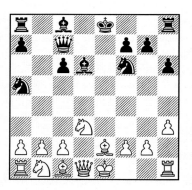

**13...♗f5**

Talvez, as Negras devessem apenas rocar e aguardar para desenvolver o Bispo. Ele pode querer ir para b7.

**14 ♘c3 0-0**

14...0-0-0!? seria como em Short-Van der Sterren, nas notas para a última partida.

**15 0-0 ♖ad8 16 ♖e1 a6**

As Negras desejam impedir ♘b5 preparando-se para ...c5, mas não é necessário. Ao contrário, 16...c5 17 ♘b5 ♗h2+ 18 ♔h1 ♕b8! *(D)* manteria o ataque prosseguindo.

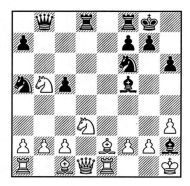

Observe que após ...c5, as Negras podem trazer o Cavalo de volta para c6 e talvez levá-lo para d4. Este plano, seja como for que se avalie, é a melhor tentativa. De agora em diante, as Brancas ganham o controle da posição e ficamos a imaginar por que alguém sacrificaria esse Peão em primeiro lugar!

**17 ♗f1 c5 18 ♕f3 ♘c6 19 ♗e3**

19 ♕xf5?? ♘d4 prende a Dama. Tentar fazer algo com isso com 20 ♕xf6 gxf6 21 ♗xh6 ♘xc2 seria em vão.

**19...♗c8 20 ♘e4 ♘xe4 21 ♕xe4 ♘d4**

As Negras tentam misturar as coisas, uma vez que as Brancas estão completando seu desenvolvimento sem problemas.

22 ♗xd4 ♗b7 23 ♕h4 cxd4 24 ♖e2! ♕a5?!

Pode não ter poder de fogo, mas seria uma boa idéia tentar 24...f5 e ver como as Brancas responderiam. Depois do lance do texto, as Negras não têm apenas um Peão a menos, mas também a pior posição.

25 a3 ♕f5 26 ♖ae1 ♔h8 27 ♕g4 ♕f6 28 ♘e5 ♗b8 29 f4 g6 30 ♘d3 *(D)*

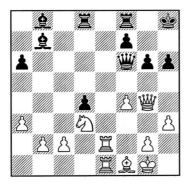

Protegendo tudo. As Negras tentam marcar tempo.

30...h5 31 ♕g3 ♗c6 32 ♘e5 ♗b7 33 h4! ♔g7 34 ♕g5 ♗a7 35 ♘d3 ♕d6? 36 ♖e7 ♖d7 37 ♖1e6! ♕d5?

Mas, 37...♕xe6 38 ♖xe6 fxe6 39 ♘e5 é sem esperança para as Negras.

38 ♖xg6+ 1-0

## Interposição com o Bispo

Outra continuação que ganha compensação para o Peão é 6...♗d7. Eis um encontro de amostra:

**Bianchi – Escobar**
*Partida de correspondência – 1985*

6...♗d7 *(D)*

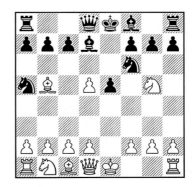

Esta continuação é menos comum que 6...c6, mas tem uma reputação teórica muito boa. Quais são as vantagens de 6...♗d7? Primeiro, é um lance de desenvolvimento e desenvolver rapidamente é um dos objetivos mais importantes das Negras nesta linha. E mais, 6...♗d7 não perde necessariamente um Peão (como 6...c6), pois em algumas variantes, as Negras podem recapturar o Peão d das Brancas. Por enquanto, as Brancas têm um Peão extra, claro, e isso fornece um consolo para seus problemas. E mais, elas não têm nenhuma fraqueza. Estes desequilíbrios quase sempre levarão a um jogo interessante.

**7 ♕e2**

7 ♗xd7+ ♕xd7 desperdiça qualquer chance de vantagem porque as Negras recuperam o Peão d.

**7...♗e7**

As Negras também jogam 7...♗d6 e defendem seu Peão e5. Então, sua Dama fica mais "distante" de d5, e, portanto, provavelmente elas não irão recuperar seu Peão (depois das Brancas protegê-lo, por exemplo com, 8 ♘c3). Mas quando os peões negros da Ala do Rei começarem a avançar, seu Bispo irá tornar-se mais eficiente. É uma troca que, na prática, funcionou muito bem para as Negras.

**8 ♘c3**

As Brancas defendem seu recurso mais importante, o Peão d. Tenha cuidado com o truque 8 0-0? ♘xd5! 9 ♗xd7+ ♕xd7 10 d3 ♘c6. Para avaliar esta posição, apenas veja o controle central das Negras.

**8...0-0 9 0-0 c6!** *(D)*

Agora, é um gambito real, uma idéia para tirar o Cavalo inativo de a5.

**10 dxc6 ♘xc6 11 ♗xc6**

As Brancas têm que ganhar tempo para se organizarem. Ao contrário, diversas trocas apenas tornam clara a superioridade central das Negras: 11 ♘f3 ♘d4! 12 ♘xd4 exd4 13 ♗xd7 ♕xd7 14 ♘e4 ♖ac8 15 ♘xf6+ ♗xf6 16 ♕d3 (16 d3 ♕c7 e as Negras conquistam o Peão c) 16...♕c7 17 c3 ♖fd8!. Isto atrapalha o desenvolvimento das Brancas e as deixa esforçando-se, Hendriks-Den Hamer, Partida por Correspondência – 1985.

**11...♗xc6 12 d3 ♘d5**

Aqui, os dois Bispos das Negras, o controle de d4 e os peões móveis na Ala do Rei fornecem bastante compensação por um Peão.

**13 ♘xd5?!**

Cooperativo demais. Talvez, as Brancas devessem arriscar conquistar outro Peão com 13 ♕xe5. Então, as Negras têm vários movimentos perigosos, como, por exemplo, 13...♘b4 ou 13...♗f6, mas as Brancas teriam dois peões à frente e tendo apenas que devolver um quando se desenvolverem. Outra possibilidade é 13 ♘ce4. Você não deve ficar com a impressão de que as Brancas têm que ficar paradas e perplexas nesta linha.

**13...♕xd5** *(D)*

Ameaçando Xeque-mate. 13...♗xd5 também deve ser considerado. Em qualquer caso, as Negras planejam jogar ...f5 com um ataque na Ala do Rei.

## Jogo Central: 4 d4

**4 d4 exd4 5 e5** *(D)*

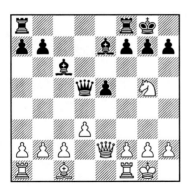

**14 ♘f3 ♗d6 15 ♗d2 ♖ae8 16 ♗c3 f5 17 ♖fd1 ♖e6 18 ♕f1 ♖g6**

Você pode ver os resultados da Abertura. As Brancas estão a ponto de ser massacradas

**19 ♘e1 f4 20 f3 ♗c5+ 21 d4**

Uma amostra do ataque das Negras seria 21 ♔h1 ♖h6 22 h3 ♖f5 23 a3 ♖fh5 24 ♗b4 ♗b6 25 a4 ♗d7 e ...♗xh3! em seguida.

**21...exd4 22 ♔h1 ♖h6 23 h3 ♖e8 24 a4 a6 25 ♖d2 ♕g5 26 ♗xd4 ♗xd4 27 ♖xd4 ♕g3 0-1**

A ameaça é ...♖xh3+ e ...♖xe1 seguido de ...♗xf3+ e não há nada bom para fazer contra isso. A melhor idéia das Brancas é 28 ♖ad1 ♖xe1 29 ♖xe1 ♖xh3+ 30 gxh3 ♗xf3+ 31 ♕xf3 ♕xf3+ 32 ♔g1 ♕g3+ 33 ♔f1 ♕xh3+ 34 ♔g1 f3, mas estariam perdidas material e posicionalmente.

Pode parecer estranho dedicar tempo a esta continuação ao invés de sua alternativa mais famosa 5 0-0, ainda que a motivação para fazer isto seja muito forte. Não considerando sua popularidade entre os melhores jogadores contemporâneos (é chamada de 'Linha Moderna'), 5 e5 produz posições com aspectos posicionais notáveis, pelo menos antes de degenerar em confusão como o resto dos Dois Cavalos! Todas as três respostas das Negras são interessantes.

Uma alternativa óbvia é 5 ♘g5 d5! (como sempre, ...d5 irá liberar as peças negras se não fracassar taticamente; veja a linha principal) 6 exd5 ♕e7+ 7 ♔f1 ♘e5 8 ♕xd4 (8 ♗b5+ c6 9 dxc6 bxc6) 8...♘xc4 9 ♕xc4 ♕c5 com igualdade.

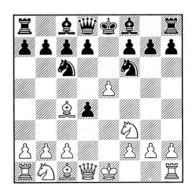

Agora, a partida:

**Wendland – Groeber**
*Partida por Correspondência – 1997*

**5...d5**

Como regra, as Negras devem fazer este movimento 'quando puderem' nas Aberturas com ambos os Peões e, pois, de fato, as Brancas não têm nenhum modo de evitar uma perda de tempo sem concessões. Por outro lado, pode-se argumentar que o próprio e5 custa um movimento às Brancas, e portanto, com exceção de um desastre tático, outras respostas podem ser jogáveis. Na verdade, as Brancas não estabeleceram uma vantagem contra as duas respostas raras a seguir, embora tenham muito espaço para melhorias. De qualquer forma, ambos os movimentos contêm idéias posicionais úteis. Selecionarei algumas linhas características:

a) 5...♘e4 *(D)*.

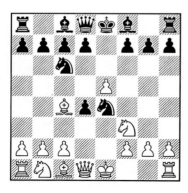

a1) 6 ♕e2 originalmente foi considerado como sendo o problema com 5...♘e4, uma vez que 6...d5 7 exd6 não é nada divertido para as Negras. Mas depois de 6...♘c5, as Negras partem para a casa de bloqueio ideal em e6: 7 0-0 ♘e6 8 ♗xe6 (8 ♖d1 d5) 8...fxe6!? (um lance agudo que combina os temas de usar a Coluna f aberta junto com um Bispo sem oposição em b7) 9 ♗g5 (9 ♖d1 d5 10 ♘xd4 ♘xd4 11 ♖xd4 c5 12 ♖d1 ♗e7 e aqui, temos uma boa Defesa Francesa!) 9...♗e7 10 ♗xe7 ♕xe7 11 ♘bd2 0-0 12 ♘b3 ♖f4 13 ♖ad1 b6 14 ♘bxd4 ♗b7 e ...♖af8 está por vir. Isto é baseado em análise de Renet.

a2) 6 0-0 d5 7 exd6 ♘xd6 8 ♗d5 ♗e7 9 ♗xc6+ bxc6 10 ♘xd4 ♕d7!? 11 ♕f3 (ou 11 ♘b3 0-0 12 ♘c5 ♕f5) 11...♗b7 12 ♘b3 c5 com complicações táticas nas quais o par de Bispos se manterá por conta própria.

b) 5...♘g4 também parece funcionar bem o suficiente, mas precisa ser testado muito antes que possa ser aceito totalmente. Uma linha óbvia é 6 ♕e2 ♕e7 7 ♗f4, quando as Negras fazem a jogada surpreendente 7...d6! e as Brancas respondem naturalmente com 8 exd6 *(D)*.

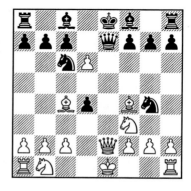

Depois das Damas saírem do jogo, as Brancas esperam recuperar seu Peão em d4 e assegurar um Meio-jogo e um Final melhores, devido ao débil Peão d negro, isolado em coluna aberta. Mas as Negras têm um truque inteligente que neutraliza esses planos: 8...♕xe2+ 9 ♗xe2 ♗xd6 10 ♗xd6 cxd6 11 ♘a3 ♘ge5 12 ♘b5 (12 0-0-0 d3! 13 cxd3 ♗e6 é igual) 12...d3! 13 ♘xe5 (13 cxd3 ♔e7 com simetria e igualdade de novo) 13...dxe5 14 ♗xd3 ♔e7! com igualdade, Fernandez Garcia-Ivkov, Corunha – 1990.

Voltamos para 5...d5 *(D)*:

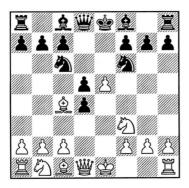

**6 ♗b5**

6 exf6?! dxc4 dá espaço às Negras, um desenvolvimento livre, o par de Bispos e no momento, um Peão extra.

**6...♘e4 7 ♘xd4 ♗d7**

7...♗c5!? leva a uma anarquia completa em qualquer número de linhas, sendo 8 ♘xc6 ♗xf2+ 9 ♔f1 ♕h4 10 ♘d4+ c6 11 ♘f3 ♘g3+ 12 ♔xf2 ♘e4+ duplo 13 ♔e3 ♕f2+ 14 ♔d3 ♗f5 15 ♘d4 ♗g6 16 ♖f1 idéia mais absurda das Brancas, que uma profunda análise mostrou levar a vários empates forçados. Encaminharei você aos especialistas.

**8 ♗xc6 bxc6** *(D)*

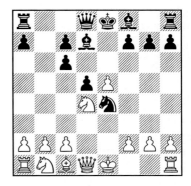

**9 0-0**

Como sempre, existem os problemas da ordem dos lances para ambos os lados, mas isso é mais uma questão de teoria do que de compreensão. Como um exemplo típico, atrasar 0-0 nesta conjuntura com 9 ♗e3 revela o segredo das Brancas. Então, as Negras poderão continuar sem a idéia ...♗c5; por exemplo, 9...♗e7 10 ♘d2 c5 11 ♘4b3 ♘xd2 12 ♕xd2 d4 13 ♗f4 ♗b5!?.

**9...♗c5**

Pode ser que 9...♗e7 seja jogável, mas permite uma ligação perigosa de peões que representa o maior pesadelo das Negras em muitas Aberturas do tipo 1. e4, e5. Veja isto: 10 f3 ♘g5 (10...♗c5 11 f4) 11 f4 ♘e4 12 f5 c5 (12...♗c5!? 13 ♘c3!?) 13 ♘e2 ♗b5 14 ♘a3 ♗c6 15 c4 d4 16 ♘f4 ♗g5 17 ♘d3!, Sveshnikov-Fercec, Nova Gorica – 1996. Inicialmente, isso parece ser bom para as Negras. No entanto, o Cavalo das Brancas é o bloqueador ideal do Peão d e visa o Peão dobrado fraco das Negras em c5. Isto libera as peças brancas para passearem no tabuleiro, particularmente, em direção à Ala do Rei.

**10 ♗e3!?** *(D)*

As Brancas protegem modestamente seu centro antes de avançar os peões e expor sua própria posição, mas isto pode ser lento demais.

As Brancas também têm o movimento f3-f4-f5 mencionado acima, embora com o Bispo negro em c5, isto pode não ser fácil implementar. Por exemplo, as Brancas podem trocar a expansão na Ala do Rei por um controle central com 10 f3 ♘g5 11 ♗e3, quando 11...♕e7 12 f4 ♘e4 13 ♘d2 ou 11...0-0 12 ♘c3 provavelmente são quase iguais.

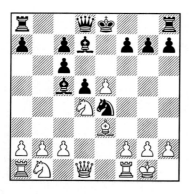

O que está acontecendo nesta posição? Como sempre, as Negras estão contando com seus dois Bispos e atividade, para compensar seus problemas posicionais. Gostariam de levar seu Bispo para b6 e,

então, conseguir, com sucesso, o avanço ...c5. Conseguindo tempo, as Brancas aproveitariam a estrutura de peões com uma combinação de jogadas como, por exemplo, (em alguma ordem) f3, ♕d2, ♘c3-a4 e/ou ♘b3, dominando o tabuleiro a partir de c5 e tornando os Bispos passivos. Isto requer alguns movimentos!

**10...♕e7!**

O lado com os Bispos geralmente depende de sutilezas táticas para evitar desvantagens. Agora, 11 f3 pode ser respondido com 11...♘d6!, uma vez que o Bispo e3 fica pendurado. Isso seria seguido com ...♘f5 (ou ...♘c4) com um contrajogo ativo.

**11 ♖e1**

Obviamente ♕d2 não está em cogitações, de modo que as Brancas preparam f3 de outro modo. Mas há uma boa diferença, no sentido de que f4-f5 não será apoiado por uma Torre na Coluna f.

**11...0-0 12 f3 ♘g5** *(D)*

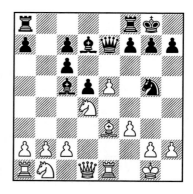

## 13 ♕d2

Como um exemplo típico, 13 f4 ♘e6! impede f5 devido às trocas, seguidas de ...♗xf5 e nesse ínterim, as Negras planejam manter seu centro móvel por meio de ...♗b6 e ...c5.

## 13...f6!

A última das idéias dinâmicas das Negras: romper o centro. O movimento 13...♘e6 modesto também é igual.

## 14 ♘c3

14 ♗xg5 fxg5 cede às Negras a Coluna f, depois do que as Brancas pouco podem fazer com respeito a ...♗b6 e ...c5.

## 14...♗b6!?

14...fxe5! 15 ♗xg5 ♕d6 era uma oportunidade tática que, porém, decorreu logicamente do jogo posicional das Negras. Então, 16 ♘ce2 ♗b6!? 17 c3 exd4 18 cxd4 c5 mantém a iniciativa.

De qualquer modo, após 14...♗b6, as Brancas tropeçaram:

## 15 ♘ce2?

Um descuido grave. 15 ♘a4 é muito melhor.

## 15...♘h3+!! 16 gxh3 fxe5 17 ♘b3 ♖xf3! 18 ♗xb6 cxb6 19 ♘g3 ♖af8 20 ♖f1 ♗xh3 21 ♖xf3 ♖xf3

A massa de peões das Negras fornece-lhe uma vantagem clara.

Esta Abertura é uma boa ilustração das trocas posicionais; os aspectos estáticos foram tão importantes quanto os dinâmicos.

# Capítulo 7

# Defesa Philidor

**1 e4 e5 2 ♘f3 d6** *(D)*

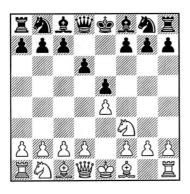

A Defesa Philidor tem uma virtude que poucas Aberturas 1 e4 e5 têm: as Negras decidem qual Abertura será jogada! As idéias subjacentes da entrega do centro na Philidor foram mencionadas no Capítulo 2; iremos explorá-las mais completamente e ainda veremos um esquema de contra-ataque fantástico. Então, voltaremos para uma versão da Philidor que usa a abordagem do Ponto Forte em uma de suas formas mais puras. As idéias características por trás desta Abertura não muito fora de moda são extremamente instrutivas e aplicáveis a muitas outras Aberturas. A Philidor não é uma visitante freqüente do Xadrez magistral, mas tem adeptos notáveis entre jogadores contemporâneos que usaram a Defesa ao longo de muitos anos. Incluem alguns Grandes Mestres e até Adams e Azmaiparashvili trabalharam superficialmente na Philidor. Influenciando algumas gerações anteriores, Tigran Petrosian provavelmente foi o último Campeão Mundial que a experimentou.

Deve ser dito, porém, que a maioria dos Grandes Mestres que desejam jogar a versão do 'ponto forte' da Defesa Philidor usam agora a ordem 1 e4 d6 2 d4 ♘f6 3 ♘c3 (até aqui a Defesa Pirc) 3...e5. A idéia é que após 4 ♘f3 ♘bd7, as Negras entram na linha principal da Philidor enquanto evitam os problemas associados às outras ordens de movimentos que serão listadas nesta nota e na seguinte. Acreditam (e a teoria parece comprovar) que o Meio-jogo sem Dama depois de 4 dxe5 dxe5 5 ♕xd8+ ♔xd8 é perfeitamente bom para as Negras, que tem a estratégia ...♗e6 e ...♘bd7. O principal modo das Brancas lutarem pela vantagem é 6 ♗c4, quando as Negras podem aceitar o Peão dobrado para cobrir as casas centrais: 6...♗e6!? 7 ♗xe6 fxe6 *(D)* com a idéia ...♗d6 (ou ...♗c5 primeiro), ...♘bd7 e ...♔e7. A posição é considerada como sendo igual.

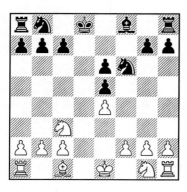

A razão é que esta ordem de movimentos é considerada superior a (ou, pelos menos, menos difícil que) 1 e4 e5 2 ♘f3 d6 3 d4 e que no último caso, 3...♘f6 4 dxe5 ♘xe4 5 ♕d5 é inadequado para as Negras. Veja a nota para 3...♘d7 abaixo (na seção 'Ponto Forte'). Jogando 3...♘d7, as Negras podem evitar o problema, mas surge a possibilidade de 4 ♗c4!, sem mencionarmos a linha 3 ♗c4, examinada na próxima nota. Se tudo isso for difícil de absorver, terá muito mais significado, se você decidir jogar a Philidor com as Negras ou se defrontar com ela com as Brancas.

O aspecto mais interessante desta visão geral é que alguns GMs com uma classificação extremamente alta vêm querendo jogar a Defesa Philidor com *qualquer* ordem de movimentos! Afinal, por muitos anos, a Philidor foi considerada uma Abertura antiquada e inferior para as Negras. Vejamos quais idéias a revigoraram.

**3 d4** *(D)*

3 ♗c4 geralmente é negligenciado, em relação aos problemas da ordem de movimentos. Então, 3...♘f6!? 4 ♘g5 d5 5 exd5 parece incômodo, embora um exame sério mostre que as Negras mantêm a igualdade ou ficam pior apenas marginalmente, depois de 5...h6 6 ♘f3 e4!; por exemplo, 7 ♘e5 (7 ♕e2 pode ser respondido com 7...♗e7 8 ♘e5 0-0 {por exemplo, 9 0-0?! ♗c5!} ou 7...♗b4!? 8 a3!? 0-0) 7...♗d6 8 d4 exd3 9 ♘xd3 ♕e7+ com a idéia 10 ♗e3 ♕e4!, igualando.

Todavia, as Negras normalmente jogam 3...♗e7 4 d4 exd4 (4...♘d7? falha em 5 dxe5 ♘xe5 {5...dxe5 6 ♕d5!} 6 ♘xe5 dxe5 7 ♕h5 g6 8 ♕xe5) 5 ♘xd4 ♘f6 6 ♘c3 0-0. Isto transpõe para a linha 3 d4 exd4, significando que as Brancas apropriaram-se com sucesso da abordagem do ponto forte das Negras, ou seja, na qual as Negras jogam ...♘bd7 sem ...exd4 (veja a seção 'Ponto Forte' abaixo). Assim, as Negras podem querer examinar 3...♘f6. Do contrário, 3 ♗c4 traz outro argumento em prol da ordem de movimentos 1 e4 d6 2 d4 ♘f6 3 ♘c3 e5.

**4...♘f6 5 ♘c3** *(D)*

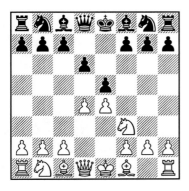

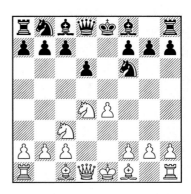

O primeiro ponto óbvio é que as Negras permitiram às Brancas o maior compartilhamento do centro e bloquearam seu próprio Bispo f8 atrás do Peão d6, um subproduto infeliz de ...d6, mas nada terrível em si. Agora, existem duas estratégias básicas que as Negras podem adotar: entregar o centro ou tornar e5 um Ponto Forte.

## Entrega do Centro

**3...exd4 4 ♘xd4**

As Brancas têm uma alternativa razoável com 4 ♕xd4, embora isto não tenha tanta aprovação quanta teve no Século XIX, depois de 4...♘f6 (4...a6, planejando ganhar tempo com ...♘c6 sem ser imobilizado por ♗b5 tem uma reputação respeitável; 4...♘c6?! 5 ♗b5 é a continuação original que tornou 4 ♕xd4 popular em primeiro lugar – depois de 5...♗d7 6 ♗xc6 ♗xc6 7 ♗g5 com 0-0-0 logo em seguida, as Brancas conseguem uma pressão considerável) 5 ♘c3 ♗e7 6 ♗g5 0-0 7 ♗c4 ♘c6 com igualdade.

**5...♗e7** *(D)*

A estratégia alternativa de atividade e ataque potencial começa com 5...g6, quando a mais agressiva organização das Brancas é 6 f3 ♗g7 7 ♗e3 0-0 8 ♕d2, como no Dragão Siciliano. Geralmente, segue-se com 8...♘c6 9 g4 ♗e6 10 0-0-0 ♘xd4 11 ♗xd4. Esta é uma posição a partir da qual as Brancas têm ganho muitas partidas (e assim, desencorajaram 5...g6). As Negras certamente poderiam usar uma Coluna c aberta, como no Dragão. Elas têm sucesso em avançar seus peões da Ala da Dama depois de 11...c5 12 ♗e3 ♕a5 13 ♗h6 ♗xh6 14 ♕xh6 b5! 15 ♗xb5 ♖ab8 16 a4 a6, embora 17 ♖xd6! axb5 18 e5 forneça um ataque violento que venceu diversas partidas para as Brancas. Tudo isso é difícil de melhorar. Tem havido muitas outras tentativas das Negras, mas elas ainda parecem estar pesquisando uma solução satisfatória. De qualquer modo, devemos concentrar-nos nas linhas com ....♗e7.

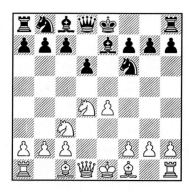

Com 5...♗e7, as Negras introduzem uma estratégia que foi explicada por Nimzowitsch: ...0-0, ...♖e8, ...♗f8 e ...♘bd7, tanto limitando como colocando pressão no Peão e branco. As Brancas têm mais espaço e podem impedir um ataque direto, mas ainda têm que encontrar um modo de abrir as defesas das Negras sem permitir que suas peças ganhem vida. Esta situação pode fazê-lo recordar-se de posições parecidas na Defesa Índia do Rei, como, por exemplo, 1 d4 ♘f6 2 c4 g6 3 ♘c3 ♗g7 4 e4 d6 5 ♘f3 0-0 6 ♗e2 e5 7 0-0 exd4 8 ♘xd4. No caso da Philidor, o Peão c das Brancas está em c2 (ao invés de c4, como na Índia do Rei) e o Bispo negro está em f8 (ao invés de g7). Você poderia argumentar que na Índia do Rei, as Brancas ficam mais expostas no centro (d4 não está apoiado pelos peões); mas na Philidor, as chances de contrajogo das Negras estão limitadas por seu Bispo colocado passivamente em e7. Verifique o que acontece na segunda partida abaixo!

**6 ♗e2**

As Brancas decidem buscar uma vantagem de espaço segura. Ela tem uma alternativa ativa em 6 ♗c4 0-0 7 0-0 levando a linhas, como, por exemplo, 7...♖e8 8 ♖e1 ♗f8 9 a3 ♘bd7 10 ♗a2 ♘c5 (10...a6!?) 11 f3. Requer um defensor nato (com um traço oportunista) para abraçar esse tipo de posição para as Negras, ainda que seja relativamente sólida.

**6...0-0 7 0-0 ♖e8 8 f4** *(D)*

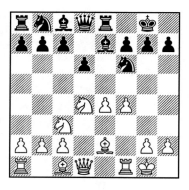

Com este movimento, as Brancas envolvem-se em uma estrutura de peões com a qual restringem as peças negras e aumentam sua vantagem de espaço, mas falham em apoiar o Peão e (como faz f3). Esta posição surgiu em muitas partidas; eis uma na qual as Negras adotam a abordagem lenta:

## Restrição

**Isanbaev – Sizykh**
*Novokuznetsk – 1999*
8...♗f8 9 ♗f3 ♘bd7 10 ♖e1 c6 *(D)*

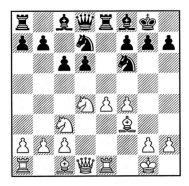

As estratégias estão definidas. As Negras têm forças insuficientes para atacar e têm que jogar com o Peão d atrasado que também vemos na Defesa Índia do Rei. Mas d6 está bem protegido, dando às Negras folga para voltar sua atenção para a Ala da Dama; sua principal idéia positiva consiste em atacar nessa Ala com base em ...b5, com a idéia de que as forças brancas estão ligadas à proteção contra o lance liberador ...d5.

De sua parte, as Brancas desenvolverão, dobrarão na Coluna d e aumentarão lentamente a pressão. Podem preparar uma ruptura com e5 ou um avanço geral com g4.

**11 ♗e3 ♘c5 12 ♗f2 ♘e6 13 ♕d2 ♘xd4
14 ♗xd4 ♗e6 15 ♖ad1 ♘d7**

Direcionado contra e5.

**16 b3 f6 17 ♔h1 ♗f7**

As Negras têm uma posição passiva, mas jogável. As Brancas ficam um pouco melhor, mas precisarão de tempo para organizar uma ruptura (talvez o plano g4-g5 deva ser considerado). No caso, a partida ficou rapidamente empatada.

E agora, algo completamente diferente:

## Contra-ataque

**Renet – Fressinet**
*Clichy (partida rápida) – 2001*
8...♗f8 9 ♗f3 c5!? *(D)*

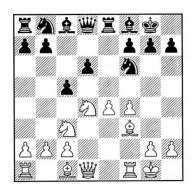

Este movimento audacioso foi tentado por pelo menos dois GMs muito fortes e em pelo menos 20 partidas! As Negras não aceitam defender-se passivamente, e, portanto, visam as casas negras centrais (com ...♘c6 em seguida) e permanece verdadeira a idéia básica de limitar o centro das Brancas. Isso por si só não compensa sua estrutura de peões, mas as Negras também desejam avançar seus peões da Ala da Dama e atacar as peças das Brancas nessa Ala. Para esse fim, ela terá o apoio de um Bispo em d7 e da Torre em b8. A desvantagem óbvia é seu Peão d atrasado em uma coluna aberta. Mas como vemos em diversas variantes da Defesa Siciliana, tal Peão não é necessariamente um problema.

Existem linhas como esta na Variante Fianqueto da Defesa Índia do Rei. Nessa Abertura, o Bispo das Brancas está em g2, que é obviamente análogo a um Bispo em f3 na Philidor. Na posição diante de nós, porém, as Negras está sem o Bispo poderoso em g7 que caracteriza a DIR, uma condição que parece ser uma grave desvantagem. Todavia, a partir de f8, o Bispo protege a única fraqueza das Negras em d6!

Como as Brancas devem reagir? Obviamente, ela terá que limitar a expansão das Negras (presumivelmente com a4). E devem, finalmente, expandir-se no centro e na Ala do Rei. O movimento g4 é recomendável, embora tenha que ser devidamente oportuno, para não enfraquecer a posição de seu Rei.

**10 ♘de2**

A primeira decisão das Brancas é importante: onde colocar o Cavalo? A partir de e2, ele tem perspectivas de ajudar na Ala do Rei, mas ainda não tem nenhuma casa em particular para onde ir. 10 ♘de2 também permite a uma das peças negras estabelecer-se em g4.

A escolha mais comum tem sido 10 ♘b3, que mantêm as peças brancas mais livres para se moverem e a casa g4 coberta, mas a partir de b3, o Cavalo também não tem nenhum lugar especial para ir. Algumas idéias fascinantes resultam depois de 10...♘c6 *(D)*:

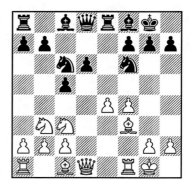

Aqui, as Brancas tentaram diversos movimentos para quebrar a organização estranha das Negras:

a) 11 ♔h1 a5!? (11...♖b8 e 11...a6 parecem mais naturais) 12 a4 ♗e6 13 ♘d5 ♖c8?! (13...♘b4! é igual) 14 ♗d2 deu às Branca peças um pouco melhores em Brodsky-G.Kuzmin, ECC Pula – 1994.

b) 11 ♖e1 a5?! (este plano parece agradar aos jogadores, mas 11...♖b8 parece consideravelmente melhor) 12 a4 d5? (12...♗e6) 13 e5 (ou 13 ♘xd5!) 13...d4 14 ♘b5 ♘d7 15 c3! dxc3 16 bxc3, Yurtaev-Payen, Calcutá – 2000. As Negras estão com falta de lances aqui

c) 11 ♗e3 d5!? (o movimento mais estranho de todos!) 12 exd5 ♖xe3 13 dxc6 ♕b6 14 ♕d2?! (14 ♘d2!?). A estratégia geral das Negras é um pouco difícil de acreditar, mas neste ponto, elas disparam 14...♖xf3! 15 ♖xf3 c4+ 16 ♘d4 ♗c5 17 ♔h1 (17 ♖d1 ♗g4) 17...♗xd4 18 ♖d1 ♗g4 19 ♕xd4 ♗xf3 20 ♕xb6 axb6 21 gxf3 bxc6 com igualdade, Smirin-G.Kuzmin, Campeonato na URSS (Leningrado) – 1990. Note que esta foi uma partida de alto nível de Grandes Mestres.

**10...♘c6** *(D)*

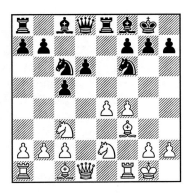

Agora, o avanço e5 está proibido por algum tempo, e colocar o Cavalo em d5 é inofensivo, ou pior. Você pode reconhecer este tipo de posição, da Defesa Siciliana.

**11 h3**

11 f5?! ♖b8 (11...♘e5!) 12 ♗g5 ♗e7 13 ♗f4 b5! 14 ♕d2 b4 15 ♘d1 ♗a6! 16 ♖f2 ♗f8 e as Brancas ficaram totalmente desorganizadas em Scholl-Lutikov, Amsterdã – 1968.

**11...♗d7 12 g4!? h6! 13 ♘g3 ♘d4**

A casa ideal para as Negras.

**14 ♗g2 b5!? 15 a3 ♗c6**

Isto ocupa a melhor casa de escape para o Cavalo d4 das Negras, mas põe pressão em e4. 15...♖b8 é mais seguro e totalmente igual.

**16 ♗e3 ♕b6 17 b4!?**

17 g5!? é interessante, agora que a Dama negra abandonou a Ala do Rei.

**17...a5! 18 bxc5?!**

As Brancas visam e5, mas ativam as peças negras ao invés das suas.

**18...dxc5 19 e5 ♗xg2 20 ♔xg2 ♕c6+ 21 ♔h2 ♖ad8 22 ♗xd4 ♖xd4 23 ♕f3?!** *(D)*

23 ♕e2 ♖ed8 24 ♖ad1 ♘e8 planejando ...♘c7 provavelmente é melhor para as Negras, mas controlável.

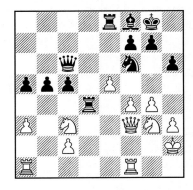

**23...♖d2+ 24 ♔h1 ♕xf3+ 25 ♖xf3 ♘d5!**

Agora, as Negras têm um Final melhor.

**26 ♘xb5**

26 ♘ge4 ♖d4 27 ♘xd5 ♖xd5 28 ♘c3 ♖d2 29 ♘xb5 ♖xc2 30 ♖c3 ♖f2!. A Torre ativa e o Bispo versus Cavalo favorecem às Negras.

**26...♖xc2 27 ♖d1 ♖b8! 28 a4 ♘b6 29 ♘a3 ♖b2 30 ♖c1 ♘xa4 31 ♘c4 ♖2b3**

31...♖a2! é ainda melhor.

**32 ♖xb3 ♖xb3 33 ♔g2 ♖b4 34 f5? ♘b2! 35 ♘xa5 ♘d3**

Aqui, as Negras estão vencendo claramente o Final. Muito instrutivo.

## Ponto Forte e5

**3...♘d7** *(D)*

Embora não se sobreponha aos temas gerais que estamos apresentando, deve-se saber que depois de 3...♘f6 4 dxe5 surge outra questão da ordem de movimentos (4 ♘c3 ♘bd7 é a linha principal) 4...♘xe4 5 ♕d5 ♘c5 6 ♗g5 ♕d7!? (após 6...♘e7 7 exd6 ♕xd6 8 ♘c3 0-0, as Brancas podem escolher) 7 exd6 ♗xd6 8 ♘c3; por exemplo, 8...0-0 9 0-0-0 ♘c6 10 ♘b5 ♕f5 11 ♘xd6 cxd6 12 ♕xf5 ♗xf5 13 ♗e3 ♘b4! 14 ♘d4, Shur-Maliutin, Moscou – 1997; agora, as Negras deveriam jogar 14...♗g6, quando as Brancas têm alguma vantagem, embora a posição ainda seja complexa.

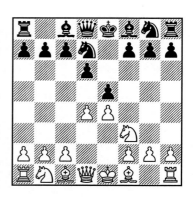

**4 ♘c3**

4 ♗c4 causa seu próprio conjunto de problemas para as Negras: 4...c6 (4...♗e7? 5 dxe5 ♘xe5 {5...dxe5?? 6 ♕d5} 6 ♘xe5 dxe5 7 ♕h5 g6 8 ♕xe5) 5 ♘c3 ♗e7 6 dxe5 dxe5 7 ♘g5! ♗xg5 8 ♕h5 com uma posição com dois Bispos para as Brancas. Nesta situação, as Negras terão um contrajogo decente, caso se mobilizem rapidamente; 8...♕e7! 9 ♗xg5 ♘gf6 10 ♕h4 b5 11 ♗b3 ♘c5 e, por exemplo, 12 0-0-0 0-0 13 ♗xf6 ♕xf6 14 ♕xf6 gxf6 15 f3 a5. As Brancas devem ficar melhor nesta variante, mas não muito. Assim, 3...♘d7 parece manter-se melhor que 3...♘f6. Novamente, as linhas das duas últimas notas são uma questão de jogo prático, não de compreensão, mas serão importantes se você decidir fazer a ordem tradicional dos movimentos da Philidor 1 e4 e5 2 ♘f3 d6, ao invés de 1 e4 d6 2 d4 ♘f6 3 ♘c3 e5.

**4...♘gf6 5 ♗c4 ♗e7 6 0-0 0-0**

Desta vez, vemos as Negras fortalecendo e5 como fazem em muitas linhas da Ruy Lopez.

**7 ♖e1** *(D)*

Normalmente, as Brancas jogam a posição, com 7 ♕e2 c6 8 a4 ♕c7 9 ♖d1, quando as Negras podem fazer conforme recomendado na nota para 8 a4.

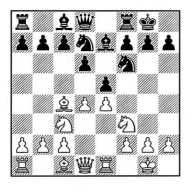

**7...c6**

Um movimento necessário para conseguir um pouco de espaço para manobra e também continuar com a superproteção do Peão e5 por meio de ...♕c7.

**8 a4** *(D)*

Este movimento impede ...b5, que conquistaria muito espaço necessário com ganho de tempo. A única maneira boa de prosseguir sem ele é jogar d5, planejando enfrentar ...b5 com ...dxc6, um tema descrito abaixo. Mas, nesta posição, as Negras apenas poderiam contornar o problema com ...a5 e ...♘c5, uma vez que dxc6 será respondido, confortavelmente, com ...bxc6, controlando d5.

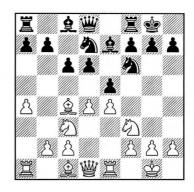

Quais são os objetivos das Negras agora? Geralmente, elas continuarão com ...♕c7 e/ou ...♖e8, para amparar e5 enquanto mantêm um olho no Peão d6. Então, chegamos ao ponto no qual elas precisam desenvolver seu Bispo da Dama. Isso pode ser preparado com as jogadas seguras ...h6, ...♖e8 e ...♗f8 (ou mesmo ...♘f8) ou as Negras podem começar imediatamente. Se lhes permitirem completar o seguinte plano, geralmente terão seus problemas resolvidos: as Negras colocam seus peões em b6 e a6, seu Bispo em b7 e, então, avançam com ...b5. Com o desenvolvimento completado e jogo na Ala da Dama, devem ficar bem, especialmente uma vez que suas idéias de ...b4 e ataque central não são, absolutamente, fáceis de defender.

Então, o que farão as Brancas? Existem várias respostas, dependendo do estilo de jogo de cada um e das particularidades da posição. Elas têm o desafio de fazer a ruptura das defesas das Negras e desta vez, não há nenhuma coluna aberta ou Peão atrasado a focar. Porém, no momento em que as Negras jogam ...b6 (e antes de ...♗b7), elas ficam vulneráveis ao movimento d5, uma vez que capturar deixará as Brancas na posse do principal posto avançado em d5. Se as Negras já tiverm jogado ....♗b7 antes das Brancas jogarem d5, então, as Negras terão melhores chances de fazer uma troca em massa favorável nessa casa. A partida ficará na dependência de se as trocas e a simplificação deixaram alguma compensação para as Brancas ou se elas podem reprimir o contrajogo das Negras por outros meios. Existem três alternativas padrão para d5:

a) b3 e ♗b2 ou ♗a3;

b) a5, para dificultar os planos das Negras na Ala da Dama; e

c) ♘h4-f5.

Conseqüentemente, este tipo de análise sugere que o plano das Negras deveria ainda ser mais eficaz se o Bispo das Brancas estivesse em e2 ou f1, onde costuma ser colocado.

Devemos ver estas contra-estratégias na próxima partida de amostra e na nota para o 9º lance das Brancas.

### Vehi Bach – Cifuentes
*Platje d'Aro Barcino – 1994*

**8...♕c7** *(D)*

Uma batalha de pesos-pesados, Ivanchuk-Azmaiparashvili, Montecatini Terme – 2000, mostra a perda das Negras, da casa d5 e sua reação: 8...♖e8 9 a5 (9 ♘g5 ♖f8 não é útil) 9...♗f8 10 d5 b5!?

(10...♕c7 parece mais natural, mas as Negras não desejam ser esmagadas até a morte) 11 ♗b3! (11 axb6 ♘xb6 12 ♗b3 cxd5 13 exd5 é um tipo de posição que vemos em diversas Aberturas, onde o maioria potencialmente móvel da Negras na Ala do Rei é teoricamente superior à das Brancas na Ala da Dama; por exemplo, ...g6, ...♗g7, ...♘h5 e ...f5 finalmente, poderiam seguir; certamente, as especificidades da posição irão superar esse fator por algum tempo, mas acho que as Negras ficam bem) 11...cxd5 12 ♘xd5 h6 (versus ♗g5) 13 c3!? (13 ♕e2! a6 14 ♗e3 com uma vantagem pequena, porém, definitiva) e aqui, ao invés de 13...a6 14 ♗e3 com um controle em b6, as Negras deveriam ter jogado 13...♗b7 14 a6 ♗c6, quando têm o Peão d atrasado, mas que está bem defendido (como na Defesa Siciliana). Então, as Brancas apenas têm uma superioridade formal.

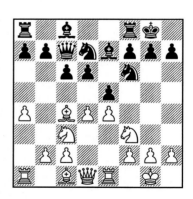

**9 h3**

As Brancas têm outras continuações temáticas. Nem todas elas foram colocadas em prática contra uma oposição desafiadora.

a) Algumas vezes, as Brancas desenvolvem-se com 9 b3, tendo ♗a3 ou ♗b2 em mente. Então, 9...b6!? 10 d5!? ♗b7 11 dxc6 ♗xc6 12 ♗b2 ♘c5 13 ♘d2 ♖ac8! fornece uma pressão de peças para compensar a casa d5 e o potencial das Brancas na Coluna d.

b) Uma das principais idéias das Brancas é tentar ter um Cavalo em f5; por exemplo, 9 ♗g5 h6! (9...b6 10 ♕d2 ♗b7 11 ♘h4! {11 dxe5 ♘xe5} 11...exd4 12 ♘f5 fornece às Brancas partida melhor; sempre que algo assim não pode ser impedido, o plano ...♖e8 e ...♗f8 parece melhor) 10 ♗e3 ♖e8 *(D)*.

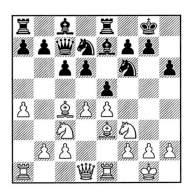

11 ♘h4!? (as Brancas devem ficar um pouco melhor em tais posições, embora não esteja claro o que devem jogar; talvez 11 a5) 11...exd4! (normalmente, esta é uma boa resposta para ♘h4, que enfraquece o controle em d4) 12 ♗xd4 ♘e5 13 ♗b3 ♗g4! 14 f3 ♘fd7 15 ♘f5 ♗xf5 16 exf5 d5. Esta posição é difícil de avaliar, uma vez que ambos os lados têm vantagens.

c) 9 a5 é uma alternativa natural para impedir os planos das Negras na ala da Dama. Então, uma idéia padrão para as Negras é continuar a fechar os espaços com 9...h6 (versus ♘g5) 10 b3 ♖e8 11 ♗b2 e agora, 11...♗f8 ou 11...♘f8!? 12 h3 ♗e6.

São apenas esboços de várias disposições. Na maioria dos casos, provavelmente, as Brancas manterão alguma vantagem com o jogo apropriado, mas não o suficiente para invalidar a Abertura das Negras. Incidentalmente, este tipo de análise sugere de novo que a estratégia das Negras seria mais eficaz se o Bispo das Brancas estivesse em e2 ou f1, onde normalmente é colocado.

**9...b6 10 ♗g5 a6!**

Neutralizando a idéia a5 e ao mesmo tempo, considerando a expansão com ...b5.

**11 ♕e2 ♗b7** *(D)*

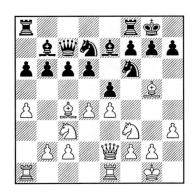

**12 dxe5**

12 ♖ad1 b5 13 ♗b3 produz uma estrutura padrão de peões (que também surge na

Defesa Índiana Antiga, na Defesa Índia do Rei, e algumas vezes na Ruy Lopez). As Negras têm suficiente contrajogo.

**12...♘xe5**

12...dxe5?! 13 ♘h4! e ♘f5.

**13 ♘xe5 dxe5 14 ♖ad1 b5**

Assim que este lance ocorrer, tudo estará bem. Note como nem o Cavalo das Brancas nem o Bispo têm uma casa de avanço para a qual possam ir.

**15 ♗b3 h6 16 ♗h4 ♖ad8 17 axb5 axb5 18 ♖xd8 ♖xd8 19 ♖d1** *(D)*

**19...♗c8!?**

Uma boa idéia, redirecionando o Bispo para uma posição mais ativa. Como o Peão e4 das Brancas ainda é uma preocupação e seu Bispo está longe do centro em h4, o movimento 19...♖d4! provavelmente era ainda melhor. Em geral, as Negras conseguiram uma excelente atividade, criando alguns problemas que as Brancas não precisavam ter permitido na pressa de simplificar.

**20 ♖xd8+ ♕xd8**

A Abertura acabou, as Negras têm pelo menos igualdade e talvez mais, pois o Bispo h4 brancos não está participando, mas a troca ♗xf6 cederia o par de Bispos.

# Capítulo 8

# Ruy Lopez

**1 e4 e5 2 ♘f3 ♘c6 3 ♗b5** *(D)*

Estes movimentos constituem a Ruy Lopez, apropriadamente chamada de 'Rainha das Aberturas'. Ela dominou o Xadrez 1 e4 e5 por mais de 100 anos e é considerada a melhor chance paraas Brancas conseguirem a vantagem no jogo que segue com 2...♘c6. Disso, depende a popularidade do próprio 1 e4, uma grande responsabilidade para um único movimento manter.

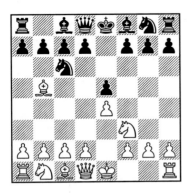

Qual é o motivo de 3 ♗b5? O primeiro instinto é que ele ameaça 4 ♗xc6 seguido de 5 ♘xe5, mas a resposta mais popular das Negras 3...a6 mostra que não é o caso, pelo menos não imediatamente. Então, evidentemente, as Brancas desejam rocar rapidamente. Mas, então, por que a maioria dos jogadores usa 3 ♗b5 ao invés do movimento mais agressivo 3 ♗c4, que atinge o Peão f7 fraco das Negras? A resposta é que 3 ♗b5 é um movimento profilático que funciona para esmagar as oportunidades do oponente. Se você esudar as linhas principais depois de 3 ♗c4, por exemplo, verá que o principal movimento defensivo por contra-ataque das Negras, na maioria dos casos é ...d5 (como na maior parte das variantes depois de 1 e4 e5), atacando o Bispo e estabelecendo-se no centro. Mas, colocar o Bispo em b5, impede ou desencoraja essa jogada. Vejamos como isto funciona em alguns casos simples. Obviamente, o movimento imediato 3...d5? é ruim, devido a 4 exd5 ♕xd5 5 ♘c3 com uma perda terrível de tempo para as Negras. Mas e se as Negras imitarem sua resposta a 3 ♗c4 jogando como se vê a seguir?

3...a6 4 ♗a4 b5 5 ♗b3 *(D)*

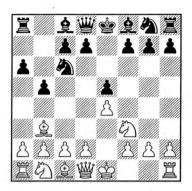

Afinal, as Brancas estão na mesma diagonal como após 3 ♗c4 e as Negras têm alguns movimentos extras em ...a6 e ...b5 que podem ajudar em sua posição ou, pelo menos, não a prejudicarem.

A resposta é que o movimento ...d5 não pode mais ser jogado com ganho de tempo, o que impacta negativamente as defesas normais das Negras após 3 ♗c4. Essa consideração anula todas as outras, como podemos ver na análise a seguir (veja os Capítulos 5 e 6 sobre 3 ♗c4, se precisar). Primeiro, compare a antiga linha 3 ♗c4 ♘f6 4 d4 (note que depois de 4 ♘c3, as Negras têm a excelente resposta 4...♘xe4! 5 ♘xe4 d5, considerando que isso seria um erro grave com o Bispo das Brancas em b3) 4...exd4 5 e5, quando 5...d5! ganha um tempo crítico. Não com um Bispo em b3, ao invés de c4. Então, veja a outra defesa da linha principal para 3 ♗c4, ou seja, 3...♗c5 4 c3 ♘f6 5 d4 exd4 6 cxd4 (6 e5 d5!) 6...♗b4+ 7 ♗d2 ♗xd2+ 8 ♘bxd2 d5! 9 exd5 ♘xd5 com igualdade; a Ruy Lopez impede tais soluções, como mostrarei abaixo para esclarecer.

**5...♗c5**

O equivalente da Defesa com Dois Cavalos seria 5...♘f6 6 d4! *(D)* (6 ♘g5 provavelmente não é nenhuma melhoria das linhas principais 3 ♗c4 ♘f6, mas é errado):

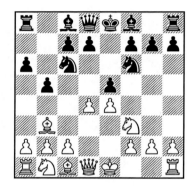

6...exd4 (após 6...♘xe4 7 dxe5, as Brancas ameaçam ♕d5 e ♗xf7+, portanto, as Negras precisam jogar 7...♘c5, quando 8 ♗d5 retém o Bispo e estabelece uma posição superior – o Peão e5 prende o jogo das Negras) 7 e5 ♘g4 (...d5 não é resposta!) 8 0-0 e as Brancas ameaçam h3 e ♖e1. Uma linha de amostra poderia ser 8...♗b4 (impedindo ♖e1; 8...♘gxe5?? perde para 9 ♘xe5 ♘xe5 10 ♖e1 d6 11 f4) 9 c3 (ou 9 ♗d5 ameaçando h3) 9...dxc3 10 bxc3 ♗c5 11 ♕d5! ♕e7 12 ♗g5 ♕f8 13 h3 ♘xf2 14 ♖xf2 ♗xf2+ 15 ♔xf2 e as peças brancas dominam o tabuleiro. Note como sem o movimento ...d5, as Negras não foram capazes de disputar o centro.

**6 c3 ♘f6 7 d4 exd4 8 e5!**

Se o Bispo das Brancas estivesse em c4, as Negras teria o recurso ...d5! neste ponto. Ao contrário, o Cavalo tem que se mover e perde tempo. Por exemplo:

**8...♘e4**

8...♘g4 9 cxd4 ♗b4+ 10 ♘c3 e as Brancas caça os Cavalos com h3 seguido, em alguns casos, de d5.

**9 ♗d5!** *(D)*

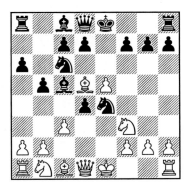

O movimento das Brancas serve não apenas para atacar o Cavalo e4 quase preso, mas também para impedir ...d5. Este é o tema envolvido no movimento ♗b3 prematuro.

**9...f5**

As Negras podem tentar a conquista um pouco fácil de três peões por uma peça com 9...♘xf2?! 10 ♔xf2 dxc3+, mas após 11 ♔g3!, as Brancas conectam as Torres e ameaçam 12 ♗xf7+ ♔xf7 13 ♕d5+. Assim, as Negras ficam presas com 11...cxb2 12 ♗xb2 0-0 13 ♘c3! (ou 13 h4) 13...♗b7 14 ♘e4 ♗e7 15 ♕d2 e as

Brancas dominam o tabuleiro. Seu rei é intocável e, em geral, três peões não valem uma peça menor neste estágio inicial da partida (a menos que dois ou três deles sejam passados e estejam moderadamente avançados). Quando você decompõe a atividade das Brancas e o desenvolvimento bem superior, a avaliação fica clara.

**10 cxd4 ♗b4+ 11 ♘bd2**

As Negras nem rocar podem, mas as Brancas jogarão 0-0 e ganharão uma vantagem muito grande.

Oficialmente, as Negras podem tentar justificar 1 e4 e5 2 ♘f3 ♘c6 3 ♗b5 a6 4 ♗a4 b5 5 ♗b3 com o movimento estranho 5...♘a5!? (a 'Variante Norueguesa'), com base em 6 ♘xe5 ♘xb3 7 axb3 ♕g5 etc. Mas, simplesmente 6 0-0 d6 7 d4, é considerado como dando vantagem às Brancas.

Voltando a 3 ♗b5, vimos uma razão localizada para preferir 3 ♗b5 a 3 ♗c4. Mas o que caracteriza a Ruy Lopez em si? Como cada variante de Abertura que começa no movimento 3 é muito diferente em atributos, não podemos falar da 'natureza' da Ruy Lopez sem nos referirmos a sistemas específicos. O modo mais interessante de abordar o assunto é ter uma visão histórica um pouco impressionista. Nos primeiros dias da Ruy Lopez, vimos alguma experimentação compreensível com movimentos como 3...♘d4 e 3...f5, ambos jogáveis ainda hoje, mas às margens da legitimidade. Na medida em que os conceitos posicionais foam se solidificando, os Grandes Mestres do final do Século XIX e início do Século XX lançaram-se em direção a 1 e4 e5 2 ♘f3 ♘c6 3 ♗b5 d6, que é visto nas partidas de Steinitz, Lasker, Capablanca e muitos outros. Sem devotar um bom tempo para examinar esta variante (um exercício que valeria a pena), não poderei demonstrar suas desvantagens; mas o ponto crucial é lembrar que as Negras serás forçadas imediata ou finalmente a entregar o centro, por meio de ...exd4, para evitar uma passividade completa. Tarrasch é famoso por ajudar a demonstrar este fato (e, na verdade, ele propôs uma variante mais dinâmica da Ruy Lopez Aberta como alternativa para as linhas ...d6).

Então, vieram as conhecidas variantes 'Fechadas'. Ultimamente, cresceu o descontentamento da maioria dos jogadores, por terem que viver nas situações apertadas, que 3...d6 e ...exd4 geralmente impunham. Sem recusar as opções, como a recentemente revivida 3...♘f6 (a Defesa Berlinense) 4 0-0 ♘xe4 5 d4 ♘d6 6 ♗xc6 dxc6 7 dxe5 ♘f5, achamos que a preponderância dos Mestres voltou-se para a ordem de movimentos mais sutil 3...a6 4 ♗a4 ♘f6 seguida de ...♗e7, ...b5 e ...d6. As variantes resultantes tendiam a impedir as Brancas de ganharem o grau de espaço que controlavan nas antigas linhas ...exd4. Essas formações, discutivelmente as mais importantes em consistência em toda a história do Xadrez, são chamadas, coletivamente. de 'Ruy Lopez Fechada'. Caracterizam-se por peões bem defendidos em d6 e e5, que formam um baluarte de proteção contra os avanços das Brancas. Geralmente, as Negras conseguem um desenvolvimento tranquilo que visa cada casa central. Na medida em que as Brancas impedem os movimentos de liberação das Negras, de igual forma, as Negras impedem as Brancas de redistribuir suas peças sem arriscar a escapada das peças adversárias de suas regiões restringidas. Em particular, os movimentos ...d5 e ...exd4 têm o potencial do dinamismo que pode tirar vantagem das peças menores relativamente defensivas das Brancas. Nesse ínterim, seu Ponto forte e5 e o Peão em d6 fornecem-lhes uma âncora na 4ª fileira, que geralmente faz falta em outras Aberturas e4, como, por exemplo, Siciliana, Caro-Kann, Pirc, Alekhine etc. Discutivelmente, apenas a Defesa Francesa mantém, habitualmente, um ponto forte na 4ª fileira e isto ao custo de um Bispo das casas brancas passivo. Na Ruy Lopez também, geralmente há uma peça passiva na forma do Bispo atrás das linhas em e7. Contudo, esse Bispo sempre é desenvolvido depois da primeira fileira e pode, teoricamente, influenciar ambos os lados do tabuleiro.

Esta foi a longa história da Ruy Lopez até as últimas duas décadas. Depois de jogarem as posições de Ponto Forte por muito tempo, as Negras começaram a procurar possibilidades mais dinâmicas. Primeiro, sem abandonar inteiramente a idéia de manter um Peão em e5 nos estágios iniciais da Abertura, os principais jogadores usaram cada vez mais o jogo de peças para visar o centro. A Defesa Chigorin e as linhas relacionadas, foram suplementadas com sistemas que dispensavam...c5, inteiramente, para atacarem e4 por meio de ...♗b7 e ...♖e8, com a intenção de trocar peões e até mesmo o avanço de liberação ...d5. Neste caso, por exemplo, o desenvolvimento da dinâmi-

## CAPÍTULO 8 – RUY LOPEZ | 175

ca Variante Zaitsev com seus avanços ativos, na antigamente enfadonha Defesa Breyer. Nos últimos tempos, têm aparecido novos caminhos encontrados ´para abrir linhas em determinadas posições, com base no modo de desenvolvimento das Brancas. Dentro das estruturas ...e5/ ...c5 da Defesa Chigorin, por exemplo, as Negras pularam ...♛c7 em favor de trocar imediatamente os peões centrais e em outros casos, o lance...exd4 sozinho tem sido usado para estabelecer uma maioria na Ala da Dama acompanhada do desenvolvimento das peças ativas. Mais interessante tem sido a liquidação completa do centro por meio das duas trocas ...cxd4 e ...exd4. Finalmente, o confronto com ...d5 está em alta.

O que estão as Brancas tentando fazer nas variantes Fechadas? A primeira coisa a perceber é que existem muito poucas variantes nas quais elas iniciem um ataque de mate ou aja, com particular agressividade, dentro dos dez primeiros lances. Nas variantes principais, sua idéia continua a ser profilática, ou seja, elas tentam limitar os movimentos das Negras àqueles que sejam um tanto passivos e falhem em liberar seu jogo. A idéia é que sua vantagem de espaço no centro (de modo algum substancial) permite manter a partida sob controle. Quando as Negras ficam felizes e tentam a tática, as Brancas tentam ditar as normas de modo que se saiam bem de quaisquer escaramuças. Nesse meio-tempo, as Brancas constroem lentamente sua posição e colocam pressão em, pelo menos, uma área do tabuleiro e, geralmente, em duas. Um ataque na Ala da Dama começando com

a4 é comum, porque não é tão fácil, para as Negras, defender b5 sem comprometer sua posição. Mas com o tempo, as Brancas também poderão montar um ataque na Ala do Rei. Neste sentido, note a direção na qual os Bispos das Brancas visam na Ruy Lopez, podendo ser reforçados pelos Cavalos em f5 (depois do aparentemente exótico mas agora rotineiro ♘d2-f1-g3/e3 ), enquanto que o outro Cavalo pode ir para g5 ou, por exemplo, para g4 através de h2. Se ♘f5 for impedido por ...g6, as Brancas algumas vezes jogarão ♗h6 (cutucando a Torre para fora da sensível casa f7), ou ♛f3 etc. Como ideal (do ponto de vista das Brancas), as Negras terão que jogar defensivamente até não poderem se proteger de rupturas em ambas as Alas. Este programa de partida é o que é definido, com loquacidade, como 'Tortura Espanhola'. Devemos ver como os planos das Brancas se desenvolvem, quando examinarmos as variantes Fechadas individuais abaixo. A propósito, em suas linhas gerais, a descrição acima também se aplica à Ruy Lopez Aberta: as Brancas tentam manter o dinamismo das Negras sob controle e, então, desviam-se para um aumento gradual de suas vantagens posicionais.

Vejamos os movimentos que introduzem a Ruy Lopez Fechada:

**1 e4 e5 2 ♘f3 ♘c6 3 ♗b5 a6 4 ♗a4**

Veremos a Variante das Trocas com 4 ♗xc6 dxc6 posteriormente. Note que após 5 ♘xe5 ♛d4, as Negras recuperam seu Peão. Assim, se o Peão e das Brancas estiver protegido, a captura em e5 poderá tornar-se uma ameaça.

**4...♘f6** *(D)*

Vimos o movimento 4...b5 acima.

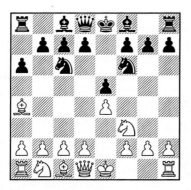

Com este movimento flexível, as Negras ameaçam o Peão e importante das Brancas antes de se decidir sobre o desenvolvimento de suas outras peças.

**5 0-0**

Por exemplo, o movimento 5 d3 passivo permite às Negras tornarem-se mais agressivas sem arriscar muito: 5...b5 (note que como e4 está coberto, ♗xc6 e ♘xe5 tornaram-se uma ameaça; porém, 5...♗c5 é outra ordem de movimentos legítima, pois 6 ♗xc6 dxc6 7 ♘xe5? perde para 7...♕d4 – pois f2 e o Cavalo e5 ficam pendentes) 6 ♗b3 ♗c5 7 0-0 (7 ♘xe5 ♘xe5 8 d4 ♗xd4 {8...♘xe4!? 9 dxc5 ♗b7 10 0-0 ♕f6 também é possível} 9 ♕xd4 d6 deixa as Negras com um tempo inteiro na Variante M−ller; dedicaremos uma seção a essa variante abaixo) 7...d6. As Negras têm o Bispo fora de sua cadeia de peões e ficam sólidas. Naturalmente, há muito mais que pode ser dito sobre 5 d3, mas, em geral, as Brancas aguardariam um movimento ou dois até verem o que cabe a seu oponente.

**5...♗e7**

A primeira decisão importante sobre como as Negras definirão sua posição. Após 5...b5 6 ♗b3, 6...♗c5 é a Variante Møller, examinada em profundidade depois; e 6...♗b7 é chamado de Arkhangelsk, uma variante que eu não examinarei. A principal alternativa é 5...♘xe4, a importante Variante Aberta, que alcança sua posição padrão depois de 6 d4 b5 7 ♗b3 d5. Isto será analisado em detalhes em sua própria seção.

**6 ♖e1**

6 d4 é uma linha secundária que poderia não ser muito interessante, se não tivéssemos visto algo assim na introdução da Ruy Lopez acima, mas com os movimentos ♗b3 e ...b5 incluídos. As Brancas ganharam a vantagem, mas aqui, a presença do Bispo em a4 torna a igualdade relativamente fácil. Dois pequenos exemplos depois de 6...exd4:

a) 7 e5 ♘e4 8 ♘xd4 (8 ♖e1 ♘c5 enfatiza a posição ruim do Bispo em a4) 8...0-0 9 ♘f5 d5 10 exd6 (10 ♘xe7+ ♕xe7 11 c3 ♘c5 12 ♗c2 ♗f5 é igual) 10...♗xf5 11 dxe7 ♕xe7 12 ♗b3 ♘c5 13 ♘c3 ♘xb3 14 cxb3 ♕xd1 15 ♖xd1 ♖ad8 16 ♗f4 ½-½ Kramnik-Adams, Cap d'Agde (rápida) – 2003. Nenhum lado tem nenhum ataque ou fraqueza estrutural.

b) 7 ♖e1 b5 8 e5!? ♘xe5 9 ♖xe5 d6 10 ♖e1 (o movimento, inicialmente atraente, 10 ♖xe7+ ♕xe7 11 ♗b3 convida a 11...c5!) 10...bxa4 11 ♘xd4 ♗d7

12 ♕f3 0-0 13 ♘c6 ♗xc6 14 ♕xc6 ♘d7!? 15 ♘c3, Zapata-Anand, Olimpíada em Manila – 1992. Agora, o mais simples é 15...♗f6!, planejando ...a3.

**6...b5 7 ♗b3** *(D)*

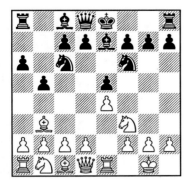

**7...d6**

Esta é uma decisão realmente muito importante que algumas vezes é mal compreendida. Como sempre, envolve a ordem de movimentos. Se as Negras jogarem 7...0-0 neste ponto, poderão responder 8 c3 com o famoso Ataque Marshall 8...d5, como analisaremos posteriormente. Para evitar isso, as Brancas geralmente jogarão o Anti Marshall 8 a4 (como popularizado por Kasparov) ou 8 h3 com uma intenção parecida (neste caso, para permitir às Brancas capturarem o Peão com segurança depois de 8...d5 9 exd5 ♘xd5 10 ♘xe5). Porém, após 7...d6, o movimento 8 a4 não é mais muito eficaz porque e5 está defendido e as Negras podem desenvolver-se suavemente com 8...♗d7, 8...b4, 8...♗b7 ou até 8...♘a5!?; veja a seção sobre o Ataque Marshall para obter detalhes. Após 8 h3, as Negras podem jogar 8...0-0 (8...♗b7 ou 8...♘a5!), quando 9 c3 retorna para a linha principal.

Resumindo: após 7...0-0, as Brancas podem jogar o Anti Marshall 8 a4 ou permitirem o Marshall com 8 c3 d5. Escolhendo 7...d6, as Negras adiantam-se ao Marshall, mas abrandam o movimento a4 do Anti Marshall.

**8 c3 0-0 9 h3** *(D)*

O movimento imediato 9 d4 tem experimentado popularidade periódica, mas você mesmo terá que fazer o trabalho para descobrir seus segredos. Como a função de 9 h3 era impedir e imobilização de seu Cavalo, as Negras terão uma vantagem imediata da chance de lutar por d4 com 9...♗g4. Isso dá às Brancas a escolha de 10 d5, quando as Negras tentarão abrir a cadeia de peões das Brancas com uma jogada ...c6 oportuna; por exemplo, 10...♘a5 11 ♗c2 ♕c8!? (11...c6 12 dxc6 ♕c7 é a antiga variante, talvez não tão boa; de qualquer modo, as Negras desejam recapturar com um Bispo ou uma Dama em c6 para manterem algum controle de d5) 12 h3 ♗d7! 13 ♘bd2 c6 com uma batalha complexa à frente. A alternativa 10 ♗e3 pode levar praticamente a qualquer lugar; por exemplo, 10...exd4 11 cxd4 d5 (ou 11...♘a5 e ...c5) 12 e5 ♘e4, mas as Negras devem evitar 10...♘xe4? 11 ♗d5 ♕d7 12 ♗xe4 d5 13 ♗c2! e4 14 h3 ♗h5 15 ♘e5!.

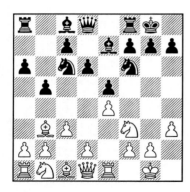

As Brancas preparam-se para jogar d4 a seguir. Este é o ponto de partida de incontáveis garandes batalhas, inclusive partidas nos Campeonatos Mundiais entre Kasparov e Karpov, Fischer e Spassky, e Smyslov versus Botvinnik. Se você olhar as partidas entre os principais Grandes Mestres hoje em dia, verá que continuam a disputar esta mesma posição e a adicionar novas idéias.

Agora, devemos analisar as Variantes Fechadas, propriamente ditas.

## Defesa Chigorin

1 e4 e5 2 ♘f3 ♘c6 3 ♗b5 a6 4 ♗a4 ♘f6 5 0-0 ♗e7 6 ♖e1 b5 7 ♗b3 d6 8 c3 0-0 9 h3 ♘a5

As Negras fazem a ameaça posicional de trocar o Bispo b3 das Brancas. Isto força a resposta, uma vez que você não pode ceder o par de Bispos em tal posição, sem uma compensação considerável.

10 ♗c2 c5 11 d4 ♕c7 *(D)*

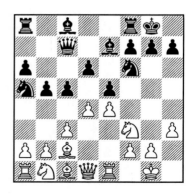

Esta é a Defesa Chigorin Clássica para a Ruy Lopez, diferençada da Chigorin Moderna pelo movimento 11...♕c7. Até agora, a idéia das Negras é clara: tiraram o poderoso Bispo Lopez de sua melhor diagonal, asseguraram algum espaço com ...c5 e, então, adotaram a política do ponto forte defendendo e5. Percebem que uma troca imediata em d4 corresponderia a uma entrega do centro e colocan essa idéia sob controle, com 11...♕c7. As Brancas, porém, têm que ter um cuidado constante com as potenciais trocas no centro, uma situação que as Negras esperam que limitará o desenvolvimento livre de seu oponente. Depois de 11...♕c7, as Negras geralmente tentarão pôr lentamente em jogo suas peças, antes de tomar qualquer ação drástica no centro.

Existem algumas desvantagens nesta estratégia. A primeira tem relação com encontrar um plano positivo útil. Exercer pressão na Coluna c é natural, mas, geralmente, as Brancas podem defender as casas críticas. Em geral, as Negras terão que trazer peças suficientes para permitir que uma captura ou duas em d4 torne o centro das Brancas vulnerável. Nesse ponto, as Brancas podem implementar suas próprias idéias. Elas podem trocar os peões em c5 e tentarem explorar a casa d5 ou podem jogar d5 e, então, atacar nas Alas, algumas vezes por meio de a4 e outras, com um jogo de peças na Ala do Rei. Em geral, as Brancas têm a escolha de desenvolverem suas peças ou fecharem o centro.

O maior problema das Negras tende a ser seu Cavalo em a5. Ela pode retorná-lo para c6, claro, mas isso consome tempo e pode provocar um d5 conveniente. E mais, o avanço d5 das Brancas, por si só, pode manter o Cavalo a5 fora do jogo. Nesse ponto, ...♘c4-b6 não é ruim, mas surge um problema subjacente com ...c5 combinado com ...e5: um Peão em d5 não pode ser enfraquecido com ...c6.

Devemos voltar à idéia de omitir ...♕c7. No momento, eis duas partidas de amostra, que mostrarão a posição Chigorin clássica:

**Ivanchuk – Graf**
*Merida – 2004*

**12 ♘bd2** *(D)*

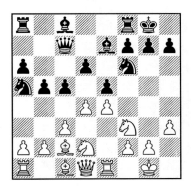

**12...♖d8**

Este é um movimento flexível. Ele desencoraja as Brancas de jogarem dxe5 e deixa seu Bispo na diagonal c8-h3, agora em antecipação a d5. Devemos ver 12...cxd4 na próxima partida, com uma nota sobre 12...♘c6.

**13 b3!**

Também flexível: as Brancas mantêm o Cavalo das Negras fora de c4 e gostariam de fazer lances simples, como, por exemplo, ♗b2 e ♖c1. Embora pareça obscuro neste ponto, b3 também pode funcionar com os movimentos a4 e ♗d3, que são designados a visar b5 – cuidado com este tema em outras partidas com a Ruy Lopez Fechada.

### 13...♗d7

Algumas vezes, as Negras jogam ...♗b7 ao invés de ...♗d7, mas no primeiro caso, elas deve trocar no centro primeiro, por causa de 13...♗b7 14 d5! *(D)*.

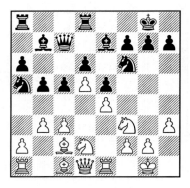

Isto dá às Brancas quase tudo que elas poderiam querer com o avanço de seu Peão, uma decisão de comprometimento que algumas vezes libera a pressão sobre o jogo das Negras. Considere esta posição. O Bispo das Negras está mal colocado em b7 porque seu alcance está limitado pela cadeia de peões das Brancas e infelizmente, o movimento ...f5 não se encontra disponível. Assim, as Negras jogarão ...♗c8 e provavelmente, ...♗d7 com perda de tempo. E o Cavalo em a5? No momento, ele não tem nenhum movimento por causa dos peões das Brancas em b3 e d5; como regra, se as Negras permitirem às Brancas jogar d5, será uma boa idéia ter o movimento ...♘c4 em mãos. Então, mesmo que o Cavalo seja expulso, b6 será um bom lugar para manter um olho na ruptura a4 das Brancas e as Negras conservam as perspectivas de ...♘bd7. Porém, no diagrama (após 13...♗b7 14 d5), as Negras terão que mover seu Bispo para redirecionar o Cavalo para a casa b7 desinteressante. A partir dessa casa, que pena, ele será impedido de se mover pelos peões em d6 e c5. Note que se as Negras jogarem ...c4 e as Brancas jogarem b4, a situação será ainda pior. Tudo bem, é uma posição fechada e talvez o Cavalo possa fazer apenas mais um movimento a partir de b7 para se tornar útil, ou seja, ...♘d8. Mas novamente, está completamente limitado, desta vez pelo Peão d5 das Brancas! Mesmo em uma posição fechada, toda essa reorganização de pouco efeito fornece às Brancas muito tempo para se prepararem e iniciar um ataque. A moral da história é que com um Bispo em b7, as Negras quase sempre devem jogar ...cxd4 e talvez, até...exd4, uma vez que existe o movimento restritivo b3. Com exceção disso, ambos os lados precisam desenvolver uma noção sobre se devem jogar/permitir d5, caso c4 ainda esteja disponível para o Cavalo, e/ou o Bispo das Negras deve ser colocado em d7 para apoiar a Ala da Dama. Estas decisões são muito difíceis e muito auxiliadas pela experiência de jogo com a Abertura.

### 14 ♘f1 ♘c6?!

As Negras têm problemas depois disto. 14...cxd4 15 cxd4 ♖ac8 parece melhor.

### 15 d5 ♘b8 16 a4! ♖a7 17 b4!? c4? *(D)*

Este tipo de posição é quase sempre muito melhor para as Brancas, que têm mais espaço e todo o tempo do mundo para se desenvolver. As Negras deveriam ter jogado 17...cxb4 18 cxb4 ♖c8 19 ♗e3 ♖b7 20 ♖c1 bxa4 21 ♗xa4 ♕d8, apenas para manter algumas linhas abertas. Claro, ainda ficariam mal.

**21...♗c8 22 ♕d2 ♗d8 23 ♘f5 ♘e8** *(D)*

Ou 23...♗xf5 24 gxf5 ♕e7 25 ♔h2 ♗b6 26 ♖g1.

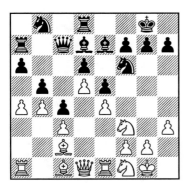

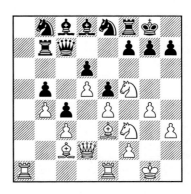

**18 ♗e3 ♖b7 19 axb5 axb5 20 g4!?**

Algumas vezes, as Brancas simplesmente dobram ou até triplicam na Coluna a neste tipo de posição.

**20...♖f8**

Ou 20...h5!? 21 g5 ♘h7 22 h4 f6 23 ♕d2.

**21 ♘g3**

As Brancas sairam da Abertura com uma grande vantagem. As Negras simplesmente têm que evitar estas posições estáticas, a menos que já tenham conseguido concessões posicionais.

Esta posição merece um diagrama. Observe a primeira fileira das Negras. E a Torre acabou de deixar a8! Fora a estética, devemos ficar muito acostumados com uma característica da Ruy Lopez Fechada: independentemente de quem fica melhor, existem excepcionalmente poucas trocas. Aqui, estamos no movimento 23 e não tem havido nenhuma peça trocada e apenas um par de peões.

**24 ♔h1 ♘d7 25 ♘g5 ♘b6 26 f4! exf4 27 ♗xf4 ♗xf5 28 exf5 ♘f6 29 ♗g3!?**

As Brancas poderiam consolidar através de 29 ♘e4! ♘xe4 30 ♗xe4 ♗h4 31 ♖e2.

**29...h6 30 ♘f3?!**

Novamente, 30 ♘e4! foi bem forte.

30...♗e7 31 ♖a5 ♘bxd5 32 h4 ♘xc3?!

32...♕c6 foi a última chance das Negras se manifestarem.

33 ♕xc3 ♘xg4 34 ♖a6 ♕d7 35 ♕d4!

com uma grande vantagem. As Brancas partiram para a vitória.

### J. Polgar – Acs
*Hoogeveen – 2002*

**12 ♘bd2 cxd4**

As Negras abrem a posição para conseguirem algum espaço para respirar.

12...♘c6 realmente está pedindo para as Brancas jogarem dxc5, um movimento favorito de Fischer, que tem em vista ♘f1-e3-d5. Se a prática for um guia, este plano geral causará poucos problemas para as Negras. Mesmo nesta forma favorável para as Brancas (porque o Cavalo c6 fica exposto a uma recaptura em d5), as Negras poderão manter o equilíbrio aparentemente: 13 dxc5 dxc5 14 ♘f1 ♗e6 (não é um movimento que as Negras gostariam de fazer, mas elas têm que correr para cobrirem d5) 15 ♘e3 ♖ad8 16 ♕e2 c4 17 ♘f5 (17 ♘g5 parece atraente, mas 17...h6! 18 ♘xe6 fxe6 dá igualdade – outro caso de Peões e dobrados!) 17...♖fe8! 18 ♗g5 ♘d7 19 ♗xe7 ♘xe7 20 ♘g5 h6!? (ou 20...♘f8!) 21 ♘xe6 fxe6 22 ♘e3 *(D)*, Fischer-O'Kelly, Buenos Aires – 1970.

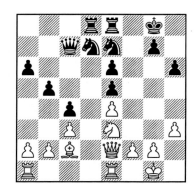

Esta é uma posição interessante do tipo analisado no Capítulo 3. Os peões dobrados das Negras guardam casas importantes e seus Cavalos têm boas perspectivas, portanto, as aparentes fraquezas não são significativas. Na partida, as Negras, agora, deveriam ter jogado 22...♘c5! 23 ♘g4 ♘c6 com, pelo menos, igualdade.

**13 cxd4 ♗d7 14 ♘f1** *(D)*

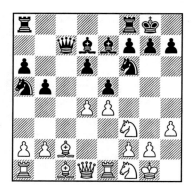

## Capítulo 8 – Ruy Lopez | 183

Esta é a manobra padrão daRuy Lopez, que continua sendo popular desde que Steinitz começou a jogá-la em variantes com d3, ao invés de d4. O Cavalo das Brancas irá para e3, fiscalizando d5 e f5 (enquanto protege c2) ou para d3 onde cobre f5 e protege o Peão e (isso desencoraja ...exd4), enquanto deixa o Bispo c1 com uma boa visão da Ala do Rei. Tais movimentos sinuosos são comumente possíveis apenas em uma posição fechada ou em uma com um centro estabilizado.

### 14...♖ac8 15 ♘e3 ♘c6 16 ♗b3!?

Outros jogadores têm preferido 16 d5 ♘b4 17 ♗b1 a5 18 a3 ♘a6. Agora, 19 b4! deve manter a vantagem porque depois de 19...axb4 20 axb4 ♘xb4? 21 ♗d2, as Brancas conquistam o Cavalo. As Negras, claro, esperam que a nova fraqueza de c4 possa fornecer-lhes uma compensação. Sendo 16 d5 bom ou não, as Brancas optam aqui por ativar o Bispo das casas brancas e manter as linhas abertas. Esta é uma escolha típica que o jogador da Lopez enfrenta e, algumas vezes, depende do estilo do jogador. Polgar é, por definição, uma atacante.

### 16...♘a5 17 ♘d5 ♘xd5 18 ♗xd5 ♘c4

18...♗e6 eliminaria o poderoso Bispo d5; as Brancas mantêm apenas uma pequena vantagem com 19 a4.

### 19 ♗g5! ♗xg5

19...♘xb2? falha em 20 ♕e2 ♗xg5 21 ♘xg5 ♘c4 22 ♕h5, vencendo.

### 20 ♘xg5 h6?!

Não é o melhor, mas as Brancas ainda teriam vantagem após 20...♗c6 21 b3! ♘b6 22 ♖c1.

### 21 ♘xf7! ♖xf7 22 ♖c1?!

A ordem de movimentos certa para implementar a idéia das Brancas era 22 ♗xf7+! ♔xf7 23 ♖c1. As Negras falham, não aproveitando este deslize.

### 22...♕b8?!

O correto era 22...♗c6! 23 ♗xf7+ ♕xf7 24 b3 ♘b6.

### 23 b3 ♘b6 24 ♖xc8+ ♗xc8 25 ♗xf7+ ♔xf7 26 dxe5 ♔e7

26...dxe5 27 ♕d8 ♕b7 28 ♖c1 não melhora a situação.

### 27 exd6+

Ainda melhor é 27 ♕h5!, embora não fique claro sem uma análise extensa e complicada, e portanto, o lance do texto é uma decisão prática. As Brancas estão vencendo em qualquer caso.

### 27...♕xd6 28 ♕c2 ♗b7 29 ♖d1 ♕c6 30 ♕d2 ♘d7 31 ♖c1 ♕f6 32 a4 ♗c6 33 ♕a5 bxa4 34 bxa4 ♘e5 35 ♕c7+ ♗d7 36 ♖d1 ♕e6 37 ♕c5+ ♔e8 38 ♖d6 ♕e7 39 ♕c7! a5 40 ♖a6 1-0

## Chigorin Moderna

Voltemos para a posição depois de 1 e4 e5 2 ♘f3 ♘c6 3 ♗b5 a6 4 ♗a4 ♘f6 5 0-0 ♗e7 6 ♖e1 b5 7 ♗b3 d6 8 c3 0-0 9 h3 ♘a5 10 ♗c2 c5 11 d4 *(D)*:

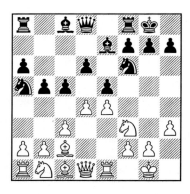

**11...cxd4**

Aqui, temos o que chamamos de Defesa Chigorin Moderna, na qual as Negras pulam ...♕c7.

**12 cxd4 exd4!?**

Rejeição da abordagem do ponto forte! As Negras, sem qualquer modéstia, liquidam (ou seja, entregam), o centro. Com o reconhecimento de que a fraqueza em d6 não é realmente grave (algumas vezes, o Peão pode até ir para d5), esta política radical tornou-se aceita em poucos anos.

A alternativa 12...♗b7!? *(D)* atinge o centro imediatamente de modo a economizar tempo em comparação.

Então, 13 ♘bd2 exd4 14 ♘xd4 transpõe para a linha principal. Contudo, as Brancas também podem jogar 13 d5, que nos traz de volta aos canais relativamente normais e desafia as Negras a fazerem algo em antecipação a ...♕c7. Ao invés, elas encontraram-se em um padrão familiar, em Morozevich-Ponomariov, Moscou – 2001: 13...♖c8? (as Negras deveriam preferir 13...♘c4 14 b3 ♘b6 ou 13...♗c8 14 ♘bd2 ♗d7) 14 b3! com problemas parecidos com aqueles vistos na nota sobre 13...♗b7 na partida entre Ivanchuk-Graf acima. O Cavalo das Negras não tem nenhum caminho de volta e até o Bispo b7 não pode voltar ainda para c8! Ponomariov entendeu estas questões e buscou a tática com 14...♕c7 15 ♗d3 ♘xe4!? 16 ♗xe4 f5, mas não conseguiu a continuação 17 ♗d3 e4 18 ♗g5! ♗f6 (18...♖fe8 19 ♗xe7 ♖xe7 20 b4 ♘c4 21 ♗xc4 ♕xc4 22 ♕d2!) 19 ♗xf6 ♖xf6 20 ♗e2 exf3 21 ♗xf3 b4 22 ♘d2 ♖ff8 23 a3! (ameaçando ganhar o Cavalo) 23...♕b6 24 axb4 ♕xb4 25 ♖a4 ♕c3 26 ♖e3! ♕b2 27 ♘f1 ♖c5 28 ♕e1! e as Brancas ganham o Cavalo que as Negras isolaram logo no início.

Agora, voltamos para 12...exd4!? *(D)*:

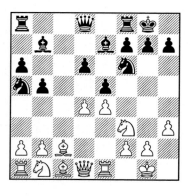

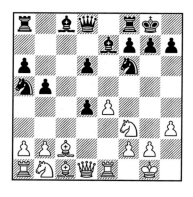

Com 12...exd4, as Negras ignoram sua fraqueza em d6 para terem atividade, no estilo das Aberturas modernas, da Siciliana à Índia do Rei. Na seguinte partida, temos um exemplo de boa estratégia de ambos os jogadores.

### Sorokin – Ramesh
*Sangli – 2000*

**13 ♘xd4 ♗b7**

A mesma idéia é expressa com 13...♖e8 14 ♗g5!? (14 ♘d2 ♗b7 muda para a partida principal) 14...h6 15 ♗h4 ♘d5!? 16 ♗xe7 ♘xe7 17 ♘d2 ♗b7 18 a4 ♕b6 19 ♘4b3 (19 ♘2f3 ♘c4) 19...♘ac6 20 axb5 axb5 21 ♖xa8 ♖xa8 22 ♘f1 ♘e5 ½-½ Leko-Morozevich, Wijk aan Zee – 2002.

**14 ♘d2 ♖e8 15 b3 ♗f8 16 ♗b2 g6** *(D)*

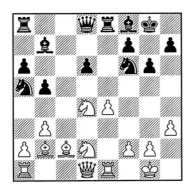

**17 ♕f3**

As possibilidades dinâmicas das Negras foram demonstradas pela continuação desumana 17 ♖e2?! ♗g7 18 ♕e1 ♖c8 19 ♖d1 ♘h5! (os Cavalos na margem!) 20 ♗b1 ♘f4 21 ♖e3 ♕f6 22 ♘2f3 ♘c6 23 ♔h2 ♘e5 24 g3?! ♘d5! 25 exd5 ♘xf3+ 26 ♘xf3 ♖xe3 27 ♗xf6 ♖xe1 28 ♘xe1 ♗xf6 e as Negras têm um par de Bispos e uma vantagem clara, em Leko-*Fritz 6*, Frankfurt (rápida) – 1999.

**17...♗g7 18 ♖ad1 ♖c8 19 ♗b1** *(D)*

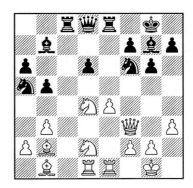

**19...♘d7!?**

Expondo o Bispo g7 e mirando e5. Outros movimentos foram jogados, inclusive 19...b4 e 19...♘c6! 20 ♘f1 ♘e5 21 ♕e3 ♘ed7 22 ♕f4 d5 23 ♘g3, quando 23...♘xe4 (23...♕c7 24 e5!? foi jogado em J.Polgar-Milos, Buenos Aires – 2000, um sacrifício marginalmente correto, mas Polgar ganhou o ponto) 24 ♘xe4 dxe4 25 ♗xe4 ♗xe4 26 ♖xe4 ♘c5 iguala.

**20 ♘f1 b4**

20...f5! também é interessante e provavelmente iguala, porque as Brancas não podem explorar a diagonal a2-g8.

**21 ♘e3**

A partida prosseguiu logicamente até este ponto e ao invés do movimento ambicioso 21...♕g5?!, as Negras tinham

21...♘f6! com igualdade. Este sistema moderno parece ser totalmente jogável. Representa um tratamento dinâmico até desta mais calma das Aberturas.

## Defesa Keres

Outro modo de apoiar e5 tem recebido uma atenção renovada de alguns dos principais jogadores do mundo. Foi promovida pela, primeira vez, por Paul Keres:

**11...♘d7!?** *(D)*

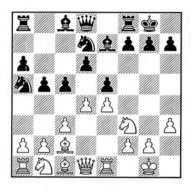

Lances como este, tornam a Ruy Lopez uma das Aberturas mais fascinantes em termos estratégicos. As Negras desenvolvem uma peça recuando-a e cortam seu próprio Bispo c8, ao mesmo tempo em que tiram seus olhos da casa d5 vital! Mas, pretendem forçar uma resolução nas casas negras centrais, de modo que 11...♘d7 tem a dupla finalidade de proteger e5 e limpar uma casa para o Bispo em f6 depois das trocas de peões. As Negras também reconhece que sua Dama poderia ir para b6, ao invés de c7 em algumas linhas e até ...f5 poderia entrar em cogitação. Vejamos duas partidas:

**Damljanovic – Ponomariov**
*Campeonato Europeu porEquipes, em Plovdiv – 2003*

**12 ♘bd2**

12 d5?! alivia a pressão exatamente quando as peças negras estão mais bem situadas para destruir o centro: 12...♘b6 13 g4?! (tentando antecipar a ruptura ...f5, que provavelmente levaria à perda do importante Peão d das Brancas) 13...h5 14 ♘h2 hxg4 15 hxg4 ♗g5 e as Negras já tinham melhor jogo, em

Fischer-Keres, Torneio de Candidatos, Curaçao – 1962.

**12...exd4**

12...cxd4 é a antiga continuação e não necessariamente pior. Esta ordem de movimentos tem algo muito específico em mente.

**13 cxd4 ♘c6 14 d5 ♘ce5** *(D)*

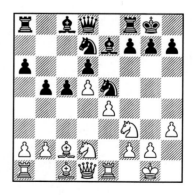

A idéia das Negras é que elas já conseguira, uma posição da Benoni Moderna com ...b5! Na verdade, a posição das Brancas é uma à qual elas poderia ter chegado através da versão h3/♗d3 moderna da Benoni. As Negras ficariam emocionadas em completar a analogia com ...♗f6, e portanto, as Brancas têm que agir rapidamente:

**15 ♘xe5! ♘xe5 16 f4 ♘g6 17 ♘f3 ♗h4!**

A idéia simples é jogar ...♗g3 e forçar as Brancas a jogar f5. As Negras também estão prontas para jogar...f5 elas mesmas. Houve várias partidas com 17...f5 18 e5 dxe5 19 fxe5 ♗b7 antes desta, mas as Brancas, finalmente, conseguiram o melhor da disputa.

**18 ♘xh4**

18 ♖f1 ♗g3 19 f5 ♘e5 fornece às Negras as casas negras das quais elas precisam.

**18...♕xh4 19 f5?!**

19 ♖f1! ♗xh3!? 20 gxh3 ♕g3+ empata, embora as Negras possam simplesmente trazer uma Torre para a Coluna e e ver os acontecimentos.

**19...♘e5**

As Negras, pelo menos, conseguem a igualdade, em parte porque o Bispo c2 das Brancas é muito ruim.

**20 ♖f1 ♗d7 21 ♗f4 ♕e7 22 ♕e1 f6 23 ♕g3 ♖fe8 24 b3 a5**

As Negras asseguraram a casa chave e5 e começaram a atacar.

**Petrovic – N. Davies**
*Partida por Correspondência – 2003*

**12 dxc5 dxc5 13 ♘bd2** *(D)*

As Brancas planejam jogar a seqüência habitual ♘f1-e3-d5. Atualmente, os jogadores não estão impressionados com esta idéia fixa de tentar ter um Cavalo no posto avançado.

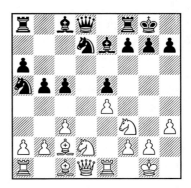

**13...♗b7!**

As Negras prosseguiram jogando 13...♕c7? 14 ♘f1 ♘b6 15 ♘e3 ♖d8 16 ♕e2 ♗e6 17 ♘d5! ♘xd5 18 exd5 ♗xd5 19 ♘xe5 na famosa partida entre Fischer-Keres, Torneio de Candidatos, Curaçao – 1962. As Brancas têm um ataque terrível e provavelmente já estão vencendo.

**14 ♘f1 ♘c4 15 ♘3h2**

15 b3 ♘d6 centraliza o Cavalo e impede ♘e3.

**15...♘f6 16 ♕f3 ♕c7 17 ♘g3**

As Brancas podem soltar suas peças com 17 ♘e3 ♘xe3 18 ♗xe3. Então, 18...♖ad8 pelo menos concede igualdade às Negras.

17...♘d6 18 ♘hf1 ♘d7 19 ♘e3 g6 *(D)*

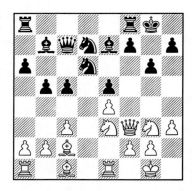

À primeira vista, temos uma situação típica da Ruy Lopez na qual as Brancas têm um ataque na Ala do Rei e as Negras estão tentando criar jogo na Ala da Dama ou no centro. O problema para as Brancas é que a posição das Negras na Ala do Rei é quase impossível de alcançar. Assim, as Negras têm uma vantagem significativa de Abertura e vencem rapidamente quando as Brancas se excedem na tentativa..

20 ♕e2 c4 21 ♘g4 h5 22 ♘h6+ ♔g7 23 ♘hf5+ gxf5 24 ♘xh5+ ♔h8 25 exf5 ♕c6 26 ♘f4 ♘f6 27 ♕xe5 ♖g8 28 f3 ♖xg2+ 0-1

## Defesa Breyer

1 e4 e5 2 ♘f3 ♘c6 3 ♗b5 a6 4 ♗a4 ♘f6 5 0-0 ♗e7 6 ♖e1 b5 7 ♗b3 d6 8 c3 0-0 9 h3 ♘b8!? *(D)*

Com o passar do tempo, alguns jogadores foram ficando cansados da Defesa Chigorin e/ou começaram a suspeitar de seus méritos. A atenção se voltou para este recuo bem surpreendente, produto da imaginação do jogador Gyula Breyer, no início do Século XX.

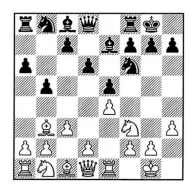

**10 d4**

Algumas vezes, as Brancas refreiam este movimento, esperando explorar algumas questões sutis em relação a tempos, mas realmente não ajudou à sua causa. Na verdade, a alternativa principal 10 d3 ♘bd7 11 ♘bd2 ♗b7 12 ♘f1 ♘c5 foi analisada até mais de 20 movimentos com um veredicto de igualdade.

**10...♘bd7 11 ♘bd2 ♗b7** *(D)*

Nota para o imprudente: 11...♖e8?? permite 12 ♗xf7+! com a idéia 12...♔xf7 13 ♘g5+ ♔g8 14 ♘e6.

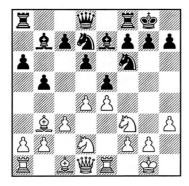

Para alcançar a posição no diagrama, as Negras gastaram dois movimentos para se desenvolver de novo e seus peões não lutam pelo controle de d4 como nas variantes Chigorin e Keres (com ...c5). Nem caçaram o Bispo das Brancas na diagonal a2-g8 ideal. Na verdade, elas têm uma posição que lembra uma Defesa Philidor (como o tático ♗xf7+). Portanto, qual é ao idéia? Antes de mais nada, as Negras não têm nenhuma fraqueza em d5 e podem expulsar qualquer peça que se coloque lá, com ...c6. Então, há o fato elementar de que as Brancas têm que pesquisar um plano. Considere suas três abordagens principais contra as Defesas Chigorin e Keres. Algumas vezes, as Brancas jogaram d5, um Peão que agora está sujeito a se debilitar por ...c6, com o perigo de que as Brancas, se levadas a jogar dxc6, concederão às Negras uma maioria central. A segunda idéia, de capturar o Peão e das Negras e levar um Cavalo para d5 não é somente muito inútil, como mencionado acima, mas difícil de implementar. E isso leva ao terceiro plano normal das Brancas e neste caso, o mais promissor: ♘f1-e3/g3. Porém, vemos que 12 ♘f1? entrega o Peão e. Como exatamente as Brancas conseguirão a reorganização que desejam?

**12 ♗c2**

De maneira notável, as Brancas abandonam sua diagonal favorita sem terem sido expulsas! Oficialmente, o movimento 10 d3 que mencionamos acima tinha o motivo ♘bd2-f1-e3, sem precisar recuar com ♗c2. Mas nessa variante, as Negras poderiam jogar ...♘c5, que por sua vez, é o alvo de ataque com d4 etc. – isso tudo é obscuro demais para nossas finalidades. Depois de 12 ♗c2, as Negras é que têm a obrigação de fazer algum tipo de jogada útil, enquanto as Brancas prosseguem com o passeio de seu Cavalo. Assim:

**12...♖e8** *(D)*

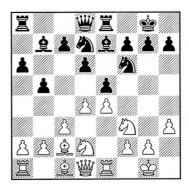

Agora, o plano básico é ...♗f8, com ...g6, ...♗g7 e ...h6. Isto maximiza a pressão das peças negras menores em e4 e d4, de modo que as Brancas precisam levar em conta os movimentos ...exd4 e até ...d5 a cada momento. O lance ...c6 é essencial em muitas linhas (novamente, compare com a Defesa Philidor), mas se tiverem a oportunidade, as Negras poderão até ser capazes de se introduzir em nosso velho estilo Chigorin ...c5, quando, para começar, seu Cavalo d7 certamente é superior a um Cavalo em a5! Tudo isso é extremamente complicado e coisa da alta estratégia, ao invés de ataques de mate (pelo menos em um futuro próximo). Apresentarei um encontro de primeira classe.

### Ponomariov – Gyimesi
*Moscou – 2005*

**13 ♘f1**

Nesta conjuntura, as Brancas têm jogado algumas idéias fundamentalmente diferentes, como, por exemplo, 13 b4, 13 b3 e 13 a4. No último caso, por exemplo, 13...♗f8 pode ser respondido com 14 ♗d3 visando a Ala da Dama. De fato, a principal vantagem das Brancas nestas linhas é que se elas puderem impedir qualquer ação radical das Negras no centro, poderão exercer pressão nas duas Alas. Em geral, as Brancas obterão uma vantagem limitada se isso acontecer, mas nada disso permite-lhes exceder uma pontuação com porcentagem normal; por exemplo, 14...c6 15 b3 g6 16 ♕c2 (geralmente, você verá as Negras fazerem a ruptura com sucesso; por exemplo, 16 ♗b2 ♗g7 17 ♗f1 ♕c7 18 ♖a2 d5! 19 axb5 cxb5 20 exd5 ♘xd5 com a iniciativa, Tseshkovsky-Dorfman, torneio Zonal, Ierevan – 1982) 16...♗g7 17 ♗b2 ♘h5 18 ♗f1 ♕b6 19 b4 ♘f4 20 dxe5 ♘xe5 21 ♘xe5 dxe5 22 c4 com o tipo de pequena pressão típica que as Brancas geralmente conseguem, Karpov-Beliavsky, Biel – 1992.

Mas o segredo absoluto das Negras não é permitir uma estrutura passiva e inflexível, mesmo que seja defensável teoricamente. Isso ocorre em nossa partida principal e na disputa impressionante a seguir, na qual as Brancas jogaram 14 b4 (ao invés de 14 ♗d3) 14...♘b6 15 a5 ♘bd7 16 ♗b2 ♖b8 17 ♖b1 h6 18 ♗a1 ♗a8 19 ♖e3! g6 20 ♕e2 c6 21 c4 ♗g7? (nunca permita às Brancas uma fixação quase permanente, exceto se for forçado; agora, era a hora de jogar o contra-ataque central típico com 21...exd4! 22 ♗xd4 bxc4! 23 ♘xc4 e, então, 23...d5 com igualdade, ou a idéia de Shirov, 23...c5) 22 dxe5 dxe5 23 c5 ♘h5 24 g3 ♕c7 25 ♖d3 ♖bd8 26 ♖d1 ♘f8 27 ♘f1 *(D)*.

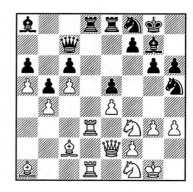

Eis o problema Breyer padrão: as Negras não têm nenhum alvo óbvio e nenhum plano positivo. Isso foi mostrado com 27...♖xd3 28 ♕xd3 ♘f6 29 ♘e3 ♗b7 30 ♔g2 ♕b8 31 ♗b2 ♕c7 32 ♗b3! ♖e7 33 ♕d8 ♕xd8 34 ♖xd8 ♘6d7 35 ♘h4! ♔h7 36 ♘hf5! gxf5 37 ♘xf5 ♗f6 38 ♘xe7 ♗xe7 39 ♖e8 e as Brancas logo venceram em Shirov-Leko, Ljubljana – 1995.

**13...♗f8 14 ♘g3 g6 15 ♗g5!?**

Neste ponto, as Brancas ficaram extremamente bem nos níveis mais altos com 15 b3 planejando c4, quando 15...♗g7 16 d5 ou 15...c6 16 ♗g5! deu às Negras compensações. Mas, Malcolm Pein e Andrew Martin fizeram uma análise completa para mostrar que 15...d5! funciona: 16 ♗g5 h6 17 ♗h4!? *(D)*.

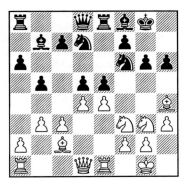

Nesta posição, Judit Polgar destruiu Boris Spassky na 8ª partida de seu confronto, em Budapeste, 1993, seguindo com 17...dxe4 18 ♘xe4 g5 19 dxe5 ♘xe4 20 ♗xe4 ♗xe4 21 ♖xe4 gxh4 22 ♖d4 ♖e7 23 e6! fxe6 24 ♘e5. Pein e Martin atacaram a linha 17...g5! 18 ♘xg5 hxg5 19 ♗xg5 exd4! com grandes complicações basicamente favorecendo às Negras. Note como a Breyer moderna parece melhor quando as Negras podem implementar com sucesso a estratégia 'deixe tudo em pedaços' em oposição ao método de defesa 'mude com inteligência'. Dito isso, o último também pode ser satisfatório com um jogo muito preciso.

**15...h6 16 ♗d2 ♗g7 17 a4 c5!?** *(D)*

Mudamos de volta para o jogo do estilo Keres! 17...c6 é a opção posicional que tem em mente o possível ...d5 e pode ser preferível. Apesar das centenas de partidas feitas pela elite do Xadrez, normalmente, você verá o mesmo conjunto de estruturas e abordagens básicas. Imagina-se uma ruptura ...d5, como na nota anterior.

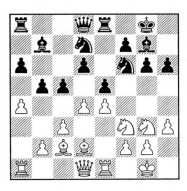

**18 d5 c4**

O motivo: as Negras conseguem um Cavalo em c5. De outro modo, perder seu próprio Bispo e não ter a opção ...c6, seria o pior.

**19 b4 cxb3**

Certamente, as Negras não desejam ser esmagadas até a morte, embora tenham feito este enorme julgamento errôneo em um encontro famoso: 19...♘h7? 20 ♗e3 h5 21 ♕d2 ♖f8 22 ♖a3! ♘df6 23 ♖ea1 ♕d7 24 ♖1a2! ♖fc8 25 ♕c1 ♗f8 26 ♕a1 ♕e8 (as Negras podem apenas aguardar e defender-se contra as ameaças das Brancas na Coluna a) 27 ♘f1 ♗e7 28 ♘1d2 ♔g7 29 ♘b1! *(D)*.

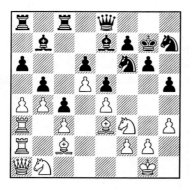

29...♘xe4!? (desespero porque não havia nada a fazer contra a ameaça das Brancas; por exemplo, 29...♘d7 30 axb5 axb5 31 ♖xa8 ♖xa8 32 ♖xa8 ♕xa8 33 ♕xa8 ♗xa8 34 ♘a3; o resto da partida é lindo, portanto, fornecerei os lances) 30 ♗xe4 f5 31 ♗c2 ♗xd5 32 axb5 axb5 33 ♖a7 ♔f6 34 ♘bd2 ♖xa7 35 ♖xa7 ♖a8 36 g4 hxg4 37 hxg4 ♖xa7 38 ♕xa7 f4 39 ♗xf4 exf4 40 ♘h4 ♗f7 41 ♕d4+ ♔e6 42 ♘f5! ♗f8 43 ♕xf4 ♔d7 44 ♘d4 ♕e1+ 45 ♔g2 ♗d5+ 46 ♗e4 ♗xe4+ 47 ♘xe4 ♗e7 48 ♘xb5 ♘f8 49 ♘bxd6 ♘e6 50 ♕e5 1-0 Fischer-Spassky, Sveti Stefan/Belgrado (1) – 1992.

**20 ♗xb3 ♘c5 21 c4**

21 ♗c2 ♘fd7 é fácil para as Brancas.

**21...bxc4?!**

Isto entrega as casas-chave. 21...♕d7! terminou em um empate em outra partida. Na verdade, a teoria vai muito mais longe que isto, em algumas linhas da Breyer, sendo bem surpreendente considerar que o jogo não seja tão forçado.

**22 ♗xc4 ♕c7 23 ♕e2 ♖eb8**

As Negras têm que trazer de volta seu Bispo mal colocado para uma diagonal decente, portanto, poem a Torre em atividade primeiro. O de g7 também não está parecendo muito bom.

**24 a5 ♗c8 25 ♗e3 ♘fd7 26 ♖ec1 ♔h7**

Você poderia argumentar que só agora estamos realmente no final da Abertura. Com muita freqüência, as Negras ficam muito sólidas, mas estarão perdidas sem um plano.

**27 ♘e1 ♗f6 28 ♘f3 ♕d8 29 ♕d2! ♗g7** *(D)*

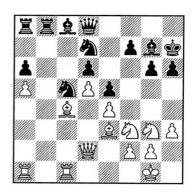

**30 h4!**

Agora sim: Tão logo o oponente fica preso a uma defesa passiva, você abre uma outra frente. Esta é a estratégia clássica do Xadrez.

**30...h5?!**

Talvez, as Negras devessem em vez disso, manter resistência na casa g6, com algo como 30...♖a7 31 h5 ♖ab7. É mais fácil defender os peões na terceira fileira do que entregar postos avançados e tentar sobreviver.

**31 ♘g5+ ♔g8 32 ♖a3!**

A Ala do Rei acena e em qualquer caso, este é um movimento útil.

**32...♕e7 33 ♕d1**

Você pode ver a tática vindo agora. Tudo o que as Brancas precisam é de mais uma peça e não falham em perceber isso.

**33...♖a7 34 ♖ac3 ♖c7 35 ♗e2! ♖b4 36 ♘xh5!** *(D)*

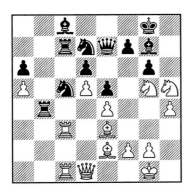

**36...gxh5 37 ♗xh5 f6 38 ♗f7+ ♔f8 39 ♘e6+ ♔xf7**

O ataque continua com sucesso para as Brancas, em linhas como 39...♘xe6 40 ♖xc7 ♘xc7 41 ♖xc7 ♔xf7 42 ♖xc8 ♘f8 43 h5! ♖xe4 44 h6, e vencem.

**40 ♘xg7 ♔xg7 41 ♕h5 ♖xe4 42 ♗h6+ ♔h8 43 ♖g3 1-0**

A Torre chegou lá no último lance da partida!

Se você vir muitas partidas com a Defesa Breyer, achará que as Negras precisam lutar por seu próprio espaço (geralmente com ...d5) e/ou liquidar os peões; do contrário, poderão sofrer com um longo período de inatividade com o limitado espaço para manobrar. Mesmo no último caso, a maioria das posições é defensável com um jogo perfeito, mas muito difícil de lidar na prática. Assim, podemos prever que os métodos de luta serão o segredo real para o sucesso da Breyer no longo prazo.

## Variante Zaitsev

1 e4 e5 2 ♘f3 ♘c6 3 ♗b5 a6 4 ♗a4 ♘f6 5 0-0 ♗e7 6 ♖e1 b5 7 ♗b3 d6 8 c3 0-0 9 h3 ♗b7 10 d4 ♖e8 *(D)*

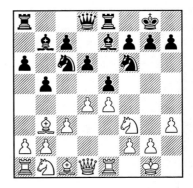

A Zaitsev leva o crédito por desenvolver esta organização com 9...♗b7 e 10...♖e8 em um sistema completo. A partida pode, com facilidade, tornar-se extremamente tática e como tal fornece um jogo dinâmico, sendo uma grande favorita entre os jogadores atuais nos dois lados do tabuleiro. Algumas idéias de ataque associadas a essa variante têm estado entre as mais belas do Xadrez moderno. De um ponto de vista prático, porém, as linhas principais divertidas e de entretenimento não podem ser elaboradas no tabuleiro e se seu objetivo for o domínio da Abertura, então, elas simplesmente terão que ser decoradas. Basicamente, tentei indicar os contornos gerais do jogo e para esta finalidade, apresentarei algumas partidas de Campeonatos Mundiais, obsoletas, porém fantásticas, junto com alguns exemplos mais recentes.

**11 ♘bd2**

Do ponto de vista das Negras, a Zaitsev pura somente pode ser usada quando um empate é aceitável, porque 11 ♘g5 ♖f8 12 ♘f3 repete a posição. Um pouco de blefe está envolvido. Naturalmente, as Negras podem desviar-se nesse ponto e jogarem outra defesa para a Lopez, como, por exemplo, 12...h6, planejando entrar em um sistema muito popular, porém, menos agressivo imediatamente, com 13...♖e8 e 14...♗f8. Essa seqüência é chamada, algumas vezes, de Smyslov.

Quanto às Brancas, elas podem jogar 11 ♘g5 ♖f8 12 f4, que originalmente se considerava impedir as Negras de fazerem a ordem de movimentos da Zaitsev, mas, que agora é considerado bom para as Negras, após 12...exf4; e os jogadores ousados provavelmente preferirão 12...exd4 13 cxd4 d5 14 e5 ♘e4!, devido a 15 ♘xe4?! dxe4 16 ♖xe4 ♘a5, quando as Negras continuarão com ...♘xb3 e ...c5, com o par de Bispos e uma pressão terrível.

**11...♗f8** *(D)*

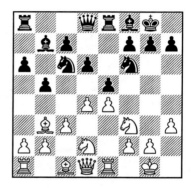

Agora, as Brancas devem tomar uma decisão importante entre 12 a4, que mantém as linhas abertas, e 12 d5, uma abordagem mais restringida com a qual esperam prender o jogo das Negras.

12 a3 impede a idéia principal das Negras...♘b4, mas é lento. Uma resposta interessante é 12...♕d7; por exemplo, 13 d5 ♘e7 14 ♘f1 ♘g6!? 15 ♗c2 c6 (geralmente, um sinal de igualdade) 16 dxc6 ♗xc6 17 ♗g5 ♘h5 18 ♘h4 ♘gf4 19 ♕g4 ♕xg4 20 hxg4 ♘e6! com um bom contrajogo, Bacrot-I.Sokolov, Reikjavik – 2003.

## Kasparov – Karpov
*CampeonatoMundial em Nova Iorque/ Lyons (22) – 1990*

**12 a4**

Este lance simples ameaça aumentar a pressão sobre o Peão b e praticamente leva as Negras a empreender algo ativo.

**12...h6 13 ♗c2**

Novamente, como na Breyer, o Cavalo das Brancas não pode continuar sua jornada para f1 sem este apoio para o Peão e.

**13...exd4 14 cxd4 ♘b4! 15 ♗b1 c5**

Um plano dinâmico, com todos os tipos de conseqüências. Temos uma estrutura Benoni na qual as Negras já fizeram um progresso considerável na Ala da Dama, mas depois do próximo lance das Brancas, o Bispo b7 ficará excluído e as peças brancas irão visar o Rei negro.

**16 d5** *(D)*

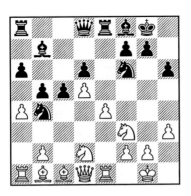

**16...♘d7**

O motivo total de ...♘b4 reside neste movimento, com ambos os contendores preparando ...♘e5 com ...c4 e ...♘bd3 para continuar, mas também leva em consideração o lance ...f5 arriscado para destruir o centro das Brancas. Abandonar a proteção do Rei das Negras é perigoso, claro.

**17 ♖a3!**

As Brancas preparam-se para deslocar suas peças para a Ala do Rei, única área onde têm força real. O que segue é mais uma demonstração da habilidade de ataque e defesa do que compreensão, mas esta última ainda é importante:

**17...f5!?**

Quando Karpov jogou isto, realmente ninguém entendeu o quanto era perigoso. A idéia é que a posse do centro tenderia a ter mais valor do que um ataque no flanco, mas isto não tem nenhuma validade real como um princípio de jogo. Com os anos, mais jogadores foram em direção a 17...c4, embora isto também não seja, de forma alguma, fácil. Anand-Adams, Campeonato Mundial em San Luis – 2005, mostra como as Brancas podem visar o Rei das Negras com um ataque perigoso: 18 axb5 axb5 19 ♘d4 ♕b6 20 ♘f5 ♘e5 21 ♖g3 g6 22 ♘f3! ♘ed3 *(D)*.

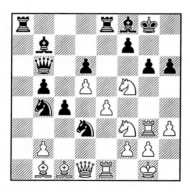

Agora, parece que as Negras irão rechaçar o ataque eliminando os Bispos brancos. Primeiro, ameaçam ...♕xf2+. Infelizmente, tudo isso era teoria e Anand tinha preparado 23 ♕d2! ♗xd5? (muito tentador, mas as Negras tiveram que ser gananciosas e encontrar seu caminho com 'lances únicos': 23...♘xe1! 24 ♘xe1 ♘xd5! 25 ♘xh6+ ♗xh6 26 ♕xh6 ♖a1! 27 ♖xg6+ fxg6 28 ♕xg6+ com um empate) 24 ♘xh6+! ♗xh6 25 ♕xh6 ♕xf2+ 26 ♔h2 ♘xe1 27 ♘h4! ♘ed3 (é impossível neste ponto) 28 ♘xg6 ♕xg3+ 29 ♔xg3 fxg6 30 ♕xg6+ ♔f8 31 ♕f6+ ♔g8 32 ♗h6 1-0.

Agora, nesta linha, é habitual as Negras trazerem um Cavalo para d3 e as Brancas moverem sua Torre para g3; o que conta são as táticas específicas e a habilidade da pessoa em executá-las. Ao contrário da impressão dada por esta partida, há uma boa quantidade de espaço para jogo original até nessas linhas Zaitsev críticas e as possibilidades do jogador comum ou até de um Mestre alcançar isto teoricamente são extremamente baixas. O que quer dizer que a Zaitsev ainda é um sistema divertido, tanto nas variantes táticas como nas continuações posicionais dadas acima.

**18 exf5**

Uma disputa mais famosa e estimulante do mesmo confronto continuou com 18 ♖ae3 ♘f6 19 ♘h2!? ♔h8 20 b3! (as Brancas acham que o ataque requer apenas mais uma peça e desejam o Bispo na longa diagonal) 20...bxa4 (20...fxe4 21 ♘xe4 ♘fxd5!? 22 ♖f3! ♘f6 23 ♖xf6 gxf6 24 ♘g4 geralmente é complicado) 21 bxa4 c4 22 ♗b2 fxe4 23 ♘xe4 ♘fxd5 24 ♖g3 ♖e6! 25 ♘g4! ♕e8? (uma bela linha é 25...♘f4? 26 ♘xh6! ♖xh6 27 ♘g5 ♕c7 28 ♘e6! ♘xe6 29 ♖xe6 ♖h4 30 ♖g4 ♖xg4 31 ♕xg4 ♘d3 32 ♖h6+ ♔g8 33 ♕e6+ ♕f7 34 ♕h8+!; é melhor 25...♘d3! 26 ♗xd3 cxd3 27 ♖xd3 ♕a5, que é obscuro) 26 ♘xh6! c3 27 ♘f5! cxb2 28 ♕g4 ♗c8 (28...♘c3 perde para o belo movimento 29 ♘f6! ♖xe1+ 30 ♔h2; e 28...g6 29 ♔h2! é um tema parecido, ameaçando ♕h4+ e ♘g5: 29...♕d7 30 ♘h4! ♗c8 31 ♘xg6+ ♖xg6 32 ♕xg6, vencendo) 29 ♕h4+ ♖h6 30 ♘xh6 gxh6 31 ♔h2! ♕e5 (31...♗g7 32 ♘xd6 ♖xe1 33 ♕xh6+!) 32 ♘g5 ♕f6 33 ♖e8 ♗f5 34 ♕xh6+! ♕xh6 35 ♘f7+ ♔h7 36 ♗xf5+ ♕g6 37 ♗xg6+ ♔g7 38 ♖xa8 ♗e7 39 ♖b8 a5 40 ♗e4+ ♔xf7 41 ♗xd5+ 1-0 Kasparov-Karpov, Campeonato Mundial em Nova Iorque/Lyons (20) – 1990.

**18...♗xd5!? 19 ♘e4 ♗f7!?**

Outra partida ainda entre esses gigantes continuou com 19...♘f6 20 ♘xf6+ ♕xf6 21 ♗d2! ♕xb2 22 ♗xb4 ♗f7! 23 ♖e6! ♕xb4! 24 ♖b3! ♕xa4 25 ♗c2 com uma confusão terrível. Essa partida, Kasparov-Karpov, Campeonato mundial em Nova

Iorque/Lyons (4) – 1990, finalmente ficou empatada.

**20 axb5 d5 21 ♘c3 ♖xe1+ 22 ♘xe1 d4 23 ♘a2**

As outras linhas envolvidas começam com 23 ♘e4!? axb5 24 f6 ♖xa3 25 bxa3 ♘d5 26 fxg7 ♗xg7 e 23 ♗e4 dxc3 (23...♖a7 24 ♘e2 ♘f6 25 ♗f3 d3) 24 ♗xa8 ♕xa8 25 ♕xd7 ♕e4.

**23...♘xa2 24 ♗xa2 c4! 25 ♖xa6 ♘c5!** *(D)*

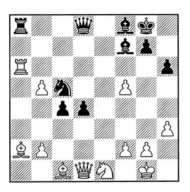

**26 ♖xa8 ♕xa8 27 ♗b1 d3 28 ♗e3 ♕a5 29 b3! ♘xb3 30 ♘xd3! cxd3 31 ♗xd3 ♘c5 32 ♗f1 ♕c7 33 ♕g4 ♔h7**

33...h5!? é satisfeita com 34 ♕d4, com igualdade.

**34 ♗c4 ♗xc4**

O movimento atraente 34...♗e8? permite 35 ♗xh6! com a idéia 35...♔xh6 36 ♕h4+ ♗h5 37 g4.

**35 ♕xc4 ♕e5 36 ♕f7 ♗d6 37 g3 ♕e7 38 ♕g6+ ♔h8 39 ♗d4 ♗e5! 40 ♗xc5 ♕xc5 41 ♕e8+ ♔h7 42 ♕g6+ ♔h8 43 ♕e8+** ½-½

### L. Dominguez – Morovic
*Havana – 2002*

**12 d5** *(D)*

Isto muda o caráter inteiro da partida.

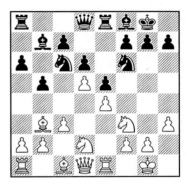

Observe como, tal qual na Defesa Breyer, as Negras mantêm a opção de jogar ...c6 para quebrar o centro das Brancas. Falando em termos gerais, usualmente, as Brancas responderão com dxc6, depois do qual têm bastante sucesso em impedir as Negras de conseguirem ...d5. O problema é que devem dedicar todos os seus recursos a este esforço e permitirem outros métodos de igualdade. Aqui estão algumas maneiras como este dilema termina:

**12...♘e7**

Uma abordagem mais convencional é 12...♘b8 13 ♘f1 ♘bd7 14 ♘3h2 *(D)*.

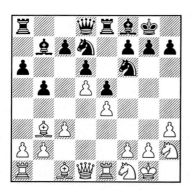

14...♘c5 15 ♗c2 c6 (as Negras estão usando um plano típico da Defesa Breyer) 16 b4 ♘cd7 17 dxc6 ♗xc6 18 ♗g5 (a luta para impedir ...d5 começa) 18...h6 19 ♗xf6 ♘xf6 20 ♘g4! ♘xg4 21 ♕xg4 ♗d7 22 ♕f3 ♖c8 23 ♗b3 ♗e6! 24 ♗xe6 (infelizmente, os movimentos, até então, são todos teóricos) 24...fxe6 25 a4 ♕d7 26 axb5 axb5 27 ♖ed1 ♕c6 28 ♖d3 ♖a8 29 ♖ad1 ♖a7 30 ♘g3 ♖f7 31 ♕g4 ♖f4 32 ♕g6 ♖f6 33 ♕g4 ♖f4 com igualdade, Pelletier-Bacrot, Biel – 2004. Uma partida perfeitamente equilibrada.

**13 ♘f1 h6 14 ♘3h2!? c6 15 ♘g4 ♘xg4 16 hxg4 cxd5 17 exd5 ♕d7 18 ♘g3 a5 19 a3 a4 20 ♗a2 ♖ac8 21 ♘e4**

Aqui, as Negras oferecem um belo sacrifício de qualidade:

**21...♖c4!** *(D)*

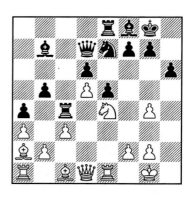

**22 ♗xc4 bxc4 23 ♗xh6! ♘xd5! 24 ♗d2 ♘c7 25 ♘g3 ♕c6 26 f3 ♘e6 27 ♕e2 ♘c5**
½-½

As Negras conseguem uma compensação total e, notavelmente, 28 ♕xc4 falha se 28...d5 29 ♕e2 ♗a6 e ...♘d3, com ...♗c5+ a seguir.

A Zaitsev é uma Abertura maravilhosa cujos resultados são determinados por habilidades posicionais e combinatórias. Grande parte da teoria da linha principal (nas linhas de ataque) foi examinada e deverá ser memorizada se você estiver disputando uma competição de alto nível. Por outro lado, as Brancas e as Negras têm alternativas na etapa inicial.

## Defesa Møller

**1 e4 e5 2 ♘f3 ♘c6 3 ♗b5 a6 4 ♗a4 ♘f6 5 0-0**

5 d3 é lento e existem diversas soluções já estabelecidas. Mas em nosso contexto, permite às Negras colocarem seu Bis-

po na frente da cadeia de peões, sem punição: 5...b5 6 ♗b3 ♗c5. Como dissemos na introdução para a Ruy Fechada, pode-se seguir com 7 0-0 (7 ♘xe5 ♘xe5 8 d4 ♗xd4! 9 ♕xd4 d6 ameaçando ...c5 – compare com 5...♗c5 6 ♘xe5 abaixo) 7...d6 com igualdade. A seguinte variante pode ser comparada diretamente com nossa análise da M–ller: 8 a4 ♖b8!? (8...♗b7) 9 axb5 axb5 10 c3 0-0. Agora, as Brancas podem jogar 11 d4 ♗b6, mas com um tempo a menos, em uma nota para nossa partida principal.

**5...b5**

5...♗c5 também pode ser jogado neste conjuntura, normalmente, transpondo; por exemplo, 6 ♘xe5 ♘xe5 7 d4 b5 8 ♗b3 transpõe para a nota ao 7º movimento das Brancas abaixo.

**6 ♗b3 ♗c5** *(D)*

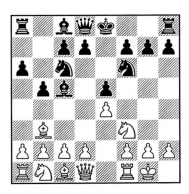

A Variante M–ller. Se você pensar a respeito, este é um teste real de todo o conceito da Ruy Lopez: se as Negras conseguirem criar uma defesa do Ponto Forte bem-sucedida, com ...d6 e com seu Bispo *fora* da cadeia de peões, então, terão o melhor. A Møller tem tido um grande renascimento entre os melhores jogadores do mundo nos últimos dez anos ou mais. Você pode imaginar a sensação de liberdade que é viver, pelo menos uma vez, sem aquele Bispo passivo em e7! Mas junto com suas vantagens, as Negras enfrentam alguns desafios. Concretamente, as Brancas têm o truque do garfo 7 ♘xe5 ♘xe5 8 d4. Então, em termos posicionais, o lance ♗g5 das Brancas pode cravar o Cavalo f6 e ele não pode ser descravado com ...♗e7. Também resulta que a Ala da Dama das Negras é difícil de proteger, muito parecido como nas variantes Fechadas, porém, mais difícil, porque o Bispo está no caminho. Talvez o mais importante seja que as Negras têm que ter cuidado, se suas ambições de ataque forem frustradas, pois ela ficará com um Bispo solitário excluído da ação em b6.

**7 a4!**

As Brancas também podem jogar a variante crítica 7 ♘xe5 ♘xe5 8 d4, forçando as Negras em 8...♗xd4 9 ♕xd4 d6 *(D)*.

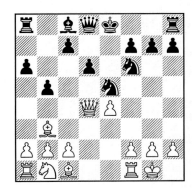

Durante anos, todos aceitaram que isso era uma desvantagem importante para 6...♗c5. Fornece às Brancas o par de Bispos e maior participação no centro. Acontece, porém, que as peças restantes das Negras têm um ótimo alcance e estão muito bem colocadas para atacar o ponto chave e4. Primeiro, ...c5-c4 é ameaçado, conquistando o Bispo e essa ameaça dá tempo para as Negras desenvolverem suas peças com agressividade. Aqui estão algumas linhas:

a) 10 c3 c5 (ou 10...♗b7) 11 ♕e3 0-0 12 ♘d2 ♖e8 13 f3 ♗b7, como em Kholmov-Lomineishvili, Moscou – 1997, mostra como as Negras podem usar suas peças ativas para tomar a iniciativa. Entre outras coisas, ameaçam ...c4 e ...d5.

b) 10 f4 ♘c6 11 ♕c3 ♗b7 12 e5 (esta posição surgiu algumas vezes nos altos níveis, até as Brancas ficarem convencidas de que não tinha nenhuma vantagem) 12...♘e4 13 ♕e3 ♘a5 14 ♘d2 ♘xb3 15 cxb3!? ♘xd2 16 ♗xd2 0-0 17 ♗c3 ♕h4 18 ♖ae1 ♖fe8 19 ♕f2 ♕xf2+ 20 ♖xf2 dxe5 ½-½ Anand-Topalov, Linares – 1997.

**7...♖b8 8 c3 d6 9 d4 ♗b6**

Chegamos à linha principal.

**10 ♘a3!**

10 axb5 axb5 11 ♘a3! geralmente transpõe.

**10...0-0!?**

As Negras oferecem o gambito de um Peão para terem atividade e pressão no centro. Na verdade, não há muita escolha. Mas a ordem 10...exd4! recomendada poderia eliminar alguns problemas posteriores: 11 cxd4 (11 axb5 axb5 12 ♘xd4!? é outro método que provavelmente não é chega a ser melhor, mas merece atenção) 11...0-0 12 axb5 axb5.

**11 axb5 axb5 12 ♘xb5** *(D)*

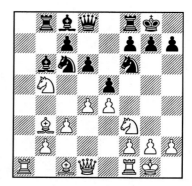

Por seu Peão, as Negras exercem pressão nos peões e4 e d4; em particular, ....♗g4 será uma jogada incômoda. E mais, as peças das Brancas na Coluna b estão soltas.

**12...exd4**

Esta ordem de movimentos ignora uma das opções das Brancas. Adams-Leko, Miskolc (rápida) (3) – 2005 mostrou um novo caminho inteligente para as Brancas jogarem continuando com 12...♗g4 13 ♗c2 exd4 (13...d5!? é um modo ambicioso de atrapalhar; com freqüência na Lopez, as Brancas estão bem colocadas para enfrentar as rupturas iniciais de peões, e parecem conseguir alguma vantagem depois de 14 h3 ♗xf3 15 ♕xf3 exd4

16 exd5 ♕xd5 17 ♕xd5 ♘xd5 18 ♗e4, como em L.Dominguez-Rodriguez, Buenos Aires – 2005, mas pode haver melhorias para as Negras) 14 ♘bxd4! (até esta partida, 14 cxd4 tinha sido normalmente jogado) 14...♘xd4 15 cxd4 ♗xf3 16 gxf3 ♘h5 17 ♔h1. As Brancas organizaram uma defesa sólida e as Negras não têm peças para conduzir um ataque convincente na Ala do Rei: 17...♕f6 18 ♗e3 ♘f4 19 ♖a4! ♖a8 20 ♖b4 (20 b3!? ♘e6 21 d5 produz uma pequena vantagem) 20...♘e6 (a linha incomum 20...♖a1! 21 ♕xa1 ♘d5! 22 ♗d1! ♖xb4 23 ♕a4 ♘d3 24 ♕c2 ♘f4 25 ♕d2 ♘e6 26 d5 foi sugerida, com as Brancas mantendo a vantagem) 21 ♖g1 ♖fb8 22 f4 e as Brancas mantêm o Peão e um jogo melhor. 12...exd4 evita toda esta confusão.

**13 cxd4**

13 ♘bxd4!? novamente deve ser considerado, mas leva a um novo conjunto de opções complicadas que terei que deixar para a teoria e a prática.

**13...♗g4** *(D)*

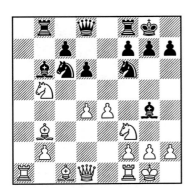

A posição básica. Você pode ver como o centro das Brancas está sob pressão e seu Cavalo b5 está solto. Mas é suficiente? Veremos duas partidas diferentes:

A. Ivanov – Zilberstein
*Campeonato nos EUA (San Diego) – 2004*

**14 ♖a4**

As Brancas jogam um dos quatro ou cinco movimentos disponíveis nesta posição. 14 ♖a4 tem sido usado com sucesso, mas esta partida mostra seu lado arriscado. O movimento 14 ♗e3 de Anand, na próxima partida, concede a devolução de um Peão, mas com um bom efeito.

**14...♖e8 15 ♗c2!?**

15 ♗g5 pode ser bem melhor.

**15...♕d7!**

Começamos a ver o que as Negras têm pelo Peão. Este movimento ataca indiretamente o Cavalo das Brancas e como as Brancas tem que defender seu centro, é difícil impedir a Dama de entrar.

**16 ♘c3 ♗xf3 17 gxf3**

Naturalmente, 17 ♕xf3 permite 17...♘xd4.

**17...♕h3** *(D)*

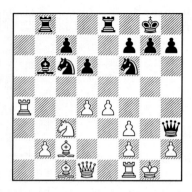

Este é o resultado lógico desta variante quando as idéias das Negras têm sucesso. Elas tinham pressão suficiente em d4 para enfraquecer os Peões f das Brancas e ao mesmo tempo, manterem peças suficientes no tabuleiro para fazer ameaças. Isso leva a uma ótima partida tática, para a qual devemos fornecer apenas algumas notas:

**18 ♗e3 ♖e5! 19 ♖e1?! ♖h5 20 ♗f4 ♖h4! 21 ♗g3 ♘h5!**

Com a idéia 22 ♗xh4 ♘f4 e mate.

**22 ♖e2 ♘e5! 23 ♖d2**

23 dxe5 ♘xg3 e Mate no próximo lance.

**23...♘f4 24 ♗xf4**

24 ♕f1 ♘xf3+ 25 ♔h1 ♕xh2+ 26 ♗xh2 ♖xh2#.

**24...♘xf3+ 25 ♕xf3 ♕xf3**

As Negras têm uma vantagem material decisiva.

**Anand – Shirov**
*FIDE KO em Groningen – 1997*

**14 ♗e3** *(D)*

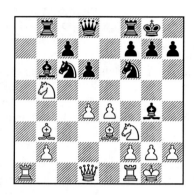

**14...♕e8?!**

Esta é a idéia padrão das Negras para ameaçarem ...♘xe4 sem perder material depois de ♗d5, mas parece não resolver. Também é ruim 14...♕d7? 15 ♗a4! ♘xe4 16 ♘a3!. Portanto, a captura corajosa 14...♘xe4!? provavelmente é melhor; por exemplo, 15 ♕c2 (15 ♗d5 ♕e8) 15...♘a5! 16 ♗a4 d5.

**15 h3!?**

Não é ruim, mas 15 ♗a4! é muito forte, com a idéia 15...♕xe4 16 ♘c3.

**15...♗d7**

Não 15...♗xf3? 16 ♕xf3 ♘xe4?? perdendo uma peça depois de 17 ♗d5.

**16 ♘c3!**

As Brancas devolvem material, mas acabam com peças melhores e uma estrutura superior.

16...♘xe4 17 ♖e1 ♘xc3 18 bxc3 *(D)*

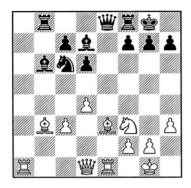

Estamos no final do estágio de Abertura e Anand venceu-a. O Bispo b6 das Negras fica sem nenhum lance bom.

**18...♕c8 19 c4!?**

Isto tem duplo sentido porque torna ruim o Bispo das casas brancas

**19...♗f5 20 ♖e2!**

As Brancas ameaçam 21 c5, que se jogado imediatamente, teria sido respondido com ...♗a5.

**20...♘a5 21 ♗a2 c5! 22 d5?!**

Agora, o Cavalo a5 não tem nenhum lance decente. Por outro lado, ele exerce uma ótima pressão na Ala da Dama e o Bispo a2 das Brancas é ruim de qualquer forma. As Brancas deveriam ter preferido 22 ♗f4.

**22...♗d8! 23 ♗d2 ♕a6?!**

A ótima idéia 23...♗f6! 24 ♗xa5 ♕a6! fornece igualdade, pois 25 ♗d2? perde para 25...♗xa1 26 ♕xa1 ♖b1+.

**24 ♕a4 ♖a8 25 ♗c3 ♘b7 26 ♕d1! ♗a5? 27 ♗b2 ♗b4?**

O Bispo deveria estar de volta na Ala do Rei para a defesa. O resto da partida demonstra o que acontece quando não há nenhuma peça lá.

**28 ♘h4! ♗g6 29 f4 ♕a4**

29...f6 30 ♘xg6 hxg6 31 ♕d3 f5 32 ♕g3 é destruidor.

**30 ♕xa4! ♖xa4 31 f5 ♖fa8 32 ♖e7! ♗h5**

Se 32...♘a5, 33 fxg6 vencerá.

**33 g4! f6 34 gxh5 ♖xa2 35 ♖xa2 ♖xa2 36 h6!** *(D)*

Os ataques com material reduzido sempre são divertidos de observar.

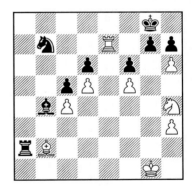

**36...♖xb2**

Uma bela linha é 36...gxh6 37 ♗xf6 ♘d8 38 ♘g6!.

**37 ♖xg7+ ♔h8 38 ♖xb7 ♗c3 39 ♖d7 ♔g8 40 ♖d8+ ♔f7 41 ♖h8! ♗d4+ 42 ♔f1 1-0**

Mesmo com os erros das Brancas, você pode ver como sua estratégia desafia as

Negras a encontrarem um contrajogo suficiente. A Møller é uma variante fascinante e não resolvida.

## Variante Aberta

**1 e4 e5 2 ♘f3 ♘c6 3 ♗b5 a6 4 ♗a4 ♘f6 5 0-0 ♘xe4** *(D)*

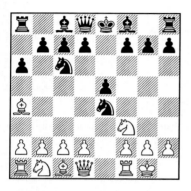

A posição inicial da Variante Aberta da Ruy Lopez. Agora, estamos deixando o setor de manobra na 1ª-3ª fileiras para fazer valer os direitos totais no centro. Talvez por causa de sua postura agressiva, a Ruy Aberta tenha sido o playground para alguns dos táticos mais inteligentes na história.

Como sempre, você terá que ser cuidadoso com as ordens de movimento, que iremos cobrir nas próximas notas. Por exemplo, os movimentos 5...b5 6 ♗b3 ♘xe4?! invertidos podem seguir com 7 a4! *(D)*.

Ao contrário, 7 d4 d5 transpõe para a linha principal e 7 ♖e1 d5 8 ♘c3 ♘xc3 9 dxc3 ♗e6 10 a4 b4 11 a5!? é uma idéia tática recorrente: as Brancas ameaçam ♗a4 e, então, ♘xe5. Isto é um pouco obscuro, mas complicado para as Negras.

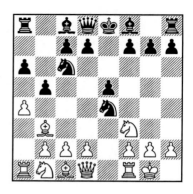

Vimos completamente o poder de a4 na Ruy Lopez e isto aplica-se, especialmente, à Variante Aberta. Depois de 7 a4, o jogo pode seguir com:

a) 7...b4 8 ♖e1 d5 9 d3 ♘f6 10 a5!.

b) 7...♗b7 8 ♖e1 ♘a5 9 ♗a2 e as Brancas têm as idéias d3 ou d4 e ♘g5.

c) 7...♖b8 8 axb5 axb5 9 ♖e1 d5 10 ♘c3! e, agora, por exemplo, 10...♘xc3 11 dxc3 ♗e6 12 ♖a6 ♕d7 13 ♖xc6! ♕xc6 14 ♘xe5 ♕c5 (14...♕d6 15 ♗f4) 15 ♘xf7! ♔xf7 16 ♕f3+ ♔e7 17 ♗xd5 ♖b6 18 ♗g5+ ♔d7 19 ♗xe6+ ♖xe6 20 ♕f7+ e vence.

### 6 d4

6 ♖e1 fornece outra razão do porquê de adiar ...b5 até depois de ...♘xe4 ser útil: 6...♘c5 7 ♘c3 ♗e7 e o Bispo a4 é atacado. Porém, as Negras devem evitar 7...♘xa4 8 ♘xe5 ♘xe5?? 9 ♖xe5+ ♗e7 10 ♘d5.

**6...b5 7 ♗b3 d5 8 dxe5 ♗e6** *(D)*

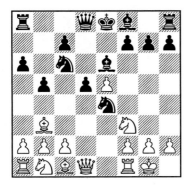

Com estes movimentos, alcançamos a variante principal da Ruy Lopez Aberta. As Negras anunciam que estão jogando dinamicamente e evitarão as lutas posicionais prolongadas que vimos acima (geralmente, sem trocas nos primeiros 20 movimentos). Entretanto, a Ruy Aberta tem uma grande quantidade de aspectos posicionais consistentes, até mais do que no sistema de ataque normal. Já surge uma pergunta fundamental: com exceção das táticas, para o que cada lado está jogando? Na fase posicional, temos uma resposta que chega perto de ser universal: o controle das casas d4, e5 e c5. Supondo que o Peão e5 não é capturado ou liquidado, a batalha real tende a girar em torno de d4 e c5. Isso pode parecer uma afirmação ampla demais; no entanto, se você estudar esta Abertura, ficará surpreso em ver que as partidas resumem-se a este tema, diretamente ou em segundo plano. Se as Brancas puderem impedir as Negras de jogarem com sucesso ...c5 e ...d4, geralmente terão a vantagem. As razões são relativamente simples. Do ponto de vista das Brancas, assegurar um posto avançado em c5 pode restringir completamente seu oponente e fixar seu Peão atrasado em c7 ou c6. Para as perspectivas das Negras, você pode imaginar os efeitos do movimento ...d4: liberar seu Bispo e6, ativar seu Cavalo c6 e atrapalhar as peças brancas (ou no caso de cxd4, abrir a Coluna d). Como os oponentes geralmente estão bem conscientes de como esses fatores são cruciais, normalmente veremos um deles mudar para um modo de ataque ou tático, caso pareça que estão perdendo a luta d4/c5.

A partir da posição do diagrama, apresentarei o material da partida com uma série de diferentes 9ºs movimentos. Isto irá fornecer, pelo menos, um início para você compreender como a Ruy Aberta deve e não deve ser jogada, por ambos os lados.

**Keres – Euwe**
*Campeonato Mundial em Hague/ Moscou – 1948*

**9 ♕e2** *(D)*

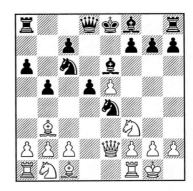

Este movimento da Dama sempre tem andado espreitando pelas margens. A idéia habitual das Brancas é ♖d1 seguido de c4, embora possam apenas jogar ♘bd2, dependendo do curso de ação das Negras.

**9...♗e7**

Por exemplo, 9...♗c5 é respondido com 10 ♘bd2.

**10 ♖d1 0-0 11 c4! bxc4 12 ♗xc4**

Alcançamos uma posição bem conhecida. Agora, as Negras entram em uma seqüência forçada para salvar seu Peão d por meio de um contra-ataque.

**12...♗c5 13 ♗e3 ♗xe3 14 ♕xe3 ♕b8!** *(D)*

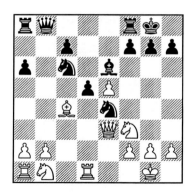

Saindo da cravada e atingindo b2. 14...f6!? é uma fonte de contrajogo normal das Negras quando pressionadas no centro. A teoria não gosta das chances das Negras na tática que se segue, mas parece funcionar para elas; por exemplo, 15 exf6 (15 ♘xe4?! dxe4 16 ♗xe6+ ♔h8 17 ♖xd8 ♖axd8 18 ♘fd2 ♘xe5) 15...♕xf6 16 ♖xd5?! ♕xb2 17 ♕xe4 ♗xd5 18 ♗xd5+ ♔h8 19 ♗xc6 ♖ad8!. Infelizmente, apenas 15 ♘bd2! força algum tipo de simplificação com uma vantagem pequena, mas definitiva para as Brancas.

**15 ♗b3 ♘a5 16 ♘bd2 ♘xd2?!**

Uma única peça desiste da luta por c5 e aparecem imediatamente novos problemas. Posteriormente, achou-se que 16...♕a7! era o melhor modo de lutar por c5 e pelas casas negras, como mostrado por 17 ♘d4 ♘xd2 (agora, está tudo certo) 18 ♕xd2 ♕b6! 19 ♗c2 c5! 20 ♘f5 ♗xf5 21 ♗xf5 ♖ad8 22 b3 ♖fe8 23 ♖e1 c4 24 ♕g5 ♕c7! com igualdade, Kavalek-Karpov, Montreal – 1979.

**17 ♖xd2 ♘xb3 18 axb3 ♖c8?!**

As Negras não reconhecem como será absolutamente decisivo o controle de c5 e d4. Deviam visar ambas as casas com 18...♕b6; por exemplo, 19 ♖c2!? (19 ♕xb6 cxb6 20 b4 também é interessante) 19...♕xe3 20 fxe3 ♖fc8 21 ♖ac1 ♖ab8 22 ♘d4. Isto parece bom para as Brancas, mas seus peões na Ala do Rei não têm mobilidade e podem precisar de um segundo teatro de ações.

**19 ♖c1**

Aqui está: as Brancas controlam d4 e c5, e estão prontas para dobrar Torres (ou triplicar peças) na Coluna c. Euwe não deseja ser esmagado até a morte, portanto, tenta livrar-se do Peão atrasado.

**19...c5?!**

A última chance para 19...♕b6, embora desta vez, falhasse em liberar o jogo das Negras depois de 20 ♖c5.

**20 ♖xc5 ♖xc5 21 ♕xc5 ♕xb3 22 ♘d4!** *(D)*

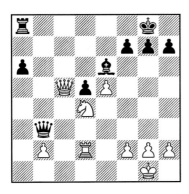

As Brancas criaram a situação ideal de controle das casas negras contrastando com as fraquezas das Negras. Note que o Bispo ruim das Negras nunca se moveu de e6. Em um sentido mais amplo, o resto é 'apenas técnica', mas acaba sendo instrutivo, de fato.

**22...♕b7 23 h3 ♖d8 24 ♔h2**

Preparando f4-f5.

**24...g6 25 f4!**

Mesmo que você tenha peças colocadas maravilhosamente que estão atacando as fraquezas na posição do oponente, geralmente, precisará ter ameaças nos dois lados do tabuleiro para quebrar-lhe as defesas.

**25...h5**

Versus g4.

**26 ♖d3 ♕d7 27 ♕b6 ♖a8 28 ♖a3 ♕a7 29 ♕b4**

29 ♕xa7 vencerá finalmente, claro, mas as Brancas não desejam ter problemas técnicos.

**29...♕d7 30 ♕a5 ♗f5 31 ♖c3 ♖a7 32 ♖c5 ♗e4 33 ♕c3 ♕e7??**

Um erro grave. Vale a pena mostrar como as Brancas vencem de qualquer modo, devido ao seu ataque nas duas frentes: 33...♔h7 34 ♖c8 ♕b7 35 e6! f6 36 ♖d8 ♕g7 37 ♕c8! e a idéia ♖d7 liquida as coisas.

**34 ♘c6 1-0**

**Ponomariov – Korchnoi**
*Donetsk (3) – 2001*

**9 ♗e3** *(D)*

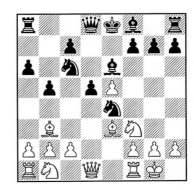

Com este movimento antigamente negligenciado, mas agora popular, as Brancas visam as casas importantes d4 e c5 imediatamente. Do lado negativo, ela não desafia o Cavalo e4 (como o faz 9 ♘bd2) e, potencialmente, o Bispo interfere na proteção do Peão e5 com uma Torre em e1.

**9...♘c5**

As Negras podem aceitar o desafio com 9...♗c5!?, desafiando as Brancas a conquistarem as casas Negras. Uma bela partida, de modo algum decisiva para a teoria, seguiu com 10 ♕e2 (10 ♗xc5!?) 10...♗xe3 11 ♕xe3 ♘a5 12 ♘c3! ♘xc3 13 ♕xc3 ♘c4 (o Cavalo a5 estava pendurado e, como sempre, a troca 13...♘xb3? 14 cxb3! prepararia para dobrar na Coluna c, jogar ♘d4 e até tolerar f4-f5 em alguns casos) 14 ♗xc4 bxc4?! (14...dxc4 15 ♕e3 {15 ♖ad1 ♕e7 16 ♘d4 0-0 17 ♕f3} 15...0-0 16 ♕c5 ♕b8 17 ♘d4 é incômodo, mas não é ruim demais) 15 b4! (está resumindo-se a d4 e c5 de novo) 15...0-0 (as Negras mantêm, sabiamente, as colunas fechadas; 15...cxb3? permite às Brancas uma grande vantagem pelas razões habituais, depois de 16 cxb3 ou 16 axb3) 16 ♘d4 ♕d7 (16...♕e7) 17 a4 *(D)*.

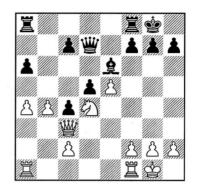

17...♖fe8 18 ♖fe1 ♖ab8 19 h3 (uma casa de fuga, uma segunda frente ou ambas?) 19...♖b6? (usando um tempo valioso, embora não fique claro qual era melhor) 20 a5 ♖bb8 21 ♕d2 ♖ec8 22 ♖a3! c5 23 bxc5 ♖xc5 24 ♖g3 (o motivo: por causa do Cavalo em d4, o ataque irá despedaçar-se completamente) 24...♗f5?! (24...♔h8 25 ♕g5 ♖g8 26 f4) 25 ♕f4! ♗e6 (Motwani demonstra uma vitória depois de 25...♗g6 26 e6! ♕c7 27 exf7+ ♗xf7 28 ♖xg7+! ♔xg7 29 ♘f5+ – todos estes movimentos são encontrados instantaneamente por um computador) 26 ♕h6 g6 27 ♘f3! ♖f8 28 ♘g5 f6 29 ♘xh7! 1-0 Korneev-Martinez Lizarraga, Madrid – 2000.

**10 ♘c3! ♘xb3 11 cxb3 ♗e7 12 ♖c1 ♕d7**

12...0-0 13 ♘xb5 axb5 14 ♖xc6 ♖xa2 15 ♕c1! e o movimento familiar ♘d4 está vindo.

**13 h3!? 0-0 14 ♘e2 f6** *(D)*

Isto parece eficaz e certamente é um movimento com o qual Korchnoi venceu muitas partidas, mas tem que ser levado adiante com precisão. 14...♖fc8 pode ser melhor.

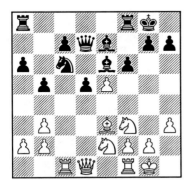

**15 exf6 ♖xf6?!**

15...♗xf6 16 ♘ed4 ♗xd4 17 ♘xd4 ♘xd4 18 ♗xd4 consolidaria a ligação das Brancas na posição. A influência dos Bispos com cores opostas é obscura; porém, eles ajudam as Brancas a atacar na Ala do Rei. Compare com a posição parecida na partida Korneev acima.

**16 ♘ed4 ♘xd4**

As táticas das Negras são sempre perigosas na Ruy Aberta e as Brancas tiveram que antecipar que 16...♗xh3?! falha em 17 ♖xc6! ♕g4 18 ♘h4! ♕xh4 19 ♖xf6 ♗xf6 20 ♘f3 ♕h5 21 gxh3.

**17 ♗xd4 ♖f5 18 ♘e5 ♕c8 19 ♘c6**

Novamente, as Brancas têm o comando da Coluna c e da casa d4, embora devam lidar com a atividade das Negras.

**19...♗d6 20 ♗c5! ♕d7 21 ♗xd6 cxd6**

Para cobrir e5 e c5. Agora, as Brancas engrenam outra marcha para fazer progresso.

**22 ♘d4 ♖e5** *(D)*

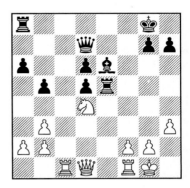

**23 ♖c3 b4 24 ♖g3**

Como acima, as Brancas precisam de ambos os lados do tabuleiro para fazer a ruptura.

**24...a5 25 ♔h2 ♗f7 26 ♘f3 ♖f5 27 ♕d4! g6 28 ♕d2!**

O Bispo negro é terrível.

**28...♖e8 29 ♘d4 ♖fe5 30 f4! ♖e4 31 f5 ♔h8 32 ♕h6! ♕e7 33 ♘f3! ♕f8 34 ♕g5 ♕g7 35 f6 ♕f8 36 ♖c1!**

Mais uma vez na Ala da Dama.

**36...h6 37 ♕d2 g5 38 ♖c7 ♖e2 39 ♕c1 ♖2e6 40 h4! ♖xf6 41 hxg5 ♖g6 42 ♕f4 ♗e6**

**42...♖e7 43 ♘h4! ♖ge6 44 ♖xe7 ♕xe7 45 g6!.**

**43 ♘h4! ♖g7 44 ♕d4 ♔h7 45 ♕d3+ 1-0**

Uma bela partida e outra posição dos sonhos para as Brancas.

É hora de ver como as Negras podem fazer valer, ao máximo, os seus recursos.. Os temas nas notas complementam a partida principal.

### Naiditsch – Korchnoi
*Zurique – 2002*

**9 ♘bd2 ♘c5 10 c3 ♗g4**

Este movimento padrão abre a possibilidade de liberar o jogo das Negras com ...d4.

**11 ♗c2** *(D)*

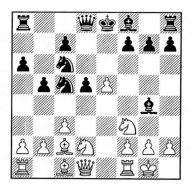

**11...♗e7**

Uma organização fascinante é 11...♘e6!? 12 ♖e1 ♗c5, porque as Negras fizeram dois lances com o Bispo das casas brancas e, então, quatro com seu Cavalo do Rei. Todavia, esta é a tentativa final e consistente de controlar a casa d4 – todas as peças menores Preta estão dedicadas a ela! Uma continuação crítica foi vista em Kariakin-Flear, Hastings – 2002/3: 13 ♘f1 (13 ♘b3 ♗a7 também é importante; será difícil as Brancas refrearem ...d4 e/ou ...c5 para sempre) 13...♗h5 (13...d4 parece perfeito até você ver 14 ♗e4!, quando o tempo e a cravada do Cavalo das Negras acabam dando às Brancas uma grande vantagem; as Brancas e as Negras devem ter consciência desta idéia) 14 ♘g3 ♗g6 15 h4 d4! *(D)*

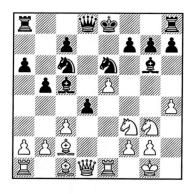

16 ♗g5 ♕d7 17 cxd4 ♘cxd4 18 ♘xd4 e aqui, acho que 18...♗xd4! teria igualado ou sido melhor. O motivo é que as Negras terão seu adorado lance ...c5.

**12 ♖e1 0-0**

Korchnoi também jogou 12...♕d7 com um sucesso variado. A idéia é não superproteger apenas o Peão d com ...♖d8, mas também ter o Cavalo c6 protegido no caso das Brancas jogarem ♗e4 como resposta a ...d4. Hübner-Korchnoi, Tilburg – 1986 continuou com 13 h3 ♗h5 14 ♘f1 ♖d8 15 ♘g3 ♗g6 (pronto para ...d4) 16 ♘d4 0-0 17 ♗f5! ♘e6 (este Cavalo está imobilizado, mas também é um bloqueador excelente) 18 ♗g4 ♘cxd4 19 cxd4 c5 *(D)*.

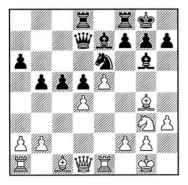

Eis a ruptura principal, não necessariamente ótima porque as Brancas terão um Peão isolado e algumas casas fracas na Ala da Dama. Todavia, é uma boa troca, pois d4 é o que conta nesta posição. A partida continuou com 20 ♘f5!? ♕a7!? 21 ♘xe7+?! ♕xe7 22 ♗e3 cxd4 23 ♗xd4 ♖c8 (de repente, as Brancas têm o Bispo ruim e as Negras têm a vantagem na Ala da Dama) 24 ♕d2 (24 ♖c1?? ♖xc1 25 ♕xc1 ♘xd4) 24...♖c2 25 ♕e3 ♕b4 26 ♗xe6 fxe6 27 f3 ♖fc8. As Torres negras estão ficando dominantes e temos outra situação com Bispos de cores opostas. Desta vez, a favor das Negras: 28 ♖ad1 h6 29 a3 ♕e7 30 ♖c1 ♕h4 31 ♖xc2 ♖xc2 32 ♖f1 ♗f5 33 ♖f2 ♖c4! 34 f4 (34 ♗b6 d4 35 ♕d2 d3 – sempre o mesmo tema: solte o Peão d se puder!) 34...♕h5 35 ♔h2 ♕d1 36 ♖d2 ♕b1 37 ♗c3 ♖e4 38 ♕f2 ♖e1 39 ♖e2 ♖h1+ 40 ♔g3 ♗xh3! 41 gxh3 ♕g6+ 42 ♔h4 ♕f5! 0-1. Uma partida posicional excelente.

**13 ♘b3 ♘e6** *(D)*

Esta idéia novamente: jogue ...d4 ou fracasse! Ou em qualquer caso, ameace. As Negras também tentaram 13...♖e8 e 13...♘e4.

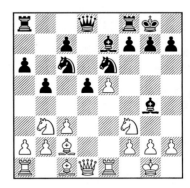

**14 ♘bd4?!**

Agora, as Negras têm o que desejam: a ruptura ...c5. É melhor 14 ♕d3 g6 15 ♗h6 ♖e8 16 ♖ad1 ♗f5 17 ♕d2 ♗xc2 18 ♕xc2, Geller-Unzicker, Campeonato Mundial de Seniores em Bad Wörishofen – 1991.

**14...♘cxd4 15 cxd4 g6!?**

Versus ♕d3. 15...c5 também é possível.

**16 ♗e3**

16 ♗h6 ♖e8 17 ♗e3 f5! é uma idéia típica, aproveitando o fato de que 18 exf6 ♗xf6 coloca muita pressão no Peão d.

**16...f5!** *(D)*

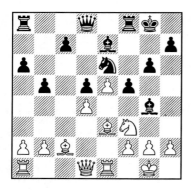

**17 ♕d3!?**

17 ♗b3 f4 e 17 h3 ♗xf3 18 gxf3 f4 19 ♗c1 c5! são igualmente ruins ou piores. Realmente, não há nenhuma salvação.

**17...f4 18 ♗d2 c5! 19 ♗d1**

19 dxc5? perde uma peça para 19...♗f5 20 ♕c3 b4.

**19...c4 20 ♕c3 b4 21 ♕c1 ♗xf3 22 ♗xf3 ♘xd4 23 ♗xf4 ♘xf3+ 24 gxf3 ♖c8 25 e6 d4**

O movimento chave de novo. As Brancas poderiam abandonar.

**26 ♗e5 ♖f5 27 ♕d2 d3 28 ♖ad1 c3 29 bxc3 ♖xe5 30 ♖xe5 bxc3 31 ♕f4 c2 0-1**

**Svidler – Anand**
*Wijk aan Zee – 2004*

Aqui e nos fragmentos da partida, vemos uma luta mais equilibrada, com cada lado utilizando suas vantagens.

**9 ♘bd2**

Não vimos ainda uma partida na qual a troca do Peão e pelo Peão f em f6 fornece às Negras uma compensação pelo comando maior das Brancas das casas centrais. Eis um pequeno fragmento no qual este é o caso: 9 c3 ♗c5 10 ♕d3 0-0 11 ♗e3 f5 12 exf6 ♕xf6 13 ♘bd2 ♗xe3 14 ♕xe3 ♘xd2 15 ♕xd2 ♖ad8 16 ♖fe1 ♔h8 17 ♖e3 ♗g8 18 ♖d1 *(D)*.

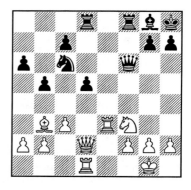

18...d4! 19 ♖ee1 (19 cxd4? ♘xd4) 19...dxc3 20 ♕xc3 ♕xc3 21 bxc3 ♘a5 22 ♗xg8 ♔xg8 23 ♘g5 ♘c4 com igualdade, Kamsky-Anand, Torneio de Candidatos PCA em Las Palmas (4) – 1995.

**9...♗e7**

Talvez, a variante da Ruy Lopez Aberta mais disputada comece com 9...♘c5 10 c3. A primeira coisa a notar é que 10...♘d3 11 ♕e2 ♘xc1 simplesmente é lento demais e abandona a Ala da Dama; por exemplo, 12 ♖fxc1 ♗e7 13 a4! ou 12 ♖axc1 ♗e7 13 ♘d4!. Eis uma visão geral das outras opções das Negras:

a) 10...d4 11 ♘g5! ♕xg5 12 ♕f3 0-0-0 13 ♗xe6+ fxe6 14 ♕xc6 é uma variante ultra, ultrateórica que foi jogada e analisada durante muitos anos depois que Karpov usou 11 ♘g5 contra Korchnoi na 10ª partida de seu confronto no Campeonato Mundial em 1978 na Cidade de Baguio. Qualquer pessoa que queira estudar isto terá que recorrer aos livros. Você também tem que decidir se deseja entrar em 25-30 jogadas de teoria tática, seguindo coisas como 14...♕xe5 15 b4 ♕d5 16 ♕xd5 exd5 17 bxc5 dxc3 18 ♘b3 d4 19 ♗a3 g6 20 ♗b4 ♗g7 21 a4 d3 etc.

b) Uma partida mais temática, ainda que incomum, continuou com 10...♗g4 11 ♗c2 d4!? (parece terrivelmente precoce avançar assim, mas Anand jogou ...d4 em muitos lances iniciais; veremos a partida e apenas uma fração da teoria) 12 ♘b3 d3 13 ♗b1 ♕d5 14 ♘xc5 (14 h3?! ♗xf3 15 ♕xf3 ♕xf3 16 gxf3 0-0-0 parece muito ruim para as Brancas) 14...♗xc5 *(D)*.

15 ♕xd3 (uma linha dada por Mikhalevski geralmente é dinâmica: 15 ♗xd3 0-0-0! 16 ♗e2 ♕e4!? 17 ♕e1 ♘xe5 18 ♘xe5 ♗xe2! 19 ♘xf7 ♖d1 20 ♕xd1 ♗xd1 21 ♘xh8 ♗c2! 22 ♗e3! ♗xe3 23 fxe3 ♕xe3+ 24 ♔h1 ♗d3, depois do qual as Negras têm o melhor) 15...♕xd3 16 ♗xd3 0-0-0 17 ♗e4 (17 ♗e2?! ♘xe5! 18 ♘xe5 ♗xe2) 17...♗xf3 18 gxf3 ♘xe5 19 a4?! (19 b4! ♗d6 20 a4 foi sugerido; fique atento com o par de Bispos!) 19...b4 20 ♗g5 f6 21 cxb4 ♗xb4 22 ♗e3 ♘c4?! (22...g6 e ...f5 seria forte) 23 ♗f4 ♗d2 24 b3 ♘d6 25 ♗xd6 ♖xd6 ½-½ Leko-Anand, Tilburg – 1998.

**10 c3 ♕d7 11 ♖e1!? ♘c5 12 ♗c2 ♗f5**

Entrando em uma posição menos complicada do que estamos acostumados. A simplificação parece ajudar um pouco as Brancas.

**13 ♗xf5 ♕xf5 14 ♘b3 ♖d8 15 ♘xc5 ♗xc5 16 ♗e3 ♗e7 17 ♘d4 ♘xd4 18 cxd4** *(D)*

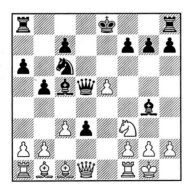
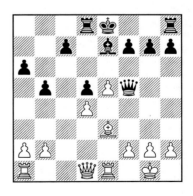

**18...c5**

Isto é uma necessidade antes das Brancas jogarem ♖c1 e, na verdade, libera o Peão d.

**19 dxc5 d4 20 ♗xd4!**

O problema é que as Brancas agora têm dois peões a mais!

**20...0-0**

20...♗xc5 21 ♗xc5 ♖xd1 22 ♖axd1 coloca as Negras em grande perigo; por exemplo, 22...h5! 23 ♗d5! ♖h6 24 ♖ed1 ♕c8 25 f4 com a idéia f5.

**21 c6! ♖d5! 22 ♖c1 ♖c8**

As Negras terão um de seus dois peões de volta. Depois que isso acontece, com um Bispo ruim ou não, as Brancas ainda podem jogar para ganhar.

**23 g3!?**

23 f3 pode ser um pouquinho mais preciso devido a 23...♕e6 24 ♕d3 ♖xc6 25 ♕e4! f5!? 26 exf6! ♕xe4 27 fxe4 ♖xc1 28 ♖xc1 ♖xd4 29 fxe7.

**23...♕e6 24 ♕d3 ♖xc6 25 ♖xc6**

25 ♕e4! ainda é bom, mas neste caso, 25...f5! 26 ♕e3 (26 exf6?? ♕xe4) 26...♖xc1 27 ♖xc1 ♖d7 pelo menos forma um bloqueio bem sólido.

**25...♕xc6 26 ♕e4**

Vamos parar aqui. As Brancas tentaram impor sua vantagem durante muitos movimentos e depois de erros mútuos, a partida finalmente ficou empatada.

Você pode ver que a Variante Aberta tem uma grande quantidade de variantes a escolher. O mais importante, ambos os lados têm opções em tantos movimentos que muito pouco tem sido elaborado definitivamente. Este é um sistema ideal para o jogador comum, de um ponto de vista prático e educativo.

## Variante das Trocas

**1 e4 e5 2 ♘f3 ♘c6 3 ♗b5 a6 4 ♗xc6** *(D)*

A Variante das Trocas da Ruy Lopez provavelmente é mais conhecida, por seu uso pelos Campeões Mundiais Lasker e Fischer. Ao contrário, 4 ♗a4 ♘f6 5 0-0 ♗e7 6 ♗xc6!? dxc6 é a 'Variante das Trocas Atrasada'. De modo estranho, as Brancas empregam dois lances para capturar o Cavalo em c6 quando poderiam tê-lo capturado imediatamente no movimento 4. Na verdade, as Brancas têm algumas opções que não existem na Variante das Trocas. Por exemplo, 7 ♕e1!? sai da imobilização em potencial com ...♗g4. Depois das Negras defenderem seu Peão e5 com 7...♘d7, as Brancas desejam desenvolver-se, por exemplo, com, 8 b3 0-0 9 ♗b2 ♗d6 10 d3, quando Plaskett-Davies, Liga Britânica (4NCL) – 2004/5 viram uma configuração eficaz para as Negras com 10...♖e8 11 ♘bd2 ♘f8! 12 ♕e3 c5 13 ♘c4 ♘g6 sem nenhum problema. Existem outras maneiras das Negras jogarem, claro. Perder um tempo significa algo, mesmo em uma Abertura posicional.

CAPÍTULO 8 – RUY LOPEZ | 215

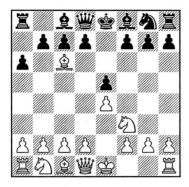
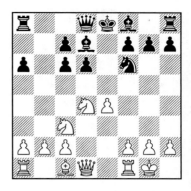

**4...dxc6**

Ao contrário, 4...bxc6 captura em direção ao centro, mas como em muitas Aberturas, a captura para longe do centro é melhor. Ao invés de liberar a Dama das Negras e o Bispo da Dama, 4...bxc6 atrasa o desenvolvimento das Negras e não coloca nenhum obstáculo no caminho das Brancas para d4 (compare com 5 d4 abaixo). Se as Negras puderem fazer um ...d5 eficiente em algum ponto, poderão ter alguma justificativa, mas as Brancas normalmente serão capazes de impedir isso ou responder com e5 para ter um bom efeito. O jogo pode continuar com 5 0-0 (5 d4 também é bom, forçando a entrega do centro – lembre-se que o lado que entrega o centro precisa de um desenvolvimento rápido para compensar isso por meio do jogo com as peças) 5...d6 6 d4 exd4 7 ♘xd4 ♗d7 8 ♘c3 ♘f6 *(D)*.

Realmente, as Negras têm um tempo a menos com 1 e4 e5 2 ♘f3 ♘c6 3 ♗b5 d6 4 0-0 ♘f6 5 d4 exd4 6 ♘xd4 ♗d7 7 ♗xc6 bxc6, uma posição que é favorável para as Brancas de qualquer modo! Eis um exemplo sem as variantes: 9 ♗f4 ♗e7 10 e5 dxe5 11 ♗xe5 0-0 12 ♕f3 c5 13 ♘c6 ♗xc6 14 ♕xc6 (os peões c das Negras são um desastre e as Brancas estão para conquistar uma grande vantagem no desenvolvimento) 14...♕d7 15 ♕xd7 ♘xd7 16 ♗xc7 ♗f6 17 ♗a5 ♖ab8 18 b3 ♖fe8 19 ♖ad1 ♘f8 20 ♘d5 ♗b2 21 ♖fe1 ♖xe1+ 22 ♖xe1 ♘e6 23 ♘c7 ♘xc7 24 ♗xc7 ♖c8 25 ♖d1 ♗f6 26 ♗f4 c4 27 g3 cxb3 28 cxb3 ♖c2 29 ♖c1! e as Brancas converteram facilmente seu Peão extra em vitória em Illescas-Gueneau, Campeonato Francês por Equipes – 1991.

Agora, voltamos para 4...dxc6 *(D)*:

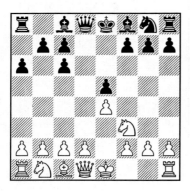

**5 0-0**

A primeira idéia básica da Variante das Trocas é que as Brancas têm uma estrutura de peões superior e que, mais cedo ou mais tarde, elas trocarão seu Peão d pelo Peão e das Negras, estabelecendo uma maioria de peões 4:3 na Ala do Rei. Elas esperam conquistar uma posição simplificada usando essa maioria para criar um Peão passado, ao passo que a maioria 4:3 das Negras está 'enfra-quecida' e incapaz de fazer o mesmo. Como conseqüência, as Brancas tenderão a vencer uma grande maioria dos Finais puros de Rei e Peão.

Contudo, há muito mais coisas acontecendo aqui. Antes de mais nada, as Negras possuem o par de Bispos, que pode ser, por si só, uma compensação por uma debilidade. Então, acho que há uma regra prática a seu favor: geralmente, quanto mais cedo na partida é estabelecida uma 'vantagem de longo prazo', como, por exemplo, peões dobrados, atrasados ou isolados, menos provavelmente irá durar até o Final ou causar danos, se persistir até lá. Em grande parte, isto é devido ao fato de que o oponente tem mais tempo para se ajustar ao problema e resolvê-lo diretamente ou encontrar um contrajogo. Com isto em mente, pode-se imaginar que ter mais peças no tabuleiro favorece ao lado com as fraquezas. E é onde surge um problema hipotético: pode não parecer vital à primeira vista, mas as Brancas têm uma vantagem no desenvolvimento. Isso significa que elas podem, algumas vezes, controlar a disposição das forças e chegar ao tipo de posição na qual as Negras serão forçadas a trocar peças. Se a estrutura de peões não for mudada por causa disso, as Brancas ficarão mais perto do tipo de Final que iriam preferir. Porém, em minha observação, a vantagem de um Final com 4:3 surge muito raramente nas partidas entre jogadores fortes. Na realidade, é provável que os Bispos das Negras e o jogo ativo conquistarão alguma vantagem estrutural no decorrer da partida. Porém, excetuando as trocas favoráveis (e é preciso haver muitas antes que se entre num verdadeiro Final), as Brancas podem ainda ser capazes de usar sua vantagem no desenvolvimento e, em alguns casos, seu controle maior do território para desenvolver suas forças e abrir o centro antes das Negras estarem prontas. Isso parece ser o modo mais comum que as Brancas têm para progredir. De modo inverso, as variantes nas quais as Negras restringem com sucesso os peões centrais das Brancas ou aquelas nas quais se desenvolvem rapidamente têm provado ser mais eficientes para igualar.

Isso nos traz à diferença entre o movimento mais moderno das Brancas 5 0-0 e o tradicional 5 d4. O último movimento tem uma certa lógica, pois as Brancas precisam perturbar a partida de seu oponente antes das Negras poderem assegurar sua posição e encontrar papéis para seus Bispos. Mas depois de 5 d4 exd4 6 ♕xd4 (6 ♘xd4 c5 facilita para as Negras, pois após a troca das Damas, os dois Bispos podem desenvolver-se rapidamente em coordenação, para incomodar o Rei branco) 6...♕xd4 7 ♘xd4 *(D)*, a situação mudou.

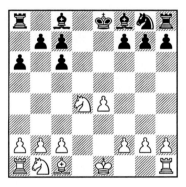

A vantagem especial das Brancas de terem mais peças em jogo desapareceu. Dada esta circunstância, estamos na condição inferior da eficiência do par de Bispos versus as vantagens potenciais da estrutura de peões das Brancas. Vejamos: 7...♗d7! (a idéia é conseguir rocar rapidamente, trazendo a Torre para a Coluna d aberta e talvez, jogar ...c5 e ...♗c6; 7...c5 é uma boa alternativa; por outro lado, 7...♗d6!? compromete as Negras a um desenvolvimento em particular; então, 8 ♘c3 ♘e7 9 0-0 0-0 10 f4 ♖e8 11 ♘b3 f6 12 f5!? b6 13 ♗f4 é a famosa partida entre Lasker-Capablanca, São Petersburgo – 1914, na qual as Negras provavelmente não estavam pior, mas tinham que se defender com precisão e perderam) 8 ♗e3 0-0-0 9 ♘d2 (9 ♘c3 ♗b4) 9...♘e7 (9...c5 10 ♘e2 b6 estabelece uma estrutura que normalmente é do agrado das Negras, pois é inteligente e cria espaço em c6 para um Bispo ou um Cavalo; por exemplo, 11 0-0-0 ♘e7 12 ♘c4 ♘c6 com igualdade) 10 0-0-0 ♘g6 (10...f6 11 f3 ♘g6 12 h4 h5 13 ♘c4 c5 14 ♘f5 ♗e6 é sólido e igual, embora seja monótono, Miles-Karpov, Biel – 1992) 11 h3 ♖e8 12 ♖he1 ♗d6 13 ♘e2 f5!? 14 exf5 ♘h4 15 ♘c4? (15 g4 ♘g2 16 ♖g1 ♘xe3 17 fxe3 ♖xe3 é vantajoso para as Negras devido a seus Bispos) 15...♘xg2 16 ♖g1 ♘xe3 17 fxe3 ♗c5 com grande vantagem para as Negras, Peterson-Alekhine, Örebro – 1935.

Você pode ver como fica fácil o jogo das Negras depois de 5 d4 e por que 5 0-0 *(D)*, ao qual retornamos agora, geralmente é preferido.

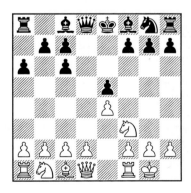

Depois de 5 0-0, as Negras podem escolher em uma grande coleção de defesas, mas a maioria delas oferece à Brancas boas perspectivas de vantagem. Iremos focar em três que se mantêm e seguir algumas partidas (com diversos fragmentos incorporados), para ter uma noção real das idéias.

## Milu – Vajda
*Bucareste – 1995*

**5...♗d6**

Este desenvolvimento modesto e lógico apóia e5 e mantém opções para o Cavalo e o Bispo c8. Mantém a partida interessante, mas também não forçada; assim, oferece às Brancas mais oportunidades para criar problemas a seu oponente do que os outros dois lances em consideração.

**6 d4** *(D)*

As Brancas devem desenvolver-se o mais rapidamente possível, como explicado acima, e também desejam que as Negras joguem ...exd4 para estabelecer sua maioria na Ala do Rei 4:3. Os Bispos das Negras encontrariam tempo para se desenvolverem suavemente depois de 6 d3 ♘e7; por exemplo, 7 ♗e3 0-0 8 ♘bd2 (8 c3!?) 8...f6 9 a3 (provavelmente, as Brancas ficariam melhor com 9 c3 ou 9 ♘c4, embora no último caso, as Negras possam causar o mesmo tipo de problemas com 9...♗g4) 9...c5 10 ♘c4 ♗g4 11 b4? cxb4 12 ♘xd6 cxd6 13 h3 (13 axb4 f5! e

o Cavalo f3 está com problemas) 13...♗xf3 14 ♕xf3 bxa3 15 ♖fb1 b5, Ungureanu-Flear, Lenk – 1992. As Negras têm um Peão limpo a mais.

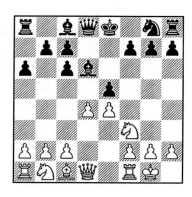

**6...exd4 7 ♕xd4!**

7 ♘xd4 é lento: 7...♘e7 (7...♕h4!?) 8 ♗e3 0-0 planeja ...f5, um movimento com duplo sentido que é bom em uma posição como esta, porque abre linhas; por exemplo, 9 ♘c3 f5 10 exf5 ♘xf5 11 ♘xf5 ♗xf5 com um desenvolvimento livre e fácil. Você pode ver que a maioria branca na Ala do Rei não é mais um fator relevante.

**7...f6** *(D)*

Uma necessidade infeliz contra e5, que coloca as Brancas ainda mais à frente no desenvolvimento. Porém, se as Negras conseguirem alguns lances para se consolidarem com ...♘e7-g6 e ...♗e6, controlarão e5 e ficarão bem, posicionalmente.

CAPÍTULO 8 – RUY LOPEZ | 219

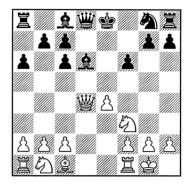

Vimos rapidamente esta posição no Capítulo 2, ao analisarmos o centro em extinção. Como explicado lá, os fatores estáticos são temporariamente mais importantes do que os dinâmicos, embora isso possa mudar a qualquer momento. As Brancas gostariam de invadir antes das Negras poderem estabilizar a posição. Se for dado tempo, o par de Bispos pode começar a se firmar. A outra opção das Brancas é eliminar um dos Bispos, provavelmente, aquele em d6; dificilmente, elas podem ficar pior neste caso, mas o tempo que isto requer, geralmente permitirá às Negras igualarem ou ficarem muito perto de conseguir isto.

**8 ♗e3**

Um movimento flexível que desenvolve, sem comprometer o Cavalo b1. Como alternativa:

a) 8 e5 fxe5 9 ♘xe5 permite às Negras se recuperarem novamente no desenvolvimento: 9...♘f6 (ou 9...♕f6 10 ♖e1 ♘e7 com igualdade) 10 ♖e1 0-0 11 ♗g5 (11 ♕c4+ ♘d5 12 ♘c3 ♕f6!) 11...♕e8 12 ♘d2 c5 13 ♕c4+ ♗e6 com total igualdade, Ungure-Lane, Cappelle la Grande – 1995. A estrutura de peões das Negras é equivalente à das Brancas. A conduta para as Negras é continuar com seu desenvolvimento e forçar o ritmo.

b) O lance mais comum, por uma boa margem, é 8 ♘bd2. As Negras têm duas opções corretas, ambas com o pensamento em zelar por e5:

b1) 8...♘h6!? 9 ♘c4 ♘f7 é uma idéia relativamente antiga, mas notável: 10 b3? 0-0 11 h3 b5! 12 ♘xd6 cxd6 13 ♗f4 ♗b7! 14 ♖ad1 c5 15 ♕d3 ♖e8 16 ♖fe1 ♖e6 17 c4 ♕e7, Karaklajic-Gligoric, Manila – 1975. A entrega do centro pela atividade!

b2) 8...♗e6 9 b3 (9 ♘c4? perde um Peão para 9...♗xh2+! 10 ♔xh2 ♕xd4 11 ♘xd4 ♗xc4 – assim, 8...♗e6 tem uma função preventiva) 9...♘e7 10 ♗b2 (10 ♘c4 ♗b4! 11 ♘e3 c5 12 ♕xd8+ ♖xd8 13 ♗b2 0-0 e as Brancas não conseguiram o que precisavam em termos de estrutura de peões ou de neutralização dos Bispos negros, Schüssler-Westerinen, Copenhague – 1979) 10...0-0 11 ♖ad1 *(D)*.

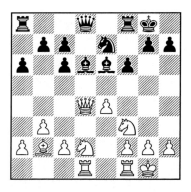

11...♕e8!? (um tema freqüente: a Dama reforçará os Bispos com ...♕f7 ou escapará para atacar o Rei branco; todavia, uma alternativa boa e provavelmente superior seria 11...c5! seguido de ...♕e8) 12 e5?! (as Brancas devem tentar 12 ♘c4! com boas perspectivas; então, as Negras ficam sob pressão para responder, enquanto e5 pode aguardar até mais tarde) 12...fxe5 13 ♘xe5 c5 14 ♕e4 ♗d5. Aqui, definitivamente algo deu errado para as Brancas: o par de Bispos das Negras é eficiente demais. A partida entre Lutikov-Westerinen, Jurmala – 1978 continuou com 15 ♕g4 h5!? 16 ♕h3! ♘g6 17 ♘xg6 ♕xg6 18 c4 ♗c6 19 f3? (19 ♖fe1! melhora consideravelmente, embora 19...♖ad8 tenha a idéia ...♗f4, com uma pressão contínua) 19...♖ae8 20 ♘e4 ♗xe4 21 fxe4 ♖xf1+ 22 ♖xf1 ♖xe4 23 ♕f3 ♔h7 e as Negras não só ficaram com um Peão a mais, como tiveram as peças mais ativas.

**8...♘e7 9 ♘bd2 ♗e6**

Agora, as Negras planejam ...♘g6, ...♕e7, ...c5 e ...0-0-0. Em resposta, as Brancas encontram um bom plano para aproveitar suas peças centralizadas.

**10 ♖fd1**

Um truque típico é 10 ♘c4? ♗xh2+ 11 ♔xh2 ♕xd4 12 ♘xd4 ♗xc4.

Com exceção do lance do texto, 10 ♕c3! faz bastante sentido, preparando ♘c4 sem permitir o truque ...♗xh2+. Então, as Negras ainda podem jogar 10...♘g6 11 ♘c4 ♕e7, mas em Webb-Hanley, Liga Britânica (4NCL) – 2005/6, elas tentaram obter ...0-0-0 mais rapidamente com 10...♕d7!? 11 ♘d4 0-0-0 12 ♘xe6 ♕xe6 (D).

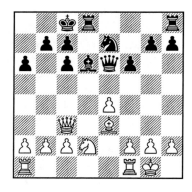

Apenas as Brancas podem ficar melhor aqui, embora ainda encontrem dificuldades para manter uma vantagem significativa. É interessante que nesta e em posições parecidas, os Bispos da mesma cor ajudem às Negras. Normalmente, você pensaria ser bom para as Negras terem o Bispo 'bom' em e6, mas na prática, verá que é mais fácil para as Brancas implementar sua expansão planejada na Ala do Rei sob tais circunstâncias. A partida continuou com 13 f4?! (um pouco impulsivo; as Brancas sempre podem adiar isto e manter certa vantagem) 13...♖he8

(13...♘g6!? é taticamente jogável – 14 f5 ♕e5! ou 14 e5 fxe5 15 f5 ♕e7! 16 fxg6 ♗b4 – mas, então, teria sido melhor jogar mais cedo o plano ...♘g6/...♕e7) 14 ♖f3?! f5! (o motivo; agora, o Bispo branco também parece ruim) 15 e5 ♘d5 16 ♕b3 ♗f8 17 ♘f1 g5! 18 fxg5 ♕xe5 19 ♗f2 f4 com a iniciativa.

**10...0-0?!**

Mais uma vez, é melhor manter os Bispos de mesma cor com 10...♘g6 11 ♘c4 ♗xc4 12 ♕xc4 ♕e7. Agora, veremos como as Brancas podem explorar a vantagem estrutural que mantiveram com tanto cuidado:

**11 ♘c4 ♗b4 12 a3! ♕xd4 13 ♘xd4 ♗xc4 14 axb4**

Este Peão aniquila o jogo potencial das Negras na Ala da Dama (não que os peões realmente estivessem indo a algum lugar). Agora que as Brancas obtiveram a posição desejada, não têm pressa.

**14...♘g6 15 f3! ♖ad8 16 ♔f2 ♖d7 17 ♖d2 ♖fd8 18 ♖ad1 ♘e5 19 h4!**

As Brancas começam a ganhar espaço; o Peão f pode aguardar o momento certo, uma vez que seu avanço pode enfraquecer as casas adjacentes.

**19...♗f7 20 b3 b6 21 ♘e2 ♖xd2 22 ♖xd2 ♖xd2 23 ♗xd2**

As peças menores são superiores às Torres quando você está tentando conquistar estas posições características da Variante das Trocas; os Cavalos são melhores.

**23...♔f8 24 g4! c5?!**

Mas as Brancas finalmente começaram a avançar seus peões, com uma partida ganhadora.

**25 bxc5 bxc5 26 ♗e3 c4 27 b4! ♘c6 28 f4** *(D)*

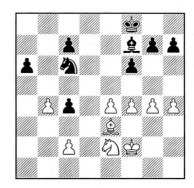

**28...♔e8 29 c3 ♔d7 30 ♘g3 ♘d8 31 g5 ♘b7 32 ♗d4 fxg5 33 hxg5 g6 34 ♔e3 ♘d6 35 f5!**

O avanço é implacável. ♔f4 é possível em seguida.

**35...gxf5 36 exf5 ♗d5 37 ♗e5! ♗f7**

Também sem esperanças são 37...♘b5 38 ♘e4 e 37...♘f7 38 ♔d4!.

**38 ♔d4 ♔c6 39 ♗xd6 ♔xd6 40 ♘e4+ ♔e7 1-0**

Uma bela exibição do objetivo 'ideal' das Brancas ao jogarem 4 ♗xc6. Contudo, acho que esta é a exceção e não a regra, e que a lição mais importante de todos estes exemplos é que geralmente as Negras têm os meios de alterar a estrutura de seus peões ou criar um contrajogo em compensação por seus peões c dobrados.

Como indicado acima, o modo como as Brancas geralmente conseguem a vantagem na prática é explorando seu desenvolvimento e espaço para criarem algum *outro* tipo de vantagem, mesmo que isso signifique acertar os peões das Negras. As Brancas podem ter sucesso, em geral, ao fazer isto e obterem chances reais; se podem conseguir o suficiente para vencer a partida é outro problema. E mais, algumas das opções iniciais das Negras merecem atenção.

**5...♗g4 *(D)***

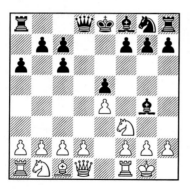

Este é o movimento mais radical e aquele que foi considerado originalmente como sendo o problema mais grave com 5 0-0. Agora, 6 d4 perde um Peão e os movimentos lentos permitem, por exemplo, ...♕f6, ...0-0-0 e/ou ...♗c5. Assim, as Brancas preferem atacar o Bispo imediatamente. Divagaríamos demais examinando as muitas linhas táticas depois de 5...♗g4 e esté é outro daqueles movimentos que requerem muito estudo e memorização. Apenas citarei algumas partidas para dar um contorno do jogo.

**Volokitin – Akopian**
*Sochi – 2004*

**6 h3 h5!**

Realmente, isto é forçado se as Negras quiserem igualar. Elas não podem entregar o par de Bispos por nada.

**7 d3**

As Brancas precisam soltar algumas peças antes de poderem pensar em capturar o Bispo. Você pode elaborar facilmente a conseqüência; no mínimo, as Brancas terão que devolver a peça, uma vez que 7 hxg4? hxg4 8 ♘h2? ♕h4 é terrível.

**7...♕f6 *(D)***

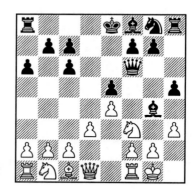

**8 ♗e3**

De algum modo, as partidas continuam fracassando nesta linha, embora existam muitas idéias:

a) O primeiro ponto é que, novamente, 8 hxg4? hxg4 recupera a peça das Negras com vantagem, uma vez que o Cavalo não pode mover-se sem permitir ...♕h4.

b) 8 ♘bd2 tem sido a linha principal, mas as Negras têm ficado razoavelmente bem. Existem centenas de partidas aqui; apenas listarei alguns fragmentos depois de 8...♘e7:

- b1) 9 hxg4 não é jogado por causa de 9...hxg4 10 g3! gxf3 11 ♕xf3 ♕e6!? (ou 11...♕h6 12 ♖e1, quando 12...♕h3, 12...♘g6 e 12...c5 pelo menos são equivalentes) 12 ♘c4 c5 13 ♗e3 ♘c6 14 ♕f5 ♕xf5 15 exf5 f6 com igualdade, Deviatkin-Fressinet, Internet – 2004.

- b2) Alguns grandes nomes estiveram envolvidos em partidas depois de 9 ♖e1 ♘g6 10 d4 (10 hxg4? hxg4 11 ♘h2? ♗c5!) 10...♘f4 11 dxe5 (11 hxg4!? hxg4 12 g3 gxf3 13 ♕xf3 ♘e6 14 dxe5 ♕h6 15 ♘b3 g5! 16 ♗e3 ♕h3! 17 ♕g2 ♕h5 com igualdade, Macieja-Adams, ECC em Rethymnon – 2003; você vê como é incomum e específico isso tudo!) 11...♕g6 12 ♘h4 ♗xd1 13 ♘xg6 ♘xg6 14 ♖xd1 ♖d8 (14...0-0-0 também é igual) 15 ♖e1 ♘xe5 16 ♘f3 ♘xf3+ 17 gxf3 ♗b4 ½-½ Nisipeanu-Kasimdzhanov, Bundesliga – 2005/6.

b3) 9 ♘c4 (posicionalmente, este é o movimento mais interessante) 9...♗xf3 10 ♕xf3 ♕xf3 11 gxf3 ♘g6 12 ♗e3 ♗e7! *(D)*.

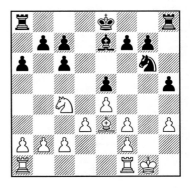

Aparentemente, as Brancas perderam sua vantagem almejada em um possível Final de peões! Mas isso não é muito relevante, uma vez que a partida não irá tão longe na maioria dos casos. As Negras podem reorganizar-se com ...f6 e ...♘f8-e6 ou avançar com ...0-0-0 seguido de ...♖hf8 e ...f5, como sugerido por Kindermann. Geralmente, as Brancas jogam por f4 ou d4: 13 ♖fd1 (ou 13 ♔h1 ♗f6 14 a4 0-0-0 15 a5 ♘h4 com igualdade, Hort-Spassky, Torneio de Candidatos em Reikjavik (16) – 1977) 13...0-0-0 14 ♔f1 f6 (14...♖hf8!? planejando ...f5 é a idéia de Kindermann) 15 ♔e2 ♘f8 16 f4 exf4 17 ♗xf4 ♘e6 ½-½ Kindermann-Dorfman, Jenbach – 2003. Kindermann analisa 18 ♗e3 g5 19 c3 ♖hf8 20 f3 f5 21 ♖g1, quando 21...c5 parece igual. Cheio de idéias, mas com resultados duvidosos em termos de vantagens para qualquer lado.

8...♗xf3 9 ♕xf3 ♕xf3 10 gxf3 ♗d6 11 ♘d2 ♘e7 *(D)*

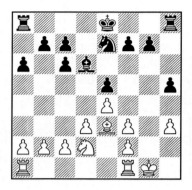

Desta vez, as Negras apenas desejam jogar ...c5 e ...♘c6. Esses tipos de posições são iguais e não dizem muito para as chances de vitória das Brancas após 5...♗g4. Por outro lado, isso pode mudar com uma nova descoberta ou reavaliação.

**12 ♖fd1**

Pouca coisa aconteceu nesta partida também: 12 ♖fb1!? c5! 13 ♔f1 a5 14 a4 ♘c6 15 c3 f6 16 ♔e2 b6 17 ♖g1 ♔f7 18 ♘c4 ♖ad8 19 ♖g2 h4 20 ♖ag1 g5 com igualdade, de la Villa-Delchev, La Roda – 2004.

**12...c5 13 ♘c4 ♘c6 14 c3 ♔e7 15 ♔f1 f6 16 a3 a5 17 a4 g6 18 ♔e2 ♔e6 19 ♖g1 ♖hg8 20 ♖g2 ♖ad8 21 ♖ag1 ♔f7 ½-½**

Assim, 5...♗g4 fornece toda a indicação de ser uma solução completa para as Negras. Eis mais um método de jogo que parece perfeitamente bom para elas:

**Hector – Beliavsky**
*Copenhague – 2004*

**5...♕f6** *(D)*

Este é uma forma simples de defender e5. As Negras preparam um ...0-0-0 precoce. Até este ponto, as Brancas não encontraram nenhum modo de alcançar a supremacia.

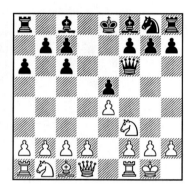

**6 d4!**

Versus o movimento 6 d3 lento, 6...♗g4 e 6...♗c5 são bons movimentos agressivos.

**6...exd4 7 ♗g5**

Ou:

a) 7 e5 ♕g6 fornece às Negras um bom alcance para seus Bispos, como mostrado com 8 ♘xd4 ♗h3 9 ♕f3 ♗g4 10 ♕g3 0-0-0.

b) 7 ♕xd4 e, agora, 7...♗g4!? coloca as Brancas no lugar certo; por exemplo, 8 ♕e5+!? ♕xe5 9 ♘xe5 ♗e6 com igualdade. As Negras também podem jogar 7...♕xd4 8 ♘xd4 ♗d7 ou até 7...♗d7, produzindo o tipo padrão de posição igual que vimos depois de 5 d4.

c) 7 ♘xd4?! ♗d7 8 ♗e3 0-0-0 fornece às Negras tudo o que elas desejam.

**7...♕d6** *(D)*

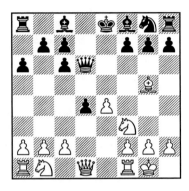

**8 ♕xd4**

8 ♘xd4 ♗d7 9 ♘c3 ♗e7 10 ♗xe7 ♘xe7 11 ♘b3 é Magem-Morozevich, Pamplona – 1994/5. Agora, mais fácil é 11...♕xd1 12 ♖axd1 b6 planejando ...c5, negando ao Cavalo b3 boas casas, seguido de ...0-0-0.

**8...♗g4**

Ou 8...♕xd4 9 ♘xd4 ♗d7 e a idéia ...f6 traz igualdade; ou 8...♗d7.

**9 ♕e5+ ♘e7 10 ♗xe7 ♕xe7 11 ♘bd2 0-0-0 12 ♕f4 h5 13 h3 ♗e6 14 ♘g5 g6 15 ♕e3? ♗h6 16 f4 ♔b8 17 ♘xe6? fxe6!**

As Negras ameaçam ...e5.

**18 e5 g5!**

com uma vantagem substancial. No momento da elaboração desta publicação, era o movimento das Brancas.

## Ataque Marshall

**1 e4 e5 2 ♘f3 ♘c6 3 ♗b5 a6 4 ♗a4 ♘f6 5 0-0 ♗e7 6 ♖e1 b5 7 ♗b3 0-0**

Irei enfatizar e expandir um assunto que mencionei na seção Lopez Fechada sobre as ordens do movimento. 7...d6 é um modo de evitar os problemas associados às linhas 'Anti Marshall' das Brancas, que seguem com 7...0-0 8 a4 e 7...0-0 8 h3 (veja abaixo). 7...d6 geralmente levará à Lopez Fechada normal depois de 8 c3 0-0 9 h3 etc. Após 7...d6, 8 a4 *(D)* não é mais muito eficiente, em parte porque e5 está defendido.

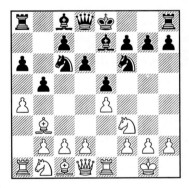

Aqui, as Negras igualam facilmente seguindo com qualquer um dos movimentos 8...♗d7, 8...b4 ou 8...♗b7; compare com 7...0-0 8 a4. Para aqueles com ambições mais imediatas, há 8...♘a5!? 9 ♗a2 (9 axb5 ♘xb3 10 cxb3 ♗b7 11 bxa6 ♗xa6 fornece muita compensação: dois Bispos, atividade e aqueles peões b horríveis) 9...b4 10 c3!? c5 11 d4 cxd4 12 cxd4 (12 cxb4 funciona razoavelmente bem para as Negras nas várias complicações que seguem com 12...♘c6 {12...♘b7!?} 13 b5 e, agora, 13...♘b4 14 ♗xf7+ ♔xf7 15 ♕b3+ ♘bd5!? 16 exd5 axb5 ou 13...axb5 14 axb5 ♗e6 15 bxc6 ♗xa2) 12...0-0! 13 ♘bd2 ♕c7, que é igual, segundo Ivanchuk.

Agora, voltamos para 7...0-0 *(D)*:

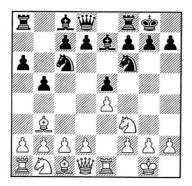

**8 c3**

Nesta conjuntura, as Brancas conseguiram uma boa milhagem com duas das variantes 'Anti Marshall':

a) Kasparov causou dificuldades consideráveis para seus oponentes com 8 a4, ameaçando simplesmente 9 axb5. No momento, as soluções das Negras estão continuando bem, mas esta versão da Anti Marshall é ainda uma arma legítima e deixa muito jogo no tabu-

leiro. Eis um exemplo clássico entre um Campeão Mundial e seu sucessor, com notas das conjunturas críticas: 8...♗b7 (questionavelmente a melhor defesa) 9 d3 d6 10 ♘bd2 ♘d7 11 c3 ♘c5 12 axb5 axb5 13 ♖xa8 ♕xa8 14 ♗c2 b4 15 d4 bxc3 16 bxc3 ♘d7 17 ♘f1 ♗f6 18 d5 (a posição parece uma Lopez Fechada na linha principal e as Brancas enfrentam uma decisão parecida em relação ao centro; tanto este lance como 18 ♘e3 têm sido jogados) 18...♘cb8! 19 h4 ♘c5 20 ♘g3 ♗c8 21 ♘g5!? h6 22 ♘h5! ♗e7 (22...hxg5? falha por 23 ♘xf6+ gxf6 24 hxg5 fxg5 25 ♕h5 f6 26 ♕g6+ ♔h8 27 ♔h2 seguido de ♖h1; esta é uma posição que ilustra perfeitamente a técnica de Kasparov de 'cortar o tabuleiro em dois' – as Negras têm uma superioridade numérica nas peças, mas quatro delas estão sem jogo na Ala da Dama, excluídas da defesa de seu Rei) 23 ♘h3! ♕a2! (23...♗xh4? 24 ♘xg7! ♔xg7 25 ♕h5) 24 ♖e3 g6? (24...♗xh4! leva a complicações para ambos os lados) 25 ♖g3 *(D)*.

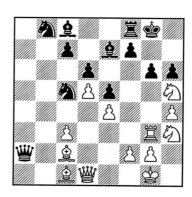

Aqui, 25...♗xh4? permite uma bela combinação: 26 ♕d2! g5 (26...♗xg3? 27 ♘f6+) 27 ♘xg5! ♗xg3 28 ♘f6+ ♔h8 (ou 28...♔g7 29 ♘e6+!) 29 ♘xf7+! ♔g7 30 ♕xh6+ ♔xf7 31 ♕h7+ ♔xf6 32 ♗g5+! ♔xg5 33 ♕g7+ ♔h5 34 ♗d1+ ♗g4 35 ♗xg4+ ♔h4 36 fxg3+ ♔xg3 37 ♗f5+ ♔f4 38 ♕h6+ ♔g3 39 ♕g5#. Em vez disso, a partida continuou com 25...♘bd7 26 ♗xh6 ♗xh4 27 ♖g4 ♗e7 28 ♗g5 ♗xg5 29 ♘xg5 f5 (29...♕b2 30 ♖g3 ♖e8 31 ♔h2!) 30 exf5 gxh5 31 ♖g3 ♘f6 32 ♘e6+? (Kasparov hesita com problemas de tempo – 32 ♘e4+! vence; por exemplo, 32...♗g4 33 ♖xg4+ hxg4 34 ♕xg4+ ♔f7 35 ♕g6+ ♔e7 36 ♕g7+ ♖f7 37 f6+ ♔e8 38 ♘xd6+! cxd6 39 ♕g8+ ♖f8 40 ♗g6+ ♔d8 41 ♕xf8+ ♔c7 42 ♕e7+ ♘d7 43 f7) 32...♔f7 33 ♖g7+ ♔e8 34 ♘xc7+ ♔d8 35 ♘e6+ ♔e8 36 ♘c7+ ♔d8 37 ♘e6+ ♔e8 38 ♘c7+ ½-½ Kasparov-Topalov, Linares – 2004.

b) A última moda (e, novamente, mostra o respeito que os jogadores têm pelo Ataque Marshall) é 8 h3, um movimento que os principais Grandes Mestres aproveitaram com algum sucesso (mas não esmagador). Então, 8...d6 9 c3 transpõe para a Ruy Lopez Fechada. E 8...d5, a idéia de Marshall, surge um pouco depois, com 9 exd5 ♘xd5 10 ♘xe5 ♘xe5 11 ♖xe5. Isso dá às Brancas um melhor controle na Ala do Rei do que conseguem no Ataque Marshall. E mais, as Brancas seguirão desenvolvendo rapidamente com ♘c3, certamente melhor que ter um Peão em c3. Para tudo isso, as Brancas não devem sentir-se confiantes em excesso: anos atrás, Blatny tentou 11...♘b6 seguido de ...c5 e ...♗d6; isto merece alguma atenção. Naturalmente, as Negras não precisam do gambito; em geral, elas jogam 8...♗b7 9 d3 (D).

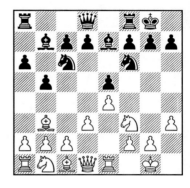

Depois desta proteção modesta do Peão e, as Brancas têm diversos métodos de organizar suas peças. Por exemplo, podem separar-se totalmente das linhas da Ruy Fechada com ♘c3, talvez para ser seguido com ♘d5. Podem jogar c3, de um modo mais ou menos tradicional (♘d2-f1 poderia continuar). Ou têm ♗e3 seguido de ♘d2, pretendendo d4. O que se tornou a linha principal segue com 9...d6 (até o movimento ativo 9...♗c5 tem sido jogado aqui, reagindo ao desenvolvimento lento das Brancas, mas a principal alternativa das Negras é 9...♖e8; por exemplo, 10 ♘c3 ♗b4!? 11 ♘g5 ♖f8 12 a3 ♗xc3 13 bxc3 ♘a5 14 ♗a2 c5 15 f4 exf4 16 e5 ♘d5 17 ♗xd5 ♕xg5 18 ♗xb7 ½-½ Kramnik-Leko, Campeonato mundial em Brissago (2) – 2004) 10 a3 (D).

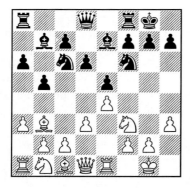

No minuto em que as Negras defendem seu Peão e, elas estão livres para jogar ...♘a5 e livram-se do Bispo ativo das Brancas. Com 10 a3, as Brancas fornecem ao Bispo uma casa para a qual voltar. Isso contrasta com a organização habitual com c3 e ♗c2. Agora, as Negras vêm jogando 10...♘a5 (embora jogadores proeminentes estejam jogando assim, realmente eu fico imaginando qual o critério para organizar uma estrutura Chigorin com ...c5 e ceder a casa d5; o lógico 10...♖e8 é uma boa opção, com a idéia ...♗f8 e ficar centralizado; e há vários outros movimentos sensatos) 11 ♗a2 c5 12 ♘bd2 (12 ♘c3 ♘c6 13 ♘d5 ♘xd5 14 ♗xd5 ♕c7 15 c3 ♘b8 16 ♗xb7 ♕xb7 também levou à igualdade; isso não é lei, claro) 12...♘c6 13 ♘f1 ♗c8!? (as Negras fazem o redirecionamento familiar de seu Bispo, mesmo que não haja nenhum Peão em d5 – sua idéia é jogarem o também familiar ...♗e6 e desafiarem as Brancas a trocar; o sucesso inicial geralmente leva à repetição e acho que outros lances se tornarão mais populares aqui) 14 c3 (14 ♘e3 ♗e6 15 ♗d5!, como em Sutovsky-Beliavsky, Campeonato Euro-peu por Equipes em Gothenburg – 2005, é interessante e talvez até favorável para as Brancas; por enquanto, estas estruturas h3/d3 ainda estão produzindo algumas posições originais) 14...♗e6 15 ♗xe6 fxe6 *(D)*.

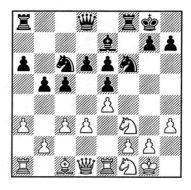

É engraçado que em uma posição muito parecida com esta variante h3/d3, o lance ...♗e6 quase nunca seja respondido com ♗xe6, considerando que aqui, os melhores jogadores do Mundo fizeram isso repetidamente. Como foi explicado nos capítulos introdutórios, não há nenhuma regra sobre quando dobrar os peões das Negras. Algumas vezes, a falta de mobilidade central depois de ...fxe6 é enfraquecedora; e outras vezes, as casas extras que são cobertas pelo Peão e6 valem a pena para as Negras. A partir deste ponto, a partida entre Topalov-Kasimdzhanov, Campeonato Mundial em San Luis – 2005 continuou com 16 b4!? (anteriormente, Kasparov não havia conseguido nada com 16 ♘g3 ♘d7 17 ♗e3 d5 18 exd5 exd5 19 a4 ♖b8 20 axb5 axb5 21 b3 ♖a8 ½-½ Kasparov-Topalov, Linares – 2005) 16...♕d7 (16...♘h5 17

♘1h2 ♘f4 18 ♗xf4 ♖xf4 19 ♕b3 ♕d7 20 a4! foi favorável às Brancas em Adams-Kasimdzhanov, Linares – 2005) 17 ♕b3 ♖fb8 18 ♘1h2 com uma posição obscura. Seguiu-se uma partida terrivelmente complicada. É difícil avaliar se esta abordagem relativamente nova provará ser uma arma durável para as Brancas.

**8...d5** *(D)*

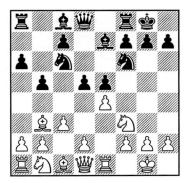

O Ataque Marshall. Nesta variante analisada excessivamente (mas altamente instrutiva), as Negras sacrificam um Peão em troca de um ataque na Ala do Rei e de um jogo ativo.

**9 exd5**

As alternativas, como, por exemplo, 9 d4 e 9 d3 são consideradas inofensivas, embora a primeira crie um bom material de estudo.

**9...♘xd5**

A tentativa de complicar com 9...e4 foi subestimada e pode ser uma boa alternativa para o Ataque Marshall característico. Sem surpresa alguma, contém muito risco. A análise de diversas fontes (veja o artigo de Bücker na Bibliografia) inclui essas linhas extremamente abreviadas, com sugestões: 10 dxc6 (10 ♘g5 ♘a5 11 ♘xe4 ♘xe4 12 ♖xe4 ♗b7 13 d4 ♘xb3 14 axb3 ♕xd5 fornece às Negras muito jogo por um Peão: dois Bispos, um desenvolvimento superior e chances de ataque) 10...exf3 11 d4 (11 g3!?; 11 ♕xf3 ♗g4 12 ♕g3 ♖e8 13 f3 ♕d3!? 14 fxg4 ♗c5+ 15 ♖e3 ♖ad8 16 ♘a3?! – eis um bom ponto a pesquisar para melhorar as Brancas – 16...♘e4 17 ♕f3 ♘xd2 18 ♗xd2 ♕xd2 19 ♗xf7+ ♔h8 20 ♗xe8 ♗xe3+ 21 ♔h1 ♖xe8 com igualdade aproximada) 11...fxg2 12 ♕f3 (12 ♗g5 a5!?) 12...a5 13 ♗g5 (13 a4!?) 13...a4 14 ♗c2 b4 15 ♕xg2 ♖a5! com um ataque obscuro. Quem sabe? 9...e4 está aberto à investigação.

**10 ♘xe5 ♘xe5 11 ♖xe5 c6** *(D)*

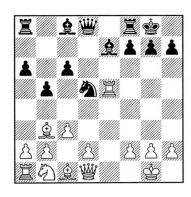

A posição inicial para as principais linhas do Ataque Marshall. Basicamente, a idéia para as Negras é mover as peças para a Ala do Rei e dar o xeque-mate, enquanto as Brancas desejam impedir isso e manter um Peão à frente! Não é tão simples, claro. Por exemplo, geralmente, as Negras ganharão alguma vantagem no centro também, e portanto, mesmo que as Brancas se oponham ao ataque e permaneçam com um Peão à frente, normalmente, a partida ficará empatada, O ataque inicial das Negras está baseado na exploração das fraquezas nas casas brancas que as Brancas terão que criar para se defender do Mate. E a defesa das Brancas geralmente consistirá em contra-ataques que envolvem o sacrifício de material. No mínimo, tentarão abrir linhas na Ala da Dama com a4 e axb5, esperando ♖a6 ou ♖a7. E mais, a ação está principalmente na Ala do Rei.

Quando eu abri um livro sobre o Ataque Marshall e vi o primeiro parágrafo do primeiro capítulo, aprendi que para a 'antiga linha principal' (que ainda é extremamente popular), 'a luta realmente começa em torno do movimento 30'! E, na verdade, algumas vezes partidas por correspondência vão um pouco mais longe, com um lado jogando uma novidade, quando, então começa o Final! Apenas para piorar, a maioria dessas análises termina em posições empatadas. De fato, esse Final empatado, em combinação com a teoria cansativa, tem desencorajado vários jogadores de tentarem o Marshall. Contudo, em um nível prático, tais considerações podem não ser relevantes. De qualquer modo, até os jogadores muito bons têm descoberto modos de criar oportunidades no tabuleiro, como na partida a seguir.

**Kramnik – Leko**
*Campeonato Mundial em Brissago (8) – 2004*

**12 d4**

A linha principal. Embora 12 ♗xd5 algumas vezes seja jogado, de longe a alternativa mais importante é 12 d3, como em nossa partida final.

**12...♗d6 13 ♖e1**

Há muita teoria em 13 ♖e2 ♕h4 14 g3 ♕h3, quando uma linha típica é 15 ♘d2 ♗f5 (15...♗g4 16 f3 ♗f5 também é jogado, com boas chances, contudo, note que a Torre e2 participa na defesa da 2ª fila, que foi o principal motivo do 13º movimento das Brancas) 16 ♗c2 (16 a4 ♖ae8) 16...♗xc2 17 ♕xc2 f5 18 c4 ♕g4!.

**13...♕h4 14 g3 ♕h3** *(D)*

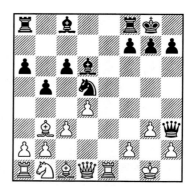

Algumas milhares de partidas de Mestres têm alcançado esta posição. As Negras contam com vários temas de ataque, sendo os principais ...♗g4, ...♖ae8 e ...f5-f4.

**15 ♖e4**

Este é um dos movimentos mais 'modernos' (embora seja muito antigo). Primeiro, as Brancas impedem ...♗g4. Elas também gostariam de jogar ♖h4 e talvez ainda começar seu próprio ataque.

Não se deve considerar 15 ♘d2? ♗g4 16 f3? (16 ♘f3 ♕h5 17 ♔g2 f5 é, para dizer o mínimo, assustador!) 16...♗xg3! e vence. O outro movimento importante é 15 ♗e3, a ser visto na próxima partida.

**15...g5!**

As Negras impedem 16 ♖h4. São capazes disso por causa do tático 16 ♗xg5? ♕f5!.

**16 ♕f1!?**

Este movimento ficou desacreditado neste Torneio, mas, claro, foi restabelecido posteriormente.

Uma partida incrivelmente bela, continuou com 16 ♕e2 f5 17 ♗xd5+ (17 ♖e6!?) 17...cxd5 18 ♖e6 f4!! 19 ♖xd6 ♗g4 20 ♕f1 *(D)*.

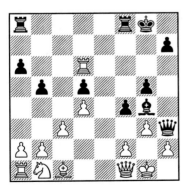

20...♕xf1+! 21 ♔xf1 ♖ae8 (as Negras realmente têm o bastante aqui por uma peça?) 22 ♗d2 ♗h3+ 23 ♔g1 fxg3 24 hxg3 ♖e2 25 ♗e3 ♖xe3! 26 fxe3 ♖f1+ 27 ♔h2 g4! (uma virada final! As Negras estão ameaçando o xeque perpétuo e não há nada a fazer sobre isso) 28 ♖xd5 ½-½ Ponomariov-Anand, Linares – 2002. Surpreendente. Mas (suspiro), outro empate.

**16...♕h5**

A posição depois de ♕f1 surgiu novamente num outro encontro pelo Campeonato Mundial entre Anand e Svidler. Quem sabe o que um tinha em reserva para o outro? A partida continuou com 16...♕xf1+ 17 ♔xf1 ♗f5 18 f3 h6 19 ♘d2!? (um novidade,, pelo menos entre jogadores de mais alto nível; em geral, provavelmente estou desprezando as Partidas por Correspondência, nas quais tudo parece já ter sido jogado – de algum modo, 19 ♖e1 é o movimento mais antigo) 19...♗xe4 20 fxe4 (pela qualidade, as Brancas têm um Peão, o par de Bispos e um grande centro) 20...♘c7! 21 ♔g2 c5 22 e5 ♗e7 23 ♘e4 cxd4 24 cxd4 a5 25 ♗e3 a4 26 ♗d1 ♘d5 27 ♗f2 ♖ac8 28 ♖b1 f6 29 exf6 ♗xf6 30 ♘d6 ♖c6?! 31 ♘xb5 ♖b6 32 ♗xa4 com uma bela vantagem, embora, naturalmente, as Negras tenham conseguido empatar, em Anand-Svidler, Campeonato Mundial em San Luis – 2005.

**17 ♘d2 ♗f5 18 f3! ♘f6!**

18...♗xe4? 19 fxe4 ♘e3 20 ♕f3 ♘g4 21 ♘f1 e as Brancas estão organizando-se.

**19 ♖e1 ♖ae8 20 ♖xe8 ♖xe8 21 a4! ♕g6! 22 axb5**

22 ♘e4 ♘xe4 23 fxe4 ♗xe4 24 ♗xg5! foi sugerido e talvez seja por isso que Anand trocou as Damas na partida acima.

**22...♗d3 23 ♕f2?**

Especulando com uma cilada traiçoeira. 23 ♕d1 ♗e2! 24 ♕c2 ♗d3 25 ♕d1 empata.

**23...♖e2 24 ♕xe2**

Este era o motivo de Kramnik. Em princípio, parece extremamente promissor para as Brancas.

**24...♗xe2 25 bxa6** *(D)*

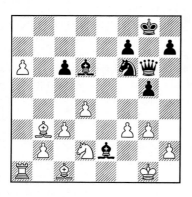

**25...♕d3!!**

Provavelmente, as Brancas tinham calculado 25...♗b8 26 a7 ♗xa7 27 ♖xa7 com excelente partida. Ou não viram o belo lance da nota seguinte.

**26 ♔f2**

26 a7 ♕e3+ 27 ♔g2 ♗xf3+! 28 ♘xf3 ♕e2+ 29 ♔g1 ♘g4!! 30 a8♕+ ♔g7 31 ♕xc6 ♕f2+ 32 ♔h1 ♕f1+ 33 ♘g1 ♘f2#.

**26...♗xf3! 27 ♘xf3 ♘e4+ 28 ♔e1 ♘xc3!**

Isto vence.

**29 bxc3 ♕xc3+ 30 ♔f2 ♕xa1 31 a7 h6! 32 h4 g4 0-1**

### Leko – Kasimdzhanov
*Linares – 2005*

**12 d4 ♗d6 13 ♖e1 ♕h4 14 g3 ♕h3 15 ♗e3** *(D)*

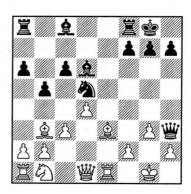

A posição depois de 15 ♗e3 ainda é um ponto de controvérsia depois de décadas de pesquisa. Novamente, as Negras desejam usar as idéias espalhafatosas ...♗g4, ...♖ae8-e6, e ...f5-f4. Este é um material de estudo totalmente incompleto, terminando com alguns acontecimentos atualizados.

**15...♗g4 16 ♕d3 ♖ae8**

16...f5 pretende destruir a Ala do Rei das Brancas; pode transpor para outras linhas, embora as Negras pulem o lance em nossa partida principal. Na verdade, estou pulando todos os tipos de problemas da ordem de movimentos enquanto prossigo. Eis uma das centenas de partidas: 17 f4! ♔h8!? (considerado melhor pela maioria dos analistas) 18 ♗xd5 cxd5 19 ♘d2 g5?! (consistente, mas o método de força bruta surgiu de repente, portanto, outros movimentos têm que ser vistos aqui) 20 ♕f1 ♕h5 21 a4 bxa4 22 fxg5 f4 23 ♗xf4 ♖xf4 24 gxf4 ♖f8 25 ♖e5! ♗xe5 26 dxe5 h6 27 ♕xa6 e as Brancas estão vencendo porque a posição das Negras está indefinida demais, Sax-Ehlvest, Skellefteå – 1989.

**17 ♘d2 ♖e6**

17...f5 18 f4! g5!? é a conhecida variante 'Avanço do Peão', analisada por H. de Jongh em grandes detalhes. Interpreto como concluindo que as Negras estão um pouco pior no Final, mas devem empatar!

**18 a4**

O contra-ataque padrão neste e na maioria dos sistemas do Ataque Marshall. Uma tática estranha é 18 c4? ♗f4!! de G.Kuzmin-Malinin, Sudak – 2002, ameaçando ...♖h6.

**18...♕h5**

Desta vez, 18...♗f4?? perde para 19 ♗xd5!.

**19 axb5 axb5 20 ♕f1** (D)

Uma famosa partida entre Tal-Spassky, Torneio de Candidatos em Tbilisi (1) – 1965 continuou com 20 c4 bxc4 21 ♘xc4 ♗b4 22 ♖ec1 ♗e2 23 ♗d1 ♕xh2+!? 24 ♔xh2 ♗xd3 25 ♘e5 ♗b5 26 ♗b3 ♖d8 27 ♖a7 f6 28 ♘xc6! ♗xc6 29 ♖a6 ♔f8 30 ♖axc6 ♖xc6 31 ♖xc6 ♘xe3 32 fxe3 ♗d2 com igualdade.

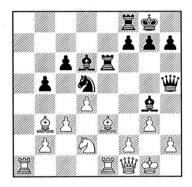

**20...♖fe8**

Estamos chegando a algo mais contemporâneo. Outro teste recente foi 20...♗h3 21 ♗d1 ♕f5 22 ♕e2 g6?! (22...c5) 23 ♕f3 ♕d3 24 ♗b3 ♖xe3 (o sacrifício habitual da qualidade, embora, algumas vezes, as Brancas façam o seu primeiro!) 25 ♖xe3 ♕xd2 26 ♗xd5 cxd5 27 g4 ♕xb2 28 ♖ae1 b4, Ivanchuk-Grishchuk, Sochi – 2005, e, agora, 29 cxb4! ♕xd4 30 ♕xh3 ♕xb4 31 ♖d1 é forte. As Brancas estão conseguindo as coisas melhores nesta linha? É cedo demais para dizer.

**21 ♗xd5 ♕xd5 22 h3 ♗f5 23 ♕g2 ♕xg2+ 24 ♔xg2**

Com um Peão extra, mesmo enfrentando o par de Bispos, as Brancas têm chances de vencer nesta posição. Elas chegaram muito perto, mas apenas empataram.

### J. Polgar – Svidler
*Wijk aan Zee 2005*

**12 ♖e1 ♗d6 13 d3**

Aqui, temos outro sistema principal, superficialmente mais modesto para as Brancas, mas também cheio de veneno.

**13...♕h4 14 g3 ♕h3 15 ♖e4** *(D)*

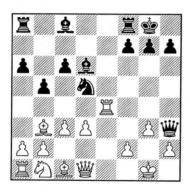

**15...♘f6**

15...g5? 16 ♗xg5 ♕f5 foi o truque na última partida, mas aqui, a Torre está protegida.

**16 ♖h4 ♕f5 17 ♘d2! ♖e8**

17...♕xd3?? 18 ♖d4.

**18 ♘e4 ♘xe4 19 ♖xe4 ♖xe4 20 dxe4 ♕xe4 21 ♗c2**

Não parece muito, mas as Brancas têm uma certa iniciativa e o Peão fraco das Negras em c6 é uma preocupação.

**21...♕e7 22 ♗g5! f6!?**

22...♕c7! 23 ♕d3 g6 24 ♖d1 ♗f8 também favorece às Brancas, mas não muito.

**23 ♗e3 ♗e6 24 ♕f3!** *(D)*

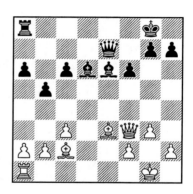

**24...♕d7?**

24...♖c8! é uma melhoria. Todavia, as Brancas manteriam sua vantagem depois de 25 ♖e1 (ou 25 ♗e4 ♕d7! 26 ♖d1 ♗g4 27 ♖xd6 ♗xf3 28 ♗xh7+ ♔xh7 29 ♖xd7 ♖e8, mas as Negras ainda têm que lutar por um empate) 25...♗e5! (evitando a armadilha 25...♕f7!? 26 ♗c5! ♗e5 {26...♗xc5 27 ♖xe6!} 27 ♕e4 g6 28 f4 ♗f5 29 ♕xf5 gxf5 30 ♗b3 ♗b8 31 ♖e7! ♕xb3 32 axb3, quando as Negras ficam terrivelmente presas) 26 ♗d4 ♕f7 27 ♕e4 g6 28 ♗xe5 fxe5 29 ♕xe5 ♗xa2 30 h4 com iniciativa para as Brancas, segundo Polgar.

**25 ♖d1 ♖d8 26 ♗e4!?**

Melhor ainda é 26 ♗b6! ♗g4 27 ♕d3 ♗xd1 28 ♕xh7+ ♔f8 29 ♗xd1 ♗c7 30 ♗c5+ ♗d6 31 ♗e3! c5 (para excluir ♗b3+) 32 ♕h8+ ♔f7 33 ♗h5+ ♔e6 34 ♕h7, quando as Negras dificilmente podem defender-se.

**26...♗xa2?**

Mas já é bem ruim devido a 26...♗g4? 27 ♖xd6 ou 26...♖c8!? 27 ♕e2 ♖d8 28 ♗b6 ♖e8 29 ♕d3 etc.

**27 ♗b6 ♗b3 28 ♖d4! c5 29 ♗xc5 ♕e6 30 c4! 1-0**

O final forçado seria 30...♗xc4 31 ♗b6! (31 ♖xc4?! ♗xg3 32 ♖d4 ♗xh2+) 31...f5 (31...♖c8 32 ♖xc4!) 32 ♖xc4 fxe4 33 ♖xe4 ♕d7 34 ♗xd8 ♕xd8 35 ♖d4.

# Capítulo 9

# Gambito do Rei

**1 e4 e5 2 f4** *(D)*

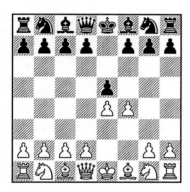

Com o movimento 2 f4, chegamos ao Gambito do Rei, a Abertura dos grandes românticos do Século XIX. Está associado aos ataques extravagantes e aos sacrifícios de peças, cada lado focando firmemente no Rei de seu oponente. Porém, nos tempos modernos, ficou comum descrever o Gambito do Rei como uma Abertura que assumiu um caráter de simplificação e inclina-se em direção ao Final. Nenhuma dessas descrições é muito relevante para o jogo atual, pois a maioria, se não todas, das ótimas linhas de ataque foi neutralizada e a transição inicial para o Final é uma ocorrência relativamente incomum, dada a propaganda de algumas partidas mais antigas envolvendo jogadores bem conhecidos. Embora o Gambito do Rei não tenha nenhuma disposição fixa, os jogadores modernos interpretam-na basicamente de uma maneira posicional, com eclosões repetidas de irracionalidade.

Por que as Brancas jogariam 2 f4? Por algumas razões fundamentais:

a) Elas tenta trocar um Peão no flanco por um Peão central, assim, dando às Branca uma maioria no centro. Esta não é uma façanha pequena, como vemos em várias Aberturas que vão do Gambito da Dama à Defesa Siciliana.

b) Depois de um dos movimentos ...exf4 ou fxe5, as Brancas conseguem a Coluna f aberta. Isso se encaixa muito bem no desenvolvimento rápido por meio de ♘f3, ♗c4 e 0-0. No melhor dos casos, as Brancas poderiam ainda conseguir d4 e ♗xf4, estabelecendo a imagem elementař da colocação ideal das peças.

c)  A casa f7 tradicionalmente fraca (que é guardada apenas pelo Rei) é um alvo a partir do Bispo em c4 e da Torre na Coluna f recém-aberta.

Naturalmente, as Negras têm algo a dizer sobre esses planos grandiosos. No Gambito do Rei Recusado com 2...♗c5, vemos que a diagonal a7-g1 foi cedida, tornando o roque difícil. Devemos ver isso em detalhes, pois expressa algumas idéias comuns e mostra o desequilíbrio dinâmico que o Gambito do Rei pode ainda promover.

Ocorrem problemas variados depois de 2...exf4 feito com muita freqüência, chamado Gambito do Rei Aceito. É interessante que quando elas aceitam o Peão, todas as defesas das Negras parecem envolver um ou ambos os movimentos:

a)  O avanço ...g5. Protege o Peão f4 e reivindica a vantagem material, com a vantagem adicional de bloquear a Coluna f acima mencionada. O Peão g também pode avançar mais para g4 (ou ser forçado a avançar), quando pode conquistar tempo atacando um Cavalo em f3 e tem outras possibilidades, inclusive a idéia comum ...f3, perturbando a estrutura dos peões brancos e introduzindo algumas idéias táticas, caso as Brancas abra as linhas com gxf3 e exponham seu Rei.

b)  Como se pode esperar, ...d5 é um movimento de liberação ideal (como em quase todas as Aberturas 1. e4 e5). Em particular, depois das Brancas jogarem exd5, isso permitirá às Negras colocar seu Cavalo em f6 sem ser incomodado por e5. Também libera o Bispo c8, fornece espaço à Dama, abre a Coluna e, geralmente útil, e fornece às Negras uma casa confortável para o seu Bispo do Rei em d6, protegendo o Peão do gambito. É muito para um movimento, mas, naturalmente, as coisas não ocorrem tão suavemente quanto as Negras teriam também.

Agora, veremos duas variantes ilustrativas, das muitas que foram imaginadas por ambos os lados com os anos. Uma é a linha principal do Gambito do Rei Recusado, a outra é a 'Defesa Moderna' para o Gambito do Rei Aceito.

## Gambito do Rei Recusado

**1 e4 e5 2 f4 ♗c5** *(D)*

Se alguém quiser recusar o Gambito do Rei, 2...♗c5 terá que ser o modo mais lógico, assumindo a diagonal g1-a7 crítica e impedindo as Brancas de rocar. Certamente, isto leva a um jogo complicado e desafiador.

Algumas outras maneiras de antecipar-se à aceitação são 2...♘c6 3 ♘f3 f5!? e 2...♕h4+ 3 g3 ♕e7, ambos plausíveis e requerendo alguma preparação. Note que 2...♘f6?! 3 fxe5 ♘xe4 4 ♘f3 deixa o Cavalo das Negras abandonado no meio do tabuleiro, assim como assegura uma maioria central. Em uma partida, as Negras tiraram o melhor em uma situação ruim com 4...♘g5! 5 d4 (5 c3 ♘xf3+ 6 ♕xf3; 5 ♗c4?? ♘xf3+ 6 ♕xf3 ♕h4+ e ...♕xc4) 5...♘xf3+ 6 ♕xf3 ♕h4+ 7 ♕f2 (para proteger d4) 7...♕xf2+ 8 ♔xf2 d6, quando 9 exd6! ♗xd6 10 ♘c3 c6 (versus ♘b5) 11 ♘e4 ♗c7 12 ♗d3 teria assegurado às Brancas uma vantagem pequena, porém duradoura.

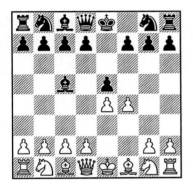

**3 ♘f3**

Quase sempre jogado. Primeiro, as Negras estavam ameaçando 3...♗xg1 4 ♖xg1 ♕h4+ 5 g3 ♕xh2, ao passo que 3 fxe5?? ♕h4+ é um erro grave de maiores proporções.

**3...d6**

Desta vez, as Brancas estavam ameaçando ♘xe5, mas 3...♘c6? não protege o Peão devido a 4 fxe5 ♘xe5?? 5 ♘xe5 ♕h4+ 6 g3 ♕xe4+ 7 ♕e2 ♕xh1 8 ♘g6+ ♘e7 9 ♘xh8 e as Brancas vencerão.

Após 3...d6, as Brancas têm duas opções básicas, 4 ♘c3 e 4 c3:

## Jogo de Peças

### 4 ♘c3 ♘f6

4...♘c6?! é uma ordem de movimentos imprecisa, pois permite 5 ♗b5!, quando o centro das Negras está sob pressão.

### 5 ♗c4

As Brancas não sofrem o Mate depois de 5 fxe5 dxe5 6 ♘xe5?! ♕d4! 7 ♘d3 ♗b6, mas as Negras têm um desenvolvimento coeso e muito rápido para o Peão; por exemplo, 8 ♕f3 ♘c6 9 ♗e2 ♗g4 10 ♕e3 ♕d7 11 ♕g3 ♗xe2 12 ♔xe2 0-0.

### 5...♘c6 6 d3 ♗g4 *(D)*

As Brancas ainda não podem rocar! Mas as Negras têm que ter cuidado também. Por exemplo, uma estrutura de peões desfavorável continua com 6...0-0? 7 f5! com a idéia ♗g5 ou, em alguns casos, g4-g5.

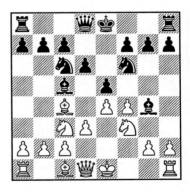

Todavia, depois da continuação principal 6...♗g4, 7 f5?! é um erro porque 7...♘h5! ameaça ...♘d4 e dificilmente há uma boa maneira de responder. As Brancas têm, pelo menos, dois outros candidatos. Tentarei apresentar as idéias principais, sem mesmo sonhar em cobrir a teoria complicada associada a esta posição.

**Chigorin – Pillsbury**
*Hastings – 1895*

**7 h3**

Uma nota sobre 7 ♘a4 segue na partida.

**7...♗xf3 8 ♕xf3 ♘d4**

Na verdade, 8...exf4 9 ♗xf4 ♘d4 parece bom, mas não tentarei reescrever a teoria.

**9 ♕g3** *(D)*

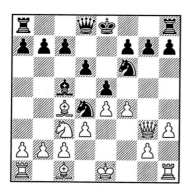

Este é um sacrifício infame. Pillsbury tinha declarado, anteriormente, o movimento como não tendo solidez! Como esta partida clássica foi criticada muitas vezes, apenas adicionarei uma nota ou duas relevantes à Abertura:

**9...♘xc2+!?**

A alternativa 9...0-0!? é totalmente obscura: 10 fxe5 (10 ♔d1 exf4 11 ♗xf4 ♘h5 12 ♕g5 ♘xf4 13 ♕xf4 c6 e com o Rei das Brancas no centro, pode-se preferir jogar com as Negras) 10...dxe5 11 ♔d1 (11 ♗b3 ♕d6 12 ♖f1 c6 13 ♗g5 ♘d7 14 0-0-0 a5 fornece o ataque às Negras, segundo Renet) 11...♕d6 12 ♖f1 c6 13 a4; talvez a igualdade dinâmica seja a avaliação mais justa nesta situação.

**10 ♔d1 ♘xa1**

Parece-me que 10...♘h5 11 ♕f3 ♘xa1 12 ♕xh5 ♕d7 planejando ...0-0-0 ou simplesmente 12...0-0 pode lançar dúvidas sobre a idéia inteira. Provavelmente, não é tão fácil.

**11 ♕xg7** *(D)*

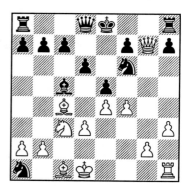

**11...♔d7!**

11...♖f8 12 fxe5 dxe5 13 ♗g5 ♗e7 14 ♖f1 parece um ataque vencedor devido à longa linha 14...♕d4 15 ♗xf6 0-0-0 16 ♕g4+ (16 ♗xe7? ♕xc4) 16...♔b8 17 ♗xe7 ♕xc4 18 ♔c1!, que cortarei neste ponto.

**12 fxe5 dxe5 13 ♖f1! ♗e7 14 ♕xf7?!**

Segundo os analistas, 14 ♗g5! estava vencendo. É o suficiente para a Abertura, portanto, deixarei que você se divirta com o resto desta luta titânica tranqüila:

**14...♔c8 15 ♗g5 ♖f8 16 ♕e6+ ♔b8 17 ♗h6 ♖e8 18 ♕xe5 ♘d7 19 ♕h5 ♘b6 20 ♗d5 a6 21 ♔d2 ♘xd5 22 ♘xd5 ♖g8 23 g4 ♗b4+ 24 ♘xb4 ♕d4 25 ♘c2 ♕xc2 26 ♔xc2 ♖g6 27 ♗d2 ♖d6 28 ♖f3 ♕a4+ 29 ♔c1 ♕xa2 30 ♗c3 ♖c6 31 ♕xh7 b5 32 ♕e7 ♕b3 33 ♔d2 a5 34 ♖f5 ♔b7 35 ♖c5 ♖aa6 36 g5 ♖xc5 37 ♕xc5 ♖c6 38 ♕d5 ♕a4 39 g6 b4 40 g7 bxc3+ 41 bxc3 ♕a1 42 g8♕ ♕xc3+ 43 ♔e2 ♕c2+ 44 ♔f3 ♕d1+ 45 ♔g3 ♕g1+ 46 ♔h4 ♕f2+ 47 ♔h5 ♕f3+ 48 ♕g4 ♕f6 49 ♕gf5 ♕h6+ 50 ♔g4 ♕g7+ 51 ♕g5 1-0**

Eliminar o Bispo com 7 ♘a4 também é muito complicado. Geralmente, as Negras recuam seu Bispo para b6, mas parece haver outra formação possível: 7...0-0 8 ♘xc5 dxc5 *(D)*.

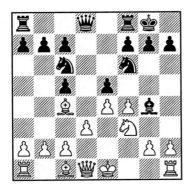

Eis uma estrutura que você verá na Giuoco Piano e na Partida Vienense também. As Negras têm um bom controle do centro; seus Peões c dobrados asseguram d4 e abrem a Coluna d. As Negras poderão ainda se livrar do Bispo c4 das Brancas na maioria dos casos, se precisarem. Em troca, as Brancas têm dois Bispos, temporariamente, uma boa estrutura de peões e perspectivas de um ataque na Ala do Rei. Provavelmente é igual, mas com certeza vale a pena ver ambos os lados. Renet oferece a seguinte linha, cheia de muitas opções: 9 0-0 ♘h5 10 h3 ♗xf3 11 ♕xf3 ♘xf4 12 ♗xf4 ♘d4!? 13 ♕h5!? (13 ♕d1 exf4 14 ♖xf4 b5 15 ♗b3 ♘xb3 16 axb3 ♕d4+ 17 ♔h1 ♕xb2; o Peão é real) 13...exf4 14 ♖xf4 g6 15 ♖g4!? b5 16 ♖xg6+ hxg6 17 ♕xg6+ com um Xeque perpétuo. Esta pode ser uma variante fascinante de examinar.

## Expansão Central

**4 c3**

As Brancas simplesmente preparam-se para d4. Isto é instrutivo, porque ilustra temas do Centro Ideal.

**4...♘f6**

A partida inteira gira em torno do centro das Brancas poder ser comprometido. Por causa disso, a alternativa 4...♗b6!? seria intrigante. A idéia é fazer um tipo de movimento profilático de semi-espera, pois d4 não viria com ganho tempo sobre o Bispo: 5 d4 (as Brancas ainda têm que rocar portanto, isto é necessário; 5 ♗c4 ♘c6 não ajuda) 5...exd4 6 cxd4 ♗g4! *(D)*.

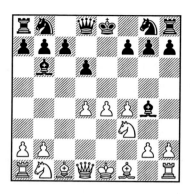

O esquema das Negras lembra um da Defesa Moderna no qual os Bispos precedem os Cavalos ao atacarem o mesmo centro e4/d4/f4 (1 e4 g6 2 d4 ♗g7 3 ♘c3 d6 4 f4 c6 5 ♘f3 ♗g4 etc.). 7 ♗e3 ♘c6 (ou 7...d5!? 8 e5 ♘e7 planejando ...♘f5, uma posição fascinante com chances para os dois lados; as peças das Negras serão bem colocadas, mas o Bispo b6 poderia acabar preso) 8 ♗b5 ♘ge7 9 ♘c3 f5 10 h3 (10 e5? dxe5 11 fxe5 0-0 e o Peão e5 fica pendente) 10...♗xf3 11 ♕xf3 fxe4 12 ♕xe4 d5. As Negras conseguiram a dissolução central que estavam visando e a luta está apenas começando. Esta é toda a análise.

**5 fxe5**

5 d4 exd4 6 cxd4 ♗b6 7 e5 (7 ♗d3 ♗g4; as Negras têm que trabalhar rápido para comprometer o centro das Brancas ou dominarão a posição) 7...dxe5 8 fxe5 ♘d5 9 ♗c4 ♗e6 (ou 9...♘c6!?) com igualdade; o espaço das Brancas é equilibrado pelo posto avançado das Negras.

**5...dxe5** *(D)*

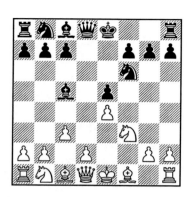

**6 d4**

6 ♘xe5 ♕e7!? 7 d4 ♗d6 recupera o Peão e permite às Negras trabalharem contra um Peão e isolado em troca do par de Bispos: 8 ♗c4 ♗xe5 9 dxe5 ♕xe5 10 0-0 ♘c6 é igual (as Negras ameaçam ...♕c5+).

**6...exd4 7 cxd4 ♗b4+ 8 ♗d2 ♗xd2+ 9 ♘bxd2 0-0 10 ♗d3**

As Brancas têm mantido seu centro até este ponto, mas ele é atacado imediatamente:

**10...♘c6 11 d5 ♘b4 12 ♗b1**

12 ♗e2 ♖e8 13 a3 ♘a6 deixa e4 fraca e as Negras podem ficar contentes com sua posição.

**12...c6 13 a3 ♘bxd5!? 14 exd5 ♖e8+ 15 ♔f1 ♘xd5**

com um ataque excelente e obscuro.

# Gambito do Rei Aceito

**1 e4 e5 2 f4 exf4**

As Negras aceitam o desafio e faz um movimento que tem sido estudado por mais de 150 anos.

Neste ponto, temos uma alternativa importante, assim como nossa análise habitual da ordem dos movimentos. Começa com 2...d5! (ou '?' se, com as Negras, você quiser chegar ao Gambito Kieseritzky abaixo) 3 exd5 e, agora, 3...e4 *(D)* é o Contra Gambito Falkbeer.

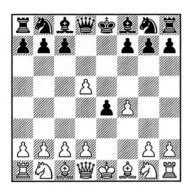

A idéia das Negras no Falkbeer é segurar o desenvolvimento das Brancas. O Peão extra das Brancas em d5 não está colocado de modo a impressionar. O problema é que o poderoso Peão em e4 tem problemas para ficar alí depois de 4 d3 ♘f6 5 dxe4 ♘xe4 6 ♘f3, com a antiga linha indo para 6...♗c5 7 ♕e2 ♗f5 8 ♘c3 ♕e7 9 ♗e3!, quando as Negras nunca encontraram uma rota para uma igualdade completa. A principal idéia é 9...♗xe3 10 ♕xe3 ♘xc3 11 ♕xe7+ ♔xe7 12 bxc3 ♗xc2 13 ♔d2. Esta posição tem sido analisada por alguns anos e parece favorecer às Brancas.

Mas depois de 3 exd5, as Negras também podem jogar 3...exf4! 4 ♘f3 ♘f6, quando transpomos para a Linha Moderna que as Negras podem estar desejando (é a variante analisada nesta seção). Portanto, 2...d5 poderia ser razoável, afinal. Note que esta ordem evita 1 e4 e5 2 f4 exf4 3 ♗c4, na próxima nota.

**3 ♘f3**

Devem ter havido pelo menos milhares de partidas magistrais com 3 ♗c4 *(D)*, o Gambito do Bispo.

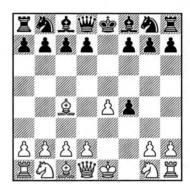

Tem sido objeto de análises extensas por bem mais de um Século. A antiga linha era 3...♕h4+ 4 ♔f1, que oferece às Brancas chances de ataque intrigantes começando com 5 ♘f3, enquanto por sua vez, as Negras também desfrutaram de alguns ataques brilhantes ao Rei vulnerável das Brancas. Mas 3...♘f6 é um grande problema para as Brancas:

a) 4 e5 d5! é nosso plano familiar nas Aberturas do Peão do Rei. Então, 5

♗b5+ ♗d7! 6 exf6 ♗xb5 7 ♘c3 ♗a6 impede o Roque das Brancas e utiliza os dois Bispos com eficiência; por exemplo, 8 d3 ♕xf6 9 ♘xd5 ♕e6+ 10 ♕e2 ♔d7! e tudo fica coberto: 11 ♘xf4 ♕xe2+ 12 ♘gxe2 ♘c6. As Negras têm alguma vantagem porque, primeiro, elas podem reorganizar-se com ...b6 e ...♗b7, com Bispos poderosos.

b) 4 ♘c3 c6!. Nesta posição, as Brancas tentaram, praticamente todos os movimentos, mas depois de ...d5, perdem um tempo essencial. Posteriormente, quando as Brancas jogarem d4 e capturarem com uma peça em f4, ficarão com uma grave fraqueza interna em e3. Você pode verificar a teoria (criteriosamente, por favor!), mas não acho que as Brancas consigam uma igualdade total.

**3...d5**

A maneira 'moderna' de tratar o Gambito do Rei. Mas, na verdade, a maioria dos jogadores contemporâneos usa 3...g5 *(D)*, a respeitável Defesa Kieseritzky, para tentar refutar o Gambito do Rei.

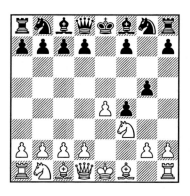

Tudo fica muito tático e iremos preocupar-nos, basicamente com 3...d5, mas mencionarei duas continuações notáveis após 3...g5 (novamente, uma variante com milhares de partidas para seu mérito):

a) 4 ♗c4 g4 5 0-0 gxf3 6 ♕xf3 é o Gambito Muzio consagrado pelo tempo, no qual as Brancas sacrificam uma peça inteira para terem um ataque perigoso contra o Rei exposto das Negras. Uma linha sujeita a muita análise continua com 6...♕f6 7 e5 ♕xe5 8 ♗xf7+ ♔xf7 9 d4 com a idéia 9...♕xd4+ 10 ♗e3 *(D)*.

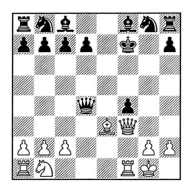

Mostro isto apenas para indicar como o velho estilo do Gambito do Rei foi jogado. Em um livro que pretende promover a compreensão geral das Aberturas, esta imagem de anarquia tem que ser encaminhada aos especialistas!

b) Uma linha muito importante parece ser 4 h4 g4 5 ♘e5 ♘f6 6 d4 d6 7 ♘d3 ♘xe4 8 ♗xf4 ♕e7 9 ♗e2 ♘c6 10 c3 ♗f5 que paira entre igual ou um pouco melhor para as Negras.

4 exd5 ♘f6 *(D)*

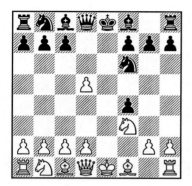

Uma das linhas principais do Gambito do Rei. Estruturalmente, parece boa para as Brancas, pelo menos, à primeira vista. Elas têm uma maioria no centro e na Ala da Dama (mesmo depois do Peão d avançado desaparecer). E mais, o movimento 5 ♗b5+ das Brancas poderia enfraquecer mais os peões das Negras ao mesmo tempo em que se livra de seu único Peão fraco. Seu plano natural será lançar-se com d4 e c4, assegurando um desenvolvimento livre. Ao mesmo tempo, a maioria negra na Ala do Rei é enfraquecida e seu Peão f4 está sujeito a ataques em uma coluna aberta. Elas não têm nenhuma perspectiva de criar um Peão passado nesse lado do tabuleiro.

Mas as Negras têm uma vantagem maior. As Brancas terão que mover (e desejam) seu Peão d em algum momento, mas isso vai criar uma fraqueza interna em e3. Se as Negras conseguirem manter seu Peão f, poderão usar essa casa para ameaçar a posição das Brancas com, por exemplo, ...♖e8 e ...♘g4. Mesmo que as Brancas consigam conquistar um Peão f com ♗xf4, a troca desse Bispo apenas piora a situação com relação a e3. E mais, a única chance real das Brancas para terem vantagem (ou até igualdade) é avançar seu Peão para d4, uma vez que d3 torna sua partida passiva demais. Então, o problema é que a casa e4 também se torna uma fraqueza, tornando os movimentos como, por exemplo, ...♗f5 e ...♘e4 particularmente atraentes. É uma adivinhação saber quais vantagens de um lado serão mais importantes que as do outro. Vejamos uma partida com linhas de amostra, nas notas:

### M. Ginzburg – Zarnicki
*Villa Martelli – 2002*

5 ♗b5+

Esta é a única continuação que realmente testa ambos os lados. As outras mostram por que as Brancas devem ter um pouco de pressa:

a) 5 ♗c4 ♘xd5 6 ♗xd5 (ou 6 0-0 ♗e6) 6...♕xd5 7 ♘c3 ♕e6+ 8 ♔f2 ♕b6+ 9 d4 ♗e6 provavelmente já é melhor para as Negras, Fedorov-Godena, Campeonato Europeu em Batumi – 2002. Por anos, Fedorov foi o principal jogador de Gambito do Rei entre os Grandes Mestres.

b) 5 c4?! leva a problemas posicionais e de desenvolvimento típicos, depois de 5...c6! 6 dxc6 (6 d4 cxd5 7 ♗xf4 ♗b4+ e as casas centrais interiores das Brancas ficam vulneráveis; por exemplo, 8 ♘bd2 0-0 9 ♗e2 dxc4 10 0-0 b5 11 ♗g5 {versus ...♘d5-e3} 11...♗b7 e as Negras podem ficar contentes) 6...♘xc6 *(D)*.

5...c6 6 dxc6 ♘xc6 7 d4 ♗d6 *(D)*

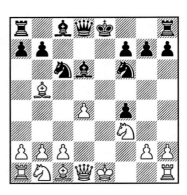

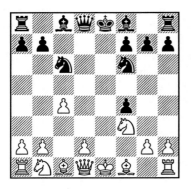

Vemos este tipo de posição em várias Aberturas. Com o desenvolvimento das Negras e o controle de d4, elas devem ficar melhor. Movimentos como ...♗c5, ...0-0, ...♖e8 e ...♗g4 são fortes demais, mas se as Brancas lutarem pelo Centro com 7 d4 (7 ♘c3 ♗c5), alcançará 7...♗b4+ 8 ♘c3 ♗g4 9 ♗xf4 ♗xf3 10 ♕xf3 ♘xd4 11 ♕e3+ ♘e6 com uma vantagem substancial.

c) 5 ♘c3 ♘xd5 6 ♘xd5 ♕xd5 7 d4 ♗e7 é muito fácil para as Negras. Note os problemas das Brancas com suas fraquezas interiores: 8 c4 (provavelmente não é melhor) 8...♕e4+ 9 ♗e2 ♘c6 10 0-0 ♗g4 11 ♗d3 ♗xf3 12 ♗xe4 ♗xd1 13 ♖xd1 g5, restando um Peão à frente.

O material está igual no momento. As Brancas estão contando com seus Peões centrais potencialmente poderosos (aquele em d4 é passado). As Negras impediram o desenvolvimento do Bispo branco em c1 e têm fraquezas em e4 e e3 para explorar.

**8 0-0**

8 ♕e2+ ♗e6! 9 ♘g5 0-0!. As Negras sacrificam um Peão, mas veja o seu desenvolvimento terrível depois de 10 ♘xe6 fxe6 11 ♗xc6 bxc6 12 0-0 (12 ♕xe6+ ♔h8 13 0-0 ♖e8 14 ♕h3 ♕b6 com um ataque) 12...♗c7!? 13 c3 ♘d5, com uma ótima partida. Kaufman oferece 14 ♕xe6+ ♔h8 15 ♕xc6 ♖f6! 16 ♕c5 f3! e o ataque das Negras já é quase decisivo.

**8...0-0 9 ♘bd2 ♗g4! 10 c3 ♖e8** *(D)*

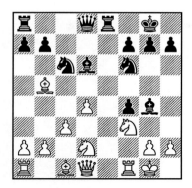

**11 ♘c4 ♗c7 12 ♗d2**

Se as Brancas ficarem reduzidas a isto, terão problemas.

**12...♕d5 13 ♘a3 ♘e4**

As Negras estão melhor. As fraquezas na Coluna e estão prejudicando as Brancas.

A 'Defesa Moderna' do Gambito do Rei parece atraente para as Negras. Naturalmente, sempre há mais na história. Seria ótimo se as Brancas pudessem descobrir um modo de evitar tais detalhes técnicos e voltassem a jogar o gambito no espírito romântico.

# Capítulo 10

# Introdução às Partidas Semi-abertas

As Partidas Semi-abertas são um grupo separado de Aberturas com algumas características em comum, exceto que desequilibram imediatamente o jogo. Outro fator de união é que elas se preparam para agir contra, de alguma maneira, o plano das Brancas para criar um Centro de Peões clássico com 2 d4. Tem sido dito que cada uma das Aberturas sob a rubrica 'Partidas Semi-abertas' tem que 'entregar algo' para cumprir sua missão. A Defesa Francesa (1 e4 e6 2 d4 d5), por exemplo, bloqueia o Bispo c8. A Defesa Caro-Kann (1 e4 c6 2 d4 d5) afasta c6 do Cavalo das Negras. A Defesa Alekhine (1 e4 ♘f6) perde um tempo para 2 e5 e falha em lutar pelo Centro. A Defesa Pirc (1 e4 d6 2 d4 ♘f6) fornece às Brancas um centro ideal e a Defesa Siciliana (1 e4 c5) não abre linhas nas quais as peças negras podem desenvolver-se.

Nada disso se aplica a 1...e5, portanto, pode-se argumentar que, em certo sentido, ele é a 'melhor' defesa para 1 e4. Mas 1...e5 faz sua própria concessão no sentido de que o Peão e das Negras torna-se um alvo de ataque desprotegido. E mais, se virmos as outras Partidas Semi-abertas listadas acima, todas elas, exceto uma, atacam o Peão central das Brancas em e4, como pode ser visto em 1 e4 e6 2 d4 d5, 1 e4 c6 2 d4 d5, 1 e4 ♘f6, 1 e4 d5 e 1 e4 d6 2 d4 ♘f6. No caso da Alekhine (1 e4 ♘f6) e da Escandinava (1 e4 d5), o fato de que as Brancas ganharão, efetivamente, um tempo com 2 e5 ou 2 exd5, respectivamente, fornece ao contra-ataque um caráter ambíguo, mas as Negras, entretanto, criam um desequilíbrio, o que não fazem quando jogam 1...e5. A Defesa Siciliana segue seu próprio caminho, como sempre, não desenvolvendo nem atacando. O que é uma ironia, pois é o movimento favorito dos melhores jogadores no mundo!

Uma vez que nas introduções aos capítulos se cobrem as estratégias básicas (e as partidas muito mais), não repetirei o que foi dito nelas. E mais, pode ser interessante fazer algumas comparações gerais entre Aberturas aparentemente parecidas, antes de irmos para o material prático.

Primeiro, deve ficar claro que a Caro-Kann seria uma defesa melhor do que a Francesa, caso as desvantagens mencionadas acima fossem seu único problema. Afinal, desenvolver um Bispo livremente, como as Negras fazem na Caro-Kann contrasta drasticamente com o Bispo preso das Negras em c8 na Francesa. Ofusca qualquer outro problema de desenvolvimento. Na Caro-Kann, limitar as opções do Cavalo b8 (ou seja, impedi-lo de ocupar c6) não parece uma penalidade tão grave. Na teoria, um Cavalo hipotético poderia ser melhor em c6; mas nesta Abertura em particular, essa peça geralmente ficará contente em d7, controlando e5 e defendendo f6 em situações-chave. E na linha principal com ...♝f5, o Cavalo nem mesmo temporariamente impede o desenvolvimento do Bispo negro das casas brancas. Naturalmente, a disponibilidade de c6 para um Cavalo na Defesa Francesa não deve ser subestimada, não só porque um Cavalo ali ataca d4 e e5, mas porque d7 fica livre para um Bispo ou para um Cavalo recuar para d7 depois das Brancas jogarem e5 (uma seqüência importantye na Francesa). Portanto, o balanço entre as duas Aberturas não favorece apenas um dos lados completamente, mas se você for forçado a comparar, achará que as Negras terão uma barganha melhor jogando a Caro-Kann. Contudo, o que iguala as coisas são as situações centrais respectivas das duas Aberturas. Independentemente de você jogar ...dxe4 (como nas linhas principais da Caro-Kann) ou manter seu Peão em d5 (como é o caso na maioria das variantes da Francesa), é improvável que você seja capaz de atacar o Peão d4 das Brancas

por meio de ...e5; as Brancas podem colocar um Cavalo em d3, um Bispo em f4, uma Dama ou Torre na Coluna e etc. Portanto, o modo restante de atacar o centro e liberar as peças é ...c5. As Negras fazem esse lance na maioria das variantes da Defesa Francesa, realmente ameaçando liquidar o centro das Brancas. Mas na Defesa Caro-Kann, jogar ...c5 custaria às Negras um tempo inteiro (ou seja, ...c6-c5). Por isso, o defensor Caro-Kann geralmente adiará ou antecipará ...c5 e contará com a influência restante de seu Peão em c6. Essa é a decisão certa (jogar...c5 antes geralmente não é prático); todavia, quase sempre é melhor invadir o centro do oponente, do que entregar o centro por si mesmo. Na Caro-Kann, as Negras conseguem um contrajogo contra o centro das Brancas na Coluna d aberta, mas isso é relativamente fácil de defender. Assim, ambas as Aberturas têm seus lados atraentes e desagradáveis.

A Defesa Alekhine, faz um contraste engraçado com a Defesa Pirc, Na Pirc, as Negras jogam ...d6 primeiro, para limitar o centro das Brancas e, então, ...♞f6 para atacá-lo. Na Alekhine, as Negras invertem a ordem, jogando ...♞f6 primeiro, perdendo um tempo, e, então, poucos movimentos depois de e5, elas jogam ...d6. É como se as Negras tivessem permitido às Brancas jogarem e5 com sucesso contra a Pirc, um avanço que é a maior prioridade das Brancas impedir! Assim, o primeiro instinto de alguém é que a Pirc é uma Abertura superior. Pode ou não ser, mas a falha deste argumento pode ser determinada mais ou menos como a seguir: na Pirc, as Brancas geralmente *não*

# CAPÍTULO 10 – INTRODUÇÃO ÀS PARTIDAS SEMI-ABERTAS | 251

*devem* jogar e5 porque as Negras irão capturar uma vez e, então, recuar o Cavalo ou recuarão sem capturar, em ambos os casos enfraquecendo o Centro com ...c5 ou, se for apropriado, ...f6. No caso da Alekhine, as Negras levaram as Brancas a comprometer seu Peão em e5, de onde elas estão em posição para enfraquecê-lo. Portanto, de certo modo, elas conseguiram realizar o sonho do jogador da Pirc! Bem, naturalmente, não está totalmente claro se as Negras pode enfraquecer o Peão e das Brancas no estilo Pirc. Mas o ponto é que elas tem um centro estendido para atacar, ao passo que na Pirc, as Negras estão esperando essa oportunidade. Mais uma vez, há vantagens e desvantagens em cada abordagem. A maioria dos jogadores fortes provavelmente se preocuparia mais com sua desvantagem de espaço, caso fossem jogar uma dessas Aberturas.

O lado das Negras da Variante Escandinava, 1 e4 d5 2 exd5 ♕xd5 com 3 ♘c3 ♕a5, poderia ser comparado com a Partida do Centro para as Brancas depois de 1 e4 e5 2 d4 exd4 3 ♕xd4 ♘c6 4 ♕a4. As Brancas têm o movimento extra e4, mas como na maioria das Aberturas invertidas, você tem que decidir se esse movimento é bom ou ruim. O Peão e4 pode ser um alvo em uma coluna aberta, continuando, por exemplo, com ...♘f6, ...♗c5 (ou ...g6 e ...♗g7), ...0-0 e ...♖e8. Por outro lado, o Peão e4 guarda d5 da maneira clássica. Talvez, seja uma questão de cara ou coroa..

Pode-se fazer esse tipo de comparação entre quaisquer posições na Teoria da Abertura e é um exercício útil de se fazer. O leitor pode querer considerar outras propriedades fundamentais das Partidas Semi-abertas e como elas oferecem vantagens e desvantagens. Você achará que toda defesa tem um equilíbrio entre os aspectos negativos e positivos, cuja soma não pode ser diferente demais da de outras Aberturas. Do contrário, algumas defesas nunca seriam jogadas e outras não encontrariam oponentes dispostos!

# Capítulo 11

# Defesa Siciliana

**1 e4 c5** *(D)*

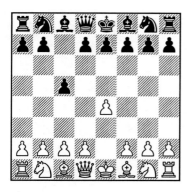

A Defesa Siciliana tem sido a Abertura mais popular no Xadrez de alto nível nas últimas décadas e continua a ser atualmente, sendo responsável por cerca de 17% de todas as disputas entre os Grandes Mestres e surpreendentes 25% das partidas em um banco de dados dos Informadores. Como jogadores jovens e mestres aspirantes mostram-se entusiasmados pela Siciliana, é difícil ver esses valores diminuindo muito.

O que é tão especial nesta Abertura? Antes de tudo, 1...c5 realmente impede 2 d4, o objetivo básico de uma defesa para 1 e4. Para ser mais específico, 2 d4 cxd4 3 ♕xd4 perde um tempo e já arrisca uma desvantagem depois de 3...♘c6. Se, ao contrário, as Brancas jogarem 3 c3 e sacrificarem um Peão (o Gambito Morra), teremos muitos anos de experiência e análise para mostrar que as Negras, no mínimo, não devem ter problemas para igualar e quase certamente devem conseguir vantagem com um jogo preciso. Naturalmente, as outras Aberturas também desencorajam d4 ou preparam-se para enfrentá-lo com eficiência e, portanto, temos que procurar mais razões para escolher especificamente a Defesa Siciliana. Como a grande maioria das partidas é disputada na Siciliana Aberta, ou seja, 2 ♘f3 e 3 d4, vejamos o que podemos aprender com as posições resultantes. Precisamos de um exemplo concreto para considerar, portanto, começaremos com a Defesa Siciliana mais popular jogada pelos Mestres, a Variante Najdorf:

2 ♘f3 d6 3 d4 cxd4 4 ♘xd4 ♘f6 5 ♘c3 a6 *(D)*

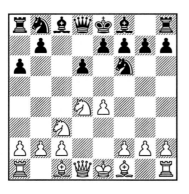

O que está acontecendo? As Negras podem realmente sair-se bem com este 4º movimento de peão, quando nem mesmo é um Peão do centro? Façamos mais alguns movimentos de amostra:

6 ♗g5 e6 7 f4 ♗e7 8 ♕f3 ♕c7 9 0-0-0 ♘bd7 10 ♗d3 b5 11 ♖he1 *(D)*

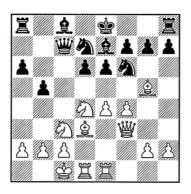

As Brancas têm todas as sete peças desenvolvidas, as Negras apenas quatro, tendo feito seis lances de peão até então. E mais, as Negras têm apenas uma peça além da segunda fileira; as Brancas têm cinco. E, claro, as Brancas comandam mais espaço. Antes de comentar isso, comparemos com a Variante Sozin da Najdorf. Após 1 e4 c5 2 ♘f3 d6 3 d4 cxd4 4 ♘xd4 ♘f6 5 ♘c3 a6, as Brancas continuam com 6 ♗c4 e6 7 ♗b3 ♗e7 8 0-0 b5 9 ♗e3. Nesse caso, as Brancas têm cinco peças em jogo, para as duas das Negras.

Uma linha Scheveningen/Najdorf tradicional continua com 6 ♗e3 e6 7 ♗e2 ♗e7 8 0-0 *(D)*. Neste caso, as Brancas têm cinco peças para as duas das Negras e dos sete movimentos, as Negras jogaram cinco com os peões.

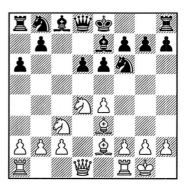

Apenas para esclarecer as coisas, as Negras continuam a jogar uma versão ainda mais extrema dessas idéias, a saber, 1 e4 c5 2 ♘f3 e6 3 d4 cxd4 4 ♘xd4 a6 5 ♘c3 d6 6 ♗e3 b5, que totaliza seis lances diretos de peão, e sem ao menos uma peça desenvolvida! Você deve notar outro aspecto negativo de cada uma dessas linhas, como se elas precisassem: os Peões do centro das Negras em e6 e d6 estão em posições passivas, bloqueando suas próprias peças, como reconhecida-

# Capítulo 11 – Defesa Siciliana | 255

mente costumam fazer os peões da terceira fileira. Assim, suas peças têm menos probabilidade de serem tão ativas quanto as das Brancas. Como deveremos ver, o mesmo é verdadeiro na maioria dos outros sistemas da Siciliana.

De volta à nossa pergunta: por que, então, alguém jogaria, muito menos a elite mundial, a Defesa Siciliana? Bem, as Negras têm uma Coluna c aberta. Mas espere! As Brancas têm uma Coluna d aberta atacando um Peão fraco em d6. Isso deve ser ainda mais eficiente. E o ataque de minoria das Negras com o avanço do Peão ...b5? Tudo bem, no mínimo, é um saldo positivo real (infelizmente, com o custo de mais tempo descontado no desenvolvimento); mas se quiserem, as Brancas terão tempo para impedir esse movimento jogando a4. Em muitos casos, isso reduz as Negras ao desenvolvimento via ...b6 e ...♗b7, assim, colocando outro Peão na terceira fileira.

Qualquer jogador experiente sabe que as Negras ficam razoavelmente bem nessas posições. Novamente, podemos dizer por quê? O segredo real para a Siciliana Aberta é que as Negras têm uma maioria central. Uma maioria central é uma vantagem posicional básica que nunca deve ser subestimada e pode compensar os outros problemas na posição. Se considerarmos o centro com ...d6 e ...e6, os Peões d e e das Negras se protegerão contra as incursões das peças brancas, assim, dando às Negras tempo para alcançar o desenvolvimento. Em seguida, toda maioria central ameaça avançar e esta não é diferente: assim que as peças negras começarem a ser desenvolvidas, o movimento ...d5

expandirá o alcance de algumas delas (por exemplo, um Bispo em e7, a Dama em c7 e uma Torre em d8 ou e8) e criará bons postos para as outras (por exemplo, um Cavalo em e4 ou d5). Como as Brancas têm que estar na vigília, constantemente, desse movimento (assim como ...e5 seguido de ...d5 no próximo lance), elas têm que dedicar forças para sua prevenção. Isso nos traz a outra vantagem importante para as Negras em quase todas as Sicilianas Abertas: o Peão e das Brancas é um alvo. Ele pode ser atacado por um Cavalo em f6, um Bispo em b7 e talvez, outro Cavalo em c5. As Brancas podem defender seu Peão e com seu Bispo de casas brancas, mas onde deve colocá-lo? Se o Bispo for para d3, será bloqueado por seu próprio peão e se for para g2 ou f3, então, o Bispo também estará defendendo-se passivamente. Na verdade, em ambas as posições, as Negras podem, em algum ponto, ser capazes de jogar ...e5 e corrigir o Peão e, impedindo que o Bispo entre em jogo. Em que isso tudo se traduz? O Bispo branco de casas brancas é, por definição, um Bispo ruim, pois seu Peão do centro está em uma casa branca. Uma vez, ouvi o grande Larsen dizer que depois de 3 d4 cxd4, as Brancas estavam perdidas posicionalmente! Exagero ou não, indubitavelmente ele estava referindo-se à maioria central das Negras e ao desvio das forças brancas para defenderem seu Peão e.

O que as Brancas podem fazer diante de tais problemas? Geralmente, elas não desejam aguardar o Final sem mudar a estrutura de peões, com receio de que o ataque da maioria central das Negras e da minoria na Ala da Dama tornem-se influentes demais nesse estágio do jogo. Para fazer progresso, as Brancas têm que explorar sua vantagem de espaço (elas quase sempre controlam quatro fileiras, contra três das Negras, disputando a outra). Assim, você verá que muitos encontros apresentam o avanço e5 das Brancas, ativando seu Bispo e outras peças para terem chances sérias de ataque, algumas vezes inevitáveis. Um problema em potencial, neste caso, é que o Peão e5 ficará fraco; portanto, esta decisão tem que ser empreendida com cuidado. Elas também podem voltar-se para o avanço f4-f5, esperando forçar ...e5; outras vezes, porém, isto cede a casa e5 para as peças negras – como sempre, o ritmo adequado é o segredo. Outra opção de ataque à disposição das Brancas é g4-g5, talvez junto com h4, arriscando a posição da Ala do Rei para forçar a volta das peças negras. Essa tem sido uma estratégia cada vez mais popular e bem-sucedida na última década. Finalmente, além dessas idéias, as Brancas podem tentar tirar uma vantagem direta do desenvolvimento lento das Negras e do jogo de peões sofisticado para sacrificar material e abrir a posição inimiga. Seus Cavalos em c3 e d4 podem ser limitados pelos peões negros, mas esses mesmos Cavalos são sacrificados, habitualmente, nas casas d5, f5, b5 e e6.

Uma estrutura completamente diferente surge quando as Negras têm um Peão em d6 e um em e5. Isso pareceria pior que os sistemas ...d6/...e6, pois elas entregam a casa d5 para as peças brancas (e a casa f5 pode ser útil para um Cavalo). Vejamos a versão inicial mais conhecida desta estrutura: 1 e4 c5 2 ♘f3 d6 3 d4 cxd4 4 ♘xd4 ♘f6 5 ♘c3 a6 6 ♗e2 (6 ♗e3 também pode ser respondido com 6...e5, mas é outra história) 6...e5 7 ♘b3 ♗e7 8 0-0 0-0 9 ♗e3. Os dois lados fizeram movimentos naturais e, agora, as Negras ilustram uma idéia básica: 9...♗e6 *(D)*.

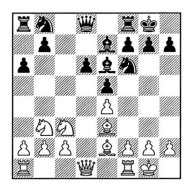

Este movimento padrão contém a noção de jogar ...d5 logo, liberando totalmente o jogo das Negras. As Brancas têm muitas opções, mas uma delas é ocupar essa casa imediatamente. Então, depois de 10 ♘d5 ♗xd5!? (10...♘xe4? 11 ♗b6 e 12 ♘c7) 11 exd5, as Brancas têm dois Bispos, mas perderam seu posto avançado. O mais importante, agora as Negras têm uma massa móvel de peões centrais. Um encontro prosseguiu com 11...♘bd7 12 c4 a5 13 ♘d2 ♘e8 14 f3 ♗g5 15 ♗f2 f5 e a maioria 4:3 das Negras na Ala do Rei (uma variante das que vemos em muitas Aberturas) estabelece-se. . As Negras parecem ter conseguido uma partida com chances iguais. Note que o Bispo branco em e2 ainda é ruim. Obviamente, uma das Aberturas mais complicadas no Xadrez não pode ser reduzida a algumas genera-

# CAPÍTULO 11 – DEFESA SICILIANA | 257

lidades, mas tais temas aparecem junto com muitos outros que se originam direta ou indiretamente das propriedades básicas da Abertura.

Antes de irmos para as variantes concretas, deixe-me fazer uma referência de novo à descrição muito abreviada que dei nos capítulos introdutórios, em relação à evolução da Defesa Siciliana. Irei expandi-la em certas particularidades, mas o ponto é o mesmo. Na segunda metade do Século XIX, os jogadores enfrentavam a Siciliana com 2 ♘c3, mais do que qualquer variante individual (2 f4 também era uma grande favorita). Quando as Brancas jogavam uma linha da Siciliana Aberta (ou seja, 2 ♘f3 e 3 d4), as Negras respondiam basicamente com a Variante da cravada (2 ♘f3 e6 3 d4 cxd4 4 ♘xd4 ♘f6 5 ♘c3 ♗b4) ou a Variante dos Quatro Cavalos parecida (2 ♘f3 e6 3 d4 cxd4 4 ♘xd4 ♘f6 5 ♘c3 ♘c6), supondo que as Brancas lhe permitissem chegar tão longe. Note que essas duas variantes têm o objetivo básico de um desenvolvimento rápido e têm um pouco de semelhança com as estruturas modernas ...d6/...e6/...a6 ou ...d6/...e5, com peças geralmente limitadas às segunda e terceira fileiras. Alguns jogadores experimentaram tais sistemas, como, por exemplo, Louis Paulsen. Entre os jogadores de primeira linha, ele teve que ser o jogador de Siciliana mais dedicado do seu tempo, e suas partidas incluíam tudo, desde a Scheveningen até ... a Paulsen! A última variante realmente é hipermoderna: 1 e4 c5 2 ♘f3 e6 3 d4 cxd4 4 ♘xd4 a6.

Na primeira metade do Século XX, os principais jogadores começaram a analisar mais as Defesas Sicilianas com sucesso limitado e, em particular, podemos ver mais Sicilianas Abertas, inclusive a Variante do Dragão e até um ponto limitado, a Variante Scheveningen. Mas a Siciliana apenas começou a ser realmente aceita como uma defesa principal, nos anos 30 e decolou nos anos 40. A popularidade de 1...c5 não parou de crescer desde então, ficando ainda mais moderna quando evoluiu. As variantes que apresentam um desenvolvimento rápido para as Negras agora são proporcionalmente raras.

**1 e4 c5 2 ♘f3** *(D)*

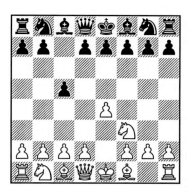

Pondo em jogo seu Cavalo, as Brancas lutam por d4, mas também impedem ...e5, um lance que poderia ser útil para as Negras. 2 ♘f3 introduz as variantes Sicilianas Abertas das Brancas, aquelas nas quais elas jogam 3 d4 e depois da resposta das Negras 3...cxd4, recapturam com 4 ♘xd4. Essas variantes constituem cerca de 90% das principais partidas com

1...c5. Devo agrupá-las de acordo com o segundo movimento das Negras, enquanto julgar ser útil fazer isso.

## Introdução aos Sistemas com 2...d6

### 1 e4 c5 2 ♘f3 d6 3 d4

Como sempre, as variantes menos jogadas dizem algo sobre as linhas principais, por exemplo, por que elas *são* as linhas principais. Eis algumas alternativas para 3 d4 e algumas questões da ordem de movimentos a considerar.

a) 3 ♗b5+ *(D)* é chamada de Variante Moscou. Ela tem seus seguidores, em parte por que alguns jogadores não desejam entrar em todas as complicações que surgem das Variantes Dragão, Najdorf e Clássicas que deveremos ver.

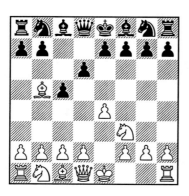

Se simplesmente julgarmos pelas aparências, não parece haver nada errado com 3 ♗b5+. Tira o Bispo do caminho para agilizar o desenvolvimento das Brancas, especialmente o Roque.

Se o Bispo for trocado, isso pode ser a favor das Brancas pois, como vimos, seu Bispo de casas brancas pode ser um problema na Defesa Siciliana; formalmente falando, é um Bispo ruim, continuando ou não as Brancas com c4 (um tema comum da Variante Moscou). Isso é verdade e, de fato, 3 ♗b5+ dificilmente pode ser um movimento ruim. Certos especialistas ficaram bem com ela nos níveis mais altos. Contudo, a grande maioria de jogadores prefere usar as variantes abertas com 3 d4. A realização de perspectivas positivas é a principal razão por trás de sua decisão. Nas Variantes Abertas da Defesa Siciliana, as Brancas tendem a ter uma vantagem forte no desenvolvimento e no espaço. Mas depois de 3 ♗b5+, uma troca deste Bispo em d7 trará outra peça das Negras para o jogo e permitir-lhes-á começar a igualar em desenvolvimento. Se as Negras jogarem 3...♘c6, a única ameaça das Brancas será ceder seu par de Bispos. Dito isso, diversas organizações das Negras oferecem às Brancas boas chances de vantagem, portanto, o defensor deve conhecer sua teoria e/ou ser um bom jogador intuitivo. Não analisaremos a Moscou em profundidade porque há muito para explorar em outro lugar. Nos mais amplos termos possíveis e encobrindo muitas opções, as idéias e as linhas mais jogadas são as seguintes:

a1) 3...♗d7 4 ♗xd7+ ♕xd7 (após 4...♘xd7, 5 d4 fornece às Brancas algum espaço útil ou elas podem jogar 5 c4, embora nenhuma continuação garanta uma vantagem) 5 c4 *(D)*.

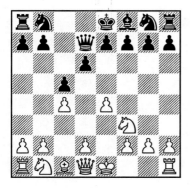

A idéia é organizar uma Formação Maroczy Bind sem o Bispo branco das casas brancas, que na Maroczy Bind original (veja a Siciliana Acelerada com Fianqueto) tende a ser uma peça ruim presa atrás de seus próprios peões centrais. Fazendo o Roque pequeno, d4 e b3 ainda estão misturados com várias ordens de movimento capciosas. Desnecessário dizer, mas as Negras podem gerar um contrajogo no centro visando d4 com ...g6 e ...♗g7 ou jogando ...♘c6, ...♘f6 e ...e6. Também podem jogar ...a6 e visar ...b5, muito parecido com as linhas do Fianqueto Acelerado. A simples ausência do Bispo branco das casas brancas tornará mais fácil conseguir.

a2) 3...♘d7 4 d4 cxd4 5 ♕xd4 deixa as Brancas mais bem desenvolvidas e centralizadas Os movimentos ♘c3 e ♗g5 podem seguir. As Negras têm dificuldades para desenvolver sem permitir uma e5 favorável em algum ponto, portanto, geralmente jogam ...e5 e ativam suas peças via ...♘f6 e ...♗e7, provavelmente seguido de ...♘c5. Isto é muito 'parecido com a Najdorf', absolutamente legítimo e não é fácil falar sobre isso sem exemplos específicos.

a3) 3...♘c6 4 0-0 (4 d4 cxd4 5 ♕xd4 transpõe para 2...d6 3 d4 cxd4 4 ♕xd4 ♘c6 5 ♗b5, assim, fornecendo a esse sistema intrigante, significância adicional; iremos vê-lo logo abaixo através da última ordem) 4...♗d7 5 ♖e1 ♘f6 6 c3 a6 7 ♗f1 ♗g4 8 d3 e as Brancas planejam ♘bd2 e h3. Em geral, as Negras igualam, contanto que sejam capazes de responder a d4 agressivamente.

b) As Brancas sempre podem fazer um movimento como 3 ♗c4. Comumente, qualquer coisa dessa natureza pode ser enfrentada com ...♘c6, ...g6 e ...♗g7. Então, por causa da posição do Bispo, ...e6, ...♘ge7 com ...d5 rapidamente, ganhará espaço e tempo; ...a6 também é um lance útil. Contudo, as Negras podem não gostar dessa estrutura e se organizarem com 3...♘f6 4 d3 (4 e5 dxe5 5 ♘xe5 é o tipo de coisa que preocupa os jogadores menos experientes, mas depois de 5...e6, consegue-se ver que as Negras controlam a casa d4 e, sem serem capazes de jogar d4, as Brancas têm menos chance de progredir; as Negras simplesmente rocam e trocam o Cavalo avançado) 4...e6 com a idéia ...♗e7, ...0-0, ...♘c6 e talvez ...d5 em um estágio posterior. Do ponto de vista das Brancas, a idéia é buscar um desenvolvimento seguro com d3, 0-0 e talvez a3 para ocultar o Bispo em a2. As outras idéias são uma combinação de ♘c3 e ♗g5, lutando pelo controle de d5. No total, as Brancas terão dificuldades para progredir.

c) Uma alternativa capciosa é 3 c3 ♘f6! (agora que o Cavalo das Brancas não pode ir para c3 para proteger o Peão e) 4 ♗e2!? (ou 4 ♗d3) 4...g6 (4...♘xe4?? 5 ♕a4+) 5 0-0 ♗g7 e com um jogo preciso, as Negras não terão problemas.

Todas estas linhas têm sua própria teoria que pode ser pesquisada em livros e bancos de dados.

**3...cxd4 4 ♘xd4**

Uma variante fascinante e atrativa é 4 ♕xd4 ♘c6 (este Cavalo será imobilizado, diminuindo a perda de tempo das Brancas; como alternativa, as Negras podem assegurar a conquista de um tempo contra a Dama branca jogando 4...a6, quando as Brancas também 'ganharão' um lance para jogar 5 c4 se quiserem – isto é um tipo de posição Maroczy que devemos analisar em vários contextos) 5 ♗b5 ♗d7 (para renovar a ameaça na Dama; depois de 5...♕a5+ 6 ♘c3 ♗xb5 7 ♘xb5 ♘xd4 8 ♘fxd4 ♔d8 9 c4 ou 9 ♗e3, as Brancas têm espaço e alguma vantagem no desenvolvimento, ao passo que as Negras não têm nenhuma fraqueza e o par de Bispos – a teoria avalia essa posição a favor das Brancas, talvez sendo otimista) 6 ♗xc6 ♗xc6 (6...bxc6 7 c4 é interessante) 7 ♘c3 ♘f6 8 ♗g5 e6 9 0-0-0 ♗e7 10 ♖he1 0-0 *(D)*

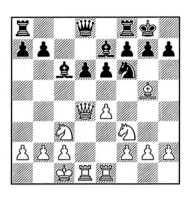

Uma situação provocadora surgiu, opondo os Cavalos., o espaço e o desenvolvimento superior das Brancas contra o par de Bispos e a maioria central das Negras. A regra geral com relação aos Cavalos é que seu possuidor precisa correr para conseguir um ataque ou ganhar postos avançados, antes que seu oponente consolide. Do contrário, virá um contra-ataque na Ala da Dama (nesta situação, com ...b5) e/ou no centro (com ...d5 ou ...e5). A teoria não é particularmente extensa nessas linhas e concedem muito alcance para a criatividade. Um exemplo bem-sucedido para as Negras era 11 ♔b1 h6 12 ♗h4 ♖e8 (as Negras sempre devem ter cuidado com alguma variante da cilada 12...♕a5 13 ♕d2 ♖ac8?! 14 ♘d5! ♕d8 15 ♘xe7+ ♕xe7 16 ♘d4 com espaço e uma vantagem simples, pois 16...g5? 17 ♗xg5 hxg5 18 ♕xg5+ é destruidor) 13 ♗g3 (provavelmente, está tentando evitar a idéia padrão 13 ♕d2 ♘xe4 14 ♘xe4 ♗xh4 15 ♘xd6, quando as Negras podem jogar 15...♖f8 ou 15...♗xf3 16 gxf3

Ξf8; mas aqui, temos um bom exemplo da natureza inexplorada desta variante; as Brancas poderiam simplesmente jogar 13 ♕d3!?, quando, por exemplo, 13...d5 14 ♗xf6 ♗xf6 15 e5 ♗e7 16 ♘d4 Ξc8 17 f4 é promissor; também possível é 13 h3!? com a idéia g4, como realmente foi jogado em uma partida) 13...d5! 14 e5 (compare com a última nota – aqui, o Bispo das Brancas em g3 é simplesmente ruim) 14...♘e4 15 ♘xe4 dxe4 16 ♕xd8 Ξexd8 17 ♘d4 *(D)*.

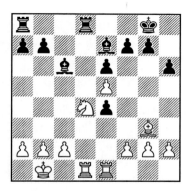

17...♗e8! (dois Bispos serão mais valiosos do que um Peão, mesmo nesta posição relativamente simplificada) 18 c3 (18 Ξxe4 ♗c6 19 Ξee1 ♗xg2) 18...Ξac8 19 ♔c2 b5! 20 Ξxe4 b4 21 ♗e3 a5 22 ♘e2 ♗c6 23 f3 Ξxd1 24 ♔xd1 ♗c5 25 Ξd3 ♗b5 26 Ξd2 ♗e3 27 Ξd6 bxc3 28 ♘xc3 (28 bxc3 ♗c4 29 a4 Ξb8) 28...♗f1 e as Negras recuperam seu Peão com seus Bispos ainda com violência, Svidler-Kasparov, Linares – 1999.

**4...♘f6 5 ♘c3**

Observe que, agora, 5 ♗b5+ simplesmente ajuda as Negras a soltar suas peças com 5...♗d7, especialmente uma vez que as Brancas negligenciaram a idéia c4. A alternativa 5 f3!? vem sendo jogada com pouca freqüência, contudo sem desaparecer com os anos. A idéia das Brancas é evitar o bloqueio de seu Peão c com 5 ♘c3 e assim, serem capazes de jogar c4, antes ou depois de ♗b5+. A resposta baseada em princípios das Negras para este plano é 5...e5! *(D)*.

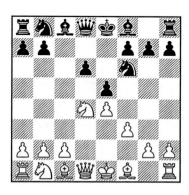

Este é nosso primeiro exemplo da estrutura ...d6/...e5. Se as Negras fizerem lances de desenvolvimento convencionais, poderão ficar aprisionadas com c4 de novo; isto não é o fim do mundo, mas não é o que a maioria dos jogadores deseja. Eis duas variantes instrutivas:

a) 6 ♘b3 (não 6 ♘f5?! d5!) 6...♗e6 (visando ...d5) 7 c4 a5 8 ♗e3 a4 9 ♘3d2 ♕a5 10 ♗e2 ♗e7 11 0-0 ♘c6 12 ♘a3 0-0, Rublevsky-Ki. Georgiev, Campeonato por Equipes na Iugoslávia (Budva) – 1996. Os dois lados têm muitas coisas a fazer.

b) 6 ♗b5+ ♘bd7 7 ♘f5 d5! 8 exd5 a6! 9 ♗xd7+ ♕xd7 (9...♗xd7 10 ♘e3 ♗c5 11 ♘c3 0-0 12 0-0 ♗f5 com um jogo ativo, Malakhov-Nisipeanu, Campeonato Europeu de Juniores em Holon, – 1995) 10 ♘e3 b5 11 ♘c3 ♗b7 12 0-0 b4 13 ♘e4 ♘xd5 e as Negras têm mais que sua quota do centro.

Agora, voltamos para 5 ♘c3 (D):

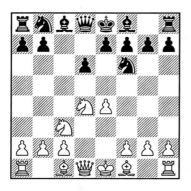

Depois de 5 ♘c3, finalmente, chegamos a um ótimo ponto divisor na teoria da Defesa Siciliana e passaremos para as variantes principais com 2...d6.

## Variante do Dragão

1 e4 c5 2 ♘f3 d6 3 d4 cxd4 4 ♘xd4 ♘f6 5 ♘c3 g6 (D)

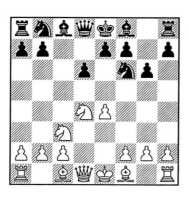

O Dragão Siciliano é uma das formas mais antigas da Siciliana Aberta. As Negras soltam suas peças, especialmente o Bispo de longo alcance, por g7 e podem rocar logo no início sem criarem nenhuma fraqueza de peões. Seus próximos movimentos são tradicionalmente ...♗g7, ...0-0, ...♘c6 e talvez, ...♗d7 (ou ...♗e6) com ...♖c8 em seguida. Assim, as Negras ativam suas peças bem rapidamente, em especial, comparando-se com a maioria das outras Defesas Sicilianas. Elas podem atacar na Ala da Dama com, digamos, ...a5-a4 ou ...a6/...b5, em parte porque o Bispo g7 exerce muita pressão nessa direção.

Quais são os problemas na posição das Negras? Talvez a estrutura de peões deva ser o primeiro tópico de análise. É verdade que o Peão d6 central importante das Negras está bem defendido por seu vizinho em e7, diferente do Peão da Dama nas estruturas ...d6/...e6, que distingue muitos sistemas sicilianos. Também podemos comparar com as variantes que começam com 1 e4 c5 2 ♘f3 e6 3 d4 cxd4 4 ♘xd4, quando há uma fraqueza imediata em d6 na coluna semi-aberta, estando ocupada ou não por um Peão. No mínimo, à primeira vista, essa diferença favorece ao Dragão e deve valer algo. Mas como em muitas Aberturas, toda vantagem tem alguma desvantagem. Nesta situação, um Cavalo branco pode se alojar em d5 no momento certo e perturbar o jogo das Negras. Por exemplo, se as Brancas estiverem atacando o Rei negro em g8, ♘d5 poderá eliminar o melhor defensor do Rei. Ou em uma definição mais posicional, ♘d5 por parte das Brancas poderia forçar uma troca nessa casa resultando em linhas abertas para as peças brancas. Então, há a pergunta sobre o que as Negras podem fazer com sua maioria central, normalmente seu melhor recurso na Defesa Siciliana. Obviamente, ...e6 é arriscado, pois o Peão d6 poderia estar muito fraco, em oposição às linhas sicilianas normais, onde o Bispo das Negras defende-o de e7. E ...e5, o outro avanço siciliano típico, bloqueará o Bispo g7 se as Negras não tiverem cuidado. Naturalmente, esses dois avanços de peões podem ser feitos sob as circunstâncias corretas, mas certamente não são temas importantes. Isso significa que a principal ruptura central das Negras é ...d5, que as Brancas farão o máximo para impedir. Supondo que as Brancas tenham sucesso nisso, as Negras estarão usando peças, mais do que peões, para conseguirem seus objetivos. Na verdade, assim que virmos as posições típicas do Dragão Clássico e do Iugoslavo, devemos focar no jogo de peças na Ala da Dama, como, por exemplo, ...♖c8, ...♗e6-c4, ...♘e5-c4, ...♕a5, ...♘d7-c5, ...♖xc3 etc. No sistema mais jogado, o Ataque Iugoslavo, os jogadores rocam em lados opostos do tabuleiro e é interessante ver a prioridade que os peões das Brancas têm no ataque (g4, h4-h5, f4-f5 etc.). Isto pode ser comparado com os peões negros na Ala da Dama, que geralmente ficam na posição inicial até que seu ataque esteja completo. Finalmente, antes de deixar o assunto da estrutura de peões, há o fator mais simples de todos: o Peão g6 oferece um alvo de ataque, em particular com h4-h5. Nas outras variantes da Defesa Siciliana, as Brancas podem conseguir um avanço de ataque, como, por exemplo, g4-g5 (ou um posicional como a4-a5), mas não há nenhum Peão que seja um alvo específico. Como sempre, essas várias questões estruturais tendem a se equilibrar; se não, ninguém jogaria o Dragão! Não vou perder-me com mais nenhuma generalidade, considerando que o Dragão rapidamente se desfaz em diversas variantes que têm pouco em comum, superficialmente, entre si. É melhor juntar as idéias a partir do próprio jogo.

## Dragão Clássico

1 e4 c5 2 ♘f3 d6 3 d4 cxd4 4 ♘xd4 ♘f6 5 ♘c3 g6 6 ♗e2 *(D)*

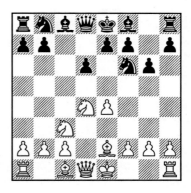

As Brancas se desenvolvem e declaram sua internção de fazer oRoque pequeno.

**6...♗g7 7 0-0**

7 ♗e3 ♘c6 8 0-0 0-0, provavelmente, é a alternativa mais comum, mas iremos considerar essa organização depois de 9 ♔h1. Uma disputa que é geralmente citada contra esta ordem de movimentos foi entre Daniliuk-Malakhov, Campeonato Russo (Elista) – 1995: 9 ♘b3 ♗e6 10 f4 ♖c8 11

f5!? (conquistando um tempo, mas cedendo e5) 11...♗d7 12 g4?! (indefinido demais; as Brancas precisam desenvolver suas peças primeiro, por exemplo, 12 ♕d2) 12...♘e5 13 ♘d2!? (as Brancas desejam impedir o sacrifício de qualidade em c3, mas em vão; infelizmente, o lance de ataque ...♗c6 estava acontecendo qualquer modo e 13 g5 seria respondido com 13...♖xc3! 14 bxc3 {14 gxf6 ♖xe3 15 fxg7 ♔xg7} 14...♘xe4 com uma posição dominante; compare com a partida) 13...♖xc3! 14 bxc3 ♗c6 *(D)*.

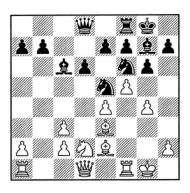

Embora o Peão e4 esteja protegido, as fraquezas das Brancas (peões em e4 e c3, e a debilidade interna em e3) tornam impossível manter as coisas sob controle: 15 ♗f3 ♘xf3+ 16 ♕xf3 d5! (a Ala do Rei branco está exposta e as Negras têm um par de Bispos ativo) 17 ♗d4 (17 e5 d4 18 ♕e2 dxe3 19 exf6 ♗xf6 20 ♕xe3 ♕d5!) 17...dxe4 18 ♕h3 ♘xg4! 19 ♗xg7 (as Brancas estão pagando o preço por f4-f5 e g4; 19 ♕xg4 ♗xd4+ 20 cxd4 ♕xd4+ não permite nenhuma defesa) 19...♔xg7 20 ♘xe4 (20 ♘b3 ♘e5!) 20...♕b6+ 21 ♘f2 gxf5. As Negras não estão apenas ameaçando ...♖g8 com um ataque de mate; recuperaram seu material. Este tipo de coisa aconteceu muito com as Brancas e talvez, explique por que o Iugoslavo com 0-0-0 é tão popular: as Brancas podem avançar todos os seus peões na Ala do Rei sem que seu Rei fique exposto.

**7...0-0** *(D)*

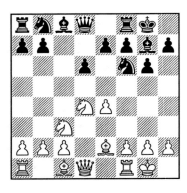

**8 ♘b3**

Este movimento estranho quase sempre é feito no Dragão Clássico, em parte por necessidade. Primeiramente, impede ...d5 (o avanço de liberação mais importante das Negras), que é difícil de impedir. Também cobre a casa a5 (geralmente usada pela Dama ou pelo Cavalo das Negras) e apóia o avanço a4-a5. E mais, 8 ♘b3 protege o Cavalo contra idéias traiçoeiras que envolvem ...♘g4 ou ...♕b6. Naturalmente, também há desvantagens neste recuo. A principal é, de longe, que em d4, o Cavalo alcança mais casas e é mais eficiente para finalidades positivas. Na verdade, depois de assegurar sua posição contra ...d5, geralmente, as Brancas retornarão o Cavalo para d4. Além dessa consideração, em b3, o Cavalo está vulnerável a ...a5-a4 e se as Brancas bloquearem seu avanço com a4, então ...♗xb3 poderá ser produtivo em algumas posições (mas certamente não em todas).

Note que depois de 8 ♗e3 ♘c6, 9 ♘b3 geralmente transpõe, mas 9 f4?! permite o lance capcioso 9...♕b6!, quando as ameaças das Negras ...♘xe4 ou ...♕xb2 acabam sendo difíceis de enfrentar. Sempre fique atento com ...♕b6 nas posições do Dragão, quer esteja jogando com as Brancas ou com as Negras.

**8...♘c6** *(D)*

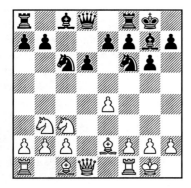

Passaremos muito tempo nesta posição, porque ela mostra muitas idéias fundamentais para qualquer Defesa Siciliana, nas quais as Brancas façam o Roque pequeno. Esta posição aparece com as cores trocadas, na variante ultrapopular "Dragão Invertido" da Abertura Inglesa. A última é usada pelos Grandes Mestres como uma resposta para a Inglesa, mais do que qualquer outro sistema simples!

Isso acrescenta peso à nossa cobertura das idéias e das estratégias aqui.

**9 ♗g5**

Parece que a maioria dos especialistas do Dragão considera este o sistema mais interessante. Ele traz o Bispo para a casa mais ativa e prepara f4-f5, geralmente seguido de g4-g5 ou uma jogada e5 oportuna. Isso cria dois problemas: as Negras podem exercer pressão na diagonal a8-h1 (usando o sacrifício de qualidade ...♖xc3 e ...♗c6, por exemplo, como vimos acima) e o avanço f5 das Brancas entrega a casa e5 crítica. Ambos os lados têm chances. As Brancas também podem jogar com mais segurança com ♔h1 e f4, talvez com ♗f3, ♗d3 ou ♖e1 e ♗f1, para proteger o Peão e4 vulnerável.

Estas opções instrutivas e alternativas igualmente populares para 9 ♗g5 mostram um excesso de temas padrão da Siciliana:

a) 9 ♔h1 ♗e6 10 f4 e, então:

    a1) 10...♖c8 (esta é uma posição fundamental) 11 ♗f3 ♗c4!? *(D)*.

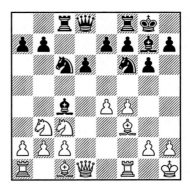

12 ♖f2 (a melhor idéia em quase todas estas posições porque a Torre fica na Coluna f e também poderá ir para a Coluna d, se desejar; depois de 12 ♖e1? e5! 13 f5 gxf5! 14 exf5 d5 o centro das Negras teria se expandido) 12...e5! 13 ♗e3 b5 14 fxe5 ♘xe5 15 a3 ♕e7, Cabrilo-Chatalbashev, Cacak – 1991. As trocas são visíveis: as Brancas têm o posto avançado d5 e as possibilidades de colocar pressão no Peão d6 com todas as três peças maiores; as Negras têm o controle de e5, pressão na Ala da Dama e o prazer de observar o Bispo horrível das Brancas em f3. Provavelmente é quase igual.

a2) As Negras também podem jogar pela importane casa c4, com 10...♘a5 11 f5 ♗c4 12 ♘xa5 ♗xe2 13 ♕xe2 ♕xa5 14 g4?! ♘d7 (para se estabelecer em e5, ao chave da defesa das Negras) 15 ♖f3 e6 (16 ♘d5 estava tornando-se um problema) 16 ♗d2 ♕d8?! (antecipando a idéia ♕h4 das Brancas, primeiro, mas 16...♖ac8 deve ser melhor) 17 ♖h3 ♖e8 18 ♖f1 a6 19 ♕f2 *(D)*.

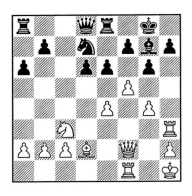

Temos um ataque primitivo, porém poderoso, uma vez que todas as peças brancas podem ser direcionadas contra o Rei. Este é um exemplo do que as Negras não devem permitir. Bednorz-Selig, Porz – 1989 continuou com 19...♖f8? (19...♕e7 tinha que ser tentado; as Negras devem lembrar-se de defender a segunda fila) 20 g5 ♗xc3 21 ♗xc3 exf5 22 ♖xh7! f6 23 ♕h4 ♕e8 24 exf5 gxf5 25 ♖h8+, vencendo.

b) 9 ♖e1!? é um lance calmo, dando um apoio extra ao Peão e, caso o Bispo e2 decida mover-se. Embora não seja óbvio, muito contrajogo das Negras terá relação com colocar pressão no Peão e das Brancas, e portanto, esta é uma precaução sensata.

Agora, voltamos para 9 ♗g5 *(D)*:

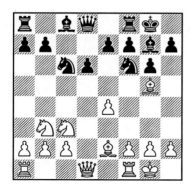

**9...♗e6**

As Negras desenvolvem-se simplesmente, com um olho em c4, mas sem abandonar a idéia ...d5.

a) Outra idéia é 9...b6 10 f4 ♗b7 11 ♗f3 ♘a5!. Isso mostra uma idéia comum e importante: se as Brancas dobrarem os Peões a negro através de ♘xa5, as Negras exercerão uma pressão desagradável na Coluna b. Lembre-se que, como analisamos nos capítulos de introdução, os peões da Torre dobrados geralmente não são um problema até o Final.

b) 9...a6 é uma escolha popular; por exemplo, 10 f4 b5 11 ♗f3 b4 12 ♘d5 (12 ♘a4! tem idéias para e5 que são difíceis de impedir; então, o acesso a c5 e a b6 pode ficar crítico) 12...♘xd5 13 exd5 ♘a5. Esta posição caiu bem para as Negras. Um exemplo é 14 ♖b1?! ♘c4 15 ♕e2 ♕c7! 16 ♔h1 ♗f5 17 g4 ♗d7 18 f5? ♘e5! 19 ♕e4 ♗b5

20 ♗e2 ♗xe2 21 ♕xe2 ♖fc8 22 ♖f2 a5! com a idéia ...a4, Zapata-Miles, Olimpíada em Tessalônica – 1984. Compare as peças das Negras com as das Brancas.

**10 ♔h1** *(D)*

As Brancas fazem um lance um pouco lento, mas, um tema tático e posicional importante, é que a jogada 10 f4 imediata das Brancas abre seu Rei a ataques na diagonal g1-a7 e permite 10...b5! 11 ♗xb5?! (11 a3 a5!; 11 ♕d3 ♗c4 é igual) 11...♘xe4 12 ♗xc6 (12 ♘xe4 ♕b6+ 13 ♔h1 ♕xb5) 12...♕b6+ 13 ♔h1 ♕xc6 14 ♘a5 ♕xc3 15 ♘xc6 ♘xd1 16 ♘xe7+ ♔h8 17 ♖axd1 ♗xb2 e as fraquezas das Brancas na Ala da Dama causarão problemas, embora seja aproximadamente igual.

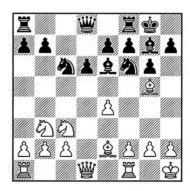

**10...♘a5**

Outro plano estabelecido é 10...♕c8 11 f4 ♖d8, esperando ...d5: 12 ♗f3 ♗c4 (12...a5 13 ♘d5!) 13 ♖f2! e6?! 14 ♖d2! ♕c7 15 ♕e1 h6 16 ♗h4 ♖d7 17 ♖ad1 e5

18 ♗xf6! ♗xf6 19 ♗g4! exf4?! (mas as Negras viram a alternativa 19...♖dd8 20 ♗e2!, quando as Brancas conquistam a casa d5 e têm a vantagem) 20 ♗xd7! ♕xd7 21 ♖xd6 ♕e7 22 ♖d7 ♕e5 23 ♘d2! ♗e6 24 ♘f3, consolidando seu material, Karpov-Miles, Bad Lauterberg – 1977. Quando Karpov era um jogador de Peão e, era um dos maiores expoentes dos sistemas ♗e2 contra a Siciliana.

**11 f4 ♖c8!?**

Outra idéia tática típica é 11...♘c4! 12 f5!? ♘xb2 13 ♕c1 ♗c4 14 ♕xb2 ♗xe2 15 ♘xe2 ♘xe4 16 f6 ♘xf6 com três peões pela peça e perspectivas contra a Ala da Dama enfraquecida das Brancas.

**12 f5**

O ataque surpreendente 12 e5! é um tema tático que aconselha tomar cuidado quando um Cavalo está em a5. Como 12...dxe5?? perde uma peça depois de 13 ♕xd8 e ♘xa5, as Negras têm que calcular antecipadamente se podem conseguir jogar 12...♘xb3 (não 12...♘e8? 13 ♘xa5 ♕xa5 14 ♗xe7 dxe5 15 ♗xf8 ♗xf8, quando as Negras têm alguma compensação pela qualidade, mas não o bastante) 13 axb3 (13 exf6 exf6; este tipo de posição nem sempre é satisfatória para as Negras, embora aqui seja) 13...dxe5 14 fxe5 ♘d5 (14...♘d7 15 ♖xa7 ♕b6 16 ♖a4) 15 ♖xa7 ♘xc3 16 ♕xd8 ♖fxd8 17 bxc3 ♗xe5 18 c4 com ♗f3 por vir e uma pequena vantagem.

**12...♗c4 13 ♗d3 b5** *(D)*

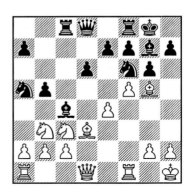

Aqui, temos um exemplo de ambos os lados seguindo, consistentemente, seus planos no que parece ser uma forma idealizada.

**14 ♕d2 b4**

Neste ponto, 15 ♘e2 leva a uma posição equilibrada com oportunidades fascinantes. Aqui, as Brancas erraram com 15 ♘d1?? ♘xe4! 16 ♗xe4 em Onoprienko-Karr, Paris – 1996, e, agora, 16...♗xf1! teria dado às Brancas quase nada pela qualidade.

## Ataque Iugoslavo

**1 e4 c5 2 ♘f3 d6 3 d4 cxd4 4 ♘xd4 ♘f6 5 ♘c3 g6 6 ♗e3**

Esta é a ordem de movimentos habitual para introduzir o Ataque Iugoslavo.

**6...♗g7** *(D)*

Não 6...♘g4?? 7 ♗b5+, quando as Brancas conquistam material devido a 7...♗d7 8 ♕xg4.

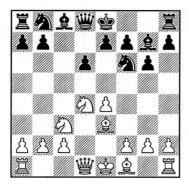

### 7 f3

Eis a estrutura de peões iugoslava. Neste ponto, 7 ♕d2 pode ser satisfeito com 7...♘g4, quando 8 ♗b5+ ♗d7 consegue pouco e 8 ♗g5 h6 9 ♗h4 ♘c6 10 ♘xc6 bxc6 11 f3 ♕b6 12 ♘d1 g5 13 ♗g3 ♘e5 é obscuro. Esta idéia fica mais relevante após 7 ♗c4 ♘g4 8 ♗b5+!? (8 0-0 ♘xe3 9 fxe3 é ruim, como poderia ser esperado; as Negras têm um posto avançado permanente em e5, que as Brancas, simplesmente, não serão capazes de defender; por exemplo, 9...0-0 10 ♕f3 e6 11 ♖ad1 ♘d7 12 ♘db5 ♘e5 13 ♕e2 ♘xc4 14 ♕xc4 ♗e5 etc.) 8...♔f8 9 0-0 (9 ♗g5 h6 10 ♗h4 g5 11 ♗g3 ♕b6!) 9....♗e5! 10 h3 ♘xe3 11 fxe3 ♔g7 12 ♕f3 ♖f8 e as Negras controlam a casa e5, que lhes garante a melhor posição. Assim, aqueles que desejem jogar um sistema com h3 e ♗c4, devem fazê-lo com a ordem de movimentos 7 h3 ♘c6 8 ♗c4.

### 7...0-0

7...♘c6 geralmente não fará muita diferença (a menos que você seja um jogador 'Dragdorf' que coloca seu Cavalo em d7; este sistema híbrido e estranho tem sido moderadamente popular nos últimos tem-

pos). Se as Brancas preferirem jogar 8 ♗c4 neste ponto (adiando ♕d2), então, 8...♕b6 deverá ser respondido com 9 ♗b5 ameaçando ♘f5, que provavelmente fornece à Branca uma pequena vantagem. Mais divertido é 9 ♘f5 ♕xb2 10 ♘xg7+ ♔f8 11 ♘d5 ♘xd5 12 ♗xd5, com as casas negras e o par de Bispos em troca por um Peão.

### 8 ♕d2 ♘c6 *(D)*

Como o movimento de liberação ...d5 é muito vital, é instrutivo ver o que as Brancas poderiam fazer se ele for feito imediatamente, algo que a maioria dos jogadores nem mesmo considera. Depois de 8...d5?! parece necessário as Brancas responderem com agressividade, caso queiram conseguir a vantagem, começando com 9 e5 ♘e8 10 f4 f6. Então, tudo fica bem para as Negras, a menos que as Brancas façam o lance crítico 11 h4!?, levando a um ataque atípico: 11...fxe5 12 fxe5 ♗xe5 13 0-0-0! ♘f6 14 ♘f3 ♗xc3 15 ♕xc3 ♘c6 16 ♗h6 ♖e8 (16...♖f7 17 ♘g5) 17 h5! ♗f5 18 hxg6 ♗xg6 19 ♖xd5 ♘b4 20 ♕xb4 ♘xd5 21 ♕d4 ♘f6 22 ♗c4+ ♔h8 23 ♕f4 planejando ♘e5 e as Negras não ficam muito bem.

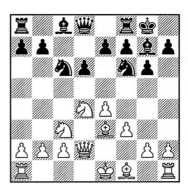

Após 8...♘c6, chegamos formalmente ao Ataque Iugoslavo. Como 9...d5 é uma ameaça posicional enorme, as Brancas têm apenas três movimentos importantes. Focarei no movimento tradicional da linha principal:

**9 ♗c4**

a) 9 0-0-0 tem menos teoria do que 9 ♗c4, significando que vale apenas alguns livros! O Roque não impede 9...d5 (na verdade, é a linha principal), mesmo que o movimento permita às Brancas, depois de 10 exd5 ♘xd5 11 ♘xc6 bxc6, conquistar um Peão com 12 ♘xd5 cxd5 13 ♕xd5. Felizmente, as Negras podem, então, jogar o inteligente 13...♕c7! com uma boa compensação, o primeiro motivo sendo, que depois de 14 ♕xa8 ♗f5 (ameaçando a Dama e o Xeque-Mate em c2), 15 ♕xf8+ ♔xf8, as Negras recuperam grande parte do material, com um ataque em andamento. Assim, geralmente as Brancas jogam 12 ♗d4, quando a continuação mais combativa é 12...e5 13 ♗c5 *(D)*.

Agora, 13...♗e6! 14 ♘e4! ♖e8 15 h4! h6 16 g4 leva a todos os tipos de complicações. Note que as Brancas não capturaram, a Torre com 14 ♗xf8; acontece que 14...♕xf8 (ameaçando ...♗h6) fornece às Negras um jogo maravilhoso pela qualidade devido ao seu controle das casas negras e ao ataque com ...♖b8 e ...f5, algumas vezes combinado com ...♕b4 ou ...♘b4. Este é um caso típico de um Bispo valendo muito mais do que uma Torre, até que os jogadores alcancem uma posição simplificada, supondo que as Brancas consigam ir tão longe.

Esta é apenas a mais breve das introduções para 9 0-0-0. Caberá a você entrar nesse território se tiver disposição.

b) 9 g4 é jogado com muito menos freqüência. A idéia é 9...d5? 10 g5, conquistando um Peão. Contudo, poucos adeptos do Dragão usam esta linha com as Brancas, basicamente por causa de 9...♘xd4 10 ♗xd4 ♗e6 ou o movimento imediato 9...♗e6 *(D)*.

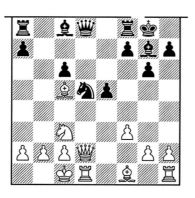 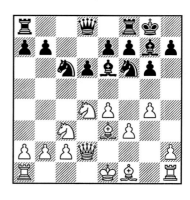

O motivo do último movimento é que 10 ♘xe6 fxe6 cobre a casa chave d5 e abre a Coluna f contra o Peão f fraco. As idéias básicas do ataque das Negras na Coluna c, em conjunto com o Bispo g7, são basicamente iguais e, em alguns casos, é conveniente ter uma casa de fuga em f7. Depois do movimento natural 11 ♗c4, as Negras pode jogar 11...♕c8 seguido de ...♘e5 ou 11...d5!? 12 exd5 ♘e5 13 ♗e2 ♘xd5 14 ♘xd5 exd5 15 0-0-0 e6. Esta é uma linha que você pode querer examinar com as Brancas e à qual deve ficar atento, definitivamente, se estiver jogando com as Negras.

Agora, voltamos para 9 ♗c4 (D):

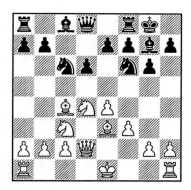

Chegamos ao ponto de partida de uma das variantes de Abertura mais analisadas no Xadrez e bem possivelmente a mais analisada. Em 1975, muitos de nós acreditávamos que o Dragão Iugoslavo estava chegando ao fim de ser 'esmiuçado', mas décadas depois, a teoria continua a se expandir, com talvez 200 vezes mais material sério sendo jogado e analisado. Como as variantes principais são muito táticas e críticas, você simplesmente precisa estudar em detalhes aquelas que escolher. Os autores dos livros e CDs Dragão, gostam de dizer que você pode jogar até as linhas principais dessa Abertura, armado apenas com uma compreensão sólida das idéias gerais. Na verdade, isto seria possível apenas em um nível pouco elevado de jogo, onde você está mais ou menos seguro que a pessoa com quem joga não sabe muita teoria. O fato simples é que o jogador que está familiarizado com uma variante Dragão e a conhece de cor, quase sempre vencerá o oponente que não está. Primeiro, teve horas incontáveis de estudo em casa e análise de computador, para trabalhar a maioria das posições Dragão que agora fazem parte da teoria, e portanto, o jogador instruído aproveitará os resultados específicos desse trabalho. Além disso, muitos das melhores jogadas Dragão estão longe de serem intuitivass e não seriam a escolha que você faria sob restrita limitação de tempo.. Como conseqüência, a solução mais prática para aqueles que desejam jogar o Dragão com as Negras ou usar o Ataque Iugoslavo com as Brancas, é encontrar linhas nas quais possa se especializar e/ou que requeiram menos trabalho. Em qualquer caso, este livro não é um volume teórico, portanto, apenas apresentarei as partidas que mostram vários temas para ambos os lados.

De muitas maneiras, o Dragão tem as idéias básicas mais simples do que a maioria das outras Defesas Sicilianas, o que contribui para o seu encanto. As variantes

Clássicas apresentam estruturas padrão na Ala do Rei, para as Brancas e um grupo limitado de esquemas de ataque na Ala da Dama, para as Negras. Dediquei-lhes espaço, em parte por uma questão de praticidade para o jogador comum. No Ataque Iugoslavo, encontramos um conjunto de temas bem simples, para nos familiarizarmos com eles.. Para as Brancas, um tema é o movimento h4-h5 primitivo para abrir a Coluna h, seguido de ♗h6, trocando o Bispo que defende as casas negras vulneráveis em torno do Rei. Então, as Brancas prosseguem para ministrar o Xeque-Mate ou dominarem as Negras de qualquer maneira, usando movimentos temáticos como ♘d5 e ♘xf6, g4-g5, ou qualquer coisa que tenham em mãos. Tal é a extravagância de dezenas de milhares de partidas. Em um nível muito menos freqüente, mas discutivelmente mais sofisticado, as Brancas jogam centralizando e fazendo lances profiláticos, como, por exemplo, ♔b1 e ♖he1, talvez junto com ♘b3, ♗d4 e e5 ou ♘d5. Como alternativa, jogar ♔b1 e ♘b3 por si só é um modo de se fechar fileiras no ataque contra a Ala da Dama das Negras. Isso pode vir junto com a jogada simplificadora ♘d5. ♗g5 é comum em muitas variantes, com uma popularidade crescente ao longo dos anos e particularmente contra as linhas ...h5. Isto serve à finalidade de ameaçar ♗xf6 e ♘d5 em algum momento, mas também tem a idéia de que as estratégias envolvendo f4 e e5 contam com mais chance de sucesso. O movimento do Bispo pode ser benéfico, no sentido de que se as Negras fizerem sua manobra padrão ...♘e5-c4 ,

as Brancas poderão ser capazes de mover a Dama, talvez para e2, porque a captura com ...♘xe3 não é mais possível. Como regra geral, nenhum dos lados pode perder seu Bispo de casas negras sem colocar em perigo sua posição, a menos, claro, que tal ocorra através de um sacrifício ou outra seqüência forçada.

Obviamente, você tem que jogar esta variante por um tempo, para entender ou ser ajudado por essa caracterização. E as Negras? Ao invés dos avanços de Peão, como, h4-h5, elas têm as duas idéias aparentemente inevitáveis ...♘e5-c4, para livrar as Brancas de um de seus Bispos e ...♖xc3. O último sacrifício de qualidade pode ser feito como parte de um ataque de Mate, ou preparando o palco para um assalto com todas as forças, ou, simplesmente, para enfraquecer a estrutura das Brancas, de tal modo que se entrarem num Final superior ou surgir um Meio-jogo sem Dama , as Negras ficarão contentes em tomar parte dele. Elas podem usar seu ataque na Ala da Dama com ...b5-b4 para caçarem as peças das Brancas a partir da defesa e é bem comum sacrificarem esse Peão b para abrir linhas na Ala da Dama para o ataque. Existem diversas outras idéias – demais, na verdade, para explorar aqui.

Voltando para 9 ♗c4, o que ele faz especificamente? Coloca o Bispo em uma diagonal agressiva, sim, mas também impede ...d5. Para esta finalidade, as Brancas se sujeitam a um recuo que consome um tempo em face da pressão da Coluna c e de ...♘e5 ou ...♘a5, esperando que o papel defensivo do Bispo em b3 (guardando a2, protegendo o Rei contra o ataque na Coluna b) justificará sua exposição, mesmo para a idéia ...a5-a4 em um prazo mais longo. Não há nenhum modo de explorar toda a teoria complexa do ataque inteiro, claro, portanto, mostrarei algumas partidas e alguns fragmentos.

### Stefansson – Ward
*Reikjavik – 1998*

**9....♗d7**

As Negras simplesmente, se desenvolvem. Sua idéia é colocar uma Torre em c8 e jogar ...♘e5, algumas vezes diretamente com ...♖ac8, mas, geralmente, com a ordem ...♕a5, ...♖fc8 e, então, ...♘e5, como nesta disputa.

**10 0-0-0**

O movimento imediato 10 h4 geralmente vai transpor depois de 10...♕a5 e 11...♖fc8, mas esta ordem é conhecida por desencorajar o 'Dragão Chinês', que usa o esquema ...♖b8 e ...b5; não entrarei nos detalhes dessa noção ainda controversa, mas vale a pena considerar. Uma variante com uma história longa e independente é 10...♖c8 11 ♗b3 ♘e5 12 0-0-0 (12 g4, agora, pode continuar com 12...a5!? 13 a4 h5, quando se pode argumentar que o enfraquecimento da Ala da Dama das Brancas favorece às Negras em comparação com outras linhas ...h5) 12...♘c4 (12...h5 transpõe para uma forma da Defesa Soltis, que devemos ver posteriormente) 13 ♗xc4 ♖xc4 14 h5!? (14 g4 b5!? 15 h5 também foi analisado em profundidade) 14...♘xh5 *(D)*.

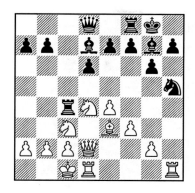

15 g4 (as variações aparentemente pequenas na ordem de movimentos podem fazer toda a diferença no Dragão; por exemplo, 15 ♘de2 ♕a5 16 ♗h6?! {uma continuação geralmente estranha é 16 g4! ♘g3!? 17 ♘xg3 ♗xc3 18 bxc3 ♕a3+ 19 ♔b1 ♗e6 20 ♕h2! h5 21 ♘f5!! ♖b4+ 22 cxb4 ♗xa2+ 23 ♔a1 ♗b3+ 24 ♔b1 ♗a2+ com um empate} 16...♗xc3! 17 ♘xc3 ♖fc8 e é difícil impedir ...♖xc3 sem comprometer a posição das Brancas) 15...♘f6 16 ♘de2! (a partida clássica que segue chocou o mundo do Xadrez por sua simplicidade: ao invés de lançar todos os seus peões e peças no ataque à Ala do Rei, as Brancas guarda o Cavalo c3 com o outro Cavalo e uma Torre, e, então, continua a atacar tranqüilamente) 16...♕a5 (16...♖e8! tem sido jogado desde este momento com chances suficientes, salvando o Bispo no caso de 17 ♗h6 ♗h8!; nesse ínterim, idéias corajosas como 17 e5 ♘xg4! 18 fxg4 ♗xg4 com uma compensação dinâmica tornaram-se comuns) 17 ♗h6 ♗xh6? (oferecendo a troca com o recuo 17....♗h8!? é uma tentativa melhor) 18 ♕xh6 ♖fc8 19 ♖d3! (agora, o Cavalo e2 virá para ajudar no ataque) 19...♖4c5 *(D)*.

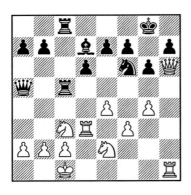

20 g5! ♖xg5 (20...♘h5 21 ♘f4!) 21 ♖d5! ♖xd5 22 ♘xd5 ♖e8 23 ♘ef4! (23 ♘xf6+? exf6 24 ♕xh7+ ♔f8 e não há nenhum Mate) 23...♗c6 24 e5! (estas são táticas maravilhosas no que foi efetivamente um encontro de Campeonato Mundial) 24...♗xd5 (24...dxe5 25 ♘xf6+ exf6 26 ♘h5 e mate) 25 exf6 exf6 26 ♕xh7+ ♔f8 27 ♕h8+ 1-0 Karpov-Korchnoi, Torneio de Candidatos em Moscou (2) – 1974.

**10...♕a5**

Após 10...♘e5 11 ♗b3 ♖c8 12 ♔b1, o movimento moderno 12...♖e8!? *(D)* tem sido surpreendentemente bem-sucedido:

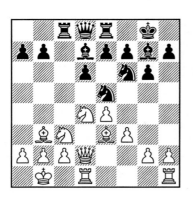

A idéia é que ...♖e8 fornece ao Bispo g7 muito importante, uma chance de se salvar da troca (13 ♗h6 ♗h8) e também guarda o Peão e em algumas linhas com ♘d5 (assim, preparando ...♕a5). Finalmente, ...♖e8 é um elemento-chave em muitas variantes nas quais as Negras se defendem com ...h5, de modo que, também tem finalidade contra uma avalanche de peões na Ala do Rei. Uma quantidade surpreendente de vantagens para um movimento tão desinteressante! As Brancas podem prosseguir com 13 ♗h6 ♗h8 14 h4 ♘c4 15 ♗xc4 ♖xc4 16 ♘de2 b5 17 h5 b4! 18 ♘d5 ♘xd5 19 hxg6 hxg6 20 ♕xd5 ♗e6 21 ♕d3? (21 ♕b5) 21...♕a5 (as Negras já estão à beira de vencer) 22 b3 ♖ec8! 23 ♗c1 (23 bxc4 ♗xc4 24 ♕e3 ♕xa2+ 25 ♔c1 ♗xe2! 26 ♕xe2 ♗c3 e Mate no próximo lance) 23...♗g7 24 ♖d2 ♕e5 (esta é uma maneira de vencer, apenas se alinhando na diagonal poderosa; embora 24...♖8c5 ameaçando 25...♕xa2+! tivesse terminado as coisas rapidamente) 25 c3 bxc3 26 ♖c2 ♖b4 27 ♗h6 ♗xb3! 28 axb3 ♖xb3+ 29 ♔c1 ♗xh6+ 30 ♖xh6 ♕g5+ 0-1 R.Perez-Y.Gonzalez, Holguin City – 2002.

Agora, voltamos para 10...♕a5 *(D)*:

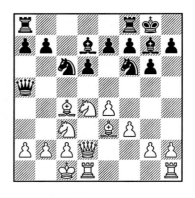

## 11 h4

Este é o movimento mais baseado em princípios para o atacante: não perde tempo e parte para a destruição! Atualmente, h4-h5 normalmente é jogado sem o apoio de g4, caso ...h5 não tenha sido jogado, uma vez que o avanço do Peão g custa um tempo fundamental e enfraquece f3. Mas contra 10...♖c8, ao invés de 10...♕a5, há muita teoria sobre ambas as abordagens. As Brancas têm outras opções afins depois de 10...♕a5, a saber, 11 ♔b1, mas também 11 ♗b3, com 12 ♗g5 e ♖he1 em mente.

## 11...♘e5 12 ♗b3 ♖fc8 13 ♔b1

Este movimento paciente introduz um plano que combina a defesa com o ataque. O movimento mais agressivo 13 h5 ♘xh5 fornece às Negras uma visão livre da diagonal longa. Então, temos temas mais padrões, como, por exemplo, neste encontro dos velhos dias: 14 ♔b1 (isto é parecido com 13 ♔b1, mas acaba no sacrifício de qualidade habitual) 14 ...♖xc3!? 15 ♕xc3 (15 bxc3 ♖c8 16 ♗h6 ♘c4 17 ♗xc4 ♖xc4 com uma partida vitoriosa posicionalmente para as Negras) 15...♕xc3 16 bxc3 ♖c8 17 ♔b2 (17 ♗g5!?; 17 ♘e2 ♗b5) 17...a5 18 a3 ♘f6 19 ♗f4 ♘e8!? (19...b5) 20 ♗g5 a4 21 ♗a2 ♘c6 com igualdade, Spassky-Stein, Rússia-Ucrânia (Uzhgorod) – 1967.

## 13...♘c4 14 ♗xc4 ♖xc4 15 ♘b3 ♕c7 (D)

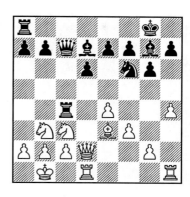

## 16 ♗d4

Eis o tipo de defesa centralizada que não vimos ainda: ♔b1, ♘b3 e ♗d4; essas jogadas garantem o Rei branco e impedem todos os sacrifícios ...♖xc3, pelo menos por enquanto. 16 h5 permite o movimento previsível 16...♖xc3! 17 ♕xc3 ♕xc3 18 bxc3 ♘xh5 e até com as Damas fora, as Negras têm mais do que um jogo suficiente, com lances como ...a5-a4, ...♗e6 e ...♖c8 para prosseguirem.

## 16...♗e6 17 h5 a5

As Negras, em resposta, avança com seus peões, também não sendo a estratégia principal que as vimos utilizar.

**18 a4 b5!!** *(D)*

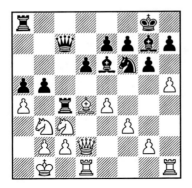

Aparentemente, usado pela primeira vez na prática dos Grandes Mestres no tabuleiro. As Negras insistem em abrir linhas com a máxima velocidade.

**19 ♘xb5 ♛b8 20 ♘c3**

Ward analisa 20 h6 ♗h8 21 e5?! dxe5 22 ♗xe5? ♛xe5 23 ♛d8+ ♘e8! e as Negras vence.

**20...♖b4! 21 hxg6 hxg6 22 ♗xf6?!**

Tentando trocar algumas peças. 22 ♖h4! foi jogado em várias outras disputas, quando o jogo é dinâmico e obscuro; por exemplo, 22...♗xb3 (ou 22...♛b7) 23 cxb3 ♖xb3 24 ♘b5 ♖b4 25 ♖dh1 (25 ♛c2 ♛b7) 25...♖xa4 26 ♘c3 ♖xd4! 27 ♛xd4 ♘h5 28 ♛d2 a4 ameaçando ...a3 e as Negras têm um ataque real, Mallee-Mikhailov, Campeonato Mundial por Correspondência – 1977-83.

**22...♗xf6 23 ♘d5 ♗xd5 24 ♛xd5 ♖a6!**

Preparando-se para triplicar as Torres e a Dama na Coluna b, e também para jogar ...e6.

**25 f4 e6 26 ♛d3 ♖ab6 27 ♖h3 ♖xa4**

Planejando ...♖ab4 e ...a4.

**28 f5 d5! 29 fxe6 ♛e5**

O motivo: a Ala da Dama das Brancas está ruindo.

**30 exf7+ ♔f8 31 c3**

Melhor, mas desanimador é 31 ♛c3 ♛xc3 32 bxc3 ♖xe4 33 ♔a2 ♖e2.

**31...♖xb3 32 exd5 ♖ab4! 33 ♖d2 ♛e1+ 34 ♔a2 ♛c1 0-1**

Um bonito Final seria 35 ♛e2 ♖a3+!.

## Variante Soltis

1 e4 c5 2 ♘f3 d6 3 d4 cxd4 4 ♘xd4 ♘f6 5 ♘c3 g6 6 ♗e3 ♗g7 7 f3 0-0 8 ♛d2 ♘c6 9 ♗c4 ♗d7 10 0-0-0 ♖c8 11 ♗b3 ♘e5 12 h4 h5 *(D)*

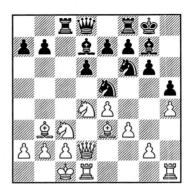

Esta é a Variante Soltis, a linha mais jogada do Ataque Iugoslavo. As Negras simplesmente impedem o avanço do Peão das Brancas e as desafiam a fazer a ruptura em suas defesas, antes de serem aniquiladas na Ala da Dama. Os temas do Dragão típicos que mostramos na primeira partida ainda se aplicam, portanto, iremos analisar algumas idéias adicionais à medida que prosseguirmos. Lembre-se que esta é uma investigação não técnica, que se destina a instruir pelo exemplo.

**Anand – Kasparov**
*Campeonato Mundial em Nova Iorque (11) – 1995*

**13 ♔b1**

Um movimento bem lento, embora as Brancas se preparem para responder 13...♕a5 com 14 ♘d5!.

Ao contrário, 13 g4?! permite que as Negras façam uma ruptura do centro das Brancas antes de seu Rei sentir qualquer perigo: 13...hxg4 14 h5 ♘xh5 15 ♗h6 e6 (cortando o acesso do Bispo branco e abrindo uma diagonal para a Dama negra) 16 ♖dg1 ♕f6 17 ♗xg7 (17 fxg4? ♗xh6 18 ♕xh6 ♕f4+ 19 ♕xf4 ♘xf4 20 ♖f1 g5 é destruidor posicionalmente) 17...♕xg7 18 fxg4 ♘f6 19 ♖h4 ♖fd8! 20 ♖gh1 ♘exg4 e as Negras têm material extra e todas as casas chave, Valeriani-Raty, Partida por Correspondência – 1985.

**13...♘c4 14 ♗xc4 ♖xc4** *(D)*

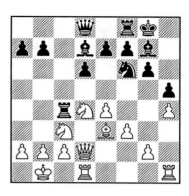

**15 ♘de2**

A melhor qualidade de ...h5 é que as Brancas têm que se preparar muito tempo para que g4 seja eficaz; por exemplo, 15 g4?! hxg4 16 h5 ♘xh5 17 ♖dg1 ♕c8! 18 fxg4 ♗xg4 19 ♘d5 ♖e8 20 ♖h4 e6! 21 ♘c3 f5! 22 ♘db5 ♕c6 e as Negras tiveram uma clara vantagem material e posicional, em Hardicsay-Herndl, Oberwart – 1984.

Outra opção para as Brancas é 15 ♘b3 ♕c7 16 ♗d4 *(D)*, o plano que vimos na última seção, com as Negras um 'tempo' à frente, devido a terem que jogar ...♕c7 em um lance, em vez de dois (...♕a5-c7).

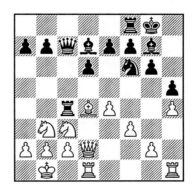

O jogo está bem equilibrado; por exemplo, 16...♗c6 17 g4!? (17 ♕e3 ♘d7!? 18 ♗xg7 ♔xg7 19 g4! hxg4 20 h5 ♘f6 21 ♘d4 ♗d7 22 hxg6 fxg6 23 ♕h6+ é um pouco assustador, mas, provavelmente, certo para as Negras) 17...e5! 18 ♗e3 hxg4 19 h5 gxf3! 20 h6 ♘xe4! 21 ♘xe4! ♗xe4 22 hxg7 ♖xc2! 23 gxf8♕+ ♔xf8 24 ♔a1 ♖xd2 25 ♘xd2 ♗d5 26 ♘b1 ♗e6, Pieretti-Perilli, Partida por Correspondência – 1985. Provavelmente, os peões das Negras devem ser mais importantes que todas essas peças!

**15...b5 16 ♗h6**

Curto, mas cheio de tensão era 16 e5!? dxe5 17 ♗g5 ♖c7 18 ♗xf6 exf6 19 g4 ♕e8 20 gxh5 ♗e6 21 ♖dg1 b4 22 ♘e4 f5 23 h6 fxe4 24 hxg7 ♔xg7 25 h5 ♗xa2+! 26 ♔xa2 ♕a4+ 27 ♔b1 ♖d8 28 ♕xd8 ♕xc2+ 29 ♔a1 ♕a4+ ½-½ Liberzon-Miles, Olimpíada em Haifa – 1976.

**16...♕a5 17 ♗xg7 ♔xg7 18 ♘f4 ♖fc8 19 ♘cd5 ♕xd2 20 ♖xd2 ♘xd5 21 ♘xd5 ♔f8**

Com partida igual.

Para fechar a seção Dragão, exploraremos duas partidas, cada uma apresentando um movimento feito pelo Bispo das casas negras das Brancas.

### Short – Fleck
*Bundesliga – 1986/7*

**13 ♗h6** *(D)*

Por anos, esta continuação natural foi considerada o teste real de 12...h5 e, questionavelmente, fez mais para a Variante Soltis do que qualquer outra coisa por causa das ótimas partidas produzidas. O critério convencional é que as Negras, se bem preparada, não tem nada a temer.

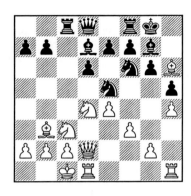

**13...♘c4**

A alternativa popular 13...♗xh6 14 ♕xh6 ♖xc3 15 bxc3 apresenta novamente seu sacrifício de qualidade habitual, que é arriscado mas tem uma reputação respeitável. Por exemplo, 15...♕c7 (15...♕a5 e 15...♕c8 também são possíveis – consulte os livros para ver as anotações das partidas e análises sobre o assunto) 16 ♔b1 ♖c8 (ou 16...b5) 17 ♘e2 a5 18 ♖d4 (18 ♘f4! é uma alternativa excelente). Agora em Cabanas Bravo-Semprun, – 2004, as Negras encontraram a ótima idéia 18...a4! 19 ♗xa4 ♗xa4 20 ♖xa4 ♕b6+ 21 ♖b4 ♕f2 com complicações geralmente a seu favor. Apenas fornecerei os movimentos puros: 22 ♘f4 ♖xc3 23 ♖c1 ♖xc2 24 ♘h3? (24 ♖xb7) 24...♖xc1+ 25 ♕xc1 ♕xg2 26 ♘g5 e, agora, as Negras tinham 26...♘d3! 27 ♕c8+ ♔g7 28 ♕xb7 ♘xb4 29 ♕xb4 ♕h1+ 30 ♔c2 ♕xh4, vencendo.

## CAPÍTULO 11 – DEFESA SICILIANA | 279

**14 ♗xc4 ♖xc4 15 ♗xg7 ♔xg7 16 ♔b1**

16 ♘d5 e5! *(D)* é estranhamento lógico, apesar de entregar d5 como um posto avançado permanente e de expor o Peão d6 a ataques!

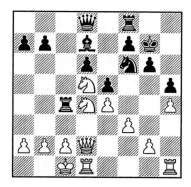

Como as Negras trocaram seu Bispo g7, elas podem colocar seus peões centrais nas casas negras. Livrar-se de seu Cavalo bem colocado em d4 prejudica as perspectivas defensivas das Brancas na Ala da Dama e valerá um Peão, se necessário; por exemplo, 17 ♘e2 ♘xd5 18 ♕xd5 ♗e6!. 19 ♕xd6 ♕a5 20 a3 ♖fc8 21 c3 ♖4c6 22 ♕b4 ♕a6 23 ♖d2 ♖b6 com um ataque poderoso, Westerinen-H.Müller, Torneio por Equipes na Alemanha – 1989/90.

**16...♕a5 17 ♘b3 ♕c7**

17...♕e5! provavelmente é melhor.

**18 g4!? hxg4 19 h5 gxf3 20 ♖dg1! ♖g8! 21 hxg6 fxg6 22 ♘d5 ♕d8 23 ♘d4 e6 24 ♘f4**

e as Brancas têm um ataque perigoso.

### Ivanchuk – Topalov
*Belgrado – 1995*

**13 ♗g5** *(D)*

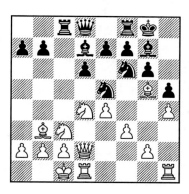

Já analisamos as virtudes desta continuação nas observações introdutórias para o Ataque Iugoslavo. Devo notar que, junto com a idéia de ser capaz de evitar ♗xc4 depois de ...♘c4, há uma idéia parecida conectada a ...♘g4. Como resposta para f4 (ou até como segundo movimento do plano de sacrifício ...♗xg4), ...♘g4 não ganhará um tempo crucial sobre o Bispo dasa casas negras porque ele terá ido para g5.

No momento, 13 ♗g5 é considerada a linha principal da variante 12 h4 h5 Soltis e os temas são úteis para estudar.

**13...♖c5!**

O lance que salvou a causa das Negras na Variante Soltis. É útil de vários modos:

a) Protege a 4ª fila contra os avanços com f4 e e5.

b) Abre a possibilidade de um sacrifício em g5 para eliminar o Bispo com importância crucial.

c) A Torre ajuda a defender b5, algumas vezes, como preliminar a ...b5.

d) As Negras preparam-se para dobrar as Torres na Coluna c.

As Brancas têm várias opções e existem partidas incontáveis a partir desta posição ligadas a intrincadas análises de muitos Mestres fortes. Neste ponto, se as Negras jogarem 13...♘c4, as Brancas poderão aproveitar a ausência de seu Bispo em e3 para jogar 14 ♕e2. Então, 14...♘a5 15 ♔b1 a6? mostra como um pequeno erro nestas linhas pode deixá-lo com problemas terríveis: 16 g4! e5 *(D)*.

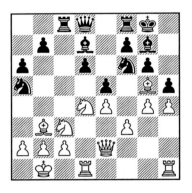

17 gxh5!! exd4 18 ♘d5 ♘xb3 19 h6!! ♗b5 20 ♕h2 d3 21 cxb3 ♘xd5 22 hxg7 ♖c2 23 ♗xd8 ♖xd8 24 ♖d2 1-0 Nunn-Mestel, Londres – 1986. Gosto dessas partidas antigas; elas parecem tão inocentes e atuais!

**14 g4 hxg4 15 f4!**

15 h5 parece permitir que as Negras alcancem a Ala da Dama antes das Brancas poderem fazer o mesmo na outra Ala, mas escapa por pouco e pode mudar com um novo movimento. O jogo pode piorar com uma lentidão rudimentar; por exemplo: 15...♘xh5 16 ♘d5 ♖e8 (16...♖xd5! 17 ♗xd5 ♕b6 é outro curso) 17 f4 ♘c4 18 ♕f2!? b5 19 f5 a5 20 ♕h4 ♖xd5! 21 exd5 ♘xb2! 22 fxg6 fxg6 23 ♘c6 ♕b6 24 ♖de1 a4 25 ♗e3? ♕c7 26 ♕g5 axb3 27 axb3 ♘d3+! 28 cxd3 ♗xc6 29 ♔d1 ♖a8 30 ♗f4 e5! 31 ♕xg6 ♗xd5 32 ♖xh5 ♗f3+ 33 ♔d2 ♖a2+ 34 ♔e3 exf4+ 35 ♔xf4 ♕f7+ 36 ♔xf7+ ♔xf7 37 ♖f5+ ♗f6 38 ♖c1 ♔g6 0-1 Kravtsov-Soloviov, São Petersburgo – 1999. Uma diversão.

**15...♘c4 16 ♕e2**

Um movimento popular no momento da elaboração desta publicação, mas 16 ♕d3 tem centenas de partidas e camihões de análises a seu crédito.

**16...♕c8**

16...♘a5!? 17 e5 ♘xb3+ 18 ♘xb3 ♖xc3 19 bxc3 ♗c6! é uma linha extravagante que parece ser igual dinamicamente, com a partida de origem com alto nível seguindo com 20 ♖hf1 ♘e4 21 ♕c4 d5 22 ♕xe4!? dxe4 23 ♖xd8 ♖xd8 24 ♗xe7 ♖d7 25 ♗g5 ♗f8 26 ♘d4 ♗c5 27 f5 ♗xd4 28 cxd4 gxf5 29 ♖xf5 ♖xd4 30 ♗e3 ♖a4 31 ♖g5+ ♔h7 32 ♖h5+ ♔g8 33 ♖g5+ ½-½ Smirin-Ivanchuk, Paris – 1994.

**17 ♗xf6**

Táticas típicas surgem de 17 f5 ♘xb2! 18 ♔xb2 ♖xc3! 19 fxg6! ♖xb3+! 20 axb3 fxg6 21 ♖he1 ♕c5 e as coisas ainda são obscuras, Fogarasi-Palkovi, Budapeste – 1996.

**17...♗xf6 18 ♘d5 ♖xd5!?**

Outro sacrifício de qualidade! Este elimina a melhor peça das Brancas e permite ao Bispo poderoso das Negras sobreviver. Também há partidas com 18...b5!?, permitindo 19 ♘xf6+ (paradoxalmente, permitir a existência do Bispo com 19 h5 g5! 20 ♗xc4 bxc4 21 ♕e3 ♖xd5 22 exd5 é a melhor tentativa das Brancas) 19...exf6 20 h5 g5 *(D)*.

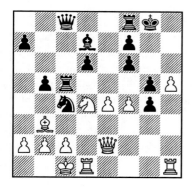

No Xadrez moderno, basicamente você joga o que funciona! Você acharia que entregar sua peça mais importante no centro a um ataque seria suicídio, mas as particularidades da estranha estrutura de peõs resultante justificam As Brancas não parece conseguirem fazer progresso; por exemplo, 21 ♕f2 ♕d8! 22 h6 ♕e7 23 ♖de1 gxf4 24 ♕xf4 ♕e5 25 ♕f2 g3! 26 ♕g1 ♕f4+ 27 ♔b1 ♘d2+ 28 ♔a1 ♘xe4 e as Negras têm uma partida vencedora, Kasarova-Krasilnikova, Ekaterinburg – 1997.

**19 exd5 b5 20 h5?**

Mesmo que as Negras tivessem muitas opções nas notas, as Brancas poderiam mostrar que ainda estão no caminho certo, jogando 20 ♗xc4! bxc4 21 c3!, quando ficam com material a mais e podem ser bem capazes de consolidar e/ou manter o ataque.

**20...g5! 21 fxg5 ♗xg5+ 22 ♔b1 f5! 23 ♖d3 f4 24 ♗xc4 ♕xc4 0-1**

Ivanchuk é conhecido por abandonar prematuramente. Todavia, nas mãos de um jogador como Topalov, os peões e os Bispos vencerão definitivamente o Final. Esta é outra partida relativamente antiga entre jogadores de nível superior que mostra o quanto podem ser paradoxais e pouco intuitivas as melhores jogadas no Dragão. Não pense que você pode depender desta seção como teoria segura e atualizada, pois sempre estão ocorrendo mudanças. Na verdade, ela pretende ser um conjunto de táticas e esquemas valiosos.

## Variante Najdorf

**1 e4 c5 2 ♘f3 d6 3 d4 cxd4 4 ♘xd4 ♘f6 5 ♘c3 a6** *(D)*

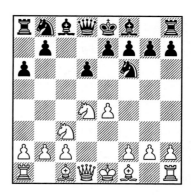

Enquanto que a Variante do Dragão pode atrair muito o jogador comum, a Siciliana Najdorf tem sido a Abertura favorita dos jogadores de alto nível por muitos anos... Parte disso certamente foi influência dos Campeões Mundiais Fischer e Kasparov, fãs consistentes da Variante. Também da complexidade e diversidade inerentes dos conceitos e temas da Najdorf, até certo ponto em oposição às idéias *relativamente* simples do Dragão Siciliano. As Brancas têm uma grande variedade de sistemas absolutamente independentes disponíveis para escolher e as Negras podem responder com variadas estruturas básicas. A Najdorf tem um caráter especialmente fluido: novamente em oposição ao Dragão, vemos mais rupturas centrais prosseguindo com os ataques no flanco e, na maioria das variantes, o centro basicamente desempenha um grande papel, tanto quanto as formações de ataque em cada lado do tabuleiro.

O que está envolvido no pequeno movimento mágico 5...a6? Antes de mais nada, a flexibilidade, que talvez seja o recurso mais valioso nas Aberturas modernas. Da mesma forma que 4...a6 na Siciliana Paulsen (1 e4 c5 2 ♘f3 e6 3 d4 cxd4 4 ♘xd4 a6), o lance 5...a6 das Negras na Najdorf faz um desafio implícito a seu oponente. As Brancas fizeram cinco jogadas perfeitas (e4, ♘f3, d4, ♘xd4 e ♘c3), que basicamente não informam nada às Negras sobre o que estão para fazer. Mas agora, é hora das Brancas comprometerem um de seus Bispos que, definindo a característica da partida, permitirá às Negras responderem de acordo. O desenvolvimento do Bispo branco das casas brancas é particularmente importante neste sentido. Se ele for para e2, então, as Negras poderão jogar ...e5, que não seria muito recomendado nas Sicilianas Dragão ou Taimanov, por exemplo. Se o Bispo se destina a c4, as Negras poderão bloquear o Bispo com ...e6 etc. Do mesmo modo, um Bispo de casas negras em e3 ou g5 irá requerer estratégias diferentes das Negras.

Por tudo isso, 5...a6 é fundamentalmente lento e apenas convida as Brancas a continuarem na ofensiva. Assim, a Najdorf é um sistema arriscado no qual o menor erro pode significar um desastre. Mas como Kasparov diz: "Altos riscos significam altas recompensas", juntando isso à Najdorf, geralmente as Negras terão chance de conseguir a iniciativa em algum momento. Mas seja cauteloso com qualquer generalização sobre estratégia precisa estarr apoiada em profundos estudos caseiros..

Devemos examinar 6 ♗g5, 6 ♗c4, 6 ♗e2 e 6 ♗e3.

A continuação 6 f4 é rara atualmente. Uma idéia que demonstra um tema básico da Siciliana é 6...e5 7 ♘f3 ♘bd7 8 a4 (versus ...b5) 8...♗e7 9 ♗d3 0-0 10 0-0 *(D)*.

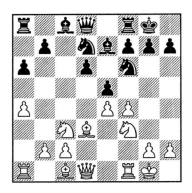

Agora com 10...exf4!?, as Negras lutam para controlar a casa e5 em troca de d5. Esta é a estratégia fundamental da Siciliana, uma vez que fornece um posto avançado em e5, ao mesmo tempo em que abre a Coluna e, bem como a Diagonal h8-a1 em apoio a essa casa. Mas as Brancas conseguem algo com a negociação também: conseguem a casa chave d4 (geralmente, para um Cavalo), conseguem uma Coluna f aberta e podem ser capazes de colocar pressão em d6 com mais eficiência, por causa de um Bispo que ocupa f4. Essas compensações têm que ser avaliadas constantemente quando as Negras consideram fazer – e as Brancas consideram se permitem – a captura ...exf4. Naturalmente, as Negras têm outros movimentos sobre os quais não iremos trabalhar aqui, a saber, 10...♕c7 e 10...♘c5. Depois de 10...exf4, as Brancas jogam 11 ♔h1! (após 11 ♗xf4, as Negras capturam o Peão e vivem para contar a história: 11...♕b6+ 12 ♔h1 ♕xb2) 11...♘e5 12 ♗xf4 ♕c7 13 ♕d2 ♗e6 14 ♘d4 ♖fe8!? e agora:

a) 15 ♘f5!? poderia ser respondido com 15...♗xf5 16 exf5 d5! com um jogo ativo em troca do par de Bispos; todavia, é obscuro. 15...♗f8 16 ♗g5 ♘fd7 também é possível, mas, então, 17 a5! (para manter um Cavalo fora de b6) 17...f6 18 ♗f4 ♖ac8 19 ♘e3! coloca um Cavalo em d5 com alguma vantagem. A odisséia do Cavalo de f3 para d5 em quatro movimentos traz à mente ♘bd2-f1-e3-d5 na Ruy Lopez Fechada. Também mostra que entregar d4 para uma peça centralizada pode ter mais do que conseqüências óbvias.

b) 15 ♗xe5 dxe5 16 ♘xe6 fxe6 *(D)*.

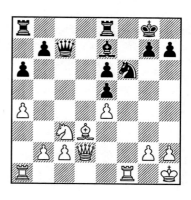

Vemos esta estrutura em várias linhas da Siciliana e também em outras Aberturas onde ♗xe6 ou...♗xe3 ocorre ou até ♘g5 e ♘xe6. Os peões negros protegem as casas centrais principais d5 e d4, assim como f5 e f4. Em tais posições, as principais perguntas são se os peões podem ou não ser atacados (eles não estão apoiados por outros peões) e quem tem as melhores peças. Principalmente, por causa das forças relativas dos Bispos, prefiro as Negras. Naturalmente, isto é apenas um exemplo, não um veredicto!

## Ataque ♗g5

**6 ♗g5**

A escolha predominante das Brancas durante anos foi a linha de ataque direto, que ainda é a escolha de muitos especialistas. As Brancas desejam jogar f4 seguido de rupturas com, e5 ou f5, por exemplo, se for permitido. Como as Negras geralmente impedem isso, a principal organização das Brancas começa com ♕f3 e 0-0-0. Devemos ver os temas associados quando avançarmos. Nesse ínterim, as Negras jogam ...e6 seguido do que são os movimentos Najdorf mais típicos ...♘bd7, ...♕c7, ...b5 e ...♗b7, em geral, mas nem sempre, com um movimento ...♗e7 inicial. Novamente, as organizações padrão aparecerão com exemplos.

**6...e6 7 f4** *(D)*

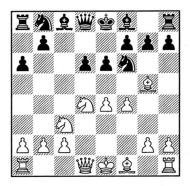

Este é o esquema de ataque mais direto que você verá na Najdorf e levou a excêntricos sacrifícios brilhantes para ambos os lados, durante anos. Três partidas seguirão e como as variantes são muito táticas e diversas, devo inclinar-me aos exemplos recentes e ficar, pelo menos, dentro de uma distância próxima da teoria atual. Novamente, apenas um estudo específico das variantes concretas permitirá que você domine realmente 6 ♗g5, seja de Brancas, seja de Negras. Deve ser dito, porém, que se você puder pegar algumas das idéias que se repetem, terá uma boa vantagem inicial.

Existem, claro, muitos modos nos quais o jogo pode desenvolver-se. A maioria deles tem as Brancas atacando na Ala do Rei ou no centro. Em ambos os casos, elas recorrerão aos sacrifícios de peças sempre que forem úteis ou necessários, pois os peões sozinhos não serão suficientes, em geral, para fazer uma ruptura da posição negra. As Negras têm algumas idéias de contra-ataque interessantes na Ala do Rei, mas, normalmente, prosseguirão com um plano básico de desenvolvimento, seguido de ataques no Centro e na Ala da Dama. Ou podem entrar em ação jogando a conhecida Variante do Peão Envenenado e se apoderarem de material. Descreverei essas possibilidades em algumas partidas.

**Sulskis – Pelletier**
*Campeonato Europeu em Varsóvia – 2005*

**7...♗e7 8 ♕f3 ♕c7 9 0-0-0 ♘bd7 10 g4**

**Ou:**

a) Depois de 10 ♕g3, as Negras têm uma manobra defensiva chave, que acontece sempre: **10...h6 11 ♗h4 g5!** *(D)*

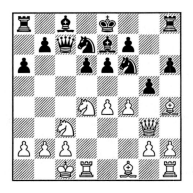

12 fxg5 ♘h5 (12...♖g8 também igualou, recuperando rapidamente o peão) 13 ♕e3 ♕c5! (isto ataca g5 pela terceira vez) 14 ♔b1 (14 ♕d2 ♗xg5 15 ♗xg5 ♕xg5 16 ♗e2 ♘hf6 17 ♘f3 ♕xd2+ 18 ♖xd2 ♔e7 é igual) 14...hxg5 15 ♗f2 ♘e5. Este é o principal motivo de ...g5: as Negras contam com este Cavalo para manter tudo sob controle. Kengis-Vitolins, Jurmala – 1983 continuou com 16 ♕d2 ♕c7 17 ♘f3 b5! 18 ♗e3 (18 ♘xg5 fornece às Negras um bom jogo na Ala da Dama após 18...b4 19 ♘a4 ♗b7 20 ♘b6 ♖b8) 18...g4 19 ♘xe5 dxe5 20 ♗d3 ♘f4 21 ♕f2 ♗b7 com igualdade.

b) A mesma idéia pode ser introduzida por 10 ♗d3 h6 11 ♗h4 g5 12 fxg5 ♘e5 13 ♕e2 ♘fg4. Desta vez, a Dama fica mais bem colocada em f3 do que em g3, portanto, o jogo é menos claro: 14 ♘f3! hxg5 15 ♗g3 ♗d7 16 h3!? (16 ♖df1 seria mais como um teste real, pois as Negras têm que proteger seu Peão f7 antes de poderem rocar; por exemplo, 16...♘xd3+ 17 ♕xd3 0-0-0!? 18 h3 ♘e5? 19 ♘xe5 dxe5 20 ♖xf7 ♗e8 21 ♖xe7!) 16...♘xf3 17 gxf3 ♘e5 18 f4 gxf4 19 ♗xf4 0-0-0. Esta estrutura de peões é boa para as Negras, que agora podem ficar ativas com ...♗c6 e talvez, ...f5.

**10...b5 11 ♗xf6 ♘xf6 12 g5 ♘d7** *(D)*

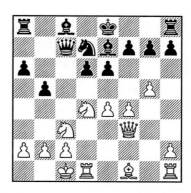

Uma linha contestada em incontáveis partidas, durante anos. Descreveremos algumas idéias enquanto seguimos com a partida principal.

**13 ♘f5!?**

Dificilmente é o movimento principal; irei promovê-lo porque é renovador e também para que tenhamos algo atual sobre o qual meditar. Na Defesa Siciliana, vemos sacrifícios de Cavalo em b5, d5, e6 e f5, todos esperando invadir as defesas negras. A idéia é que a ocupação de d5 valhe uma peça, caso você a adicione a um ataque em uma Coluna e aberta e a peões perigosos na Ala do Rei.

Durante décadas, 13 f5!? tem sido a continuação principal (13 a3 deve ser enfrentado com 13...♖b8 e ...b4). Darei algumas linhas ilustrativas(e não necessariamente o melhor jogo): 13...♘c5 (13...♗xg5+ também tem sido testado por anos e parece que as Brancas têm mais que o suficiente pela sua perda temporária do Peão; para enfatizar o grau do estudo específico em torno dessas linhas, mencionarei a referência de John Emms para o caso de um GM que estava perdendo para outro, por causa de uma novidade no movimento 28, que produziu uma defesa brilhante no movimento 31!) e aqui existem dois movimentos:

a) 14 g6!? que é uma ruptura temática apresentada em todo o cenário Siciliano: 14...hxg6 15 fxg6 fxg6 16 b4!? ♘a4 17 ♘xa4 bxa4 18 e5!? (agressivo, o que não significa ser bom necessariamente!) 18...dxe5? *(D)* (18...d5 parece correto; as Negras podem ainda conseguir tempo para ...♗xb4).

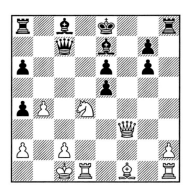

19 ♗d3! (19 ♕xa8 exd4 20 ♗xa6 0-0 foi idéia das Negras, depois do que 21 ♖hf1 é obscuro) 19...♗g5+ 20 ♔b1 ♗f4! 21 ♕xa8 exd4 22 ♗xg6+ (as Brancas devem jogar 22 ♗xa6! e desta vez, 22...0-0 23 ♖xd4 não parece cortar para as Negras) 22...♔e7 23 ♖hf1!? e5 24 ♕e4 ♕c4 25 ♖xf4! ♕xb4+ ½-½ Markzon-de Firmian, Aberto de Nova Iorque – 1991.

b) 14 f6 gxf6 15 gxf6 ♗f8 16 ♖g1 ♗d7 (16...h5!? 17 ♖g7 b4 18 ♘d5! exd5 19 exd5 é uma tática típica; as Brancas limparam a Coluna e, capturando casa c6 – se isso for compensação suficiente por uma peça tem que ser decidido caso a caso) 17 ♖g7 b4 18 ♘d5! exd5 19 exd5 *(D)*.

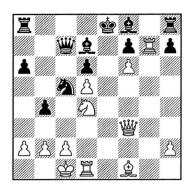

A mesma idéia. Desta vez, as Negras podem escapar dos Xeques na Coluna e rocando, mas ainda estão sob ataque; por exemplo, 19...0-0-0 20 ♖xf7 ♗h6+ 21 ♔b1 ♖df8 22 ♖xf8+ ♖xf8 23 ♘e6! 1-0 Shmuter-Kaspi, Tel Aviv – 1996; as Negras poderiam manter a luta, mas 23...♘xe6 24 dxe6 ♗xe6 25 ♗h3! ♗xh3 (25...♕d7 26 ♕a8+) 26 ♕xh3+ ♕d7 27 ♕xh6 é bem desanimador.

**13...exf5**

13...b4!? pode ser melhor, mas este é mais esclarecedor.

**14 ♘d5 ♕b7!?**

Uma linha típica dada por Kosten é 14...♕c5 15 exf5 ♗b7 16 f6! gxf6 17 ♘xf6+! ♗xf6 18 ♕xb7 ♖c8 19 ♗d3 ♗g7 20 ♖he1+ com um ataque obscuro.

**15 ♕c3!**

15 exf5? ♘b6 troca a peça chave das Brancas.

**15...♘b6 16 ♘xe7!?**

Ou 16 ♕xg7! ♖f8 17 ♘xe7 ♕xe7 18 ♕d4 ♖b8 19 ♗g2.

**16...♔xe7!? 17 ♕xg7 ♗e6 18 exf5 ♗d5 19 ♗h3!**

Oferecendo uma Torre.

**19...♖ae8!**

Depois de 19...♗xh1? 20 f6+ ♔d8 21 ♕xh8+ ♔c7 22 ♕xh7, as Brancas conquistam três peões e têm um ataque em andamento, pelo Cavalo.

**20 ♖d3! ♔d8 21 ♖hd1 ♖hg8 22 ♕c3?!**

22 ♕f6+! é melhor.

**22...♖e2 23 ♗g4! ♖f2 24 ♕f6+ ♔c8 25 ♕xd6 ♕c7 26 ♖c3 ♗c4 27 b3 ♖xf4 28 h3 ♕xd6 29 ♖xd6 ♔c7 30 ♖f6 ♖xg5**

A partida está igual e, finalmente, foi empatada.

Quando as Negras adiam ....♗e7, pode surgir outro conjunto de táticas. Algumas delas são representadas no exame de outra luta:

**Kosten – Kr. Georgiev**
*Saint Afrique – 2005*

**7...♘bd7 8 ♕f3 ♕c7 9 0-0-0 b5** *(D)*

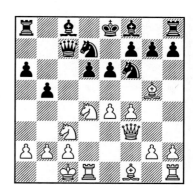

**10 ♗d3**

Aqui vemos a estratégia de centralização: as Brancas ignoram a idéia de ataque na Ala do Rei com g4, em favor de ♖he1, com potenciais avanços e/ou sacrifícios no meio do tabuleiro.

**10...♗b7**

Após 10...b4?, conseguimos este sacrifício 11 ♘d5! de novo, mas desta vez, as Brancas ficam posicionalmente melhor depois de 11...exd5 12 ♖he1! ♗b7 13 exd5+ ♔d8 14 ♘c6+ ♗xc6 15 dxc6.

**11 ♖he1 ♕b6!?**

O movimento mais antigo 11...♗e7 continua com outra idéia ♘d5: 12 ♕g3! b4 13 ♘d5 exd5 14 exd5 (ameaçando ♘f5) 14...♔d8 (14...g6 15 ♕h4!) 15 ♘c6+! ♗xc6 16 dxc6. Esta posição foi jogada e muito analisada por Thomas Luther. Apenas seguirei uma partida recente: 16...♘c5 17 ♗h4! ♖g8 18 ♗xh7! ♖h8 19 ♕xg7 ♖xh7 *(D)*.

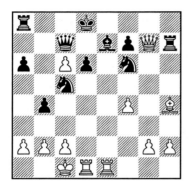

20 ♕xf6! ♖xh4 21 ♕xf7 ♖h8 22 ♖e5! ♖f8!? 23 ♕g7 ♖a7? (23...b3!? é melhor) 24 ♖xc5 ♕b6 (24...♖xf4 25 ♖c4! ♖xc4? 26 ♕g8+) 25 ♕e5! e as Brancas têm um ataque suficiente para converter em uma posição vitoriosa em B.Vuckovic-Tadic, Herceg Novi – 2005. Naturalmente, você não precisa estudar particularidades para jogar a Najdorf, apenas confie nas idéias gerais. Certo.

**12 ♘d5!?** *(D)*

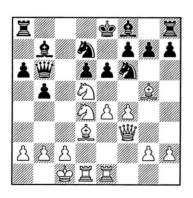

De novo! Muitas partidas já ocorreram entre os principais Grandes Mestres com outros movimentos, mas este é o mais assustador para as Negras.

**12...♕xd4!**

Ou:

a) Uma linha simples, porém muito bonita é 12...♘xd5? 13 exd5 ♕xd4 14 ♖xe6+! fxe6 15 ♕h5+ g6 16 ♕xg6+ hxg6 17 ♗xg6#.

b) Mais bonita ainda é 12...exd5? 13 ♘c6!! (procure isto em posições parecidas!) 13...♗xc6 14 exd5+ ♗e7 15 dxc6 ♘c5 16 ♗xf6 gxf6 17 ♗f5 ♕c7 18 b4! ♘e6 19 ♕h5 ♘g7 20 ♗d7+ ♔f8 21 ♕h6, Chiburdanidze-Dvoirys, Tallin – 1980.

**13 ♗xf6 gxf6 14 ♗xb5! ♕c5 15 ♘xf6+ ♔d8 16 ♘xd7 ♕xb5 17 ♘xf8 ♖xf8 18 ♕a3 ♖c8! 19 ♕xd6+ ♔e8 20 ♖e3 ♖g8?**

Um erro fatal. Todavia, 20...♕c6 21 ♕d2 deixa as Brancas com três peões e um ótimo ataque, pelo Bispo.

**21 ♖c3 ♗c6 22 f5! ♖xg2 23 fxe6 ♖f2? 24 ♖c5**

E as Brancas estão vencendo.

## Variante do Peão Envenenado

1 e4 c5 2 ♘f3 d6 3 d4 cxd4 4 ♘xd4 ♘f6 5 ♘c3 a6 6 ♗g5 e6 7 f4 ♕b6 *(D)*

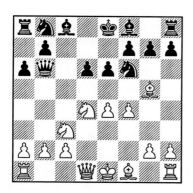

Este é um movimento surpreendente que aqueles criados com os princípios clássicos do Xadrez simplesmente rejeitariam como um erro típico de iniciante. As Negras correm atrás de um Peão quando estão pouco desenvolvidas e já sob ataque. O que é pior, fazem isso com a Dama, que não se deve jogar cedo demais porque perderá tempos.

8 ♕d2 ♕xb2 9 ♖b1

Algumas vezes, as Brancas jogam 9 ♘b3, mas ficaremos com o grande favorito.

9...♕a3 *(D)*

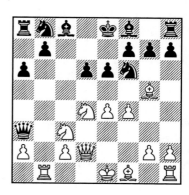

Agora, é a vez das Brancas jogarem e elas têm casas de ataque perfeitas para suas peças; além disso, depois de rocarem, muito provavelmente colocarão sua Torre em uma Coluna f aberta depois dos avanços normais e5 ou f5. Sua outra Torre já está em uma coluna aberta e após ♖b3 (com ganho de tempo!), pode mover-se pela terceira fila e atacar onde for necessário – este é um tema padrão em muitas Aberturas, a propósito. Assim, toda as peças Brancas estarão participando de um ataque contra um oponente quase sem peças desenvolvidas e nenhum lugar seguro para seu Rei. Para as Negras, esta é uma receita certa para o desastre.

Ou, é mesmo? Na verdade, a Variante do Peão Envenenado tem sido levada seriamente em consideração como boa, por mais de quatro décadas e sobreviveu a incontáveis tentativas de refutção. Nesse ínterim, o roubo ultrajante do Peão pelas Negras desempenhou um papel considerável na revolução que ocorreu na teoria e a prática do Xadrez. Sob o comando dos Campeões Mundiais Fischer e Kasparov, os jogadores começaram a perceber que as Negras poderiam jogar esta posição e outras semelhantes com toda expectativa de sucesso. Por quê? Existem várias respostas gerais, mas três se destacam:

a) A Dama em a3, embora sujeita a novos ataques, também é uma peça de ataque, capaz de prender as Brancas para proteger sua própria posição e impedi-la de se desencaminhar. A teoria mais antiga teria dito (pelo menos quando a investida da Dama está sendo contemplada) que a maioria das incursões de peões teria sido acompanhada de outros movimentos de recuo para ela voltar à segurança. Mas agora, existem muitas situações em Aberturas onde uma Dama mantém sua posição no campo inimigo, economiza tempo, serve a uma função útil e diz 'Mostre-me'. A análise de computador ajudou a encontrar novos exemplos.

b) As Negras não têm nenhuma debilidade! As Brancas, por outro lado, têm um problema ao qual geralmente nos referimos neste livro: as fraquezas internas, especialmente aquelas na terceira fila. A principal aqui está na casa c3. E mais, as casas c4 e e4 da quarta fila acabam sendo vulneráveis, o que é especialmente importante, uma vez que um Bispo branco em c4 estaria no ar. Até d4, embora potencialmente

capaz de ser protegida por um Peão em c3, pode ser fraca na prática. Nesta variante, as debilidades tendem a significar peças soltas e postos avançados potenciais para o inimigo.

c) Maioria de peões no centro. Não se pode enfatizar o suficiente, qual a arma mais forte das Negras na Defesa Siciliana: seu Peão central extra, que na linha principal da Variante do Peão Envenenado, algumas vezes se torna uma massa de peões centrais capaz de dar uma proteção excepcional ao Rei e às peças negras.

Tendo dito isso, o ponto mais importante a lembrar é algo que Kasparov enfatiza eternamente: esta variante depende de truques e táticas específicas para ambos os lados e não há nenhuma razão dominante para que o ataque das Brancas *não deva* vencer, nem que a defesa das Negras não deva prevalecer; em grande parte, o resultado é apenas o modo como as coisas se desenrolam.

Examinaremos uma partida e algumas notas sobre a posição chave  depois de 9...♛a3.

### Thinius – Kersten
*Bad Zwesten – 2006*

**10 f5!**

A continuação moderna. As Brancas não trancam totalmente a porta para sua retirada como faziam  na linha antiga e extremamente natural 10 e5 dxe5 11 fxe5 ♞fd7 12 ♝c4 *(D)*, na qual estavam abrindo tantas linhas e se desenvolvendo tão rapidamente, que é surpreendente que as Negras pudessem sobreviver. Mas Fischer e outros o fizeram e, depois, mostraram algo mais.

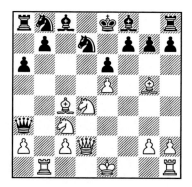

Agora, 12...♘xe5? vai longe demais depois de 13 ♘xe6, mas as Negras têm não menos do que três movimentos satisfatórios, pelo menos dois, que aparentemente levam a uma vantagem para elas, em uma posição que, à primeira vista, foi considerada quase uma vitória forçada para as Brancas!

a) Fischer e outros usaram 12...♕a5 com sucesso; sua teoria avançou consideravelmente e o veredicto parece ser uma igualdade dinâmica.

b) Uma linha clássica segue com 12...♗b4 13 ♖b3 ♕a5 14 0-0 0-0 15 ♗f6!? (15 ♘xe6?! fxe6 16 ♗xe6+ ♔h8 17 ♖xf8+ ♗xf8 18 ♕f4 ♘c6! 19 ♕f7 ♕c5+ 20 ♔h1 ♘f6! 21 ♗xc8 ♘xe5 22 ♕e6 ♘eg4 0-1 Tringov-Fischer, Havana – 1965) 15...♘xf6 16 exf6 (antigamente considerado um empate) 16...♖d8! 17 ♖xb4 ♕xb4 18 ♕g5 g6 19 ♘xe6 (19 ♕h6 ♕f8)

19...♗xe6 20 ♗xe6 ♕xc3! 21 ♗xf7+ ♔xf7 22 ♕h6 ♘c6 23 ♕xh7+ ♔e6 24 ♕xg6 ♕d4+ 25 ♔h1 ♖f8! 26 ♖e1+ ♔d6 27 ♕g3+ ♔c5 28 c3 ♕xf6 0-1 Ballester-Monteau, Campeonato Francês por Equipes – 2002.

c) Segundo a teoria moderna, 12...♕c5! provavelmente é o melhor de todos, atacando as fraquezas que analisamos e forçando muito 13 ♗xe6 fxe6 14 ♘xe6 ♕xe5+ 15 ♕e3 ♗d6!, quando as Brancas estão melhorando substancialmente.

**10...♘c6 11 fxe6 fxe6 12 ♘xc6 bxc6 13 e5!**

As Brancas preferiram atacar rapidamente para abrir linhas e enfraquecer os eficientes defensores centrais das Negras.

**13...dxe5**

A linha mais popular, estabelecendo uma massa central de peões, com a qual defender o Rei. Dito isso, há uma longa história por trás de 13...♘d5. Uma linha, em centenas, segue com 14 ♘xd5 cxd5 15 ♗e2 dxe5 16 0-0 *(D)*.

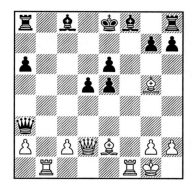

Agora:

a) 16...♗c5+?! 17 ♔h1 ♖f8 18 c4 ♖xf1+ 19 ♖xf1 ♗b7 20 ♕c2! (não 20 ♗g4? dxc4 e as Negras defenderam-se com ...♕d3 e venceram facilmente em Fischer-Geller, Monte Carlo – 1967) 20...e4 21 ♗g4 ♗e7 22 ♕f2 vencendo para as Brancas, Tal-Bogdanovic, Budva – 1967.

b) 16...♖a7! 17 c4 ♕c5+ 18 ♔h1 d4 19 ♗h5+ g6 20 ♗d1! com um ataque poderoso que mantém o Rei das Negras movendo-se perigosamente no no centro; por exemplo, 20...♗e7 21 ♗a4+ ♔d8 22 ♖f7 (22 ♗xe7+ ♖xe7 23 ♕g5 ♔c7 24 ♖fe1 é obscuro) 22...h6 23 ♗xh6 e4 24 ♗e3 e5 25 ♗g5 e3 26 ♗xe3 e as Negras estão esforçando-se, Grijalva-B.Gonzalez, ICC na Internet – 2000.

**14 ♗xf6 gxf6 15 ♘e4 ♗e7**

Talvez 15...♕xa2 16 ♖d1 ♗e7 17 ♗e2 0-0 seja mais adequado. Depois de mais uns 15 movimentos de análise e testes, a partida, aparentemente empata, não importando qual dos vários métodos de ataque as Brancas usem

**16 ♗e2** *(D)*

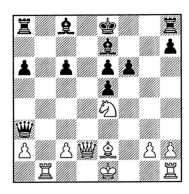

**16...h5**

Isto impede ♗h5+. Gipslis-Korchnoi, Campeonato da URSS (Leningrado) – 1963 mostra como é delicada a situação das Negras: 16...0-0? 17 ♖b3 ♕a4 18 c4 ♔h8 19 0-0 ♖a7 20 ♕h6 f5 21 ♖g3 ♗b4 22 ♘f6 1-0. O mate é inevitável.

**17 ♖f1!?**

17 ♖b3 tem sua própria teoria prolixa, assim como 17 0-0 f5 e, agora, 18 ♖f3 ou 18 ♗f3. Nos dois casos, as Negras parecem sobreviver, sendo os empates o resultado habitual.

**17...f5** *(D)*

17...♕xa2 é arriscado: 18 ♖d1 ♕d5 19 ♕e3 com um ataque forte, Radjabov-Ye Jiangchuan, Olimpíada em Cálvia – 2004. A nova geração ainda está encontrando idéias novas nesta confusão!

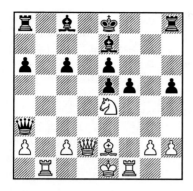

**18 ♖f3! ♕xa2 19 ♖fb3 ♕a4!**

As variantes são quase infinitas; por exemplo, 19...fxe4 20 ♕c3 (planejando ♖a1) 20...♗d8! pode continuar, embora seja fraco.

**20 ♘d6+ ♗xd6 21 ♕xd6**

Ameaçando ♖b7.

**21...♕a5+**

Esta posição já foi jogada! Em Fernandez Siles-Gamundi Salamanca, Albacete – 2004, as Negras colocaram mal sua Dama e perderam rapidamente com 21...♕e4? 22 ♖b7 ♕h4+ 23 g3 ♕d8 24 ♕xe5 ♖h6 25 ♕g7 1-0.

**22 ♔f1 ♔f7?!**

Esta tentativa de escapar com o Rei perde. 22...♖a7! é a sugestão de Kosten, usando a defesa da segunda fila. Este movimento é o segredo de muitas linhas.

**23 ♖b7+! ♔g6 24 ♕e7!**

Melhorando ainda outra partida, onde o movimento 24 ♖c7? inferior foi jogado.

**24...♗xb7 25 ♕xe6+ ♔g5 26 ♕e7+ ♔g6 27 ♕d6+ ♔g5 28 h4+ ♔f4 29 ♔f2! 1-0**

As Negras estão sem ação diante de 30 g3+ ou 30 ♖b4+.

Estou certo que toda esta atividade de ida e volta persistirá nos próximos anos. O resultado teórico provavelmente é um empate, mas a conseqüência prática depende muito da preparação da pessoa.

## Ataque Najdorf Sozin

**1 e4 c5 2 ♘f3 d6 3 d4 cxd4 4 ♘xd4 ♘f6 5 ♘c3 a6 6 ♗c4** *(D)*

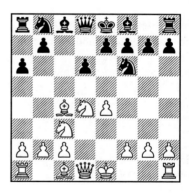

O nome 'Sozin' está ligado a ♗c4 nas linhas Najdorf e Clássica, portanto, irei designar 6 ♗c4 como a Najdorf Sozin. Embora este desenvolvimento direto do Bispo nunca tenha sido tão popular quanto 6 ♗g5 e, atualmente, não tão popular quanto 6 ♗e3, ainda é usado com sucesso por adeptos fiéis. O jogo depois de 6 ♗c4 divide-se em um conjunto de linhas posicionais e basicamente táticas, portanto, irei tratá-lo assim. Provavelmente, é justo dizer que as linhas mais lentas tendem a terminar em igualdade ou até a favor das Negras por causa de suas vantagens de longo prazo, mas as diversas linhas mais dinâmicas são muito mais difíceis de avaliar, com belas táticas parecendo a regra, ao invés da exceção.

As Negras quase sempre jogam ...e6 (geralmente 6...e6) para limitar o alcance do Bispo c4. Depois disso, as Brancas têm que ter cuidado com ...d5 ou com ...♘xe4 seguido de um garfo ...d5, portanto, elas recuarão seu Bispo para b3. Essa é a posição básica a partir da qual as estratégias são formadas, como devemos ver.

**6...e6**

6...♘xe4? encaminha para 7 ♕h5! com diversas ameaças, quando o melhor que as Negras podem fazer é 7...d5! 8 ♗xd5 ♘d6. Então, porém, as Brancas jogam 9 0-0 e as Negras têm problemas para tirar suas peças, uma vez que ...e6 é respondido por uma captura nessa casa e ...g6 com ♕e5.

Os jogadores geralmente imaginam por que razão as Brancas simplesmente não atacam imediatamente o Bispo com 6...b5. Um problema é que o avanço do Peão b é um comprometimento; uma vez que ...e6 será jogado, sem dúvida alguma, de qualquer modo, as Negras podem não querer que as Brancas saibam sobre qual base elas iniciarão seu ataque. Velimirovic-Mrdja, Iugoslávia – 1984 seguiu com 7 ♗b3 (7 ♗d5!? também é muito interessante porque 7...♘xd5 8 exd5 produz uma estrutura que é quase sempre favorável às Brancas, e assim, as Negras poderiam tentar 7...♖a7!? e se 8

♗e3, então, 8...♖c7!?) 7...♗b7 (7...e6 transpõe para uma linha principal) 8 ♗e3!? (ou 8 ♕e2; ou 8 0-0 b4 9 ♘d5 ♘xe4? 10 ♖e1 ♘c5 11 ♗g5! – as Brancas têm peças demais desenvolvidas) 8...♘bd7 9 f4 ♘c5 10 0-0! (10 e5 dxe5 11 fxe5 ♘xb3 12 axb3 ♗xg2!). O 10º movimento das Brancas introduz um tipo de sacrifício do Peão e, que tem dezenas de variantes e formas. Algumas vezes, funciona e outras não. A base posicional consiste em uma vantagem das Brancas no desenvolvimento, na Abertura da Coluna e, bem como nas dificuldades das Negras prosseguirem com seu próprio desenvolvimento. Esta partida em particular continuou com 10...♘fxe4 11 ♘xe4 ♗xe4 (11...♘xe4 12 f5) 12 f5! (impedindo ...e6 e ...g6) 12...♘xb3 13 axb3 ♕d7 14 ♕g4! ♗d5 (14...d5 15 c4) 15 ♖f2 g6 16 c4! (parece que em quase toda partida com este tipo de ataque, as Brancas precisam abrir outra frente) 16...bxc4 17 bxc4 gxf5 18 ♘xf5 ♗b7 19 ♗d4 e5 20 ♗b6 f6 21 ♖d1 d5 22 cxd5 ♕f7 23 ♖c2 ♕g6 24 ♕a4+ ♔f7 25 ♕d7+ ♔g8 26 ♖d3 1-0.

**7 ♗b3** *(D)*

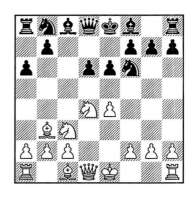

# Capítulo 11 – Defesa Siciliana | 295

A posição inicial para a maioria das variantes. Se as Brancas jogarem f4-f5 e as Negras responderem com ...e5, o argumento irá girar em torno da ocupação da casa d5. Se as Brancas tiverem sucesso em explorá-la como um posto avançado puro, provavelmente ficarão melhor. Quando as Negras puderem impedir que uma peça se estabeleça neste ponto ou conseguirem vantagens compensatórias, seu ataque Siciliano natural na Ala da Dama geralmente entrará em jogo. As variantes nas quais os principais jogadores, como, por exemplo, Fischer entraram (ele jogou os dois lados de 6 ♗c4), eram basicamente posicionais e giraram em torno desses fatores.

Como em muitas variantes Najdorf, se as Brancas jogarem f4 e e5 (ao invés de f5) geralmente, a partida ficará muito tática e as Brancas poderão ter que mudar sua estratégia para os sacrifícios de peças antes de seu Peão central avançado cair. Essas linhas são muito específicas da posição e emocionantes. Como alternativa, as Brancas, algumas vezes, adiantam-se a f4 e simplesmente desenvolvem suas peças. Esta se tornou uma estratégia muito popular, embora contradiga o que foi, por anos, o critério convencional, ou seja, que o Bispo b3 bate contra uma parede em e6 e que isso exigia os avanços do Peão para remediar isso.

Continuaremos com várias partidas a partir desta posição. Mostrarei muitas idéias táticas que são bem universais em sua natureza e aplicam-se em toda parte, mas também haverá algumas combinações puramente exclusivas e criativas para seu divertimento. O jogo de ataque dinâmico é o que sempre atraiu o jogador comum para a Najdorf Sozin.

### Morozevich – Agrest
### Torneio Zonal em São
### Petersburgo – 1993

**7...♗e7 8 f4**

As outras continuações comuns são 8 0-0 e 8 ♗e3.

### 8...b5!?

Este lance natural permite uma seqüência tática típica, embora as Negras estejam acostumadas a tais coisas na Najdorf. Sua principal alternativa é 8...0-0, quando 9 0-0 é habitual; uma continuação bem obscura é 9 f5!? exf5 (9...e5 10 ♘de2 e as Brancas terão mais facilidade para controlar d5 se as Negras tiverem rocado e elas ainda não) 10 exf5 d5 11 0-0 ♘c6 12 ♔h1! com uma posição bem interessante de Peão d isolado. As Brancas não tem a limitação usual do centro das Negras, mas seu Peão avançado interfere na atividade do PDI habitual das Negras.

### 9 e5! dxe5 10 fxe5 ♘fd7 11 ♗xe6!? (D)

Este sacrifício temático permeia as linhas 6 ♗c4 e também ocorre na Siciliana Clássica, e até no Ataque Inglês (geralmente através de g4-g5, ♗h3 e ♗xe6). Quando funciona, é o triunfo máximo do Bispo sobre sua vingança em e6. Nesta situação, objetivamente, talvez as Brancas devam preferir 11 ♕g4 com a idéia 11...♕c7 12 ♕xg7 ♕xe5+ 13 ♕xe5 ♘xe5 14 ♗f4 e as Brancas desfrutem de uma vantagem agradável.

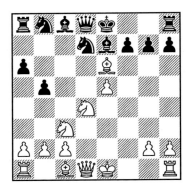

**11...♘xe5!**

Vimos dois dos temas maiores da Najdorf ♗c4: a destruição do centro das Negras com ♗xe6 e das Brancas com ...♘xe5. As Brancas obtêm um ataque esmagador depois de 11...fxe6?? 12 ♘xe6 ♕a5 (12...♕b6 13 ♘d5!) 13 ♘xg7+ ♔f8 (13...♔d8 14 ♘e6+ ♔e8 15 ♕h5#) 14 0-0+ ♘f6 (14...♔xg7 15 ♕g4+) 15 exf6 ♗c5+ 16 ♔h1 e as Negras estão sendo trucidadas.

**12 ♗xc8**

12 ♗d5!? é outra idéia.

**12...♕xc8 13 ♘d5 ♗c5!**

As Negras ficam ocupadas defendendo sua fraqueza nas casas negras. As Brancas estavam ameaçando ♘b6 e ♕e2, com as idéias secundárias ♗f4 e 0-0.

**14 b4!? ♗a7**

Após 14...♗xd4 15 ♕xd4 ♘bc6 16 ♕c5, as Negras estão cercadas e as Brancas podem desenvolver-se com ♗f4 ou ♗b2, com idéias de rocar em qualquer dos flancos.

**15 ♗f4 ♕d7**

15...♕c4 16 ♘f5! ♕e4+ 17 ♕e2 é bem simétrico. Se as Negras jogarem 17 ...♕xd5, 18 ♖d1 vencerão, mas 17...♕xf5 18 g4! afasta a Dama da proteção de e5.

**16 ♗xe5 ♕xd5 17 ♗xg7 ♕xg2 18 ♕e2+ ♕xe2+ 19 ♔xe2 ♗xd4**

Provavelmente, 19...♖g8 20 ♘f5 ♘c6 melhora para as Negras.

**20 ♗xd4 ♖g8 21 a4 ♘c6 22 ♗c5**

Embora esta posição esteja provavelmente dentro das possibilidades de empate para as Negras, o Bispo branco provou ser decisivamente superior ao Cavalo negro a longo prazo.

**Reutsky – Shtyrenkov**
*Noiabrsk – 2003*

**7...♘bd7**

Este desenvolvimento tem sido popular por anos, especialmente depois que Kasparov usou-o contra Short em sua partida do Campeonato Mundial. O Cavalo impede e5 temporariamente, mas, em geral, vai para c5 em seguida, de onde pode proteger e6 contra f4-f5 e eliminar o Bispo b3 quando as Negras escolherem fazer isso. As Brancas são desafiadas a encontrar um modo de atacar a estrutura sólida das Negras.

**8 f4 ♘c5** *(D)*

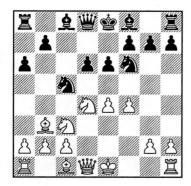

**9 ♕f3**

As Brancas podem retornar para o tradicional jogo posicional com 9 f5 ♗e7 10 ♕f3! (10 fxe6 foi jogado em muitas partidas depois do exemplo de Short, mas, então, as Brancas voltaram para este lance de desenvolvimento, que reserva a idéia de troca em e6 e também prepara g4-g5) 10...0-0 11 ♗e3 (do contrário, é difícil desenvolver) 11...e5 12 ♘de2 ♘xb3 13 axb3 b5 14 g4 (vemos a diferença entre os primeiros dias de ♗c4 com f4-f5 e a versão atual! O avanço do Peão g muda a dinâmica inteira da posição) 14...b4 (certamente, as Negras não podem esperar por g5 e ♘d5) 15 ♘a4 ♗b7 16 ♘g3 ♕c7!? (o agressivo 16...d5 também foi jogado, quando a batalha começa entre o desenvolvimento rápido das Brancas e o jogo central das Negras) 17 0-0-0 ♖ac8 18 ♖d2 d5! (novamente, as Brancas estavam pronta para g5 seguido de f6 e um ataque na Ala do Rei) 19 g5 d4?!

(19...♘xe4! 20 ♘xe4 dxe4 21 ♕g2! f6 22 ♖hd1 é difícil de avaliar, mas as Brancas têm as idéias ♘b6-d5) 20 gxf6 dxe3 21 ♕xe3 ♗xf6 22 ♘h5 *(D)*.

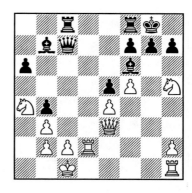

22...♕e7 23 ♖g1 (23 ♖d7 ♗g5!) 23...♖c7 (tudo parece estar mantendo-se ajustado, mas agora, vem o movimento de sobrecarga) 24 ♘c5! com um belo ataque baseado em ♘d7 ou ♘xb7 e ♖d5, Vega-Lopez Gomez, Partida por Correspondência – 1995.

**9...♗e7 10 0-0 0-0 11 ♗e3 ♕c7 12 ♖ae1 ♖e8 13 g4 b5 14 g5 ♘fd7 15 f5**

Não há nenhuma sutileza aqui: as Brancas partem para a destruição, mas as Negras obtêm a maravilhosa casa e5. Novamente, os fatores posicionais fundamentais determinam as possibilidades táticas.

**15...♘e5 16 ♕h5 g6 17 ♕h4 ♗f8**

Ou 17...♘xb3 18 cxb3 b4. Agora, as Brancas podem tentar 18 fxe6!? e ♘d5.

**18 fxg6 hxg6 19 ♗d5!? ♗b7 20 ♗xb7 ♕xb7 21 b4 ♘cd7 22 ♖f2 ♖ac8 23 ♘ce2** *(D)*

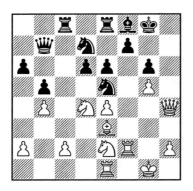

**23...♘c4?**

As Negras serão punidas por moverem este defensor principal; é quase impossível desalojar uma peça colocada de modo tão ideal, quando está apoiada por um Bispo e por outro Cavalo. Ela ficaria muito bem, seja com 23...♗g7 ou 23...♘b6.

**24 ♖xf7! ♗g7**

Provavelmente, as Negras deixaram escapar porque 24...♔xf7 25 ♕h7+ ♗g7 26 ♖f1+ ♔e7 27 ♘xe6!! (ao invés de 27 ♕xg7+? ♔d8) 27...♔xe6 28 ♕xg7, acarretaria ameaças de Mate com uma vitória rápida.

**25 ♖xg7+! ♔xg7 26 ♕h6+ ♔g8 27 ♕xg6+ ♔h8 28 ♘xe6 ♘de5 29 ♗d4 ♕h7 30 ♕f6+ ♔g8 31 ♗xe5 ♘xe5 32 ♘2d4 ♕f7 33 ♖f1 1-0**

O abandono parece prematuro, mas seguiria 33...♕xf6 34 ♖xf6! ameaçando g6-g7 e as Negras não podem fazer muito contra isso.

Finalmente, chegamos ao movimento principal das Negras:

**7...b5** *(D)*

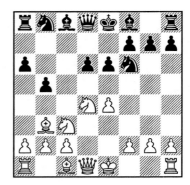

Estas são três partidas com duas estratégias diferentes fundamentalmente.

**Kristjansson – Tukmakov**
*Reikjavik – 1972*

**8 f4**

Este é o ataque tradicional. As Brancas desejam jogar por f5 e forçar uma resposta que lhes forneça o controle de d5. As opções que enfatizam o ataque com peças serão dadas na próxima partida.

**8...♗b7 9 f5 e5 10 ♘de2 ♗e7**

Jogar 10...♘bd7 primeiro pode ser a ordem mais precisa; por exemplo, 11 ♗g5 ♗e7 12 ♘g3 ♖c8! (as Negras tentam opor-se à apropriação de d5 pelas Brancas, com uma ação na Ala da Dama) 13 0-0 (13

♗xf6!? ♘xf6 14 0-0 {14 ♘h5} 14...h5! ameaça conquistar o Peão e, depois de ...h4) 13...h5! *(D)*.

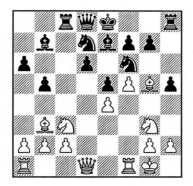

Um movimento fantástico que impede diretamente a única ameaça real das Brancas, que seria trazer o Cavalo para h5 para eliminar outro defensor de d5. Agora, as Brancas pioram rapidamente: 14 h4? b4 15 ♗xf6 ♗xf6 (15...♘xf6 também é bom) 16 ♘d5 ♗xh4 17 ♘xh5 ♕g5 (a disputa já acabou!) 18 f6 g6?! (18...♖xh5! 19 ♖f5 ♗f2+! vence imediatamente devido a 20 ♖xf2 ♕h6) 19 ♘g7+ ♔d8 20 ♖f3 ♗g3 21 ♕d3 ♗h2+ 22 ♔f1 ♘c5 23 ♖h3 ♖h4 24 ♕f3 ♘xb3 25 axb3 ♖xh3 26 ♕xh3 ♗xd5 27 exd5 ♕xf6+ 28 ♔e1 ♕f4 0-1 R.Byrne-Fischer, Torneio Interzonal em Sousse – 1967. Uma partida que contribuiu muito para desacreditar a plano f4-f5.

**11 ♘g3!**

Este movimento melhora 11 ♗g5, que, como vimos, apenas auxilia o ataque das Negras.

**11...h5!?**

A mesma idéia, mas sem ♗g5; talvez as Negras estejam pedindo demais. Ao contrário, 11...♘bd7 é natural e provavelmente melhor.

**12 ♕f3?!**

As Brancas poderiam conquistar d5 diretamente com 12 ♗d5! ♘xd5 13 ♘xd5 h4 14 ♘h5.

**12...♘bd7 13 ♗g5?**

Perdendo o caminho. Deviam ter desenvolvido com 13 0-0.

**13...h4 14 ♗xf6 ♘xf6 15 ♘ge2 b4 16 ♘d5 ♘xd5 17 exd5**

Em geral, as Brancas não terão muita vantagem se tiverem que capturar em d5 com um Peão, ao invés de uma peça. Aqui, elas ficam consideravelmente pior.

**17...♕b6 18 a3 a5 19 axb4 axb4 20 ♖xa8+ ♗xa8 21 ♕f2 ♕a5! 22 0-0 ♗xd5 23 c4 ♗c6 24 ♖e1 h3 25 g3 ♖h5 26 ♘d4?**

Melhor, mas ainda desanimador, seria 26 ♗d1 ♖g5 27 ♘c1 ♗d7!.

**26...exd4 0-1**

### Christiansen – Wojtkiewicz
### Campeonato dos EUA
### (San Diego) – 2006

**8 ♕f3** *(D)*

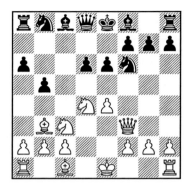

Originalmente, ninguém gostou desta idéia, mas com os anos, ela assumiu o posto de 'Linha Principal'. 8 ♕f3 enfraquece menos e desenvolve as peças mais rapidamente do que 8 f4.

**8...♕c7**

8...♕b6 9 ♗e3 ♕b7 é outra defesa convencional, lenta, mas talvez jogável.

**9 ♗g5 ♘bd7 10 0-0-0**

Os movimentos das Brancas são muito naturais, mas raramente usados até recentemente. Provavelmente, foi devido ao exemplo de Fischer; ele utilizou consistentemente a idéia f4-f5 para abrir a estrutura e6/f7 das Negras. A lógica foi que o Peão e6 tornou o Bispo b3 das Brancas ineficaz, portanto, ele teve que ser eliminado. Contudo, essa estratégia simplesmente não teve sucesso versus um jogo preciso, assim, as Brancas finalmente mudou para um conceito diferente. As peças podem preceder os peões em um ataque, contanto que os dois cooperem no final das contas. O grande Tal sempre pareceu tirar suas peças para ativar as casas antes de organizar as rupturas do Peão, caso, seu oponente, claro, sobrevivesse até esse ponto.

**10...♗e7 11 e5!** *(D)*

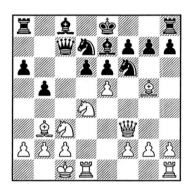

A introdução para um sacrifício fantástico de Peão. Antes, a idéia das Brancas sempre tinha sido ♕g3.

**11...♗b7 12 ♕g3! ♘xe5**

12...dxe5 13 ♗xe6 fxe6 14 ♘xe6 ♕c6 15 ♘xg7+ ♔f7 também foi tentado.

**13 ♗xe6! fxe6**

13...0-0 tiraria o Rei da refrega. Como sempre, é muito difícil avaliar as coisas. Uma linha poderia ser 14 ♗xf6 ♗xf6 15 ♘d5 ♕d8 16 ♘xf6+ ♕xf6 17 ♗f5.

**14 f4!**

O ataque fracassa depois de 14 ♘xe6 ♕d7! 15 ♘xg7+ ♔f7.

**14...♘g6?!**

14...♘c4 é o teste principal, quando 15 ♘xe6 ♕a5!? 16 ♘xg7+ ♔f7 17 ♖he1 precisa da ajuda de uma combinação de computadores e imaginação.

**15 ♘xe6 ♕d7 16 ♖he1! ♔f7 17 f5!** *(D)*

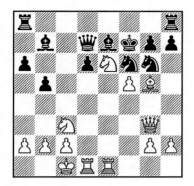

As Brancas têm apenas um Peão por sua peça, mas as Negras apenas podem observar como sua posição desmorona.

**17...♘f8 18 ♗xf6! ♗xf6 19 ♖xd6 ♕c8**

Ou 19...♕e8 20 ♘xf8 ♕xf8 21 ♖d7+ ♔g8 e uma linda vitória é 22 ♘e4! h6 (22...♗xe4 23 ♕b3+) 23 ♘xf6+ ♕xf6 24 ♖ee7! ♕g5+ 25 ♕xg5 hxg5 26 ♖xg7+ ♔f8 27 ♖df7+ ♔e8 28 ♖xb7 etc.

**20 ♘g5+! ♔g8**

20...♗xg5+ 21 ♕xg5 e podem abandonar.

**21 ♖xf6 gxf6 22 ♘ge4+**

Ou 22 ♖e7! ♘g6 23 ♘e6 e ♖g7# seguiria.

**22...♘g6 23 fxg6 1-0**

Um exemplo parecido e extravagante de colocar o desenvolvimento em primeiro lugar, é visto na seguinte partida:

### Michalek – Fedorchuk
*Plzen – 2003*

**8 ♗g5 ♗e7 9 ♕f3 ♕c7 10 0-0-0**

Agora, temos a mesma posição como na partida Christiansen, mas com um Bispo em e7, ao invés de um Cavalo em d7.

**10...b4!? 11 e5!** *(D)*

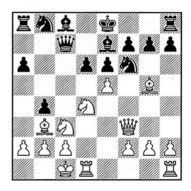

**11...♗b7?!**

a) A tática típica segue com 11...bxc3? 12 exf6! ♗b7 13 ♘xe6! fxe6 14 ♕h5+ g6 15 ♕h3! cxb2+ 16 ♔xb2 e as Negras estão sendo destruídas.

b) Mas sacrificar uma qualidade com 11...dxe5! também é típico. Por exemplo, 12 ♕xa8 (12 ♗xf6 poderia melhorar) 12...exd4 13 ♖xd4! bxc3 14 ♖c4 cxb2+ 15 ♔b1 ♗c5 16 ♗f4 e5

17 ♖e1 (17 ♗a4+ pode ser melhor) 17...0-0 18 ♖xe5 ♗b7 19 ♖exc5 ♕xf4! 20 ♖xf4 ♗xa8 21 f3 ♘bd7 22 ♖c7 ♘b6 e as Brancas têm apenas uma vantagem mínima.

**12 exd6 ♗xd6 13 ♕h3 0-0**

13...bxc3 14 ♘xe6 fxe6?! 15 ♕xe6+ ♕e7 16 ♖xd6!.

**14 ♗xf6 bxc3 15 ♕g4** *(D)*

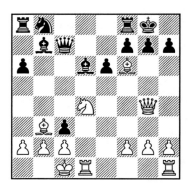

**15...♗f4+**

Ou 15...g6 16 ♘xe6.

**16 ♔b1 ♗h6 17 ♘xe6!**

Deslanchando uma série devastadora de táticas.

**17...fxe6 18 ♕xe6+ ♔h8 19 ♗e5 ♕a5 20 ♗xc3 ♕c5 21 ♗d4 ♕c6 22 ♕e7 ♖e8**

Igualmente ruins são 22...♖c8 23 ♗xg7+ ♗xg7 24 ♖d8+ e 22...♘d7 23 ♖he1!.

**23 ♗xg7+! ♗xg7 24 ♖d8 ♘d7 25 ♕xe8+ ♘f8 26 ♕f7! 1-0**

## Sistema 6 ♗e2 Clássico

**1 e4 c5 2 ♘f3 d6 3 d4 cxd4 4 ♘xd4 ♘f6 5 ♘c3 a6 6 ♗e2** *(D)*

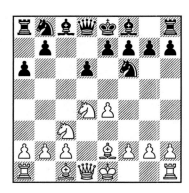

Como vários sistemas entram e saem de moda, este desenvolvimento sensato e despretensioso sempre existiu como uma alternativa sensata para os sistemas de ataque muito teóricos. O último jogador de nível mundial superior a jogá-lo consistentemente com grande sucesso foi Karpov, embora praticamente todo jogador de alto nível tenha estado em um ou em ambos os lados dele. Kasparov jogou-o, pelo menos, quatro vezes contra os melhores jogadores, com uma idéia que será vista abaixo. O conceito das Brancas é simples, pelo menos à primeira vista. Elas desejam desenvolver e rocar sem expor suas peças aos ataques que ganham tempos com os quais 6 ♗g5, 6 ♗c4 e 6 ♗e3 são atacados. 6 ♗e2 também cobre a casa g4 contra um Cavalo invasor e, assim, prepara e a colocação de um Bispo em e3. Embora 6 ♗e2 quase sempre esteja associado a f4, o avanço de g4 tem sido usado cada vez mais, junto com ele, para afastar o Cavalo f6 e impedir ...d5, antes de tentar uma ação mais agressiva.

O lado negativo de ♗e2 é bem óbvio: é passivo e não cria nenhuma ameaça. Nem o Bispo protege o crítico Peão e, o que indica que, muito provavelmente, acabará em f3 ou d3, em algum momento. Como conseqüência, o Bispo branco geralmente empregará dois lances para chegar a uma casa relativamente passiva.

**6...e5** *(D)*

Embora as Negras possam jogar 6...e6 e transpor para outra variante, este é o 'motivo' original de 5...a6. No movimento anterior, 5...e5 teria sido respondido com 6 ♗b5+, criando alguns embaraços nas casas brancas; por exemplo, 6...♗d7 7 ♗xd7+ ♛xd7 8 ♘f5, depois do que, o Cavalo partirá para e3 em muitas situações, mas com um domínio completo de d5. Nada disso poderá ocorrer, uma vez que ...a6 exista. O movimento 6...e5 inicia uma das estruturas típicas da Siciliana. A idéia das Negras será ameaçar ...d5, assim que possível e forçar as Brancas a reagirem de um modo que, por outro lado, é desfavorável. A idéia análoga é o movimento inovador 6...e5 de Boleslavsky, depois de 5...♘c6 6 ♗e2 e5, um movimento que chocou, à primeira vista, o mundo do Xadrez, porque entregou um posto avançado crucial na casa d5 e também criou um Peão atrasado em d6. A jogada de Boleslavsky é analisada na seção 'Ataque Sozin (e na Siciliana Clássica)' abaixo. Note, a propósito, que depois de 6 ♗g5, 6...e5? seria uma auto-imobilização; e após 6 ♗c4, 6...e5 falha em bloquear o Bispo perigoso das Brancas. Por outro lado, 6 ♗e3 e5 é muito comum.

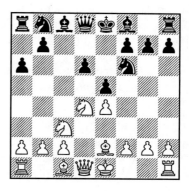

Adaptarei a variante 6 ♗e2 e5 em uma partida; perdoe-me as notas profundas, que tentam englobar as idéias maiores da variante.

**Geller – Fischer**
*Torneio de Candidatos em Curaçao – 1962*

**7 ♘b3**

Embora Cavalos em b3 geralmente estejam mal colocados na Siciliana, este recuo permite deixar f4 disponível para atacar o centro e a Ala do Rei das Brancas. Também apóia a idéia a4-a5 e tem uma função defensiva mantendo um olho em c5 e trocando, potencialmente, um Cavalo nessa casa. Devemos ver que a ação das Brancas na Najdorf 6 ♗e2 geralmente está na Ala da Dama, em oposição às suas alternativas principais ao 6º movimento.

a) 7 ♘f5 d5! explora a posição pendente do Cavalo para conseguir o movimento de liberação favorito das Negras. As Brancas podem desenvolverse rapidamente e controlar d5 com 8 ♗g5, mas 8...d4 9 ♗xf6 ♕xf6 10 ♘d5 ♕d8 dá às Negras uma vantagem de espaço com desenvolvimento fácil, pelo par de Bispos. Elas também têm um avanço útil com ...g6 e ...f5 em reserva.

b) 7 ♘f3 é jogado com uma razoável freqüência. Algumas vezes, as Brancas comtinuam com a seqüência a4, 0-0 e ♘d2-c4-e3, para reforçarem o controle de d5, mas isso é obviamente muito lento. Uma partida empolgante, se bem que arriscada, continuou com 7...h6 (uma boa solução é 7...♗e7! 8 ♗g5 ♘bd7 9 a4 0-0 10 0-0 h6 11 ♗xf6 ♘xf6 12 ♗c4 ♗e6, Van der Wiel-Beliavsky, Wijk aan Zee – 1985) 8 ♗c4!? *(D)*.

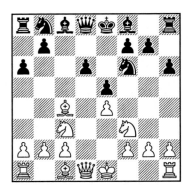

Agora:

b1) O movimento natural 8...b5?! 9 ♗d5 ♘xd5 10 ♘xd5 ♗b7 continua com 11 a4!. Uma das primeiras coisas a saber sobre o sistema ♗e2, é que as Negras devem ter cuidado com ...b5, que pode ser um lance de enfraquecimento. Obviamente, isso não se aplica aos outros sistemas Najdorf, nos quais as Brancas fazem o Roque grande.

b2) 8...♗e6!? 9 ♗xe6 fxe6 (chegamos a essa estrutura de Peões centrais dobrados de novo, que cobre todas as casas centrais, mas, à qual geralmente, falta mobilidade; a posição seria equivalente, exceto pelas idéias táticas das Brancas) 10 ♘h4! (10 0-0 ♘c6) 10...♘c6?! (10...♔f7) 11 ♘g6 (11 f4! foi uma oportunidade perdida) 11...♖g8 12 0-0 ♔f7 13 ♘xf8 ♖xf8 14 f4 ♔g8 15 ♗e3 (15 f5 d5!) 15...exf4 16 ♖xf4 ♕c7 17 ♕e2 ♘e5 (simultaneamente, as Negras obtêm a colocação da peça que desejam: e5 para seu Cavalo e nenhum posto avançado em d5 para as Brancas) 18 ♗d4 ♖f7 19 ♖d1 ♖af8 20 ♔h1 ♕c4! 21 ♕d2 b5 22 a3 ♕c6! 23 ♗xe5 dxe5 24 ♖f3 ♘xe4 25 ♘xe4 ♕xe4 e na partida Van der Wiel-Portisch, Tilburg – 1984, o Peão passado extra foi suficiente para vencer.

**7...♗e7**

Algumas vezes, as Negras pretendem um ...e5 imediato por meio de 7...♗e6, mas isso é provocar f4-f5; por exemplo, 8 f4 ♕c7 (a diferença entre esta e as linhas normais é que as Brancas são capazes de responder a 8...exf4 com 9 ♗xf4 em um movimento, em vez de terem que jogar ♗e3 primeiro) e agora:

a) É cada vez mais popular avançar o Peão g em todas as variantes Sicilianas, mas eis um exemplo mais antigo: 9 g4!? h6 (9...exf4 10 g5! ♘fd7 11 ♗xf4 ♘c6 12 ♕d2 ♗e7 13 0-0-0 ♘ce5 14 ♘d4 com uma grande vantagem; as Brancas já estão organizadas para ♘f5) 10 g5 hxg5 11 fxg5 ♘fd7 *(D)*.

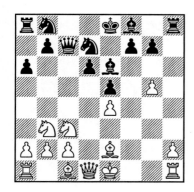

12 ♗g4! ♖h4 13 ♗xe6 fxe6 14 ♗e3 ♗e7 15 ♕f3 ♘c6 16 ♕g3 ♖h8 17 ♕g4. As Negras estão amarradas e é possível continuar com , D.Gurevich-Balashov, URSS – 1974.

b) 9 0-0 ♘bd7 10 f5 ♗c4 11 a4! (impedindo ...b5 e planejando a5 para limitar a Ala da Dama das Negras) 11...♗e7 12 ♗e3 0-0 13 a5 b5 14 axb6 ♘xb6 (bom, mas agora, as Negras têm um Peão a isolado em uma daquelas posições excepcionais, onde têm um contrajogo insuficiente na Coluna b)

15 ♔h1 ♖fc8 16 ♗xb6! ♕xb6 17 ♗xc4 ♖xc4 18 ♕e2 ♖b4 19 ♖a2 (a manobra das Brancas forneceu-lhes o controle de d5 e uma Coluna a aberta útil; note que esta Torre protege b2) 19...h6 (19...♕b7 20 ♖e1) 20 ♖fa1 ♗f8 21 ♖a4! (21 ♖xa6?! ♖xa6 22 ♖xa6 ♕b7 {batendo em e4} 23 ♘a5 ♕c7 é igual) 21...♖c8 22 ♖xb4 ♕xb4 23 ♕xa6. As Brancas têm um Peão a mais, Karpov-Bronstein, Moscou – 1971. Um tratamento perfeito.

Agora, voltamos para 7...♗e7 *(D)*:

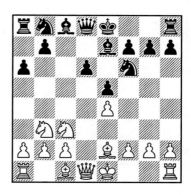

**8 0-0**

Novamente, 8 g4 tem sido jogado, assim como 8 ♗e3 ♗e6 9 ♘d5. Mas as Negras terão muito contrajogo se as Brancas correrem para trocar seu Bispo de casas negras a fim de controlar d5: 8 ♗g5 ♗e6 9 ♗xf6!? ♗xf6 10 ♕d3 ♘c6 11 ♘d5 ♗g5 12 0-0 ♘e7!, quando as peças vão sendo trocadas enquanto as Negras mantêm seus dois Bispos e a vantagem. Arnason-Kasparov, Campeonato Mundial de Juniores em Dortmund – 1980.

## 8...0-0

8...♗e6 9 f4 ♕c7 10 a4 (10 f5!?) 10...♘bd7 11 ♗e3 0-0 12 ♔h1 exf4 13 ♖xf4 (as Brancas tentam uma idéia diferente; não estão preocupadas com ...♘e5 e prefeririam o Bispo e3 na Ala da Dama, onde a5 e ♘d5 podem influenciar) 13...♘e5 (agora, termos uma partida particularmente instrutiva, em especial, em relação à colocação das peças nas estruturas típicas de Peões) 14 ♘d5 ♗xd5 15 exd5 ♘fd7 16 ♖b4 ♖fe8! 17 a5 ♗f6 (D).

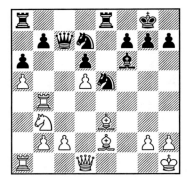

É muito difícil fazer a ruptura de uma estrutura como a das Negras, quando há um Peão em d5 e quando as Negras são capazes de usar esse ponto forte em e5 como um trampolim. Nesta partida, as Brancas arrastam-se e as Negras assumem a iniciativa: 18 ♗g1 ♗g5 19 ♘d2 ♘f6 20 ♘f1 g6 21 ♖d4?! ♖e7 22 c4 ♖ae8 23 b4, Hulak-Portisch, Indonésia – 1983 e, agora, o movimento temático 23...♘ed7! controla todas as principais casas.

## 9 ♗e3

9 ♔h1 tem sido jogado por Kasparov de vez em quando. É um movimento que as Brancas desejarão fazer de qualquer modo e, então, esperar para ver como as Negras estarão comprometendo suas peças, mas isso pode não ser muito útil:

a) 9...b6!? (esta é a solução aceita, evitando 9...b5 10 a4!) 10 ♗e3 ♗b7 11 f3 b5! 12 a4 b4 13 ♘d5 ♘xd5 14 exd5 ♘d7 15 c3 bxc3 16 bxc3 ♗g5! 17 ♗g1 ♕c7 18 c4 a5 19 ♘d2 f5 ½-½ Anand-Gelfand, Dos Hermanos – 1997. As Negras asseguraram o posto avançado c5 e já têm sua maioria na Ala do Rei.

b) 9...♘c6 10 f3 ♗e6 também é bom; por exemplo, 11 ♘d5 a5 12 ♗e3 a4 13 ♘c1 ♗xd5!? 14 exd5 ♘d4! (D).

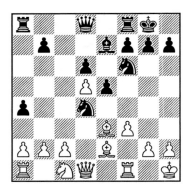

Este sacrifício do Peão transforma o Bispo f6 das Negras em uma peça poderosa, enquanto o das Brancas em e2 permanece passivo: 15 ♗xd4 exd4 16 ♕xd4 ♕a5 17 ♖d1 ♘d7 18 ♖b1 ♖fe8 com muito jogo pelo Peão, que pode muito bem ter que ser devolvido de qualquer modo, Adams-Kariakin, Wijk aan Zee – 2006.

**9...♕c7**

9...♗e6 10 ♕d2 ♘bd7 11 a4 ♖c8 (11...♘b6 gerou um jogo ativo continuando com 12 a5 ♘c4 13 ♗xc4 ♗xc4 14 ♖fd1 ♖c8 15 ♘c1 d5! 16 ♗b6 {16 exd5 ♗b4!} 16...♕e8 17 exd5 ♗b4 18 d6 ♕d7 19 ♘d3 ♕xd6 20 ♘xb4 ♕xb4 21 ♘e4 ♕xd2 22 ♘xf6+ gxf6 23 ♖xd2 ♗e6, com igualdade, in Leko-Shirov, Dortmund (2) – 2002) 12 a5 ♕c7 13 ♖fd1 ♖fd8 14 ♕e1 ♕c6 15 ♗f3 ♗c4 16 ♘c1! (indo para b4; Karpov geralmente concentra suas peças no ponto fraco) 16...h6 17 ♘1a2 ♘c5 18 ♘b4 ♕e8 19 g3! ♖c7 20 ♗g2 ♖dc8 21 b3 ♗e6 22 ♘cd5 ♘xd5 23 ♘xd5 ♗xd5 24 ♖xd5. As Brancas têm controle de d5 e os dois Bispos, Karpov-Nunn, Amsterdã – 1985.

**10 a4 ♗e6 11 a5 ♘bd7 12 ♘d5 ♘xd5!?**

As Negras estão tentando salvar o par de Bispos.

**13 exd5 ♗f5 14 c4 ♗g6 15 ♖c1 ♘c5?!**

As Brancas têm a vantagem em qualquer caso, mas 15...f5 16 c5!? (ou 16 f4) 16...f4 17 cxd6 ♕xd6 18 ♗c5 ♘xc5 19 ♘xc5 ♗f7! 20 ♗f3 ♖fb8! e ...b5 não parece ruim demais.

**16 ♘xc5 dxc5 17 b4!** *(D)*

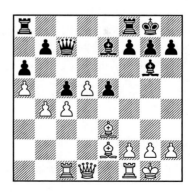

A estratégia de Abertura de Geller resultou em uma posição de Livro.

**17...♖ac8**

A idéia é 17...cxb4 18 ♗b6, com c5 em seguida.

**18 ♕b3 ♗d6 19 ♖fd1**

As Brancas também podem assegurar dois Peões passados com 19 bxc5 ♗xc5 20 ♗xc5 ♕xc5 21 ♕xb7 ♕xa5 22 ♕b2!.

**19...♕e7 20 bxc5 ♗xc5 21 ♗xc5 ♖xc5 22 ♖a1! ♖d8 23 ♖a4 ♗f5 24 ♗b4 ♗c8 25 ♖b6! ♖d6**

25...♖xa5 26 d6 ♕d7 27 ♗f3 deixa as Negras sem jogadas razoáveis.

**26 ♕b4 ♕c7 27 ♖xd6 ♕xd6 28 ♖b1 ♕c7 29 ♕a4! ♗d7 30 ♕a3 ♖xa5 31 ♖xb7! ♕xb7 32 ♕xa5 g6 33 h3**

As Brancas estão ficando prontas para avançar os Peões passados.

**33...♕b1+ 34 ♔h2 ♗f5 35 ♕c3 ♕e4 36 ♗f3 ♕d4 37 ♕xd4 exd4 38 g4 ♗c8 39 c5 a5 40 c6 ♔f8 41 d6 1-0**

A partida poderia terminar com 41...♔e8 42 ♗d1 ♗a6 43 g5 ♗b5 44 c7 ♗d7 45 ♗a4 etc. Geller foi um dos grandes jogadores de 6 ♗e2 e, claro, Fischer foi o principal jogador Najdorf de seu tempo.

## Ataque Inglês

**1 e4 c5 2 ♘f3 d6 3 d4 cxd4 4 ♘xd4 ♘f6 5 ♘c3 a6 6 ♗e3** *(D)*

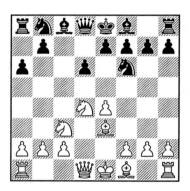

Este movimento junto com 7 f3 é conhecido como o Ataque Inglês, que pode ser usado contra sistemas com ou sem ...♘c6. Aqui, vemos as variantes Najdorf, basicamente aquelas que usam ...e6 e pulam ...♘c6 em favor de movimentos como ...b5, ...♗b7, ...♗e7 e ...♕c7. Esta é uma linha moderna no Xadrez contemporâneo e cheia de análises de 20 ou mais jogadas, e portanto, minha cobertura será limitada. Todavia, as linhas do Ataque Inglês estão repletas de idéias interessantes e posicionais originais, que expressam um novo modo de jogar a Defesa Siciliana para ambos os lados. Essas considerações posicionais a tornam um bom tópico de estudo.

A ordem de movimentos 6 f3 com 7 ♗e3 é um modo de mudar para o Ataque Inglês principal, sem permitir ...♘g4. Mas as Negras têm o movimento 6...♕b6!? impedindo 7 ♗e3, devido a 7...♕xb2. Isto encerra a mesma idéia que ...♕b6 na Siciliana Clássica, ou seja, forçar o Cavalo a voltar para b3, mesmo com o custo de um tempo (...♕b6-c7). Então, se o Cavalo retornar para sua 'melhor' casa d4, serão as Negras quem terão ganho o tempo. Mas com o Cavalo permanecendo em b3, não será tão fácil para as Negras; por exemplo, 7 ♘b3 e6 8 g4!? (8 ♕e2 planejando ♗e3 também é jogado; talvez 8 a4 também seja bom, uma vez que a5 não pode ser impedido) 8...♘c6 (Judit Polgar jogou com 8...♕c7 9 ♗e3 b5 e 8...♘fd7; os dois parecem modos melhores de continuar) 9 ♕e2 ♕c7 10 ♗e3 b5 11 0-0-0 com vantagem. Devido às muitas opções das Brancas contra 6...♕b6, parece que 6 f3 é seguro o bastante e evita as linhas ...♘g4 mencionadas na próxima nota.

**6...e6**

Ou:

a) 6...♘g4 7 ♗g5 h6 8 ♗h4 g5 9 ♗g3 ♗g7 *(D)* tem sido o tema de muitas partidas dos Grandes Mestres, notadamente, de Kasparov.

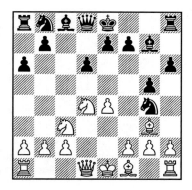

A idéia é afastar o Bispo branco de casas negras de sua diagonal mais eficiente e usar a casa e5 de modo produtivo. No entanto, as Negras enfraqueceram sua Ala do Rei e a variante parece ter caído de aceitação; portanto, não iremos examiná-la aqui.

b) 6...e5 é a solução Najdorf típica que vimos sob 6 ♗e2 e5. Uma idéia singular é 7 ♘f3!? ♗e7 8 ♗c4, que lembra 6 ♗e2 e5, exceto por três coisas:

1) Geralmente, as Brancas gostariam de jogar ♗g5 nas linhas com ♘f3, de modo a enfraquecer o controle de d5 das Negras. Mas aqui, as Brancas já moveram o Bispo para e3, e assim, seria uma perda de tempo trazê-lo para g5.

2) As Brancas ganharam um lance jogando ♗c4 em um salto (ao invés de ♗e2-c4). Naturalmente, as Brancas podem não querer que o Bispo fique exposto a ...b5 tão cedo, mas isso não parece ser um grande problema.

3) Em uma nota menos importante, a manobra, algumas vezes útil, das Brancas ♘d2-c4-e3 (após a4) não é mais possível porque c4 e e3 foram ocupadas.

De qualquer modo, depois de 8 ♗c4, o jogo pode continuar com 8...0-0 9 0-0 ♗e6!? 10 ♗b3 ♘c6 11 ♗g5 *(D)*.

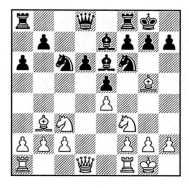

As Brancas têm um controle excelente de d5 agora, mas ter essa casa à sua disposição não é suficiente para uma vantagem signifíctiva na Defesa Siciliana. Anand-Leko, Wijk aan Zee – 2006 continuou com 11...♘d7! (as Negras livram-se de seu Bispo ruim) 12 ♗xe7 ♕xe7 13 ♘d5 ♕d8 14 c3 ♘a5! 15 ♖e1 ♖c8 16 h3 (isto prepara ♖e2-d2 sem permitir ...♗g4) 16...♘b6 17 ♘xb6 ♕xb6 18 ♗xe6 fxe6 19 ♖e2! ♖c6 20 ♕d3 ♕c7 21 ♖d1. As Brancas têm alguma pressão, mas as Negras não têm problemas graves ainda.

**7 f3 b5**

Alternativas pouco jogadas geralmente estão se revelando e, aqui, temos algumas idéias a considerar:

a) 7...♘bd7?! é a continuação mais natural para os jogadores da Najdorf, mas eles devem entender que entra no caminho quando as Brancas procuram o seu Ataque Inglês normal: 8 g4! *(D)*.

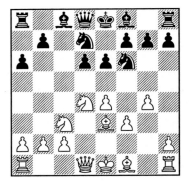

As Negras teriam gostado de jogar ...b5 e ...♘fd7-b6 (compare com a linha principal abaixo para ter uma 'explicação' desta idéia estranha). Infelizmente, 7...♘bd7 significa que elas não têm tempo para entrar com todos os três movimentos, ou seja, ...b5, ...♘fd7 e ...♘b6. Agora, 8...♘b6 9 g5 ♘fd7 bloqueia ...b5, quando 10 a4 ♘e5 11 f4 ♘ec4 12 ♗c1 e 10 f4 (impedindo ...♘e5) garantem vantagens consideráveis. Depois de 8 g4, portanto, as Negras podem também jogar 8...h6 9 h4 (9 ♕d2 b5! fornece às Negras o tempo extra que elas precisam para uma transferência produtiva para a Ala da Dama e, na verdade, transpõe para a 'Linha Principal' do Ataque Inglês, mas 9 ♕e2!? e 0-0-0 definitivamente vale a pena serem examinados) 9...b5 10 ♖g1 (10 a4! é forte, com a idéia 10...b4 11 ♘c6 ♕c7 12 ♘xb4 d5 13 ♘d3) 10...♘b6 (portanto, as Negras ganharam seu tempo, mas com o custo de relaxar sua posição nas duas Alas) 11 g5 ♘fd7 (Wedberg-Ćkesson, Örebro – 2000) e, novamente, 12 a4! parece forte, planejando 12...♘c4 13 ♗c1!, quando as Negras têm que fazer algo contra axb5 e as Brancas podem responder a 13...♕a5 com 14 g6! ♘de5 15 gxf7+ ♘xf7 16 axb5! ♕xa1 17 ♗xc4. Nesta subvariante inteira, vemos problemas de jogar ...♘bd7 e bloquear o recuo ...♘fd7.

b) 7...h5!? *(D)* é um tema posicional a lembrar, pois impede g4, que é a principal idéia das Brancas no Ataque Inglês.

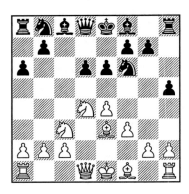

Naturalmente, isto tem um custo, em termos de enfraquecimento da Ala do Rei e de tempos, mas em algumas posições da Siciliana, vale a pena (a saber, as linhas clássicas com ...♘f6 e ...♘c6). Aqui, é bem obscuro: 8 ♕d2 ♘bd7 9 ♗c4 ♘e5!? (não 9...b5? 10 ♗xe6; mas um lance plausível é 9...♘c5!?, planejando ...b5 ou até ...d5) 10 ♗b3 b5 11 0-0-0 ♗b7 12

♗g5! (aproveitando ...h5) 12...♕a5!? (12...♗e7 pode ser melhor) 13 ♔b1 (Khalifman-Van Wely, Wijk aan Zee – 2002) e Fedorowicz sugere 13...♖c8, limitando as Brancas a uma vantagem moderada. Mesmo que ...h5 não o atraia nesta posição exatamente, você deve conhecê-lo (como Negras ou Brancas) ao jogar ou quando for confrontado com as muitas versões diferentes do ataque f3/g4.

## 8 g4

Embora seja uma questão complicada, provavelmente é melhor jogar em g4 primeiro, antes de ♕d2, porque depois de 8 ♕d2 ♘bd7, as Negras têm mais opções, ao passo que 8 g4 ♘bd7?! 9 g5 afasta o Cavalo.

## 8...h6

Pela razão dada na última nota, isto será necessário se as Negras quiserem jogar ...♘bd7. Mas, 8...♘fd7!? 9 ♕d2 ♘b6 *(D)* é uma alternativa importante e ainda viável.

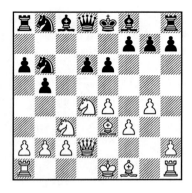

Como em muitas idéias na Sicilianas, inicialmente isto é difícil de acreditar: as Negras fizeram nove movimentos para colocar uma peça em jogo! E mais, 8...♘fd7 e 9...♘b6 foram jogados por muitos jogadores importantes do mundo, inclusive Kasparov. Como podem as Negras ignorar as regras clássicas do desenvolvimento, desta maneira? As respostas são várias. Considere que as Negras economizem o lance ...h6 (jogado na linha principal), assim 'ganhando' um tempo e mantendo, de modo crucial, sua Ala do Rei sem fraquezas. Assim, as Brancas terão que fazer muitos movimentos mais (como, por exemplo, g5, h4, h5 e g6) para estabelecerem contato com o Rei inimigo (que normalmente faz o Roque pequeno). Em segundo lugar, se atacadas por ...b4, as Brancas não serão capazes de jogar ♘a4, como fazem em muitas linhas. Isso pode agilizar o ataque das Negras, especialmente, uma vez que ♘ce2 pode ser satisfeito com ...♘c4. Assim, as Brancas ficam reduzidas a ♘b1 na maioria dos casos. Para ser justo, ♘b1 é uma resposta boa o bastante na maioria dos casos, mas não é a primeira escolha das Brancas. Finalmente, a manobra ...♘fd7-b6 permite um desenvolvimento muito harmonioso das Negras envolvendo ...♗b7, ...♘bd7 e ...♖c8. Esta também é uma das poucas linhas nas quais um movimento ...d5 inicial é possível, pois os problemas normais de g5 e e5 (com ganho de tempo) não estão presentes.

No outro lado da questão, as Brancas têm cinco peças colocadas agressivamente e uma grande vantagem de espaço, no centro e na ala do Rei. Seu Peão e4, geralmente um alvo de ataque na Siciliana, é apoiado duplamente e não está ameaçado ainda. Imagine ficar infeliz com isso!

De qualquer modo, no diagrama, temos:

a) 10 ♕f2 e 10 f4!? são ambos possíveis.

b) 10 a4 bxa4 11 ♘xa4 ♘xa4 12 ♖xa4 *(D)* é uma linha importante, porém, engraçada.

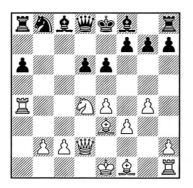

Agora, as Negras não têm nenhum espaço, *nenhuma* peça desenvolvida depois de 12 movimentos e seu Peão a está isolado! Esta posição é uma homenagem à maioria de peões centrais e à estrutura ...d6/...e6. Também fornece a evidência de uma idéia recorrente: que um Peão a isolado em uma coluna aberta normalmente não é um problema grave até o Final. 12...♗e7 e agora:

b1) 13 ♗e2 0-0 14 0-0 ♗b7 15 ♖fa1 ♘d7 16 ♘b3 (realmente tirando proveito no flanco da Dama para conquistar o Peão a; finalmente, as Brancas o conquistam, mas todas as suas forças são tão desviadas por essa tarefa que elas deixam o resto do tabuleiro desguarnecido) 16...♖b8!? 17 ♗a7 ♖c8 18 ♘a5 ♗a8 19 ♗xa6 ♘e5! 20 ♗e2 f5! com uma compensação óbvia para as Negras, Anand-Kasparov, Kopavogur (partida rápida) 2000.

b2) Anand tentou melhorar com 13 g5 versus Topalov em Wijk aan Zee – 2004, quando Dearing sugere 13...♗b7 (13...0-0 14 h4! foi jogado, quando h5 seguido de g6 é um problema) 14 ♗e2 d5 15 e5 ♘d7 16 f4 ♘b6 17 ♖a2 ♘c4. As Negras parecem ficar razoavelmente bem.

c) 10 0-0-0 ♘8d7 11 ♕f2 (11 ♘cxb5!? axb5 12 ♘xb5 é um sacrifício extravagante que atualmente tem má fama) 11...♗b7 12 ♗d3 ♖c8 13 ♔b1?! (13 ♘ce2 é a linha principal, quando as Negras podem adiar o Roque para terem algo no centro com 13...d5, 13...♕c7 14 ♔b1 d5 ou 13...♘c5 de Kasparov) 13...♖xc3! (outro exemplo do sacrifício de qualidade posicional ...♖xc3; é jogado em outras Sicilianas, a saber, o Dragão) 14 bxc3 *(D).*

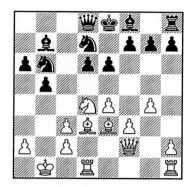 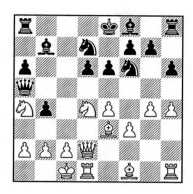

A compensação das Negras é óbvia com movimentos como, por exemplo, ...♘a4, ...♛a5 ou ...♛c7, ...♘e5 etc., no ar. O que é pior, as Brancas não podem tentar nada útil, uma vez que, com muita freqüência, suas Torres serão bem inúteis até um Final, que provavelmente não chegará a acontecer! 14...♛c7 (ou 14...♘a4!) 15 ♘e2 ♗e7 16 g5 0-0 17 h4 ♘a4 e o ataque das Negras foi poderoso demais (até ...d5 seguiu) em Movsesian-Kasparov, Sarajevo – 2000.

**9 ♛d2**

A partir deste ponto, seguiremos uma partida relativamente recente.

### Anand – Kasimdzhanov
*Leon (partida rápida) – 2005*

**9...♘bd7 10 0-0-0 ♗b7 11 h4 b4 12 ♘a4 ♛a5** *(D)*

Depois disto, vem uma longa seqüência de movimentos teóricos. 12...d5!? é uma alternativa fascinante, mas muito arriscada.

**13 b3 ♘c5 14 a3 ♖c8 15 ♛xb4**

15 axb4 ♘xb3+ 16 ♘xb3 ♛xa4 é a Principal Linha Principal! As partidas e a análise são fascinantes, mas se estendem além dos 30 movimentos em alguns pontos e são decididas por detalhes que não têm muita relação com a compreensão do Xadrez. Portanto, continuarei com algo mais claro:

**15...♛c7 16 ♔b1 ♘fd7 17 ♘b2 d5 18 ♛d2 dxe4**

18...♘e5!? também foi jogado.

**19 f4 ♘f6** *(D)*

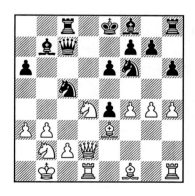

**20 ♗e2!**

Credite esta '!' a Anand. Ele também menciona 20 ♖g1. Dearing analisou 20 ♗h3 ♘d5 21 b4! em uma posição maravilhosa, embora meus mecanismos analíticos produzam coisas absurdas como, por exemplo, 21...♗d6!? 22 bxc5 ♕xc5 com a idéia 23 c4 ♕xa3 24 ♘c2 ♕b3 25 ♘a1 ♘c3+, levando a uma repetição.

**20...♘d5 21 ♘c4 ♘d7?!**

Anand reivindica uma pequena vantagem para as Brancas depois de 21...♗e7 22 g5 e deixa 21...♖d8 sem comentário. A Abertura está bem terminada, portanto, apenas iremos apreciar visualmente o resto.

**22 g5! ♘xe3 23 ♕xe3 ♗d5 24 ♖hf1 ♗c5 25 ♕c3! hxg5 26 ♘f5! ♗xc4? 27 ♘xg7+ ♔e7 28 ♗xc4 ♖hg8 29 hxg5 e3 30 f5 ♘e5 31 fxe6 ♖xg7 32 ♖d7+! ♘xd7 33 ♕xg7 1-0**

## Introdução aos Sistemas com 2...e6

**1 e4 c5 2 ♘f3 e6** *(D)*

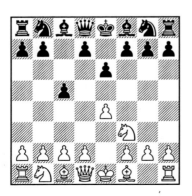

Este avanço do Peão e chamou a atenção de muitos dos primeiros praticantes da Defesa Siciliana. As Negras ameaçam desafiar, se não assumir, o centro, jogando ...d5 a seguir ou dentro em pouco. A partida inteira assume uma natureza diferente com 2...e6 em oposição a 2...d6 ou 2...♘c6. Naturalmente, pode transpor para as mesmas linhas e estruturas, caso siga um ...d6 inicial; mas se não, as Negras terão novas opções em relação a seu desenvolvimento e estratégia geral.

Uma diferença notável em 2...e6 é que as Brancas não têm a opção ♗b5, como depois de 2...♘c6 e 2...d6. Há alguns anos, isso poderia não significar muito, mas os sistemas ♗b5 são cada vez mais populares e 2 ♘f3 ♘c6 3 ♗b5 já levou Grandes Mestres de alto nível a mudarem suas variantes preferidas ou, pelo menos, suas ordens de movimentos. Outra vantagem tem relação com o Bispo f8, que após 3 d4 cxd4 4 ♘xd4, agora, está livre para diversas posições, como, por exemplo, c5 e b4; ambos têm a perspectiva de um Xadrez mais de confrontação do que, digamos, é oferecido por 2...d6. Também vemos muitos lances prematuros com a Dama; por exemplo, para c7 e b6, sem primeiro jogar ...d6.

Desnecessário dizer que 2...e6 tem alguns pontos negativos. Em uma escala menor, as Negras têm menos flexibilidade em enfrentar 3 c3 e 3 d3. Deve ser acrescentado que esses movimentos não trazem nenhuma ameaça grave; contudo, as Negras não podem escolher a variante com a qual se sentem mais confortáveis (veja abaixo). E ...e6 enfraquece a casa d6, que é uma desvantagem em várias linhas, especialmente aquelas nas quais as Negrass adiam ...d6. Movimentos como ♘b5 e ♗f4 podem ser problemáticos e, em geral, o movimento d5 das Brancas pode ter mais força em muitas posições, uma vez que não pode ser capturado por um Peão.

Bastante estranho é o fato de que 2...e6 cortando o caminho do Bispo c8, não tem uma grande conseqüência. Normalmente, esse Bispo tentará ir para b7 ou, se necessário, tomará seu lugar em d7 e estas são as casas habituais nas outras variantes Sicilianas também. No geral, 2...e6 não é melhor nem pior do que as alternativas, como pode ser visto em suas pontuações percentuais em várias linhas.

**3 d4**

As alternativas não são ameaçadoras, mas ambos os lados poderiam querer examinar 3 c3 e 3 d3. Estes movimentos são um bom material de estudo em qualquer caso, pois as posições têm uma natureza padrão:

a)  Depois de 3 c3, as Negras têm que decidir qual método contra c3 escolher. É importante saber algo sobre as ordens de movimentos, especialmente em comparação com 1 e4 c5 2 c3, que é tratado na seção Alapin deste capítulo. Uma grande diferença é que depois de 2 c3, as Negras podem jogar 2...d5 3 exd5 ♛xd5 4 d4 ♘f6 5

♘f3 ♗g4, um movimento que não está mais disponível quando jogam 2 ♘f3 e6 3 c3 d5 4 exd5 ♛xd5 5 d4. E mais, nas linhas principais depois de 2 c3 ♘f6 3 e5 ♘d5 4 d4 cxd4 5 cxd4, as Negras mantêm a opção ...d6 sem ...e6. Isso não é verdadeiro depois de 2 ♘f3 e6 3 c3 ♘f6 4 e5 ♘d5.

Assim, as Negras precisam operar dentro de uma faixa mais estreita de sistemas, que terão que ser estudados se alguém quiser obter uma compreensão real. Continuarei com apenas alguns temas tirados dentre muitos:

a1)  Várias estruturas básicas podem surgir de 3...♘f6 4 e5 ♘d5 5 d4 cxd4 6 cxd4 d6, que as Negras jogaram com resultados adequados por muitos anos. Uma idéia é que elas pode antecipar o desenvolvimento do seu Cavalo da Dama até a formação das Brancas ficar clara; por exemplo, 7 ♗c4 ♘b6 e agora, 8 ♗d3!? dxe5 9 dxe5 ♘a6!? 10 0-0 ♘c5 11 ♗c2 ♛xd1 12 ♖xd1 ♗d7 13 ♘c3 ♖c8 com um desenvolvimento confortável, Shaw-Short, Catalan Bay – 2003. Se as Brancas jogarem 8 ♗b3, as Negras terão 8...dxe5 9 ♘xe5 (9 dxe5 ♛xd1+ 10 ♗xd1 ♘a6! e ...♘c5 ou ...♘b4, outro caso no qual adiar o desenvolvimento do Cavalo da Dama é vantajoso) 9...♘c6 10 ♘xc6 bxc6 *(D)*.

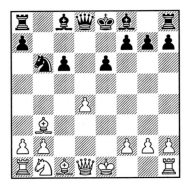

Aqui, temos uma posição padrão de diversas Aberturas, com o Peão c atrasado versus o Peão da Dama isolado. Mesmo que as Brancas ficassem mais bem desenvolvidas do que estão aqui, as Negras terão jogo suficiente combinando a pressão nas Colunas b e d. Nesta posição, também podem liquidar as fraquezas e ganhar atividade; por exemplo, 11 0-0 ♗e7 12 ♘c3 0-0 13 ♗c2 ♗a6 14 ♖e1 c5 15 dxc5 ♕xd1 16 ♖xd1 ♗xc5, Blatny-Shaked, Kona – 1998.

a2) A outra resposta óbvia para 3 c3 é 3...d5, quando 4 exd5 pode levar a duas organizações não relacionadas:

a21) Em 4...♕xd5, podemos obter 5 d4 ♘f6 6 ♗d3 (6 ♗e2 ♘c6 7 ♗e3 cxd4 8 cxd4 ♗e7 9 ♘c3 ♕d6 muda para uma das linhas que se originam de 2 c3; é considerada inofensiva) 6...♘c6 7 ♗e3 cxd4 8 cxd4 ♗e7 9 ♘c3 ♕d6 com idéias análogas às linhas contra 2 c3; novamente, consulte a seção Alapin. Naturalmente, existem opções a cada movimento.

a22) As Negras também podem jogar 4...exd5 5 d4 ♘c6, quando a posição de um Peão da Dama isolado pode seguir facilmente com:

a221) 6 ♗b5 ♗d6 7 dxc5 ♗xc5 8 0-0 ♘ge7 9 ♘bd2 0-0 10 ♘b3 ♗d6 (D).

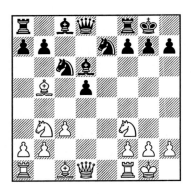

Transpusemos para a variante da Defesa Francesa 1 e4 e6 2 d4 d5 3 ♘d2 c5 4 exd5 exd5 5 ♗b5+ ♘c6 6 ♘gf3 ♗d6 7 dxc5 ♗xc5 8 ♘b3 ♗d6 9 0-0 ♘e7, exceto que as Brancas podem não querer jogar 10 c3 neste caso; ou seja, na versão 2...e6 3 c3 da Siciliana, elas comprometeram-se a fazer esse movimento antes que pudessem querer. É algo bem sofisticado para preocupar, a todos nós, exceto os jogadores muitos experientes; todavia, torna a posição mais fácil para as Negras, do que geralmente seria e pode dar aos jogadores menos avançados, uma idéia das considerações que entram no Jogo de Abertura de alto nível. De qualquer modo, todos os temas dos peões da Dama isolados aplicam-se à posição do diagrama; por exemplo, as Brancas bloqueiam o Peão d e buscam uma simplificação adequada, enquanto que as Negras usam suas peças ativas e a liberdade de movimentos para comprometer a posição das Brancas. Os movimentos típicos para as Brancas são ♖e1, ♗g5-h4-g3, ♘bd4, ♕c2 e ♗d3. Os movimentos típicos para as Negras são ...♗g4, ...♘f5, ...♖e8 e ...♕b6 ou ...♕f6. Se você deseja jogar esta posição, com qualquer cor é uma questão de gosto.

a222) Algumas vezes, você vê a linha 6 ♗e3, quando, com exceção de 6...cxd4 7 ♗xd4, as Negras têm o interessante 6...c4. Isto é particularmente apropriado para não permitir dxc5 e justificar a posição passiva do Bispo das Brancas em e3. As Brancas não podem colocar ainda seu Bispo em jogo ativo em d3 e as Negras podem desenvolver-se facilmente com ...♗d6 e ...♘ge7, a menos que as Brancas façam algo imediatamente. Portanto, geralmente continua-se com 7 b3! cxb3 8 axb3 ♗d6 9 ♗d3 ♘ge7 *(D)*.

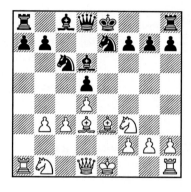

Uma vez que o procedimento c4 e ♘c3 realmente não fará a quebrará o centro das Negras (...♗e6 ou até ...♘b4 deve proteger bem o Peão d5), estas poderão ficar contentes com sua estrutura de peões e desenvolvimento. Após 10 ♕c2 (10 0-0 ♗f5), Adams-Nunn, Hastings – 1996/7 continuou com 10...h6 11 0-0 0-0 com igualdade. Nunn sugere a seqüência mais interessante 10...♗g4 11 ♘bd2 ♖c8 12 ♕b1 ♗h5, planejando ...♗g6 para trocar o Bispo bom das Brancas em d3.

b) Alguns jogadores acreditam que 3 d3, com a organização do Ataque Índio do Rei (g3, ♗g2 e 0-0) seja mais adequado contra 2 ♘f3 e6 do que contra 2 ♘f3 ♘c6 ou 2 ♘f3 d6. Existem, pelo menos, duas idéias por trás desta declaração:

1) O Bispo da Dama das Negras não pode ir para uma casa agressiva.

2) As Negras precisarão usar um tempo extra se quiserem jogar ...e5. A implicação é que as Negras achariam ...e5 um movimento desejável de fazer, que pode ser o caso nas linhas com ...g6, ...♗g7, ...♘ge7 e ...0-0. Esta formação ...d6/...e5 (chamada de estrutura Botvinnik) desencoraja alguns praticantes do Ataque Índio do Rei.

Em termos mais específicos, a maioria dos jogadores preferiria enfrentar a organização 'Defesa Francesa' ...e6, ...d5, ...♘c6, ...♘f6 e ...♗e7 do que outras que não envolvem o movimento ...e6. Contudo, as questões que levanto em relação às Aberturas invertidas, aplicam-se aqui. Aqueles familiarizados com a Defesa Índia do Rei (que é o Ataque Índio do Rei com cores invertidas) sabe que alguns movimentos que as Negras poderiam fazer em uma Defesa Índia do Rei são funcionam bem no Ataque Índio do Rei, pois as Negras não se comprometeram com a posição que torna esses movimentos eficientes. Eis um exemplo: 3...♘c6 4 g3 g6 5 ♗g2 (em uma reviravolta paradoxal que caracteriza a flexibilidade das posições do Xadrez, as Brancas podem buscar uma alteração radical no curso da partida com 5 d4!?, movendo seu Peão uma segunda vez, mas esperando explorar as fraquezas criadas com ...e6 e ...g6; decorre, que existem diversas respostas boas, inclusive 5...d5!? e 5...cxd4 6 ♘xd4 ♗g7 7 ♘b5 d5!?, um sacrifício do Peão produtivo) 5...♗g7 6 0-0 ♘ge7 7 ♘bd2 (o movimento típico do Ataque Índia do Rei) 7...0-0 8 ♖e1 d6 (ou 8...e5!? 9 ♘c4 d6) 9 c3 e5! *(D)*.

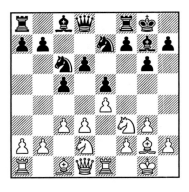

De alguns modos, a Torre branca está mal colocada em e1 porque não apóia a ruptura do Peão f4 e, geralmente, não é útil contra a estrutura Botvinnik, que consiste em ...c5, ...d6 e ...e5. Naturalmente, se a Torre retornar para f1, as Brancas realmente terão um tempo *a menos* em uma posição de Defesa Índia do Rei. Portanto, as Brancas podem bem retornar à idéia do ataque na Ala da Dama com a3 e b4, com uma luta interessante pela frente.

Voltemos para 2 ♘f3 e6 3 d4:

3...cxd4 4 ♘xd4 *(D)*

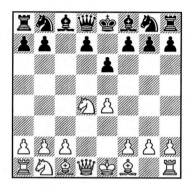

Depois de 4 ♘xd4, as Negras têm várias opções, a partir das quais devo escolher duas estratégias básicas: a Variante Siciliana dos Quatro Cavalos e o complexo Paulsen/Taimanov.

## Siciliana dos Quatro Cavalos

**4...♘f6 5 ♘c3**

Não 5 e5? ♕a5+ e 6...♕xe5.

**5...♘c6** *(D)*

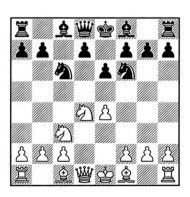

A variante dos Quatro Cavalos é um exemplo perfeito de uma linha Siciliana que enfatiza o desenvolvimento sobre a estrutura. Isso é verdadeiro em apenas algumas variantes Sicilianas, a maior parte fora de moda e desaprovada; portanto, é instrutivo ver como as considerações dos jogadores diferem daquelas nas linhas convencionais. Os Quatro Cavalos em si ainda pode ser jogada, mas devo avisá-lo que provavelmente não chega a equilibrar depois de 6 ♘xc6 bxc6 7 e5 ♘d5 8 ♘e4, uma linha altamente tática que foi totalmente testada nos últimos anos. Faz sentido que uma variante que visa a casa d6 fraca seja uma boa arma contra esta Abertura. Contudo, continuaremos com a outra variante que produz partidas com conflitos fundamentais entre as idéias posicionais e táticas.

**Buchenthal – Rosen**
*Campeonato Alemão por Equipes – 1978/9*

**6 ♘db5 ♗b4**

Neste ponto, 6...d6 7 ♗f4 e5 8 ♗g5 transpõe para a Variante Sveshnikov, à qual se chega mais comumente através de 1 e4 c5 2 ♘f3 ♘c6 3 d4 cxd4 4 ♘xd4 ♘f6 5 ♘c3 e5 6 ♘db5 d6 7 ♗g5. Com a primeira ordem de movimentos, ambos os lados fizeram um movimento extra, devido a ...e6-e5 e ♗f4-g5. A Sveshnikov contém todos os tipos de temas posicionais e táticos, mas a considerei menos instrutiva em uma faixa ampla de forças do que as outras variantes da Siciliana; portanto, não a analisamos em profundidade neste livro.

**7 ♘d6+**

7 ♗f4 leva a complicadas idéias táticas e a uma teoria extensa depois de 7...♘xe4 8 ♕f3! d5 9 ♘c7+ ♔f8 10 0-0-0 ♗xc3 11 bxc3 g5, que basicamente produz um jogo igual de acordo com os livros e os computadores. Em oposição, uma linha notoriamente monótona para ambos os lados é 7 a3 ♗xc3+ 8 ♘xc3 d5 9 exd5 exd5 10 ♗d3 0-0 11 0-0. Apesar dos dois Bispos brancos, as Negras devem ser capazes de conseguir a igualdade. Infelizmente, podem ter que fazer alguma defesa ingrata para demonstrar isso.

**7...♔e7**

O Rei pode estar sujeito a algum ataque aqui, mas definitivamente seria um erro entregar as casas negras com 7...♗xd6?. Como está, as Negras acabam com uma vantagem significativa no desenvolvimento.

**8 ♘xc8+ ♖xc8 9 ♗d3 (D)**

Um exemplo típico de como o desenvolvimento das Negras pode ser mais importante que outros fatores é 9 ♗d2 d5! (ou até 9...♗xc3 10 ♗xc3 ♘xe4 11 ♗xg7 ♖g8) 10 exd5 ♘xd5 11 ♘xd5+?! (11 ♕g4 ♗xc3 12 bxc3 ♕d6) 11...♕xd5 12 ♗xb4+? (12 c3 ♗c5 favorece às Negras) 12...♘xb4 13 ♕xd5 ♘xc2+ 14 ♔d2 exd5 15 ♖c1 ♘b4 e as Negras tiveram um Peão a mais em Sanz Calzada-Jordan Garcia, Clubes em Catalunha – 1999.

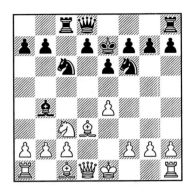

Agora, impõe-se uma decisão comum no Xadrez: irão as Negras dobrar os Peões c, protegendo então sua posição com ...d6, e explorando lentamente as fraquezas, como na Defesa Nimzo-índia? Ou irão enfatizar o espaço e o desenvolvimento rápido, usando sua vantagem nestes departamentos para forçar as concessões de seu oponente?

**9...d5!**

Aqui, a abordagem das linhas abertas é mais surpreendente. Todavia, 9...♗xc3+ 10 bxc3 ♖e8 11 ♗a3+ d6 também é legítimo: 12 0-0?! (12 ♖b1! ♕c7 13 0-0 ♖ed8 14 f4 é melhor; por exemplo, 14...e5 15 fxe5 ♘xe5 16 ♖f5 ♕xc3 com complicações) 12...♔f8!? (ou 12...♕a5! 13 ♗b4 ♕c7) 13 ♕e2 ♔g8 14 ♖ab1 ♕c7 15 ♖fd1 d5, Major-Binder, Budapeste – 1995. As Negras têm a igualdade e, talvez, mais.

**10 exd5 ♕xd5 11 0-0 ♗xc3**

11...♕h5?! 12 ♕xh5 ♘xh5 foi jogado em diversas partidas antigas, com atividade e desenvolvimento rápido guardados contra os Bispos. Talvez, as Brancas estejam um pouco melhor, mas não necessariamente, pois ainda têm que neutralizar as ameaças posicionais das Negras; por exemplo, 13 ♗d2 ♘f6 (ou 13...♖hd8; o Rei é útil em e7) 14 a3 ♗d6 15 ♘e4 ♘xe4 16 ♗xe4 f5! 17 ♗d3 ♘e5 com igualdade, Keres-Trifunovic, Moscou – 1947.

**12 bxc3** *(D)*

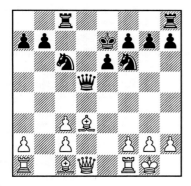

Uma imagem perfeita dos Cavalos contra os Bispos, na qual parece que as Negras estão atropelando a posição de seu oponente. Mas as Brancas podem se restabelecer rapidamente com ♖b1, c4 e ♗a3+ ou ♗b2, e portanto, há alguma urgência em entrar em ação,

**12...♖hd8**

12...♕a5! parece mais preciso, impedindo ♗a3+ e atacando c3.

**13 ♖b1**

13 c4!? ♕a5 poderia levar a 14 ♗b2 ♔f8! 15 ♗xf6 gxf6, quando as fraquezas das Brancas são mais importantes do que as das Negras; por exemplo, 16 ♕g4 ♘e5 17 ♕h5 ♘xc4 18 ♕xh7 ♔e7 e o Rei das Negras está completamente seguro. As Brancas fariam melhor, ativando suas peças com a manobra 13 ♗a3+ ♔e8 14 ♕b1! um pouco estranha.

**13...♖d7**

Também é possível 13...b6 simplesmente, com igualdade.

**14 ♗a3+ ♔e8 15 ♕c1 a6!? 16 c4 ♕h5 17 f4?!**

17 ♕f4 parece melhor, com uma situação altamente obscura.

**17...♘a5 18 c5 ♕d5 19 f5 ♘c4 20 fxe6 fxe6 21 ♖d1**

Nesta posição, Raetsky indica que 21...♕d4+! 22 ♔h1 ♘e4 (talvez 22...♕h4! seja ainda melhor) é bom. De qualquer modo, este exemplo de desenvolvimento rápido e incomum das Negras na Siciliana mostra que elas podem conseguir chances iguais nesta variante tradicional.

Com exceção dos Quatro Cavalos Sicilianos, as Negras têm vários meios de organizar uma estrutura que inclui ...a6 em poucos movimentos a seguir, mas adia ...d6. O lance imediatoo 4...a6 (sem um ...♘c6 ou ...d6 anterior logo no início) é o sistema Paulsen, também chamado de Variante Kan, ao passo que 4...♘c6 seguido de ...a6 em um dos dois movimentos seguintes, geralmente é referido como a Variante Taimanov. Algumas idéias das Negras nestas linhas são típicas de outros sistemas Sicilianos, mas muitas são exclusivas da estrutura ...e6/...a6.

## Sistema Paulsen

**4...a6** *(D)*

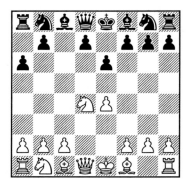

É curioso que esta tenha sido uma das primeiras linhas da Defesa Siciliana que foram levadas seriamente por Louis Paulsen e, daí em diante, por muitos de seus sucessores. Alekhine, por exemplo, teve problemas ao decidir sobre como enfrentar a Siciliana, achando que a idéia ...a6 inicial tinha precedência. A razão dela nos surpreender de modo estranho, é que a Paulsen é muito moderna em espírito: as Negras falham em desenvolver uma peça e criam debilidades nas casas negras em b6 e d6. Seu jogo é extremamente flexível e esse é um de seus motivos. Tendo impedido ♘b5, ♘f5 e ♘c3-d5, elas podem esperar para ver como as Brancas desenvolvem-se e, então, reagir de acordo. Entre outros planos, está a expansão na Ala da Dama com ...b5 e ...♗b7, o desenvolvimento da Dama em b6 ou c7 (novamente aguardando os eventos), um jogo de peças ativo com ...♗b4 e/ou ...♘ge7-g6 e o retorno a uma formação convencional com ...d6 e ...♘f6. O seu Bispo do Rei, em particular, pode ir para e7, d6, c5 ou b4; até encontra seu caminho para g7 em algumas linhas, com o movimento ...g6 criando a imitação de quatro buracos nas casas negras da terceira fila das Negras.

E as Brancas? Consideremos os Cavalos sicilianos em suas posições habituais em c3 e d4. Este é um lugar tão bom quanto qualquer outro para falar sobre seu papel positivo em termos posicionais, assim como de ataque. Com certeza, esses Cavalos brancos estão restringidos, de modo ideal, pelos peões das Negras em a6 e e6 (aquele em e6 sendo a pedra sólida versus o fogo direto com f4-f5). E se houvesse um Cavalo em b3, ele apenas visaria as casas bem protegidas em c5 e a5. Mas o Cavalo geralmente é preferível em d4 ao trabalhar junto com um em c3, porque têm efeito profilático, ou seja, eles impedem as Negras de fazerem os movimentos de liberação desejados. Assim, se as Negras jogarem ...e5, os Cavalos serão bem colocados em d5 e f5. E se as Negras jogarem ...d5, então, o Cavalo c3 desempenhará um papel atacando o Peão. E mais, se as Brancas responder a ...d5 com exd5, depois de ...exd5, o Cavalo em d4 irá tornar-se um bloqueador ideal. Na mesma situação, se as Brancas forem capazes de responder a ...d5 com e5, o Cavalo d4 será colocado de modo bem poderoso e poderá apoiar f4-f5 também. Assim, os Cavalos das Brancas ficam restringidos, mas os Peões do centro das Negras também, de modo que podemos chamar esta situação de profilaxia mútua. Note que este estado de coisas também se aplica à Variante Taimanov e, em uma extensão menor, a toda linha Siciliana com peões em a6 e e6. A diferença modesta no caso com ...d6 e ...e6, é que o Peão e6 é mais fácil de atacar.

Após 4...a6, a primeira decisão das Brancas é se deve:

a) colocar um Peão em c4 e imitar a Formação Maroczy:

b) jogar pelo desenvolvimento normal com 5 ♘c3; ou

c) esperar para decidir jogando 5 ♗d3.

**Como Jogar o Estilo Maroczy**

**5 c4 ♘f6 6 ♘c3 ♗b4!?** *(D)*

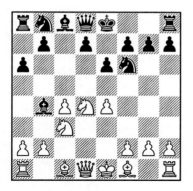

Quais são as idéias aqui? Com 5 c4, as Brancas estão fazendo o melhor para impedir as Negras de até pensarem em ...d5 e ...b5, seus tradicionais movimentos de liberação. E o desenvolvimento das Negras é bem estranho. Neste ponto, ela parece ter perdido um tempo na linha Taimanov análoga, que (como mostrado na próxima seção) continua com 1 e4 c5 2 ♘f3 e6 3 d4 cxd4 4 ♘xd4 ♘c6 5 c4 ♘f6 6 ♘c3 ♗b4. Afinal, na linha Paulsen, o Peão a6 das Negras é muito irrelevante, comparado com ter um Cavalo em c6 (como teriam na Variante Taimanov – veja também abaixo). Isso pode ser verdadeiro, considerando tudo, mas há também o paradoxo típico das linhas Sicilianas modernas, que estar um movimento atrás, algumas vezes, resultará na melhor posição! Na versão Taimanov acima, o melhor movimento das Brancas provavelmente é 7 ♘xc6, considerando que na Paulsen, as Brancas não têm essa opção, porque não há nenhum Cavalo em c6 a capturar.

Este é um caso especializado do que pode ser uma ferramenta benéfica de pensamento. Geralmente, é útil imaginar-se tendo um movimento extra quando você está jogando uma variante de Abertura. O que você faria? Você pode usar o movimento de modo produtivo? Este é um exercício muito bom que, algumas vezes, fornecerá uma maior compreensão de uma Abertura do que poderia um estudo detalhado e demorado.

**7 ♗d3**

As Negras ficam bem depois de 7 e5!? ♘e4 8 ♕g4 ♘xc3 9 a3 ♗f8! 10 bxc3 ♕a5 11 ♕g3 d6!, uma linha de livro, que permaneceu inalterada por anos.

**7...♘c6 8 ♘xc6 dxc6!** *(D)*

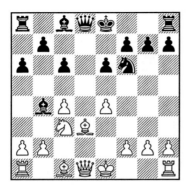

Outro paradoxo da 'perda de tempo': se você comparar a linha Taimanov equivalente de novo, as Brancas conseguiram o movimento ♗d3 em troca do movimento inútil ...a6. Será que, isso deve melhorar as perspectivas das Brancas? Mas sem ♗d3 ter sido jogado, a seqüência 7 ♘xc6 dxc6!? na Taimanov permite 8 ♕xd8+, como devemos analisar nessa seção. Provavelmente, isso pode ser jogado para as Negras, mas as deixa com um conjunto diferente de problemas. Do jeito que fica na Paulsen depois de 8...dxc6, 9 ♕xd8+ não é possível. Portanto, as Brancas conseguiram desenvolvimento, mas perderam a oportunidade.

**9 e5**

9 0-0 e5! libera o Bispo c8 e conquista um posto avançado em d4. Nessa situação também, é bom para as Negras as Damas estarem no tabuleiro.

**9...♕a5**

Agora, o jogo é forçado:

**10 exf6 ♗xc3+ 11 bxc3 ♕xc3+ 12 ♗d2 ♕xd3 13 fxg7 ♖g8 14 ♗h6 ♕c3+ 15 ♔f1 ♕f6 16 ♕c1 e5 17 c5**

17 ♖b1?! ♗e6! 18 ♖xb7 0-0-0 com ...♖d4 em seguida.

**17...♗e6**

Até aqui, temos a teoria. Se as Negras ficarem contentes com esta posição, então 5 c4 não lhes trará nenhum problema . Do contrário, as Negras deverão considerar uma abordagem posicional, como, por exemplo, 6...♕c7. O motivo é que temos que estar prontos para as linhas concretas, mas também entender as posições, como a que surge depois de 9 0-0 e5.

## Desenvolvimento Convencional

**5 ♘c3 ♕c7** *(D)*

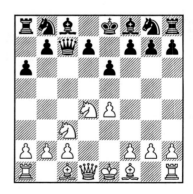

**6 ♗d3**

A mais popular das muitas continuações, pelo menos, no Xadrez ao nível de clubes.

a) Apresentarei apenas um exemplo de 6 g3. Então, as Negras poderiam transpor para uma Taimanov ou outra Siciliana com 6...♘c6 ou 6...d6, mas elas têm um movimento singular e eficaz em 6...♗b4!: 7 ♘e2 ♘f6 8 ♗g2 ♗e7 (é como se as Negras jogassem ...♗e7 e as Brancas tivessem seu Cavalo transferido para e2 sem usar nenhum tempo) 9 0-0 0-0 10 h3 d6 *(D)*.

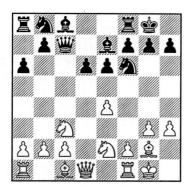

Esta posição deve ser de igualdade, pois as Negras têm seus temas de expansão normais na Ala da Dama e as Brancas não podem fazer muito na diagonal longa. Em geral, as Brancas voltarão sua atenção para a Ala da Dama: 11 ♗e3 ♘c6 12 g4 (o início de um avanço ambicioso) 12...b5 13 f4 ♘d7 14 ♘g3 ♖e8 15 ♕d2 ♗b7 16 ♘ce2 (este é um sinal de que as Brancas não sabem como continuar com seu ataque na Ala do Rei e, de fato, parece não haver um bom plano nessa área do tabuleiro) 16...♖ad8 17 ♘d4 ♘xd4 18 ♗xd4 e5! (a manobra padrão) e agora:

a1) Veja 19 ♗e3 exf4 20 ♗xf4 ♘e5 21 ♘f5 ♗f6. Vimos esta organização ideal para as Negras antes; ...♘c4 ou ...♘g6 virá em seguida. Se as Brancas tivessem qualquer chance de igualar o efeito do domínio das Negras de e5 e suas ameaças ao Peão e, teriam que ter algumas peças prontas para virem para d5, o que não é realista no momento.

a2) 19 ♗c3 d5! (o movimento padrão de liberação; a posição das Brancas está desmoronando) 20 ♔h1 (20 ♗a5 ♗c5+ 21 ♔h2 ♗b6 22 ♗xb6 ♘xb6) 20...dxe4 21 ♗a5 (21 fxe5 b4 com a idéia 22 ♗xb4 e3) 21...♘b6! 22 ♕c3 ♕xc3 23 bxc3 exf4 24 ♘xe4 ♗xe4 25 ♗xe4 ♗c5 26 ♗d3 g5 27 ♖ae1 ♖c8 e as Negras estão vencendo, Fontaine-Svidler, Campeonato Francês por Equipes – 2003.

b) 6 f4 b5 (o fianqueto precoce é uma marca registrada da Paulsen; 6...♘c6 é outra opção no estilo Taimanov) 7 ♗d3 ♗b7 8 ♕e2 ♘c6 9 ♘xc6 ♕xc6 10 ♗d2 (o início de um plano medíocre; mais interessante é 10 a3 ♗c5 11 ♗e3 ou 10 0-0 ♗c5+ 11 ♔h1 ♘e7 12 e5!?) 10...♗c5 *(D)*.

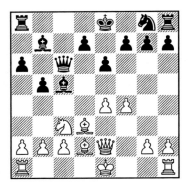

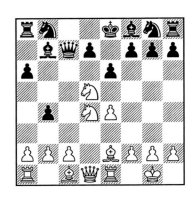

11 0-0-0!? (quando a única ação das Negras está na Ala da Dama, isto parece estranho, especialmente uma vez que as Brancas não têm nenhuma perspectiva real de ataque na Ala do Rei, onde as Negras estão tão sólidas; e mais, as Brancas não têm nenhum problema neste ponto) 11...♘e7 (se você é Brancas ou Negras, fique atento com 11...b4 12 ♘d5!) 12 ♕h5! ♖c8 13 ♔b1 b4 14 ♘e2 a5 15 f5 ♗a6!? 16 ♖hf1 ♗xd3 17 cxd3 exf5 18 exf5 ♘d5 19 ♖c1 0-0! e a posição é obscura, Meister-Poluliakhov, Krasnodar – 2001. 20 d4?! seria respondido com 20...♘f6.

c) Existem, claro, partidas incontáveis com 6 ♗e2, quando se pode voltar para uma Taimanov com 6...♘c6 seguido de ...♘f6 ou para uma estrutura Scheveningen com 6...♘f6 e 7...d6. Mas o fiel adepto da Paulsen gosta de jogar 6...b5 7 0-0 ♗b7 em toda posição. Aqui, parece errado depois de 8 ♖e1!. Este é um movimento útil em qualquer caso, mas em poucas variantes da Siciliana, prepara alguma forma do sacrifício 8...b4?! 9 ♘d5! *(D)*.

9...exd5 10 exd5 ♔d8. Agora, as Brancas têm vários modos de procurar o ataque e escolhem um bom: 11 ♗f3! d6 (isto requer um Xeque em c6, mas não é fácil tirar as peças de alguém diante de idéias como ♕e2 e ♘f5, com ♗e3, c3 e ♖c1, se necessário) 12 ♗f4 ♘d7 13 ♘c6 ♗xc6 14 dxc6 ♘c5 15 ♕d5! ♘f6 16 ♕xc5! dxc5 17 ♖ad1+ ♔c8 18 ♗g4+ ♔b8 19 ♖d8+ ♔a7 20 ♖xa8+ ♔xa8 21 ♗xc7 ♘xg4 22 ♖e8+ ♔a7 e a partida no Banco de Dados aparece com 23 ♖b8 1-0 Yang Xian-Ramos, Olimpíadas em Moscou – 1994. Acho que é um erro tipográfico pois 23 ♗b8+! ♔b6 24 c7 com uma vitória instantânea. Do contrário, 23 ♖b8? ♘f6 definitivamente valeria a pena continuar sendo jogado.

**6...♘c6**

Esta é uma excelente escolha que resulta em fixar os peões brancos. Naturalmente, 6...♘f6 é jogável. Em vez disso, um belo ataque seguiu-se com 6...b5!? (arriscado) 7 0-0 ♗b7 8 ♖e1 d6 9 ♗g5 (criando o mesmo problema para as Negras, como o que tiveram na última nota: as Brancas preparam seu sacrifício cortando as casas de fuga do Rei negro)

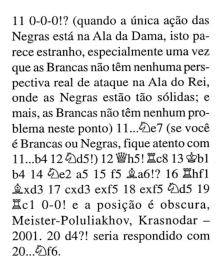

9...♘d7?! (9...♘f6) 10 a4! b4 11 ♘d5! exd5 12 exd5+ ♗e7 13 ♘f5 ♘e5 14 ♘xe7 ♘xe7 15 ♗xe7 ♔xe7 16 f4 ♕c5+ 17 ♔h1 ♕xd5 18 ♕g4 h5 19 ♕h3 ♕d4 20 fxe5 ♕g4 21 exd6+ ♔xd6 22 ♕xg4 hxg4 23 ♖ad1! e as Brancas devem vencer, Ghinda-Kirov, Timisoara – 1987.

**7 ♘xc6 dxc6 8 0-0 ♘f6 9 f4 e5!** *(D)*

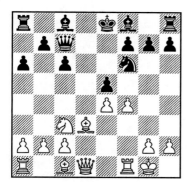

Alcançando um tipo de posição que vemos nas outras variantes Sicilianas. As Negras tem dois Bispos excelentes e as peças ativas, portanto, cabe às Brancas usarem rapidamente seu desenvolvimento superior.

Seguiremos com um partida que tem idéias habituais:

### Lanka – Santo-Roman
*Praga – 2000*

**10 f5!**

Outros movimentos:

a) 10 fxe5?! ♗c5+ 11 ♔h1 ♘g4 12 ♕f3 0-0!? (12...♗e6 13 ♗f4 ♘xe5 14 ♕g3 f6 15 ♗xe5 fxe5 concede às Negras os dois Bispos; ou 12...♘xe5 com igualdade) 13 ♗f4 ♘xe5 14 ♕g3 ♗d6! 15 ♖ad1 f6. As Negras têm seu posto avançado em e5, na frente de um Peão isolado de novo e desta vez, não têm que se preocupar com as idéias ♘d5 ou com um Peão fraco em d6.

b) 10 ♔h1 e agora, 10...♗c5 planeja ...h5, enquanto que, fazer o Roque grande por meio de 10...♗d7 é um outra opção (10...h5!? também poderia ser jogado imediatamente).

**10...♗c5+ 11 ♔h1 h5!** *(D)*

Um movimento característico deste sistema. Agora, a partida tem duplo sentido. Outro encontro continuou com 11...h6!? 12 a4 ♖b8 13 ♕f3 b5 14 ♕g3 ♔f8 15 ♕f3 ♗b7 e as Negras ficaram bem em Qin Kanying-Ye Jiangchuan, Xangai – 2000; porém, seu Rei não parece confortável na Ala do Rei.

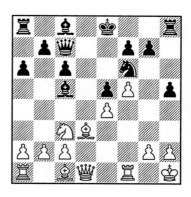

**12 ♕f3**

A principal alternativa é 12 ♗g5!?; por exemplo, 12...♘g4 13 ♕e2 ♗e7!? (13...b5!?) 14 ♗d2 (14 ♗xe7 ♕xe7 15

♕f3) 14...♗c5 15 h3 (15 ♘d1) 15...♕e7 16 ♘a4 ♗a7 17 b4 (17 ♗a5 ♕h4) 17...b5 18 ♘c5?! ♗xc5 19 bxc5 ♕xc5 20 a4 ♗b7 21 ♖ab1 ♖d8, Tiviakov-Cacho Reigadas, Arco – 1998. As Brancas avançaram para vencer, mas a posição das Negras parece bem saudável.

**12...b5**

As Negras evitam ♘a4; uma alternativa é 12...♘g4 13 ♕g3 ♗d7!? 14 ♗e2 0-0-0! 15 ♗xg4 hxg4 16 ♕xg4 g6!.

**13 a4 ♗b7 14 ♗g5 ♘g4 15 ♘d1!**

As Brancas cobrem suas casas fracas; o Cavalo não ia chegar a d5 de qualquer modo.

**15...♗e7 16 ♗xe7**

Ou 16 ♗d2!? com igualdade.

**16...♕xe7 17 ♘f2**

As Negras ficam em boa situação com 17 ♘e3 ♕h4 18 h3 ♘f6!.

**17...♕h4 18 h3**

Embora as Negras tenham caminhado para a vitória depois de 18...0-0, elas deveriam preferir 18...♘xf2+ ou 18...♖d8, com igualdade em qualquer caso.

## A Linha Neutra

**5 ♗d3** (D)

Em comparação com a Variante Taimanov análoga (4...♘c6), as Brancas ficam contentes de serem capazes de colocar seu Bispo em d3 sem, primeiro, terem que defender, recuar ou trocar seu Cavalo d4. O mais importante, elas mantêm a opção de jogar c4.

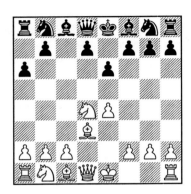

**5...♘f6**

A posição das Negras é ultraflexível, com um espaço aparentemente infinito para a criatividade. Neste ponto, elas têm jogadas como, por exemplo, 5...♘e7, 5...♕c7, 5...♗c5 (6 ♘b3 ♗a7 ou 6...♗e7), 5...♕b6 (com a idéia de colocar mal o Cavalo e, então, jogar ...♕c7; analisamos essa manobra em outro lugar neste capítulo) ou 5...g6 (D), que merece um diagrama:

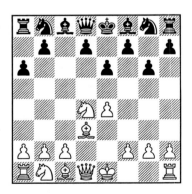

Todas as peças negras estão no corredor e sua posição é a pura definição de buracos! Ruim demais é não ter um Peão para colocar em c6. Porém, muitos Grandes Mestres jogaram 5...g6 e, pelo menos um deles, um dos principais teóricos da Paulsen, acha que as Negras podem igualar a partir desta posição com duas organizações diferentes. Para mim, a idéia mais plausível é ...♗g7, ...♘e7 e ...d5; mas se não puderem chegar a ...d5, as Negras poderão tomar a direção de ...d6, ...♘bc6 etc., quando então ficam razoavelmente bem.

Não é tudo. Você está pronto para o movimento 5...d5 ultrajante? Nos poucos testes deste movimento até agora, ninguém parece ter chegado perto de refutá-lo. A maioria das partidas continuou com 6 exd5 ♕xd5 7 0-0 ♘f6 (7...♗d7!?, em certo sentido, ganha tempo, pois agora 8 ♘c3?? permite 8...♕xd4 e não há nenhum Xeque; naturalmente, você pode não querer seu Bispo em d7) 8 ♘c3 e agora 8...♕d8, mas as Negras também poderiam jogar 8...♕d6 *(D)*:

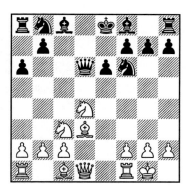

Então, as Negras têm outra daquelas maiorias 4:3 de peões na Ala do Rei sobre a qual falamos em muitas Aberturas, inclusive a linha Tarrasch da Defesa Francesa com a qual se parece muito. Compare com esta variante: 1 e4 e6 2 d4 d5 3 ♘d2 c5 4 exd5 ♕xd5 5 ♘gf3 cxd4 6 ♗c4 ♕d6 7 0-0 ♘f6 8 ♘b3 ♘c6 9 ♘bxd4 ♘xd4 10 ♘xd4. Seria uma confirmação da flexibilidade notável da Paulsen, caso as Negras possam realmente escapar com (e igualar depois) 5...d5.

Minha idéia é que uma dessas muitas alternativas do 5º movimento poderia ser mais recompensadora do que 5...♘f6, que permite às Brancas organizarem uma formação comum e geralmente eficiente.

**6 0-0 d6**

6...♕c7 7 ♕e2 d5!? (oh-oh, isto de novo!) 8 exd5 ♘xd5 9 ♗c4 ♘f6 10 ♗g5 ♗e7 11 ♘c3 0-0 12 ♖ad1 b5 13 ♗d3 ♗b7 14 ♕e3 ♘bd7 15 ♘e4 ♖fe8 16 ♘xf6+ ½-½ Akopian-Svidler, Moscou – 2004. Classificação ELO média dos jogadores? Acima de 2700.

**7 c4! b6 8 ♘c3**

8 b3 ♗b7 9 ♕e2 ♘bd7 10 ♘c3 g6! (duelar com fianquetos é comum nesta linha e aquele em g7 bate na casa d4 livre; talvez, as Brancas estejam um pouco melhor, mas isso tem que ser demonstrado) 11 ♗b2 ♗g7 12 ♖ad1 0-0 13 f4 e5! 14 fxe5 ♘xe5 15 ♗b1 ♖e8 e as Negras conquistaram sua casa e5 em Seitaj-Gheorghiu, Olimpíada em Tessalônica – 1984. De sua parte, as Brancas consegui-

ram uma Coluna d maravilhosa para usarem, portanto, poderiam reivindicar igualdade. Então, novamente, há aquele Bispo terrível em b1 que precisa de atenção. Assim, talvez as Negras tenham o melhor, depois de tudo.

**8...♗b7** *(D)*

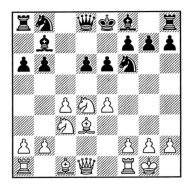

Esta é uma posição normal, a partir da qual seguiremos uma partida de modelo.

**P. Popovic – Pikula**
*Banja Koviljaca – 2002*
**9 f4 ♗e7 10 ♕e2**

Esta organização introduz uma estratégia com a qual as Brancas venceram muitas partidas.

**10...0-0 11 ♗d2 ♘bd7?**

Um erro fundamental. 11...♘c6 é muito melhor, embora dificilmente esteja livre de problemas também.

**12 ♖ae1** *(D)*

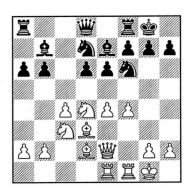

Esta é uma ótima formação de peças para as Brancas. Não é que o ataque já seja muito poderoso, mas as Negras não têm um pedaço da Ala da Dama ou contrajogo central.

**12...g6**

Jogado para impedir uma ruptura com e5; parece necessário.

**13 f5!**

Agora, você pode ver por que era melhor esse Cavalo ter ido para c6.

**13...e5**

13...gxf5 14 exf5 e5 15 ♘c2 ♖e8 16 ♘b4! b5 17 ♘bd5 não parece tão ruim à primeira vista, mas depois das trocas inevitáveis em d5, as Negras estarão perdidas posicionalmente. Uma boa posição a estudar; posteriormente, as Brancas conseguirão espaço e dois Bispos, uma combinação mortal.

14 ♘b3 ♔h8 15 fxg6 hxg6? *(D)*

Mas 15...fxg6 16 ♗h6 é muito ruim.

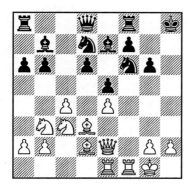

**16 ♖f3!**

As Brancas dobram, triplicam, ocupam o posto avançado e vencem.

16...♔g7 17 ♖ef1 ♘h7 18 ♕f2 ♕e8 19 ♘d5! ♗xd5 20 cxd5 ♗g5 21 ♗c3 ♗d8 22 ♕e2! b5

Do contrário, as Brancas simplesmente irão capturar o Peão a, atacando na Ala da Dama também.

23 ♘a5 ♘g5 24 ♖g3 ♖h8 25 ♘c6 ♗b6+ 26 ♔h1 ♖h5?

Mas as Negras não gostarão de 26...f6 27 ♗d2! ou 26...♘h7 27 ♗d2 ♘b8 28 ♘xb8 ♖xb8 29 ♖h3.

27 ♕xh5! gxh5 28 ♖xg5+ ♔f8 29 ♖xh5 ♔g8 30 ♖g5+ ♔f8 31 ♗d2 f6 32 ♖g3 ♔f7 33 ♗e2! ♕h8 34 ♖h3 ♔g7 35 ♗h6 ♕h7 36 ♗h5+ ♔g8 37 ♗g4 ♘f8 38 ♗xf8 ♕xe4 39 ♗e6+ ♔xf8 40 ♖xf6+ ♔g7 41 ♖f7+ ♔g6 42 ♘e7+ ♔g5 1-0

As Brancas ficaram muito melhor o tempo todo. Esta é uma boa formação de peças a lembrar.

## Variante Taimanov

1 e4 c5 2 ♘f3 e6 3 d4 cxd4 4 ♘xd4 ♘c6 *(D)*

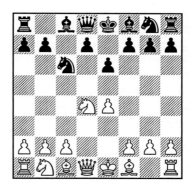

Preparando o Cavalo para c6, as Negras rompem com a abordagem da Paulsen neutra. Elas se decidem logo quanto à posição do Cavalo da Dama, ao invés de manter aberta a opção ...♘d7. Também permitem às Brancas jogarem ♘b5. Em troca, desenvolveram uma peça e seu Cavalo c6 limita as opções das Brancas (por exemplo, o movimento Anti Paulsen 5 ♗d3, simplesmente perde uma peça aqui). Iremos examinar, em breve, as três principais linhas para as Brancas: 5 c4, 5 ♘b5 e 5 ♘c3.

5 g3 permite o avanço de liberação 5...d5. Então, 6 ♗g2 pode ser respondido com 6...♗c5! 7 ♘b3 ♗b6 8 exd5 exd5, um sacrifício do Peão convincente para as

Negras; por exemplo, 9 ♗xd5 (9 ♘c3 ♘ge7 10 ♘xd5 ♘xd5 11 ♕xd5 ♕xd5 12 ♗xd5 ♘b4) 9...♕e7+ 10 ♕e2 ♕xe2+ 11 ♔xe2 ♘b4. Em vez disto, o movimento 6...dxe4!? um pouco obscuro tem sido usado na prática, alcançado igualdade

**'Maroczy'**

**5 c4** *(D)*

Este avanço é um pouco raro, mas leva a um material que é potencialmente útil. As Brancas tentam organizar um tipo de Formação Maroczy. Isto é lento diante do movimento rápido que 2...e6 e 4...♘c6 tornam possível, porém, os dois lados devem jogar com precisão.

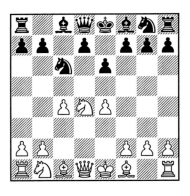

**5...♘f6**

5...♕h4!? 6 ♘b5!? (6 ♘c3 ♗b4) 6...♕xe4+ 7 ♗e2 ♕e5 poderia ficar desordenado e confuso; se as Negras puderem escapar com um movimento extravagante como 5...♕h4, isto mostra que a perda de tempo envolvida em 5 c4 é significativa.

**6 ♘c3 ♗b4 7 ♘xc6**

As Brancas trocam isso para jogarem ♗d3 e protegerem o Peão e (analisamos isso na seção da Paulsen). É importante ver que as Negras não estão comprometidas em organizar uma formação preparada com, digamos, ...♕c7 e ...a6. O movimento Taimanov ...♘c6 vai bem com um desenvolvimento rápido. Por exemplo, as Brancas não podem simplesmente fazer movimentos da Maroczy, como, por exemplo, 7 f3?! 0-0 8 ♗e3, pois 8...d5! *(D)* é precisamente o tipo de ruptura de Peão que as Negras desejam fazer e as Brancas precisam impedir, em qualquer Defesa Siciliana.

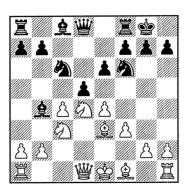

Algumas vezes, os alunos ficam tão concentrados em organizar alguma posição restrongida da Siciliana com ...d6 e ...e6 que esquecem o básico. Você não vê este tipo de lance de liberação com muita freqüência na Siciliana, pois, sorrateiramente, as Brancas fazem seus lances de tal modo que surte uma desvantagem específica para ...d5, como, por exemplo, uma captura múltipla, ou e5. Normalmente, obtém sucesso ao fazerem isso e é este o motivo pelo qual você vê raramente vê um movimento ...d5 prematauro eficaz, em qualquer Siciliana bem jogada, inclusive Najdorf, Rauzer, Scheveningen, Dragão ou, neste sentido, Taimanov. Isto é óbvio para um jogador acostumado a jogar ou a defender a Siciliana, mas talvez, não para um recém-chegado que vê muitas partidas com ...d6 e ...e6, e supõe que as Negras apenas preferem jogar com peças menos ativas. Na posição do diagrama, as Brancas não podem sequer manter a igualdade, como uma pequena análise mostrará.

Voltando para 7 ♘xc6, as Negras têm duas recapturas.

### Muzychuk – Gershon
*Dresden – 2003*

**7...bxc6**

Este é o movimento habitual, fortalecendo o centro das Negras. Elas também pode jogar 7...dxc6!? 8 ♕xd8+ ♔xd8, que é exquisito, mas provavelmente bom, contanto que as Negras sejam capazes de conseguir ...e5, o lance ideal que precisam para colocar em jogo seu Bispo de casas brancas e assegurarem um posto avançado em d4. Por exemplo, 9 f3!? (9 e5! provavelmente é melhor, interferindo nos planos das Negras; então, 9...♘e4 10 a3!? ♗xc3+ 11 bxc3 b6 deve ser visto – as Brancas não tem nenhuma preocupação, mas por outro lado, é difícil ver como ela fará progresso) 9...e5 10 ♗e3 ♔c7 *(D)*

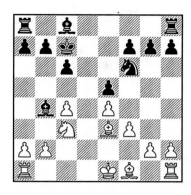

11 ♖c1 ♘d7! 12 ♔f2!? ♗c5 (removendo um defensor de d4, ao mesmo tempo em que se livra do Bispo bom das Brancas) 13 ♘a4! (impedindo ...♘c5 e ...a5 depois da troca dos Bispos) 13...♗xe3+ 14 ♔xe3 ♘f8!, planejando ...♘e6 e ...♘d4, Lautier-Ivanchuk, Tilburg – 1992. Agora, as Brancas têm 15 c5!, para colocarem seu Bispo em c4 (assim, este é o raciocínio por trás de ♖c1 e ♘a4). Mas as Negras podem ainda jogar 15...♗e6 16 b3 ♘g6! 17 ♗c4 ♗xc4 18 ♖xc4 ♘f4! 19 g3 ♘e6 20 ♖d1 ♖hd8 etc., com o mesmo posto avançado vantajoso, em d4.

Para aqueles familiarizados com a Defesa Índia do Rei, note que temos aqui a mesma estrutura central de peões, a mesma fraqueza e as mesmas manobras das Negras que aparecem na Variante das Trocas desta Abertura! Naturalmente, as Brancas não ofereceram muita resistência a este plano.

Agora, voltamos para 7...bxc6 *(D)*:

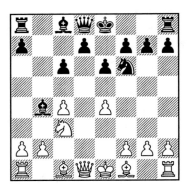

**8 ♗d3**

Depois de 8 e5 vem 8...♘e4 9 ♕d4 ♕a5!.

**8...e5**

8...0-0 ou 8...d5!?, mas no último caso, fique atento com 9 cxd5 cxd5?? 10 ♕a4+.

**9 0-0 ♗c5**

Pode ser vantajoso adiar o Roque por razões que serão vistas e não prejudicará aumentar o controle de d4 das Negras. Mas 9...♗xc3 10 bxc3 d6 também tem sido jogado.

**10 ♗g5?!** *(D)*

Parece bastante natural, mas acaba sendo ruim. As Brancas têm a opção interessante 10 ♕f3!, namorando ♕g3, mas também preparando ♗g5, caso faça sentido posicionalmente.

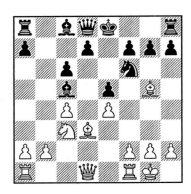

**10...h6 11 ♗h4 d6 12 ♖b1 g5 13 ♗g3 h5! 14 h3 h4 15 ♗h2 g4!**

Uma manobra tática a lembrar.

**16 hxg4 ♘xg4 17 b4 ♗d4 18 ♘e2 ♗b6 19 c5**

Do contrário, 19...h3 ou 19...♕f6 virá.

**19...h3! 20 ♗g3 dxc5 21 bxc5 ♗xc5 22 ♕c2 ♕d6 23 ♖bc1**

Nesta posição, o caminho mais fácil para a vantagem está em 23...hxg2 24 ♔xg2 ♗b6 25 ♕xc6+ ♕xc6 26 ♖xc6 ♗b7 27 ♖c2 f5, quando a posição das Brancas está desabando.

### Porco-espinho

**5 ♘b5 d6 6 c4**

Com este movimento, as Brancas organizam outro tipo de Maroczy e as Negras geralmente jogam o que é chamado de modo 'Porco-espinho': as peças e os peões 'enrolam-se' nas três primeiras fileiras esperando a chance de se lançarem em atividade. Esta forma particular de Porco-espinho tem se comportado razoavelmente bem ao longo dos anos, embora nos mais altos níveis, as Negras ainda pareçam ter problemas de tempos em tempos.

Antes de entrarmos nesta análise, uma variante com uma história pitoresca inicia-se com 6 ♗f4 e5 7 ♗e3. Agora, as Negras podem jogar 7...a6, mas a linha principal segue com 7...♘f6 8 ♗g5!? (o Bispo move-se pela terceira vez consecutiva! Este movimento protege e4, claro, e também fortalece o controle de d5 pelas Brancas) 8...♗e6 *(D)*.

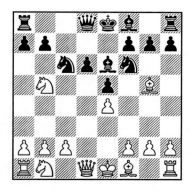

Sem entrar muito em detalhes, o desenvolvimento das Negras novamente foi bem rápido e as Brancas não podem manter um domínio da posição. Existem duas opções aqui:

a) A antiga linha principal 9 ♘1c3 a6 10 ♗xf6 gxf6 11 ♘a3 (ameaçando ♘c4-e3, ♘d5 ou, em alguns casos, ♕h5) foi resolvida com estilo com 11...d5! 12 exd5 ♗xa3 13 bxa3 ♕a5 14 ♕d2 0-0-0. Fica claro que as Brancas não ganharão a peça e seu desenvolvimento é lento, enquanto seu Peão extra na Coluna a dificilmente é útil: 15 ♗c4 ♖hg8 16 ♖d1 e vários analistas olharam 16...♖xg2! (16...♗f5!? 17 ♗d3 ♗xd3 18 ♕xd3 ♘d4 19 0-0 ♔b8 conduziu à igualdade na famosa partida entre Fischer-Petrosian, Torneio de Candidatos em Buenos Aires (1) – 1971) 17 ♕e3 (17 ♘e4 ♕b6) 17...♘d4 18 ♔f1! ♘xc2!? (ou 18...♕c7) 19 ♕d3 (19 ♕f3 ♖xf2+! 20 ♔xf2 ♕c5+) 19...♖g4 com vantagem. As variantes são muito mais complicadas do que isso, mas o veredicto permanece o mesmo.

b) 9 ♘d2! *(D)* melhora, embora não seja suficiente para as Brancas ficarem animadas:

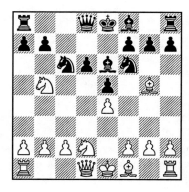

9...♗e7 10 ♗xf6 ♗xf6 11 ♘c4 0-0! 12 ♕xd6 ♕c8!. As Brancas investiram muito tempo e o par de Bispos para conquistarem um Peão. Tem havido bem poucas partidas a partir desta posição, que demonstrem uma compensação plena para o Peão. As Negras têm peças muito ativas e as das Brancas estão sujeitas a ataque. E mais, as Negras podem jogar ...a6 seguido de ...♘d4 e dominar o tabuleiro a partir dessa casa. Uma ilustração: 13 c3 ♖d8 14 ♕c7 ♗e7 15 ♕xc8 ♖axc8 (a iniciativa das Negras persiste mesmo sem as Damas no tabuleiro) 16 ♘ba3 ♘d4! 17 cxd4 ♗b4+ 18 ♔e2 ♗xc4+ 19 ♘xc4 ♖xc4 20 ♔f3 ♖cxd4 21 ♗e2 ♖8d6! E as Negras venceram, finalmente, um Final com Bispos de cores opostas, em Borisek-Navara, Balatonlelle – 2003.

**6...♘f6 7 ♘1c3 a6 8 ♘a3** *(D)*

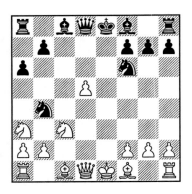

Nesta conjuntura, veremos duas partidas. A primeira mostrará a organização das Brancas com o agressivo f4. A segunda serve para representar a linha principal geral, com f3.

Antes disso, devo mencionar o famoso gambito de Kasparov na partida do Campeonato Mundial em 1985 contra Karpov, que seguiu com 8...d5!? 9 exd5 exd5 10 cxd5 ♘b4 *(D)*. Contrariamente à opinião geral, ainda não está resolvido.

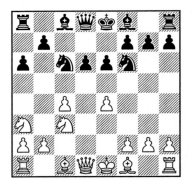

No encontro crítico, Karpov jogou 11 ♗e2 ♗c5?! 12 0-0? ♗f5 e teve enormes dificuldades, perdendo uma partida brilhante. Posteriormente, Karpov jogou 12 ♗e3! com vantagem, o motivo sendo 12...♗xe3 13 ♕a4+ e 14 ♕xb4. O melhor depois de 11 ♗e2 é 11...♘fxd5, que tem sido muito analisado até um sacrifício de peças promissor para as Brancas, assim como 11 ♗c4 ♗g4 (11...b5 12 0-0! bxc4 13 ♖e1+ ♗e7 14 d6) 12 ♕d4 b5 13 ♘cxb5! com uma grande confusão. O propósito para mencionar tudo isso é duplo:

a) Se você fizer lances como, por exemplo, 8...d5, simplesmente terá que memorizar muito material.

b) Se o movimento 8...d5 funcionar, ele invalidará 5 ♘b5, pois se as Brancas não puderem impedir ...d5 na Siciliana por meios diretos, será muito improvável que haja algum modo de ganhar uma vantagem posicional depois disso.

## As Brancas Jogam f4
### Nunn – P. Cramling
*Zurique – 1984*

Usarei esta partida, sem muita análise, para demonstrar um plano ambicioso com f4, que fornece às Brancas chances de ataque, mas com o custo de aliviar sua posição. Embora fortes Mestres tenham tido sucesso neutralizando essa estratégia, ainda é uma abordagem válida e, em qualquer caso, bem instrutiva.

**8...♗e7 9 ♗e2 0-0 10 0-0 b6 11 ♗e3 ♘e5**

11...♗b7 será uma escolha mais precisa se as Negras quiserem impedir que f4 seja eficaz, pois seu Cavalo não gastou tempo em ...♘e5-d7. Então, o movimento imediato 12 f4 fornece às Negras modos fáceis de neutralizar a estrutura das Brancas, inclusive 12...♖c8 13 ♖c1 ♖e8. O desenvolvimento da Torre em e8 apóia ...d5, pois a troca do Peão e branco trará a Torre para uma posição em frente ao Bispo e3 vulnerável. Todavia, as Brancas podem jogar 12 ♖c1, esperando 12...♘e5 13 f4.

**12 f4** *(D)*

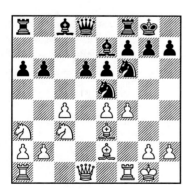

A maioria dos Mestres usou uma formação com f3 nesta variante, como na próxima partida principal abaixo. Essas posições são muito conhecidas e bem fáceis de jogar por causa do conjunto limitado de colocações das peças que são logicamente permitidas. Embora suas chances de ganhar uma vantagem sejam pequenas, caso as Negras joguem com precisão, as Brancas têm mais oportunidades para um jogo original depois de f4.

**12...♘ed7 13 ♗f3 ♗b7 14 ♕e2**

As Negras implementaram um plano posicionalmente eficiente com ...h6, em Brüggemann-Lutz, Erfurt – 2004: 14 ♔h1 h6 *(D)*.

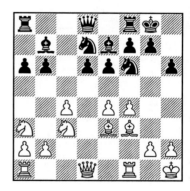

O motivo das Negras é responderem 15 g4?! com 15...♘h7! e ...g5 em seguida. Então, as Negras basicamente tornaram ruim o Bispo f3 das Brancas, uma vez que e5 não pode ser jogado e neutralizaram qualquer avanço de peões ao mesmo tempo. A partida prosseguiu com 15 ♖c1 ♕c7 16 ♘ab1 ♖ac8 17 b4 ♖fe8 18 a3 ♕b8 19 ♘d2 (uma reorganização padrão, mas, com os anos, ficou claro que um Cavalo em d2 contra o Porco-espinho é basicamente defensivo e limita as operações positivas; tradicionalmente, o Cavalo pertence a d4) 19...♗f8 20 ♕e1 ♗a8 21 ♕f2 ♗c6 22 ♖fe1 ♗e7 e nenhum lado estava conseguindo muita coisa.

Agora, voltamos para 14 ♕e2 *(D)*:

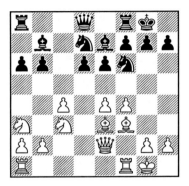

**14...♖e8**

O muito jovem Kasparov jogou 14...♕c7 15 ♖ac1 ♖ac8 16 g4 ♘c5 e a partida demonstra que as Negras não precisarão jogar ...h6 se tiverem outras perspectivas centrais: 17 ♕g2 d5! 18 e5 ♘fe4 19 cxd5 exd5 20 b4 (20 ♖fd1) 20...♘xc3 21 ♖xc3 d4! (uma solução tipicamente tática) 22 ♗xd4 ♕d7 23 ♘c2 ♗xf3 24 ♖cxf3! (24 ♖fxf3? ♘e6! e os peões e peças das Brancas estão soltas; 24 ♕xf3 ♘a4 25 ♖xc8 ♖xc8 também custa material às Brancas) 24...♘e6 25 ♗e3! (25 ♗xb6 ♕c6 atinge duas peças, portanto, 26 ♘c5 ♘xc5 27 bxc5 ♗xc5+ poderia seguir-se; a atividade das Negras fornece muita compensação) 25...f5!? 26 exf6 ♗xf6 27 ♔h1

♕d5 28 a3 ♕c4 29 f5!? ♕xc2 (29...♘g5!? pode valer a pena tentar) 30 ♕xc2 ♖xc2 31 fxe6 ♖c6 32 a4 ½-½ Tseshkovsky-Kasparov, Campeonato da URSS (Minsk) – 1979.

**15 ♖fd1 ♕c7 16 ♖ac1 ♖ac8**

Foi a vez de 16...h6!, para responder 17 g4 com 17...♘h7!; compare com o que acontece em seguida.

**17 g4! h6**

A idéia de Kasparov 17...♘c5 18 ♕g2 d5? não funciona agora que a Dama das Negras está em c7: 19 cxd5 exd5 20 e5 ♘fe4 21 ♘xd5.

**18 h4!**

Isto é uma história diferente, pois ...g5 é impedido.

**18...♘h7 19 ♕h2**

Um movimento bom, e 19 g5 natural, também parece promissor; por exemplo, 19...hxg5 20 hxg5 e5 21 ♘d5 ♗xd5 22 cxd5 ♕b7 23 ♖xc8 ♖xc8 24 ♗g4.

**19...♘c5 20 ♕h3!**

Agora, 20 g5 pode ser respondido com 20...f5!? 21 ♗h5 ♘xe4 22 ♘xe4 ♗xe4 23 ♗xe8 ♖xe8 e as Negras possui a terrível diagonal a8-h1. O lance do texto impede ...f5.

**20...♗f6**

20...g5?! é satisfeito com 21 hxg5 hxg5 22 ♖c2! e ♖h2.

**21 ♘ab1 g6 22 ♖c2 ♗g7 23 ♖cd2 ♗f8 24 g5 h5 25 ♗f2 ♗c6 26 ♘a3!** *(D)*

Terrível! O Cavalo parte para sua casa legítima em d4. As Brancas mostrou uma paciência admirável neste estágio da manobra.

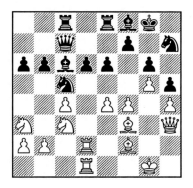

**26...♘d7 27 ♘c2 ♘c5 28 ♘d4 ♗b7 29 f5!**

Finalmente! As Brancas transformam sua vantagem de espaço em ganhos concretos.

**29...exf5 30 exf5 ♘e4 31 fxg6 fxg6 32 ♘xe4 ♗xe4 33 ♘e6 ♕b7 34 ♗xe4 ♕xe4 35 ♘xf8 ♘xf8 36 ♖xd6**

As Brancas têm uma vantagem considerável agora, embora os Reis mutuamente expostos tornem a posição difícil para ambos os lados. Passamos do estágio da Abertura e permitirei que os movimentos falem por si só. Perto do Final, o Rei branco parece exposto, mas segundo meu Software de Xadrez, as Negras nunca tiveram qualquer condição de Xeque perpétuo.

**36...♖xc4 37 ♖e1 ♕a8 38 ♖xe8 ♕xe8 39 ♕b3 ♕f7 40 ♖f6 ♕d5 41 ♖xb6 ♔h8 42 ♖f6 ♖c1+ 43 ♔h2 ♖h1+ 44 ♔g3 ♕e5+ 45 ♔g2 ♕h2+ 46 ♔f3 ♕h3+ 47 ♔e4 ♕g4+ 48 ♖f4 ♕e2+ 49 ♕e3 ♕c2+ 50 ♕d3 ♕c6+ 51 ♕d5 ♕c2+ 52 ♔f3 ♘e6 53 ♗d4+ ♘g7 54 ♖f8+ 1-0**

### As Brancas Jogam f3

**Anand – Illescas**
*Linares – 1992*

**8...b6 9 ♗e2 ♗b7 10 0-0 ♘b8!?**

Uma ordem de movimentos antiga que acaba mudando para a linha principal. Normalmente, este Cavalo vai para e5 e, então, volta para d7. Também devo mencionar que os movimentos ...♗e7, ...b6, ...♗b7, ...0-0, ...♕c7 e ...♖ac8 foram feitos em quase toda seqüência. Desta vez, irei ignorar as questões da ordem de movimentos e concentrar-me na posição básica.

**11 f3 ♗e7 12 ♗e3 ♘bd7 13 ♕d2 0-0 14 ♖fd1 ♕c7 15 ♖ac1** *(D)*

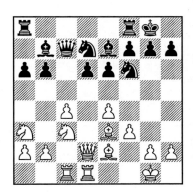

## 15...♖ac8

Estamos mais ou menos no que poderia ser considerada a linha principal; de qualquer modo, várias partidas de alto nível foram por esse caminho. As Negras deviam estar razoavelmente bem se você comparar com uma Porco-espinho 'normal' surgindo da Abertura Inglesa. O Cavalo em a3 possivelmente não pode ser superior àquele em d4 e usou quatro tempos para chegar à borda do tabuleiro! Por outro lado, as Negras não podem nem mesmo pensar em ...b5. Então, o que está acontecendo aqui? Do ponto de vista das Negras, seria ótimo elas fazerem algo positivo antes que as Brancas igualem, redirecionando seu Cavalo e avançando seus peões da Ala da Dama. Mas neste tipo de formação Porco-espinho, as Negras aguardam, de modo excelente, até surgir uma oportunidade para ...b5 ou ...d5. O que fazer? Existem duas estratégias principais. Uma é fazer lances como ...♖e8, ...♕b8 e ...♗f8, depois levar ...d5 a sério. A outra é embarcar no plano, agora famoso, ...♗d8-c7 (com ameaças menores na Ala do Rei) seguido de ...♔h8, ...♖g8 e ...g5-g4, geralmente com ameaças mais sérias. Esta é uma estratégia importante para ambos os lados conhecerem, pelo menos porque as Brancas forami destruídas por este ataque em muitos jogos. Existe outro ataque de aparência bem simples com ...h5-h4 (e, se permitido, ...h3 para melhorar o poder do Bispo b7). Isto foi tentado várias vezes na prática recente dos Mestres sem que as Brancas tenham encontrado um plano contrário convincente. Destas três idéias, a mais fácil para as Brancas impedirem deve ser a primeira (uma ruptura

...d5), mas elas têm que ser cuidadosas, como mostrado por 15...♖ad8 (ao invés de 15...♖ac8, que provavelmente é objetivamente melhor) 16 ♗f1 ♕b8 17 ♘c2?! ♖fe8 18 ♔h1? d5! 19 cxd5 exd5 20 exd5 ♗d6 21 g3 b5 22 a3 ♕a8 23 ♗g2 ♘e5!? (23...♘c5 recupera o Peão d) 24 ♖b1?! ½-½ Morovic-Leitão, São Paulo – 2002. Provavelmente, 24...♘c4 favorece às Negras; de qualquer modo, elas poderão ficar satisfeitas se conseguirem ...d5 com segurança.

E as Brancas? Tendo a idéia ...♗d8-c7, ...♖g8, ...g5 primeiro, as Brancas jogam primeiro ♔h1 e ♗g1 para proteger h2, depois, ♗f1 para ter uma defesa de segunda fila em potencial da feita pela Dama. Com essa formação, você pode ver que em nossa partida principal, esses primeiros movimentos do plano, ...♗d8-c7, podem ser difíceis de implementar. E mais, o Cavalo das Brancas em a3 pode não estar mal colocado para enfrentar a estratégia das Negras. Com a Dama em b8, por exemplo, os movimentos ♖b1 e b4 irão desencorajar ...d5, quando as Negras tiverem que tomar cuidado com o movimento c5, seguido, em alguns casos, de ♘c4. Como alternativa, as Brancas podem atacar os peões negros na Ala da Dama com ♘c2 e b4, a4 e a5. Bem no meio desse processo, as Negras têm que ser capazes de entrar no centro baseando-se na liberdade da Ala da Dama das Brancas; se forem capazes de fazer isso, resolve-se a questão de quem fica melhor.

## 16 ♗f1 (D)

Como explicado, isto limpa a segunda fileira; e o Bispo poderia ser um alvo na Coluna e de qualquer modo.

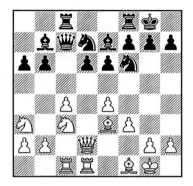

## 16...♖fe8

Divirta-se com as ordens dos movimentos: 16...♕b8 será correto se o plano das Negras for jogar ...♗d8-c7, mas é muito obscuro e envolve um sacrifício de Peão: 17 ♔h1 (17 ♘c2 ♗d8!? 18 ♕xd6? ♗c7; existem muitas opções aqui) 17...♗d8!? (ou 17...♖fe8) 18 ♗f4 (18 ♕xd6!? ♗c7 19 ♕d2 ♗xh2 20 g4 ♕g3!) 18...♘e5 19 ♕xd6!? ♗c7 20 ♕d2 ♘h5 21 ♗e3 e, agora, 21...♘g6 22 g3!? f5! é assustador. Desnecessário dizer, mas isso apenas toca na superfície.

## 17 ♔h1 ♕b8 18 ♘c2 ♘e5

Desta vez, 18...♗d8? 19 ♕xd6 ♗c7 20 ♕d2 ♗xh2?? 21 g4 ♗e5 22 g5 custa uma peça às Negras.

## 19 b3 ♗a8 20 ♗g1 ♖ed8?! 21 ♘d4 ♗f8?!

As Negras encontram dificuldade para proteger b6.

## 22 ♖e1 ♘ed7 23 a3 ♗b7 24 b4 ♖c7 25 ♘b3 ♗a8 26 ♘a4! ♗c6 27 ♘b2!

Muito original! c4 precisa de proteção em muitas linhas e ♘d3 poderia ser útil no momento certo.

## 27...♗a8 28 ♗d4 ♖dc8 29 ♖ed1 ♗e7 30 ♕f2 ♕b7?

Mas, 30...b5 31 ♘a5! é bom para as Brancas.

## 31 ♘a4 ♖b8 32 ♘xb6! ♘xb6 33 ♘a5 ♕a7 34 c5

Uma bela combinação. As Brancas recuperam sua peça com mais por vir.

## 34...dxc5 35 bxc5 ♘c8

Após 35...♗xc5 36 ♗xc5 ♘fd7 37 ♖xd7 ♖xd7 38 ♗xb6, as Brancas vencem por causa do corredor.

## 36 c6 ♖b6 37 ♖b1 ♖xb1 38 ♖xb1 1-0

## Desenvolvimento Convencional

**Lukin – Taimanov**
*São Petersburgo – 1995*

## 1 e4 c5 2 ♘f3 e6 3 d4 cxd4 4 ♘xd4 ♘c6 5 ♘c3

As Brancas escolhem o caminho simples. Se as Negras jogarem 5...♘f6 nesta posição, voltaremos para os Quatro Cavalos Sicilianos. Apesar das muitas lutas fascinantes resultantes da continuação 5...♕c7 mais freqüente, irei adiantar isso e explorarei apenas uma organização dentro da devida Siciliana Taimanov.

**5...a6** *(D)*

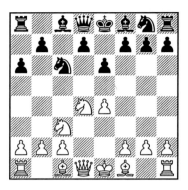

Algumas vezes, esta seqüência pode transpor para as linhas ...♕c7. Mas as Negras, geralmente, usam esta ordem de movimentos porque desejam jogar 6...♘ge7 em seguida, o sistema que o próprio Taimanov adorava e promovia. Esse movimento prepara ...♘xd4 seguido de ...♘c6 ou ...♘g6 com controle, pelas Negras da casa e5. A estratégia das Negras fornece ainda outra demonstração da flexibilidade associada a ...e6 e ...a6.

**6 ♗e2**

Existe também uma teoria independente dos desvios do 6º movimento depois de 5...a6, mostrando idéias que não se aplicam também à Paulsen:

a) Após 6 ♘xc6 bxc6, as Brancas podem jogar 7 e5!? (não considerado perigoso demais para as Negras depois de 7...♕c7 8 f4 d6) ou 7 ♗d3. No último caso, as Brancas têm uma postura mais agressiva, mas seu Cavalo poderia estar mais bem colocado em d2, de onde tem as casas c4 e f3 dentro de alcance. Nos dois casos, o lance ...a6 tende a ser desperdiçado; por outro lado, estes podem não ser os melhores planos para as Brancas contra uma estrutura Paulsen/Taimanov.

b) Esta é realmente uma idéia de Abertura exótica para aqueles que nunca a viram: 6 g3 ♘ge7 7 ♘b3 d6 8 ♗g2 ♗d7 9 0-0 ♘c8!? (as Negras preparam-se para transferir seu Cavalo para a Ala da Dama e nesse ínterim, dão apoio a d6) 10 f4 ♗e7 11 ♗e3 0-0 12 ♕e2 b5 com a idéia ...♘b6-c4. Isso pode aplicar-se a diversas posições.

**6...♘ge7 7 0-0**

7 ♘b3 b5 8 0-0 ♘g6 9 f4 ♗e7 10 ♗e3 0-0 11 ♗d3?! (isto não parece resolver; possivelmente 11 ♕d2 é melhor) 11...♘b4 12 ♕h5 ♘xd3 13 cxd3 (geralmente, esta estrutura de peões é agradável para as Brancas e sua Dama em h5 parece particularmente bem situada) 13...f5! *(D)*

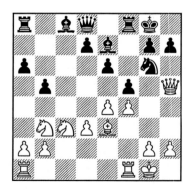

Um movimento muda tudo: o avanço f5 das Brancas não é mais um fator, seu Bispo e3 foi restringido e o Bispo b7 das Negras terá assistência ao atacar o cen-

:ro. As Brancas têm ainda que prestar atenção a seu Peão f4 por causa da possibilidade de ...fxe4. Arnason-Romanishin, Lone Pine – 1981 continuou com 14 ♘d4 (14 ♘d5! ♗b7! {a idéia era 14...exd5 15 exf5 ♘h8 16 f6!} 15 ♘xe7+ ♘xe7 16 ♘c5 ♗c6 17 ♗d4 ♕e8! com igualdade, Orlov-Taimanov, São Petersburgo – 1995) 14...♗c5 15 exf5 ♗xd4 16 ♗xd4 ♖xf5 17 ♕g4 ♗b7 com vantagem para as Negras. Compare os Bispos e as Torres!

**7...♘xd4 8 ♕xd4 ♘c6 9 ♕d3 ♕c7**

Este é um movimento Taimanov/Paulsen normal que, casualmente, torna ♕g3 inútil.

**10 ♗g5**

As Brancas interferem com o desenvolvimento das Negras e seu Bispo fortalece o efeito de um sacrifício potencial do Cavalo em d5.

**10...♗d6!** *(D)*

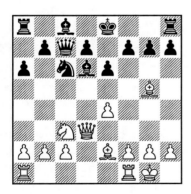

Não é incomum que o Bispo das casas negras vá para esta casa na Paulsen e na Taimanov. Em geral (isto é, em um contexto mais amplo do que esta linha específica), ...♗d6 tem vários pontos:

a) Algumas vezes desenvolvem uma peça com tempo ameaçando ...♗xh2+. Então, se as Brancas responderem com h3, terão enfraquecido sua Ala do Rei e falhado em disputar a casa f4. Mas com g3, o avanço das Negras ...h5-h4 pode ser extremamente irritante. E mais, o Bispo pode mudar para a diagonal g1-a7 quando chamado para tanto. Se as Brancas jogarem f4, um Bispo em c5 poderá ser muito forte.

b) O Bispo das Negras controla as casas negras críticas a partir de d6; em algumas linhas, ele vai para e5 antes que o Peão d seja movido ou pode ir para f4 e oferecer a troca dos Bispos. O Final, neste caso, é mais fácil do que parece para as Negras, contanto que mantenham seu Rei no centro.

c) As Negras também podem ser capazes de adiar f4, que é a chave da estratégia das Brancas. Um tema neste sentido é ...♘e5-g6, talvez junto com ...f6. Nessas linhas, vale a pena notar que se as Brancas tivessem evitado a troca dos Cavalos em d4, então, a mesma idéia poderia ser expressa por ...♘ge7-g6. Quando f4 *for* jogado (provavelmente, apoiado pelo movimento g3 preparatório), então, normalmente as Negras terão ...b5 e ...♗b7, de modo que as Brancas terão alguma fraqueza na diagonal longa que irá desencorajá-las de jogarem e5. Tudo isso é bem exótico e não será conseguido, claramente, em uma partida, mas demonstra o mesmo tipo de flexibilidade que vimos na Variante Paulsen.

**11 ♔h1**

Eis outra organização típica para as Negras: 11 ♕h3 0-0 12 ♖ad1 f6! 13 ♗c1 b5!? (13...b6 impediria o próximo movimento). Agora, as Brancas têm uma tática comum que sempre deve ser pesada por ambos os lados: 14 ♗xb5!? axb5 15 ♘xb5 ♗xh2+ 16 ♕xh2 ♕xh2+ 17 ♔xh2 ♖xa2 18 ♖fe1 g5! 19 f3 ♘e5 (um pseudo posto avançado) 20 ♔g1 ♗b7 21 ♘c3 ♖aa8 22 ♔f2 ♗c6 23 ♖h1 ½-½ V.Mäki⇄st Hansen, Gj–vik – 1985.

**11...♘e5**

Não 11...♗xh2? 12 g3. Contudo, 11...f6 12 ♗e3 b5 13 f4 ♗e7 14 e5 é perfeitamente bom, Nijboer-Van Mil, Campeonato Holandês (Eindhoven) – 1993. Então, Sommerbauer sugere que as Negras eliminem o Peão do centro e agarrem-se a ele com 14...fxe5 15 fxe5 ♘xe5 16 ♕d4 ♗b7 17 ♖ad1 ♖f8, uma continuação com algum risco, claro.

**12 ♕d2 f6 13 ♗h4 ♘g6 14 ♗g3 ♗xg3**

Pode ser mais o tipo Taimanov para a Taimanov, ter jogado 14...♘f4, procurando o controle das casas negras, continuando com ...g5, ...b6, ...♗b7 e um ataque na Ala do Rei a seguir; por exemplo, 15 ♗h5+ ♔e7 16 ♖ad1 ♗e5 17 ♗f3 g5 etc.

**15 hxg3 b5 16 f4 ♗b7 17 ♗d3 0-0**

A posição é igual.

## Ataque Sozin (e a Siciliana Clássica)

**1 e4 c5 2 ♘f3**

As Variantes Sozin são caracterizadas pelo movimento ♗c4 e podem surgir de 2...e6 ou 2...d6. A seguinte variante é conhecida como 'Siciliana Clássica':

**2...d6 3 d4 cxd4 4 ♘xd4 ♘f6 5 ♘c3 ♘c6** *(D)*

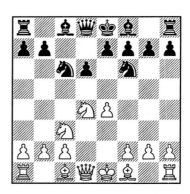

Isto pode incluir várias linhas, mas as mais importantes são o Ataque Richter-Rauzer (6 ♗g5) e o Ataque Sozin (6 ♗c4), que é o tema desta seção. Esses movimentos desencorajam muito as Negras de jogarem ...e5.

Ao contrário, 6 ♗e2 e5 *(D)* é a Variante Boleslavsky, uma das Sicilianas ...e5 originais que ainda desencorajam os jogadores a jogarem 6 ♗e2.

## Capítulo 11 – Defesa Siciliana | 345

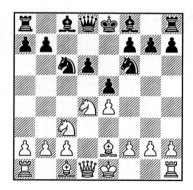

Quando comparada com a Najdorf com 5...a6 6 ♗e2 e5, resulta que ...♘c6 geralmente é mais útil do que ...a6. Um exemplo com os temas centrais típicos:

**Apicella – Kramnik**
*Olimpíada em Moscou – 1994*

**1 e4 c5 2 ♘f3 ♘c6 3 d4 cxd4 4 ♘xd4 ♘f6 5 ♘c3 d6 6 ♗e2 e5 7 ♘f3 h6**

Isto é jogado para impedir 8 ♗g5, que fortaleceria o controle de d5 pelas Brancas, embora as Negras tenham ficado muito bem com 7...♗e7 também.

**8 h3 ♗e6 9 0-0 ♗e7 10 ♖e1 ♖c8 11 ♗f1 ♘b8!?**

Adiar o Roque tem certos efeitos positivos.

**12 ♘d5 ♘xd5**

Primeiro, esta captura não mais perde uma peça e as Negras mantêm seus Bispos.

**13 exd5 ♗f5 14 c4 0-0 15 ♕a4!? a5**

E aqui, os movimentos ...♖c8 e ...♘b8 ajudam a organizar um bloqueio em c5.

**16 a3 ♗d7 17 ♕d1 a4 18 b4 axb3 19 ♕xb3 ♘a6 20 ♗e3 ♕c7 21 a4 ♘c5! 22 ♗xc5 ♕xc5 23 ♕xb7 ♖c7** *(D)*

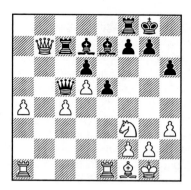

As Negras têm a vantagem do par de Bispos, controlam as casas negras e podem jogar contra as fraquezas em a4 e c4. Nesse ínterim, o Bispo f1 das Brancas é pateticamente ruim. Tudo por um Peão.

**24 ♕b3 ♖a8 25 ♘d2 f5**

A maioria central é uma arma em qualquer linha onde uma captura do Cavalo em d5 tenha sido satisfeita com exd5.

**26 ♘b1 ♗h4 27 g3 ♗f6 28 ♘c3 e4 29 ♖a2 ♕a5**

29...♗xc3 30 ♕xc3 ♖xa4 já é melhor para as Negras, mas Kramnik deseja mais.

**30 ♖c1 ♗e5 31 ♖cc2 ♖c5 32 ♘b5 ♔h8**

Agora, até um ataque violento de peões com ...g5 e ...f4 torna-se uma possibilidade.

33 ♕e3 ♕b4 34 ♘d4 ♖cc8 35 ♘e6 ♖xa4 36 ♖xa4 ♕xa4 37 ♖d2 ♕a1! 38 ♔g2 ♖b8 39 ♘f4 ♖b1 40 ♕e2 ♖e1 41 ♖a2 ♖xe2 42 ♖xa1 ♖xf2+ 43 ♔xf2 ♗xa1 44 ♔e3 ♔g8 45 ♘e6 g6 46 c5 ♗e5 47 g4 ♗xe6! 48 dxe6 d5

E assim por diante – as Negras têm três peões passados!

Outra diferença significante entre 2...e6 e a ordem Clássica (com 2...d6, 4...♘f6 e 5...♘c6, por exemplo) é que depois de 6 ♗c4 no último exemplo, as Negras têm a opção 6...♕b6 (a 'Variante Benko'), ao invés de transpor para uma Sozin com 6...e6. Sua idéia é perturbar o Cavalo d4. As Brancas podem responder de vários modos, mas, de longe, o mais comum é 7 ♘b3, para proteger o Peão b e jogar ♗e3; por exemplo, 7...e6 8 0-0 ♗e7 9 ♗e3 ♕c7. Como descrevi em outro lugar, isso cria uma situação na qual as Negras parecem ter perdido um tempo importante com ...♕b6-c7, mas as Brancas podem compensar isso jogando ♘b3-d4. As linhas com ...♕b6 com o tempo foram ficando mais populares, por causa disso.

**1 e4 c5 2 ♘f3 e6 3 d4 cxd4 4 ♘xd4 ♘f6**

Aqui, tanto 4...♘c6 5 ♘c3 d6 como a ordem de movimentos da Najdorf 2...d6 3 d4 cxd4 4 ♘xd4 ♘f6 5 ♘c3 a6 evitam o Ataque Keres descrito na próxima nota, mas, claro, elas têm suas próprias peculiaridades.

**5 ♘c3 d6** *(D)*

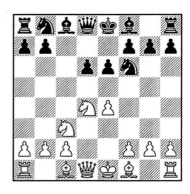

**6 ♗e3**

6 g4 é o Ataque Keres, que tem uma alta reputação entre os jogadores e é responsável pelo fato da Scheveningen com ...e6, ...d6 e ...♘f6 (antes de outros movimentos) não ser jogada muito atualmente – as linhas Scheveningen surgem com muita freqüência por transposição a partir das linhas mencionadas na nota anterior.

Contudo, estou usando esta seqüência de movimentos para expor algumas questões da ordem de movimentos e das transposições. Ao invés de 6 ♗e3, por exemplo, 6 ♗c4 a6 transpõe para a Najdorf 6 ♗c4.

O movimento tradicional 6 ♗e2 também pode transpor para outras variantes, como, por exemplo, a Najdorf com ...♘bd7; mas se ...♘c6 for jogado cedo, as variantes assumirão sua própria natureza. Uma linha é 6...a6 7 0-0 ♗e7 8 f4 ♘c6 9 ♗e3 0-0 10 a4 ♕c7 11 ♔h1 ♖e8 12 ♗f3 ♗f8 13

♕d2 ♘a5!? (13...♗d7 desenvolve-se de modo simples e sensato) 14 b3! (para impedir ...♘c4) 14...♖b8 15 ♖ad1 (um erro posicional é 15 f5? ♘c6! 16 fxe6 fxe6 17 ♗g5 ♗e7 18 ♖ad1 ♘e5, Hossain-Goloshchapov, Dhaka – 2003; nesta posição, um saldo positivo maior para as Negras é que d5 e f5 estão indisponíveis para as peças brancas) 15...♘c6 (ou 15...♗d7 com igualdade) 16 ♗f2 (indo para g3 ou h4) 16...♘d7?! 17 ♗g3 ♘xd4 18 ♕xd4 b5 19 axb5 axb5 20 b4 g6 21 e5! d5 22 f5! gxf5 23 ♘xd5! ♕c4 (23...exd5? 24 e6) 24 ♕d2 h6 25 h3 exd5 26 ♗xd5 ♕xb4 27 c3 ♕c5 28 ♖xf5 ♖e6 29 ♖xf7! ♘b6 (29...♔xf7 30 ♕f4+ ♔e8 31 ♗xe6 é decisivo) 30 ♖df1 ♘xd5 31 ♖xf8+ ♕xf8 32 ♖xf8+ ♔xf8 33 ♕xd5 e as Brancas avançaram para vencer facilmente em Adams-Topalov, Wijk aan Zee – 2006.

**6...♘c6 7 ♗c4** *(D)*

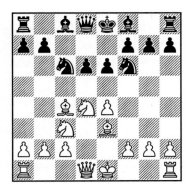

Chegamos ao Ataque Sozin. Ele é parecido com a variante Najdorf 6 ♗c4, mas o Cavalo das Negras está em c6. Isso implica na possibilidade da simplificação inicial com ...♘xd4, que torna a idéia f4-f5 das Brancas menos eficiente. Também é improvável que as Negras se preocupem com o sacrifício ♗xe6 que era uma marca registrada da linha Najdorf. E até a possibilidade de f4 seguido de e5 pode perder força porque as Negras têm um recuo natural e uma casa de contra-ataque para seu Cavalo atacado, em d7.

As Brancas tem amplos recursos, com sua natureza sendo completamente dependente de suas escolhas de mobilização das peças, especialmente a da Dama. Se ela for para f3, por exemplo, as Negras lutarão para conseguir ...b5, a menos que troquem em d4. Mas ...♘xd4 traz outra peça para o centro, normalmente o Bispo das Brancas, que, então, visa o Rei negro. Na ausência dessa troca, o movimento f5 pode ainda ser eficiente. Se as Brancas fizerem o Roque pequeno, quase certamente jogarão f4 e visarão e5. Mas as variantes mais forçadas surgem quando as Brancas fazem o Roque grande e jogam sua arma de ataque restante, ou seja, g4-g5. Não é nenhuma coincidência que o avanço do Peão g estabeleceu-se por si só nesta variante alguns anos atrás e pressentiu a torrente de ataques g4 na Siciliana e em outras Aberturas. De algum modo, a teoria moderna continua a estabelecer esse movimento como o mais eficiente nas longas disputas das variantes de ataque.

**7...♗e7**

Aqui, mostraremos três partidas ilustrando as posições ...e6/...♘c6: uma na qual as Brancas fazem o Roque pequeno, outra em que seu Rei fica no meio do tabuleiro e uma moderna, na qual elas jogam 0-0-0.

## Sozin com Roque Pequeno

**Fischer – Spassky**
*Campeonato Mundial em Reikjavik (4) – 1972*

**8 0-0**

Isto introduz uma linha tradicional e ainda importante.

**8...0-0 9 ♗b3**

As Brancas devem ter cuidado com 9...d5 e também com o truque 9...♘xe4! 10 ♘xe4 d5, abrindo o centro e liberando a partida das Negras.

**9...a6** *(D)*

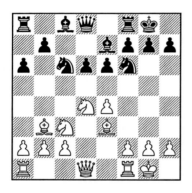

Esta posição também poderia ter vindo de 2...d6 através da Variante Najdorf 6 ♗c4, como foi na partida principal que estamos vendo.

**10 f4 ♘xd4 11 ♗xd4**

11 ♕xd4 segue com 11...♘g4!.

**11...b5! 12 a3**

Esta é a abordagem lenta. A linha principal por muitos anos, e que, na verdade, ainda pode ser a linha principal da Sozin Clássica, segue com 12 e5 dxe5 13 fxe5 ♘d7 14 ♘e4 (não há força suficiente por trás de 14 ♕g4 ♘c5 15 ♖ad1 ♗b7 16 ♔h1 ♕c7, quando a partida é igual) 14...♗b7 *(D)*.

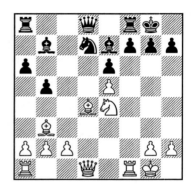

Aqui, temos o mais perfeito exemplo do cenário Siciliano antigo: as forças brancas visam a Ala do Rei, inclusive o seu Cavalo, a Dama, ambos os Bispos e a sua Torre na coluna aberta. Elas gostariam de jogar ♕g4 e ♘f6 (mesmo como um sacrifício) e ♖ad1, enquanto que o sacrifício ♖xf7 poderia entrar facilmente no cenário.

De sua parte, as Negras certamente visarão a fraqueza não apoiada das Brancas em e5. A Ala do Rei das Negras geralmente é sólida e seu Peão e6 anula a pressão do Bispo b3 das Brancas. Elas também gostariam de simplificar, começando com a troca do Cavalo incômodo em e4, antes das Brancas poderem causar-lhe dificuldades táticas. Nesse ínterim, as Negras têm seu controle habitual da Coluna c, apoiando movimentos desejáveis, como, por exemplo, ...♘c5 no momento certo. Normalmente, o jogo continua com 15 ♘d6 (15 ♕g4 ♗xe4 16 ♕xe4 ♘c5 é igual) 15...♗xd6 16 exd6 ♕g5 17 ♖f2! (isto protege a 2ª fileira e prepara ♕d2; depois de qualquer troca das Damas, os dois Bispos serão uma vantagem importante; 17 ♕e2 e5 18 ♗c3 ♕g6 foi totalmente analisado depois da partida Short-Kasparov, no Encontro ,do Campeonato Mundial, levando à igualdade com as melhores jogadas) 17...a5! 18 ♕e2 ♖a6! (as Brancas estavam ameaçando ♗xe6) 19 ♗c3 (ou 19 ♗xe6 ♖xd6 com igualdade) com um jogo obscuro; talvez 19...b4 20 ♗d2 ♕c5 21 ♗f4 seja melhor. Uma ótima linha de estudo!

**12...♗b7 13 ♕d3**

13 ♕e1 a5! com ...b4 em seguida; então, 14 ♘xb5?! ♘xe4 (ou 14...a4 e, depois, ...♘xe4) conquista o centro e elimina as chances de ataque das Brancas.

**13...a5!**

Este sacrifício do Peão desvia as Brancas do centro, ameaçando ...b4.

**14 e5?!**

A intenção certa, mas enfraquece. Uma melhor tentativa é o movimento agressivo 14 f5!?, mas, então, as Negras podem opor-se com 14...b4 15 axb4 axb4, com igualdade aproximada depois de 16 ♕b5.

**14...dxe5 15 fxe5 ♘d7 16 ♘xb5**

16 ♘e4 ♗xe4! 17 ♕xe4 ♘c5 18 ♗xc5 ♗xc5+ 19 ♔h1 ♕d4; esse Peão em e5 é um problema estrutural, portanto, as Brancas têm que ter cautela com uma simplificação excessiva.

**16...♘c5 17 ♗xc5 ♗xc5+ 18 ♔h1 ♕g5** *(D)*

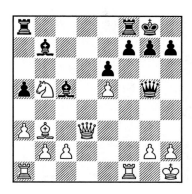

Em troca de um Peão, o par de Bispos das Negras limpa a Ala do Rei e o Peão e5 das Brancas é fraco. A Abertura terminou com sucesso para Spassky. Irei limitar-me às notas quando avançarmos no Meio-jogo:

**19 ♕e2**

Aqui, 19 ♕g3! ♕xg3 20 hxg3 melhora. Então, 20...♗a6 21 a4 ♗xb5 22 axb5 ♗d4 é melhor apenas nominalmente para as Negras.

**19...♖ad8 20 ♖ad1 ♖xd1 21 ♖xd1 h5!?**

21...♗e3! 22 ♘d6 ♗c6 é melhor, quando uma linha atraente é 23 ♖f1 ♗f4 24 ♕f2 ♕g4! com a idéia ...♕h3!.

**22 ♘d6?! ♗a8 23 ♗c4**

Não 23 ♖f1?! h4 24 ♘xf7? h3! 25 ♘xg5 hxg2+ 26 ♕xg2 ♖xf1#.

**23...h4 24 h3 ♗e3 25 ♕g4 ♕xe5**

Como o Peão do centro cai, também cai a capacidade das Brancas controlarem as peças inimigas e manterem as suas longe de problemas.

**26 ♕xh4 g5! 27 ♕g4 ♗c5! 28 ♘b5 ♔g7**

Agora, ...♖h8-h4 surge.

**29 ♘d4** *(D)*

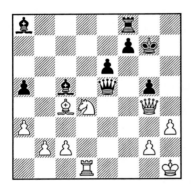

**29...♖h8?!**

Mas, agora 29...♖d8! 30 c3 ♕e3! foi terrivelmente forte. O uso ideal do par de Bispos de Spassky falha abruptamente apenas por razões táticas.

**30 ♘f3 ♗xf3 31 ♕xf3 ♗d6?**

31...♖h4! ainda pode estar vencendo, uma linha sendo 32 ♖f1 ♖f4 33 ♕e2 ♖xf1+ 34 ♕xf1 ♗d6 (34...♕xb2) 35 ♔g1 ♕h2+ 36 ♔f2 ♗c5+ 37 ♔e1 ♕e5+ 38 ♕e2 ♕xb2 e os Bispos com cores opostas ainda estão favorecendo as Negras.

**32 ♕c3! ♕xc3 33 bxc3 ♗e5 34 ♖d7 ♔f6 35 ♔g1**

e a partida ficou empatada logo depois.

### Short – Kasparov
*Campeonato Mundial PCA em Londres (12) – 1993*

**8 ♗b3 0-0 9 f4 a6 10 ♕f3**

Este movimento de ataque costumava ser popular, de modo compreensível, uma vez que fica pronto para fazer o roque grande e atacar o oponente no tabuleiro. Mas a Dama em f3 está sujeita a um tormento na longa diagonal, especialmente na linha da partida.

**10...♘xd4 11 ♗xd4 b5** *(D)*

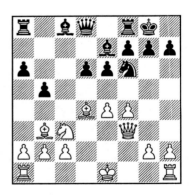

**12 ♗xf6!**

12 e5 dxe5 ameaça o Bispo d4, quase forçando 13 ♗xe5 (13 ♕xa8 ♕xd4 14 ♕f3 exf4 já fornece às Negras dois peões, o par de Bispos e muitas fraquezas sobre as quais trabalhar, tudo por uma qualidade) 13...♖a7! 14 ♖d1 ♖d7 15 0-0 ♗b7 com superior estrutura de peões e melhor posição.

**12...♗xf6! 13 e5 ♗h4+ 14 g3 ♖b8! 15 gxh4**

A superioridade da estrutura de peões das Negras mostra-se em linhas como 15 ♖f1 ♗e7 16 0-0-0 b4! (ou 16...♗b7) 17 exd6 bxc3 18 dxe7 cxb2+ 19 ♔xb2 ♕xe7 com a idéia ...a5, ...♗b7 e ...♖fc8.

**15...♗b7 16 ♘e4 dxe5!**

Ameaçando ...♕d4, entre outros movimentos.

**17 ♖g1 g6 18 ♖d1 ♗xe4 19 ♕xe4 ♕xh4+**

Com ataque. No mínimo, as Negras podem conseguir três peões pela peça, mas as Brancas têm alguma atividade; portanto, uma avaliação de 'igual' parece justa. Muitos temas táticos parecidos aparecem nas posições com ...e6 e ...b5.

## Ataque Velimirovic

**Boto – Buntic**
*Bósnia – 2001*

**8 ♕e2** *(D)*

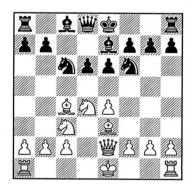

Esta jogada,, junto com o Roque grande, caracteriza o Ataque Velimirovic. Dentro de centenas de partidas brilhantes que foram jogadas por ambos os lados, com esta Abertura, encontramos certos temas que são fundamentais para atacar a Defesa Siciliana. Muitos deles foram jogados pela primeira vez em partidas com esta variante ou, pelo menos, trazidos para a notoriedade pela sua utilização nelas. Tentarei mostrar alguns desses blocos de construção essenciais dos ataques Sicilianos.

Examinando as partidas mais antigas do próprio Velimirovic, é possível ver a filosofia tática expressada por Kasparov, que enfatiza o 'corte do tabuleiro em dois', resultando em peças atraentes inutilmente afastadas da defesa do Rei.

**8...a6**

8...0-0 9 0-0-0 ♕a5 foi jogado no famoso encontro entre Fischer-Geller, Skopje/Krusevo/Ohrid – 1967. Não é impressionante demais pelos padrões do Ataque Velimirovic, mas como grande parte da diversão nesta seção será para as Brancas, mostrarei como as Negras resistem quando estavam aparentemente perdidas: 10 ♗b3 ♘xd4 11 ♗xd4 ♗d7 12 ♔b1 ♗c6 13 f4 ♖ad8 14 ♖hf1 b5 15 f5 b4 16 fxe6 bxc3 17 exf7+ ♔h8 18 ♖f5 ♕b4 19 ♕f1 ♘xe4 20 a3? (20 ♕f4!) 20...♕b7 21 ♕f4 ♗a4!! (um lance brilhante que muda a sorte) 22 ♕g4 ♗f6 23 ♖xf6 ♗xb3 0-1.

**9 0-0-0** *(D)*

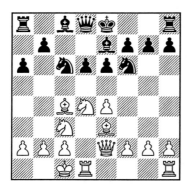

Nesta posição, a primeira idéia de Velimirovic foi o movimento desinibido g4-g5 seguido do que for necessário para alcançar o Rei negro. Então, a atenção é focada principalmente em g4 e ♖hg1, com precisamente a mesma estratégia, mas executado de modo diferente. Algumas vezes, as Brancas também tiveram sucesso depois de f4 e de f5 ou e5, mas isso não se estabeleceu, tão bem como os outros dois.

**9...0-0**

Esta é uma das partidas de Velimirovic nos primeiros dias do Ataque. O que chocou as pessoas nesta e nas partidas nas próximas notas, não foi que sacrifícios como ♘f5 e ♘d5 estivessem sendo feitos, mas a lentidão que pareciam ter e o pouco material necessário para fazer os ataques funcionarem: 9...♕c7 10 ♗b3 ♘a5 11 g4 b5 12 g5 ♘xb3+ 13 axb3 ♘d7 14 ♘f5!! *(D)*.

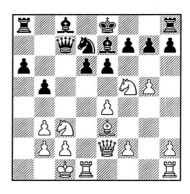

As '!!' vêm dos anotadores da época da partida, merecidamente pela originalidade do ataque; atualmente, a idéia é natural, mas as táticas específicas e o ataque sustentado das Brancas ainda são surpreendentes. 14...exf5 15 ♘d5 ♕d8 16 exf5 ♗b7 17 f6 gxf6 18 ♖he1 ♗xd5 (as Negras estão trocando todas as peças – isso deve ser correto) 19 ♖xd5 ♖g8 20 gxf6 ♘xf6 21 ♖f5 (ainda com uma peça inteira a menos) 21...♖b8 22 ♗a7 ♖b7 23 ♗d4 ♘g4 24 ♕f3 ♖d7 25 ♕h3! (uma geometria maravilhosa) 25...♘e5 26 f4 ♗h4 27 ♖e2 ♖e7 28 fxe5 (finalmente recuperando seu material) 28...dxe5 29 ♗c5! ♗g5+ 30 ♔b1 f6 31 ♕h5+ ♖g6 32 h4 ♕c8 33 ♗xe7 ♕xf5 34 ♗b4 ♕f4 35 ♕xh7 ♖h6? 36 ♕e7# (1-0) Velimirovic-Popovic, Novi Sad – 1976.

## 10 ♗b3 ♕c7 11 ♖hg1

Vejamos outra *obra-prima* de Velimirovic e representativa dos temas que ele tornou conhecidos: 11 g4 ♘d7 12 ♘f5! exf5 13 ♘d5 ♕d8 14 gxf5 ♘a5 15 ♘xe7+ ♕xe7 16 ♗d5 ♔h8 17 ♖hg1 ♘f6 *(D)*.

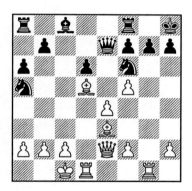

18 ♕f3! (estes movimentos relativamente lentos caracterizam o Ataque até hoje) 18...♘xd5 19 ♖xd5 ♘c4 20 f6!! ♕xf6 21 ♕xf6 gxf6 22 ♗d4 ♘e5 23 f4 ♘d7 24 ♖xd6 ♖g8 25 ♖d1 ♖e8 26 f5 ♖xe4 27 ♖g1 h5 28 ♖g5! ♖g4 29 ♖xf6! ♖g1+ (29...♔h7 30 ♖xh5+ ♔g8 31 ♖h8+!) 30 ♔d2 ♖g2+ 31 ♔e3 1-0 Velimirovic-Bukal, Iugoslávia – 1971.

## 11...♘d7

Agora, vamos brincar com alguns verdadeiros fogos de artifício. Experimente isto: 11...b5 12 g4 b4 13 ♘xc6 ♕xc6 14 ♘d5 exd5 15 g5 dxe4 16 gxf6 ♗xf6 17 ♗d5 ♕a4 18 ♕h5! ♗e6 *(D)*.

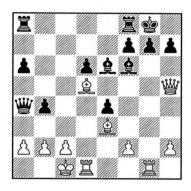

19 ♖xg7+!! ♗xg7 20 ♖g1 ♖fc8 (20...♖ac8 21 ♖xg7+ ♔xg7 22 ♗d4+ f6 23 ♕g5+ ♔f7 24 ♕xf6+ ♔e8 25 ♕xe6+ etc.) 21 ♖xg7+ ♔xg7 (21...♔f8 22 ♖xf7+!) 22 ♕h6+ ♔g8 23 ♗xe4 b3 (23...♖c4 24 ♗xh7+ ♔h8 25 ♗g5 ♖f4 26 ♗f5+) 24 ♗xh7+ ♔h8 25 ♗f5+ ♔g8 26 ♕h7+ ♔f8 27 ♗h6+ ♔e8 28 ♕g8+ ♔e7 29 ♗g5+ ♔d7 30 ♕xf7+ ♔c6 31 ♗xe6 ♔b6 32 ♗e3+ ♔a5 33 ♗xc8 ♖xc8 34 ♕f5+ ♖c5 35 ♗xc5 ♕b5 (35...bxa2 36 b4+ ♔b5 37 ♕d7+) 36 ♗b4+ ♔xb4 37 a3+ ♔c4 38 ♕xb5+ axb5 39 cxb3+ ♔d3 40 ♔d1 1-0 Ostapenko-Yartsev, URSS – 1969.

Mas desfrutemos de outra daquelas partidas clássicas do Mestre: 11...♘a5 12 g4 b5 13 g5 ♘xb3+ 14 axb3 ♘d7 15 f4 b4 *(D)*.

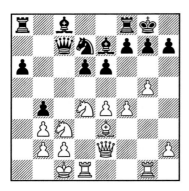

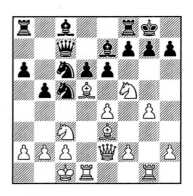

16 ♘f5! exf5 17 ♘d5 ♕d8 18 exf5 ♖e8 19 g6! fxg6 20 fxg6 h6 21 ♕c4 ♔h8 22 ♗d4 ♗f8 23 ♘c7 ♘c5 24 ♘xa8 ♗e6 25 ♕e2 ♕xa8 26 ♕h5 ♔g8 27 ♗xc5 dxc5 28 f5 ♗d5 29 f6 (um ataque grandioso, iniciado 15 movimentos antes!) 29...♖d8 30 f7+ ♔h8 31 ♕h4 a5 32 ♖ge1 a4 33 ♕xd8 ♕xd8 34 ♖e8 ♕g5+ 35 ♔b1 ♕xg6 36 ♖xf8+ ♔h7 37 ♖h8+ ♔xh8 38 f8♕+ ♗g8 39 ♖d8 1-0 Velimirovic-B.Ivanovic, Niksic – 1978.

Basicamente, você poderia dizer que são as vantagens posicionais das Brancas (espaço, ocupação de d5, colocação harmoniosa das peças etc.) que permitem que esses ataques tenham sucesso, como indicado pela sua duração e pela ausência de táticas diretas durante tantos lances depois do sacrifício.

## 12 g4 ♘xd4

Agora, deixemos Shirov mostrar seu talento surpreendente, do lado das Negras no tabuleiro: 12...♘c5 13 ♘f5 b5! 14 ♗d5 *(D)*.

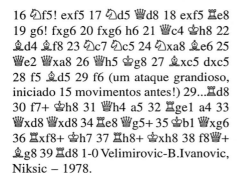

14...♗b7! (ele simplesmente continuará a deixar tudo pendente!) 15 g5 ♖fc8 16 ♖g3 ♗f8! 17 ♕h5 g6 18 ♘h6+ ♔h8 19 ♕h4 b4 20 ♗xc6 bxc3 21 ♗xc5 (estou ignorando os erros; obviamente, qualquer partida como esta não pode ser impecável) 21...cxb2+ 22 ♔b1 ♗xc6 23 ♖xd6! ♗a4!! 24 ♖c3 ♗xd6! 25 ♗d4+ e5 26 ♖xc7 ♖xc7 27 ♗xb2 ♖b8! 28 ♔a1 ♖xb2! 29 ♘xf7+ ♖xf7 30 ♔xb2 ♖f3 31 ♕g4! ♗a3+ 32 ♔a1! ♖xf2 33 ♕h3! (continua sempre!) 33...♗e7 34 ♕c8+ ♖f8 35 ♕xa6 ♗xc2 36 h4 ♗c5 37 ♔b2 ♗xe4 38 ♕e6 ♖b8+ 39 ♔c3 ♗d4+ 40 ♔c4 ♗f5 41 ♕f7 ♖c8+ 42 ♔d5 ♗h3 43 h5 gxh5 44 ♕f3! ♗g4 45 ♕f6+ ♔g8 46 g6 hxg6 47 ♕xg6+ ♔f8 48 ♕f6+ ♔e8 49 ♕g6+ ♔e7 50 ♕g7+ ♔d8 51 ♕f6+ ♔c7 52 ♕c6+ ♔b8 53 ♕b5+ ♔a7 54 ♕a4+ ♔b7 55 ♕b4+ ♗b6 56 ♕xe5 ♖c5+ e as Negras venceram em Onishchuk-Shirov, Bundesliga – 1996/7. Toda e qualquer dessas partidas lhe fornecerá algumas das melhores lições possíveis nas táticas e combinações da Siciliana.

**13 ♗xd4 b5 14 g5 b4 15 ♕h5 ♘e5**

Depois de 15...bxc3, não há nada especial: 16 ♖d3! e vence.

**16 f4 ♘g6 17 f5! ♘f4**

Uma variante maravilhosa que você não deve perder: 17...bxc3 18 ♖df1! cxb2+ 19 ♔b1 ♘e5 20 ♖f4 f6? 21 ♖h4 ♘c4 22 ♗xc4 ♕xc4 23 ♕xh7+ ♔f7 24 ♕g6+ ♔g8 25 ♕xg7+! ♔xg7 26 gxf6++ ♔f7 27 ♖g7+ ♔e8 28 ♖xe7+ ♔d8 29 ♗b6+ ♕c7 30 ♗xc7#.

**18 ♕f3 e5 19 g6!!** *(D)*

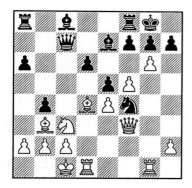

**19...bxc3**

As variantes são surpreendentes: 19...hxg6 20 ♕xf4! exf4 21 ♖xg6 e as Negras ficam sem ação; 19...♗f6 20 ♕xf4! exf4 (20...exd4 21 ♕h6!!) 21 ♗xf6 ♔h8 22 ♗xg7+ ♔xg7 23 gxf7+ ♔h6 24 ♖d3.

**20 ♕xf4! ♔h8**

Depois de todas essas idéias, 20...exd4 21 ♕h6! parece sem graça.

**21 gxf7 ♗f6 22 ♖xg7! ♗xg7**

Ou: 22...♗xf5 23 ♖xh7+!; 22...♗e6 23 ♗xe6 ♗xg7 24 f6 ♖xf7 25 ♗xf7 ♕xf7 26 fxg7+ ♕xg7 27 ♗xc3.

**23 f6 ♕d8 24 ♖g1 1-0**

A apresentação acima pode ter sido autoindulgente, mas os ataques *são* o Ataque Velimirovic e para compreendê-los, é preciso entender a variante. O mais importante, os mesmos temas de ataque desdobram-se rapidamente na prática da Defesa Siciliana em geral e aparecem nas numerosas variantes de hoje em dia.

## Fianqueto Acelerado

**1 e4 c5 2 ♘f3 ♘c6 3 d4 cxd4 4 ♘xd4 g6** *(D)*

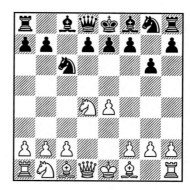

Este sistema é parecido com o Dragão (para o qual geralmente transpõe) e, portanto, meu tratamento irá concentrar-se principalmente no desafio mais importante das Brancas para a ordem de movimentos das Negras, que não está disponível na Dragão:

**5 c4**

Esta variante é conhecida como 'Formação Maroczy ' e, na verdade, o mesmo nome é aplicado à estrutura de peões das Brancas quando ela surge em outras Aberturas.

Antes de irmos a ela, deixe-me indicar alguns recursos exclusivos no Fianqueto Acelerado depois do movimento normal 5 ♘c3 ♗g7, que está repleto de truques e armadilhas posicionais:

a) Depois de 6 ♘b3, 6...♘f6 7 ♗e2 0-0 8 0-0 d6 leva-nos de volta a um Dragão Clássico. Em vez disso, ,a ordem de movimentos do Fianqueto Acelerado fornece às Negras outra opção 6... ♗xc3+!? 7 bxc3 ♘f6, tentando explorar os Peões c dobrados das Brancas com o custo da perda do o importante Bispo das casas negras; veja a seção do Capítulo 3 dedicada aos Peões c dobrados para ter uma pequena análise desta posição, precisamente.

b) 6 ♗e3 ♘f6 e, então:

  b1) 7 f3?! 0-0 8 ♕d2, para entrar no Dragão Iugoslavo, permite às Negras liberarem sua partida imediatamente do modo clássico: 8...d5! e, provavelmente, as Brancas devam simplificar com 9 exd5 ♘xd5 10 ♘xc6 bxc6 11 ♘xd5, obtendo uma igualdade aproximada, antes que fiquem pior, devido às fraquezas que f3 criou; veja como as Negras economizaram um tempo jogando ...d5, ao invés de ...d6 e ...d5.

  b2) Do mesmo modo, os movimentos clássicos 7 ♗e2 0-0 8 0-0 podem ser respondidos com 8...d5!.

  b3) Portanto, as Brancas desejam jogar no estilo do Dragão Invertido com 7 ♘b3 0-0 8 ♗e2, caso o jogo mais lento seja a sua inclinação.

  b4) 7 ♗c4 *(D)* e, então:

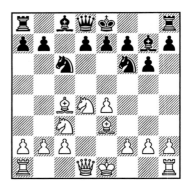

   b41) Neste ponto, 7...♕a5 tem alguns outros riscos associados. Por exemplo, 8 ♕d2? ♘xe4! 9 ♘xc6 ♕xc3!! ou 8 f3? ♕b4! 9 ♗b3 ♘xe4!. As Brancas devem jogar simplesmente 8 0-0 0-0 9 ♘b3 ♕c7 10 f4 d6 11 ♗e2 com um tipo de Dragão Clássico, no qual a Dama fica, discutivelmente, um pouco mal colocada em c7. Esta linha provou ser um desincentivo para aqueles que estão pensando em jogar 7...♕a5.

b42) Geralmente, as Negras jogam 7...0-0 8 ♗b3! (outro truque é 8 f3 ♕b6! com as idéias ...♘xe4 e ...♘g4, assim como o direto ...♕xb2) 8...d6 (as Negras têm opções arriscadas, como, por exemplo, 8...a5!?, uma linha extremamente complicada; contudo, os principais Mestres que se especializaram nesse movimento, em geral, abandonaram-no). 9 f3 ♗d7 10 ♕d2. Concede às Negras uma oportunidade extra de evitar as linhas principais: 10...♘xd4!? 11 ♗xd4 b5, com uma partida complicada que parece favorecer um pouco às Brancas. Por outro lado, muitos jogadores e teóricos acham que 10...♖c8 11 h4! economiza um tempo crítico sobre 11 0-0-0 e leva a uma vantagem para as Brancas. Tudo isto está nos livros (ou, pelo menos, em grande parte) e certamente compensará o estudo.

Agora, voltamos para 5 c4 *(D)*:

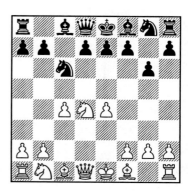

Após 5 c4, as Brancas têm uma grande vantagem de espaço que geralmente dominará o centro, contanto que mantenham a estrutura c4/e4. No lado negativo, elas têm uma fraqueza em d4 (muito parecida com uma Abertura de Peão da Dama, onde as Brancas jogam d4, c4 e e4). O plano das Brancas é usar sua superioridade de espaço para expandir e sufocar a posição das Negras. Todas as três áreas do tabuleiro estão disponíveis, mas elas normalmente, usarão o Centro e a Ala da Dama. Muitos Finais favorecem às Branca e, em particular, as Negras têm que estar certas de que com sua Dama em a5 e a das Brancas em d2, o lance ♘d5 não será eficiente.

As Negras gostariam de conseguir a ruptura ...b5 para destruir o centro das Brancas; obviamente, isso, em geral, envolve ...a6. Algumas vezes, elas podem jogar ...f5 com a mesma finalidade, mas é incomum até mais tarde, na partida. Finalmente, elas gostariam de trabalhar nas casas Negras, especialmente, devido ao estado desprotegido de d4.

Seguem algumas particularidades:

**Bareev – Pavlovic**
Campeonato Europeu por Equipes em Plovdiv – 2003

**5...♗g7**

Esta é a linha principal tradicional da Formação Maroczy.

5...♘f6 6 ♘c3 d6 (6...♘xd4 7 ♕xd4 d6 é outra idéia bem conhecida, quando as Brancas dispõem de vários modos de prosseguir, inclusive 8 ♗g5 ♗g7 9 ♕d2) 7 ♗e2 ♘xd4 8 ♕xd4 ♗g7 9 ♗e3 0-0 10 ♕d2 ♗e6 11 0-0 ♕a5 12 ♖ac1 (12 ♖fc1 coloca as duas Torres na Ala da Dama, o que parece ser uma boa idéia; as Brancas gostariam de jogar f3 e, em alguns casos, ♖ab1 e/ou ♘d5; por exemplo, 12...♖fc8 13 f3! com a idéia 13...♗xc4? 14 ♘d5) 12...♖fc8 *(D)*.

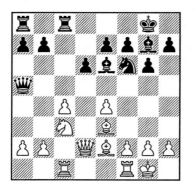

Alcançamos uma posição padrão. Eis um exemplo de uma idéia Anti Maroczy bem-sucedida para as Negras: 13 b3 a6 14 f3 (14 f4 b5 15 f5 é uma linha altamente carregada com muita teoria a estudar) 14...b5! 15 ♘d5 (após 15 cxb5 axb5 16 ♘xb5 {16 ♗xb5 ♖xc3 17 ♕xc3 ♕xb5 e as Negras conquistaram material} 16...♕xd2 17 ♖xc8+ ♗xc8 18 ♗xd2 ♖xa2, as Negras têm a posição mais ativa) 15...♕xd2 16 ♗xd2 ♘xd5 17 exd5 (17 cxd5 ♗d4+ 18 ♔h1 ♗d7 com igualdade) 17...♗d4+ 18 ♔h1 ♗d7 e as Negras não têm problemas, UribePerelshteyn, Campeonato Mundial sub-18 em Oropesa del Mar – 1998.

**6 ♗e3**

6 ♘c2!? ♘f6 7 ♘c3 pode ser uma seqüência muito perturbadora para as Negras porque impede as trocas e aumenta o controle das Brancas sobre d5. O jogo bem-sucedido é bem técnico, mas as Brancas continuarão com ♗e2, 0-0 e visarão ganhar mais espaço com b4, enquanto que as Negras jogarão ...0-0, ...d6, talvez com ...a5 e ...♗e6, dependendo do que as Brancas façam. A variante Rubinstein análoga da Abertura Inglesa continua com 1 c4 c5 2 ♘c3 ♘f6 3 g3 d5 4 cxd5 ♘xd5 5 ♗g2 ♘c7 6 ♘f3 ♘c6 7 0-0 e5. Mesmo com um tempo a menos, as Negras têm perspectivas razoavelmente boas.

Incidentalmente, se as Negras gostarem de uma das opções com um prematuro ...♘xd4, a troca impedirá a variante ♘c2.

**6...♘f6 7 ♘c3 0-0 8 ♗e2 d6 9 0-0 ♗d7**

9...♘xd4 10 ♗xd4 ♗e6 é uma linha há muito tempo estudada que tem perdido um pouco de sua popularidade. Desnecessário dizer, mas isso pode ser apenas uma situação temporária.

**10 ♕d2 ♘xd4 11 ♗xd4 ♗c6 12 f3**

O desenvolvimento das Brancas tem sido natural e normal. Elas ainda controlam mais espaço e estão prontas para atacar no centro e na Ala da Dama.

**12...a5**

Preparando-se para assumir as casas negras.

**13 b3 ♘d7!**

Este é o motivo do Sistema adotado pelas Negras: elas desejam terminar com um Cavalo maravilhoso em c5, opondo-se ao Bispo restringido das casas brancas.

**14 ♗e3!**

14 ♗xg7 ♔xg7 costumava ser jogado, mas as Brancas desejam manter seu Bispo bom para apoiar seu jogo na Ala da Dama. Do contrário, elas não terão nada com que desafiar o Cavalo c5.

**14...♘c5** *(D)*

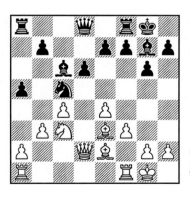

**15 ♖ab1**

A idéia básica é simples: ♖fc1, a3 e b4. A execução acaba sendo mais complicada.

**15...♕b6**

Mais controle das casas negras. Deseja dificultar b4 e também conectar as Torres.

**16 ♖fc1 ♖fc8 17 ♖c2!**

17 a3? ♘xb3! 18 ♗xb6 ♘xd2 19 ♖b2 ♘xc4! 20 ♗xc4 ♗d7 acaba sendo bom para as Negras. Agora, as Brancas estão prontas para a3.

**17...♕d8! 18 ♗f1**

Depois do último movimento das Negras, 18 a3 a4! 19 b4 ♘b3 é obscuro.

**18...h5!?**

Uma idéia fantástica: as Negras não estão fazendo nada sério na Ala do Rei, como devemos ver. Elas apenas desejam redirecionar suas forças.

**19 a3**

Uma outra partida demonstrou a força da pressão na Ala da Dama das Brancas: 19 ♕e1 ♗e5 20 ♖d1 ♕b6? 21 ♘b5! ♗xb5 22 cxb5 ♕a7 23 ♗c4! (agora que todas as peças negras estão na outra Ala, as Brancas voltam-se para a Ala do Rei) 23...♕b8 24 f4 ♗f6 25 e5! dxe5 26 ♗xc5 ♖xc5 27 ♗xf7+! ♔xf7 28 ♖xc5 e as Brancas estão vencendo em Agrest-Brynell, Campeonato nórdico (Bergen) – 2001.

**19...♔h7 20 ♘e2!?**

As Brancas estão rumando para d4 ou f4. O Cavalo também foi um alvo em algumas linhas nas quais as Brancas jogaram b4.

**20...♕h8** *(D)*

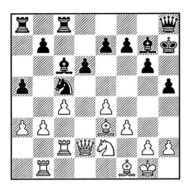

A finalidade por trás de ...♕b6, ...♖fc8, ...h5, ...♕d8 e ...h5! As Negras tentam maximizar a pressão na diagonal longa. Mas as Brancas ainda têm mais espaço e controle central, portanto, não precisam ficar muito preocupadas. A Abertura finalmente acabou e ambos os lados seguiram seus planos. Bareev prosseguiu para vencer a batalha de idéias, pelo menos desta vez:

**21 ♘f4 b6 22 ♔h1**

22 ♘d5 também leva a alguma vantagem depois de 22...♗xd5 23 exd5 e b4, para continuar depois da preparação devida. Os Bispos das Brancas estão visando o modo certo.

**22...♔g8?! 23 b4 axb4 24 axb4 ♘d7 25 ♘d5 ♗xd5 26 cxd5 ♖xc2 27 ♕xc2 ♗d4 28 ♕c6!**

As Brancas têm uma grande vantagem que elas converteram em boa ordem.

Claramente, um dos principais questionamentos que cercam o Fianqueto Acelerado é se as Negras podem, realmente, conseguir qualquer coisa significativa com o seu aspecto 'Acelerado', em comparação com o Dragão padrão. Se não, então, porque permitir às Brancas a opção adicional da Formação Maroczy, que, no mínimo, reduz muito as chances das Negras jogarem por uma vitória? Após 1 e4 c5 2 ♘f3 ♘c6 3 d4 cxd4 4 ♘xd4 g6 5 ♘c3 ♗g7 6 ♗e3 etc., você verá que, até na melhor situação, as Negras podem não conseguir tudo o que desejam. Ou seja, as Negras usam uma sacola de truques para afastarem as Brancas do Ataque Iugoslavo, mas um oponente com uma instrução moderada saberá como evitar as armadilhas e voltar o jogo para os canais iugoslavos da linha principal. Na verdade, as Negras ganham em alguns aspectos, limitando as opções das Brancas: especificamente, as Brancas têm que comprometer seu Bispo em c4 e perdem a oportunidade de jogar o antídoto popular para o Dragão envolvendo 9 0-0-0. Mas as Negras precisam ser claras, pois elas podem apenas evitar a versão 9 ♗c4 do Ataque Iugoslavo, jogando linhas secundárias, como, por exemplo, 8...a5, que são improváveis de igualar totalmente.

Nada disso deve desencorajar um jogador que esteja abaixo do nível de Mestre, claro. Sempre haverá muitas chances de vitória em uma competição normal, mesmo com a Formação Maroczy. Porém, acho que provavelmente você não desejará jogar esse Sistema por toda a vida.

## Variante Alapin

**1 e4 c5 2 c3** *(D)*

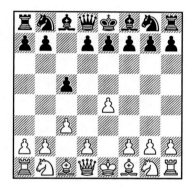

Conhecido como 'Variante Alapin', o movimento 2 c3 atrai particularmente aqueles que abandonaram a teoria pesada associada à Siciliana Aberta. No lado positivo, as Brancas tentam construir um centro com um mínimo de risco. Porém, normalmente, 2 c3 não tem vigor e poderia não atrair o jogador de ataque.

Minha filosofia declarada neste livro é examinar as Aberturas mais 'importantes', em especial, as mais antigas e estabelecidas que desempenharam um papel principal por muitos anos. Para apresentar uma variante Siciliana que não está neste molde, escolhi a Variante Alapin ao invés de, por exemplo, a Sici-liana Fechada, porque tem algumas idéias universais que são aplicáveis a outras linhas neste livro e ao estudo das Aberturas em geral.

As principais respostas são 2...d5 e 2...♞f6. Teremos apenas uma visão parcial delas, mas com detalhes relevantes. Os outros movimentos respeitáveis incluem 2...b6, 2...d6 (e talvez até 2...♛a5!?), mas irei pulá-los e falarei rapidamente sobre algumas alternativas que são mais conhecidas:

a) 2...e6 é analisado na ordem 2 ♞f3 e6 3 c3 na 'Introdução a 2...e6', exceto pela linha 3 d4 d5 4 exd5 (4 e5 é o Avanço Francês, uma transposição importante a lembrar) 4...exd5 (4...♛xd5 geralmente transpõe) 5 ♝e3, quando 5...cxd4 6 ♝xd4 ♞c6 7 ♝b5 a6 é considerado igual. O plano de 5...c4, analisado através da ordem de movimentos 2 ♞f3, ainda tem o efeito de fazer com que ♝e3 pareça um movimento desnecessariamente passivo e, com cuidado ao desenvolver suas peças rapidamente, as Negras se saem satisfatoriamente bem.

b) 2...g6 3 d4 cxd4 4 cxd4 d5 geralmente vai transpor para a variante 1 e4 c5 2 ♞f3 g6 3 c3 ♝g7 4 d4 cxd4 5 cxd4 d5. As linhas principais são 5 exd5 (5 e5 ♝g7 é parecido com a transposição mencionada; então, 6 ♞f3 ♝g4 7 ♝b5+ ♞d7 tem sido jogado, entre outros) 5...♞f6 6 ♞c3 (6 ♞f3 ♞xd5 7

♘c3 ♗g7 vem diretamente dessa linha) 6...♗g7 7 ♗c4, quando as Negras escolhem seu método de recuperar o Peão: ...a6, ou ...♘bd7 e ...♘b6. Segundo o conhecimento atual, elas são capazes de conseguir uma partida bem jogada e chegarem perto de ter uma igualdade total.

### Contra-ataque com ...d5

**2...d5 3 exd5 ♕xd5 4 d4 ♘f6**

4...♘c6 5 ♘f3 ♗g4 também é jogado, quando uma linha ambiciosa para as Brancas é 6 ♗e2 cxd4 7 cxd4 e6 8 ♘c3 ♕a5 9 h3 ♗h5 10 d5!?, mas 10...exd5 11 ♘d4 ♘xd4 (11...♗xe2) 12 ♗xh5 ♘c6 foi bem fácil (e igual) para as Negras em Nayer-Lautier, Copa do Mundo FIDE em Khanty-Mansiisk – 2005.

**5 ♘f3** *(D)*

**5...♗g4**

5...♘c6 é uma alternativa importante para aqueles que estão descontentes com algum aspecto de 5...♗g4, talvez 6 dxc5 na próxima nota. Geralmente, o jogo continua com 6 ♗e2 cxd4 (ou 6...e6 7 0-0 cxd4) 7 cxd4 e6 8 ♘c3 ♕d6 9 0-0 ♗e7. As Negras desejam jogar ...0-0, ...b6 e ...♗b7, com ...♖fd8 em alguns casos. As Brancas podem desenvolver-se com ♗e3, ♕d2 e ♖fd1, mas sua posição conteria pouco potencial dinâmico. Portanto, algumas vezes as Brancas tentam forçar o ritmo: 10 ♘b5 ♕d8 (10...♕b8!? 11 g3 ♘d5 12 ♗c4 a6 13 ♗xd5 axb5 14 ♗e4 favorece as peças ativas das Brancas) 11 ♘e5!? (11 ♗f4 ♘d5 12 ♗g3 0-0 {ou 12...a6} 13 ♗c4 a6 14 ♗xd5 exd5 15 ♘c7 ♖b8 com igualdade) 11...0-0 (11...♗d7 12 ♘xd7 ♕xd7 13 ♗e3 0-0 também é bom: d5 é bloqueada de modo permanente) 12 ♘xc6 bxc6 13 ♘c3 ♖b8 *(D)*.

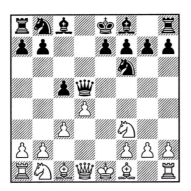
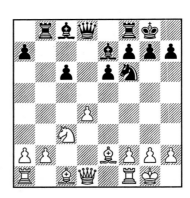

Vemos este tipo de posição em várias Aberturas. Contanto que as Negras possam desenvolver-se rapidamente e usar a Coluna b, seu Peão c isolado não será um problema. O Peão d das Brancas também está exposto e obviamente não irá a nenhum lugar se as Negras não o trocarem. Nenhum lado pode reivindicar muita vantagem, se tiver alguma, mas qualquer dos dois lados pode jogar por uma vitória.

## 6 ♗e2

6 dxc5 foi trazido para o primeiro plano acerca de uma década atrás e tem desfrutado de uma popularidade estável. Isso pode dizer menos sobre os méritos da jogada do que pelas dificuldades que as Brancas têm para conseguir uma vantagem com 2 c3. Em qualquer caso, a linha principal segue com 6...♕xc5 (6...♕xd1+ 7 ♔xd1 e5 8 b4 e4 9 h3 tem sido testado e questionado por alguns anos ultimamente; a maioria dos jogadores parece evitá-lo com as Negras) 7 ♘a3 (7 ♗e3 ♕c7 8 h3 ♗h5 9 ♘bd2 ♘bd7) 7...♘bd7 8 h3 ♗h5 9 ♗e3 ♕c8! e as Negras devem ter uma posição satisfatória. Esta avaliação, porém, não é compartilhada por todos.

## 6...e6 7 ♗e3

7 c4 ♕d7 serve apenas para expor o centro das Brancas.

## 7...cxd4

Agora que 8 dxc5 é uma ameaça (em alguns casos, c4 também é), as Negras trocam. Mais adiante, elas comprometeram o Bispo das Brancas em um posto bem passivo em e3.

## 8 cxd4 ♘c6 9 ♘c3 ♕d6 (D)

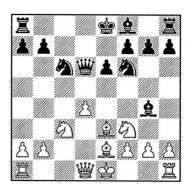

Este recuo é melhor do que o outro (por exemplo, 9...♕d8) por duas razões: ele impede o movimento ♗f4 mais ativo e permite às Negras aumentarem a pressão no Peão d4 depois de ...♖d8 em algum momento. O Bispo das casas negras pertence a e7, de qualquer modo.

## 10 0-0 ♗e7

Alcançamos uma posição padrão de Peão isolado na qual as Brancas irão comprometer sua atividade contra as vantagens mais estáticas das Negras, basicamente, a pressão no Peão isolado da Dama e a boa colocação de suas peças. As Brancas podem empurrar o Bispo das Negras para h5 com h3 e reservar o movimento g4 para mais tarde. Algumas vezes, elas se desenvolvem através de ♕b3, seguido da colocação de uma Torre em d1. Vimos muitos exemplos deste tipo de posição nos capítulos introdutórios. Este em particular parece pouco promissor para as Brancas, uma vez que suas peças estão menos ativas do que naquelas posições e d5 será extremamente difícil de conseguir.

## Variante 2...♘f6

**2...♘f6 3 e5 ♘d5**

Esta organização lembra uma Defesa Alekhine e as Negras gostariam muito de ter ...c5 se estivessem jogando essa Abertura! Mas não é tão simples, pois as Brancas não estão pretendendo espantar o Cavalo d5 com seus peões quando, em vez disso, podem desenvolver suas peças. A Alapin com 2...♘f6 pode levar a um jogo com muita teoria pesada. Este é um resumo de uma grande faixa de continuações:

**4 d4**

4 ♘f3 ♘c6 5 ♗c4 ♘b6 6 ♗b3 c4 7 ♗c2 g5!? é outra linha excêntrica; a teoria atual a tem como sendo igual, sabe-se lá o que isso signifique em tal posição desequilibrada.

**4...cxd4**

O ponto de partida habitual. Apenas um especialista em 2 c3 saberia se as Brancas têm qualquer modo de forçar algo nessa posição.

**5 ♘f3**

As Brancas também podem fazer o movimento direto 5 cxd4 d6 (5...e6 6 ♘c3 ♘xc3 7 bxc3 ♕c7 8 ♗d2 b6 foi um sistema popular no passado) 6 ♘f3 ♘c6, quando uma linha tradicional é 7 ♗c4 (ou 7 ♘c3 ♘xc3 8 bxc3 e6) 7...♘b6 (7...e6) 8 ♗b5 dxe5 9 ♘xe5 ♗d7 10 ♗xc6 ♗xc6 11 ♘xc6 bxc6, fornecendo-nos a estrutura padrão que analisamos acima, na linha 2...d5. A partida é igual.

**5...♘c6** *(D)*

5...d6 6 cxd4 e6 conduz a uma linha analisada na introdução da seção 2 ♘f3 e6.

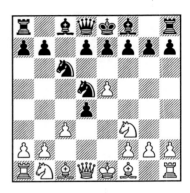

**6 ♗c4**

6 cxd4 d6 7 ♘c3 pode ser enfrentado com 7...e6 8 ♘xd5 exd5, com igualdade.

**6...♘b6**

Se as Negras jogarem 6...e6 7 cxd4 d6, novamente teremos a linha referida na nota para 5...♘c6.

**7 ♗b3 d5**

Capturar o Peão oferecido por 7...dxc3 8 ♘xc3 é arriscado.

**8 exd6 ♕xd6** *(D)*

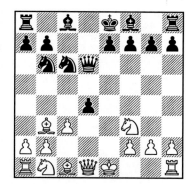

Normalmente, pensava-se que as Negras tinham igualdade aqui, embora, como sempre, existam análises extensas das variantes sobre as quais, felizmente, seu oponente de nível médio nunca terá ouvido falar.

**9 0-0**

Entre muitas outras linhas estabelecidas está 9 ♘a3 a6 10 0-0 ♗e6 11 ♗xe6 ♕xe6, com igualdade.

**9...♗e6 10 ♗xe6 ♕xe6 11 ♘xd4 ♘xd4 12 ♕xd4 ♖d8 13 ♕h4 ♕e2 14 ♘d2**

Agora, as Negras podem jogar 14...h5!? ou 14...g6, com ambos sendo satisfatórios para ela. Todavia, as Brancas podem estar interessadas em jogar tal posição porque tem um duplo sentido que a torna suficientemente interessante.

# Capítulo 12

# Defesa Caro-Kann

**1 e4 c6** *(D)*

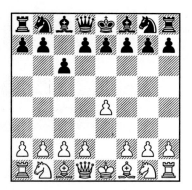

Este é o ponto de partida oficial da Caro-Kann. Agora, 2 d4 é jogado em grande maioria das partidas, embora, naturalmente, as Brancas possam tentar reagir à idéia de 2...d5 em outros modos. Como sempre, esses desvios iniciais podem ser muito educativos e um deles organiza uma estrutura respeitável, que é jogada regularmente:

## Dois Cavalos na Caro-Kann

**2 ♘f3**

2 c4 é outra alternativa importante às linhas principais: 2...d5 (2...e5 3 ♘f3 d6 4 d4 é um certo tipo de Defesa Índia Antiga com a qual a maioria dos jogadores da Caro-Kann não se sentirá confortável) 3 exd5 cxd5 geralmente transpõe para o Ataque Panov, por meio de 4 d4 – veja posteriormente neste capítulo. As Brancas também podem tentar 4 cxd5, quando 4...♕xd5 perde um tempo depois de 5 ♘c3. Por mais sério que isso possa ser ou não,, as Brancas continuarão com d4 e alguma vantagem; por exemplo, 5...♕a5 6 d4 ♘f6 7 ♘f3 *(D)*.

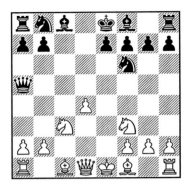

O lance do texto (2 ♘f3) é facilmente a tentativa independente mais promissora das Brancas e merece uma olhada, por aqueles que desejem um caminho um pouco menos experimentado.

**2...d5 3 ♘c3** *(D)*

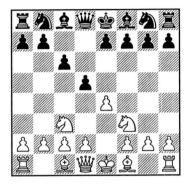

Isto se compara bem, para as Brancas, com a Defesa Escandinava (1 e4 d5 2 exd5 ♕xd5 3 ♘c3 ♕a5 4 d4 ♘f6 5 ♘f3), pois as Negras não pode limitar o centro das Brancas com o movimento útil ...c6. Em troca, as Brancas não têm nenhum Peão em c2. Mas na Escandinava, o Peão c2 pode ser uma desvantagem para as Brancas, por algumas razões. Primeiro, é o alvo de um Bispo em f5 e, algumas vezes, de um Cavalo em b4; o mais importante, porém, é que não lhe cabe, em c4 tornar o centro mais móvel, nem em c3, proteger o Peão d4 das Brancas. E mais, você deve notar que sem um Peão c, as Brancas terão o movimento util ♕b3, se o Bispo c8 das Negras extraviar-se da Ala da Dama.

Assim, ao invés de 4...♕xd5, as Negras quase sempre jogam 4...♘f6 5 ♘c3 (5 ♗b5+ finalmente levará às Brancas a perderem de volta seu Peão d depois de 5...♗d7 ou 5...♘bd7; no último caso, ...a6 e ...b5 ou ...♘b6 podem continuar) 5...♘xd5 6 d4 e estamos de volta à posição do Peão isolado da Dama que caracteriza o Ataque Panov.

Esta seqüência tenta usar o jogo de peças e o desenvolvimento rápido para causar um desconforto às Negras. Por exemplo, a linha 'a' na próxima nota é um bom exemplo disto.

**3...♗g4**

Esta é a escolha da maioria dos jogadores. Do contrário:

a) Se as Negras jogarem 3...dxe4 4 ♘xe4 ♗f5?!, as Brancas mostrarão a vantagem de seu desenvolvimento rápido, incomodando o Bispo com 5 ♘g3 ♗g6 6 h4, ameaçando h5. Compare isto com a linha padrão 2 d4 d5 3 ♘c3 dxe4 4 ♘xe4 ♗f5 5 ♘g3 ♗g6. Em nossa posição atual com 2 ♘f3 d5 3 ♘c3, o Cavalo f3 está pronto para saltar para e5. As Brancas, no mínimo, conquistarão os dois Bispos e permanecerão com um bom desenvolvimento (lembre-se que conquistar o par de Bispos geralmente se consegue com o *custo* do desenvolvimento). Depois de 6 h4, o jogo segue com 6...h6 (6...♘f6 7 h5 ♗e4 8 ♘xe4 ♘xe4 9 d4 e6 10 ♗d3 fornece às Brancas os dois Bispos e um bom desenvolvimento) 7 ♘e5 ♕d6 (7...♗h7??, para preservar o Bispo, perde para 8 ♕f3! ♘f6 9 ♕b3 com um ataque duplo em f7 e b7) 8 ♘xg6 ♕xg6 9 d4 e as Brancas logo jogarão ♗d3, forçando a Dama a se mover novamente.

b) 3...♘f6?! 4 e5 ♘fd7 5 e6! fxe6 6 d4 favorece às Brancas, que gostariam de jogar ♗d3 com ♘g5 ou, se as Negras jogarem ...♘f6, então, ♘e5 iria paralisá-las.

c) O movimento ...c6 não fica muito bem com 3...d4 4 ♘e2; por exemplo, 4...c5 5 c3 e o centro das Negras não poderá ser mantido depois de 5...♘c6 6 cxd4 cxd4 7 ♕a4 d3.

**4 h3 ♗xf3**

Esta é a escolha padrão. Ao contrário, 4...♗h5 é muito arriscado devido a 5 exd5 cxd5 6 ♗b5+ ♘c6 7 g4 ♗g6 8 ♘e5. Acredita-se que esta posição seja jogável para as Negras, embora seja-lhes perigosa devido a h4-h5 ou simplesmente, a d4 e ♗f4. Vários livros mencionam isso, talvez não muito completamente; se eu fosse Brancas, veria (e com as Negras, ficaria muito preocupado ) 8...♖c8 9 h4!, planejando 9...d4 (As Negras sofrem depois de 9...f6 10 ♘xg6 hxg6 11 d4) 10 h5

♗xc2 11 ♕xc2 dxc3 12 ♖h3! (ou 12 ♕b3 e6 13 dxc3) 12...e6 13 ♘xc6 bxc6 14 ♖xc3 etc.

**5 ♕xf3**

Muitos leitores estão cientes de que os jogadores de Xadrez em todo o mundo apaixonaram-se pelos ataques brilhantes e românticos do Campeão Mundial Mikhail Tal, que influenciou todos nós desde então. O que eles podem não saber é que Tal também encantou os fãs do Xadrez com sua originalidade surpreendente e humor picante. Um dos movimentos mais maravilhosos em sua carreira refletiu essas duas qualidades: 5 gxf3!!? *(D)*

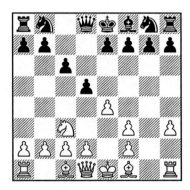

Fazer um movimento tão absurdo em uma partida casual é uma coisa; em um torneio internacional, é outra. Mas na atmosfera refinada do Campeonato Mundial, uma pessoa não faz tais coisas! Todavia, em Tal-Botvinnik, Campeonato Mundial em Moscou (3) – 1960, as Brancas chocaram a todos (e, espero, os fizeram rir) recapturando com o Peão g. Acho que apenas recentemente começamos a ver um aumento de receptividade dos jogadores em direção aos movimentos aparentemente sem fundamentos na Abertura. Tal teria ficado satisfeito com isso. De qualquer modo, ele ficou, prontamente, com um jogo inferior, mas se recuperou e abriu caminho para um empate. Apesar da condenação que 5 gxf3 recebeu, a continuação errada de Tal é facilmente melhorada (por suas próprias sugestões, em primeiro lugar) e é um pouco decepcionante que poucos jogadores tenham arriscado suas preciosas avaliações, apenas uma vez, para experimentar o movimento. Créditos para Chris Depasquale, que tem duas partidas entre 28 com 5 gxf3, no Megabase – 2006.

Agora, voltamos para 5 ♕xf3 *(D)*:

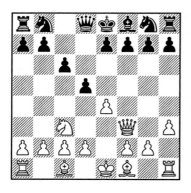

Este movimento, por outro lado, é representado por cerca de 2.100 partidas no Megabase, ainda que seja um pouco menos que 2% de todas as Caro-Kanns.

As Brancas ganharam os dois Bispos em troca de um controle central um pouco reduzido. As Negras estão contentes em terem trocado seu Bispo das casas brancas, uma vez que estará organizando seus peões nessas casas. O jogo pode desenvolver-se em várias linhas.

**5...e6**

Outra organização começa com 5...♘f6 6 d3 e6. Os Bispos das Brancas não têm nenhuma casa excepcionalmente boa e enquanto as Brancas se reorganizam, as Negras terão todas as suas peças desenvolvidas e jogarão ...e5, trocando espaço e as peças ativas pelos dois Bispos. Uma boa organização das peças para as Negras conseguirem isso é ...♘d7, ...g6 e ...♗g7.

**6 d4**

As Brancas também podem jogar 6 d3 ♘d7 7 ♗e2 (7 ♗d2 ♗d6 8 d4 a6 9 0-0-0 b5 10 ♗d3 ♘e7 11 h4 ♕b6 também é igual, Planinc-Petrosian, Iugoslávia-URSS (Ohrid) – 1972) 7...g6 8 0-0 ♗g7 9 ♕g3 ♕b6 10 ♔h1 ♘e7 com igualdade, Anand-Karpov, Torneio de Candidatos em Bruxelas (3) – 1991.

**6...♘f6**

6...dxe4 também é possível.

**7 ♗d3 dxe4**

As Negras entregam, intencionalmente, o centro.

**8 ♘xe4 ♘xe4**

8...♕xd4 9 c3 ♕d8 10 0-0 é arriscado porque as peças brancas entram em jogo muito rapidamente, mas não está muito claro.

## CAPÍTULO 12 – DEFESA CARO-KANN | 371

**9 ♕xe4 ♘d7 10 c3 ♘f6 11 ♕e2 ♗d6** *(D)*

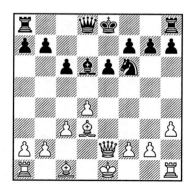

As Negras organizam o tipo de estrutura de restrição que é vista nas defesas eslavas, escandinavas e outras: os peões nas casas brancas complementando o Bispo de casas negras enquanto restringem o centro das Brancas. Como nessas Aberturas, uma idéia é desenvolver rapidamente e jogar ...c5 ou ...e5. Veja o Capítulo 3 sobre as estruturas, para ter alguns exemplos.

Agora, voltemos às linhas principais.

**1 e4 c6 2 d4 d5** *(D)*

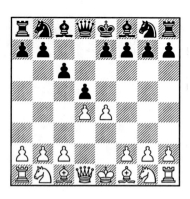

A Caro-Kann lembra a Defesa Francesa no sentido de que as Negras colocam um Peão em d5 no segundo movimento e forçam as Brancas a decidirem o que fazer com seu Peão e4: avançar, trocar, defender ou oferecer o gambito. Algumas posições resultantes são bem parecidas. Também foi dito que a Caro-Kann lembra a Eslava porque 1...c6 ocupa a 'melhor' casa c6 do Cavalo, mas mantém uma visão aberta para seu Bispo de casas brancas. Sem surpresa alguma, porém, as características das posições que surgem de 1 e4 e 1 d4 acabando por ser radicalmente diferentes: não há uma Variante Eslava de Avanço e e4 com as Brancas é uma raridade na Eslava.

Em qualquer caso, 2...d5 força uma resposta. Veremos 3 exd5 (a Variante das Trocas e o Ataque Panov) e 3 e5, a Variante do Avanço. Acho que essas variantes são mais úteis e consistentes em termos da organização deste livro. Não estarei lidando com as linhas principais 3 ♘c3, embora naturalmente estejam repletas de idéias maravilhosas. Também estou omitindo a 'Variante de Fantasia' 3 f3, embora tenha seus pontos de interesse. Uma comparação posicional curiosa surge depois de 3 f3 e6!? 4 ♘c3 ♗b4 (estes não são os únicos movimentos, claro), quando 5 e5(?) c5 realmente é uma boa versão da Defesa Francesa porque o tempo 'extra' das Brancas devido a ...c6-c5 foi usado para o terrível lance f3, que não apenas enfraquece a Ala do Rei das Brancas, como também tira f3 para o Cavalo e exclui a Dama branca da Ala do Rei.

## Variante das Trocas

**3 exd5 cxd5** *(D)*

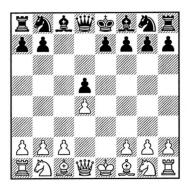

Uma variante muito instrutiva, cujo estudo beneficiará todos os praticantes de Xadrez. Veremos a construção lenta das Brancas com c3 e, então, iremos para o Ataque Panov mais agressivo com c4.

### Sistemas c3

**4 ♗d3 ♘c6 5 c3**

Este desenvolvimento mais conservador não deve prometer muito para as Brancas, mas tem algum estímulo e a estrutura dos peões é particularmente provocadora.

**5...♘f6** *(D)*

Agora, iremos para algumas idéias familiares.

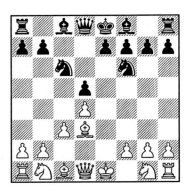

**6 ♗f4**

Esta é a abordagem habitual, e muito provavelmente, para conseguir algo tangível.

Digamos que as Brancas, porém, joguem 6 ♘f3, as Negras respondam com a jogada natural 6...♗g4 e continuem com 7 0-0 e6 8 ♘bd2 ♗d6 9 ♖e1 0-0. Tudo muito lógico. Então, as Brancas poderiam querer responder à presença do Bispo das Negras em g4: 10 ♘f1 ♕c7 11 ♗g5 ♘d7 12 ♘g3 *(D)*.

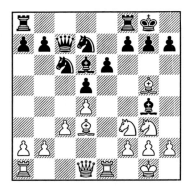

O que temos aqui? Uma Variante das Trocas do Gambito da Dama Recusado típica (Carlsbad) com as cores invertidas! Nesta posição, especialmente uma vez que um dos planos padrão do GDR ...♘e4 não está disponível (que em nosso caso Caro-Kann é ♘e5), as Negras poderiam querer jogar o ataque da minoria 12...♖ab8 13 h3 ♗xf3 14 ♕xf3. Então, parece que as Brancas fizeram quatro dos movimentos usuais das Negras no Gambito da Dama (...♗e7, a recaptura ...♗xf6 e o reposicionamento ...♗e7-d6) em um lance! Naturalmente, nenhum lado jogou de acordo com um plano Caro-Kann convencional, mas é interessante ver como a mesma estrutura de peões na Abertura do Peão do Rei e na Abertura do Peão da Dama leva ao tema do ataque da minoria contra o ataque à Ala do Rei. Claro, poderíamos ter obtido uma posição exatamente invertida com 4 ♘f3 ♘c6 5 c3 ♗g4 6 ♗e2 e6 7 0-0 ♗d6 8 ♘bd2 ♘f6 (ou 8...♘ge7!?) etc., mas esses não são os movimentos mais indicados, especialmente para as Brancas.

Voltemos para a linha Caro-Kann depois de 6 ♗f4. Seguiremos o jovem Kasparov.

### Lanka – Kasparov
*Juniores em Leningrado – 1977*

**6...♗g4** *(D)*

As Negras saem na frente de sua cadeia de peões, uma vantagem, tanto na Caro-Kann como na Variante das Trocas do Gambito da Dama.

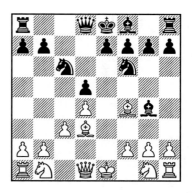

**7 ♕b3**

7 f3 ♗h5 tem a idéia ...♗g6 com a troca do Bispo bom das Brancas. Este é um tema comum, mesmo com um Cavalo em f3; neste caso, após ♘e5 e ...♗g6, as Negras não têm medo de ♘xg6 porque os Cavalos são fortes nessas posições e elas têm uma Coluna h útil. E mais, o Bispo das casas brancas ainda *é* o Bispo ruim das Negras (veja os peões em d5 e e6). Naturalmente, 7 ♘e2 também é possível.

**7...♕d7 8 ♘d2 e6 9 ♘gf3 ♗d6!**

Esta descoberta prejudica a popularidade da organização com c3, ♗d3 e ♗f4.

**10 ♗xd6 ♕xd6 11 0-0**

Depois de 11 ♕xb7 ♖b8 12 ♕a6 0-0! (não 12...♖xb2? 13 ♗b5), considera-se que as Negras tenham pelo menos um jogo suficiente para seu Peão; por exemplo, 13 b3? (para proteger b2) 13...♖b6 14 ♕a4 e5! 15 dxe5 ♘xe5 com a Coluna e, com ameaças contra o Rei branco. As Negras, então, ficam consideravelmente melhor.

11...♗xf3 12 ♘xf3 0-0 13 ♖ae1 ♖ab8 14 ♘e5 b5 15 a3 a5

O ataque da minoria na forma pura.

16 ♖e3 ♖fc8 17 ♕d1 b4 18 axb4 axb4 19 ♖fe1

19 f4 bxc3 20 bxc3 fornece às Brancas algum ataque e pode ser bem melhor.

19...bxc3 20 bxc3 ♕d8 21 ♖h3?!

Passivo. O movimento mais interessante é 21 ♘g4!.

21...g6 22 ♕d2 ♘xe5 23 dxe5 ♘d7 24 ♕h6 ♘f8 25 ♗f1 ♖b3 26 ♖c1 ♕a5 27 ♕e3 *(D)*

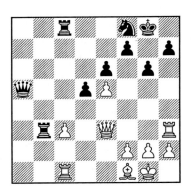

Kasparov conseguiu o isolamento do Peão c, mas seu Cavalo f8 fica muito pior do que o Bispo f1 e ele, portanto, precisa fazer algum progresso concreto.

27...♕a3 28 ♖f3!? ♖c7 29 ♕f4 ♕b2

As Negras tiveram chances, por um tempo, para jogar ...d4; por exemplo, 29...d4! 30 c4 ♖xf3 31 gxf3 ♘d7 32 ♖b1 ♕c3 33 ♖d1 ♖c5.

30 h4 h5 31 ♔h2 d4

Isto ainda é bom.

32 ♗d3!? dxc3!

Se 32...♖bxc3, 33 ♖d1 impede as Negras em seu caminho.

33 ♖c2 ♕a3?

Talvez sem notar o próximo lance das Brancas. Ao contrário, 33...♖b4! seria muito forte e, provavelmente, produziria uma possível vitória. Agora, as Brancas ganharão a vantagem.

34 ♗c4 ♖b4 35 ♖fxc3 ♕a4 36 ♕c1 ♕a7 37 f4!?

Isto está liberando. 37 ♕d2! ♕a4 38 ♕e2 manteria a posição superior das Brancas, embora fazer progresso seja difícil.

37...♕d4! 38 g3 ♔g7 39 ♔h3 ♘d7 40 ♗f1 ♖xc3 41 ♖xc3 ♘b6 42 ♕e3 ♕d1 43 ♕f3 ♕a1 44 ♗g2 ♘d5

A partida é igual.

45 ♖d3 ♖b2 46 f5!? gxf5 47 ♕xh5 ♕c1 48 ♖d1 ♕c2 49 ♕g5+ ½-½

## Ataque Panov

**4 c4**

Isto introduz uma das variantes clássicas das Partidas Semi-abertas, uma que atraiu muitos jogadores ótimos, durante os anos. O ataque em d5 traz alguns problemas para as Negras porque se elas capturam em c4, o Bispo branco sairá para uma casa ativa em um salto, ao passo que em muitas posições com o Peão da Dama isolado, como uma que ocorrerá logo, as Brancas têm que fazer dois lances (geralmente ♗d3 e, depois, ♗xc4) para chegar lá, ou têm que fazer um movimento de 'espera' extra e menos desejável, como, por exemplo, a3, ♖c1 ou ♗g5. Compare com as posições do Peão da Dama isolado no Gambito da Dama Recusado ou na Nimzo-índia, por exemplo, e veja mais comentários abaixo.

**4...♘f6 5 ♘c3** *(D)*

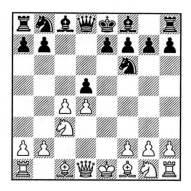

Esta é a posição inicial do Ataque Panov, também conhecido como 'Ataque Panov-Botvinnik' por causa das contribuições do antigo Campeão Mundial.

**5...e6**

5...g6 fornece uma posição tipo Grünfeld, na qual as Negras geralmente permitem as Brancas conquistarem temporariamente o Peão d e, então, tentam recuperá-lo através de ...♘bd7-b6 ou ...a6/...b5. Adiantarei essa linha aqui.

A alternativa principal é 5...♘c6, que introduz um conjunto de problemas diferentes e estruturas que devo tentar resumir de um modo bem geral. A apresentação, muito provavelmente, será imprecisa de um ponto de vista teórico avançado, mas deverá ser útil para o aluno:

a) 6 ♗g5 *(D)* ameaça 7 ♗xf6, seguido de 8 cxd5.

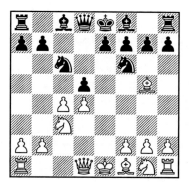

As Negras podem responder com 6...e6 ou com várias organizações agaradáveis que começam com 6...♕a5 e 6...♗e6!?, sendo que a popularidade da última mostra a flexibilidade e o pragmatismo das idéias do Xadrez. Embora eu não esteja examinando isso, devo mencionar que 6...e6 7 ♘f3 ♗e7 leva a uma daquelas posições sobre as quais estávamos falando, quando as Brancas podem não querer perder um tempo depois de 8 ♗d3 dxc4 9 ♗xc4 e, assim, passam a considerar jogadas como, por exemplo, 8 ♖c1 e 8 a3. A idéia independente 8 c5 também é possível. Estas posições compensarão o estudo e, na verdade, você pode querer sentar e experimentar trabalhar nos detalhes, sem o auxílio dos livros ou outras fontes.

b) 6 ♘f3 é o movimento principal. Então:

> b1) Algumas vezes, 6...♗e6 é jogado para ameaçar ...dxc4 e proteger o centro ao mesmo tempo. Anand-Miles, Wijk aan Zee – 1989 mostra um modo de converter a estrutura de peões (muito à força) e, então, construir uma posição superior: 7 c5 g6 8 ♗b5 ♗g7 9 ♘e5 ♗d7 10 ♗xc6! bxc6 11 0-0 0-0 12 ♖e1 ♗e8 13 h3 (ou 13 ♕e2) 13...♔h8 14 ♗f4 ♘g8 15 b4 f6 16 ♘f3 ♕d7 17 a4. As Brancas têm uma vantagem moderada, mas certa. É difícil as Negras encontrarem qualquer coisa positiva para fazer e Anand venceu bem facilmente.
>
> b2) A resposta mais importante é 6...♗g4, porque tem a ameaça posicional 7...♗xf3 e dá às Brancas poucas opções sérias. A mais comum e bem analisada é 7 cxd5 ♘xd5 8 ♕b3 ♗xf3 9 gxf3 *(D)*.

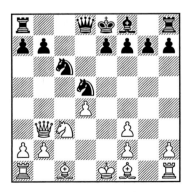

As Brancas implementaram a minirregra de que quando um lado coloca em jogo logo no início o seu Bispo da Dama, o oponente deve considerar, seriamente, trazer sua Dama para a Ala da Dama, neste caso para b3, porque o Bispo abandonou a defesa dessa Ala. Aqui, as Brancas executaram essa idéia com o custo de peões f dobrados. Agora, 9...♘xd4?? perde para 10 ♗b5+, e 9...♘xc3 10 bxc3 é considerado bom para as Brancas, por causa de seus Bispos, da pressão na Ala da Dama e por d5.

Mas, 9...♘b6 não está resolvido totalmente. Permite às Brancas seqüências de ataque começando com 10 d5! (ou 10 ♗e3 e6 11 0-0-0, que pode ser melhor defendido com 11...♗e7 12 d5 exd5 13 ♗xb6 ♕xb6 14 ♕xb6 axb6 15 ♘xd5 ♖xa2 16 ♔b1 ♖a5 com igualdade) 10...♘d4 11 ♗b5+ ♘d7 12 ♕a4 ♘xb5 (12...e5? 13 dxe6 ♘xe6 14 ♗g5! com a idéia 14...♘xg5 15 0-0-0) 13 ♕xb5 g6 14 0-0 *(D)*.

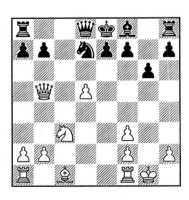

As Brancas planejam ♖e1 e/ou ♗g5. Isto é tudo teoria, sendo uma ótima idéia 14...♗g7 15 ♗g5 (15 ♖e1 0-0 16 ♗g5

deve ser um pouco melhor para as Brancas) 15...h6? 16 ♗xe7! ♔xe7 17 ♕b4+ ♔e8 18 ♖ae1+ ♗e5 19 f4 ♕h4 20 ♕e4! e as Brancas realmente estão vencendo, com material extra e peões muito fortes. Tais táticas decorrem das linhas abertas e do desenvolvimento rápido.

Voltando para 9 gxf3, o movimento principal é 9...e6, quando 10 ♕xb7 leva à linha 10...♘xd4 11 ♗b5+ ♘xb5 12 ♕c6+ ♔e7 13 ♕xb5 ♕d7 14 ♘xd5+ ♕xd5 15 ♗g5+ f6 16 ♕xd5 exd5 17 ♗e3. Novamente, temos pilhas de livros de teoria sobre este Final fascinante e educativo. Os Peões f dobrados e terríveis das Brancas são compensados, ou têm mais importância que suas colunas abertas (fornecendo ameaças incômodas contra o Rei), seu Bispo mais eficiente e os próprios dois peões fracos das Negras. Provavelmente, o resultado, com um jogo perfeito, é um empate, mas as Negras têm que jogar com mais precisão do que as Brancas, o que provavelmente explica a inclinação de muitos jogadores para uma jogada mais comum 5...e6 *(D)*, para a qual voltamos agora.

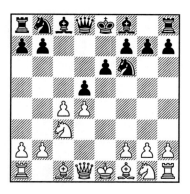

6 ♘f3

Aqui, veremos algumas das milhares de partidas que foram jogadas a partir desta posição. Felizmente, há algum material sobre os Peões da Dama isolados, neste livro (para obter uma introdução extensa do assunto, veja o Capítulo 3); portanto, esta lição não estará sozinha. Veremos três 6ºs movimentos diferentes para as Negras.

**Velimirovic – Benko**
*Vrnjacka Banja – 1973*

6...♗e7 7 cxd5 exd5 *(D)*

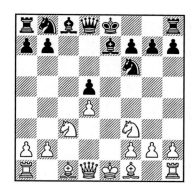

Acho que é importante entender que esta recaptura, embora pareça segura, pode fornecer às Brancas algumas perspectivas reais.

**8 ♗b5+ ♘c6**

8...♗d7 9 ♗xd7+ ♘bxd7 10 0-0 0-0 11 ♕b3 ♘b6 12 ♖e1 ♖e8 13 ♗g5 com uma vantagem definitiva, Petronijevic-Nikolic, Belgrado – 1997. Aqui, vemos um perigo na estrutura dos peões depois de 7 cxd5 exd5, que é o dos peões d ficarem isolados. Normalmente, quando tal Peão é encoberto por outro (e assim, em uma coluna não aberta), ele não traz problemas. Mas o fato de que 11 ♕b3 visava o Peão d5 fez com que o Cavalo das Negras fosse para uma posição miserável em b6, o que se tornou a razão da vantagem das Brancas.

**9 ♘e5 ♗d7 10 0-0 0-0 11 ♖e1 ♖c8 12 ♗g5 ♗e6 13 ♗xc6 bxc6 14 ♘a4 h6 15 ♗xf6 ♗xf6 16 ♘c5** *(D)*

As Brancas ficam bem, embora 16 ♖c1 possivelmente fosse mais preciso.

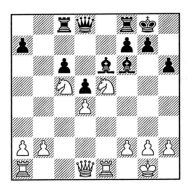

6...♗e7 7 cxd5 ♘xd5 é uma posição de PDI da linha principal e é parecida com 6...♗b4 abaixo. Se este fosse um livro sobre teoria, eu teria que ser mais específico, mas, realmente, este *é* um daqueles exemplos nos quais é justo dizer que as idéias são muito mais importantes que os detalhes. Portanto, irei limitar-me a uma partida principal, embora outra disputa muito atraente esteja incorporada na nota para o 8º movimento das Brancas.

**Matveeva – Anand
Frunze – 1987**

**6...♗e7 7 cxd5 ♘xd5**

Isto transpõe para um Gambito da Dama Aceito (uma vez que ♗c4 é jogado em seguida), mas com igual freqüência surge de uma ordem de movimentos Panov. Os temas são como aqueles, depois de 6...♗b4 abaixo e podem, de fato, transpor, caso as Brancas joguem ♗d2-g5, enquanto as Negras jogam ...♗b4-e7.

**8 ♗c4**

8 ♗d3 0-0 9 0-0 (9 h4!? também foi tentado) e estamos em outra posição de PDI. Fique atento para saber se você está tentando transpor para uma formação com ...b6, ...♗b7 e ...♘bd7, que é padrão nas posições do Peão da Dama. Esse plano geralmente não será adequado se você não tiver um Cavalo em f6; por exemplo, 9...b6?! 10 ♘xd5! exd5 (10...♕xd5? 11 ♕c2! atinge h7 e ameaça ♗e4) 11 ♘e5 ♗a6?! 12 ♗xa6! ♘xa6 13 ♕a4 *(D)*.

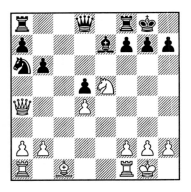

Vejamos os alvos maravilhosos nas casas brancas. Tão importante quanto, o ataque ao Cavalo a6 torna quase certo que uma Torre branca alcançará a Coluna c antes da das Negras: 13...♕c8 14 ♗f4 ♕b7 15 ♕c6! ♖ab8 16 ♖fc1 ♘b4 17 ♕d7! ♘a6 18 ♖c3 ♗f6 19 ♕f5! ♖fe8 (19...♗xe5 20 ♗xe5 ♖bc8 21 ♕f6! daria um belo acabamento) 20 ♖h3 h6 21 ♗xh6! ♕c8 (21...♗xe5 22 ♗g5!) 22 ♘d7 ♖e6 23 ♗xg7! 1-0 Larsen-Pomar, Campeonato Espanhol por Equipes (Centelles) – 1978.

**8...♘c6 9 0-0 0-0 10 ♖e1** *(D)*

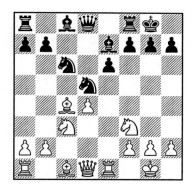

Alcançamos uma posição padrão. Embora a teoria da linha fosse mudar posteriormente, a partida mostra um belo esforço de defesa e um modelo para as Negras:

**10...a6 11 ♗b3 ♘xc3 12 bxc3 b5 13 ♕d3**

As Negras podem manter as Brancas à distância depois do movimento temático 13 d5: 13...♘a5! 14 dxe6 ♗xe6 15 ♗xe6 ♕xd1 16 ♗xf7+ ♖xf7 17 ♖xd1 ♗f6.

**13...♗b7 14 ♗c2 g6 15 ♗h6 ♖e8 16 ♖ad1**

Aqui estava uma chance para 16 a4! b4 17 c4 com uma pequena vantagem, segundo G.Kuzmin.

**16...♖c8 17 h4!? ♕d5!**

Uma bela armadilha é 17...♗xh4? 18 d5! ♘a5 19 d6! ♗xf3 20 d7!! ♗xd1 21 dxe8♕+ ♖xe8 22 ♕d4 f6 23 ♗xd1!, vencendo.

**18 ♗b3 ♕h5!** *(D)*

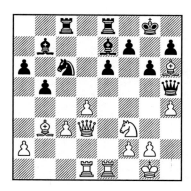

**19 ♕e3 ♘a5! 20 ♗g5 ♘xb3 21 axb3 ♗xg5 22 hxg5 ♗xf3! 23 gxf3 ♖ed8**

A posição das Brancas foi despedaçada e é difícil ver o que realmente deu errado.

**24 d5 ♖xd5 25 ♖xd5 exd5 26 ♔g2! h6! 27 gxh6 ♔h7 28 ♕e7?! ♕f5 29 ♕e3 ♕f6! 30 ♖c1**

Neste ponto, embora 30...a5? tenha mantido alguma vantagem e, finalmente, Anand tenha vencido, o modo mais forte era 30...b4! 31 c4 (31 cxb4 d4 32 ♕d2 ♖c3!) 31...dxc4 32 ♖xc4 ♖xc4 33 bxc4 a5. Então, os peões conectados teriam sido fortes demais.

**Kasparov – Anand**
*Amsterdã – 1996*

**6...♘c6**

Isto fornece às Brancas a chance de jogarem um esquema que não está disponível (ou eficaz) na maioria das outras posições:

**7 ♗g5 ♗e7 8 c5!?** *(D)*

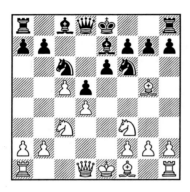

Existem algumas idéias por trás deste movimento. Uma é defechar um ataque na Ala da Dama com b4-b5 e conduzir de volta as peças negras. A outra é controlar e5 com qualquer meio possível, sem as Brancas terem que cuidar de seu Peão d depois de ...dxc4. Os principais movimentos das Brancas neste processo são ♗b5, 0-0, ♗f4 e ♖e1, seguido do próprio ♘e5. A partida mais famosa com 8 c5 mostra uma boa solução para as Negras e as possibilidades de ataque das Brancas.

**8...h6! 9 ♗f4**

Após 9 ♗xf6 ♗xf6 10 ♗b5 0-0 11 0-0, 11...♘e7! 12 b4 b6 mostra um modo de impedir a ação das Brancas na Ala da Dama: 13 ♕d2 bxc5 14 bxc5 ♗d7 com igualdade, Timman-Kramnik, Amsterdã – 1996.

**9...♘e4 10 ♗b5**

Talvez 10 ♖c1!?.

**10...♘xc3 11 bxc3 ♗d7 12 0-0 0-0 13 ♖c1! ♖e8!**

13...b6 interfere com 14 c4!, que era o motivo de 13 ♖c1.

**14 ♖e1 ♗f6** *(D)*

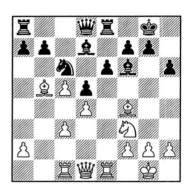

**15 ♖b1**

Kasparov menciona 15 ♗d3!? b6 16 cxb6 axb6 17 ♗b1 com uma pequena vantagem. A Abertura acabou e as Brancas têm a iniciativa.

**15...b6 16 ♗a6 ♗c8**

16...bxc5 17 ♗b7.

**17 ♗b5 ♗d7 18 ♗a6 ♗c8 19 ♗d3!? bxc5**

19...♗d7! é melhor, quando as Brancas ainda têm que demonstrar como terminarão a tarefa.

**20 ♘e5 ♗d7**

20...♘xe5!? 21 dxe5 ♗g5 22 ♗xg5 ♕xg5 23 ♗b5! ♖d8 24 ♗c6.

**21 ♖b7**

Agora, as coisas pioram para as Negras. A estratégia de Abertura das Brancas foi um grande sucesso.

**21...♗xe5 22 dxe5 ♖b8**

Ou 22...♗c8 23 ♕g4!. Kasparov não interrompe o que vem em seguida.

**23 ♖xb8 ♕xb8 24 ♕g4 ♔f8 25 ♖e3 ♕d8 26 h4! ♕a5 27 ♖g3 ♔e7 28 ♕xg7 ♔d8 29 ♕xf7 ♕xc3 30 ♗b5 ♕a5 31 ♖g7 ♘e7 32 ♗xd7 ♔xd7 33 ♕f6 d4 34 ♗xh6 c4 35 ♗g5 ♕c5 36 ♖xe7+ 1-0**

O Final seria 36...♖xe7 37 ♕xe7+ ♕xe7 38 ♗xe7 ♔xe7 39 ♔f1.

**Fedorowicz – Enkhbat**
*Campeonato dos EUA (Seattle) – 2003*
**6...♗b4** *(D)*

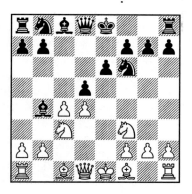

**7 cxd5 ♘xd5**

Para aqueles que estão curiosos, 7...exd5 é uma alternativa respeitável, embora raramente jogada. As Negras podem ter a maioria dos problemas com 8 ♗b5+ novamente; compare com 6...♗e7 7 cxd5 exd5 acima.

**8 ♕c2**

Com mais freqüência, 8 ♗d2 é jogado aqui. Uma partida na qual as Brancas não foram ambiciosas o bastante, seguiu com 8...♘c6 9 ♗d3 ♘f6 10 0-0 0-0 11 ♗g5 h6!? 12 ♗e3 (12 ♗h4!?) 12...♗d6 13 ♖c1!? (13 ♖e1) 13...e5! 14 h3 (14 ♘xe5 ♘xe5 15 dxe5 ♗xe5 é igual) 14...♗e6 15 ♕d2 ♕a5 16 ♗xh6 exd4! 17 ♘b5 ♕xd2 18 ♗xd2 ♗b8 com igualdade, J.Polgar-Karpov, Dos Hermanas – 1999. Ao contrário, 8...0-0 9 ♗d3 ♗e7 10 0-0 ♘c6 11 a3 ♘f6 12 ♗g5 teria transposto para uma posição PDI normal.

**8...♘c6 9 a3 ♗e7**

9...♗a5 10 ♗d3!? ♘xc3 11 bxc3 ♘xd4 12 ♘xd4 ♕xd4 13 ♗b5+ ♗d7 14 0-0 é um gambito duvidoso.

**10 ♗d3 ♗f6?!**

Isto simplesmente não parece funcionar. 10...♘f6 é uma posição normal de Peão da Dama isolado, quando as Brancas têm uma vantagem no desenvolvimento e poderiam oferecer o gambito de um Peão, mas provavelmente apenas jogam 11 ♗e3.

**11 0-0 ♘xc3**

Não 11...♘xd4?? 12 ♘xd4 ♗xd4 13 ♕a4+; nem 11...♗xd4? 12 ♘xd5 exd5 13 ♗b5.

**12 bxc3** *(D)*

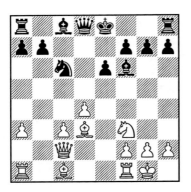

**12...h6**

Para poderem rocar.

**13 ♕e2! ♕d5**

Elas ainda não podem rocar, devido a 13...0-0 14 ♕e4. Algo já está errado.

**14 ♖b1 a6 15 c4 ♕h5 16 ♕e4 ♔f8**

Uma concessão terrível.

**17 ♖e1 ♘e7 18 ♗d2 ♕f5 19 ♕e3 ♕h5 20 ♕f4! ♘g6 21 ♕c7 ♔g8 22 ♗e4 ♔h7 23 ♕xf7**

Agora, realmente acabou. As Negras apenas agüentaram mais alguns lances.

**23...♖d8 24 ♗e3 ♖d7 25 ♕e8 ♖e7 26 ♕a4 ♗d7 27 ♕d1! ♗e8?**

Mas, 27...♔g8 28 ♖xb7 é terrível.

**28 ♘g5+ 1-0**

## Variante do Avanço

**1 e4 c6 2 d4 d5 3 e5** *(D)*

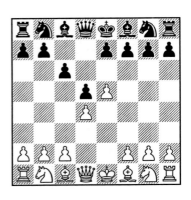

Este movimento extremamente popular levou a um jogo criativo e notavelmente emocionante. Tem havido mais descobertas aqui do que em qualquer outra variante da Caro-Kann e, na verdade, mais do que na maioria das Aberturas.

**3...♗f5**

Jogadores fortes, por longos anos, tentaram atacar a cadeia de peões das Brancas na base com 3...c5, com a idéia de que 4 c3 poderia permitir ao Bispo c8 das Negras desenvolver-se por fora dos próprios peões das Negras; por exemplo, 4...♘c6 5 ♘f3 cxd4 6 cxd4 ♗g4 ou algo assim. Mas isso requer dois movimentos das Negras com seu Peão c, sendo que 4 dxc5 altera drasticamente a estrutura. Depois de 4...e6 *(D)*, você pode reconhecer a semelhança com a Variante do Avanço da Defesa Francesa, ou seja, 1 e4 e6 2 d4 d5 3 e5 c5 4 dxc5, mas, agora , é a vez das Negras!

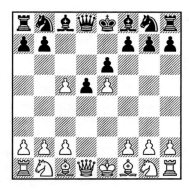

Isto é por causa da perda do tempo ...c6-c5. Na ordem de movimentos da Defesa Francesa. 4 dxc5 é inofensivo ou pior, porque enfraquece e5 e desenvolve as peças das Negras rapidamente. A primeira pergunta então é se, tendo perdido um tempo inteiro, esta posição ainda pode ser jogada pelas Negras. Isto é, pelo menos, possível, uma vez que geralmente é favorável para as Negras na Francesa. O outro lado da moeda é se esta estrutura básica dos peões brancos, defendida por Nimzowitsch, realmente pode ser jogada para ter uma vantagem. Segundo a teoria convencional, as Brancas devem superproteger o Peão e5 contra um assalto com ...f6, de modo que qualquer captura com ...fxe5 irá deixá-las com um posto avançado permanente em d5, do qual suas peças não podem ser afastadas. Isso não é feito muito facilmente. Como alternativa, as Brancas podem usar seu tempo extra simplesmente para continuarem com o Peão c5 e permanecerem com um Peão a mais! Vale a pena examinar essas duas estratégias, que podem ser introduzidas de algumas maneiras:

a) 5 ♗d3 ♘c6 (5...♗xc5? 6 ♕g4 força as Negras a uma defesa difícil de seu Peão g; elas têm que mover seu Rei ou fazerem o movimento muito enfraquecedor ...g6) 6 ♘f3 (isto é o mesmo que 5 ♘f3 ♗xc5 6 ♗d3) 6...♗xc5 7 0-0 ♘ge7! (7...f6 8 ♕e2! – o ponto forte – 8...fxe5 9 ♘xe5 ♘f6 10 ♗f4 0-0 11 ♘d2 ♘xe5 12 ♗xe5 ♕b6 13 ♘b3 ♗d6 14 ♗xd6 ♕xd6 15 ♖ae1) 8 ♕e2 ♘g6 9 c3 0-0. As Negras parecem estar ficando bem nestas posições.

b) Também por analogia com a Defesa Francesa, o movimento 5 ♕g4!, aparentemente não tentado, seria muito interessante, prendendo o Bispo negro a f8 e preparando ♘f3, ♗d3 etc. A Dama está pronta para superproteger e5 a partir de g3, como mostrado por 5...♘c6 6 ♘f3 f5 (6...♕c7 7 ♗b5) 7 ♕g3 ♕c7 8 ♘c3 (ou 8 ♗e3) 8...♗xc5 9 ♘b5 ♕d7 10 ♗e3!? ♗xe3 11 ♘d6+ ♔f8 12 fxe3 *(D)*.

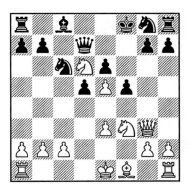

O ponto forte sobrevive e antes de d6 poder ser disputado, as Brancas terão jogado 0-0-0 e c4.

c) As Negras ainda terão outra dificuldade se as Brancas usarem seu tempo extra para manterem o Peão c5: 5 ♗e3 (que é a preferência na prática) 5...♘h6 6 c3 ♘f5 7 ♗d4 ♘c6 8 ♘f3 ♕c7 9 ♗b5 com uma vantagem sólida. Provavelmente, as Negras podem jogar melhor, mas parece que não igualam em qualquer caso.

Embora jogável, parece que após 3...c5 4 dxc5, o tempo extra das Brancas supera um pouco a estrutura agradável dos peões das Negras. O movimento 5 ♕g4! é particularmente preocupador.

Assim, o movimento normal 3...♗f5 *(D)*, ao qual voltamos agora, é crítico:

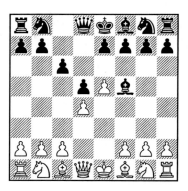

As Brancas têm um número surpreendente de opções válidas, na posição depois de 3...♗f5, expressando abordagens diversas e criativas. Escolhi ver duas variantes modernas (4 ♘f3 e, em particular, 4 ♗e3) com mais detalhes, porque representam uma mistura de abordagens, desde as puramente posicionais até as táticas.

Contudo, algumas alternativas são, por si mesmas, linhas principais e merecem uma atenção cuidadosa:

a) 4 ♘c3 e6 5 g4 ♗g6 6 ♘ge2 levou a um ótimo Xadrez de ataque e vem sendo uma favorita por mais de uma década. Infelizmente, não há muito a dizer sobre a linha em um pequeno espaço, exceto que geralmente leva a um caos de aparência aleatória! As lutas resultantes são totalmente dependentes das táticas precisas das posições individuais (e da preparação colocada nelas). Embora, existam temas consistentes, naturalmente, e até indicadores posicionais escondidos, não posso começar a esclarecer o que ocorre. Considere, por exemplo, compreender isto: 6...c5 7 h4 h6 8 f4!? ♗e7 9 ♗g2! ♗xh4+ 10 ♔f1 ♗e7! 11 f5! ♗h7 12 ♘f4 ♕d7 13 ♘h5!? ♗f8 14 dxc5 ♘c6 15 ♘b5! ♗xc5 16 c4!! *(D)*.

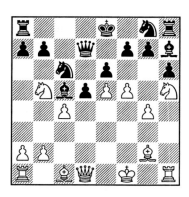

16...♘xe5! 17 ♕e2 ♘xc4 18 ♗xd5! ♕xb5!? 19 ♗xc4 ♕b6 20 fxe6?! 0-0-0! 21 exf7 ♘e7 22 ♕e6+ ♔b8 23 ♗f4+!? ♔a8 24 ♕xb6 axb6 25 ♗e5

♖hf8! etc., Shirov-Nisipeanu, FIDE KO em Las Vegas – 1999, uma partida na qual metade de cada um dos movimentos merece uma página de análise.

Ou mais recentemente, 6...f6 7 h4! fxe5 8 h5 ♗f7 9 dxe5 ♘d7 10 f4 ♕b6 11 ♘d4! 0-0-0 12 ♗h3! ♘e7 13 a4! c5? 14 a5 ♕a6 15 ♗f1 c4 16 b4! b6 17 ♗e3 bxa5 18 ♖xa5 ♕b6 19 ♘f5 ♘xf5 20 ♗xb6 ♘xb6 21 gxf5 ♗xb4 22 ♕d4 1-0 Naiditsch-Dautov, Campeonato Francês por Equipes – 2005.

As variantes 4 ♘c3 e 5 g4 são ricas em idéias e recomendadas para aqueles com inclinações táticas, mas não são explicadas de modo organizado. Temos mais fundamentos úteis a cobrir no sentido de entender o Xadrez em geral.

b) 4 h4 é o tipo de movimento exótico provocado pela colocação do Bispo em f5, ou seja, g4 iria expulsá-lo da diagonal h7-b1. Novamente, o jogo será baseado em particularidades, mas há uma linha maravilhosa dos velhos tempos que segue com 4...h6 (4...e6?? perde uma peça para 5 g4, mas, entre outros, 4...h5 e 4...♕b6 5 g4 ♗d7 são jogados) 5 g4 ♗d7 (5...♗h7 6 e6! fxe6 7 ♗d3 tem idéias como ♗xh7, ♕d3 e ♘f3-e5 em mente; esta é uma idéia padrão em várias Aberturas) 6 h5 e6 7 f4 c5 8 c3 ♘c6 *(D)*.

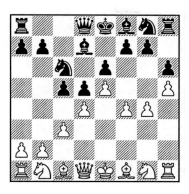

Esta é a imagem clássica de espaço contra o tipo de desenvolvimento rápido que segue com um ataque central incipiente. As Brancas não moveram sequer uma peça ainda, mas ameaçam espremer as Negras até a morte. Estas devem desenvolver-se o mais rapidamente possível e abrir linhas para neutralizar isso. 9 ♘f3 ♕b6 e agora:

b1) Tal-Pachman, Bled – 1961 continuou com 10 ♘a3 cxd4 11 cxd4 0-0-0 12 ♘c2 ♔b8 13 ♗d3 ♘ge7 14 ♖b1 e as Brancas ficaram prontas para jogar b4-b5. Para se manterem nesta abordagem de linhas abertas, as Negras devem jogar 14...f5!, quando a ameaça posicional ...fxg4 encoraja 15 g5 g6! e as Brancas não conseguem fechar a Ala do Rei, e portanto, as Negras terão um ataque alí.

b2) 10 ♔f2!? (as Brancas continuam com o tema do anti desenvolvimento) 10...f6 11 ♔g3 0-0-0 12 a3 (agora, b4 é a idéia) 12...c4 13 ♘bd2 *(D)*.

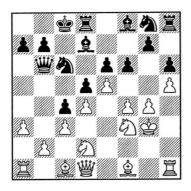

Após 13...♔b8 14 b3!, as Brancas iniciaram um assalto bem-sucedido à Ala da Dama em Malaniuk-Psakhis, URSS – 1979: 14...cxb3 15 ♘xb3 ♕c7 16 ♗d3 ♗c8 17 a4 ♘a5 18 ♘xa5 ♕xa5 19 ♕b3 ♘e7 20 ♗d2 ♕c7 21 ♖hc1 f5 22 c4!, fazendo a ruptura. Em vez disso, as Negras poderiam ter aberto linhas com 13...f5! 14 gxf5 (14 g5 g6! 15 hxg6 ♘ge7 16 ♗xc4 ♘xg6 17 ♗d3 ♗g7) 14...♘ge7!, quando a luta se deslocaria para o controle das casas brancas na Ala do Rei, como mostrado pela seqüência 15 fxe6 ♗xe6 (15...♘f5+!?) 16 ♗h3 ♗xh3 17 ♔xh3 ♘f5 18 b3 g5 19 hxg6 ♘ce7, e quem sabe o que está acontecendo! Mas este exemplo enfatiza o potencial dos peões bloqueados para fechar completamente o contrajogo e a necessidade conseqüente de uma ação imediata do outro jogador.

c) 4 ♘e2 é outra variante que pode tornar-se tática facilmente, algumas vezes bem fora dos moldes. Uma linha que lembra 4 ♘c3 e6 5 g4 é 4...e6 5 ♘f4 c5 6 g4!? ♗e4 7 f3 ♕h4+ 8 ♔e2 etc. – você pode imaginar como é importante a análise caseira de tal linha!

d) 4 ♗d3 foi eliminado da prática usual pela manobra ...♗xd3, ...♕a5+ e ...♕a6; por exemplo, 4...♗xd3 5 ♕xd3 e6 (ou 5...♕a5+ 6 ♗d2 ♕a6) 6 f4 (6 ♘c3 ♕b6 7 ♘ge2 ♕a6 8 ♕h3 ♘d7, Sax-Arlandi, Baden – 1999) 6...♕a5+! 7 c3 ♕a6! 8 ♕d1? (isto custa um tempo e fornece às Negras as casas brancas e a melhor colocação das peças; embora, 8 ♕xa6 ♘xa6 deixe um Bispo bom contra um ruim, as Brancas têm o espaço como um fator de compensação) 8...c5 9 ♘e2 ♘c6 10 ♗e3 cxd4 11 cxd4 ♘ge7 12 0-0 ♘f5 13 ♗f2 h5 14 ♘bc3 ♗e7 15 a3 ♖c8 16 ♔h1 ♘a5 17 ♕a4+ ♖c6 18 b4 ♘c4 *(D)*.

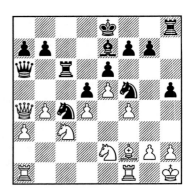

Nos capítulos introdutórios, falamos sobre os complexos de cores. Aqui, tudo segue para as casas brancas. 19 b5 ♕xa4 20 ♘xa4 ♖c8 21 ♖fc1 0-0 22 ♖c3 ♗d8 23 h3? h4 24 g4 hxg3 25 ♘xg3 ♘xg3+ 26 ♗xg3 ♗a5 27 ♖d3 ♘d2 28 ♘c5 b6 (ou 28...♘e4! 29 ♘xe4 dxe4 30 ♖e3 ♖c3) 29 ♘b3? (29 ♘b7) 29...♘xb3 30 ♖xb3 ♖c2 31 ♖d3 ♖fc8 32 ♗e1 ♗xe1 33 ♖xe1 ♖f2 34 a4 ♖cc2 35 ♖a1 g6 36 a5 ♖b2 37 axb6 axb6 38 ♔g1 ♖xf4 39 ♖a8+ ♔g7 0-1 Wachweger-Schmitzer, Seniores em Bergen Enkheim – 1997. As Brancas tiveram um dia de folga, mas o motivo deve ser bem claro.

## Variante Short

**4 ♘f3** *(D)*

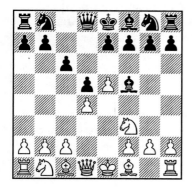

Este movimento, revolucionou a Variante do Avanço, mostrando que as Brancas poderiam optar pelo desenvolvimento lento e simples, com a proteção da cadeia de peões, geralmente com c3. Isto ocorre apesar do fato de que as Negras têm uma 'boa' Defesa Francesa devido ao desenvolvimento de seu Bispo por fora da cadeia de peões. Como resultado, tal visão abstrata e teórica não significa muito na prática e há casos em que o Bispo estaria mais bem colocado em d7. Short e outros venceram diversas partidas belas, até que a teoria tomou corpo e mais ou menos igualou as coisas. Atualmente, a mesma estrutura é bastante vista e a própria Variante Short desenvolveu-se, geralmente, envolvendo ♗e3 ao invés de c3. Eis uma das vitórias originais de Short. Ela mostra algumas idéias subjacentes e outras que têm mais relação com as cadeias de peões como um todo.

### Short – Seirawan
*Torneio Interzonal em Manila – 1990*

**4...e6 5 c3 c5 6 ♗e2 ♘c6 7 0-0 h6 8 ♗e3!**

Com a idéia dxc5.

**8...cxd4 9 cxd4 ♘ge7 10 ♘c3 ♘c8 11 ♖c1**

As Brancas têm um desenvolvimento ativo e a Coluna c.

**11...a6 12 ♘a4 ♘b6 13 ♘c5 ♗xc5 14 ♖xc5**

Agora, Short conseguiu o par de Bispos. Sua Abertura foi um sucesso Vejamos como acaba:

**14...0-0 15 ♕b3! ♘d7 16 ♖c3 ♕b6 17 ♖fc1 ♕xb3 18 ♖xb3**

As Brancas tem pressão na Ala da Dama e o Bispo f5 fica sem ação.

18...♖fb8 19 ♘d2 ♔f8 *(D)*

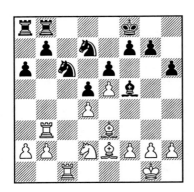

**20 h4! ♔e8 21 g4 ♗h7 22 h5**

Short conquista espaço em uma segunda frente que será aberta posteriormente – uma técnica clássica de Xadrez. Em geral, você apenas tem que ter mais de uma área de ataque para abrir uma posição bem fortificada.

**22...♘d8 23 ♖bc3 ♘b6 24 ♘b3! ♘a4 25 ♖c7 ♘xb2 26 ♘c5**

El conclui transferindo para essa segunda frente e conduzindo um ataque direto ao Rei.

**26...b5 27 g5! ♘c4**

Ou 27...hxg5 28 ♗xg5 ♗f5 29 ♖e7+ ♔f8 30 ♘d7+ ♔g8 31 ♖e8+.

**28 gxh6 gxh6 29 ♘d7 ♘xe3 30 fxe3 ♗f5 31 ♔f2 ♖b7 32 ♘f6+ ♔f8 33 ♖g1! 1-0**

Seguiria com 33...♖xc7 34 ♖g8+ ♔e7 35 ♖e8#.

## Variante Zviagintsev

**4 ♗e3** *(D)*

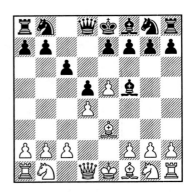

Este movimento moderno (um caso típico do desenvolvimento do Bispo antes do Cavalo) tem vários pontos. Primeiro, ajuda a impedir ...c5, que afinal, é o objetivo das Negras, uma vez que elas jogaram ...♗f5 e ainda mais depois de ...e6. Também protege diretamente d4, o alvo principal do ataque das Negras. E mais, bota em jogo uma peça que, normalmente tem dificuldades para se desenvolver na Variante de Avanço. Agora, o Cavalo da Dama pode continuar movendo-se para d2 e não interfere com este Bispo, deixando os movimentos c3 e c4 do Peão, livres para serem feitos.

Aqui, você pode comparar com 4 ♘c3 acima; uma das razões das Brancas terem que golpear logo no início com o movimento g4 tático nessa linha é que elas não são mais capazes de jogar c3 e proteger d4, de modo que seu centro é defrontado com uma demolição com ...c5 e

...cxd4. Após 4 ♗e3, porém, a opção c3 existe, ou as Brancas podem defender-se com peças, continuando com ♘d2-b3, ou podem contra-atacar com c4. Na Ala do Rei, temos uma situação um pouco parecida, no sentido de que adiar ♘f3 mantém a opção f4, embora as idéias g4/h4 que veremos depois de 4 ♘c3 não fiquem excluídas. Eventualmente, as Brancas provavelmente jogarão ♗e2 e 0-0, mas não desejam perder um tempo precioso com esses movimentos, até que seja necessário. Como em muitas Aberturas de hoje, a filosofia subjacente das Brancas é a flexibilidade.

Naturalmente, existem desvantagens para tudo isso. Antes de tudo, as Brancas não têm dois movimentos para cada um das Negras e somente podem implementar essas estratégias, uma de cada vez! E mais, há o problema concreto de que ...♕b6 terá que ser respondido, caso as Negras escolham jogá-lo dentro dos próximos movimentos. Lembremos novamente nossa idéia sobre o desenvolvimento prematuro do Bispo de casas negras das Brancas: quando isto acontecer, as Negras sempre deverão considerar visar as casas negras da Ala da Dama. Isso normalmente se aplica a ♗f4 ou ♗g5, mas não há nenhuma razão em particular para rejeitar o mesmo pensamento depois de ♗e3 (embora, pelo menos, as Brancas não precisem preocupar-se muito com d4). A investida da Dama em b6 também ajuda com ...c5. Portanto, provavelmente, será mais bem jogado logo ou inicialmente, pois se lhes for dado um pouco de tempo, as Brancas podem jogar ♘b3 ou c3 e b4.

As Negras, tendo sido informadas que um Bispo está em e3, também podem, visar colocar um Cavalo em f5 ou g4 e procurarem um modo favorável de obterem o par de Bispos. Pode-se querer comparar tudo isso com a linha Kupreichik no Avanço Francês: 1 e4 e6 2 d4 d5 3 e5 c5 4 c3 ♘c6 5 ♗e3. Nesse caso também, as Negras geralmente jogarão ...♘ge7, visando ...♘f5 ou até com mais freqüência ...♘h6, com as idéias duplas ...♘f5 e ...♘h6. Naturalmente, há muito mais em termos de estratégia nesta linha maravilhosamente complexa. A compreensão posicional dos jogadores geralmente será colocada em teste e desta maneira, está a possibilidade de uma partida desafiadora e competitiva.

Veremos duas partidas depois de 4 ♗e3:

**Shirov – Dreev**
*Poikovsky – 2006*

**4...e6** *(D)*

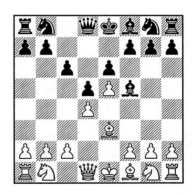

**5 ♘d2**

5 c3 pode ser lento e, talvez, sem relação com a filosofia de flexibilidade das Brancas: talvez o Peão queira ir para c4, portanto, não decida ainda. Em Haba-Dautov, Bundesliga – 2002/3, as Negras jogaram 5...♘d7 6 ♘d2 f6. Agora, 7 f4?! pareceu um pouco ousado após 7...♕b6! – compare com o Avanço Francês. O Peão b2 é atacado, mas se as Brancas não protegerem e5, novamente poderão encontrar ...fxe5 ou até o arriscado ...g5!?. Na verdade, a partida continuou com 8 ♕b3 g5 9 exf6 g4! 10 f7+ ♔xf7 e as Negras já tinham uma vantagem agradável.

**5...♘d7 6 ♗e2!?** *(D)*

Totalmente sem compromisso! Tem havido todos os tipos de lances feitos aqui, especialmente 6 f4, fortalecendo o centro e enfrentando 6...c5 com 7 ♘gf3. Novamente, isto parece ousado depois de 7...♕b6, quando as Brancas seguiram com 8 ♗e2!? em Morozevich-Bareev, Campeonato Russo por Equipes(Sochi) – 2004, sacrificando o Peão b com base no desenvolvimento e nas linhas abertas. A partida continuou com 8...♘h6 9 h3 ♕xb2 10 c4 ♗c2! (para trocar as Damas e limpar f5 para um Cavalo) 11 ♕c1 ♕c3!? (11...♕xc1+! 12 ♖xc1 ♗e4 deve ser bom) 12 ♔f2 ♘f5 13 ♘f1 e as Negras tiveram que lidar com as peças centralizadas das Brancas e alguma tática com base no Bispo c2. Todavia, elas ficaram bem na Abertura. Talvez, f4 não seja uma ótima idéia. A opção mais simples é 6 ♘gf3, como na Variante Short.

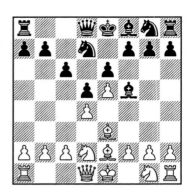

**6...♕b6 7 ♘b3 ♗g6**

Uma alternativa natural é 7...f6. O centro das Brancas é difícil de atacar, como mostrado por 8 ♘f3 ♘e7 9 0-0 ♗g6 10 c4!? (muito bom, mas 10 ♗f4! simplesmente mantém uma bela vantagem) 10...a5 11 ♘c5!? ♘xc5 12 dxc5 ♕xb2 13 ♘d4!? (13 ♗d4! ♕c2 14 ♕xc2 ♗xc2 15 exf6 é muito forte, mas Shirov é conhecido por arriscar a sorte por diversão) 13...fxe5? (13...♔f7!) 14 ♘xe6 ♖c8 15 ♗g4 com uma vantagem óbvia, Shirov-Erenburg, Caleta – 2005.

**8 h4**

Uma inovação. 8 f4 tinha sido jogado anteriormente.

**8...f6 9 h5 ♗f7 10 ♘f3 ♘h6!?**

10...♘e7 11 g4! cobre f5 e é típico da expansão não restringida, nesta variante.

**11 ♗xh6!? gxh6 12 exf6 a5 13 a4 ♗b4+ 14 ♔f1!**

14 c3 ♗d6 desestabiliza o Cavalo b3, prendendo a Dama branca.

**14...♕d8** *(D)*

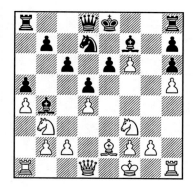

**15 ♕c1 ♕xf6 16 ♘h2!**

Visando o Peão h6. Shirov também fez este movimento na Defesa Francesa.

**16...♖g8 17 ♘g4 ♕g5 18 g3!? ♗f8 19 ♔g2 ♕xc1 20 ♖axc1**

Esta posição mostra a natureza dos dois lados de 4 ♗e3: pode conduzir à tática ou a um jogo posicional. Aqui, as Brancas controlam e5 e podem adicionar f4 e c4 à mistura.

**20...♖g5?!**

Isto sacrifica a qualidade por uma compensação insuficiente (talvez, as Negras pensassem que poderiam manter os dois Bispos), mas 20...♗g7 21 f4! foi muito ruim.

**21 f4 ♖xh5 22 ♖he1! ♗e7**

22...♖f5 23 ♗d3 ♗g6 24 ♖xe6+ vence para as Brancas.

**23 ♘e3 ♘f6 24 ♗xh5 ♗xh5 25 f5!**

Agora, é uma questão de técnica, embora quando você ouvir essa frase, deverá lembrar-se que a técnica de alguns jogadores é melhor que a de outros.

**25...♗d6 26 c4 ♗b4 27 ♖f1 ♗e2 28 ♖f2 ♗xc4 29 ♘xc4 dxc4 30 ♖xc4 ♘e4 31 ♖e2 exf5 32 ♘c5 0-0-0 33 ♘xe4 fxe4 34 ♖xe4 ♔d7 35 ♖h4 ♗f8 36 ♖h5 ♖a8 37 d5! ♗g7 38 b3 ♔d6 39 ♖g4 ♗f8 40 dxc6 bxc6 41 ♖g8 ♔e6 42 ♖xh6+ ♔f7 43 ♖h8 ♖a6 44 ♖6xh7+ ♗g7 45 ♖c8 ♔g6 46 ♖h4 ♖b6 47 ♖g4+ ♔h6 48 ♖c4 1-0**

### Grishchuk – Anand
*Mainz (partida rápida) (8) – 2005*

Este encontro de luta acirrada está repleto de sutilezas posicionais na Abertura e no Meio-jogo inicial.

**4...♕b6 5 ♕c1** *(D)*

Evitando as fraquezas nas casas Negras e auxiliando o plano futuro das Brancas nesta partida.

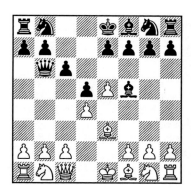

**5...e6**

5...♘h6!? é jogado com freqüência. Tem a idéia que mencionamos acima, visando g4. Em uma partida, as Brancas simplesmente jogaram 6 h3 e 7 ♘f3, perguntando para onde o Cavalo estava indo, mas isso é bem lento. Um curso mais provocador é 6 ♘f3 e6 (6...♘g4 7 ♗f4 e6 8 h3) 7 c4! (7 ♘bd2 c5 8 ♘b3!?) 7...dxc4?! 8 ♘bd2!? (ou 8 ♗xc4 com uma vantagem pequena, mas definitiva) 8...♗d3 e agora:

a) 9 ♗xd3!? (um pouco extravagante demais) 9...cxd3 10 ♗xh6 gxh6 11 0-0 ♘d7?! (11...♘a6!) 12 ♖d1 ♕a6 13 ♘e4 ♖g8 14 ♘e1 0-0-0 15 ♘xd3 com uma posição agradável, Anand-Khenkin, Bundesliga – 2002/3.

b) As Brancas simplesmente devem recuperar o Peão com ganho de tempo com 9 ♗xh6! gxh6 10 ♘xc4! ♗b4+ (10...♕b4+?! 11 ♘fd2 ♗xf1 12 ♖xf1 com a3 e ♘e4 por vir) 11 ♔d1 ♗xc4 12 ♗xc4. Então, as Brancas estão na posição agradável de ser capaz de reivindicar a vantagem, depois de ♔e2 e ♖d1, embora também vise a Ala do Rei enfraquecida das Negras.

**6 c4!?** *(D)*

A estratégia de abrir as linhas na Ala da Dama é comum com 4 ♗e3 e tudo mais com uma Dama em c1. Existem muitas opções nestas posições; por exemplo, 6 ♘f3 c5 7 ♗d3!? pode ser uma idéia agradável.

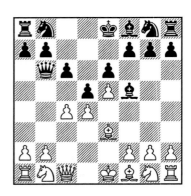

**6...dxc4!**

As Negras tiveram algumas dificuldades com a perda de território depois destas alternativas:

a) 6...♘e7?! 7 c5! ♕a5+ 8 ♗d2 ♕c7 9 ♘c3 ♘d7 10 ♗e2 h6?! (após 10...f6, a estratégia flexível das Brancas tem sucesso com 11 f4!; Kasparov sugeriu 10...♗g6!? 11 ♘f3 ♗h5) 11 b4 g5? 12 g4! ♗g6 13 h4 e as Brancas conquistarão, pelo menos, um Peão, Kasparov-Shirov, Moscou (partida rápida Rússia-Resto do Mundo) – 2002.

b) 6...♗xb1?! 7 ♖xb1 ♗b4+ 8 ♗d2 ♗xd2+ 9 ♕xd2 e as Brancas tiveram espaço e um desenvolvimento suave em Gelfand-Dreev, Moscou – 2002.

**7 ♘d2!?**

Simplesmente, 7 ♗xc4 ♘e7 8 ♘e2 ♕d8 9 0-0 levou a alguma vantagem em Shirov-Anand, Mônaco (às cegas) – 2005. Desta maneira, as Brancas mantêm sua vantagem de espaço, que é o segredo da Variante Short, e de 4 ♗e3 (sua derivada).

7...♕a5!

Para impedir ♘xc4.

8 ♗xc4 ♘e7 9 ♘e2 ♘d7 10 0-0 ♘d5 11 ♘g3 ♗g6 12 h4! h6 13 h5

A idéia inteira das Brancas aqui, certa ou errada, é a aquisição de espaço. Contudo, as Negras encontraram uma reorganização perfeita e conseguem um jogo igual.

13...♗h7 14 a3 ♕d8 15 ♘f3 ♗e7 16 ♖d1 ♖c8

16...♘7b6 17 ♗e2 ♕d7 enfatizaria as casas brancas, embora eu não veja nenhum plano especial para as Negras.

17 ♗d3!? *(D)*

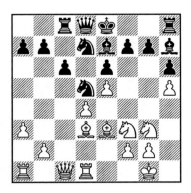

Que decisão! Mais uma vez, as Brancas optam por trocar seu Bispo bom e manter o ruim. Aqui, porém, há um fator de compensação. Quando se tem espaço, um Bispo ruim pode ser usado para proteger seu ponto central mais fraco (d4), enquanto você avança nas Alas.

De qualquer modo, Anand escolhe virar a partida para os canais táticos, estragando a diversão das Brancas:

17...c5 18 dxc5 ♗xc5

18...♘xc5? 19 ♗xh7 ♘b3 20 ♕b1 ♘xa1 21 ♗e4 ♘b3 22 ♗xd5 exd5 23 ♘f5! ♔f8 24 ♕a2! seguido de ♖xd5 é devastador.

19 ♗xh7!? ♗xe3 20 ♕b1 ♗f4! 21 ♘e2 ♘xe5

Obviamente, as Negras estão melhor agora.

22 ♘xf4?

Um pouco estranho: as Brancas desejam confundir as coisas. As Negras teriam uma vantagem fácil, seguindo com 22 ♗e4 ♘xf3+ 23 ♗xf3 ♗e5, embora, na teoria, isto seja o menor de dois males.

22...♘xf3+ 23 ♔f1 ♘h2+! 24 ♔e1

Ou 24 ♔g1 ♘g4 25 ♗f5! ♕h4!.

24...♕e7 25 ♕e4 ♘f6?

Anand vacila. 25...♖xh7! 26 ♕xh7 ♘xf4 27 ♕xg7? ♕c5! está vencendo devido à idéia ...♕b5.

26 ♕a4+ ♔f8 27 ♖ac1 ♖a8

Evitando a idéia inteligente de Grishchuk 27...♖xc1 28 ♖xc1 ♖xh7 29 ♖c8+ ♘e8 30 ♘g6+! fxg6 31 hxg6 ♖h8 32 ♕f4+ ♕f6 (32...♔g8 33 ♕b8) 33 ♕d6+ ♕e7 34 ♕f4+ com um empate. O que se segue é obscuro:

**28 ♗b1! ♘hg4 29 ♕b4!? ♕xb4+ 30 axb4**

Por este meio, as Brancas conquistam a sétima fileira.

**30...e5 31 ♘d5 ♘xh5 32 ♖c7 g6 33 ♘e3!? ♘xe3 34 fxe3 ♔g7 35 ♖dd7 ♖hf8 36 ♗a2 ♖ac8?**

Muito melhor e obscuro é 36...♔f6! 37 ♖xf7+ ♖xf7 38 ♖xf7+ ♔g5.

**37 ♖xb7 ♖c1+ 38 ♔d2 ♖f1 39 ♖xa7 ♘g3 40 ♗d5! ♖f2+ 41 ♔c3 ♘f1 42 ♔d3 ♖d2+ 43 ♔e4 ♖f2 44 b5 h5 45 ♖xf7+ 1-0**

O Peão b é promovido.

# Capítulo 13

# Defesa Francesa

**1 e4 e6**

Estritamente falando, este lance define a Defesa Francesa. Contudo, devo ignorar as opções do segundo movimento das Brancas e ir diretamente para a posição que a maioria dos jogadores considera como sendo o ponto de partida.

**2 d4 d5** *(D)*

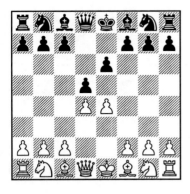

A Defesa Francesa fica atrás apenas da Defesa Siciliana e de 1...e5 como uma resposta para 1 e4. É difícil de caracterizar, em termos gerais, uma vez que combina tipos altamente táticos e ultraposicionais de jogo. Mas a Francesa tem uma qualidade que poucas Aberturas têm e talvez nenhuma neste grau: uma persistência da estrutura central. Nas linhas principais (em grande parte caracterizada pelo movimento e5 das Brancas), a formação fundamental de ...e6 e ...d5 tem uma tendência de permanecer por muitos movimentos até o Meio-jogo e razoavelmente até um Final. As exceções consistem nas variantes com ...dxe4, que são proporcionalmente infreqüentes, e nas linhas nas quais as Negras conseguem o movimento de liberação ...e5, algo que as Brancas geralmente negam a seu oponente até o Meio-jogo.

Isto nos leva imediatamente à principal desvantagem da Defesa Francesa, o Bispo negro das casas brancas. Se essa peça assumir um papel útil, poderá determinar o sucesso da Abertura. Encontramos um fenômeno parecido no Gambito da Dama Recusado (1 d4 d5 2 c4 e6), onde, na maioria das linhas tradicionais, o movimento ...e5 é necessário para colocar o

Bispo c8 em jogo. Uma exceção significativa no Gambito da Dama ocorre quando o Bispo é liberado pela troca voluntária das Brancas em d5. A situação com a Semi-eslava (1 d4 d5 2 c4 c6 3 ♘f3 ♘f6 4 ♘c3 e6) é obviamente pior ainda. Em qualquer caso, voltando ao problema da Defesa Francesa, achamos que se as Brancas avançarem seu Peão para e5, o movimento de liberação ...e5 ficará improvável em um curto prazo, de modo que as Negras podem tentar desenvolver seu Bispo das casas brancas através de ...b6 e ...♗a6. Com maior freqüência, ele fica em c8 ou d7 por enquanto, talvez aguardando o movimento ...f6, depois do qual desempenha um papel defensivo útil, protegendo e6. O Bispo pode transferir-se, depois, para a Ala do Rei (g6 ou h5) via e8. É interessante que as variantes da Defesa Siciliana que incluem os movimentos ...d6 e ...e5 sejam uma imagem espelhada de certas linhas principais da Francesa Tarrasch, até no papel do Bispo ruim como um protetor de um Peão d atrasado (na Siciliana) ou de um Peão e atrasado (na Francesa); veja a seção sobre 3 ♘d2 ♘f6 para saber mais sobre essa comparação notável. Finalmente, o Bispo negro das casas brancas pode ir em outra direção para c6, b5 ou a4. Onde acaba refletindo a estrutura de peões e assim, indicando a natureza do jogo.

O que mais está acontecendo na posição inicial? No nível mais básico, o segundo movimento das Negras na Defesa Francesa, ataca o Peão e! De acordo com os teóricos hipermodernos, o Peão e4 das Brancas é um belo alvo para 1 e4 ser considerado um lance bom e, na verdade, as Negras questionam as Brancas, que têm que fazer a escolha entre trocar o Peão, avançá-lo, protegê-lo ou fazer dele um gambito. Analisamos isto na Introdução às Partidas Semi-abertas (Capítulo 10).

Examinando as opções das Brancas contra a Francesa, encontramos:

a) Não há nenhum método realista de fazer o gambito do Peão e4 das Brancas que não as deixe lutando pela igualdade.

b) Trocar os Peões d por 3 exd5 exd5 *(D)* libera imediatamente o Bispo da Dama das Negras e dissipa a vantagem das Brancas. Isto é chamado de Variante das Trocas.

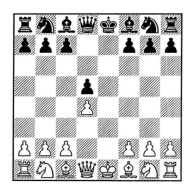

Apesar do resultado simétrico desta troca, um jogador em qualquer lado do tabuleiro que busca uma partida com duplo sentido achará fácil fazer isso. Não só todas as peças estão ainda no tabuleiro, como também a única coluna na qual as Torres podem entrar é a coluna e. Porém, as 5ª, 6ª e

7ª fileiras estão totalmente cobertas. Isto anula a necessidade de colocar as Torres em uma coluna aberta e permite-lhes apoiar os avanços de Peão em qualquer Ala. Veja os livros teóricos e a prática superior para confirmar isso.

c) As duas linhas mais populares contra a Defesa Francesa protegem o Peão e: 3 ♘d2 e 3 ♘c3. É nisto que estarei me concentrando. Ambos os movimentos são excepcionalmente ricos em conceitos estratégicos. As respostas das Negras para a Defesa Tarrasch (3 ♘d2), por exemplo, são diferentes o suficiente para cobrir profundamente os temas principais, como, por exemplo, o Peão da Dama isolado, a maioria central e as cadeias de Peões. E 3 ♘c3 leva a um dos jogos mais complexos e diferentes que em todas as Aberturas 1 e4.

d) A Variante do Avanço (3 e5) tem um alcance estratégico um pouco menor, concentrada principalmente em torno das cadeias de Peões. Falei sobre 3 e5 com alguma profundidade no Capítulo 3. Como as cadeias de Peões são também parte das Variantes Tarrasch, Clássica e Winawer, não lidarei com a Variante do Avanço neste capítulo. Como sempre, é melhor estudar algumas variantes profundamente, do que todas elas superficialmente e acho que as variantes selecionadas têm o melhor a oferecer, em termos de compreensão do Xadrez.

## Variante Tarrasch

**1 e4 e6 2 d4 d5 3 ♘d2** *(D)*

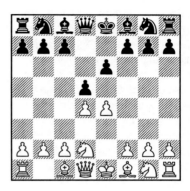

Este movimento define a Variante Tarrasch, por muitos anos considerada a escolha mais segura das Brancas e um bom modo de conseguir uma pequena vantagem sem arriscar muito. A maioria dos jogadores contemporâneos abandonou esse ponto de vista; agora, fica óbvio que as Brancas terão que arriscar algo para conseguirem alguma coisa. Contudo, como em todas as Aberturas, as recompensas das Brancas nessas variantes mais arriscadas são maiores do que antigamente, quando elas acabariam em uma posição superior, mas em um Final empatado seu oponente tendo um Peão fraco ou um Bispo ruim.

Qual é a idéia básica das Brancas? Antes de mais nada, conveniência. As Brancas protegem seu Peão e, mas evitam a imobilização irritante que ocorre depois de 3 ♘c3 ♗b4. Então, há a flexibilidade. As Brancas ainda podem jogar e5 ou exd5 (ou algumas vezes, dxc5) e não se comprometem até ver o que as Negras estão fazendo. Neste sentido, elas ganham a vantagem de definirem a agenda do que pretendem fazer, pelo menos em algumas linhas principais. Se as Negras jogarem 3...♘f6, por exemplo, será quase compulsório jogar 4 e5 se alguém quiser uma vantagem, mas após 4...♘fd7, já existe uma escolha entre 5 f4 e 5 ♗d3, e no último caso, as Brancas têm outra chance depois de 5...c5 6 c3 ♘c6, entre 7 ♘e2 e 7 ♘gf3. Naturalmente, as Negras têm algumas opções também, mas se elas se comprometerem com 3...♘f6, não serão tão incômodas durante os primeiros movimentos. Por outro lado, 3...c5 4 exd5 fornece às Negras duas opções principais, 4...exd5 e 4...♕xd5. Se elas desejarem, as Brancas poderão jogar 4 ♘gf3 e evitar as linhas 4...♕xd5. Naturalmente, isto tem o custo de se submeterem à necessidade de outros movimentos etc. – sempre há compensações.

Iremos considerar as respostas mais populares para 3 ♘d2: o contra-ataque central 3...c5 e o movimento provocador 3...♘f6, uma variante caracterizando as cadeias de Peões. Tentarei fornecer apenas detalhes suficientes para comunicar as idéias básicas em cada seção. Esses dois movimentos ainda são as variantes principais, porque desafiam o centro de um modo que força as Brancas a concederem algo e fixarem a estrutura. Irei concentrar-me neles por isso. Todavia, devo dizer que 3...♗e7 estabeleceu-se por si só como uma arma Anti Tarrasch da linha principal e neste ponto, 3...♘c6 dá toda a indicação de se tornar uma alternativa de valor igual às outras. Atualmente, de fato, pela primeira vez desde que a Tarrasch foi apresentada, jogadores fortes com as Negras estão jogando *consis-*

*tentemente* os movimentos 3...♘c6 (a Variante Guimard) e 3...♗e7 *(D)*, enquanto que até 3...h6!? tem sido usado com sucesso pelos Grandes Mestres (embora com muito menos freqüência).

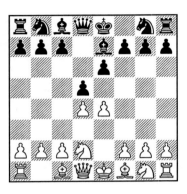

Acho que há uma idéia comum aqui, isto é, que o Cavalo não está bem colocado em d2! Será que ele realmente pode justificar sua posição, bloqueando o Bispo c1 e a Dama? Claramente, ele terá que se mover de novo, e para uma posição útil. Que leva à pergunta: por que liberá-lo? Por que lhe dar um papel útil? Os 3º movimentos tradicionais das Negras fazem exatamente isso; por exemplo, 3...c5 leva a linhas como, por exemplo, 4 exd5 exd5 5 ♘gf3 ♘c6 6 ♗b5 ♗d6 7 dxc5 ♗xc5 8 0-0 ♘ge7 9 ♘b3; nessa variante, o Cavalo em d2 tornou-se magnífico, ganhando um tempo sobre o Bispo das Negras e cobrindo a casa d4, exatamente na frente do isolani. Ou considere 4...♕xd5 5 ♘gf3 cxd4 6 ♗c4 ♕d6 7 0-0 ♘f6 8 ♘b3, quando o Cavalo irá capturar em d4 com uma posição centralizada.

A antiga linha principal 3...♘f6 4 e5 ♘fd7 também justifica a colocação do Cavalo em d2; por exemplo, 5 ♗d3 c5 6 c3 ♘c6 7 ♘e2 cxd4 8 cxd4 f6 9 exf6 ♘xf6 10 ♘f3 e as peças as Brancas estão coordenadas, centralizadas e visam a Ala do Rei. Do mesmo modo, 5 f4 c5 6 c3 ♘c6 7 ♘df3 mostra o Cavalo sob uma luz favorável.

Se os movimentos recém-populares das Negras 3...♗e7 e 3...♘c6 tiverem um efeito menos positivo na partida em termos de forçar o jogo, eles também tornarão difícil para o Cavalo d2 fazer muita coisa. E mais, 3...♗e7 e 3...h6 (junto com 3...a6 moderadamente renascido) são um tipo de movimentos de espera úteis sobre os quais falamos no Capítulo 2. Portanto, apesar de suas próprias desvantagens graves (principalmente, o fato de que não atacam o centro com tanta eficiência em várias situações), tais alternativas do terceiro movimento merecem atenção. Devo fazer uma comparação entre 3...♘f6 4 e5 ♘fd7 e a linha Guimard 3...♘c6 4 ♘gf3 ♘f6 5 e5 ♘d7 abaixo.

**Tarrasch com 3...c5**

**3...c5** *(D)*

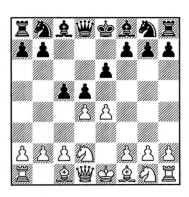

As Negras desafiam o centro imediatamente. A idéia tem dois gumes, dependendo do tipo de posição que elas deseja e do que as Brancas fazem. Após 4 exd5 das Brancas, as Negras podem aceitar um Peão isolado com 4...exd5 ou dedicar-se a trabalhar com a maioria central ou da Ala do Rei por meio de 4...♕xd5. Mostrarei essas opções usando partidas.

**4 exd5**

a) Uma idéia depois de 4 c3 é 4...cxd4 (4...♘f6 5 e5 ♘fd7 é uma transposição para 3...♘f6) 5 cxd4 dxe4 6 ♘xe4 ♗b4+ 7 ♘c3 ♘f6 8 ♘f3 0-0, quando as Negras têm um tempo a mais em algumas posições bem conhecidas do Peão da Dama isolado da Caro-Kann e da Nimzo-índia.

b) 4 ♘gf3 é uma opção importante na qual não entrarei, exceto para indicar três linhas exclusivas que não transpõem:

b1) 4...♘f6 5 exd5 ♘xd5!? e, por exemplo, 6 ♘b3 ♘d7 7 g3 ♗e7.

b2) 4...♘c6 5 ♗b5 (para 5 exd5 exd5, veja abaixo) 5...dxe4 (5...cxd4) 6 ♘xe4 ♗d7 7 0-0 ♘xd4 8 ♗g5 f6 9 ♘xd4 cxd4 10 ♗h4 ♗e7 11 c3 ♗xb5 12 ♕h5+ ♔f8 13 ♕xb5 ♕d5 com uma excelente partida.

b3) 4...cxd4 é uma terceira escolha. Você pode consultar a teoria para obter detalhes.

## Recaptura com o Peão

**4...exd5** *(D)*

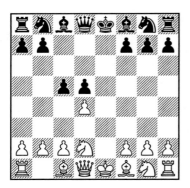

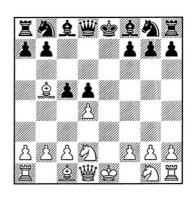

4...exd5 é um sistema clássico bem respeitado, que testa diretamente a posição de um Peão da Dama isolado. Os próximos lances das Brancas têm sido, historicamente, a escolha da maioria dos Grandes Mestres.

**5 ♗b5+** *(D)*

A ordem de movimentos mais comum é 5 ♘gf3 ♘c6 (apesar das aparências, 5...c4!? parece estar mantendo-se por si mesmo teoricamente, mas as Brancas geralmente não ficam desconcertadas com ele) 6 ♗b5. Isto transpõe e é a rota habitual para a linha principal. Eis uma resposta fácil para 6 ♗e2 é 6...♘f6 (ou 6...cxd4 7 0-0 ♗d6) 7 0-0 ♗d6 8 dxc5 ♗xc5 9 ♘b3 ♗b6!; compare com as linhas principais abaixo.

**5...♘c6**

5...♗d7 6 ♕e2+!? ♗e7 7 dxc5 ♘f6 8 ♘b3 0-0 planejando ...♖e8 sempre ofereceu jogo suficiente para igualar. O desafio mais interessante para os sistemas ...♗d7 começa com 5 ♘gf3 e segue com 5...♘f6!? 6 ♗b5+ ♗d7!? 7 ♗xd7+ ♘bxd7 8 0-0 ♗e7 9 dxc5 ♘xc5. Alguns jogadores de primeira linha usam isto para as Negras, com a idéia de se livrarem de seu Bispo ruim pelo bom das Brancas. A compensação é que é muito mais fácil para as Brancas manterem um bloqueio em d4 depois da simplificação. A linha pode muito bem ser equilibrada para as Negras com muito cuidado, mas é muito difícil conseguirem chances de vitória.

**6 ♘gf3 ♗d6 7 dxc5**

7 0-0!? cxd4, na melhor das hipóteses, consegue a mesma posição, mas fornece às Negras mais opções, como nas amostras doa Encontro de Candidatos em 1974 com Karpov-Korchnoi, depois de 8 ♘b3 ♘e7 9 ♘bxd4 0-0 10 c3 ♗g4 11 ♕a4 *(D):*

CAPÍTULO 13 – DEFESA FRANCESA | 401

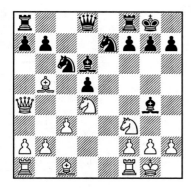

**7...♗xc5 8 0-0 ♘e7 9 ♘b3 ♗d6** *(D)*

9...♗b6!? 10 ♖e1 e ♗e3 sempre foi julgado como sendo a favor das Brancas e provavelmente é; todavia, as Brancas não têm muito depois do gambito 10...0-0 11 ♗e3 ♗g4 12 ♗xb6 ♕xb6! 13 ♗xc6 ♘xc6 14 ♕xd5 ♘b4.

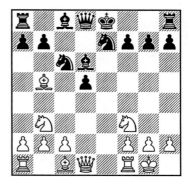

a) 11...♗h5 12 ♗e3 ♕c7 13 h3 (...♘xd4 era ameaçado) 13...♘a5! 14 ♗d3 ♘c4! 15 ♘b5 ♕d7! 16 ♗xc4 dxc4 17 ♖fd1 ♘f5! (não se precisa muito para ter problemas: 17...a6? 18 ♖xd6 ♕xb5 19 ♕xb5 axb5 20 ♘d4 e as peças das Brancas dominam) 18 ♕xc4 ♗xf3 19 gxf3 ♘xe3 20 fxe3 ♕xh3 21 ♘xd6 ♕g3+ 22 ♔f1 ♕xf3+ 23 ♔e1 ♕g3+ ½-½ Karpov-Korchnoi, Torneio de Candidatos em Moscou (12) – 1974.

b) 11...♕d7 12 ♗e3 a6 13 ♗e2 ♘xd4 14 ♕xd4 ♘c6 15 ♕d2 ♖fe8 16 ♖ad1 ♖ad8 17 ♗b6 ♗c7 (é bom simplificar porque todas as peças das Negras estão ativas e as Brancas têm que ficar atentas com ...d4) 18 ♗xc7 ♕xc7 19 ♖fe1 h6 20 h3 ♗f5 21 ♗f1 ♖xe1! 22 ♕xe1 ♕b6 (sempre uma boa casa para a Dama, observando d4 e b2) 23 ♖d2 ♗e4! 24 ♕e2 ♘a5 25 ♕d1 ♕f6 com igualdade, Karpov-Korchnoi, Torneio de Candidatos em Moscou (16) – 1974.

Seguiremos as três partidas principais a partir do ponto após 9...♗d6:

**Karpov – Uhlmann**
*Madrid – 1973*

**10 ♗g5 0-0 11 ♗h4**

Este é um Xadrez posicional simples: as Brancas desejam trocar as peças através de ♗g3, pois a simplificação ajuda a assegurar as desvantagens estáticas do Peão isolado. Mas não é somente qualquer peça que as Brancas desejam fora do tabuleiro: é o Bispo bom das Negras que poderia, por exemplo, ter apoiado um avanço de liberação, do peão para d4.

**11...♗g4** *(D)*

O movimento certo, neutralizando um defensor de d4. Se capturarem, mais tarde, em f3 e as Brancas recapturarem com a Dama, duas peças a menos protegerão aquela casa de importância crucial. Nesse ínterim, a imobilização é difícil de combater.

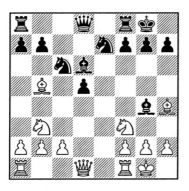

**12 ♗e2 ♗h5**

Este é um recuo engraçado, mas faz sentido ser capaz de evitar mais trocas colocando o Bispo em g6. Mas estas são posições difíceis e posteriormente, Uhlmann encontrou um modo melhor de jogá-la. Veja a próxima partida.

**13 ♖e1 ♕b6**

Novamente, as Negras observam d4. Mas Karpov será muito cuidadoso em não permitir o avanço do Peão da Dama isolado.

**14 ♘fd4 ♗g6 15 c3 ♖fe8 16 ♗f1 ♗e4 17 ♗g3 ♗xg3 18 hxg3** *(D)*

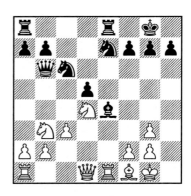

Finalmente, as Brancas livram-se do Bispo bom das Negras. É surpreendente o modo como elas lidam com esta posição, uma vez que as Negras parecem estar ativamente colocadas. A próxima idéia é exatamente o que as Negras fazem em geral, mas parece deixá-las com mais problemas:

**18...a5**

Talvez, 18...♖ad8!? deva ser tentado, embora as Brancas ainda tenham a melhor partida.

**19 a4 ♘xd4 20 ♘xd4!**

Não 20 cxd4 ♘c6, com igualdade.

**20...♘c6**

Após 20...♕xb2? 21 ♘b5, as Brancas ameaçam ♖e2 e ♘c7.

**21 ♗b5 ♖ed8 22 g4!** *(D)*

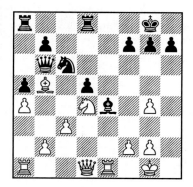

O lance da partida! E o ritmo é perfeito. As Brancas permitem às Negras livrarem-se de seu isolani; à primeira vista, parece ser apenas uma ligeira vantagem. O motivo é que o Bispo das Negras nunca voltará para a defesa. Vale a pena ver como isso acontece:

**22...♘xd4 23 ♕xd4 ♕xd4 24 cxd4 ♖ac8 25 f3 ♗g6 26 ♖e7 b6 27 ♖ae1 h6**

27...f6 não é melhor (para colocar de volta o Bispo em f7) 28 ♖1e6! ♖c1+ 29 ♔h2 ♖b8 30 ♖d6 e ♖dd7.

**28 ♖b7 ♖d6 29 ♖ee7 h5 30 gxh5 ♗xh5 31 g4! ♗g6 32 f4**

Tão simples.

**32...♖c1+ 33 ♔f2 ♖c2+ 34 ♔e3 ♗e4**

Ou 34...♖e6+ 35 ♖xe6 fxe6 36 ♖xb6.

**35 ♖xf7 ♖g6 36 g5 ♔h7 37 ♖fe7 ♖xb2 38 ♗e8 ♖b3+ 39 ♔e2 ♖b2+ 40 ♔e1 ♖d6 41 ♖xg7+ ♔h8 42 ♖ge7 1-0**

Poderia seguir com 42...♖b1+ 43 ♔d2 ♖b2+ 44 ♔c3 ♖c2+ 45 ♔b3 ♖c8 46 ♗d7 ♖f8 47 f5! etc. Uma obra-prima simples.

A próxima partida mostra os motivos bons de ter o Peão isolado da Dama, isto é, a atividade aumentada.

**Vogt – Uhlmann**
*Campeonato da Alemanha Oriental (Potsdam) – 1974*

**10 ♗g5 0-0 11 ♗h4 ♗g4 12 ♗e2** *(D)*

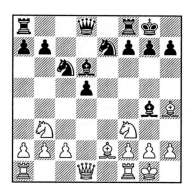

**12...♖e8!**

A melhoria de Uhlmann sobre a partida de Karpov; basicamente, ganha um tempo pela ação central. Parece que ...♗h5 era lento demais.

**13 ♖e1 ♕b6!**

Isto cobre d4 e espreita b2, pois ...a5-a4 irá expor essa casa.

**14 ♘fd4**

14 ♗xe7?! ♖xe7! deixa as Negras terrivelmente ativas, com a idéia 15 ♕xd5?! ♘b4!.

**14...♘g6!** *(D)*

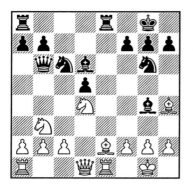

De repente, as Brancas têm problemas porque suas peças estão soltas demais. As Negras ameaçam ...♘xh4.

**15 ♘xc6**

As Brancas fortalecem o centro das Negras, mas é o único movimento. 15 ♗xg4? ♖xe1+ 16 ♕xe1 ♘xd4 ameaça c2 e h4, e não há nenhuma defesa porque depois de 17 ♘xd4 ♕xd4, as Negras conquistam uma peça.

**15...♖xe2! 16 ♖xe2 bxc6**

Não há nenhuma pressa para capturar a Torre em e2 porque o Peão f está imobilizado.

**17 ♗g3 ♗e7!**

Surpreendentemente, as Negras evitam a troca dos Bispos, vendo que seu Bispo ficará forte e o das Brancas sujeito a aborrecimentos. Mas perder tempo assim requer alguma coragem. Na verdade, 17...♗xg3!? 18 hxg3 ♘f8! não era ruim porque o Cavalo das Negras cobriria todas as casas boas a partir de e6. Este é mais ou menos o final da Abertura, mas vale a pena ver mais, porque os movimentos são maravilhosamente instrutivos.

**18 h3 ♗xe2 19 ♕xe2 a5!**

Ameaçando ...a4 e ...♕xb2.

**20 c3 h5!** *(D)*

Um estratagema ótimo: as Negras colocam o Bispo das Brancas em um esquecimento temporário. Talvez, ainda mais importante seja a ampliação de espaço das Negras. Isto por si só é algo bom, contanto que você, fazendo isso, não dê ao oponente alvos para atacar.

**21 ♘d4**

Um motivo de 20...h5 is 21 ♕xh5 a4 22 ♘d4 ♕xb2.

**21...h4 22 ♗h2 ♗f6 23 ♖d1 a4!**

Mais espaço!

**24 ♕c2 ♕c5 25 ♕d3 ♖e8 26 b4! axb3 27 axb3 ♕b6 28 b4** *(D)*

As Brancas resistem, assegurando a casa c5 como um posto avançado em potencial para seu Cavalo.

**28...♖e4 29 ♗d6**

O movimento lógico 29 ♘b3 é frustrado por 29...♖c4! 30 ♖c1 ♕b5!, impedindo 31 ♘c5?? devido a 31...♖xc5!.

**29...♗xd4 30 cxd4 ♕d8! 31 ♗c5 ♘f4**

Agora, ...h5-h4 está parecendo especialmente prudente porque a Ala do Rei branco está vulnerável.

**32 ♕f3 ♕g5 33 ♖a1**

Tentar trazer o Bispo de volta para a defesa perde o Peão d4: 33 ♗d6 ♘e2+.

**33...♔h7 34 ♔h2 ♖e6! 35 ♕g4 ♕xg4! 36 hxg4 ♖e2!**

Bem antecipado. As Brancas não podem persistir em tudo. O Bispo oficialmente 'ruim' das Brancas (por causa do Peão central na casa negra) realmente *é* ruim!

**37 ♖f1**

As Brancas perdem material de qualquer modo, depois de 37 ♔g1 ♘d3.

**37...♘d3 38 f4 ♘f2! 39 ♖a1 ♘xg4+!?**

Ao contrário, 39...♔g6!! teria sido um movimento brilhante a fazer logo antes do controle do tempo, com base em 40 ♗f8 ♘xg4+ 41 ♔h3 ♘h5 42 ♖g1 ♖e3+ 43 g3 ♘f2+ 44 ♔h2 h3! 45 ♗xg7 ♔g4! e as Negras realmente dariam o Xeque-Mate após ...♖e2. O resto da partida também é agradável:

**40 ♔h3 ♘e3 41 ♖a6 ♖xg2 42 ♔xh4**

42 ♖xc6? ♖g3+ 43 ♔h2 ♘g4+ 44 ♔h1 h3 45 b5 ♘f2+ 46 ♔h2 ♖g2#.

**42...♖g4+! 43 ♔h3 ♖xf4 44 ♖xc6 g5! 45 b5 g4+ 46 ♔h4**

46 ♔h2 ♖f2+ 47 ♔g3 ♖f3+ 48 ♔h4 f6! com ...♖h3# em seguida.

**46...f6! 47 ♗d6 ♖f3 48 ♗g3 ♔g6 0-1**

**Adams – Yusupov**
*Port Barcares – 2005*

**10 ♖e1 0-0 11 ♗d3** *(D)*

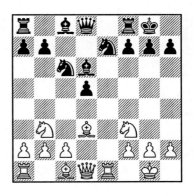

Esta posição tem sido considerada a linha principal desde algum tempo. 11 ♗d3 não cobre d4, mas evita 11...♗g4? por causa de 12 ♗xh7+ ♔xh7 13 ♘g5+. A casa d4 nunca pareceu ser suficiente para as Brancas vencerem de qualquer modo.

**11...h6 12 h3**

A partir do que vimos, impedir ...♗g4 é uma boa idéia.

**12...♘f5**

As Negras se concentram em d4 como sempre. Elas também podem considerar algo como ...♘h4. Ou, depois de seu Bispo das casas negras desocupar d6, o Cavalo pode ir para lá com um grande efeito.

**13 c3 ♕f6 14 ♗c2 ♖d8 15 ♕d3 g6** *(D)*

16 g4 estava ameaçado.

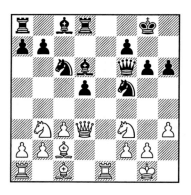

**16 ♕d2**

Rublevsky-Dolmatov, São Petersburgo – 1998 continuou com 16 ♗d2 a5! (com a idéia ...b6 e ...♗a6; isto também ganha espaço, uma consideração essencial para ambos os lados) 17 a4 b6 18 ♗e3 ♗a6 19 ♕d2 ♘xe3 20 ♕xe3 ♔g7 21 ♗d3 ♖e8 22 ♕d2 ♗c4! 23 ♘bd4 ♘xd4 24 ♘xd4 ♗c5, com igualdade.

**16...♗f8 17 ♕f4 ♗g7**

17...♗d6 18 ♕a4 ♗d7 não parece tão ruim, mas as Brancas poderiam repetir com 18 ♕d2.

**18 ♗d2**

Adams-Lputian, Armênia-Resto do Mundo (Moscou) – 2004 opôs um super Grande Mestre contra um dos principais especialistas da Defesa Francesa no mundo: 18 h4 ♕d6 (com tanta pressão em d4, as Negras podem permitir um Final) 19 ♗d2 ♗e6 20 ♖ad1 ♕xf4 21 ♗xf4 d4! *(D)*.

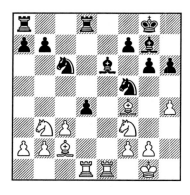

Como sempre, a ruptura temática. Normalmente, se funcionar (como funciona aqui), as Negras irão igualar porque liquida seu PDI potencialmente fraco. Contudo, a idéia principal é liberar as peças negras, neste caso, a Torre e o Bispo e6. Os próximos movimentos foram 22 ♗xf5 ♗xb3 23 axb3 gxf5 24 ♘xd4

♘xd4 25 cxd4 ♗xd4 26 ♗xh6 ♗xb2, com igualdade.

**18...g5 19 ♕h2 b6?!**

Houve duas outras sugestões aqui, ambas razoáveis, mas talvez não totalmente iguais. Talvez 17...♗d6 fosse a solução real.

a) McDonald oferece 19...♗f8! 20 ♖ad1 ♗d6 21 ♕h1.

b) 19...♘d6!? 20 ♖ad1 ♘c4 21 ♗c1 ♗f8 22 ♘bd4 ♗d6 é sugerido por Pedersen.

**20 ♖ad1 ♗a6?! 21 ♗xf5! ♕xf5 22 ♗e3 ♗c4!? 23 ♘bd4! ♗xd4?**

É muito arriscado, na melhor das hipóteses, deixar no tabuleiro apenas os Bispos com cores opostas. Em geral, os Bispos com cores opostas favorecem o atacante e somente em um Final simplificado eles levam a um empate.

**24 ♘xd4 ♘xd4 25 ♗xd4** *(D)*

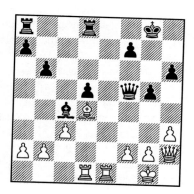

Agora, temos os Bispos com cores opostas, com o Rei negro um pouco fraco. Em geral, isto é suficiente para fazer o ataque funcionar.

**25...♖e8 26 ♕c7! ♗xa2? 27 ♕c6!**

Opa!. Isto atinge a8, e8 e h6.

**27...♖f8 28 ♕xh6 f6 29 ♖e7 ♖f7 30 ♖de1 ♖af8 31 ♖xf7 ♔xf7 32 g4! 1-0**

Se a Dama for para f4 ou f3 para manter f6 protegido, será Mate em h7. Se 32...♕g6, então, 33 ♖e7+ conquistará a Dama.

## Recaptura com a Dama

**4...♕xd5**

Esta recaptura apresenta uma abordagem muito diferente de 4...exd5, como veremos.

**5 ♘gf3 cxd4 6 ♗c4 ♕d6** *(D)*

6...♕d8 também é jogado de tempos em tempos. A única variante exclusiva da nota neste caso surge quando as Negras continuam com ...a6, ...♕c7 e ...♗d6. Isso é bem raro, mas interessante. Em qualquer caso, iremos concentrar-nos em 6...♕d6.

Vemos que com 4...♕xd5, as Negras estão querendo perder bastante tempo para conseguirem uma estrutura do tipo Siciliana com um Peão central extra (aquele em d4 geralmente é recuperado pelas Brancas) e uma maioria na Ala do Rei (4:3). Ao fazer isso, elas enfrentam muitas tentativas de ataque das Brancas, cuja vantagem no desenvolvimento e truques táticos provavelmente foram a razão para os jogadores da Defesa Francesa adiarem esta linha por tantos anos. Com uma disposição cada vez maior para defenderem as posições difíceis das Aberturas, os jogadores que reconhecerem as reais vantagens da estrutura de peões das Negras e seu desenvolvimento suave começaram a experimentar a linha. Um plano padrão segue com ...♘c6, ...♘f6, ...a6, ...♕c7 e ...b5 com ...♗b7, dependendo de quanto lhes é permitido. Estas são idéias Sicilianas típicas e, como na Siciliana, os jogadores perceberam que o Peão em e6, em particular, torna a posição das Negras difícil de quebrar. As Brancas, por sua vez, usam sua vantagem no desenvolvimento para impedir que as peças negras sejam postas em jogo, colocando suas peças em pontos de apoio, como, por exemplo, e5, procurando e geralmente encontrando chances de ataque. Para as Negras, tudo é a estrutura: as Brancas não têm um Peão do centro com o qual atacar, e seus Peões c e f tendem a levar muito tempo para entrarem na luta. Cerca de 15 anos atrás, isso se tornou a linha mais popular da Tarrasch nos níveis muito altos e ainda leva a grandes vitórias para ambos os lados. Iremos explorar três partidas a partir desta posição.

**Lastin – Bareev**
*Campeonato Russo por Equipes (Sochi) – 2004*

**7 0-0 ♘f6 8 ♘b3 ♘c6 9 ♘bxd4 ♘xd4 10 ♘xd4**

As Brancas recuperaram seu Peão. Nos primeiros dias da variante, bem poucos jogadores tentaram 10 ♕xd4 *(D)*.

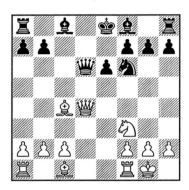

Apesar da vantagem das Brancas no desenvolvimento, as Negras têm uma posição sólida. Se a partida realmente alcançasse um Final simplificado sem alterações estruturais, a maioria central das Negras iria fornecer-lhes a vantagem. Em qualquer caso, a continuação mais popular para as Negras é 10...♗d7 (10...♕xd4 11 ♘xd4 ♗c5! também é razoável: 12 ♘b3 ♗e7 13 ♗f4 ♗d7 14 ♗e2 {as Brancas planejam exercer pressão a partir de f3; este é o plano padrão} 14...♘d5 15 ♗g3 h5! 16 h3 h4 17 ♗h2 0-0-0, Akopian-Shirov, Mérida – 2000) 11 ♗f4 ♕xd4 12 ♘xd4 ♖c8 (ou 12...♗c5) 13 ♗e2 ♘d5 14 ♗g3 h5! *(D)*.

## Capítulo 13 – Defesa Francesa

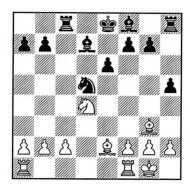

As Negras ainda têm alguma iniciativa! Acs-Shaked, Budapeste – 1997 continuou com 15 h4 ♗c5 16 ♘b3 ♗b6 17 c4 ♘e7 18 ♗d3 f6!.

**10...a6 11 ♗b3 ♕c7 12 ♕f3**

Uma linha famosa que foi analisada exaustivamente é 12 ♖e1 ♗d6 13 ♘f5 ♗xh2+ 14 ♔h1 0-0 15 ♘xg7 ♖d8, finalmente levando a um empate.

**12...♗d6 13 ♔h1**

As Brancas usam muito esta técnica de defesa; recusam enfraquecer-se com h3 ou g3.

Outra linha segue com 13 h3 0-0 14 ♗g5 ♘d7 15 c3 b5!? *(D)*.

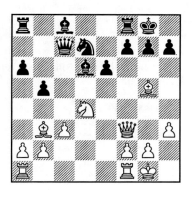

Este 'sacrifício padrão' geralmente funciona, porque as Negras conseguem um jogo ativo, independentemente do material: 16 ♗c2 (ganancioso demais é 16 ♕xa8 ♗b7 17 ♕xf8+ {não 17 ♕a7? ♗c5} 17...♘xf8; embora as Brancas tenham duas Torres por uma Dama, os Bispos das Negras varrem a Ala do Rei e ...♕c5 junto com ...♘g6-h4 podem se seguir) 16...♗b7 17 ♕h5 g6 18 ♕h4 e agora:

a) Em outra partida, as Negras foram descuidadas e caíram por um belo ataque com sacrifício de peças: 18...e5? 19 ♘f5! f6 (19...gxf5 20 ♗xf5) 20 ♘xd6 ♕xd6 21 ♗h6 ♖fe8 22 ♖ad1 ♕e7? 23 ♗b3+ ♔h8 24 ♖xd7! 1-0 Azarov-Wiedenkeller, ECC em Saint Vincent – 2005.

b) 18...♖fe8! 19 ♖fe1 ♘b6 20 ♖e2 ♗e7 (20...e5? 21 ♘f5! gxf5 22 ♗f6) 21 ♖ae1 ♗xg5 22 ♕xg5 ♘d5 23 ♖e4 f6! 24 ♕h4 e5 25 ♗b3 ♔g7 26 ♗xd5 ♗xd5 com um jogo complicado no qual as Negras parecem levar a melhor, Tiviakov-Lalic, Port Erin – 2005.

**13...♗e5**

Outro movimento característico a conhecer. As Negras antecipam ♗g5 (atacando seu Cavalo f6) e também forçam as Brancas a se comprometerem com um método para defender seu Cavalo.

**14 ♗e3**

Logicamente, desenvolvendo e cobrindo d4. Ao contrário, 14 c3 ♗d7 15 ♗g5 ♗xd4!? (15...0-0 é sólido) 16 cxd4 ♗c6 17 ♕e3 ♘d5 é uma das idéias que, originalmente, tornou a idéia ...♗e5 popular. As Negras bloqueiam o PDI e igualam.

**14...♗d7 15 ♖ad1 h5!** *(D)*

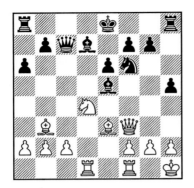

Outro procedimento padrão também! De agora em diante, as Brancas têm que ter cuidado com as idéias ...♘g4.

**16 ♕e2!**

Não 16 h3?? ♘g4 (ameaçando ...♗xd4 e ...♕h2#) 17 ♖fe1 ♗xd4 18 ♗f4 ♕b6 e vencem.

**16...♗xh2 17 g3**

Esta é a idéia por trás de ♔h1; as Brancas desejam conquistar o Bispo, embora seja arriscado, obviamente, fazer isso. Esse tipo de posição surgiu repetidamente. Quem vai levar a melhor depende das características específicas.

**17...e5! 18 ♔xh2!?**

Talvez, seja melhor 18 ♘f3 ♗g4 19 ♗g5 (19 ♔xh2? 0-0) 19...h4 20 ♗xf6 gxf6 21 ♔xh2 hxg3++ 22 ♔g1.

**18...h4 19 ♔g1**

Desta vez, 19 ♔g2!? vale a pena examinar. Todos estes movimentos são difíceis de avaliar.

**19...0-0-0?**

Bareev forneceu a melhoria 19...♔f8! 20 ♘f3 ♗g4 21 ♗g5 e4 22 ♗f4 exf3 23 ♕xa6! bxa6 24 ♗xc7 h3 25 ♔h2 ♗f5 26 ♗b6 e a situação ainda é incerta.

**20 ♘f3 hxg3 21 fxg3?**

21 ♕c4! praticamente estava vencendo, segundo Bareev. As Brancas estão mantendo a peça extra: 21...gxf2+ 22 ♗xf2 ♗c6 23 ♖xd8+ ♔xd8 24 ♕d3+ com ♗g3 a seguir.

**21...e4 22 ♗f4**

Talvez 22 ♕c4!? ainda fosse o movimento.

**22...exf3 23 ♕f2 ♕c6! 24 ♖d6?** *(D)*

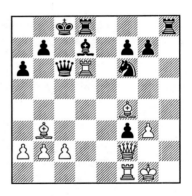

**24...♘g4!**

Bareev, presumivelmente, tinha visto este ataque muito antes.

**25 ♖xc6+ ♗xc6 26 ♗xf7**

A Dama não pode mover-se porque ...f2+ força o Mate.

26...♘xf2 27 ♗e6+ ♗d7 28 ♗xd7+ ♖xd7 29 ♔xf2 ♖h2+ 30 ♔xf3 ♖xc2 31 ♖e1 ♖f7 0-1

Outra variante importante é:

7 ♕e2 *(D)*

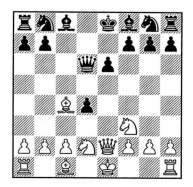

Esta é uma linha que segue diretamente para a destruição. As Brancas dispensam recuperar seu Peão em d4 no momento e concentram-se no desenvolvimento rápido, normalmente incluindo 0-0-0. A linha principal atual continua:

7...♘f6 8 ♘b3 ♘c6

As Negras têm que acelerar o desenvolvimento e de qualquer modo, quanto mais elas puderem tornar difícil para as Brancas recuperarem seu Peão em d4, melhor. Mas as Brancas não irão diminuir a velocidade.

9 ♗g5! a6

Para que é este movimento? Em algumas posições que surgem de 4...♕xd5, ele ajuda as Negras a se reorganizarem com ...♕c7 e ...♗d6. Mas neste caso, elas desejam golpear com ...b5 antes que algo mais aconteça. Se o Bispo das Brancas recuar, elas terão menos preocupações com um sacrifício em e6, um problema que sempre está presente quando as Brancas têm Torres nas colunas centrais abertas e um Cavalo em d4. Até certo ponto, a partida está tornando-se uma corrida.

10 0-0-0 b5 11 ♗d3 ♗b7 *(D)*

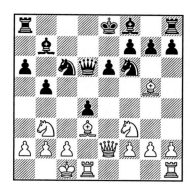

Mostrarei duas partidas a partir desta posição.

**Oral – Khuzman**
*Campeonato Europeu por Equipes em Batumi – 1999*

12 ♘bxd4 ♘xd4 13 ♘xd4 ♕d5! *(D)*

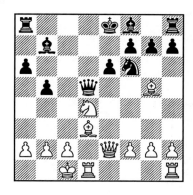

As Negras atacam g5 e a2 (e g2!).

**14 ♗xf6 gxf6 15 ♘xb5!?**

15 ♔b1! é sólido. Então, 15...0-0-0 16 ♘f3 poderia ser seguido de c4 ou ♗e4, dependendo da resposta das Negras.

**15...♕xa2 16 ♘c7+ ♔e7 17 ♕h5** *(D)*

Não 17 ♘xa8?? ♗h6+ e as Brancas têm que entregar sua Dama em e3.

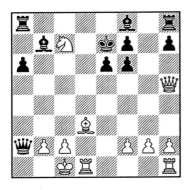

**17...♗h6+!**

Um tiro de longo alcance! O movimento óbvio 17...♖d8? 18 ♕c5+ ♖d6 falha em 19 ♕xd6+! ♔xd6 20 ♗c4+ ♔xc7 21 ♗xa2.

**18 ♕xh6 ♕a1+**

O motivo era desviar a Dama branca de a5.

**19 ♔d2 ♕a5+ 20 ♔c1 ♕xc7**

As Negras preferem continuar jogando ao invés de aceitar 20...♕a1+ 21 ♔d2 ♕a5+.

**21 ♖he1!? ♗d5 22 ♗e4 ♗xe4 23 ♖xe4 ♕a5 ½-½**

Típico da natureza de ida e volta desta variante.

### Rozentalis – Luther
*ECC em Panormo – 2001*

**12 ♔b1**

Isto parece lento, mas é interessante comparar com Oral-Khuzman. Lá, o principal movimento ...♕d5 atingia a2, assim como a Ala do Rei, enquanto aqui Rozentalis proteje seu Peão a, com custo de tempo.

**12...♗e7 13 ♘bxd4 ♘xd4 14 ♘xd4 ♕c5** *(D)*

As Negras também simplesmente jogaram 14...0-0 aqui, mas é arriscado. O lance do texto tira a Dama da Coluna d e ganha um tempo atacando o Bispo g5 das Brancas.

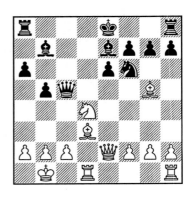

**15 h4!**

Ou talvez não tenham ganho um tempo, uma vez que o Peão h será conveniente para um ataque!

**15...0-0**

15...0-0-0!? obviamente é arriscado. As Brancas poderiam tentar 16 ♘f3 ♚b8 17 ♘e5 ♖hf8 18 ♗e3!?.

**16 ♖he1**

As Brancas acumulam em e6. Esta é uma daquelas Aberturas nas quais as Negras sabem o que está vindo, mas nem sempre podem impedir.

**16...♖fe8**

Uma tática típica segue com 16...♖fd8!? 17 ♘f5!? (este lance parece surgir em todas aas linhas! Mas neste caso, provavelmente não é tão importante) 17...exf5 18 ♕xe7 ♕xe7 19 ♖xe7 ♗xg2 20 ♖g1 ♚f8 (forçado) 21 ♗xf6 gxf6 22 ♖ee1 ♗e4 e as Negras devem ficar bem.

**17 ♘f3 h6**

Parece melhor 17...♖ac8 18 ♘e5 ♖c7. O lance do texto está enfraquecendo e provavelmente as Brancas negligenciaram a resposta.

**18 ♘e5! hxg5?! 19 hxg5 g6 20 gxf6 ♗xf6 21 f4!** *(D)*

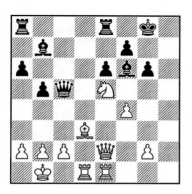

Agora, como poderão as Negras continuar jogando? ...♗xe5 deixará as casas negras insuportavelmente fracas.

**21...♖ad8 22 ♕g4 ♗g7?**

Elas tinham que tentar algo como 22...♕f8.

**23 ♘xf7! ♚xf7**

Provavelmente, as Negras estavam contando com 23...♖xd3 24 ♖xd3, mas nem mesmo chegam perto. Rozentalis fornece 24...♕f2 25 ♘h6+! ♚f8 26 ♖xe6 ♖xe6 27 ♖d8+ ♚e7 28 ♖e8+ ♚xe8 29 ♕xe6+ ♚d8 30 ♘f7+ ♚c7 31 ♕d6+.

**24 ♗xg6+ ♚f8 25 ♖xd8 1-0**

Aqui, segue com 25...♖xd8 26 ♕xe6, com Mates ameaçados em f7 e e8.

## Tarrasch com 3...♘f6

**1 e4 e6 2 d4 d5 3 ♘d2 ♘f6**

Com este movimento, as Negras desafiam as Brancas a organizarem uma cadeia de peões e a partida entra no território Francês típico. Como o Peão e das Brancas está ameaçado, não há muito mais a fazer, exceto avançar.

**4 e5**

4 exd5?! exd5 já favoreceria às Negras porque o Cavalo em d2 está mal colocado para uma Variante das Trocas, como você pode confirmar experimentando.

**4...♘fd7** *(D)*

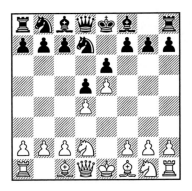

Agora, temos uma posição caracterizada pelas cadeias de peões. As opções tradicionais aqui são 5 ♗d3 e 5 f4.

### Desenvolvimento com 5 ♗d3

**5 ♗d3**

5 c3 é outra ordem de movimentos, planejando 5...c5 6 ♗d3. As Brancas podem preferir isso por causa da nota a seguir.

**5...c5 6 c3 ♘c6**

6...b6 planejando ...♗a6 parece lógico. Todavia, depois de 7 ♘h3 (ou 7 ♕g4) 7...♗a6 8 ♗xa6, as Brancas colocam mal o Cavalo das Negras e podem ter um bom uso para sua vantagem de espaço. Se as Brancas realmente estiverem preocupadas com isso (e ninguém parece estar), poderão jogar 5 c3.

Agora, examinarei os dois movimentos principais, 7 ♘e2 e 7 ♘gf3.

### O Tradicional 7 ♘e2

**7 ♘e2**

Esta continuação tem dominado a prática de 3...♘f6 desde tempos imemoráveis, mas, recentemente, vem compartilhando a atenção com 7 ♘gf3.

**7...cxd4 8 cxd4 f6 9 exf6**

Não se prenda a 9 f4?! fxe5 10 fxe5 ♘xd4! 11 ♘xd4 ♕h4+ 12 g3 ♕xd4.

Uma alternativa divertida cujas conseqüências nunca foram bem resolvidas é o movimento tático, e menos comum, 9 ♘f4. Realmente é uma confusão, mas infelizmente muito teórico, no sentido de que muitos movimentos lógicos são perdedores e a natureza forçada do jogo não admite uma reflexão demorada no tabuleiro. Fornecerei alguns movimentos importantes, pulando a maioria das opções: 9...♘xd4 (9...♕e7 10 ♘f3 fxe5 11 dxe5 ♘dxe5 12 ♘xe5 ♘xe5 13 ♕h5+ ♘f7 14 0-0 g6 15 ♕e2 torna difícil para as Negras se desenvolverem) 10 ♕h5+ ♔e7 *(D)*.

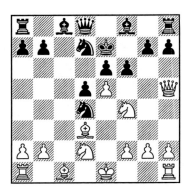

11 exf6+! (11 ♘g6+ hxg6 12 exf6+ ♔xf6!? 13 ♕xh8 ♔f7 é uma linha muito antiga, mas pelo menos as Negras também podem transpor com 12...♘xf6; portanto, por que lhes dar uma opção adicional?) 11...♘xf6 (agora, 11...♔xf6? 12 ♕h4+ g5 13 ♘h5+ ♔f7 14 ♕xd4 é destruidor) 12 ♘g6+ hxg6 13 ♕xh8 ♔f7 14 ♕h4 (note a armadilha 14 ♘f3?? ♗b4+, ganhando a Dama; tem gente que já perdeu assim!) 14...e5 15 ♘f3 e4!? (15...♘xf3+ 16 gxf3 ♗f5 17 ♗xf5 gxf5 18 ♗g5 também leva a uma análise profunda) 16 ♘xd4 ♗b4+ 17 ♗d2 ♗xd2+ 18 ♔xd2 ♕a5+ 19 ♔d1 exd3. Estas são posições enlouquecidas; eu aconselho que você consulte livros e bancos de dados.

## 9...♘xf6

É uma vergonha que esta linha respeitável, que gerou tantas partidas ótimas e muitas idéias atraentes e provocadoras de reflexão, tenha sido atulhada de teoria em tantos aspectos secundários.. Todavia, daremos uma olhada no complexo básico de variantes, de modo que você possa começar e compreender o que está acontecendo.

9...♕xf6, mantendo um olho na casa e5 crítica, é outra idéia que está moderadamente em vigor, depois de alguns anos de experimentação. A idéia essencial pode ser vista depois de 10 ♘f3 h6 *(D)* (para impedir ♗g5-h4; por exemplo, 10...♗d6 11 ♗g5 ♕f7 12 ♗h4 0-0? 13 ♗xh7+).

Agora, se as Brancas jogarem convencionalmente com 11 0-0 (11 ♖b1! ♗d6 12 ♕d3 é muito mais difícil enfrentar; compare com que o vem a seguir) 11...♗d6 12 ♖b1 0-0! 13 ♕d3, as Negras responderão com 13...♖d8! 14 ♕h7+ ♔f7 e jogarão ...♘f8 em seguida. Embora ganhar um tempo com 11 ♖b1 traga um problema para as Negras, ele pode ser de fácil solução.

**10 ♘f3 ♗d6 11 0-0** *(D)*

11 ♗f4 ♕a5+ confunde as peças das Brancas: 12 ♕d2 (12 ♔f1 ♕c7 13 ♗xd6 ♕xd6 é igual) 12...♗b4! 13 ♘c3 0-0 14 0-0 ♘e4.

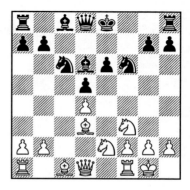

**11...♕c7**

As Negras visam a Ala do Rei das Brancas, porém ainda mais importante, impedem ♗f4, que de fato troca o Bispo bom das Negras. Isto tem o custo de comprometer a Dama um pouco cedo, o que pode ser considerado como uma perda de tempo relativa.

Eu imagino que, pelo menos, milhares de páginas de análise (somando todas as fontes e anotações) tenham sido dedicadas às linhas que começam com 11...0-0 *(D)*.

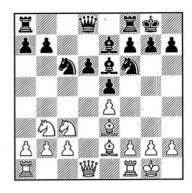

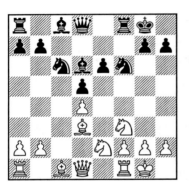

Ficarei, no entanto, com o desenvolvimento da Dama. Mas acho que é intrigante comparar esta posição com a linha Siciliana 1 e4 c5 2 ♘f3 d6 3 d4 cxd4 4 ♘xd4 ♘f6 5 ♘c3 ♘c6 6 ♗e2 e5 7 ♘b3 ♗e7 8 0-0 0-0 9 ♗e3 ♗e6 *(D)*.

É uma imagem de espelho! Note, especialmente, os papéis dos Bispos ruins protegendo os Peões atrasados. A maior diferença na estrutura está na Coluna f aberta das Negras na Defesa Francesa. Elas também têm a oportunidade de atacar o Peão d vulnerável das Brancas. Ambas são vantagens comparativas. Mas na posição da Defesa Siciliana, as Negras têm um importante ataque da minoria com ...a6 e ...b5, com o qual elas ganham espaço, atacam a Ala da Dama e ajudam no controle de d5. Na Francesa, as Negras não têm nada do tipo; assim, sua estratégia é mais baseada nas peças, com jogadas como ...♕c7 (apoiando a idéia ...e5), ...♘h5 (ou ...♘g4), planejando atacar na Ala do Rei.

E já que estamos fazendo uma digressão, uma comparação provocadora também surge entre este tipo de posição e a da Defesa Guimard, 3 ♘d2 ♘c6. Sucede que a falta de um Peão c em nossa Defesa Francesa 3 ♘d2 ♘f6 pode ser uma desvantagem em comparação com a Guimard! Vejamos um exemplo bem normal:

## Rasik – Cernousek
*Ostrava – 2005*

1 e4 e6 2 d4 d5 3 ♘d2 ♘c6 4 ♘gf3 ♘f6 5 e5 ♘d7 6 ♗d3 f6 7 exf6 ♕xf6

7...♘xf6 também é jogado neste tipo de posição. As mesmas idéias aplicam-se.

8 0-0 ♗d6 9 c4 0-0 10 c5 ♗e7 11 ♘b3 h6 12 ♗e3 e5! 13 dxe5 ♘dxe5 14 ♘xe5 ♘xe5 15 ♗e2 c6 *(D)*

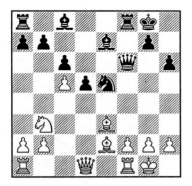

Esta é a posição correta. As Negras fizeram sua ruptura ...e5 e mantém um centro forte porque seu Peão d5 está totalmente protegido. Compare isto com o caso das linhas principais 3...♘f6: por causa da inserção dos movimentos ...c5 e ...cxd4, as Negras quase sempre terminarão com um Peão da Dama isolado fraco se jogarem ...e5.

16 ♖c1 ♕g6 17 ♗h5 ♕h7!?

Ou 17...♕f5 com a idéia ...♘g4. As Negras podem estar um pouco melhor.

18 ♖c3 ♗f5 19 ♘d4 ♗g6 20 ♗e2 ♖ae8 21 ♘e6 ♖f7 22 ♘f4 ♗e4 23 ♗h5 g6 24 ♗e2 ♗f6 25 ♗d4 ♕h8! *(D)*

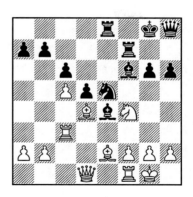

26 ♖g3 ♔h7 27 ♗c3 ♕f8!

Ameaçando 28...♕xc5 e 28...♗h4. De repente, as Negras estão vencendo.

28 ♘d3 ♘xd3 29 ♗xd3 ♕xc5 30 ♕g4? ♗xd3 0-1

Aqui, seguiria com 31 ♖xd3 ♗xc3 32 ♖xc3 ♕xf2+ 33 ♖xf2 ♖e1+.

Agora, voltemos para a variante 3...♘f6 com 11...0-0. Como disse, estarei continuando com 11...♕c7, mas aqui, existem algumas notas sobre 11...0-0, em parte para mostrar alguns temas típicos, mas principalmente, para demonstrar como podem ficar estranhas e específicas essas linhas! Depois de 11...0-0, geralmente, as Brancas têm a oportunidade de trocar os Bispos com 12 ♗f4 (sendo por isso que 11...♕c7 é jogado) 12...♗xf4 13 ♘xf4 ♘e4. A linha principal segue com 14 ♘e2 ♖xf3 15 gxf3 ♘g5 *(D)*.

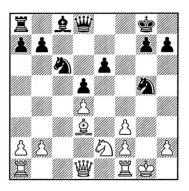

Agora:

a) Uma opção crítica é 16 ♔h1 e5! 17 dxe5 ♘xe5 (exatamente neste momento, isto parece melhor que 17...♘xf3 18 ♗xh7+! ♔h8 19 ♘g1 ♘cd4! 20 ♗d3!) 18 ♘g1 ♕f6 19 ♗e2 ♗d7!? (isto tem as idéias de...♗c6 e do poderoso ...♘e6-f4! – sempre se lembre do poder de um Cavalo em f5/f4 na frente dos Peões dobrados; as Negras poderiam tentar 19...♘e6!? 20 ♕xd5 ♔h8 21 ♖fd1 ♗d7) 20 ♕xd5+ ♔h8 21 ♗b5. As Brancas podem ter uma pequena vantagem no total da linha; isto é apenas para você iniciar!

b) 16 f4 ♘f3+ 17 ♔g2 *(D)*.

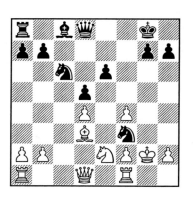

Agora, veja as coisas malucas que alguns jogadores fazem: 17...♕h4!? 18 ♔xf3 ♕h3+ 19 ♘g3 e5 20 ♔e3! exf4+ 21 ♔d2 fxg3 22 hxg3 ♕h6+ 23 f4 ♘xd4!? (23...♕f6) 24 ♖h1 ♕b6 25 ♗xh7+?! ('obviamente' melhor é 25 ♔c1 ... talvez!) 25...♔f8 26 ♔c1 ♕c6+ 27 ♔d2 ♕b6 com um empate! A menos que você goste de teoria (e de tentar melhorias nos lances 20-35 de uma variante de Abertura), poderá querer jogar alguma outra coisa.

Agora, voltamos para 11...♕c7 *(D)*:

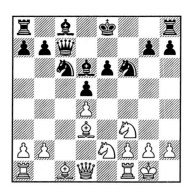

Vejamos uma partida real:

**Biti – Gleizerov**
*Zadar – 2005*

**12 ♗g5**

A linha principal, que tem a idéia lógica ♗h4-g3 para trocar o Bispo bom das Negras. Então, as Brancas podem começar, pensando em ocupar o posto avançado interessante em e5, por meio de ♖e1. Se as Negras jogarem ...e5 primeiro, elas ficarão sobrecarregadas com um Peão da Dama isolado e lembre-se que eles tendem a ficar mais fracos depois da simplificação, especialmente da troca do Bispo melhor. Esta é a estratégia geral das Brancas, mas, claro, isto requer tempo. Como explicado depois de 11...0-0, as Brancas tendem a depender de um jogo de peças, e portanto, começarão a colocar tudo perto do Rei, provocar debilidades e, então, irão considerar com seriedade ...e5, para trazer as últimas peças para o ataque. 12 ♘c3, 12 g3 e 12 h3 são, todas, alternativas interessantes que nós não veremos.

**12...0-0 13 ♗h4 ♘h5 14 ♕c2**

Como as Negras estão fazendo tudo certo aqui (imagino), as Brancas poderão querer tentar 14 ♘c3 a6 15 ♖c1 g6 16 ♘a4. Então, parece melhor 16...♗d7! 17 ♗g3 (17 ♖e1 ♖xf3!) de Mamedov-Hanley, Campeonato Mundial de Juniores em Nakhchivan – 2003, quando McDonald gosta de 17...♘xg3 18 hxg3 ♕a5!?.

**14...h6 15 ♗g6**

McDonald também analisa 15 ♖ac1 g5! *(D)*.

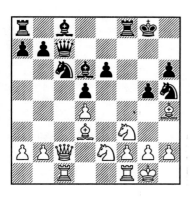

É típico da Defesa Francesa que tal movimento possa ser bom – também funciona em muitas linhas das Variantes do Avanço e Winawer.

Além de de ganhar espaço e iniciar um ataque ao Rei, fornece às peças negras mais espaço para se moverem em segurança e não ficarem restringidas demais na Ala da Dama. As possíveis continuações das Negras incluem ...♗e8-g6 e ...♕g7. O Cavalo negro também estará mais bem protegido depois de ...♘h5-f4. Especificamente, esta versão de ...g5 permite às Negras trocarem o Bispo bom das Brancas por seu Cavalo e ameaçarem ...g4, enfraquecendo d4.

A análise continua com 16 ♗g6 (uma tentativa de desorganizar a construção das Negras; Pedersen analisa 16 ♗g3 ♘xg3 17 ♘xg3 {17 hxg3 ♕g7} 17...♕g7 18 ♘h5 ♕e7! planejando 19...g4, 19...♘b4 ou 19...♗d7) 16...♘f4 17 ♘xf4 ♗xf4 (17...gxf4!?) 18 ♗g3 ♗xg3 19 hxg3 (19 fxg3!?) 19...♕g7 com pressão em d4 depois de, por exemplo, ...g4.

**15...♖xf3!**

Opa!, agora entramos na alta teoria de novo. Reduzirei as coisas a um resumo, com poucos detalhes. O sacrifício de qualidade padrão em f3, dificilmente é surpreendente na Francesa, claro, mas será difícil determinar se é bom. Parece ser, neste caso, embora a teoria ainda não esteja estabelecida.

**16 gxf3 ♗xh2+ 17 ♔h1 ♘f4!** *(D)*

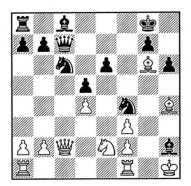

**18 ♘g3 e5!?**

A tática típica para esta variante. Como sempre, não entrarei em muitos detalhes sobre tal variante tática precisa. 18...♕d6 costumava ser considerado brilhante, mas talvez, não muito, atualmente. Verifique nos livros. 18...♕b6, porém, é, no momento, satisfatório teoricamente, após 19 ♖ad1 ♘xd4 20 ♕a4 ♘xg6.

**19 ♖fe1**

Ou 19 ♔xh2 ♕d6 20 ♗h7+ ♔h8 21 dxe5?! ♘xe5 22 ♗f5 ♗xf5 23 ♘xf5 ♕e6! com um ótimo ataque, Ulybin-E.Berg, Santa Cruz de la Palma – 2005.

Parece que 19 ♗h7+? ♔h8 20 ♔xh2 g5! 21 ♗f5 gxh4 22 ♗xc8 ♕xc8 23 ♘f5 ♕d7!! é ganhador para as Negras, Can-E.Berg, Kusadasi – 2006. É suficiente para fazer seu cérebro explodir. Por outro lado, essas táticas *são* bem surpreendentes!

**19...♗h3!** *(D)*

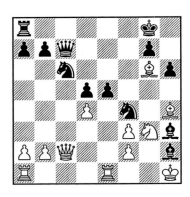

**20 ♖ad1**

Uma idéia simples, mas bonita é 20 ♔xh2? ♘xd4! 21 ♕xc7 (21 ♕d1 ♘xg6 22 ♔xh3 ♕d7+ 23 ♔h2 ♘f4!) 21...♘xf3+ 22 ♔h1 ♗g2#.

**20...♗xg3?**

É muito melhor 20...♘xd4 21 ♖xd4 (uma versão diferente da última nota é 21 ♕xc7? ♗g2+ 22 ♔xh2 ♘xf3#) 21...♕xc2 22 ♗xc2 exd4 23 ♔xh2 d3 24 ♗b1 g5.

**21 ♗xg3?**

Deveria ser jogado 21 fxg3!.

**21...♗g2+ 22 ♔h2 ♗xf3 23 ♖d2 e4 24 ♗xe4!?**

E aqui, outra linha brilhante é 24 ♕b3 ♕d7! 25 ♗xf4 ♘a5!! 26 ♕b4 ♕g4 27 ♗g3 ♕xg6 28 ♕e7 ♘c4! 29 ♖c2 ♘d6! 30 ♔g1 (30 ♕xd6 ♕h5+) 30...♘f5! 31 ♕xb7 ♕h5! 32 ♕xa8+ ♔h7, como dado por McDonald.

**24...dxe4 25 ♖xe4 ♗xe4 26 ♕xe4 ♖f8 27 d5 ♕e5 0-1**

## A Variante da Moda 7 ♘gf3

**1 e4 e6 2 d4 d5 3 ♘d2 ♘f6**

Existem dois modos de transpor para a linha principal aqui: 3...c5 4 ♘gf3 ♘f6 5 e5 ♘fd7 6 c3 ♘c6 7 ♗d3 e 3...♗e7 4 ♘gf3 ♘f6 5 e5 ♘fd7 6 ♗d3 c5 7 c3 ♘c6. A última é uma variante que poderia também da ordem como ocorreu na partida, mas com 7...♗e7. Existe muita teoria nessa posição.

**4 e5 ♘fd7 5 ♗d3 c5 6 c3 ♘c6 7 ♘gf3** *(D)*

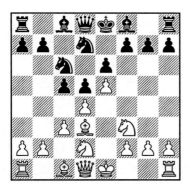

Desenvolver o Cavalo assim, sempre foi visto como uma segunda escolha, porque agora o Cavalo d2 não tem nenhum lugar bom para ir. Então, os jogadores começaram a achar que o tempo que as Brancas 'ganharam' (em vez de ♘d2-f3, as Brancas jogam ♘gf3 diretamente) valeu algo e que elas poderia ter um caminho mais claro para sua Dama trilhar para a Ala do Rei do que ter dois Cavalos para pular (em e2 e f3).

E mais, em alguns aspectos, as Negras decidem o curso de ação. Contanto que as Negras não se comprometam com um movimento radical imediatamente, as Brancas precisarão de um plano positivo. Elas não podem jogar ♘b3 devido a ...c4, e dxc5 entrega o centro. Isso significa que um movimento lento das Negras neste ponto pode ser o curso mais eficiente, como na seguinte partida.

**Zhang Pengxiang – M. Gurevich**
*Hoogeveen – 2004*

**7...g6!?**

As Negras têm a idéia estranha de jogar...♗g7 e ...f6, rompendo o centro das Brancas. É difícil impedir!

Nesta conjuntura, uma alternativa especialmente digna de nota é 7...♗e7, preparando o ataque, agora rotineiro, com ...g5. Então, a continuação crítica é 8 0-0 e as Negras têm duas tentativas principais:

a) 8...g5 9 dxc5! *(D)* funcionou fantasticamente bem e é um esquema posicional instrutivo para as Brancas.

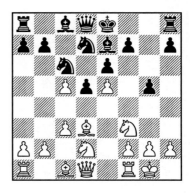

Entregando o centro, elas fornecem ao seu Cavalo do Rei a casa d4, que destrói o plano de ataque das Negras e podem detonar com o Peão g subitamente debilitado por f4; por exemplo, 9...♘dxe5 (9...g4 10 ♘d4 ♘dxe5 11 ♗b5 ♗d7 12 ♘2b3 fornece às Brancas a vantagem, Smirin-Akobian, Minneapolis – 2005) 10 ♘xe5 ♘xe5 11 ♘b3 ♗d7 12 f4!, Hracek-Stellwagen, Solingen – 2005. As Brancas estão abrindo à força a Coluna f e o Rei negro terá problemas para escapar.

b) 8...a5 é um tipo de jogada profilática, desencorajando ♘b3 em qualquer ponto devido a ...a4. Uma partida seguiu com 9 ♖e1 (9 dxc5 ♘dxe5 não faz muito sentido sem o Peão g como alvo) 9...cxd4 10 cxd4 g5!? *(D)* (agora que não há nenhum dxc5, as Negras podem prosseguir).

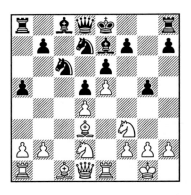

11 g4!? (isto impede radicalmente ...g4; infelizmente, expõe o Rei branco; assim como 11 h3! h5 12 ♘f1 g4 13 hxg4 hxg4 14 ♘3h2, mas pelo menos as Brancas ganhariam o Peão g! As Negras têm que fazer a ruptura do centro das Brancas enquanto ainda podem: 14...♘xd4! 15 ♕xg4 ♗c5 e alcançamos outra posição que é difícil de avaliar; parece bem igual; 11...h5 12 h3 hxg4 13 hxg4 ♕b6 14 ♕a4 (Gormally-McDonald, Londres – 2001) e McDonald sugere 14...♘f8 (14...f6!? 15 ♘f1!) 15 ♘f1 ♗d7, quando as Brancas têm que responder à ameaça do descoberto: 16 ♗e3 (16 ♗b5 ♘xe5! – lembre-se deste tático; é visto em todo lugar) 16...♕xb2 17 ♖ab1 ♘b4. As Negras têm alguma vantagem.

Voltemos a 7...g6 *(D)*:

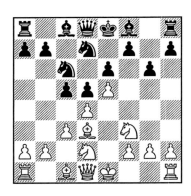

**8 h4!**

O movimento crítico. 8 0-0 ♗g7 9 ♖e1 0-0 10 ♘f1 tem sido muito jogado, mas as Negras se saem bem depois de 10...cxd4 11 cxd4 ♕b6! (as Brancas controlam as casas críticas após 11...f6 12 exf6 ♘xf6 13 ♗b5!) 12 ♗c2 f6 13 exf6 ♘xf6 14 ♗a4 ♘e4 15 ♗xc6 bxc6 16 ♘g3 e5! (se as Negras puderem fazer isto na Francesa, geralmente estarão em boa forma) 17 ♗e3 exd4 18 ♗xd4 (18 ♘xd4 ♘xf2 19 ♘xc6 ♕xc6 20 ♗xf2 ♖xf2 21 ♔xf2 ♕c5+ 22 ♖e3 ♗a6 as Negras estão vencendo) 18...♗xd4 19 ♕xd4 ♘g5!, claramente com a melhor posição para as Negras.

## 8...h6!?

Um movimento estranho, embora consistente com a política de espera. Agora, 9 0-0 parece inconsistente com h4, de modo que as Brancas devem tentar fazer acontecer algo. 8....♗e7 9 ♔f1!? *(D)* é outra idéia estranha, mas as Brancas desejam 'rocar' enquanto deixam a Torre em h1!

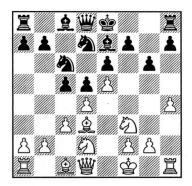

Por exemplo, 9...0-0 (se 9...♕b6, então, 10 ♔g1! cxd4 11 cxd4 ♘xd4 12 ♘xd4 ♕xd4 13 ♘f3 é um gambito típico nesta linha; as Negras têm muitas casas fracas) 10 ♔g1! f6 11 exf6 ♗xf6 12 ♘g5!? ♗xg5? (12...♕e7 tem a idéia de jogar ...e5) 13 hxg5 ♕e7 14 ♘f1! e5 15 ♘e3 ♕f7 16 ♘g4 ♔g7 17 dxc5 ♘xc5 18 ♘f6 e as Brancas tiveram uma partida ganha em Sebag-V.Popov, Cappelle la Grande – 2006.

## 9 0-0

Outra partida com temas típicos seguiu com 9 a3!? ♕b6 10 0-0 g5! 11 hxg5 hxg5 12 ♘xg5 cxd4 13 cxd4 ♕xd4! 14 ♘df3 ♕g4 15 ♘xf7! ♖g8! 16 ♘7g5 ♘dxe5 17 ♗e2 ♘xf3+ 18 ♗xf3 ♕h4, Perunovic-E.Berg, Campeonato Europeu por Equipes em Gothenburg – 2005; aqui, 19 ♗h5+ ♔d8 20 ♕f3 é melhor, com chances mútuas, depois de 20...♗e7.

## 9...g5

Você pensaria que as Brancas ganharam um tempo, mas, agora, seu Rei está comprometido e ...g4 é uma ameaça real.

## 10 h5!?

Após 10 hxg5 hxg5 11 g4 ♗e7 12 ♖e1, as Negras poderiam tentar 12...♘f8!? com a idéia ...♘g6 e ...♘f4 ou ...♘h4. A posição é fechada o bastante para justificar essas manobras elaboradas do Cavalo e as Brancas podem fazer o mesmo com 13 ♘f1! cxd4 14 cxd4 ♗d7 15 ♘g3! *(D)*.

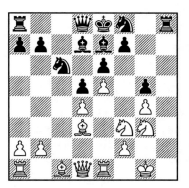

Deixarei que você contemple esta imagem.

## 10...♕b6 11 c4!? cxd4 12 cxd5 exd5 13 ♘b3 ♗g7 14 ♘fxd4!

Um pseudo-sacrifício. As Brancas têm que se mover rapidamente ou seu centro cairá quando o Rei negro correr para a segurança. Agora, as Brancas ameaçam 15 ♘f5.

14...♘xd4 15 ♗e3 ♗xe5 16 ♖e1! *(D)*

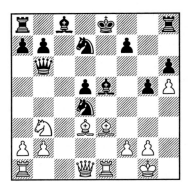

As Brancas (auxiliadas por ♗f1, se necessário) recuperam a peça com uma posição estranha. O Peão extra das Negras e alguma fraqueza opõem-se às peças um pouco melhores das Brancas. A Abertura terminou mais ou menos igual, conforme mostra a continuação da partida.

**16...0-0 17 ♘xd4 ♕f6!? 18 ♖c1 ♖d8 19 ♕d2 ♘f8!?**

As Negras estão tentando combinar a defesa na Ala do Rei com a ameaça de d4 através de ...♘e6. Em vez disso, 19...♘b6! é sólido, protegendo o Peão d.

**20 ♘f3! ♗f4 21 ♗xf4 gxf4 22 ♕b4**

22 ♗e2!? ♗g4.

**22...♗g4 23 ♘e5 ♗xh5 24 ♕xb7 f3 25 ♘c6 fxg2! 26 ♖e3!?**

Ou 26 ♘xd8 ♕h4 (26...♖xd8 27 ♖e3) 27 ♔xg2 ♕g4+ 28 ♔f1 ♕f3 (28...♕h3+ 29 ♔g1 ♖xd8? 30 ♗f1) 29 ♔g1 ♕g4+ com um empate.

**26...♖e8 27 ♘e7+ ♔h8 28 ♕xd5 ♗g4?!**

28...♘e6 29 ♕xh5 ♖xe7 30 ♖f3 ♕g5 31 ♕xg5 hxg5 32 ♔xg2 ♘f4+ 33 ♔g3 ♖d8 é mais ou menos igual.

**29 ♖g3 ♖ad8 30 ♖xg4! ♖xe7 31 ♕xd8 ♖e1+ 32 ♖xe1 ♕xd8 33 ♗c4**

Agora, parece que as Brancas ficam melhor, mas as Negras conseguem seu próprio caminho.

**33...♘g6 34 ♗xf7!? ♘e5 35 ♖g8+ ♕xg8 36 ♗xg8 ♘f3+ 37 ♔xg2 ♘xe1+ 38 ♔f1 ♘d3 39 ♗b3 ♔g7 40 ♗c2 ♘xb2 41 ♔g2 ♔f6 42 ♗b3 ½-½**

Uma fantástica batalha de ida e volta!

### Conquista de Espaço com 5 f4

**1 e4 e6 2 d4 d5 3 ♘d2 ♘f6 4 e5 ♘fd7 5 f4** *(D)*

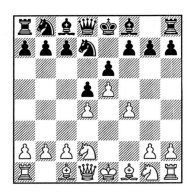

As Brancas constroem um centro expandido, com os peões formando uma cunha que se estende na posição das Negras. A vantagem é óbvia: agora, é extremamente difícil fazer a ruptura na frente da cadeia de peões, que é sempre a essência da estratégia das Negras nas linhas ♗d3. Os movimentos ...f6 e ...fxe5 podem ser respondidos com fxe5 (ou em menor número de casos, com dxe5, que cede a casa c5 para as peças negras). Irei concentrar-me nesta estrutura da cadeia de peões d4/e5/f4 aqui e na Francesa Clássica, porque é diferente da maioria das outras cadeias de peões neste livro. A única Abertura principal com propriedades parecidas é a Defesa Índia do Rei com peões em e4, d5 e c4, e o tratamento das Negras nessa Abertura é radicalmente diferente do que devemos ver na Defesa Francesa.

A estratégia das Brancas tem um grande inconveniente: elas têm que fazer muitos lances com peões, não apenas os quatro primeiros, mas também c3 e, geralmente, g3 e/ou h4. Mesmo a3 e b4 fazem parte de uma formação típica. Por isso, sucede que as Negras podem sacrificar, quase inevitavelmente, algo no centro, para abrir linhas de ataque para suas peças mais bem desenvolvidas. O resultado geralmente é uma desordem confusa de peças e ameaças, com as Brancas tentando defender um Rei exposto, contra as linhas abertas e o centro avançado das Negras. Naturalmente, existem dois resultados possíveis a favor das Brancas. Ou sacrifício não é possível, porque as Brancas quase sempre terão uma vantagem de espaço grande e limitadora, e ataques potenciais em ambos os flancos, ou o sacrifício das Negras pode se mostrar insuficiente para a igualdade. Contudo, assegurar tal resultado, requer muita precisão por parte das Brancas e muitos jogadores parece terem ficado cansados de estar no lado que recebe os brilhantismos.

A resposta normal e lógica para 5 f4 é atacar o Peão d com 5...c5. Como um minirregra, podemos generalizar que o ataque à frente de uma cadeia de peões com *alas duplas* como esta, com ...f6 é melhor que seja adiado, até que alguma de suas outras peças estejam desenvolvidas. Você pode comparar com a cunha c4/d5/e4 da Índia do Rei, na qual ...c6 pode ser muito útil, mas geralmente não ocorre até que as Negras tenham rocado. Todavia, você verá que, finalmente, ...f6 será essencial para abrir linhas de contra-ataque.

**5...c5 6 c3**

Devo mencionar que 5 c3 c5 6 f4 é outra ordem de movimentos que alcança esta posição.

**6...♘c6 7 ♘df3**

Isto é jogado na grande maioria das partidas. Do contrário, o Cavalo em d2 apenas estará obstruindo o caminho.

**7...♛b6**

Aqui, as Negras têm a opção de um sistema 'fechado' com 7...cxd4 8 cxd4 f5 *(D)* que pode muito bem ser jogado.

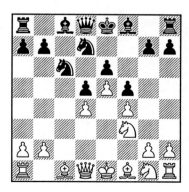

A idéia é ...♗e7, ...0-0 (isto pode ser adiado), ...♘b6, ...a5-a4(-a3), ...♗d7 e atacar na Ala da Dama. As Brancas nunca poderão neutralizar totalmente este ataque se as Negras tiverem cuidado. Seu problema é que as Brancas jogam por ♖g1 e g4, e o Rei negro deve ser defendido. A manobra ...♗d7-e8-g6 pode ser útil neste sentido. É um sistema interessante para os jogadores posicionais. Um exemplo depois de 9 ♗d3, por transposição: 9...♗e7! 10 ♘e2 ♘b6 11 h3 0-0 12 g4?! (12 a3! a5 13 b3 a4 14 b4 ♘a7 15 ♖g1 ♗d7 e, agora, 16 ♘c3 ♕e8!? 17 g4 ♘b5 ou 16 g4 ♗b5) 12...a5! 13 a4?! ♘b4 14 ♗b1 ♗d7 15 ♔f2?! ♖c8 16 ♖g1 ♔h8 17 ♔g2 ♗e8! 18 ♔h2? (18 ♔h1!?) 18...♗g6 19 ♘c3 ♕e8 20 ♘e1 ♕f7 21 ♖g2 fxg4 22 ♗xg6 ♕xg6 23 hxg4 ♕h6+ 24 ♔g1 g5! e as Negras ficaram muito melhor em Ye Jiangchuan-Short, Campeonato Mundial por Equipes em Lucerna – 1989.

Agora, voltamos para 7...♕b6 *(D)*:

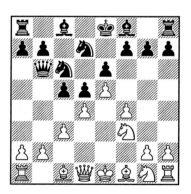

Veremos três partidas com motivos táticos característicos que você deve conhecer.

**Saltaev – M. Gurevich**
*Cappelle la Grande – 2001*

**8 h4 cxd4 9 cxd4 ♗b4+ 10 ♔f2 f6 11 ♗e3 fxe5!?**

Ou 11...0-0, negando às Brancas casas como, por exemplo, f4.

**12 fxe5 0-0 13 ♗d3?**

Este movimento tende a interferir no controle das Brancas de d4 e, em geral, expõe o Bispo ao ataque posterior das Negras pelo centro. 13 a3 ♗e7 14 b4 é um procedimento e 13 ♘e2! tenta aproveitar o 11º das Negras: 13...♘dxe5!? (a recomendação de McDonald) 14 dxe5 d4 15 ♘exd4 (15 ♗xd4! ♘xd4 16 ♘exd4 ♗c5 17 ♔e3 parece bastante sólido; provavelmente, as Negras deveriam jogar 17...♕xb2 18 ♗e2 ♘c3+ 19 ♕d3 ♖xf3+! – de algum modo, as Negras sempre têm táticas nestas linhas – 20 ♔xf3 ♕xd3+ 21 ♗xd3 ♗xd4 22 ♖ae1 e provavelmente as Brancas ainda têm uma vantagem sutil) 15...♗c5 (ou 15...♘xe5!?) 16 ♘c2 ♘xe5 com um forte ataque.

**13...♘xd4!** *(D)*

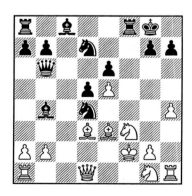

Um tema que ocorre sempre; você precisa conhecê-lo se estiver jogando com as Brancas ou com as Negras.

**14 ♘e2! ♘xe5**

Isto é bom, mas uma sugestão criativa de Kalinichenko é mais divertida: 14...♘xf3! 15 ♗xb6 ♘fxe5+ 16 ♔g3 ♘xb6. Isso parece esmagador. As Negras têm apenas duas peças pela Dama, mas suas peças menores irão massacrar as Brancas.

**15 ♗xd4 ♘g4+ 16 ♔g3?!**

É melhor 16 ♔g1 ♗c5 17 ♗xh7+!? ♔h8! 18 ♗xc5 ♕xc5+ 19 ♘ed4 e5, mas obviamente é bom para as Negras.

**16...♕d6+ 17 ♔xg4 e5+ 18 ♔g3 exd4+ 19 ♔f2 ♗g4 20 ♖c1 ♖ae8!?**

20...♕e5! é decisivo, uma vez que ...♕e3+ não pode ser impedido, exceto por 21 ♗xh7+ ♔xh7 22 ♘exd4 ♖ae8 etc.

**21 ♘exd4?!**

21 ♕b3 ♗d2!.

**21...♗a5!**

Ameaçando ...♗b6.

**22 b4 ♕xb4 23 ♔g3 h5 24 ♖b1 ♗c7+ 0-1**

### Gufeld – Hummel
*Las Vegas – 2000*

**8 g3 cxd4 9 cxd4 ♗b4+ 10 ♔f2 g5!?**

Esta é uma linha teórica que deve ser basicamente igual. Nenhuma das partidas que estou fornecendo é o melhor jogo, mas mostra como cada cor pode ter problemas rapidamente.

**11 ♗e3?!**

Uma vitória para as Brancas, com um grande desfecho, seguiu com 11 fxg5 ♘dxe5 12 ♘xe5 ♘xe5 13 ♗e3 ♘c6 14 ♘f3 ♗f8 15 ♕d2 ♗g7 16 ♗d3! ♗d7 17 ♖ac1 ♘xd4 18 ♕c3 e5 19 ♗xd4 exd4 20 ♖he1+ ♔d8 21 ♕a3?! ♗f8 22 ♘e5! ♗e8 23 ♕a4! h6?? 24 ♕d7+! 1-0 Solak-Kozamernik, Ljubljana – 2003 (24...♗xd7 25 ♘xf7#).

**11...g4! 12 ♘d2 f6!** *(D)*

**13 ♕xg4?**

As Brancas devem jogar 13 ♘b3! fxe5 14 dxe5 ♗c5 15 ♘xc5 ♘xc5, que é igual ou talvez um pouco melhor para as Negras.

**13...♗xd2 14 ♗xd2 ♕xd4+ 15 ♔e1 ♕e4+ 16 ♔f2 ♘dxe5! 17 ♕g7 ♖f8! 18 ♗e2 ♕xh1 19 ♘f3 ♘g4+! 20 ♕xg4 ♕xa1 21 f5 exf5 22 ♕f4 ♗d7 23 ♕d6 ♕xb2 24 ♗f4 ♖f7 25 ♕xd5 ♔f8 0-1**

## Krupkova – Gleizerov
*Mariehamn/Österaker – 1997*

**8 g3 cxd4 9 cxd4 ♗e7 10 ♗h3**

As Brancas seguem um plano tradicional no qual tentam forçar as Negras a defender seu Peão e. Isso simplesmente é lento demais, de modo que, em vez disso, as Negras serão forçadas a sacrificar uma peça:

**10...0-0 11 ♘e2 f6! 12 ♖f1?**

As Brancas têm que ser consistentes e capturar os peões: 12 ♗xe6+! ♔h8 13 ♗xd5 fxe5 14 fxe5 ♘dxe5! 15 dxe5 ♘xe5 e as Negras tem um ataque poderoso, mas com as Brancas com uma peça a mais, dificilmente é claro.

**12...♔h8 13 ♘c3!? fxe5 14 fxe5** *(D)*

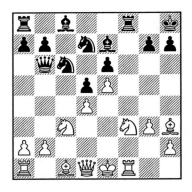

**14...♖xf3!**

Um sacrifício que é quase tão antigo quanto a própria Defesa Francesa. É um pouco mais difícil nesta situação criar coragem para fazê-lo, pois as Negras têm que se reorganizar antes de poderem trazer todas as suas peças para o ataque.

Porém, em geral, ...♖xf3 deve ser o seu primeiro instinto, com as Negras nestas posições f4 e o Inimigo Número Um para as Brancas!

**15 ♕xf3 ♘xd4 16 ♕h5! ♕d8!**

As ameaças das Brancas no corredor são impedidas e as peças negras partem para posições agressivas.

**17 ♕d1?**

17 ♔d1! é a melhor tentativa, mesmo que não seja nada divertido defender: 17...♘c6! 18 ♗f4 (18 ♗xe6?! ♘dxe5 e as Negras ficam bem também) 18...♘c5 planejando ...♗d7. Com o Rei em d1, estas posições são terrivelmente difíceis de jogar para as Brancas. As Negras ainda têm um Peão pela qualidade.

**17...♘c6 18 ♗xe6 d4!** *(D)*

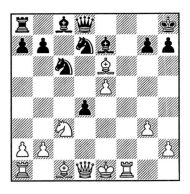

**19 ♘d5**

Ou 19 ♘e2 ♘dxe5 20 ♗xc8 ♖xc8 com lances como, por exemplo, ...d3, ...♘c4 e ...♘g4 em seguida. As Negras já estão praticamente ganhas.

**19...♘dxe5 20 ♗xc8?**

Um erro grave. Mas 20 ♘xe7 ♗xe6 21 ♘xc6 ♘xc6 é extaraordinário para as Negras por causa de seu tremendo Bispo sem oponente e da posição do Rei branco.

**20...♕xd5** *(D)*

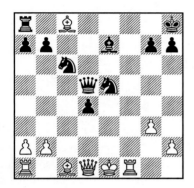

Está tudo ruindo para as Brancas.

**21 ♗xb7**

Ou 21 ♗f5 ♖f8!, que ameaça ...♖xf5 e não há nenhuma defesa.

**21...♗b4+**

21...d3! 22 ♗xc6 ♕xc6 23 ♗e3 ♕e4 vence.

**22 ♔f2**

Agora, 22...♕f7+ 23 ♔g1 ♕xb7 vence.

Depois do inconsistente 12 ♖f1?, a Abertura foi um desastre para as Brancas, mas a avaliação objetiva da manobra g3/♗h3 é uma conjectura para qualquer um.

## Variante Clássica

**1 e4 e6 2 d4 d5 3 ♘c3 ♘f6** *(D)*

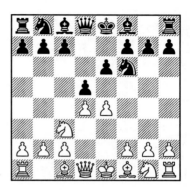

As linhas Clássicas da Francesa começam aqui. Para continuarmos nossa análise do centro d4/e5/f4, iremos examinar a linha principal com essa formação.

**4 e5**

Não estarei analisando a alternativa importante 4 ♗g5, quando o MacCutcheon, 4...♗b4, pode lembrar a Variante Winawer.

**4...♘fd7 5 ♘ce2**

Este movimento estranho é designado a evitar várias opções das Negras. Por exemplo, as Brancas poderiam jogar 5 f4 c5 6 ♘f3 ♘c6 7 ♘e2 (7 ♗e3 é uma das linhas principais da Francesa Clássica, não tratada neste livro) 7...♕b6 8 c3, transpondo para a variante que estamos examinando. Mas as Negras teriam a escolha de capturar o Peão em d4 nos lances 6 e 7 ou de fazer uma jogada diferente de ...♕b6 no lance 7.

## 5...c5 6 c3

6 f4 leva aos seus próprios desvios da ordem de movimentos, como, por exemplo, 6...♗e7 7 ♘f3 0-0 8 c3 f6!? ou 6...♕b6 7 ♘f3 ♗e7; ou até 6...♕a5+!? 7 c3 b5!?. Tudo isso merece mais tentativas, uma vez que raramente são vistos nos jogos dos Mestres.

## 6...♘c6 7 f4 *(D)*

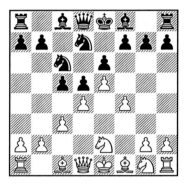

Estas linhas das cadeias de peões assemelhan-se às linhas Tarrasch com 5 f4, e algumas vezes transpõem para elas, mas em alguns casos, as Brancas têm um controle melhor do centro. Por exemplo, não existem linhas nas quais ...cxd4 seguido de ...♗b4+ as incomode. Veremos duas partidas desta posição, sendo uma, na qual as Brancas tentam manter sua cadeia de peões inteira e outra, na qual elas plantam uma peça em d4 e estabelecem-se neste ponto:

**Anand – Shirov**
*Campeonato Mundial FIDE em Teerã (4) – 2000*

7...♕b6 8 ♘f3 f6 *(D)*

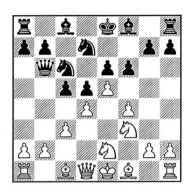

As tropas estão formadas para uma batalha clássica: as Brancas desejam fechar tudo, evitar qualquer debilidade em sua própria posição, assegurar e aumentar sua vantagem de espaço e, finalmente, fazer retornar as peças negras. De sua parte, das Negras desejam abrir o centro, com sacrifícios, se necessário.

**9 a3 ♗e7 10 h4 0-0 11 ♖h3! a5 12 b3**

Todos estes movimentos com peões podem ser um pouco lentos. As Brancas conseguiram muito espaço na Ala do Rei e podem querer usar um movimento para assegurá-lo. Com isso em mente, elas simplesmente poderiam permitir às Negras chegar a ...a4 e deixá-las tentar se infiltrarem na Ala da Dama; mesmo que coloquem uma peça em b3, não parece que as Negras conseguiriam algo de útil com isso. Nesse ínterim, as Brancas teriam uma massa de peões grande e perigosa, à sua disposição na Ala do Rei.

12...♛c7 13 ♘eg1!? *(D)*

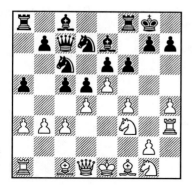

14 b4 fxe5 15 fxe5 ♘dxe5! *(D)*

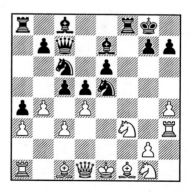

Um recuo surpreendente e inteligente: as Brancas reduzem o desenvolvimento de suas peças apenas para manter o centro unido e antecipar todas as ameaças das Negras. Por outro lado, embora os últimos movimentos de Anand sejam engenhosos e elogiados por todos, eles também são lentos. Esta é a 'dica' para as Negras lançarem tudo o que puderem contra o centro branco.

**13...a4!**

Isto alivia um pouco as coisas antes de se iniciarem as complicações. Você verá, posteriormente, como é útil esta intercalação. Anand recomenda 13...b6, mas, será utíl trocar os Bispos? Veja meus comentários na próxima partida.

É agora ou nunca. Isso é tudo que você precisa saber sobre estas linhas ao jogar com as Negras: se você não sacrificar em um estágio inicial, provavelmente nunca será capaz de sacrificar depois! As Brancas simplesmente terão peças demais cobrindo todas as principais casas e, então, você acabará lentamente, aguardando que elas avancem lentamente sobre sua posição restringida.

Se você estiver manejando as peças brancas, os sacrifícios também serão tudo o que *você* precisa saber! Se você puder impedí-los, o resto não será difícil. Portanto, tente organizar suas peças para ter a máxima defesa após sacrifício, como Anand tentou fazer aqui, jogando ♖h3 e ♘eg1, ambos designados a superproteger a casa f3, que geralmente é o alvo mais vulnerável. Ele obtém sucesso nesta partida.

**16 dxe5 ♘xe5 17 ♘xe5 ♕xe5+ 18 ♕e2 ♗xh4+!?**

Shirov coloca mais lenha na fogueira. Ele também poderia dizer para si mesmo: "Consegui dois peões centrais móveis e peças tremendamente ativas, portanto, simplesmente não me afobarei e irei recuar com 18...♕c7 *(D)*. Depois, jogarei ...e5 (batendo em h3) e ...♗f6". Provavelmente, este é um bom plano:

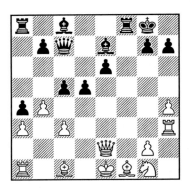

Se você quiser ver a recompensa das Negras por sacrificarem sua peça, tente defender a posição do diagrama para as Brancas. Pode ser, ou não, que elas consigam ter sucesso em repelir o ataque, mas poucos jogadores seriam capazes de fazer isso na prática. Uma linha seria 19 ♗g5! (19 ♕h5, para sair do caminho do Bispo, com ♗d3 em seguida, pode ser respondido com 19...cxb4 20 axb4 g6 21 ♕h6 e5; por exemplo, 22 ♖g3 ♖xf1+! 23 ♔xf1 ♕c4+ 24 ♘e2 ♗g4! 25 ♖xg4 ♕xg4 com um grande ataque) 19...♗xg5 20 hxg5 e5 21 ♖f3 ♗f5 22 ♕f2!? cxb4 23 cxb4 e4 24 ♕g3 ♖ac8! 25 ♕xc7 ♖xc7 26 ♖f2 d4 e os peões e as colunas abertas tornam a vida bem difícil para as Brancas. Objetivamente, é difícil avaliar isto como sendo favorável para qualquer dos lados.

**19 ♔d1**

Não 19 ♖xh4? ♕g3+.

**19...♕f6?!**

Depois disto, as Brancas desenvolvem suas peças muito rapidamente. Não havia nada errado com 19...♕xe2+! 20 ♗xe2 *(D)*.

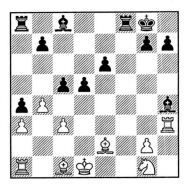

Não se esqueça de como são valiosos os Peões do Centro! É instrutivo o modo como eles ficam depois da simplificação. Naturalmente, as Brancas têm suas chances também. Uma linha de amostra seria 20...♗f2 (20...♗f6! também tem alguns pontos bons; por exemplo, 21 bxc5 ♖a5 22 ♗e3 ♗xc3 23 ♖b1 d4 ou 23...e5) 21 ♗e3! e5 22 ♗xf2 ♖xf2 23 ♖g3 b6 24 ♔e1 ♖f6 25 ♖e3 ♖e6 e não fica claro quem está melhor. Talvez, o Final inteiro seja quase igual. Pelo menos não é tedioso!

**20 ♘f3!**

Finalmente, as peças das Brancas estão ativas. Agora, Anand não está mais preocupado com o centro. O resto é bem fácil.

**20...♕xc3!? 21 ♗b2 ♕b3+ 22 ♔c1 e5**

**22...♗f6 23 ♗xf6 ♖xf6 24 ♘e5** e a Dama está presa.

**23 ♖xh4 ♗f5 24 ♕d1 e4 25 ♕xb3 axb3 26 ♘d2 e3 27 ♘f3 ♖ae8 28 ♔d1 c4 29 ♗e2 ♗e4 30 ♔c1 ♖e6 31 ♗c3**

As Brancas estão com duas peças a mais, pelos peões bloqueados. Anand partiu para vencer facilmente.

### Macieja – Ivanchuk
*FIDE KO em Moscou – 2001*

**7...♗e7 8 ♘f3 0-0 9 a3 a5**

Mais uma vez, as Negras não estão inclinadas a permitir b4, embora as Brancas precisem gastar um tempo extra para fazer isto e que 9...f6 possa ser bom; por exemplo, 10 b4!? cxd4 11 cxd4 fxe5 12 fxe5 ♘b6 seria uma solução posicional interessante. Até o Bispo c8 ruim sairia.

**10 h4**

10 ♘g3 foi sugerido, embora 10...f6 mantenha a pressão. O movimento 10 b3!?, como na partida de Anand, também parece lento, porque a Dama negra não tem que ir para b6. Por outro lado, uma Torre na segunda fila é uma das melhores peças de defesa em quase toda posição (não se esqueça disso!) e uma em a2 poderia ser muito útil posteriormente.

**10...f6 11 ♘eg1?!**

As Brancas jogam como Anand na partida contra Shirov, mas sem a Dama negra em b6. Provavelmente, 11 ♖h3! seja melhor. Depois desse movimento, a idéia de Anand ...b6 e ...♗a6 foi sugerida. O problema que tenho com este plano posicional é que se o Bispo bom das Brancas for trocado pelo ruim das Negras, tudo o que isso faz é fornecer às Brancas alguns tempos extra preciosos para defender seu centro poderoso. Então, elas poderão começar um avanço com seu Peão f que irá liberar seu outro Bispo. Parece muito melhor procurar as idéias habituais de sacrifício no centro.

**11...cxd4 12 cxd4 ♕b6 13 ♗d3?! fxe5 14 fxe5 ♘dxe5!** *(D)*

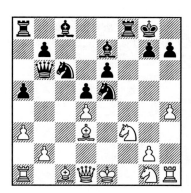

Aqui está novamente! Você pode ver porque estas posições são tão difíceis para as Brancas defenderem, independentemente de estarem em condição satisfatória, segundo a teoria.

**15 dxe5 ♘xe5 16 ♗c2**

16 ♘xe5?? ♕f2#.

**16...♗d7!**

Quando você tem este tipo de ataque e nenhum sacrifício imediato, sempre pode mobilizar as reservas. O centro é sua compensação de longo prazo. Além disso, ...♗b5 poderia ser forte em algum momento. Se você for as Brancas, a melhor coisa a fazer é tentar simplificar e, caso isso seja impossível, confunda a questão o máximo que puder.

**17 ♕e2 ♖ac8!!**

Agora, todas as peças estão atuando. Naturalmente, Ivanchuk tem algumas delas penduradas, mas ele conseguiu manter tudo sob controle. Ao contrário, 17...♘xf3+?! 18 ♘xf3 ♗b5 parece atraente, exceto por 19 ♗e3!.

**18 ♗xh7+!**

Defesa difícil! As variantes depois de 18 ♘xe5 ♗xh4+! *(D)* são fantásticas:

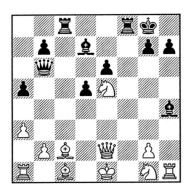

a) 19 ♖xh4 ♖xc2! (as Negras devem evitar o tentador 19...♕xg1+? 20 ♔d2 ♖f2 porque 21 ♗xh7+ ♔f8 22 ♖f4+! ♖xf4 23 ♘g6+ ♔e8 24 ♘xf4 refuta o ataque; as Brancas conseguiram muitas peças e, algumas vezes, elas simplesmente fazem o serviço) 20 ♕xc2 (20 ♕e3 ♖xc1+ 21 ♕xc1 ♕xg1+) 20...♕xg1+ 21 ♔d2 ♖f2+ 22 ♔c3 d4+ 23 ♔b3 a4+! e lá se vai a Dama.

b) 19 ♔d2 ♕d4+ 20 ♕d3 ♖f2+ 21 ♘e2 ♖xe2+! 22 ♔d1 (22 ♔xe2 ♗b5 23 ♕xb5 ♖xc2+) 22...♕xe5 23 ♕xh7+ ♔f8 24 ♕xh4 ♖exc2 e as Negras vencem.

c) Em resposta a 19 ♔d1, há uma questão de geometria, simples, mas difícil de ver: 19...♗a4!! 20 ♗xa4 ♕d4+ 21 ♘d3 ♕xa4+, dando Mate em poucos lances.

**18...♔xh7 19 ♕xe5 ♗d6 20 ♗e3 ♕b3 21 ♘d2**

21 ♕xd6 ♕xe3+ 22 ♘e2 ♖c2 é uma vitória imediata para as Negras. Agora, Ivanchuk termina muito bem:

**21...♖f1+! 22 ♔xf1 ♕d3+ 23 ♔f2 ♗xe5 24 ♘gf3 ♗xb2 25 ♖ab1 ♖c2 26 ♖hd1 e5 27 g3 ♗g4 0-1**

## Variante Winawer

**1 e4 e6 2 d4 d5 3 ♘c3 ♗b4** *(D)*

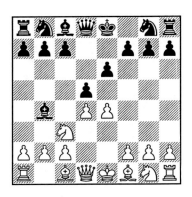

## CAPÍTULO 13 – DEFESA FRANCESA | 435

Esta é a Variante Winawer. As Negras imobilizam o Cavalo c3 e, do mesmo modo como fazem quando jogam 2...d5, trazem uma dúvida para as Brancas: trocar, fazer o gambito, proteger ou avançar? Iremos concentrar-nos na linha principal, que é marcada pelo avanço.

**4 e5**

Facilmente, o movimento mais ambicioso, restringindo o desenvolvimento das Negras e demarcando território no lado do tabuleiro que o Bispo negro das casas negras acabou de abandonar.

Várias outras linhas podem ser encontradas nos livros, diversas envolvendo o sacrifício do Peão e branco com uma recuperação subseqüente. Por exemplo:

a)  4 a3 ♗xc3+ 5 bxc3 dxe4 6 ♕g4 ♘f6 7 ♕xg7 ♖g8.

b)  4 ♗d2 dxe4 5 ♕g4 ♘f6 6 ♕xg7 ♖g8.

c)  4 ♘e2 dxe4 5 a3 ♗e7 6 ♘xe4.

Assim por diante. Existem várias opções em cada movimento dessas linhas, com a teoria tendendo para um veredicto de igualdade com as melhores jogadas. Como sempre, o leitor pode querer consultar livros especializados para aprender mais.

**4...c5**

As Negras decidem atacar primeiro a base da cadeia de peões. Elas atacarão, quase que inevitavelmente, sua frente mais tarde.

**5 a3**

As Brancas desejam forçar uma decisão do Bispo das Negras; você terá que verificar os trabalhos teóricos e os Bancos de Dados para descobrir as alternativas. Delas, 5 dxc5 e 5 ♗d2 talvez sejam as mais interessantes. Se você não estiver disposto a jogar as linhas principais apresentadas abaixo, este poderá ser um bom lugar para examinar as armas em potencial a usar. O defensor, claro, deve sempre ficar atento e preparado para as diversas alternativas aos 4º e 5º movimentos das Brancas.

**5...♗xc3+**

As Negras cedem o par de Bispos para as Brancas para ganhar um tempo e impor peões dobrados ao seu oponente. 5...♗a5 é uma opção respeitável jogada por alguns especialistas, mas não é, de perto, muito popular; omitiremos isso.

**6 bxc3 ♘e7** *(D)*

6...♕c7 também é jogado, trazendo um conjunto diferente de problemas. Aqueles que gostam de jogar com complexos de cores podem ser atraídos por linhas como 7 ♕g4 f5 8 ♕g3 cxd4 9 cxd4 ♘e7 10 ♗d2 0-0 11 ♗d3 b6 12 ♘e2 ♗a6, quando a concentração das Brancas nas casas negras (h4-h5-h6, ♘f4-h5 e ♗b4 são idéias típicas) contrasta com a das Negras nas casas brancas (com ...♖c8 e ...♘b8-c6-a5, por exemplo).

Acredito que as linhas mais instrutivas e atraentes sigam das posições após 6...♘e7.

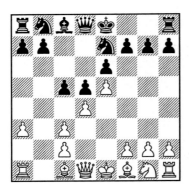

Nesta conjuntura, as Brancas escolhem entre as variantes posicionais, envolvendo os movimentos ♘f3, a4 e/ou h4 em várias ordens, e a 'Variante Francesa do Peão Envenenado' 7 ♕g4.

## Variantes Posicionais

Nesta seção, veremos as linhas nas quais as Brancas ignoram a tática por enquanto e tentam estabelecer uma vantagem posicional. Apesar das aparências iniciais, os dois jogadores usarão ambos os lados do tabuleiro para gerar o jogo. Veremos uma série de partidas que começam com 7 h4 e 7 ♘f3.

**7 h4** *(D)*

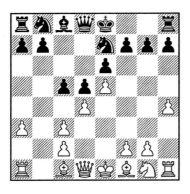

Com este lance, as Brancas avançam para assaltar a posição das Negras, sem se importarem com o desenvolvimento das peças. Têm várias idéias, começando com h5-h6 para comprometer a Ala do Rei das Negras. As casas negras da Ala do Rei das Negras já estão enfraquecidas devido à perda de seu Bispo f8, portanto, se as Brancas puderem criar buracos em f6 e h6, não só terão boas casas para suas peças, como também impedirão as Negras de atacarem na Ala do Rei. A vantagem de espaço das Brancas está no flanco do Rei e h4 apenas melhora essa vantagem.

Outras questões de nota, muitas das quais se aplicam à Winawer em geral:

a) As Brancas têm os dois Bispos;

b) O avanço do Peão h4-h5 torna o Roque pequeno muito difícil para as Negras e quase sempre força ...0-0-0;

c) O avanço do Peão da Torre não bloqueia a Dama branca como as linhas com ♘f3, portanto, ♕g4 é sempre uma questão;

d) As Brancas têm um recurso potencialmente forte em ♖h3-g3/f3 ou ♖h4-g4/f4, com o último movimento da Torre introduzindo também a possibilidade de dxc5 e ♖hb4 para o ataque.

A principal vantagem das Negras é menos sutil: uma vantagem crescente no desenvolvimento. É bem possível que elas terão todas as peças, exceto uma de suas Torres, em ação quando as Brancas ainda tiverem apenas uma peça em jogo! As Brancas também têm peões dobrados fracos em sua coluna c, com o problema habitual de, se as Negras trocarem os peões em d4, as Brancas irão livrar-se de seus peões dobrados apenas para descobrir que seu Peão c atrasado restante em uma coluna aberta pode ser, no mínimo, tão problemático quanto os peões dobrados. Em geral, as Negras gostariam de explorar a debilidade das casas brancas c4 e a4 na Ala da Dama branca. Finalmente, as Negras, em geral, podem abrir as colunas no flanco do Rei, depois do que, suas Torres encaram diretamente o Rei adversário. Há diversas outras questões posicionais e táticas e devo analisar o máximo possível em seu contexto.

**7...♘bc6 8 h5 ♕a5**

As Negras atacam o Peão c das Brancas e, conseqüentemente, ameaçam ...♘xd4.

**9 ♗d2** *(D)*

9 ♕d2? cxd4 10 cxd4 ♕xd2+ e 11...♘xd4 ganha o Peão d.

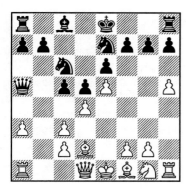

Seguem duas partidas que se originam desta posição estrategicamente rica.

**Hector – Hillarp Persson**
*York – 1999*

**9...♗d7**

Desenvolvendo-se o mais rapidamente possível; as Negras anunciam sua intenção de fazer o Roque grande.

**10 h6 gxh6** *(D)*

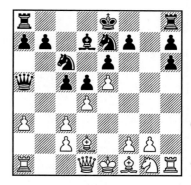

Uma posição engraçada porque os peões h dobrados das Negras são muito fracos em uma coluna aberta e as Brancas controlam, aparentemente, a Ala do Rei. Mas as Negras encontram uma idéia notável, depois da qual ambos os jogadores têm a oportunidade de jogar nos dois lados do tabuleiro! Na verdade, isso ocorre com freqüência na Winawer. Embora as Brancas tenham espaço na Ala do Rei, as Negras podem opor-se com ...f6 e abrir linhas para suas peças.. E o ataque das Negras às casas débeis na Ala da Dama das Brancas pode voltar-se contra elas quando as Brancas usarem a Coluna b e os movimentos dinâmicos de peões nesse lado do tabuleiro, inclusive c4, a4-a5 e, algumas vezes, dxc5.

**11 ♘f3 0-0-0 12 ♗d3 c4**

As Negras fecham o lado do tabuleiro onde parece serem mais fortes!

**13 ♗e2 ♘g8!!** *(D)*

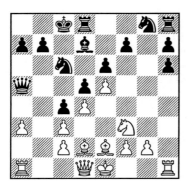

Este recuo é a salvação das Negras, um movimento inventado por Uhlmann, o Hércules da Defesa Francesa. Ao invés de ir para a casa f5 óbvia, o Cavalo impede ♗xh6 (que significaria entregar o Bispo branco das casas negras) e prepara o movimento-chave ...f6. Depois disso, as duas colunas abertas das Negras na Ala do Rei podem causar problemas.

**14 a4!?**

As idéias dos dois lados começam a ficar claras depois de 14 ♔f1 f6!? 15 ♕e1 fxe5 16 ♘xe5?! (16 dxe5! ♖f8 17 g3 ♕c7! 18 ♗f4 ♘ce7 planejando ...♘g6 é muito complicado; quando as Brancas mantêm um Peão em e5, elas melhoram suas perspectivas de defesa) 16...♘xe5 17 dxe5 ♘e7! 18 ♗xh6 ♖hg8 19 ♗f3 (19 ♕d2 ♘f5 20 ♗g5 ♖xg5 21 ♕xg5 ♕xc3) 19...♗e8! e as Negras têm o jogo superior, Short-Psakhis, Isle of Man – 1999. As Negras jogarão ...♗g6 e têm uma vantagem sólida. Mas estas linhas sempre dão jogo para ambos os lados e as Brancas, eventualmente, venceram a partida. Devido à melhoria das Brancas em seu 16º movimento, acho que um veredicto de igualdade dinâmica é justo, uma avaliação que também se aplica à Abertura como um todo.

**14...♖f8! 15 ♕c1!** *(D)*

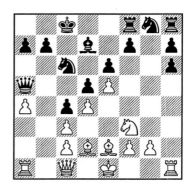

**15...f6 16 ♕a3**

Este é o motivo das Brancas: ativar sua Dama nas preciosas casas negras, assim, liberando seu Bispo das casas negras para ajudar na Ala do Rei. Isso estaria vencendo posicionalmente, exceto que o tempo é um elemento que não pode ser descontado.

**16...♖f7 17 ♗f4 ♘ge7 18 exf6 ♖xf6 19 ♗xh6 ♖g8 20 ♔f1**

20 g3 ♘f5 21 ♗d2 ♖fg6 transpõe.

**20...♘f5 21 ♗d2 ♖fg6 22 g3**

Agora, as Brancas gostariam de assegurar inteira sua posição com ♗f4, mas é o lance das Negras:

**22...e5!** *(D)*

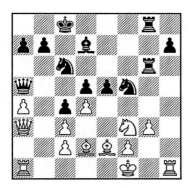

**23 ♖xh7**

Uma torrente de táticas segue com 23 ♘xe5!? ♘xe5 24 dxe5 ♖xg3!; por exemplo, 25 ♕b4 ♕xb4 26 cxb4 ♖3g7 e é difícil para as Brancas se desembaraçar e dar o troco a ...d4; por exemplo, 27 c3? ♘d4!! 28 cxd4 ♗h3+ 29 ♔e1 ♖g1+ 30 ♗f1 ♖xh1.

A outra tentativa é 23 dxe5, mas 23...♖xg3! 24 fxg3 ♘xg3+ 25 ♔f2 ♕b6+! também é forte para as Negras, com uma Torre a menos, porque seu principal movimento ...♘e4+ arruinará qualquer defesa normal como, por exemplo, 26 ♘d4 ♘xd4 27 cxd4 ♕xd4+ 28 ♕e3? (28 ♗e3 ♕xe5, com um ataque enorme e ganho de material em seguida) 28...♘e4+.

**23...e4! 24 ♘e5?**

Uma tentativa engenhosa é 24 ♘h4! ♘xh4 (não 24...♘xg3+? 25 fxg3 ♖xg3 26 ♖xd7! ♔xd7 27 ♗f4) 25 ♖xh4 ♘xd4! 26 cxd4 ♕xd2 e as Negras ficam melhor, mas está confuso.

**24...♘xe5 25 dxe5** *(D)*

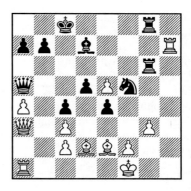

**25...e3!**

As Negras mantêm uma iniciativa constante antes que seu Rei possa ter problemas.

**26 ♗xe3 ♘xe3+ 27 fxe3 ♖xg3 28 ♔f2**

28 ♕e7 ♗c6 defende tudo.

**28...♕b6 29 ♖f1 ♖xe3!**

Preciso até o fim.

**30 a5**

30 ♕d6 ♖xc3+ 31 ♕xb6 axb6 é impossível; as Negras acabarão com quatro peões passados.

**30...♖g2+! 31 ♔xg2 ♕g6+ 0-1**

Uma partida típica, do tipo que as Brancas também poderão vencer (e algumas vezes vencem) se penetraram com seu Rei antes das Negras poderem insistir em um ataque perfeito.

### Hellers – Gulko
*Toreio Interzonal em Biel – 1993*

**9...cxd4 10 cxd4 ♕a4**

Aqui, temos uma posição inocente na qual as Brancas jogaram, originalmente, 11 c3 ou 11 ♗c3 com igualdade. Então, jogando contra Anand em Linares – 1992, Kasparov encontrou um engenhoso sacrifício para conseguir sua iniciativa habitual, por um Peão.

**11 ♘f3!? ♘xd4 12 ♗d3 ♘ec6 13 ♔f1** *(D)*

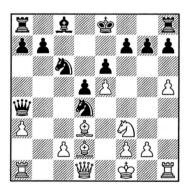

A idéia das Brancas é usar seus dois Bispos nas linhas recém-abertas. E mais, seu movimento h6 pode enfraquecer potencialmente as casas negras na Ala do Rei das Negras. Na verdade, Kasparov-Anand seguiram com 13...♘xf3!? 14 ♕xf3 b6? 15 h6!, com uma iniciativa poderosa. Mais tarde, foi encontrada uma solução instrutiva, que usa as peças negras com eficiência máxima:

**13...♘f5 14 ♗xf5 exf5 15 h6 ♖g8! 16 ♗g5! ♗e6 17 ♖h4!?**

O movimento óbvio 17 hxg7 ♖xg7 18 ♗f6 continua com 18...♕c4+ 19 ♔g1 ♖g4 20 ♖xh7 ♔d7 *(D)*, quando as Negras têm alguma vantagem:

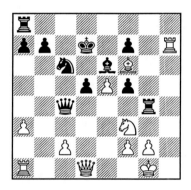

Todas as peças em casas brancas!

**17...♕a6+ 18 ♔g1 gxh6 19 ♗f6 ♖g4!**

Com Bispos de cores opostas, ambos os lados correram para explorar suas respectivas forças.

**20 ♖b1**

Melhor, mas ainda bom para as Negras, é 20 ♖xh6!? ♔d7 21 ♖xh7 ♖ag8 22 ♖h2.

**20...♖xh4 21 ♗xh4?!**

Talvez 21 ♘xh4 melhore.

**21...♖c8 22 c4 ♕xc4?!**

Não é um movimento horrível, mas as Negras poderiam jogar 22...dxc4 23 ♕d6 (23 ♘d4 ♘xe5 24 ♘b5 ♘d3 é ainda melhor para as Negras) 23...c3 24 ♘d4 ♕d3! *(D)*.

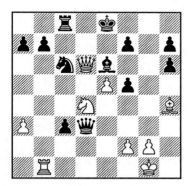

Observe novamente o tema do complexo de cores para ambos os lados. Agora, as Negras simplificam em uma posição vencedora: 25 ♘xe6 ♕xd6 26 ♘g7+ ♔f8 27 exd6 ♔xg7 28 d7 ♖c7! 29 d8♕ ♘xd8 30 ♗xd8 ♖d7.

**23 ♖xb7 ♘xe5 24 ♘xe5 ♕xh4 25 ♖xa7 ♕f4 26 ♘d3 ♕d4 27 ♖a4 ♖c4! 28 ♖a8+ ♔e7 29 ♕b1 ♖a4?**

29...♔f6 ainda manteria uma vantagem considerável.

**30 ♕b7+ ♔f6 31 ♖xa4 ♕xa4 32 ♕b2+ d4 33 ♕d2 ♔g7 ½-½**

As Brancas não ficam sem oportunidades para um jogo criativo nestas linhas. Voltamos para 7 ♘f3:

**Short – Ivanchuk**
*Horgen – 1995*

**7 ♘f3** *(D)*

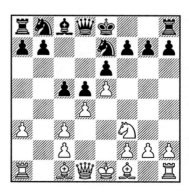

As Brancas desenvolvem-se e protegem o centro. Sem surpresa alguma, este é seu movimento tradicional nas linhas posicionais.

**7...♕c7 8 h4 ♗d7 9 h5 h6**

Desta vez, as Negras desejam manter a Ala do Rei enquanto trabalham nas fraquezas das Brancas na Ala da Dama.

**10 ♗d3 ♗a4 11 dxc5!** *(D)*

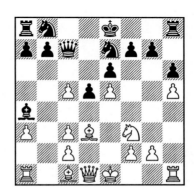

Triplicar os peões pode parecer estranho, especialmente uma vez que as Brancas entregam a proteção do Peão e5 também. Na verdade, todos os peões das Brancas estarão vulneráveis, mas as Negras podem apenas capturar um de cada vez! Em compensação, as Brancas ganham d4 como um ponto de transferência para suas peças e as Torres podem entrar em ação na 4ª fileira; por exemplo, com ♖h4 e ♖b1-b4. O par de Bispos também pode ficar mais eficiente com mais espaço para manobrar. Aqui e em outras posições Winawer, o movimento dxc5 é uma parte importante da sacola de truques das Brancas.

**11...♘d7 12 ♖h4 ♕a5?!**

Um erro; a Dama negra pertence a c7 nestas linhas. Note que 12...♘xc5? é um erro grave devido a 13 ♖xa4, mas 12...♗c6! tem duplo sentido, quando as Brancas têm que cuidar de seus peões e uma batalha complexa será o resultado.

**13 ♗e3! ♖c8**

Logicamente, trazendo outra peça para o jogo na coluna aberta, mas 13...♗c6 ainda era correto. Não 13...♕xc3+?! 14 ♔f1 e a Dama tem problemas.

**14 ♖b1 ♗c6 15 ♕d2 ♕xa3 16 ♖g4 ♔f8** *(D)*

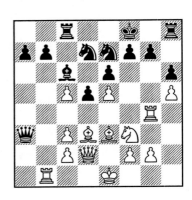

**17 ♖bb4**

Não é um movimento ruim, preparando-se para colocar a Torre em ação na quinta fileira. Talvez ainda melhor fosse a linha de Short 17 ♔f1!? ♘xc5 18 ♗xc5 ♕xc5 19 ♘d4 com a idéia ♕f4 e um ataque forte. Isto mostra o uso dos peões triplicados das Brancas para assegurar um ponto de apoio para seu Cavalo.

**17...♘f5**

Praticamente uma necessidade para defender as principais casas. O Cavalo é a melhor peça das Negras, portanto, as Brancas irão livrar-se dele. Nesse ínterim, as Brancas conseguem uma situação com Bispos de cores opostas, o que ajudará seu ataque.

**18 ♗xf5 exf5 19 ♖gf4! ♕a1+ 20 ♕d1!**

A vantagem também é clara em um Meio-jogo sem Damas.

**20...♕xd1+?!**

20...♕xc3+! deveria ter sido tentado, quando o truque 21 ♗d2 ♕xc5 22 ♖xb7! (com a idéia ♗b4) pode ser respondido com 22...a5.

**21 ♔xd1 ♖e8 22 ♖xf5 ♔g8 23 ♖g4 ♖e7 24 ♖g3 ♔h7 25 ♗d4 ♖he8 26 ♖f4 ♘f8 27 ♖fg4 g5**

Em vez disso, ocupar a casa de bloqueio natural em e6, apenas permite o Cavalo das Brancas entrar na casa de ataque ideal f5: 27...♘e6 28 ♘h4 ♖g8 29 ♘f5 ♖d7 30 ♘d6 e o Peão f avança.

**28 hxg6+ ♘xg6**

28...fxg6 é satisfeito por 29 ♖f4 ou 29 ♖h4.

**29 ♖h3 ♗d7 30 ♘g5+ ♔g8 31 e6!** (D)

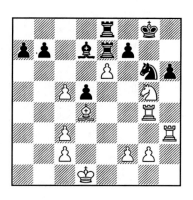

Finalmente esta ruptura chave, abre a diagonal fatal para o Bispo branco sem oponente em d4. De agora em diante, as Brancas têm uma vantagem ganhadora clara.

**31...♗xe6 32 ♘xe6 ♖xe6 33 ♖xh6 ♖e1+ 34 ♔d2 ♖8e2+ 35 ♔d3 ♔f8 36 ♖h5! ♖e4**

As Brancas vencem o Final, depois de 36...♘e5+ 37 ♗xe5 ♖xe5 38 ♖xe5 ♖xe5 39 ♖b4.

**37 ♖xe4 dxe4+ 38 ♔d2 ♖b1 39 c6**

Ou 39 g3!.

**39...bxc6 40 ♗xa7 ♔e7 41 ♗d4 ♖b5 42 ♖xb5 cxb5 43 c4!**

O ataque final. O Bispo versus o Cavalo com um Peão passado extra vencerá.

**43...bxc4 44 ♔c3 ♘f4 45 g3 ♘e6 46 ♔xc4 ♔d6 47 ♗f6 ♔c6 48 g4 ♔d6 49 c3 ♔c6 50 ♗e5 ♘c5 51 ♔d4 ♘d3 52 ♗g3 ♘c5 53 ♗f4 1-0**

As Brancas manobram seu Bispo para o centro: 53...♘d3 54 ♗e3 ♘c5 55 ♔e5 ♘a4 56 ♗d4.

## Peão Envenenado Francês

**1 e4 e6 2 d4 d5 3 ♘c3 ♗b4 4 e5 ♘e7 5 a3 ♗xc3+ 6 bxc3 c5 7 ♕g4** (D)

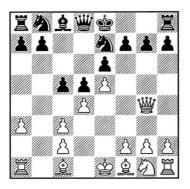

O bom e velho carro-chefe da Variante Winawer. As Brancas desejam explorar a falta do Bispo negro das casas negras por meios diretos. Tentarão fazer com que as Negras se enfraqueçam ou roquem em meio a um ataque em potencial. Faz sentido trabalhar no lado do tabuleiro onde elas têm espaço e na direção em que seus Bispos apontam. E mais, o Peão e5 restringe as Negras nessa parte do tabuleiro. Como ocorre nas linhas posicionais, as Brancas adorariam livrar-se do Peão g para que seu Bispo sem o oponente das casas negras possa fazer tudo que quiser em casas como h6 e f6.

De sua parte, o primeiro objetivo das Negras é atacar o centro das Brancas e a Ala da Dama, onde as Brancas já têm graves fraquezas. Porém, ironicamente, elas em geral acabam jogando na Ala do Rei também, rocando ou não nessa direção. O principal movimento é ...f6, que ajuda defensivamente, mas também lhes fornece ameaças centrais e uma Coluna f muito útil. Em qualquer caso, a primeira decisão das Negras é fazer o gambito do Peão com 7...♕c7 ou 7...0-0, mantendo seu material por enquanto. A última é a opção preferida atualmente, mas não está claro se a primeira não voltará a ficar na moda.

Como em muitas linhas da Defesa Francesa, nota-se a permanência da estrutura de peões centrais. Isso fornece aos temas posicionais e táticos uma certa consistência lógica, embora não pareça limitar sua variedade.

## O Gambito

**7...♕c7 8 ♕xg7 ♖g8 9 ♕xh7**

Agora, além das outras vantagens listadas acima, as Brancas têm um Peão h passado. Vale a pena lembrar, porém, que o avanço de um Peão de Torre passado, raramente traz uma ameaça, até bem avançado o Meio-jogo. Sua força real aparece nas posições simplificadas e, claro, como peões passados distantes, em um Final.

**9...cxd4 10 ♘e2** *(D)*

Outros movimentos como 10 ♔d1 são possíveis, embora este seja o modo como foi jogado durante 50 anos, na grande maioria das partidas.

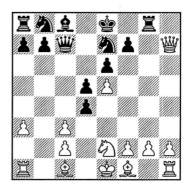

Examinaremos dois desses encontros a partir desta posição, com considerações gerais analisadas deste ponto.

**Karpov – Agdestein**
*Oslo – 1984*

**10...♘bc6 11 f4**

11 cxd4? ♘xd4! (ameaçando c2) 12 ♘xd4? é ruim devido a 12...♕c3+.

**11...♗d7 12 ♕d3 dxc3 13 ♕xc3** *(D)*

Simplesmente recapturar o Peão c3 é muito popular, uma vez que tem o efeito de prender e traz forças de ataque. Por outro lado, a Coluna c é aberta para as Torres negras. Existem muitos outros movimentos aqui, como, por exemplo, 13 ♖b1, 13 ♖g1 e 13 ♘xc3.

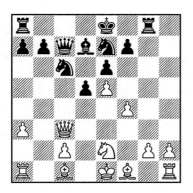

Avaliemos. As vantagens das Brancas são bem óbvias: limparam a Ala do Rei, o que por um lado, significa que o movimento ...f6 (para enfraquecer o seu centro) não seria apoiado por um Peão. Seu par de Bispos pode ser colocado em d3 e e3 de maneira útil para atacar e defender, embora o Bispo das casas negras possa ser um alvo neste caso. Um Bispo em a3 seria maravilhoso, mas geralmente é difícil demais conseguir. Devido a isso, sua ameaça posicional mais potente é expandir na Ala do Rei por meio de g4 (precedido de h3 ou ♖g1). Isso negaria ao Cavalo das Negras o acesso à poderosa casa f5. Como alternativa, as Brancas podem tentar jogar g3, ♗g2 e 0-0; essa organização de peças é outra troca, porque quando o Bispo sai de sua diagonal original, as Brancas tendem a ficar sujeitas a ataques no centro e na Ala da Dama. Finalmente, não devemos esquecer do Peão h. Se as Brancas puderem colocar os Bispos em d3 e f6, então, as Negras terão, no mínimo, que dedicar várias peças na tentativa de impedi-lo de marchar em frente e de se promover.

O que as Negras estarão fazendo nesse ínterim? Sacrificaram um Peão, aparentemente para conseguir a Ala da Dama das Brancas e ganhar desenvolvimento. Essa vantagem no desenvolvimento será absolutamente crítica porque se elas quiserem esperar muito que as Brancas organizem sua posição (em especial colocando os Bispos em jogo!), terão pouco para lutar pelo espaço, pelo Peão extra e pelo par de Bispos das Brancas. Felizmente, seus Cavalos, no momento, estão muito bem colocadas e são influentes. É um tipo de posição semifechada na qual, agora, os Cavalos são superiores aos Bispos. Elas também têm jogo nas Colunas c, g e h, ao passo que, exatamente agora, as Brancas não estão usando o seu Bispo do Rei nem a Torre. Será isto suficiente para compensar as vantagens das Brancas? Provavelmente não, exceto que as Brancas também têm peões c e a isolados e não rocaram. Note também que há uma importante fraqueza interior em e3, uma casa que pode ser ancorada por ...d4 e é particularmente vulnerável a um Cavalo em f5 e a uma Dama em b6. Geralmente falando, as vantagens das Brancas, se elas puderem mantê-las, provavelmente são as melhores a longo prazo, portanto, normalmente você terá as Negras tentando perturbar o equilíbrio em um período próximo.

No todo, pode-se ver por que os jogadores estariam dispostos a ocupar os dois lados desta posição.

**13...♘f5**

Um movimento com diversas finalidades que refreia ♘d4 e controla e3. Isto introduz a idéia de ...♕b6 em algum momento, que as Brancas evitam prontamente.

**14 ♖b1 ♖c8!?**

14...0-0-0 conecta as Torres e é considerado melhor. Então, ...♔b8 limpa o caminho para ...♖c8 e também para a manobra intrigante ...b6, ...♗c8 e ...♗a6 ou ...♗b7. Por mais tempo que se faça necessário, as Brancas não podem encontrar facilmente seu caminho para entrar na posição das Negras.

**15 ♗d2**

As Brancas se protegem contra 15...♘cd4, que era um movimento forte.

**15...d4 16 ♕d3 ♘ce7 17 ♘xd4! ♘xd4 18 ♕xd4 ♘f5 19 ♕xa7 ♕xc2** *(D)*

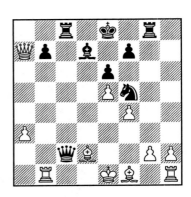

Este tipo de posição não é fácil, apesar dos peões extras das Brancas, pois as Negras terão todas as casas brancas e uma colocação de peças magnífica, caso consigam ...♗c6.

**20 ♕xb7!**

Um bom exemplo do que vimos nos capítulos introdutórios: uma Dama caçadora de peões, contanto que possa não ficar presa, geralmente estará melhor perto do campo inimigo para incomodar suas peças, do que recuar para uma segurança hipotética.

**20...♖c7 21 ♕b8+**

Karpov fornece a variante notável 21 ♕a8+ ♖c8 22 ♕b8 ♔e7!? 23 ♗b4+? (23 ♕b7!) 23...♖c5! 24 ♗xc5+ ♕xc5 25 ♖xg8 ♕c1+ 26 ♔e2 ♗b5+ 27 ♔f3, que deve ser um empate após 27...♕d1+ 28 ♔f2, porque 27...♗c6+? 28 ♔g4! ♗xa8 perde para o ataque duplo 29 ♗b5!, ameaçando a Dama e o Mate! Surpreendente.

21...♖c8 22 ♕b4

Agora, a situação parece ruim para as Negras, apesar de alguns detalhes táticos.

22...♘d4! 23 ♔f2 ♖g4?

23...♕e4! 24 ♖e1 ♕d5 foi sugerido, mas 25 ♖c1 ♘c2 26 ♕d6! deve conseguir.

24 ♕xd4! ♕xb1 25 ♖g1! ♕a2 26 ♗e2 ♖c2 27 ♖d1! *(D)*

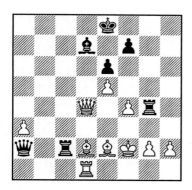

Tendo aberto mão da qualidade, os Bispos de Karpov e os três peões extras predominam. Observe como a estrutura central permaneceu basicamente igual durante a partida inteira. Isto é típico não apenas da Winawer, mas da Defesa Francesa em geral.

27...♖g8 28 g3 ♗c6 29 ♕d3 ♗d5 30 ♕b5+ ♔f8 31 f5! exf5 32 ♕xd5! ♕xd5 33 ♗h6+ ♔e7 34 ♖xd5 ♔e6 35 ♖d6+ ♔xe5 36 ♗f4+ ♔e4 37 ♖d7 ♖a8 38 ♖e7+ **1-0**

## Fichtl – Golz
*Dresden – 1959*

10...dxc3 11 f4 ♘bc6 12 ♗e3

Uma ordem de movimentos um pouco estranha de ambos os lados. 12 ♕d3 ♗d7 13 ♗e3 ♘f5 mudaria. As Brancas estão jogando assim para manterem a Coluna c fechada e desenvolver-se rapidamente.

12...♗d7 13 ♕d3 ♘f5 *(D)*

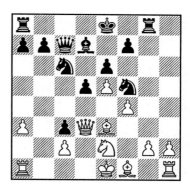

14 ♗d4!?

Uma das idéias das Brancas com ♗e3 era desencorajar ...d4 e este movimento simples impede-o. Todavia, o Bispo não pode ser mantido em d4 sem permitir trocas que, pelo menos, igualem para as Negras. Outras partidas viram 14 ♗f2; por exemplo, 14...0-0-0 15 ♖b1!? (15 ♕xc3 nos retorna a uma aparência mais moderna) 15...d4 (de qualquer modo) 16 ♘g3 (direcionado para e4, se possível) 16...f6! (um recurso útil a lembrar) 17 ♘xf5 exf5 18 exf6 ♕xf4 com uma bela vantagem, Fuchs-Uhlmann, Dresden – 1959. As Brancas não podem entregar o centro nesta linha, sem uma compensação.

**14...0-0-0 15 ♗xc3?!**

As Brancas desejam conquistar material antes das Negras trocarem em d4. Após 15 ♖b1?! f6 16 exf6 ♘fxd4 17 ♘xd4 ♕xf4, o centro móvel das Negras dominará o tabuleiro. Talvez, o melhor movimento fosse 15 g3; por exemplo, 15...♔b8 16 ♖b1?! (16 ♗g2 ♘fxd4 17 ♘xd4 ♘a5 seguido de ...♕c5 é uma disposição de peças que ocorre comumente, dando às Negras pelo menos igualdade) 16...♘fxd4 17 ♘xd4 ♘xd4 18 ♕xd4 f6! 19 exf6 e5! com a idéia 20 fxe5 ♖g4! e ...♖e4+.

**15...d4 16 ♗d2**

16 ♘xd4? perde para 16...♘cxd4 17 ♗xd4 ♗b5! 18 ♕xb5 ♘xd4.

**16...f6! 17 exf6 e5!** *(D)*

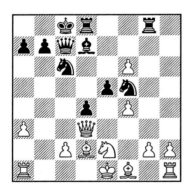

Este é um plano padrão para as Negras, que pretende destruir a estrutura central das Brancas a todo custo.

**18 0-0-0 ♖ge8!**

Agora, a idéia é ...e4.

**19 g4 e4 20 ♕h3?! ♘d6 21 ♗e1**

As Brancas têm quatro peões passados, mas estão ficando oprimidas no centro.

**21...d3 22 ♘c3 ♘c4!**

Introduzindo as idéias ...♕a5 e ...♕b6.

**23 cxd3 ♕xf4+ 24 ♗d2 ♘xd2 25 ♖xd2 ♘d4 26 ♔g2**

As Brancas não podem impedir ...♘b3+.

**26...♘b3+ 27 ♔c2 ♘xd2 28 ♕xd2 e3!**

e as Negras venceram rapidamente.

O Movimento Contemporâneo 7...0-0

**1 e4 e6 2 d4 d5 3 ♘c3 ♗b4 4 e5 c5 5 a3 ♗xc3+ 6 bxc3 ♘e7 7 ♕g4 0-0** *(D)*

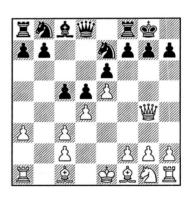

Ao invés de sacrificar o Peão g, as Negras o defendem e planejam confrontar as Brancas na Ala do Rei, quase sempre por meio de ...f6 ou ...f5. Elas retêm a opção ...c4 (mantendo o Bispo das Brancas longe de d3) ou ...cxd4 (atacando o centro).

A desvantagem de 7...0-0 é que sujeita as Negras a um ataque perigoso das peças brancas, em particular, a Dama em g4, o Cavalo em f3 e um ou ambos os Bispos. O ataque pode ser complementado por h4-h5 e ♖h3 ou por f4, supondo que o Cavalo das Brancas tenha se movido.

Agora, 8 ♗d3, trazendo o Bispo para d3 antes de decidir sobre qualquer outra coisa, é o grande favorito do momento. 8 ♘f3 é o movimento mais natural, mas esteve com má fama por várias partidas, inclusive a seguinte:

**Roth – Kindermann**
*Viena – 1996*

8 ♘f3 ♘bc6 9 ♗d3 f5 10 exf6 ♖xf6 11 ♗g5 e5!

Esta é a ruptura de peões característica na linha 7...0-0. Se as Negras ficarem em ...e5, geralmente terão o controle dos eventos. Naturalmente, as Brancas prevalecerão, algumas vezes, por razões táticas.

12 ♕g3 *(D)*

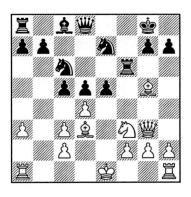

12...♖xf3!

Esta é outra situação do eterno sacrifício da qualidade em f3, na Defesa Francesa; é rivalizado apenas em freqüência pelo sacrifício ...♖xc3 no Dragão Siciliano.

**13 gxf3**

13 ♕xf3 e4.

**13...c4 14 ♗e2 ♕a5!**

As Negras atacam o Peão c3, mas também descravam seu Cavalo.

**15 ♗d2 ♘f5 16 ♕g5 exd4 17 cxd4 c3 18 ♗e3 ♘cxd4 19 ♗xd4 ♘xd4 20 ♖g1**

A maioria desses movimentos é forçada. Agora, as Brancas parece que têm um ataque, mas tudo está coberto.

**20...g6 21 ♕e5 ♕c5 22 ♕e8+ ♕f8 23 ♕xf8+ ♔xf8** *(D)*

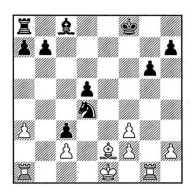

As Negras estão com uma qualidade a menos e um Peão a mais, e no entanto estão vencendo facilmente; veja os cinco peões isolados das Brancas e suas Torres.

24 ♔d1 ♗f5 25 ♖c1 ♖e8 26 ♖e1 b5! 27 ♗d3 ♗xd3 28 ♖xe8+ ♔xe8 29 cxd3 c2+ 30 ♔e1 a5

Um Final agradável. Kindermann simplesmente conduzirá seus peões para a vitória.

**31 f4 b4 32 axb4 axb4 33 ♔d2 ♘b3+ 34 ♔xc2 ♘xc1 35 ♔xc1 ♔d7 0-1**

Veremos algumas partidas depois de 8 ♗d3, começando com duas muito boas para as Brancas.

### J. Polgar – Uhlmann
*Amsterdã – 1990*

**8 ♗d3** *(D)*

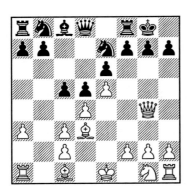

**8...f5 9 exf6 ♖xf6 10 ♗g5 ♖f7 11 ♕h5**

A estratégia sem sofisticação das Brancas conduz à ameaça de Xeque Mate.

**11...h6**

11...g6 também é jogado. Não citaremos a teoria aqui, mas acompanharemos a partida.

**12 ♗g6 ♖f8 13 ♘f3 ♘bc6 14 0-0 ♕c7!?**

14...♗d7! provavelmente é a melhor jogada (e certamente a mais prática), levando a um jogo complicado.

**15 ♗xe7 ♕xe7**

15...♘xe7 16 ♘e5 *(D)* é a real imagem de um Cavalo dominante versus um Bispo ruim:

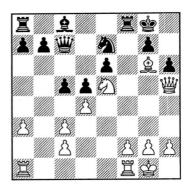

As Negras podem tentar livrar-se do Cavalo com 16...♘c6 17 f4 cxd4, mas 18 ♗d3! ameaça ♕g6 com um ataque de Mate e 18...♘xe5 19 fxe5 não ajuda porque abre a Coluna f.

**16 ♖ae1 ♕f6!?**

Talvez 16...♗d7 seja melhor, mas, então, 17 c4 é difícil de enfrentar.

**17 ♘e5! cxd4?! 18 f4! dxc3**

Uma linha bonita é 18...♘xe5 19 fxe5 ♕g5 20 ♖xf8+ ♔xf8 21 ♕f3+ ♔e7 22 ♕f7+ ♔d8 23 ♕f8+ ♔c7 24 ♕d6#.

**19 g4!** *(D)*

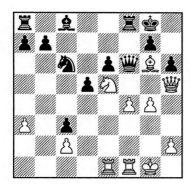

As Brancas jogam de modo engenhoso, combinando f4 com g4. Polgar é devastadora em tais posições.

**19...♕e7 20 ♗d3!**

20 g5 ♘xe5 não é claro.

**20...♕e8 21 ♘g6 ♗d7**

Em 21...♖f7, ocorre 22 g5.

**22 g5! ♖f7 23 gxh6 gxh6 24 ♔h1! ♘e7 25 ♖g1 ♘f5**

e aqui, a mais fácil de diversas vitórias foi 26 ♗xf5 ♖xf5 27 ♕xh6 ♔f7 28 ♕h7+ ♔f6 29 ♘e5.

**Polzin – Giemsa**
*Bad Wiessee – 2004*

**8 ♗d3 ♕a5 9 ♗d2 ♘bc6** *(D)*

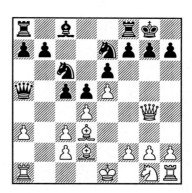

As Negras tentam prender as Brancas para defender sua Ala da Dama.

**10 ♘f3**

A propósito: jogando com as Brancas, ou com as Negras, sempre fique atento a ♗xh7+.

**10...f5 11 exf6 ♖xf6 12 ♕h5 ♘f5 13 c4!**

13 g4 também é promissor. Então, 13...c4 leva a uma seqüência bastante analisada que mostra um ataque puro versus uma defesa na sua melhor forma e, provavelmente, é um pouco a favor das Brancas, sendo uma linha, 14 gxf5 cxd3 15 ♖g1 ♗d7 16 c4 ♕c7 17 ♗h6 ♗e8 18 ♕h4 ♖xh6 19 ♕xh6 dxc4 20 cxd3 cxd3 21 f6 ♗g6, Shirov-Khalifman, Dos Hermanas – 2003; agora, 22 ♖xg6!? hxg6 23 ♕xg6 parece promissor: 23...♕f7 24 ♕xf7+ ♔xf7 25 fxg7 ♔xg7 (25...♖d8 26 ♖b1) 26 ♔d2. Como é uma variante envolvendo uma alta teoria, você faria bem em verificar os desenvolvimentos recentes.

13...♛a4 14 g4 dxc4 15 ♝e4 ♞cxd4 *(D)*

15...♞ce7 16 ♝g5 ♛a5+ 17 ♚f1 g6 18 ♛h3 ♜f8 19 gxf5 exf5 20 ♝d3! cxd3 21 ♝xe7 e as Brancas estavam a ponto de vencer em Stellwagen-Kim, Iraklion – 2004.

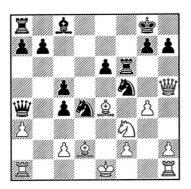

**16 gxf5! ♞xc2+ 17 ♚f1! ♞xa1 18 ♝c3 ♛d1+**

18...e5 19 ♞xe5 ♝xf5 20 ♝xf5 ♜xf5 21 ♛xf5 ♛d1+ 22 ♝e1 ♛d5 23 ♜g1 e não há nenhum contra-ataque. Agora, é puro massacre:

**19 ♚g2 ♛d8 20 ♞g5 h6 21 ♜d1 ♝d7 22 fxe6 ♛e8 23 exd7! ♛xh5 24 d8♛+ ♜f8 25 ♛d5+ ♚h8 26 ♝xg7+ 1-0**

Para ter algo mais atraente do ponto de vista das Negras, veremos uma partida na mesma variante, com outro resultado. Lembre-se que devem ser partidas edificantes, não teóricas, como mostrado pela data.

**Aseev – Vladimirov**
*Campeonato por Equipes do Exército Soviético (Leningrado) – 1989*

**8 ♝d3 f5 9 exf6 ♜xf6** *(D)*

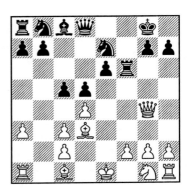

**10 ♛h5!? h6 11 g4 ♞bc6! 12 g5 g6! 13 ♛h4**

As Brancas cedem inteiramente a iniciativa depois de 13 ♛xh6 ♜f7 14 ♝xg6 ♜g7 15 ♝d3 e5!?, quando então fica difícil as Brancas manterem um equilíbrio (ou as Negras podem ainda forçar um empate com 15...c4 16 ♝e2 ♜h7 17 ♛f6 ♜f7 etc.).

**13...♞f5 14 ♛h3**

14 ♝xf5!? ♜xf5 15 ♛xh6 ♞e7 funciona muito bem para as Negras por causa de seu posto avançado em f5, o potencial ...e5 ou ...♛c7 e a idéia específica ...♜f7-h7.

**14...♜f8 15 gxh6 e5 16 ♛g2 ♛e8!**

16...♚h7 17 ♞f3 e4 18 ♞g5+ ♚h8 também pode favorecer às Negras, embora as Brancas tivessem mais peças ativas do que na partida.

## 17 dxc5

Pior ainda, é 17 ♕xd5+? ♗e6 18 ♕g2 exd4.

**17...e4 18 ♗b5 ♗d7 19 ♘e2 ♘e5 20 ♗xd7 ♕xd7** *(D)*

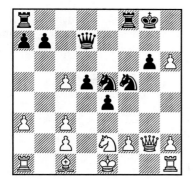

## 21 ♘d4!?

As Brancas desejam que as Negras tenham que merecer seu ataque endireitando os seus peões no centro. Depois da seqüência 21 0-0? ♘f3+ 22 ♔h1 ♘5h4 23 ♕g3, 23...♕b5! é uma bela jogada. Provavelmente, 21 ♔d1! é melhor, embora, naturalmente, as Negras também tenham controle depois de 21...♔h7.

**21...♘xd4 22 cxd4 ♘f3+ 23 ♔d1 ♔h7 24 ♖b1 ♖ac8 25 h4 b6! 26 ♖h3?**

Embora seja dificilmente desejável, 26 h5 ♖g8! 27 ♕h3! é melhor.

**26...♘xd4! 27 ♖g3?**

A última chance para 27 ♗e3.

**27...♕a4 28 ♖c3 ♕a6! 29 ♗e3 ♕e2+ 30 ♔c1 ♘f5 31 ♕g5 d4 32 ♗xd4 ♘xd4 0-1**

Devido a 33 ♕e7+ ♔xh6 34 ♕g5+ ♔h7 35 ♕e7+ ♔g8.

Finalmente, uma pequena demonstração do poder de um ataque primitivo:

**Guseinov – Riazantsev**
*Moscou – 1997*

**8 ♗d3 ♘bc6** *(D)*

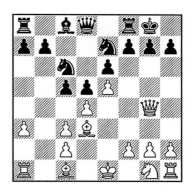

**9 ♕h5 ♘g6 10 ♘f3 ♕c7 11 h4!? cxd4 12 ♔d1! dxc3 13 ♘g5**

As Negras ficam bem após 13 ♖h3 f6! 14 exf6 e5 15 fxg7 ♖f6!.

**13...h6 14 f4 hxg5??**

Você realmente não pode cometer um erro nestas linhas! O modo de jogá-la era 14...♘ce7! 15 ♖h3 ♘f5, com a idéia 16 g4?? ♘xf4 17 ♗xf4 g6.

**15 hxg5 ♖d8 16 a4!**

Provavelmente, o que as Negras não perceberam. ♗a3 torna-se o fator decisivo.

**16...a5 17 ♕h7+ ♔f8 18 ♗a3+ ♘ce7? 19 ♕h8+ 1-0**

Existem centenas e centenas de partidas de ataque e contra-ataque extravagantes nas variantes depois de 7 ♕g4 e recomendo que você reserve algum tempo para estudá-las e desfrutá-las. Mas a característica mais interessante dessas partidas é que existem dezenas de temas táticos recorrentes e consistentes, que se originam da natureza da posição subjacente, ou seja, da estrutura dos peões. Assim, o termo 'tática característica' aplica-se e estas e a outras linhas Winawer, tanto quanto a quaisquer outras no Xadrez. A parte maravilhosa é que muitos tipos básicos de tática, misturados com um pensamento criativo, podem gerar um número quase infinito de possibilidades combinatórias.

# Capítulo 14

# Defesa Pirc

**1 e4 d6 2 d4 ♘f6** *(D)*

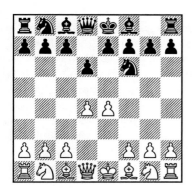

Esta é a Defesa Pirc, uma Abertura repleta de idéias estratégicas úteis. Com 1...d6, as Negras restringem o Peão e das Brancas em preparação para 2...♘f6, 3...g6 e 4...♗g7, muito parecido com a tradicional Defesa Índia do Rei (1 d4 ♘f6 2 c4 g6 3 ♘c3 ♗g7 4 e4 d6). A diferença imediata é que as Brancas não têm tempo para c4 na Pirc.

Antes de irmos para as alternativas e as ordens de movimentos, examinemos algumas características da Abertura. Na grande maioria dos casos, os primeiros movimentos são 1 e4 d6 2 d4 (organizando o centro ideal) 2...♘f6 3 ♘c3 (vejas as alternativas abaixo) 3...g6 *(D)*, quando chegamos à posição básica.

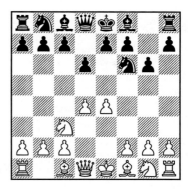

Comparando com a Defesa Índia do Rei, as Brancas omitiram o lance c4 em favor de ♘c3. Como isto influencia o jogo? Antes de mais nada, a casa d4 é teoricamente mais forte do que na Índia do Rei, porque pode ser apoiada por c3. Na realidade, defender d4 ainda acaba sendo um problema para as Brancas, depois de movimentos como ...e5 e/ou ...♘c6 (em alguns casos, apoiados por ...♗g4), porque não é muito fácil redirecionar o Cavalo c3, sem perder tempo demais. E mais, se as Brancas jogarem d5 (digamos, em resposta a ...e5 ou ...c5), esse Peão não terá o apoio do Peão c branco. As Negras também têm algumas idéias de ataque na Ala da Dama, que podem não ser tão eficientes na Índia do Rei; por exemplo, ...c6 e ...a6, ambos planejando ...b5.

Continuemos com a comparação, vendo o lado positivo da posição das Brancas. Primeiro, 3 ♘c3 é um movimento de desenvolvimento, diferente de c4 na Índia do Rei. Tradicionalmente, o desenvolvimento dos Cavalos para c3 e f3 é o melhor modo de organizar suas peças quando você tem um centro ideal. Jogando 3 ♘c3, as Brancas também lhe apoderam de um espaço adicional para tentar movimentos mais ambiciosos depois de 3...g6, como, por exemplo, 4 f4. Na Defesa Índia do Rei, este avanço é jogável e mais ameaçador (4 e4 d6 5 f4 é o Ataque com Quatro Peões), mas também é mais arriscado, porque as Brancas fizeram muitos movimentos com peões e têm m um centro mais amplo para defender. Na Defesa Pirc, a linha principal com 4 ♘f3 produz uma posição sólida e centralizada classicamente. As Brancas têm à sua disposição mobilizações agressivas das peças, , como, por exemplo, ♗c4 ou ♗e3 em combinação com ♕d2. Movimentos diretos como esses, geralmente são mais fáceis de implementar do que na Índia do Rei, porque o centro Pirc não é tão vulnerável aos movimentos ...c5 e ...e5 (o que não quer dizer que esses movimentos não serão jogados).

Observe que a ordem de movimentos 1 d4 d6 2 e4 ♘f6 também nos coloca na Defesa Pirc. As Brancas, claro, têm algumas alternativas boas nesse caso, como, por exemplo, 2 c4 e 2 ♘f3, mas 2...♘f6 é perfeitamente viável contra esses movimentos também, possivelmente levando a uma versão da Defesa Índia do Rei. As Brancas podem seguir seu próprio caminho, com coisas como 1 d4 d6 2 c4 e5 ou 1 d4 d6 2 ♘f3 ♗g4!?. Agora, existe muita teoria sobre estas posições e outras afins. Já faz muito tempo desde os dias dos movimentos quase obrigatórios 1 e4 e5 e 1 d4 d5.

### 3 ♘c3

As Brancas fazem o lance mais natural e importante, defendendo o Peão atacado. A Pirc é uma daquelas Aberturas nas quais as opções iniciais são instrutivas, portanto, veremos algumas nos próximos movimentos. Aqui, 3 ♗d3 algumas vezes é jogado, planejando entrar em um sistema com c3 e talvez ♘e2. Não há nada errado com isso, claro, mas com exceção do movimento 3...g6 normal e bom, permite às Negras darem imediatamente um golpe no centro, com 3...e5. Então, 4 c3 permite a idéia inteligente 4...d5!. É um caso de "Se você não quiser capturar o centro, eu o farei!". Analisei esta posição rapidamente no Capítulo 3 (em 'Polinização Cruzada'). Deixe-me repetir e expandir essa explicação. Após 3 ♗d3 e5 4 c3 d5, achamos que é um ótimo patrimônio conhecer uma grande variedade de temas e posições do Xadrez. Chernin fez uma análise fascinante de 4...d5, que eu resumi e revisei modestamente. O jogo geralmente continuará com

5 dxe5 ♘xe4 *(D)*.

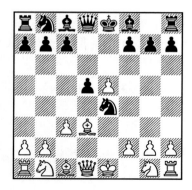

No Capítulo 3, já vimos a opção das Brancas 6 ♗xe4 dxe4 7 ♕a4+ (7 ♕xd8+ ♔xd8 fornece às Negras os dois Bispos e um jogo ativo; por exemplo, 8 ♗f4 ♘d7 9 ♘d2 ♘c5) 7...♗d7 8 ♕xe4 ♗c6. A posição é parecida com os sacrifícios de peão feitos em várias Aberturas. Aqui, 9 ♕g4 é forçado, quando 9...♕d7! é muito forte: 10 ♕g3 (10 ♕xd7+ ♘xd7 11 ♘f3 ♗xf3 12 gxf3 ♘xe5 13 ♔e2 0-0-0) 10...♘a6!; por exemplo, 11 ♘e2 ♗b5! 12 a4 ♘c5! 13 axb5 ♘d3+ 14 ♔f1 ♘xc1 etc. O movimento 9...h5 de Chernin também é bom.

Mas, continuemos com um modo melhor e mais real das Brancas se desenvolverem: 6 ♘f3 ♘c6 7 0-0 (7 ♕e2 ♘c5 8 ♗c2 ♗g4!; um encontro de alto nível entre Yusupov-Adams, Hastings – 1989/90 seguiu com 7 ♘bd2 ♘c5 8 ♘b3 ♗g4 {ou 8...♘xd3+} 9 0-0 ♕d7 10 ♖e1 0-0-0 com igualdade) 7...♘c5 8 ♗c2 ♗g4! 9 ♖e1 (9 ♘bd2 ♗e7 ou até 9...d4!?) 9...♗e7 *(D)*, mostrado no diagrama.

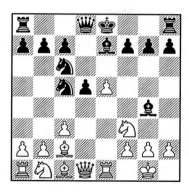

Esta posição é notavelmente parecida com uma linha principal da Variante Aberta da Ruy Lopez, isto é, 1 e4 e5 2 ♘f3 ♘c6 3 ♗b5 a6 4 ♗a4 ♘f6 5 0-0 ♘xe4 6 d4 b5 7 ♗b3 d5 8 dxe5 ♗e6 9 c3 ♘c5 10 ♗c2 e, agora, (por exemplo) 10...♗e7 11 ♖e1 (ou 11 ♕e2 ♗g4) 11...♗g4! *(D)*, que ajuda a controlar d4 e, em muitos casos, é seguido de ...d4 ou mesmo de ...♘e6 e ...d4.

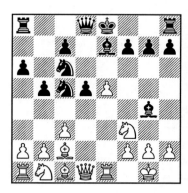

Na verdade, a única diferença entre as duas linhas é a inserção de ...a6 e ...b5 das Negras na versão Ruy Lopez. Sem entrar muito em outra digressão, apenas direi que isto tem aspectos positivos e negativos.

**3...g6**

Aqui, há uma transposição importante 3...e5 4 ♘f3 ♘bd7, quando entramos em uma Defesa Philidor! E mais, este é, questionavelmente, o único modo seguro de entrar nesta versão da Philidor, porque 1 e4 e5 2 ♘f3 d6 3 d4 ♘f6 permitem 4 dxe5 ♘xe4 5 ♕d5, que não é da predileção de todos. Detalhes sobre esta questão e as associadas à ordem de movimentos, podem ser encontrados no Capítulo 7.

Agora, devemos ir para uma análise das linhas principais da Pirc.

## Ataque Austríaco

**4 f4** *(D)*

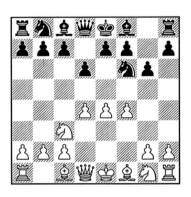

Como indiquei em muitos exemplos bem no início do Capítulo 3 sobre as estruturas de peões, a primeira reação para as defesas 'incomuns' que cedem o centro geralmente é lançar quantos peões forem possíveis e empurrar o oponente para fora do tabuleiro. A Pirc foi jogada com pouca freqüência e geralmente foi tida em baixa estima até a metade dos anos 60 e, na verdade, esta resposta dominou a teoria de então.

**4...♗g7**

Antes de irmos para a linha principal 5 ♘f3, jogada em milhares de partidas, vejamos se podemos entender qual poderia ser a relação entre esta estrutura e os avanços do Peão.

## Ataque Austríaco com 5 e5

**5 e5** *(D)*

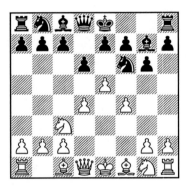

Que tal avançar imediatamente? Você não encontrará muito sobre isso nos livros e é fácil dizer que 5 e5 é ambicioso demais, especialmente uma vez que lembra outras Aberturas nas quais os ataques audaciosos dos peões são insuficientemene apoiados e expõem o centro. Mas outra coisa é mostrar isso. Façamos nossa própria análise e talvez aprendamos algo sobre como estudar uma Abertura enquanto estamos nela. Como sabemos, as variantes que não são altamente respeitadas, geralmente são as mais instrutivas. Vejamos as duas respostas para 5 e5 como representativas das idéias típicas no Ataque Austríaco:

A: 5...♘fd7

B: 5...dxe5

## A)

**5...♘fd7**

Este é um movimento dinâmico no espírito da Pirc, evitando a simplificação e aceitando o desafio. As posições que resultam são pouco exploradas e instrutivas para examinar.

**6 ♘f3 c5!**

A continuação recomendada. É consistente destruir o centro das Brancas antes dele se consolidar; naturalmente, isso depende do resultado! Esta linha transpõe para 5 ♘f3 c5 6 e5 ♘fd7. Com a ordem de movimentos 5 e5, as Brancas evitaram algumas opções das Negras.

**7 ♘g5!?**

Esta investida estranha pode muito bem ser o melhor movimento, embora 7 ♗c4 possa ser util examinar um pouco mais. As posições com um Cavalo em d7 e a possibilidade da jogada e6 são notoriamente táticas, e portanto, o movimento 7 ♘g5 provavelmente lhe ocorrerá se você tiver encontrado tais posições antes.

A esperança das Negras era ver algo nas linhas 7 exd6 0-0 8 dxc5 (8 dxe7 ♕xe7+ 9 ♕e2 ♕xe2+ 10 ♘xe2 ♖e8 11 ♔f2 ♘c6 12 c3 ♘f6 com iniciativa pelo Peão) 8...♕a5! 9 ♗e2 ♗xc3+! 10 bxc3 ♕xc3+ 11 ♗d2 ♕xc5 12 dxe7 ♖e8! 13 ♖b1 ♘c6 *(D)*.

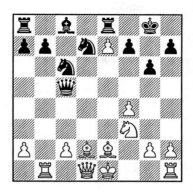

Esta é a partida entre B.Ivanovic-M.Gurevich, Campeonato Mundial por Equipes em Lucerna – 1989. As Brancas não podem reorganizar-se facilmente e ver as fraquezas internas expostas em e3 e e4! Este modo de destruir o centro branco é relativamente comum, especialmente o plano de permitir a captura dxe7 pelas Brancas e responder com ...♖e8.

**7...cxd4**

É pior 7...h6?! 8 ♘xf7! ♔xf7 9 e6+ ♔g8 10 exd7 ♘xd7 11 ♗e3.

**8 e6!** *(D)*

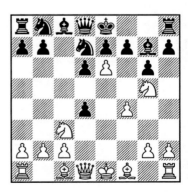

**8...♕a5!?**

Não 8...dxc3?? 9 exf7+ ♔f8 10 ♘e6+. Mas um bom movimento para se opor ao ataque das Brancas poderia ser 8...♘c5 9 exf7+ ♔f8, quando a massa de peões centrais das Negras compensa a posição ruim de seu Rei.

**9 exf7+ ♔f8**

E acima de tudo, não 9...♔d8?? 10 ♘e6#.

**10 ♘e6+ ♔xf7 11 ♘xd4 ♘c5!?**

Agora, as Negras conseguem uma boa atividade para as peças. O jogo poderia continuar como a seguir:

**12 ♗c4+ ♗e6 13 ♘xe6! ♗xc3+ 14 ♔f2 ♘xe6 15 bxc3 ♕c5+!? 16 ♕d4 ♖c8 17 ♗b3** *(D)*

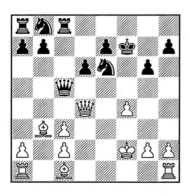

**17...♘d7!?**

As Negras ainda têm dificuldades para liberar seu Rei e não está fora de perigo depois de 17...♕f5 18 ♖e1 ♘c6 19 ♕d5 também.

**18 ♖e1 ♘df8 19 g4!**

Aqui, as Brancas ainda têm ameaças. Naturalmente, ambos os lados têm muitas outras opções à frente e é improvável que as Brancas possam realmente forçar uma vantagem nesta linha. Mas as características da posição são o que conta aqui e elas podem ser indicadas apenas pela análise (que, neste caso, é muito divertida). Mais importante, eu quis mostrar que é fácil rejeitar ataques 'prematuros' por questão de princípios, sem testar se o princípio em questão aplica-se a uma posição específica (ou até se é válido mesmo).

**B)**

**5...dxe5 6 fxe5!? ♘d5 7 ♘f3** *(D)*

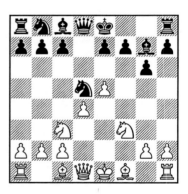

As Brancas mantêm seu centro. Então, temos o Bispo negro em g7, parecendo bem limitado Um movimento aparentemente lógico é:

**7...f6?**

Isto tende, porém, a ser duvidoso antes das Negras haverem rocado e desenvolvido, e é ruim em extremo, exatamente nesta posição. Devemos ver uma opção melhor depois do final desta linha.

**8 exf6**

As Brancas dão sua resposta habitual para ...f6. A recaptura 8...♗xf6 deixaria as Negras com um Peão e isolado fraco em uma coluna aberta; então, 9 ♘e4, 9 ♗c4 e 9 ♗h6 seriam todos, movimentos bons. Portanto, as Negras, em princípio, prefeririam:

**8...exf6?!** *(D)*

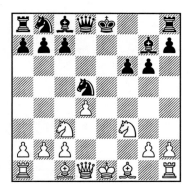

Recapturar com o Peão pode ser bom em algumas posições, mas aqui, é cedo demais porque o Rei negro está no centro, que se encontra em perigo pela em e6 e um Bispo em g7, que fica bloqueado.

**9 ♗c4 ♕e7+**

Contra 9...♗e6, 10 ♕e2 simplesmente vence. A única tentativa aparente é 10...♔f7, mas após 11 0-0 não há nenhuma defesa para ♘g5+ e ♘e5+. E mais, o movimento de apoio 9...c6 falha se 10 ♕e2+! ♔f7 11 0-0 ♖e8 12 ♘g5+ ♔f8 13 ♕f3!.

**10 ♔f2!**

Ameaçando ♖e1.

**10...♘xc3 11 bxc3 ♕d6 12 ♖e1+ ♔d8 13 a4 ♗f5 14 ♗a3**

As Brancas têm uma vantagem sólida. Este é um exemplo jogado de maneira ruim, mas serve como um aviso para as conseqüências de um desenvolvimento negligente.

Obviamente, as Negras ficam muito melhor ao aceitarem os problemas limitados que se originam de 7...0-0 8 ♗c4 *(D)*.

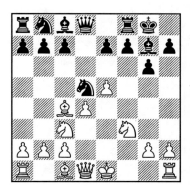

Nesta posição, a defesa realmente jogada pelos Grandes Mestres era 8...♗e6, quando 9 ♗xd5 ♗xd5 10 ♘xd5 ♕xd5 11 ♕e2 é uma linha modesta com um registro excelente. Normalmente, as Negras jogam 11...b5 (para impedir c4) 12 0-0; por exemplo, 12...♘d7 13 c3 (13 b3!, planejando 13...b4 14 a3!) 13...♘b6 (13...a6)

14 b3! a5 15 ♗a3 ♕d7 16 ♗c5 com melhor partida para as Brancas, Unzicker-Chandler, Olimpíada em Buenos Aires – 1978. No final, as Brancas estão desfrutando de mais espaço, ao passo que o Bispo das Negras ainda está cercado em g7. Possivelmente, as Negras deveriam optar por 8...♘xc3 9 bxc3 c5 10 0-0 ou 8...♘b6 9 ♗b3 ♗g4 10 0-0 ♘c6 11 ♗e3 ♘a5 12 ♕d3!? e o centro das Brancas e o espaço podem valer um pouco mais que o par de Bispos, mas isso está aberto à argumentação.

Depois de tudo isso, devo acrescentar que após 5...dxe5, 6 dxe5 *(D)* é menos instrutivo, mas pode ainda ser uma jogada melhor (ou, pelo menos, mais fácil de manobrar na prática).

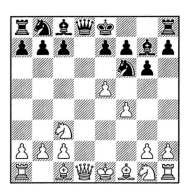

A teoria fornece às Brancas uma pequena vantagem depois de 6...♕xd1+ 7 ♔xd1 ♘g4 (7...♘h5 lembra a linha principal 5 ♘f3 0-0 6 e5 dxe5 7 dxe5 ♘h5, mas em nosso caso, você não terá a imobilização em g4 que ocorre lá – veja abaixo; uma das várias maneiras das Brancas prosseguirem é calmamente com 8 ♗e2! ♘h6 9 ♘d5 ♔d8 10 g3 c6 11 ♘c3 ♔c7 12 ♗e3 com peças mais bem colocadas) 8 ♘d5! ♔d8 9 ♘e1 c6 10 ♘c3 f6!? 11 h3 ♘h6 12 ♘f3.

Em geral, 5...dxe5 pode deixar a algo a desejar; mostra os perigos da simplificação precoce quando o oponente domina mais espaço.

O que aprendemos com este exercício? Primeiro, as Brancas parece terem mais chances positivas após 5 e5 do que indica a pouca teoria existente, a seu respeito. Mais importante, vemos como se pode examinar uma posição por si mesmo e como é útil ter um conhecimento geral sobre estruturas e suas propriedades características.

## A Linha Principal do Ataque Austríaco: 5 ♘f3

**5 ♘f3** *(D)*

Com este movimento natural, voltamos para a teoria normal.

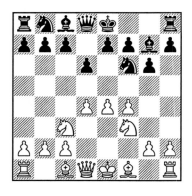

Agora, diante de 6 e5 (ou 6 ♗d3 e 7 e5), as Negras têm duas reações lógicas, o lance de desenvolvimento natural 5...0-0 e o contra-ataque central 5...c5. Tentaremos entender cada uma.

## Austríaco com Desenvolvimento Convencional

### 5...0-0

A partir desta posição básica, veremos algumas partidas:

**Ljubojevic – Timman**
*Bugojno – 1980*

### 6 e5

Novamente, as Brancas tentam atropelar o oponente.

### 6...dxe5

6...♘fd7 visa ...c5. Como depois de 7 ♗c4 ♘b6 8 ♗b3, 8...♘c6, 8...c5 e 8...♘a6, tudo concede às Negras uma igualdade bem fácil, mencionarei 7 h4!?. As Brancas planejam o Xeque-Mate. Isto leva a variantes muito longas e supostamente bem trabalhadas que você está convidado a estudar profundamente, com qualquer recurso disponível. Uma linha principal é 7...c5 8 h5 cxd4 *(D)*.

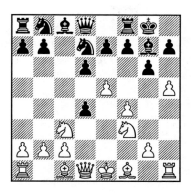

9 ♕xd4 (9 hxg6 dxc3 10 gxf7+ ♖xf7 11 ♗c4 e6 12 ♘g5 ♘xe5 13 ♕h5 h6!) 9...dxe5 10 ♕f2! e4! 11 ♘xe4 ♘f6 12 ♘xf6+ exf6 13 hxg6 ♖e8+ 14 ♗e3 hxg6 15 ♗d3 ♕b6! (15...♕a5+ 16 c3 com uma vantagem para as Brancas, Banas-Kindermann, Trnava – 1987) 16 ♔d2 ♕a5+ 17 ♔c1 (17 c3 ♗f5) 17...♘c6 18 ♗d2 ♕d5 (18...♘b4! 19 ♗c4 ♗f5) 19 ♘h4? (19 ♕h4 ♗f5 20 ♗c3 ♖e6 é igual) 19...♗g4 20 ♕f1 ♘d4 21 ♗c4 ♕c6 e as Negras estavam vencendo em Varadi-V.Ivanov, Nyiregyhaza – 2002. Você entendeu a idéia: esta é uma linha que requer preparação dos dois lados. Seria divertido procurar uma melhoria no meio da confusão, do movimento 9 em diante.

### 7 dxe5!?

Se as Brancas quiserem manter as peças, 7 fxe5 ♘d5 8 ♗c4 geralmente vão transpor para a linha 5 e5; esta é uma posição um pouco irritante para as Negras e faz você ficar curioso com 6...dxe5.

**7...♕xd1+ 8 ♔xd1 ♘h5!** *(D)*

As Negras vêem uma terceira opção (diferente de 8...♘fd7 ou 8...♘g4). Com um Cavalo na margem, as Negras podem tentar forçar fraquezas e ir atrás delas. Do contrário, 8...♖d8+ 9 ♗d3 ♘d5 10 ♘xd5 ♖xd5 11 ♔e2 provavelmente será melhor para as Brancas, pelo menos na prática.

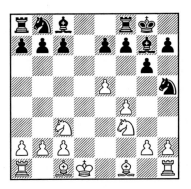

**9 ♗c4!?**

Permitindo peões dobrados, mas ganhando o par de Bispos em troca.

**9...♗g4!**

Como mencionado acima, esta imobilização não estava disponível na linha 5 e5 dxe5 6 dxe5 ♕xd1+ 7 ♔xd1. as Brancas são obrigadas a ter muito cuidado agora.

**10 ♘e2!**

Estranho, mas talvez o melhor. O movimento natural 10 ♔e2 ♘c6 11 ♗e3 segue com 11...♗xf3+ 12 ♔xf3? ♗xe5!; e 10 ♗e3 ♗h6! mostra o outro motivo de ...♘h5.

**10...♗xf3 11 gxf3 ♘c6 12 c3 ♖ad8+ 13 ♔c2**

Lembre-se desta casa útil para o Rei; você desejará ir para ela nos Meio-jogos sem Dama que decorrem de várias Aberturas.

**13...♗h6 14 b4 e6**

A partida está igual.

### Beliavsky – Anand
*Munique – 1991*

**6 ♗e3** *(D)*

Este tem sido um movimento bem-sucedido em muitas partidas; as Brancas não apenas se desenvolvem, como também desencorajam ...c5, que é a principal fonte de contrajogo das Negras. Anand encontra um modo de disputar o centro das Brancas, que se aproxima das várias idéias principais que a Pirc tem a oferecer. Então, ele aplica um toque de engenhosidade.

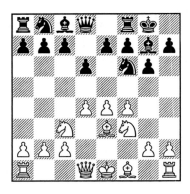

## CAPÍTULO 14 – DEFESA PIRC

**6...b6**

As Negras se preparam para jogar ...c5 de qualquer modo e esperam que ...♗b7 seja útil em algum momento. Note que 6...♘g4 é combatido com 7 ♗g1, seguido de h3. É por isso que as Brancas não rocaram primeiro antes de jogarem ♗e3.

**7 e5 ♘g4 8 ♗g1 c5**

Esta é a imagem padrão de um processo de enfraquecimento efetuado pelas Negras.

**9 h3 ♘h6**

Uma manobra padrão da Pirc: a partir daqui, o Cavalo pode ir para f5 atingindo g3 e d4. Mas enquanto isto acontece, as Brancas formarão um centro enorme.

**10 d5! ♗b7**

**11 ♕d2**

11 g4 mantém o Cavalo preso e incapaz de se mover (outro tema Pirc que venceu com as Brancas em muitas partidas), mas as Negras anteciparam, isto: 11...dxe5 12 fxe5 e6! (não existem ameaças óbvias, mas, de repente, todas as peças negras serão direcionadas para o centro) 13 ♗c4 ♘d7! 14 ♗h2 ♖e8! *(D)*.

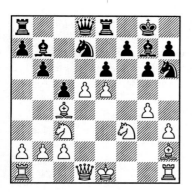

'A ameaça é mais forte que sua execução'! 15 0-0 exd5 16 ♗xd5 ♗xd5 17 ♘xd5 ♘xe5 18 ♘xe5 ♗xe5 19 ♗xe5 ♖xe5 20 ♘f6+ ♔g7 e as Negras têm um Peão a mais.

**11...♘f5 12 ♗h2 dxe5 13 fxe5 e6! 14 0-0-0**

14 g4? ♘h4 afasta outro defensor central; 14 d6 é respondido com 14...♘d7 e a grande diagonal soma-se às preocupações das Brancas.

**14...exd5 15 ♘xd5 ♘c6**

Se as Negras colocarem um Cavalo em d4, tudo irá despedaçar-se para as Brancas, portanto:

**16 c3 ♘cd4!**

As Negras o jogam de qualquer modo!

**17 ♘f6+!**

17 cxd4 ♕xd5 18 ♔b1 ♖ad8 e ...♘xd4 seguirá, ganhando material.

**17...♗xf6 18 cxd4 ♗g7 19 d5** *(D)*

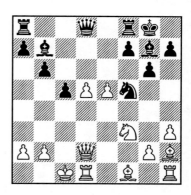

Veja estes maravilhosos peões do centro! Certamente, as Negras erraram?

**19...c4!**

O magistral movimento, que, claro, Anand antecipou. Primeiro, ele impede ♗c4 da maneira mais radical e, ao mesmo tempo, prepara ...c3! para a abertura da linha. É surpreendente que possa fazer tudo isso contra os peões brancos avançados e bem protegidos, mas as Brancas também estão ligeiramente atrasadas no desenvolvimento.

**20 ♗e2!? ♖c8 21 ♔b1!?**

Provavelmente, 21 ♗f4 seria melhor, mas 21...♘e7! 22 d6 ♘d5 tem a idéia de ...c3 e também a jogada sorrateira...♕d7-a4.

**21...♗h6! 22 ♗f4 ♗xf4 23 ♕xf4 ♗xd5 24 h4**

Se 24 g4 ♘g7!, o Cavalo irá para e6 a casa de bloqueio ideal.

**24...c3 25 bxc3 ♖xc3 26 h5 ♘e3! 27 ♘g5 ♕c7 28 ♘xh7 ♖b3+! 0-1**

O desfecho seria 29 axb3 ♕c2+ 30 ♔a1 ♕c3+ 31 ♔b1 ♕xb3+ 32 ♔a1 ♘c2#.

## A Linha Principal com 6 ♗d3

**6 ♗d3** *(D)*

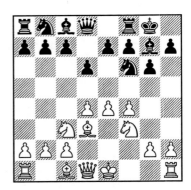

Aqui, as Brancas tomam fôlego antes de um ataque imediato. A idéia inicial é muito óbvia: elas desejam rocar e decidir, depois, sobre qual ataque buscar. Com exceção de e5 novamente, um candidato provável para o ataque consiste na transferência da Dama para a Ala do Rei com ♕e1-h4, seguido de f5 e ♗h6. As Brancas também podem desenvolver-se com paciência através de ♔h1 e ♗e3.

Seguiremos duas partidas com 6...♘a6 e 6...♘c6. Surge uma pergunta natural: por que não jogar 6...♗g4 diretamente? Uma resposta plausível é que, sem a possibilidade de ...♘g4, as Brancas podem jogar 7 ♗e3, mas, então, 7...e5!? é bem complicado. Melhor é 7 h3 ♗xf3 8 ♕xf3; por exemplo, 8...e5 9 dxe5! dxe5 10 f5! com franca vantagem, pretendendo 10...♘c6 11 g4 ♘d4 12 ♕f2.

## J. Polgar – Svidler
*Tilburg – 1996*

**6...♘a6** *(D)*

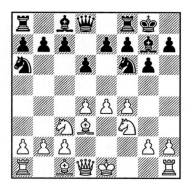

Desenvolvendo seu Cavalo para a margem, as Negras preparam ...c5, mantêm uma diagonal aberta para seu Bispo c8 e, de modo incomum, saem do caminho dos ataques dos peões brancos A principal desvantagem, claro, é que o Cavalo fica longe do centro e não pode ser totalmente eficiente nesta área do tabuleiro. Como uma lição instrutiva nos temas posicionais, você não poderia fazer nada melhor do que estudar esta variante.

**7 0-0 c5 8 d5**

Como 8...cxd4 era uma ameaça posicional e como 8 dxc5 ♘xc5 traz o Cavalo para o centro com uma partida fácil, as Brancas tentam afastar a casa c5 do Cavalo e prender a posição das Negras ao mesmo tempo. Se tiverem a chance, simplesmente tomarão a dianteira com seus peões centrais, com e5 e expulsarão as Negras, ou poderão jogar por f5, junto com lances como ♕e1-h4. Tudo isto é bem perigoso.

No momento, porém, é prematuro as Brancas jogarem 8 e5? ♘g4! 9 h3 cxd4 10 ♘e2 ♘e3!. Veja, como o centro entra em colapso nestas linhas com centro estendido? As Brancas também deveriam evitar 8 ♗xa6?! cxd4! 9 ♘xd4 bxa6 *(D)*.

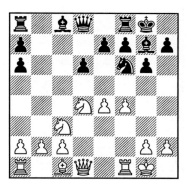

Falamos sobre os Peões a dobrados, em vários pontos neste livro. Geralmente falando, entregar o Bispo das casas brancas e ceder a Coluna b é um mau negócio. Aqui, a posição sólida das Brancas deve equilibrar estas vantagens; por exemplo, 10 ♕d3 com a idéia ♔h1 e ♗e3 ou talvez, ♗d2. Mas L.Barczay-Sandor, Hungria – 1968 mostraram com que facilidade as peças negras ativas podem criar ameaças: 10 ♘b3? a5! 11 ♕f3 ♗b7 12 a4? (mas 12 ♗e3 a4 13 ♘d2 a3!) 12...♕b6+! 13 ♗e3 ♕b4 (de repente, o Peão e está caindo) 14 ♖ae1 (14 ♗d4 ♘xe4!) 14...♗xe4 15 ♘xe4 ♕xe4 16 ♕xe4 ♘xe4 17 ♗d4 ♗xd4+ 18 ♘xd4 f5! 19 ♘c6 ♔f7 20 ♘xa5 ♖fc8 (as Brancas recuperaram seu Peão – o Peão a – mas o Cavalo e4 das Negras é uma defesa e elas têm duas colunas abertas na Ala da

Dama) 21 ♖e2 ♖ab8 22 ♘b3 ♖c4 23 a5 a6 24 ♖d1 ♘c5! 25 ♖de1 ♖b7 26 ♘xc5 ♖xc5. As Brancas perdem um Peão e as Negras vencem.

**8...♗g4** *(D)*

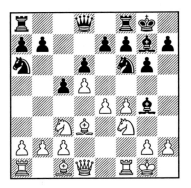

Surgiu uma posição com alguns aspectos curiosos. Geralmente, o problema é que se as Negras tentarem jogar uma estrutura Benoni quando as Brancas têm um Cavalo em c3 e nenhum Peão em c4, elas não poderão insistir muito em jogar em qualquer lado do tabuleiro. O principal movimento ...b5 é difícil de conseguir antes do centro das Brancas começar a se mover. Mas, neste caso, a eliminação do Cavalo f3 não só tira a pressão de e5, como também se livra do Bispo c8, que, em geral, está no caminho (por exemplo, ele interfere na conexão das Torres negras). Agora, o plano das Negras será ...♘c7, ...a6, ...♖b8 e ...b5, apoiado por ...♕d7 ou ...♘e8-c7, se necessário. Com exceção disso, o movimento ...e6 pode enfraquecer o centro branco. Naturalmente, as Brancas terão a vantagem considerável do par de Bispos para compensá-las desses problemas.

**9 a3**

Alguns outros fragmentos instrutivos:

a) 9 ♔h1 e6!? (não é o único movimento, claro) 10 dxe6 fxe6 11 f5! (este é um excelente movimento que faz várias coisas de uma só vez: ativa o Bispo c1 das Brancas, dá um curto-circuito no movimento ...d5 planejado pelas Negras devido a e5 e ataca o ponto e6 que, se cair, dará às Brancas a chance de controlar d5) 11...♘b4 (as Negras têm que esquecer o plano ...b5 e concentrar-se no centro) 12 h3 (também é perigoso 12 fxg6 hxg6 13 e5 dxe5 14 ♗g5!) 12...♗xf3 13 ♖xf3 *(D)*.

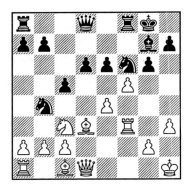

13...♘d7! (tente não esquecer este movimento! Um Cavalo no posto avançado e5 é o melhor defensor e atacante na maioria das Sicilianas, Índias do Rei e Benonis, assim como em várias outras Aberturas) 14 fxe6 ♘e5!? (14...♖xf3! é uma idéia melhor e mais arriscada, pois 15 ♕xf3 ♘e5 mantém as peças das Brancas sob xeque e o movimento posicionalmente superior 15 gxf3 ♘xd3 16 ♕xd3 ♕h4 17 ♔g2 ♗d4 18 ♗e3 ♘e5 e ...♖f8 dá às Negras chances de ataque) 15 ♘d5?! (15 ♖xf8+! ♕xf8 16 ♗e2 ♕f2 17 ♘d5! e as Negras não têm nenhum ataque) 15...♖xf3 16 gxf3 ♘exd3 17 cxd3 ♘xd5! 18 exd5 ♕h4 (as casas negras estão caindo!) 19 ♔g2 ♕h5 20 ♗f4 ♕xd5 21 ♕b3 ♕xb3 22 axb3 ♗xb2 23 ♖a2 (23 ♖e1 d5!?) 23...♗e5 24 ♗xe5 dxe5 25 ♖e2 ♔f8 e, finalmente, as Negras venceram em Korneev-Marin, Campeonato por Equipes na Espanha (Lanzarote) – 2003.

b) Dois gigantes mais jovens jogaram com muita precisão, em Grishchuk-Ponomariov, Lausanne – 2000: 9 ♗c4 ♘c7 10 h3 ♗xf3 11 ♕xf3 a6 12 a4 b6 13 ♕d3 (13 f5!? ♘d7) 13...♕b8! 14 ♗e3 ♕b7 15 ♖ab1 *(D)*.

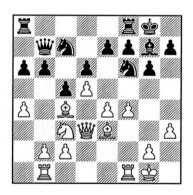

15...e6! (perfeitamente a tempo; as Negras estão detidas em uma frente e têm a chance de atingir o centro, com base em táticas) 16 b4! (16 dxe6 fxe6 17 ♕xd6 ♖fd8! 18 ♗xe6+ ♔h8 19 ♕e7 ♖e8)

16...exd5 17 exd5 cxb4 18 ♖xb4 b5! 19 axb5 axb5 20 ♗b3 (as Brancas não desejam perder seu Peão d, mas, agora, as Negras utilizam a Coluna a para igualar) 20...♖a5 21 f5 ♕a6 22 fxg6 hxg6 23 ♘e4 ♖a1 24 ♘xf6+ ♗xf6 25 ♖bf4 ♗e5 (essa casa de novo!) 26 ♖4f3 ♖xf1+ 27 ♖xf1 ♘e8 28 ♗d4 ½-½. O Bispo restante das Brancas é ruim, portanto, não tem forças para causar nenhum prejuízo.

**9...♘d7 10 h3 ♗xf3 11 ♕xf3 ♖c8!** *(D)*

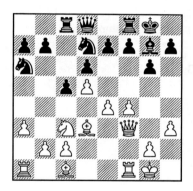

Simples, mas também criterioso. As Brancas irão impedir ...b5 e usar seu par de Bispos, caso tenham alguma chance, portanto, Svidler decide criar espaço para suas peças, de um modo mais agressivo, com base em algum bom cálculo.

**12 ♗e3**

12 ♕e2 impediria c4 temporariamente, mas 12...♕a5 13 ♘d1 (não 13 ♗d2?? c4! 14 ♗xc4 ♕c5+) 13...♘c7! (ameaçando ...b5) 14 ♗d2 ♕b6 15 c4 e6! abre o centro no momento certo.

**12...♕a5 13 ♕f2 c4 14 ♗e2 ♘ac5**

Agora que os Cavalos têm acesso a c5, eles são mais ou menos tão bons quanto os Bispos. Entregar as casas negras com 14...♗xc3? 15 bxc3 ♕xc3 não é recomendado em nenhum caso, mas as Brancas ainda têm 16 ♗g4! (protegendo c2) 16...♖c7 17 ♗d4 ♕a5 18 ♕h4 excelente iniciativa.

**15 ♗f3 ♘a4 16 ♘xa4 ♕xa4 17 c3**

O Peão b2 precisa de proteção e 17 ♗d4? ♗xd4 18 ♕xd4 ♕xc2 nem 17 ♖ab1 b6 são muito inspiradores.

17...♘c5 18 ♗xc5 ♖xc5 19 ♖ae1 ♕a5 20 ♕g3 ♕b6 21 ♖f2 e6 22 dxe6 fxe6 23 ♗g4 ♖f6 24 ♕e3 h5 25 ♗d1 ♖c8 26 ♕xb6 ½-½

Os Bispos com cores opostas asseguram a igualdade. Um resultado justo de uma partida bem jogada.

**Hellers – Ftacnik**
*Haninge – 1989*

**6...♘c6 (D)**

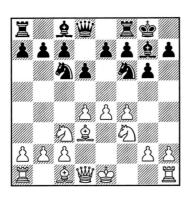

Este é o movimento mais convencional. Ele ataca o ponto d4 ligeiramente fraco (...♗g4 pode seguir) e as Negras contemplam ...e5. Tendo dado a 6...♘a6 muita atenção, irei selecionar apenas alguns pontos de interesse aqui.

**7 0-0**

As Brancas têm uma alternativa muito perigosa:

a) 7 ♗e3 ♘g4 8 ♗g1 e5 9 fxe5 dxe5 10 d5 ♘d4 não é claro, mas, provavelmente, as Negras estão em condições satisfatórias.

b) 7 d5 ♘b4 8 ♗c4 (8 ♗e2 c5!?) 8...c6! muda a equação central e deve ficar bem depois de 9 a3 cxd5 10 exd5 ♘a6 ou 10...♕a5!?. Estas idéias também aparecem na linha principal com 4 ♘f3.

c) 7 e5 não é tão fácil de igualar, uma vez que as Negras não têm ...c5 nem ...e5 à sua disposição; por exemplo, 7...dxe5 8 fxe5 ♘d7!? (D) (com a idéia ...♘b4 e ...c5, embora isso possa não conseguir muito; as Negras têm os movimentos 8...♘g4 e 8...♘h5 para ver e os mesmos movimentos antes de trocar – um movimento-chave contra cada um deles é ♗e4, fortalecendo o controle das Brancas no centro; ambos os lados devem verificar a teoria para obter detalhes).

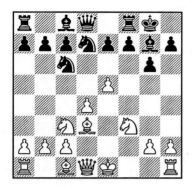

Agora:

c1) 9 ♗e4!? é muito interessante, pois as Negras precisam de um plano e as Brancas ficam bem, depois de 9...♘b6 10 0-0 ♗g4 11 ♗e3!, com a idéia 11...♘c4 12 ♗f2 ♘xb2? 13 ♕b1 ♘c4 14 ♕xb7 ♘4a5 15 ♕b5 ♗d7 16 ♖ab1 ♖b8 17 ♕c5, quando as peças das Negras não estão coordenadas, especialmente o Cavalo em a5.

c2) 9 ♘e4 ♘b4 10 ♗c4 c5 11 c3 ♘c6 12 0-0 cxd4 13 cxd4 ♘b6 14 ♗b3. Eis o principal motivo. Como ...f6 não é possível, as Negras precisam colocar pressão no Peão d ou eliminar algumas peças brancas: 14...♗g4 (14...♘a5 15 ♗c2 ♗e6!? parece promissor inicialmente, mas 16 ♕e1 ♘c6 17 ♕h4 ameaça vários ataques com ♗h6, ♘fg5, ♖f3-h3, ♘c5 etc., que funciona, em qualquer ordem!) 15 ♘eg5 e6 16 h3 ♗xf3 17 ♘xf3 ♕d7 18 ♗g5 com uma vantagem pequena, porém definitiva, por causa das casas negras

e do Bispo negro cercado em g7, Wang Zili-D.Gurevich, Campeonato Mundial por Equipes em Lucerna – 1989.

**7...♗g4 8 e5** (D)

Faz bastante sentido este movimento, quando ...c5 está muito distante.

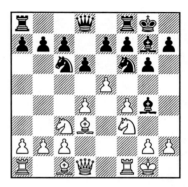

**8...dxe5!**

Existem duas outras possibilidades que devem dar uma idéia da força do centro branco:

a) 8...♘d7 9 ♗e3 dxe5 (9...♘b4 10 ♗e4!) 10 dxe5 f6 (10...♘b6) 11 exf6 exf6 (com freqüência, isto acaba deixando a posição das Negras um pouco aérea) 12 h3 ♗e6 13 ♗b5 ♘b6 14 ♕e2 ♖e8 15 ♖ad1 ♕e7 16 ♖fe1 ♕b4 17 ♘d4 ♗c4 18 ♕f3 com uma vantagem clara, Hector-Ftacnik, Haninge – 1990.

b) 8...♘h5? 9 ♗e3 dxe5 10 dxe5 f6 11 exf6 ♗xf6 12 h3 e as Negras conseguiram o Peão e terrível e a casa e6 com os quais lidar.

**9 dxe5 ♘d5 10 h3?!**

É melhor 10 ♘xd5 ♕xd5 11 ♕e1!.

**10...♘xc3 11 bxc3 ♗f5 12 ♗e3**

O Bispo está sofrendo em g7, mas já vimos que ...f6 viria acompanhado de problemas e não vale a pena ainda.

**12...♕d7**

Hellers-Ftacnik, Haninge – 1989. É quase igual. As Brancas deveriam jogar 13 ♖b1 e ♘d4.

## Austríaco com 5...c5

**1 e4 d6 2 d4 ♘f6 3 ♘c3 g6 4 f4 ♗g7 5 ♘f3 c5** *(D)*

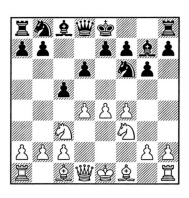

As Negras jogam para liberar seu jogo imediatamente e evitar as partidas rígidas que podem surgir depois de 5...0-0. O problema é que muitas linhas aqui, simplesmente são seqüências táticas de movimentos 'únicos', portanto, tentarei limitar a quantidade de material. Note que 6 e5 ♘fd7!? (não o único movimento) transpõe para a linha 5 e5.

**Hermlin – Chipashvili**
*URSS – 1976*

**6 ♗b5+**

Esta ainda é a linha crítica. As Negras mantiveram-se durante anos, depois de 6 dxc5 ♕a5 7 ♗d3 ♕xc5, mas esta é a variante que mais lembra outras Aberturas em seus temas posicionais e merece atenção. Seguiremos Kindermann-M.Gurevich, Campeonato Europeu por Equipes em Haifa – 1989: 8 ♕e2 0-0 (se as Negras quiserem assegurar ...♗g4, poderão jogar isso agora) 9 ♗e3 ♕a5 10 0-0 *(D)*.

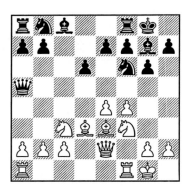

10...♘c6 (10...♘bd7!? é um movimento Sicilianesco que foi experimentado, mas a maioria dos jogadores não deseja ficar tão presa) 11 a3 ♗g4 (a ordem de movimentos tem sido um pouco estranha, normalmente, 10...♗g4 ocorre primeiro) 12 h3 ♗xf3 13 ♕xf3 ♘d7 (basicamente, as Negras estão jogando uma Defesa Siciliana, onde seus Cavalos estão colocados harmoniosamente e devem ter igualdade; no momento, ...♗xc3 está sendo ameaçado) 14 ♗d2 ♕b6+ 15 ♔h1 ♘c5

16 ♖ab1 ♘xd3 17 cxd3 f5!. Um movimento excelente. Cria algumas fraquezas, mas bloqueia a Torre f1 e, especialmente, o Bispo d2, impedindo-os de entrarem em jogo; o movimento f5 teria liberado os dois. A partida continuou com 18 ♘d5 (18 g4 e6 19 gxf5 exf5 20 ♘d5 ♕b3 21 ♗c3 ♖ae8 22 ♕g2 ♘e7, Glek-Lobron, Bundesliga – 1990/1; as Negras não devem ter problemas) 18...♕b3 19 ♗c3 (a mesma posição, mas sem g4; a diferença deve favorecer um pouco as Negras, uma vez que ...e6 permanece no ar) 19...♖f7 20 ♗xg7 ♔xg7 21 ♕e3 e6 22 ♘c3 d5! *(D)*.

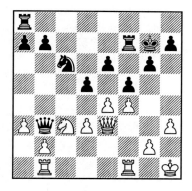

As Negras eliminaram sua fraqueza e tomaram a iniciativa. Nunca estiveram com problemas na Abertura. Seguiremos a partida com um mínimo de notas: 23 ♕f3 fxe4 24 dxe4 d4!? (24...♖af8! 25 exd5 ♖xf4 26 ♕xf4 ♖xf4 27 ♖xf4 exd5 e ...d4 segue) 25 ♘e2 ♕xf3 26 ♖xf3 e5 27 fxe5? ♖xf3 28 gxf3 d3! 29 ♘c3 (29 ♘f4 ♘xe5 30 ♖d1 g5!) 29...♖f8 30 ♔g2 ♘xe5 31 ♖f1 g5 32 ♖f2 ♘g6 33 ♖f1 ♘f4+ 34 ♔g3 ♔f6 35 h4 ♔e5!? 36 hxg5 ♖g8 37 ♔h4 h6!? 38 gxh6 ♖g6 39 ♘d1 (39 h7! ♖h6+ 40 ♔g3 ♖xh7 41 ♔f2 ♖h2+ 42 ♔e3 ♖xb2 43 ♖b1!) 39...♖xh6+ 40 ♔g3 ♖g6+ 41 ♔h4 ♔d4 0-1.

**6...♗d7 7 e5**

Este é o movimento principal, levando a complicações que qualquer jogador de 5...c5 deve conhecer. 7 ♗xd7+ é mais interessante de um ponto de vista posicional: 7...♘fxd7 (7...♘bxd7 8 d5 não é tão fácil para as Negras, em parte porque 8...b5, agora, pode seguir 9 e5, e 8...0-0 9 ♕e2 não é confortável) 8 d5 b5!? 9 ♕e2! b4 10 ♘d1 ♘b6!? (para impedir e5, atingindo o Peão d) 11 0-0 0-0 (ou 11...♕c8!?) e, agora:

a) 12 c4 bxc3 13 ♘xc3 ♕c8! planejando ...♕a6, Martinovic-Jansa, Lingen – 1988. Os Finais devem ser favoráveis às Negras: a combinação de ...c4 com a Coluna b concedem um jogo ativo.

b) 12 ♘f2 ♕c8 13 ♖e1?! a5 ½-½ Shirov-Beliavsky, Madrid – 1997. Mais uma vez, ...♕a6 está por vir.

c) 12 f5! foi sugerido, pois o Cavalo não pode ir para e5 ainda. Então, 12...gxf5 13 c4 produz uma compensação surpreendente. Como sempre, f5 libera o Bispo c1 e a Torre f1.

**7...♘g4** *(D)*

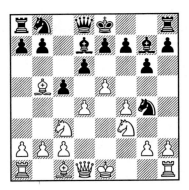

**8 h3!?**

a) 8 e6 é o movimento mais famoso das Brancas: 8...fxe6 (8....♗xb5?! leva a complicações bem analisadas, começando com 9 exf7+ ♔d7 {forçado} 10 ♘xb5 ♕a5+ 11 ♘c3 cxd4 12 ♘xd4 ♗xd4 13 ♕xd4 ♘c6 14 ♕c4 ♕b6 15 ♕e2 h5 16 ♗d2 ♘d4 17 ♕d3 ♘f5 18 ♘e4 ♖ac8 19 0-0-0 e as Brancas aparecem com jogo um pouco melhor) 9 ♘g5 ♗xb5 *(D)* e, agora, temos mais teoria:

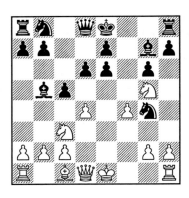

a1) 10 ♘xb5 ♕a5+ 11 c3 ♕xb5 12 ♕xg4 cxd4 13 ♘xe6 ♕c4! 14 ♘xg7+ ♔f7 com complicações espantosas – você precisará consultar livros e bancos de dados para esta.

a2) 10 ♕xg4 ♗c4 11 b3 ♗xd4 12 ♗d2 ♗d5 é outra linha que irá requerer estudo.

a3) 10 ♘xe6 e, agora, as Negras têm o famoso recurso 10...♗xd4!, com o motivo de que 11 ♘xd8 ♗f2+ 12 ♔d2 ♗e3+ etc. é um empate. Existem mais táticas bem planejadas depois de 11 ♘xb5 ♕a5+ 12 c3 (12 ♕d2 ♗f2+ 13 ♔d1 ♘e3+ 14 ♔e2 ♕xb5+ 15 ♔xf2 ♘g4+ 16 ♔g3 ♘a6! termina bem) 12...♗f2+ 13 ♔d2 ♗e3+ 14 ♔c2 ♕a4+ etc., que é aparentemente igual.

b) 8 ♗xd7+ ♕xd7 9 d5 dxe5 10 h3 e4! 11 ♘xe4 ♘f6 é um truque que vale a pena lembrar, pois surge sempre. Agora, 12 ♘xf6+ ♗xf6 concede igualdade às Negras graças a seu poderoso Bispo em f6, e a captura do Peão 12 ♘xc5 pode ser contestada com 12...♕d6! 13 ♕d4 (13 ♘xb7?? ♕b4+) 13...0-0 14 ♘e4 ♘xe4 15 ♕xe4 ♘d7, com compensação. Pode haver um modo das Brancas ficarem melhor, nesta linha pouco analisada.

**8...cxd4**

Uma teoria enrolada concentra-se em 8...♗xb5 9 ♘xb5 dxe5! 10 hxg4 ♕a5+ 11 ♗d2 (11 c3 e4; 11 ♘c3 exd4)

11...♕xb5 12 dxe5 ♕xb2! 13 ♖b1 ♕xa2 14 ♖xb7 ♕d5 15 ♕b1, com uma situação obscura.

9 ♕xd4 ♘h6 *(D)*

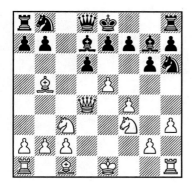

**10 g4**

As Brancas impedem o Cavalo de retornar ao jogo. 10 ♗xd7+ ♕xd7 11 g4 ♘c6 12 ♕e4 0-0 é uma posição padrão na qual nenhum lado fez muito progresso, mesmo que haja muito jogo; por exemplo, 13 ♗d2 dxe5 14 fxe5 ♕e6?! (14...f5! 15 exf6 exf6 é igual) 15 0-0-0 f5 16 exf6 ♕xe4 17 ♘xe4 exf6 18 ♘c5 (18 ♗c3) 18...♖ae8 19 ♖he1 (19 ♘xb7) 19...♖xe1 20 ♖xe1 f5 21 g5 ♘f7 22 ♗f4 b6 23 ♘d3 ♖c8 24 ♔d2 com igualdade, Thorhallsson-Gretarsson, Hafnarfirdi – 1992.

**10...♗xb5 11 ♘xb5 ♕a5+ 12 ♘c3 ♘c6 13 ♕e4 0-0-0 14 ♗d2 dxe5 15 fxe5 f5!? 16 ♕c4?**

É melhor 16 exf6 exf6 17 ♕e6+ ♔b8 18 0-0-0.

**16...fxg4 17**

O Peão e das Brancas é fraco. A maioria das linhas nesta variante inteira (excluindo 6 dxc5) tem uma base posicional, mas também está forçando. Provavelmente, devem ser aprendidas decorando.

## Variante ♗c4

**1 e4 d6 2 d4 ♘f6 3 ♘c3 g6 4 ♘f3**

4 ♗c4 poderá ser a ordem certa de movimentos se você quiser jogar este sistema, dependendo do que você pensa sobre 4...♘xe4 5 ♗xf7+ (ou 5 ♘xe4 d5 6 ♕e2!? dxe4 {6...dxc4?? 7 ♘f6#} 7 ♕xe4) 5...♔xf7 6 ♘xe4 ♗g7, quando uma linha de amostra é 7 ♘f3 ♖f8 8 c3.

**4...♗g7 5 ♗c4** *(D)*

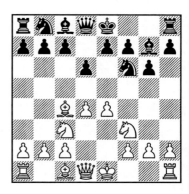

Veremos rapidamente, para saber como os dois lados lidam com esta linha potencialmente tática.

**Rublevsky – Khalifman**
*São Petersburgo – 1999*

**5...0-0**

Agora, 5...♘xe4!? 6 ♗xf7+ (6 ♘xe4!? também é possível) 6...♔xf7 7 ♘xe4 ♖f8 8 0-0 ♔g8 pode valer a pena tentar. As Negras têm o par de Bispos e uma maioria central com uma ótima Coluna f. Por outro lado, as Brancas têm uma vantagem de espaço, e as casas das Negras na Coluna e estão vulneráveis, enquanto que, ao mesmo tempo, os Cavalos brancos estão muito bem centralizados. Provavelmente, é uma daquelas muitas posições do Xadrez nas quais, se o possuidor dos dois Bispos (Negras) puder estabilizar a posição e evitar graves debilidades, seu centro e o par de Bispos irão firmar-se a longo prazo. Mas as Brancas parecem prontas para usar seus Cavalos e peças maiores na Coluna e aberta, de modo a impedir isso.

**6 ♕e2 c6**

As Negras não podem impedir e5, mas isto estabiliza o centro.

**7 e5 dxe5 8 dxe5 ♘d5 9 ♗d2 ♗g4!**

Isto elimina algumas peças e coloca uma pressão real no Peão e das Brancas ao mesmo tempo.

**10 h3**

Não 10 0-0-0?! e6 11 h3 ♗xf3 12 gxf3 ♘d7 13 f4 ♕h4. Então, as Negras têm uma pressão real sobre o Peão f4 e a estrutura de peões brancos é ruim.

**10...♗xf3 11 gxf3** *(D)*

11 ♕xf3 e6 12 ♕e2 ♘d7 13 f4 ♕h4+ 14 ♕f2 ♕xf2+ 15 ♔xf2 f6 16 exf6 ♗xf6 e as Negras tem algum ataque, mesmo com as Damas fora, Sermek-Nogueiras, Olimpíada em Moscou – 1994.

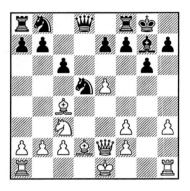

**11...e6**

Ou i 11...♘xc3 12 ♗xc3 e6. Note que agora, estamos em outra daquelas estruturas de restrição ...e6/...c6 e as Brancas não têm nenhum Peão d. Falta às Brancas um bom plano.

**12 f4 ♘d7**

Muito sólido. As Negras pelo menos igualaram. 12...♕h4 13 ♕g4! ganharia um tempo, porque as Negras não desejam endireitar os peões das Brancas, uma vez que elas também têm a vantagem dos dois Bispos.

**13 h4!?**

Tentando abrir caminhos um pouco para seus Bispos.

13...♘xc3 14 ♗xc3 ♘b6 15 ♗b3 h5 16 ♗d2 a5 17 a3 ♘d5! 18 c4 ♘e7

As Negras partem para o posto avançado perfeito em f5.

19 0-0-0 ♘f5 20 ♗c3 ♕e7 21 ♗c2 ♖fd8 22 ♖xd8+ ♕xd8 23 ♗xf5 exf5 24 ♕e3 ♕e7 25 ♖d1 ♗f8 26 ♕b6 ♖e8! *(D)*

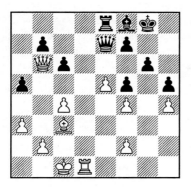

27 e6!?

As Brancas desejam atacar. Do contrário, 27 ♗xa5 ♗h6 28 ♗d2 ♕xh4 29 ♕xb7 ♗xf4 30 ♕xc6 ♖xe5 é uma confusão – veja todos esses peões passados! Mas o Rei das Brancas não está seguro.

27...fxe6

Não 27...♕xe6? 28 ♕d4.

28 ♕xa5 ♗g7 29 ♖g1 ♗xc3 30 ♕xc3 ♔f7 31 ♕g3 ♕f6 32 ♖d1 ♖d8 ½-½

Uma variante com duplo sentido, mas as Negras estavam melhor posicionalmente quando sairam da Abertura.

## Variante Clássica

1 e4 d6 2 d4 ♘f6 3 ♘c3 g6 4 ♘f3 ♗g7 5 ♗e2 0-0 6 0-0 *(D)*

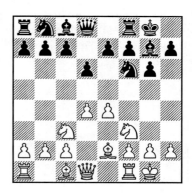

6...♗g4

Este é o desenvolvimento mais lógico e classicamente motivado das Negras. Com este movimento, elas se preparam para colocar pressão em d4 com ...♗xf3 e uma combinação de ...♘c6 com ...e5, quando seus Cavalos então, podem bem estar à altura dos Bispos das Brancas. 6...♗g4 também ajuda a limpar seu corredor (se as Negras esperarem por h3, seu Bispo geralmente não terá nenhum lugar útil para ir) e desencoraja as Brancas de pressionarem demais no centro.

a) Você pode ter uma idéia da vantagem de espaço das Brancas depois de 6...♘c6?!, que permite 7 d5. Uma linha engraçada é 7...♘e5 8 ♘d4!? (8 ♘xe5! dxe5 9 ♗e3 deixa as Negras procurando um plano) 8...c5! 9 dxc6 ♘xc6 10 ♗e3 com uma transposição exata para um Dragão Siciliano. As Brancas podem responder 7...♘b8 com 8 h3, impedindo ...♗g4, quando as Negras precisam de espaço. Outra abordagem boa é 8 ♖e1 e5!? (8...♗g4 9 ♗f4) 9 dxe6! ♗xe6 10 ♗f4, com uma vantagem central simples: 10...h6 11 ♘d4 ♗d7 12 ♕d2 ♔h7 13 e5! dxe5 14 ♗xe5 *(D)*.

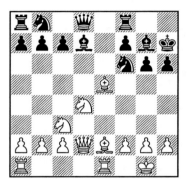

As Brancas têm uma vantagem substancial nesta partida entre dois ex-Campeões Mundiais, que, surpreendentemente, transformou-se em uma miniatura, depois de 14...♘e4? 15 ♘xe4 ♗xe5 16 ♘f3 ♗g7 17 ♖ad1 ♕c8 18 ♗c4 ♗e8 19 ♘eg5+! hxg5 (19...♔g8 20 ♘e6 vence para as Brancas) 20 ♘xg5+ ♔g8 21 ♕f4 ♘d7 22 ♖xd7! ♗xd7 23 ♗xf7+ 1-0 Tal-Petrosian, Campeonato por Equipes na URSS (Moscou) – 1974.

## 7 ♗e3

Uma desvantagem de 6...♗g4 é que permitiu este movimento sem que as Brancas tivessem que se preocupar com ...♘g4. Ao contrário, 7 h3 ♗xf3 8 ♗xf3 nunca deu às Negras problemas graves depois de 8...e5. As Brancas têm os dois Bispos, mas sua posição é obstruída pelo Cavalo em c3, que permite que as Negras entrem com seu Cavalo em d4 e troquem um Bispo, ou então façam um lance...f5 oportuno. O tempo perdido com h3 é significativo; do contrário, talvez as Brancas pudessem reorganizar e ganhar a vantagem. Ao invés de 8...e5, as Negras também têm o mais ambicioso 8...♘c6, novamente aproveitando seu tempo extra. Então, 9 ♗e3 e5 10 dxe5 dxe5 11 ♘d5 é bem respondido com 11...♘xd5 12 exd5 ♘d4, mas, claro, há um monte de teoria para ver.

## 7...♘c6 8 ♕d2

Lógico: as Brancas conectam as Torres, conjeturam ♗h6 e desafiam as Negras a avançar no centro. A outra linha principal importante é 8 d5 e, então:

a) 8...♘b8 pode levar à manobra característica 9 ♘d4 ♗xe2 10 ♕xe2 c5 11 ♘f3 ♕b6 12 ♖ab1 ♕a6!, trocando as Damas em uma posição sem nenhuma fraqueza ou mobilizando os peões na Ala da Dama. Esta pode ser a melhor linha para as Negras.

b) 8...♗xf3 9 ♗xf3 ♘e5 10 ♗e2 c6! *(D)*.

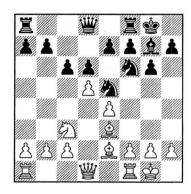

As Negras têm que golpear rapidamente antes que as Brancas consolidem os dois Bispos. Seu plano inclui jogadas como ...♕a5, ...cxd5, uma Torre para a Coluna c, e talvez, ...♘c4. Uma linha típica segue com 11 a4!? (11 f4! provavelmente é bom, mas alguns jogadores podem achá-lo enfraquecedor demais; uma linha entre muitas é 11...♘ed7 12 dxc6 {ou 12 ♗d4} 12...bxc6 13 ♕d3 ♕b8 14 a3 com uma pequena vantagem; jogue o que funcionar!) 11...a5!? (11...♕a5 12 ♖a3 visa ♖b3, mas 12...♖fc8 13 ♕d2 cxd5 14 exd5 ♘c4 15 ♗xc4 ♖xc4 16 ♖b3 b6! é igual e mostra um plano comum para as Negras) 12 ♗d4 ♘ed7 13 ♕d2 ♕c7 14 ♖ad1 ♖ac8 15 ♖fe1 ♖fd8 e as Brancas têm dificuldades de jogar para obter uma vantagem, porque as peças negras estão muito bem colocadas, Rozentalis-Ftacnik, Olimpíada em Manila – 1992.

Agora, voltamos para 8 ♕d2 *(D)*:

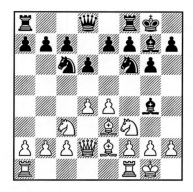

**8...e5**

8...♖e8 costumava ser jogado, um movimento útil que espera as Brancas se comprometerem antes de jogar ...e5. Mas as Brancas têm um movimento *mais* útil em 9 ♖fe1! a6!? (para impedir ♘b5 devido à linha 9...e5?! 10 d5 ♗xf3 11 ♗xf3 ♘d4 12 ♗xd4 exd4 13 ♘b5; note que 9 ♖fe1 protegia o Peão e nesta variante) 10 ♖ad1 (todas as peças Brancas estão centralizadas) 10...e5 11 dxe5 dxe5 (11...♘xe5 12 ♘xe5 dxe5 13 ♕c1 ♕c8 14 ♗xg4 ♕xg4 15 f3 ♕e6 16 ♕d2 ♗f8 17 ♘d5 e as Brancas capturam com peças em d5, dominando a Coluna d) 12 ♕c1 ♕e7 13 ♘d5 ♘xd5 14 exd5 ♘d8 15 c4 f5 16 c5. As Brancas estão no controle da partida, Geller-Pribyl, Sochi – 1984.

**9 d5**

O Final 9 dxe5 dxe5 10 ♖ad1 trouxe problemas para as Negras, mas uma boa linha é 10...♕c8! 11 ♕c1 ♖d8 12 ♖xd8+ ♘xd8! seguida de ...♘e6, visando d4 e f4; por exemplo, 13 ♖d1 ♘e6 14 h3 ♗xf3 15 ♗xf3 c6 16 ♘e2 ♕c7 17 c3 a5 18 ♕c2 ♗f8! planejando ...♗c5, Kaidanov-Wolff, EUA – 1990. ....♗f8 é um ótimo movimento a lembrar, livrando-se do Bispo bom das Brancas e do ruim das Negras!

**9...♘e7** *(D)*

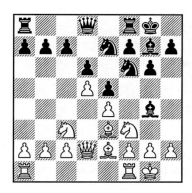

Agora, a pergunta é se as Brancas podem fazer algo com sua vantagem de espaço. Os exemplos parecem indicar que sim.

### Donaldson – Felecan
*Kona – 1998*

**10 ♖ad1!**

É estranho, mas esta posição parece ser a menos promissora que vimos até agora para as Brancas. Elas não conseguiram nenhum progresso na Ala da Dama, as Negras ainda têm seus Bispos e com o Cavalo em e7, a idéia ...f5 ganhou força. Contudo, as Brancas conseguiram algo que não foram capazes de fazer em nenhuma outra linha. Até então, as Negras sempre trocaram com sucesso o Peão d branco depois de ...c6, conseguindo assumir bons postos rapidamente, antes das Brancas poderem reorganizar-se. Com ameaças e a atividade das peças, os Bispos das Brancas não tiverem tempo para encontrar boas posições. Mas aqui, as Negras não têm ...c6 porque o Peão d cairá. E ...f5 ainda será analisado, mas tem seus problemas. Isso significa que as Brancas têm tempo para colocar suas peças nas casas apropriadas e fazer uma ruptura, com f4 ou c5.

**10...♗d7!**

Ao invés de aguardar, as Negras embarcam em uma nova idéia: a expansão na Ala da Dama. Uma partida de Spassky é um modelo de como as Brancas devem lidar com a troca em f3: 10...♗xf3 11 ♗xf3 ♘d7 12 g3!? (um pouco estranho, mas o movimento é muito flexível; as Brancas podem estar interessadas em h4-h5, ♔g2 e ♖h1, podem querer apoiar o avanço de peões f4 ou podem fazer o que fizeram na partida) 12...f5 13 ♗e2! ♘f6 14 f3 (este é o final do ataque das Negras na Ala do Rei) 14...♕d7 15 ♗b5 ♕c8 16 ♖f2 a6 17 ♗f1 ♘h5 18 ♗h3 ♕e8 19 ♘e2 ♔h8 20 c4 (depois de tudo isso, conseguimos os dois Bispos e uma formação padrão na Ala da Dama) 20...b6 21 ♖df1 ♕f7 22 f4 e as Brancas tiveram muito poder de fogo em Spassky-Parma, Olimpíada em Havana – 1966. Uma demolição posicional excelente.

**11 ♘e1 b5**

Um jogo notável segue com 11...♘g4 12 ♗xg4 ♗xg4 13 f3 ♗d7, pois as Negras têm os dois Bispos, mas não estão bem organizadas para enfrentar 14 f4! *(D)*.

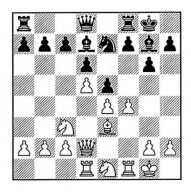

Isto parece conceder às Negras um posto avançado em e5, mas elas não podem chegar nele, ao passo que as Brancas conquistarão mais do que sua quota do centro. Por exemplo, 14...♗g4 15 ♘f3 f5 (15...♕d7 16 fxe5 dxe5 17 ♗c5 f5 18 ♕g5 ♗f6 19 ♕h6 ♖f7 20 d6, Gligoric-Pfleger, Campeonato Europeu por Equipes em Moscou – 1977) 16 h3! ♗xf3 17 ♖xf3 com as idéias ♖df1 e ♖de1.

**12 a3 a5 13 b4**

O resultado é que as Brancas têm espaço e um melhor controle da posição. Uma ordem diferente é 13 ♘d3 ♕b8 14 f3 c6!? (14...b4 15 ♘b1! bxa3 16 ♘xa3) 15 dxc6 ♗xc6 16 b4 d5 (16...axb4? 17 ♘xb4! ♖xa3 18 ♘xc6 ♘xc6 19 ♘xb5 ♖a2 20 ♗c4 e as Negras tem grandes problemas, Vogt-Bernard, Wildbad – 1990; 16...♖c8!?) 17 ♗c5 ♖e8, Kuczynski-Chernin, Torneio Zonal em Budapeste – 1993, e, agora, as Brancas poderiam jogar 18 exd5 ♘exd5 19 ♘xd5 ♘xd5 20 bxa5. Parece que as Brancas mantêm a vantagem de vários modos, o que é um bom sinal para 10 ♖ad1 e para a sua Abertura, como um todo.

**13...axb4 14 axb4 ♕b8 15 f3** *(D)*

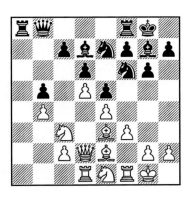

**15...♖d8**

O movimento mais natural 15...♖a3 tem duas respostas boas:

a) 16 ♘b1 ♖a8 17 c4! bxc4 18 ♗xc4 e, agora, o único movimento de liberação, 18...c6, abriria o Bispo c4: 19 dxc6 ♘xc6 20 ♘c2!.

b) 16 ♘d3 c6 17 dxc6 ♗xc6 18 ♘c1! (18 ♖a1 ou 18 ♘f2) 18...♖d8 19 ♘b3 d5. Esta é uma mudança para Thorsteins-Kasparov, Campeonato mundial blitz em Saint John – 1988. Parece que as Brancas conquistarão um Peão limpo depois de 20 ♗c5! ♖d7 (ou 20...♘c8 21 exd5 ♘xd5 22 ♘a5) 21 ♗xe7 ♖xe7 22 exd5! ♗e8 (22...♖d7? 23 ♕c1 ♕a7+ 24 ♔h1 ♘xd5 25 ♘xb5 ♗xb5 26 ♗xb5 ♖d6 27 ♗c4) 23 d6 e ♘c5.

**16 ♘d3 c6 17 dxc6 ♗xc6 18 ♘f2!? ♖d7**

As Brancas ainda fica melhor após 18...d5 19 ♗c5 ♘c8 20 exd5 ♘xd5 21 ♘xd5 ♖xd5 (não 21...♗xd5?? 22 c4) 22 ♕e3 ♖xd1 23 ♖xd1 ♕c7 24 ♘e4!.

**19 ♘g4!?**

Indo para a Coluna f. Talvez as Brancas tivessem um movimento melhor, mas elas prevêem o sacrifício promissor à frente.

**19...♘xg4 20 fxg4 d5 21 exd5 ♘xd5 22 ♘xd5 ♖xd5 23 ♕xd5! ♗xd5 24 ♖xd5** *(D)*

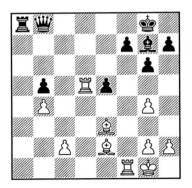

Se o Peão b cair, as Brancas terão dois peões passados e f7 também será um alvo. Mas suas peças estão sem o que fazer na Ala do Rei, portanto, as Negras conseguem um contrajogo. Embora seja possível pensar que as Brancas devam ter um modo de combinar ataque e defesa, provavelmente, a posição pode ser avaliada como sendo dinamicamente igual. Como a Abertura já acabou há muito tempo, apenas mostrarei os movimentos desta partida fascinante:

**24...♕c8 25 ♖c5 ♕b7 26 ♗f2 ♖c8 27 ♗f3 ♕d7 28 ♖d1 ♕e6 29 ♖d6 ♕e8 30 ♗c6 ♕e7 31 ♗xb5 ♖a8 32 ♖d1 ♗h6 33 h4 e4 34 g5 e3 35 ♗g3 ♗g7 36 ♗e2 ♖d8 37 ♖f1 ♖d2 38 ♗c4 ♗d4 39 ♖xf7 ♕xf7 40 ♗xf7+ ♔xf7 41 ♖c7+ ♔e6 42 ♔f1 ♔f5 43 ♖c4 ♔e6 44 c3 ♗a7 45 ♖c6+ ♔f5 46 ♖a6 ♔g4 47 ♖xa7 ♔xg3 48 ♖e7 ♔f4 49 b5 ♖d1+ 50 ♔e2 ♖d2+ 51 ♔e1 ♖c2 52 b6 ♖xc3 53 b7 ♖b3 54 ♖xh7 ♖b2 55 ♖e7 ♔g4 56 ♖e4+ ♔h5 57 g3 ♖xb7 58 ♖xe3 ♖b2 59 ♖e2 ♖b3 60 ♔f2 ♖xg3 ½-½**

# Índice

Os números referem-se às páginas. O JOGADOR NOMEADO PRIMEIRO terá as Brancas.

A. Sokolov – Timmermans  150

Adams – Yusupov  405

Anand – Illescas  347; Anand – Karpov 65; Anand – Kasimdzhanov  315; Anand – Kasparov  277; Anand – Shirov  202, 430

Anikaev – A. Petrosian  86

Apicella – Kramnik  356

Aseev – Vladimirov  452

Bareev – Pavlovic  365

Beliavsky – Anand  464

Beshukov – Malaniuk  148

Bianchi – Escobar  151

Biti – Gleizerov  418

Bogoljubow – Kramer  102

Boto – Buntic  362

Buchenthal – Rosen  322

Chigorin – Pillsbury  240

Christiansen – Wojtkiewicz Campeonato dos EUA (San  302

Damljanovic – Ponomariov  186

Djuric – Larsen  105

Donaldson – Felecan  480

Em. Lasker – Bauer  11

Estrin – Levenfish  146

Estrin – Libov  9

Fedorowicz – Enkhbat  381

Fichtl – Golz  447

Fischer – Spassky  359

G. Lee – Taulbut  104

Geller – Fischer  306

Geller – Smyslov  69

Grishchuk – Anand  391

Grishchuk – Ponomariov  68

Gufeld – Hummel  427

Gulko – Lakdawala  100

Guseinov – Riazantsev 453

Hamann – Geller 85

Hector – Beliavsky 226; Hector – Hillarp Persson 437

Hellers – Ftacnik 470; Hellers – Gulko 440

Hermlin – Chipashvili 472

Iordachescu – Wohl 107

Isanbaev – Sizykh 163

Ivanchuk – Graf 179; Ivanchuk – Topalov 279

J. Polgar – Acs 182; J. Polgar – Svidler 235, 467; J. Polgar – Uhlmann 450

Karpov – Agdestein 445; Karpov – Kasparov 36; Karpov – Korchnoi 135; Karpov – Uhlmann 401

Kasparov – Anand 380; Kasparov – Karpov 195

Keres – Euwe 205

Korchnoi – H. Böhm 84; Korchnoi – Karpov 49, 91

Kosten – Kr. Georgiev 290

Kramnik – Anand 51

Kramnik – Leko 232

Kristjansson – Tukmakov 301

Krupkova – Gleizerov 428

Kupreichik – Aleksandrov 133

L. Dominguez – Morovic 197

Lanka – Kasparov 373; Lanka – Santo-Roman 336

Lastin – Bareev 408

Lautier – Karpov 52

Leko – Kasimdzhanov 235

Ljubojevic – Timman 463

Lukin – Taimanov 350

M. Ginzburg – Zarnicki 245

Macieja – Ivanchuk 433

Matanovic – Petrosian 106

Matveeva – AnandFrunze – 1987 378

Michalek – Fedorchuk 304

Milu – Vajda 220

Morozevich – AgrestTorneio Zonal em São Petersburg 298

Morozevich – Bezgodov 82

Muzychuk – Gershon 342

Naiditsch – Korchnoi 212

Nunn – P. Cramling 345

O'Kelly – Euwe 129

Oral – Khuzman 411

P. Popovic – Pikula 339

Petrovic – N. Davies 187

Polzin – Giemsa 451

Ponomariov – Gyimesi 190; Ponomariov – Korchnoi 210

Portisch – Fischer 71

Rasik – Cernousek 417

Renet – Fressinet 163

Reutsky – Shtyrenkov 299

Roth – Kindermann 449

Rozentalis – Luther 412

Rublevsky – Bologan 82; Rublevsky – Khalifman 476

Saltaev – M. Gurevich 426

Seirawan – Short 88

Shirov – Dreev 389

Short – Fleck 278; Short – Ivanchuk 441; Short – Kasparov 361; Short – Seirawan 66, 387

Sorokin – Ramesh 185

Spassky – Avtonomov 47; Spassky – Petrosian 108

Stefansson – Ward 273

Sulskis – Pelletier 284

Svidler – Anand 214

Taimanov – Karpov 33

Thinius – Kersten 293

V. Gurevich – Zakharov 30

Vehi Bach – Cifuentes 168

Velimirovic – Benko 377

Vogt – Uhlmann 403

Volokitin – Akopian 224

Wendland – Groeber 153

Yusupov – Lobron 48

Zhang Pengxiang – M. Gurevich 421

# ANOTAÇÕES

**Impressão e acabamento**
**Gráfica da Editora Ciência Moderna Ltda.**
Tel: (21) 2201-6662